AF748037

www.ingramcontent.com/pod-product-compliance
Lightning Source LLC
LaVergne TN
LVHW010635051026
849532LV00001B/63

* 9 7 9 8 2 9 5 6 7 3 9 7 9 *

سرزمینِ بھیرہ

حضرت خلیفۃ المسیح الاوّل رضی اللہ عنہ،

اوّلین صحابہ کرام رضوان اللہ علیہم اجمعین اور ہمارے آباء کا تذکرہ

کیا خدا اپنے بندے کے لیے کافی نہیں؟

شفیق الرحمٰن نیّر (اعوان)

نام کتاب : سرزمین بھیرہ

حضرت خلیفۃ المسیح الاوّل ؓ، اوّلین صحابہ کرام ؓ اور ہمارے آباء کا تذکرہ

ترتیب وتالیف : شفیق الرحمٰن نیّر (اعوان) ۔ ہیوسٹن، ٹیکساس (امریکہ)

سن طباعت : جنوری/2026ء

رابطہ :

Ph. +1 (832) 797-8922

shafiqrahman.u@gmail.com

Our Ancestors
& Early Companions
From Bhera

by

Shafiq ur Rahman

Houston, Texas - U.S.A

ISBN: 979-8-2956-7397-9

LCCN: 2026905855

عمومی اعلامیۂ حقوقِ طبع

(عوامی ملکیت و ویکی میڈیا کامنز تصاویر — ریاست ہائے متحدہ امریکہ / ایمیزون کے ڈی پی و بارنز اینڈ نوبل)

اعلامیۂ حقوق و اجازتِ تصاویر

اس کتاب میں شامل بعض تصاویر اور عکس عوامی ملکیت (Public Domain) کے ذرائع اور ویکی میڈیا کامنز سے حاصل کیے گئے ہیں۔ وہ تمام تصاویر جو عوامی ملکیت میں شمار ہوتی ہیں، حقوقِ طبع کے تحفظ سے مستثنیٰ ہیں اور انہیں ریاست ہائے متحدہ امریکہ کے قابلِ اطلاق قوانینِ حقوقِ طبع کے مطابق بلا کسی تحدید کے استعمال کیا گیا ہے۔ دیگر تصاویر متعلقہ کریئیٹو کامنز (Creative Commons) لائسنسوں کے تحت استعمال کی گئی ہیں۔ ہر ایسی تصویر کو اس کے متعلقہ لائسنس کی شرائط و ضوابط کی مکمل پاسداری کے ساتھ نقل اور شائع کیا گیا ہے۔ عوامی ملکیت کے مواد پر کسی قسم کا حقِ طبع یا ملکیتی دعویٰ نہیں کیا جاتا۔

مصنف۔

درستیاں

"صفحہ 4، فہرستِ مضامین: درست عبارت پڑھیں "حرفِ چند

"صفحہ 100، سیکشن 3.1، دوسرا پیراگراف: درست عبارت پڑھیں "پوتوں

"صفحہ 364، آخری سطر: درست عبارت پڑھیں "حضرت خدا بخش

"صفحہ 366، دوسرا پیراگراف: درست عبارت پڑھیں "چتّو

"صفحہ 4، فہرستِ مضامین: درست عبارت پڑھیں "حرفِ چند

"صفحہ 100، سیکشن 3.1، دوسرا پیراگراف: درست عبارت پڑھیں "پوتوں

"صفحہ 364، آخری سطر: درست عبارت پڑھیں "حضرت خدا بخش

"صفحہ 366، دوسرا پیراگراف: درست عبارت پڑھیں "چتّو

(درستیاں)

درست عبارت	غلط عبارت	مقام / سیکشن	صفحہ
"حرفِ چند"	تیسری شے	فہرستِ مضامین	4
"پوتوں"	—	سیگشن 3.1، دوسرا پیراگراف	100
"حضرت خدا بخش"	—	آخری سطر	364
"چتّو"	چھٹو	دوسرا پیراگراف	366

انتساب

میں یہ کتاب اور اپنی تمام کامیابیاں اپنے والدین، مرحومین اور بڑے بھائیوں (مرحومین) کے نام وقف کرتا ہوں جنہوں نے نہ صرف میری پرورش و تربیت کی، بلکہ مجھے ایک کامیاب پیشہ ور انجینئر بنانے کے لیے میری رہنمائی، حوصلہ افزائی اور دنیا سے تعارف کا ذریعہ بنے۔ آج اگر مجھے ایک باوقار شناخت حاصل ہے، تو یہ انہی کی محبت، قربانی اور دعاؤں کا نتیجہ ہے۔ مجھے فخر ہے کہ میں ان کی میراث کا حصہ ہوں۔

تبرکات کا متولی ہونے کے ناطے میں یہ عہد کرتا ہوں کہ اس امانت کی حفاظت اور بزرگوں کی ہدایات پر عمل میری زندگی کا شعار رہے گا۔ میں دل سے اپنے والدین کا شکرگزار ہوں جنہوں نے نہ صرف میرے لیے، بلکہ میری آئندہ نسلوں کے لیے بھی دعاؤں کا ایک انمول خزانہ چھوڑا۔ ان کی دعائیں میری زندگی کا سب سے بڑا سرمایہ ہیں۔

اللہ تعالیٰ ان کی ان دعاؤں کو اپنی بارگاہ میں شرفِ قبولیت عطا فرمائے، ان کے درجات جنت النعیم میں بلند کرے، اور ان کی قربانیوں، غیر مشروط محبت، شفقت اور حمایت کا بہترین اجر انہیں عطا فرمائے۔ آمین۔

رَّبِّ ارْحَمْهُمَا كَمَا رَبَّيَانِي صَغِيرًا (بنی اسرائیل:25)

اے میرے رب! میرے والدین پر رحم فرما، جیسا کہ انہوں نے بچپن میں میری پرورش کی۔

بسم اللہ الرحمٰن الرحیم

فہرست مضامین

OO

عرض حال

میں اللہ تعالیٰ کا شکر گزار ہوں کہ اس نے مجھے یہ توفیق دی کہ میں اپنی کتاب (انگریزی اور اردو دونوں زبانوں میں) کے ذریعہ اپنے آباؤ اجداد، ان کے خاندانی شجرہ اور حضرت عون بن یا اللہ کے ذریعہ حضرت علیؓ اور حضرت عباس علمدار کے ساتھ ہمارے تعلقات کو مکمل طور پر بیان کر سکوں۔ ہم اعوان حضرت علی رضی اللہ عنہ کی اولاد ہیں۔ میں نے دریائے جہلم کے اُس کنارے واقع سلطان شیر شاہ سوری کے قائم کردہ ''نئے بھیرہ'' اور ''پرانا بھیرہ/احمد آباد'' کی تاریخ کا بھی مختصراً احاطہ کیا ہے، کیونکہ ہمارے آباؤ اجداد کا تعلق انہی علاقوں سے تھا۔

اسی تاریخی دور میں قادیان کے حضرت مرزا غلام احمدؑ نے مسیح موعود ہونے کا دعویٰ کیا، جس کی تصدیق چاند اور سورج کے گرہن کی آسمانی نشانیوں سے رمضان المبارک 1894 میں ہوئی۔ احمد آباد کے مذہبی رہنماؤں نے انہیں قبول کیا، لیکن مذہبی عدم برداشت کے باعث انہیں وہاں سے ہجرت کرنا پڑی۔

ہم شکر گزار ہیں کہ حضرت خلیفۃ المسیح الاول بھیروی رضی اللہ عنہ نے ہمارے بزرگوں کو حضرت مسیح موعود علیہ الصلوٰۃ والسلام سے روشناس کروایا، انہیں بھیرہ کی جانب ہجرت کی رہنمائی دی اور قادیان آنے کی دعوت دی۔ حضرت مسیح موعود علیہ الصلوٰۃ والسلام نے ان کی بے مثال خدمات اور عزم کی تعریف ایک فارسی نظم کے ذریعہ فرمائی:

چہ خوش بودے اگر ہر یک ز امت نور دیں بودے
ہمیں بودے اگر ہر دل پُر از نورِ یقیں بودے

ترجمہ: یعنی کیا ہی اچھا ہو اگر قوم کا ہر فرد نور دین بن جائے مگر یہ تب ہی ہو سکتا ہے کہ جب ہر دل

یقین کے نور سے بھر جائے۔

محترم شاعر ثاقب زیروی صاحب نے بھیرہ کے بارے میں کہا:

قابلِ صد ناز ہے ثاقبؔ یہ بھیرہ کی زمیں
جس میں اترا ہے مسیحِ موعودؑ کا نورِ نگیں

یہ تمام رحمتیں اور برکتیں حضرت مسیح موعود علیہ الصلوٰۃ والسلام کی دعاؤں اور حضرت حکیم مولانا نورالدینؓ کی رہنمائی کا نتیجہ ہیں، جن کی بدولت بھیرہ اور اطراف کے بہت سے خاندانوں نے احمدیت قبول کی۔ 1894ء میں بھیرہ (محلہ احمدیہ، فضل مسجد/ بیت الذکر) میں جماعت احمدیہ کی علیحدہ مسجد قائم کی گئی اور رجسٹر کروائی گئی۔ الحمدللہ۔

حضرت مسیح موعود علیہ الصلوٰۃ والسلام کی دعاؤں سے اللہ تعالیٰ نے ہمارے دادا کو سات بیٹیوں کے بعد بیٹے کی نعمت سے نوازا، جو خاندان کے لیے ایک معجزہ تھا۔ ان کا نام ''عطا الرحمن'' رکھا گیا، جنہوں نے بعد میں وقف شدہ زندگی گزاری اور پینتیس سال تک تعلیم الاسلام کالج (قادیان، لاہور، چناب نگر) میں مختلف عہدوں پر جماعت کی خدمت کی۔ کالج کے قومی ہونے پر ہمارے والد نے استعفیٰ دیا۔ دادا اور دادی نے بے شمار آزمائشیں جھیلیں، مگر اپنے ایمان اور ثابت قدمی کا دامن کبھی نہیں چھوڑا۔

میں نے حضرت مسیح موعود علیہ الصلوٰۃ والسلام کی وہ تبرکات بھی دستاویز کی ہیں جو 1907ء میں ہمارے دادا کو بطور تحفہ دی گئیں۔ اس سے پہلے یہ تاریخی حقائق دستاویزی شکل میں موجود نہیں تھے۔ چناب نگر کی ''تبرکات کمیٹی'' سے حاصل کردہ ''رجسٹریشن، تصدیق اور حتمی تصدیق'' کے سرٹیفکیٹ بھی میرے پاس موجود ہیں۔ یہ تبرکات آج بھی ہیوسٹن، ٹیکساس میں میرے پاس محفوظ ہیں۔

اسی طرح، میں نے تخت پوش/دیوان کے متعلق حقائق بھی درج کیے ہیں جو ہمارے دادا جان نے حضرت مسیح موعود علیہ الصلوٰۃ والسلام کے لیے ہاتھ سے تیار کیا تھا۔ یہ تخت پوش آج بھی دارالمسیح کی

پہلی منزل پر محفوظ ہے، جہاں دادا جان نے اپنا نام کندہ کیا۔ یہ ان کی محبت، احترام اور عقیدت کی زندہ تصویر ہے۔ ہم سب کو اس لازوال محبت پر فخر ہے۔

میری پیدائش بھیرہ میں اور پرورش چناب نگر میں ہوئی، تعلیم لاہور میں حاصل کی (الیکٹریکل انجینئرنگ میں) اور گریجویٹ تعلیم کے لیے امریکہ آیا۔ میں نے پچاس سال سے زائد عرصہ امریکہ میں کمپیوٹر انڈسٹری میں خدمات انجام دیں۔ اس کتاب کا مسودہ تیار کرنا میرے جیسے دنیاوی شخص کے لیے انتہائی مشکل مرحلہ تھا، مگر محمود مجیب اصغر کی حوصلہ افزائی کی بدولت میں کامیاب ہوا۔

اس کتاب کا بنیادی مقصد وہ تاریخی حقائق دستاویزی شکل میں پیش کرنا تھا جو ہمارے بزرگ مکمل کرنے سے قاصر رہے۔ میں خاندان میں سب سے چھوٹا ہوں اور میں نے اپنے مرحوم بزرگوں، والدین، بھائیوں اور بہن کی یادیں محفوظ کی ہیں۔ یہ کتاب 1972ء میں میاں فضل الرحمان بسمل کی اصل کتاب "بھیرہ کی تاریخ احمدیت" کے تقریباً نصف صدی بعد منظر عام پر آ رہی ہے۔

مختصر یہ کہ جو کچھ آج ہم ہیں، وہ سب حضرت مسیح موعود علیہ السلام کی دعاؤں اور والد مرحوم کے "وقف، وصیت، نظام جماعت اور خلفاء کی مکمل اطاعت" کی برکتوں کا نتیجہ ہے۔ کامیابی انہی کے قدموں میں ہے جو نظام کا احترام کرتے ہیں۔ مادیت پرست دنیا میں وہی کامیاب ہوتے ہیں جن کا خدا اور نظام جماعت سے مضبوط رشتہ ہو۔ یہ رشتہ ایک مضبوط قلعے کی مانند ہے جس نے ہمیں دنیا کے درندوں سے محفوظ رکھا ہے۔

صدق سے میری طرف آؤ، اِسی میں خیر ہے
ہیں درندے ہر طرف، میں عافیت کا ہوں حصار

میں جناب زکریا ورک (کینیڈا)، کلیم طاہر، محمود مجیب اصغر (انجینئر سویڈن)، شمس الہادی خان، بہنوں (خاص طور پر امۃ اللطیف تسنیم) اور اہلیہ نصیرہ نیئر رحمان کی حوصلہ افزائی، رہنمائی اور تعاون کا تہہ دل سے شکریہ ادا کرتا ہوں۔ خدا انہیں بہترین اجر دے۔ میں اپنے بھائی سید مبشر احمد ایاز کا بھی

مشکور ہوں جنہوں نے کتاب کی تیاری میں مدد کی (جزاک اللہ احسن الجزا)۔اس کتاب کے انگریزی نسخے کی پروف ریڈنگ کے لیے میری بھانجی (شبرا ملک) کا بھی خصوصی شکریہ۔

آخر میں اللہ تعالیٰ سے دعا ہے کہ وہ میری اس کاوش کو قبول فرمائے۔آمین۔خدا بھیرہ کے ابتدائی صحابہ سے، ان کی عقیدت، خلوص، پرجوش حمایت اور حضرت مسیح موعود علیہ السلام کے لیے غیر مشروط محبت سے راضی ہو۔اللہ تعالیٰ ان کے درجات جنت الفردوس میں بلند فرمائے۔آمین۔

خاکسار

شفیق الرحمٰن نیّر (اعوان)

ہیوسٹن، ٹیکساس، امریکہ

OO

حرفِ چند

تمام حمد اُس قادر و توانا خدا کے لیے ہے جس نے یہ سعادت اور توفیق عطا فرمائی کہ یہ بامقصد اور بامعنی کام پایۂ تکمیل تک پہنچے۔ یہ ایک ایسا خراجِ عقیدت ہے جو بھیرہ کے اوّلین صحابہؓ اور ہمارے معزز اسلاف کے لیے ہے۔ وہی بھیرہ جہاں حضرت خلیفۃ المسیح الاولؓ نے جنم لیا اور جس کی روحانی مٹی نے کئی وفاداروں کی قدم بوسی کی۔

یہ کتاب محض تاریخی واقعات کا مجموعہ نہیں، بلکہ اُن مخلص وجودوں کی سچی اور باوقار زندگیوں کا آئینہ ہے جنہوں نے حق کو پہچانا اور احمدیت کے ابتدائی اور پُرخطر دور میں اخلاص، قربانی اور استقلال کے ساتھ اپنا مقام پیدا کیا۔

یہ کاوش وقت کی ضرورت بھی ہے اور ایک بصیرت افروز اقدام بھی جو نئی نسل کو اُن درویش صفت ہستیوں سے جوڑنے کی سعی کرتی ہے جنہوں نے اپنے ایمان، استقامت اور عمل سے ایک تابندہ ورثہ چھوڑا۔ بھیرہ جیسے تاریخی اور روحانی شہر کے دینی ورثہ کی حفاظت صرف ایک فریضہ نہیں، بلکہ ایک مقدس امانت ہے۔

مجھے یہ امتیازی شرف حاصل ہے کہ میں نہ صرف مصنف کو ذاتی طور پر جانتا ہوں بلکہ اُن کے پورے خاندان سے دیرینہ روحانی، علمی اور خاندانی تعلقات بھی رکھتا ہوں، جو میرے لیے نہایت قابلِ قدر ہیں۔ اس کتاب کے مسودے کا مطالعہ کرنا اور اس کی اصلاح میں معاونت کرنا میرے لیے باعثِ اعزاز رہا۔

میری دلی دعا ہے کہ یہ کتاب اُن اوّلین جاں نثاروں کی نسلوں تک پہنچے اور ان کے دلوں میں اپنی پہچان، روحانی فخر اور وراثتی ذمہ داری کا نیا شعور پیدا کرے۔ اللہ تعالیٰ اس عاجزانہ خدمت کو اپنی بارگاہ میں شرفِ قبولیت عطا فرمائے اور اسے دائمی برکتوں کا ذریعہ بنائے۔ آمین۔

خاکسار

ذکریا ورک

ٹورنٹو، کینیڈا

OO

پیش لفظ

(ازمکرم محمود مجیب اصغر صاحب بھیروی، انجینئر، سویڈن)

برادرم شفیق الرحمن بھیروی، انجینئر نے اپنے احمدی آباؤ اجداد کے بارے میں کتاب لکھنے میں بڑی خدمت کی ہے۔ان کا خاندان ابتدائی احمدی خاندانوں میں بھیرہ (حضرت خلیفۃ المسیح الاول رضی اللہ عنہ کی جائے پیدائش/رہائش گاہ) سے ہے۔

میں نے ان کے والد کو جانا/دیکھا ہے۔انہوں نے کئی سالوں تک حضرت مرزا ناصر احمد صاحبؒ (اس وقت پرنسپل) کی متحرک قیادت میں وائس پرنسپل کی حیثیت سے تعلیم الاسلام کالج ربوہ کی خدمات انجام دیں۔ وہ بھیرہ کے گورنمنٹ ہائی سکول میں میرے والد (میاں فضل الرحمان بسمل، بی اے، بی ٹی، سابق امیر جماعت احمدیہ بھیرہ) کے کلاس فیلو اور دوست بھی تھے۔

تعلیم الاسلام کالج ربوہ میں میری تعلیم کے دوران مصنف کے والد کو چلنے پھرنے والا فرشتہ سمجھا جاتا تھا۔مصنف کے دادا (حضرت میاں کرم دین رضی اللہ عنہ) حضرت مسیح موعود علیہ السلام کے صحابی اور حضرت مولوی نورالدین صاحب رضی اللہ عنہ کے قریبی دوستوں میں سے تھے۔

حضرت مفتی محمد صادق صاحبؓ (مشنری امریکہ) نے اپنی کتاب ''ذکرِ حبیب'' میں لکھا ہے:

> ''ایک دفعہ میں نے خواب دیکھا کہ حضرت مسیح موعود علیہ السلام بھیرہ کے ایک بازار سے گزر رہے ہیں جو کہ گنج (منڈی) کے نام سے مشہور ہے۔ میں نے یہ خواب حضرت مسیح موعود علیہ السلام کے ساتھ بیان کیا۔خواب سن کر حضرت مسیح موعود علیہ السلام نے فرمایا کہ بھیرہ کو قادیان سے وہی نسبت ہے جو مدینہ کو مکہ سے ہے کیونکہ ہمیں بھیرہ سے نصرت ملی ہے۔'' (ذکرِ حبیب، صفحہ 163-164)

اس حوالے کے مطابق مصنف کا خاندان یقیناً اس بشارت میں شامل ہے۔ ہم (پانچ میں سے چار بھائی) ان کے والد کے دور میں مختلف سالوں میں تعلیم الاسلام کالج ربوہ میں پڑھتے تھے۔ ہمیں ان کے احسانات کا حصہ ملا۔ الحمدللہ وجزاءاللہ احسن الجزاء۔

یہ کتاب بھائی شفیق الرحمٰن کے خاندان کے لیے خاص طور پر نوجوان نسل کے لیے اور عموماً احمدی بھیروی خاندانوں کے لیے جو مختلف (امریکہ، کینیڈا، برطانیہ، افریقہ، جرمنی، آسٹریلیا، یورپ) ممالک میں آباد ہیں، انتہائی قیمتی تحفہ ہے۔

ان کے آباؤاجداد اور بھیرہ کے تمام صحابہ کے نام (بشمول میرے آباءواجداد) خدا کے فضل سے حضرت مسیح موعود علیہ السلام اور حضرت خلیفۃ المسیح اول رضی اللہ عنہ کے ناموں کے ساتھ اچھی طرح یاد رکھے جائیں گے۔ انشاءاللہ۔

قابلِ صد ناز ہے ثاقبؔ یہ بھیرہ کی زمیں
جس میں اترا ہے مسیحِ موعودؑ کا نورِ نگیں

والسلام

انجینئر محمود مجیب اصغر بھیروی
(ریٹائرڈ چیف انجینئر/ جنرل منیجر نیسپاک)
(سابق امیر ضلع مظفر گڑھ/ضلع اٹک)

OO

بھیرہ-ایک وراثت، ایک ایمان

دریائے جہلم کے کنارے واقع قدیم شہر بھیرہ نہ صرف پنجاب کی تاریخی سرزمین ہے بلکہ روحانی اعتبار سے بھی غیر معمولی اہمیت رکھتا ہے۔ یہی وہ شہر ہے جہاں حضرت خلیفۃ المسیح الاولؓ کی ولادت ہوئی اور جہاں سے قریباً تیس صحابہ کرامؓ نے حضرت مسیح موعودؑ کی بیعت کا شرف حاصل کیا۔ خود حضرت مسیح موعودؑ نے بھیرہ کو اپنی تحریک کے لیے ویسا ہی معاون قرار دیا جیسا مدینہ منورہ، آنحضرت صلی اللہ علیہ وآلہ وسلم کے لیے تھا۔

اسی متبرک سرزمین سے وہ نفوس قدسیہ اٹھے جنہوں نے اخلاص، علم، اور خدمت کے جذبہ سے جماعت کی بنیادوں کو مضبوط کیا۔ جیسے حضرت مفتی محمد صادق صاحبؓ، حضرت مولوی شیر علی صاحبؓ، شیخ الاسلام حضرت قادر بخش احمد آبادی صاحبؓ، حضرت مولوی محمد دلپذیر صاحبؓ، حضرت قاضی امیر حسین صاحبؓ اور دیگر بزرگ ہستیاں۔ انہی چراغوں کی روشنی میں یہ کتاب ترتیب دی گئی ہے۔

کتاب کا مقصد

یہ کتاب ایک ایسے عہد کو محفوظ کرنے کی کوشش ہے جو وقت کے دھندلکوں میں گم ہوتا جا رہا تھا۔
اس کا بنیادی مقصد ہے:

- بھیرہ سے تعلق رکھنے والے اوّلین احمدی بزرگوں کی غیر مطبوعہ داستانوں کو قلمبند کرنا۔
- ان متبرک تبرکات کی تفصیل وحفاظت جو حضرت مسیح موعودؑ سے نسبت رکھتی ہیں۔
- ان بزرگان کی قربانیوں کو خراج تحسین پیش کرنا جنہوں نے خاموشی سے مگر عظیم کردار ادا کیا۔
- اُن گمنام خدمت گزاروں کی خدمات کو تسلیم کرنا جنہوں نے پس منظر میں رہ کر جماعت کی

بنیادوں کو مستحکم کیا۔

- یہ کتاب اُن لوگوں کی یادگار ہے جنہوں نے خاموشی سے زندگی گزاری اور ایمان کی پکار پر لبیک کہا۔

کتاب کا دائرہ کار

اس کتاب میں قاری کو درج ذیل موضوعات پر ایک جامع اور محققانہ مواد ملے گا:

- بھیرہ کے اوّلین صحابہؓ کے سوانحی خاکے۔
- ان بزرگوں کی نسلی وخاندانی تسلسل کی جھلک۔
- وہ روایات اور واقعات جو کبھی تحریر میں نہ آسکے۔
- تبرکات کی تاریخ، نسبت اور روحانی اہمیت۔
- اور ایک جامع تناظر میں، بھیرہ کی جماعتی شناخت اور کردار کی جھلک۔

یہ صرف تاریخ نہیں، بلکہ ایک روحانی ورثے کا بیان ہے جو دل سے جڑا ہوا ہے، فقط الفاظ سے نہیں۔

ذاتی تحریک

میرے لیے یہ کتاب صرف ایک تحقیقی کام نہیں بلکہ قلبی وابستگی، روحانی محبت اور تہذیبی ذمہ داری کا اظہار ہے۔ میں خود اُن خاندانوں سے ہوں جن کے بزرگوں نے حضرت مسیح موعودؑ کے ہاتھ پر بیعت کی۔ ان کی کہانیاں میرے بچپن کی گھٹی میں شامل تھیں، مگر میں نے دیکھا کہ یہ بیش قیمت سرمایہ کہیں محفوظ نہیں۔

سو یہ کتاب، ایک قرض کی ادائیگی ہے۔ اُن بزرگوں کے لیے جنہوں نے خاموشی سے عبادت کی، دین کے لیے قربانی دی اور ہمیں وہ روحانی میراث سونپی جس پر ہم آج فخر کرتے ہیں۔

شکرگزاری

یہ کوشش کئی اہلِ علم ومحبت کی معاونت کے بغیر ممکن نہ تھی۔ خاص طور پر میں میاں فضل الرحمٰن بسملؒ کا شکرگزار ہوں جن کی 1970ء کی تصنیف بھیرہ کی تاریخِ احمدیت اس کام کی بنیاد بنی۔

ساتھ ہی اُن خاندانوں، مقامی مؤرخین اور بزرگوں کا بھی شکرگزار ہوں جنہوں نے نایاب روایات، خاندانی یادداشتیں اور زبانی روایات میرے ساتھ بانٹیں۔ یہ کتاب ان سب کے اجتماعی علم اور خلوص کی مرہونِ منت ہے۔

قارئین کے نام ایک آخری پیغام

یہ کتاب صرف ماضی کی روداد نہیں، یہ ہماری شناخت کا آئینہ ہے۔ میں آپ کو دعوت دیتا ہوں کہ اسے غور وفکر کے ساتھ پڑھیں اور اپنی تاریخ سے جڑنے کا وسیلہ بنائیں۔

دعا ہے کہ یہ اوراق، ہمارے روحانی ورثہ کی حفاظت اور آئندہ نسلوں کے لیے مشعلِ راہ ثابت ہوں۔

خلوص کے ساتھ

شفیق الرحمن (نیّر) اعوان

ہیوسٹن، ٹیکساس، امریکہ

باب اوّل

وفات یافتہ بزرگان کا ذکر خیر

أذکرو أموتکم بالخیر۔آباؤ اجداد کا ذکر خیر۔یادرفتگان

''صالحین کو یاد کرنا رحمت کا ذریعہ ہے۔'' (حدیث نبوی صلی اللہ علیہ وسلم)

ذِكْرُ الصَّالِحِينَ كَفَّارَةٌ، وَذِكْرِي كَفَّارَةٌ، وَذِكْرُ اللّٰهِ كَفَّارَةٌ

''نیک لوگوں کا ذکر کفارہ ہے اور میرا ذکر کفارہ ہے اور اللہ کا ذکر کفارہ ہے۔''

تعارف باب اوّل

گزشتہ دہائی کے دوران، میں نے غیر متوقع طور پر اپنے دونوں بڑے بھائیوں کو کھو دیا، جو پڑھنے، لکھنے اور شاعری میں غیر معمولی طور پر ہنر مند تھے۔ میں نے اپنے اسلاف کی تاریخ کو دستاویز کرنے کے لیے ان پر بھروسہ کیا تھا۔ کہ انہوں نے کس طرح احمدیت کو قبول کیا اور حضرت مسیح موعود علیہ السلام کی روحانی صحبت سے سرفراز ہوئے۔ اس کے برعکس، میں اپنے آپ کو ایک دنیادار شخص یعنی ایک ریٹائرڈ انجینئر سمجھتا ہوں۔ اپنی محدود مذہبی معلومات، خاص طور پر جماعتی ادب اور روایات کے حوالے سے اس کام کے لیے نااہل محسوس کرتا ہوں۔ مجھے محسوس ہوا کہ میں ایک ایسی ذمہ داری سنبھال رہا ہوں جو میرے بس کی بات نہیں تھی۔

تاہم، اس چیلنج نے میرے اندر وسیع پیمانے پر تحقیق کرنے اور ان تاریخی حقائق کو دستاویز کرنے کا عزم پیدا کیا جو ابھی تک ریکارڈ کیے جانے تھے۔ حضرت مسیح موعود علیہ السلام کے تبرکات کو خاص طور

پر مناسب دستاویزات کی ضرورت تھی۔ حضرت مسیح موعود علیہ السلام اور ان کے جانشینوں نے ان تاریخی حوالوں کو محفوظ کرنے کی اہمیت پر زور دیا ہے تاکہ نہ صرف آنے والی نسلوں کو اپنے آباؤ اجداد کے کارناموں سے روشناس کیا جا سکے بلکہ ان میں ان کی قربانیوں اور عقیدت پر فخر کا جذبہ بھی پیدا کیا جا سکے۔ اطاعت کے حقیقی جذبے کے ساتھ، میں نے اس مقصد کو حاصل کرنے اور شعلہ کو زندہ رکھتے ہوئے اس مشعل کو اگلی نسل تک پہنچانے کا عہد کیا۔

اللہ تعالیٰ کا حکم

مجھے اس موضوع پر کوئی براہ راست حکم نہیں ملا، لیکن مجھے بہت سی تعلیمات ملی ہیں جو ہماری اسلامی تعلیمات میں اس سنہری اصول پر روشنی ڈالتی ہیں۔ فقرہ "(أذكرو أموتكم بالخير) کا ترجمہ ہے "اپنے مُردوں کا تذکرہ اچھے طریقے سے کرو" یا "اپنے فوت شدگان کے بارے میں اچھی بات کرو۔" یہ تصور اسلامی تعلیمات میں گہرائی سے جڑا ہوا ہے۔ عزت، مہربانی اور اچھے کردار کو برقرار رکھیں، یہاں تک کہ جب ان لوگوں کے بارے میں بات کریں جو انتقال کر چکے ہیں۔

اگرچہ یہ مخصوص جملہ قرآن سے براہ راست نقل نہیں کیا گیا ہے، لیکن یہ سچائی اور مہربانی سے بات کرنے کے وسیع تر اسلامی اصولوں کے مطابق ہے۔ مثال کے طور پر، قرآن کئی آیات میں اچھی تقریر اور نقصان دہ الفاظ سے بچنے کی اہمیت پر زور دیتا ہے، جیسے:

- سورہ بقرہ (83:2): "اور لوگوں سے اچھی بات کہو اور نماز قائم کرو اور زکوٰۃ دو"۔
- سورۃ الحجرات (12-11:49): یہ آیات دوسروں کا مذاق اڑانے اور غیبت کرنے سے خبردار کرتی ہیں۔

یہ تعلیمات مسلمانوں کی حوصلہ افزائی کرتی ہیں کہ وہ اپنی تقریر میں مثبت اور احترام والا رویہ رکھیں، بشمول ان لوگوں کو یاد کرتے وقت جو انتقال کر گئے ہیں۔

تعلیمات پیغمبر اسلام صلی اللہ علیہ وسلم

حصولِ برکت کی خاطر میت کی اچھی بات کہنے کے موضوع سے متعلق دو احادیث پیش کرنا چاہوں گا۔

رسول اللہ صلی اللہ علیہ وسلم کی ایک حدیث میں ان لوگوں کے فضائل کے ذکر کی اہمیت پر زور دیا گیا ہے جو فوت ہو چکے ہیں۔ یہ حدیث سنن ابوداؤد سمیت مختلف مجموعوں میں موجود ہے:

- سنن ابوداود، کتاب 42، حدیث 4880 ابن عمر رضی اللہ عنہ سے روایت ہے کہ رسول اللہ صلی اللہ علیہ وسلم نے فرمایا:

"اپنے مرنے والوں کی نیکیاں بیان کرو اور ان کی برائیوں سے پرہیز کرو۔"

یہ حدیث کسی کے انتقال کے بعد بھی مرنے والے کے کاموں کو یاد رکھنے اور احترام اور مہربانی کے کلچر کو فروغ دینے کی اہمیت کو واضح کرتی ہے۔

اس کے علاوہ ایک اور حدیث میں غیبت کرنے اور دوسروں کے عیب تلاش کرنے کے موضوع پر توجہ دی گئی ہے۔ مکمل حوالہ یہ ہے:

- سنن ابوداود، کتاب 42، حدیث 4880 رسول اللہ صلی اللہ علیہ وسلم نے فرمایا:

"اے امت جو اپنی زبان سے ایمان لائے لیکن ایمان ان کے دلوں میں داخل نہ ہوا، مسلمانوں کی غیبت نہ کرو اور ان کے عیب تلاش نہ کرو۔ کیونکہ اگر کوئی ان کے عیب تلاش کرے گا تو اللہ تعالیٰ اس کے عیب تلاش کرے گا اور اگر اللہ تعالیٰ کسی کے عیب تلاش کرے گا تو اسے اس کے گھر میں رسوا کرے گا۔

آخر میں عائشہ رضی اللہ عنہا کی ایک اور حدیث بھی اسی تعلیم کی عکاسی کرتی ہے:

- سنن النسائی 1935 عائشہ رضی اللہ عنہا سے روایت ہے کہ رسول اللہ صلی اللہ علیہ وسلم کے

سامنے ایک شخص کا تذکرہ منفی طور پر کیا گیا، آپ صلی اللہ علیہ وسلم نے فرمایا:

''اپنے میت کا ذکر نہ کرو جب تک کہ وہ اچھا نہ ہو۔'' (از البانی)

عَنْ عَائِشَةَ قَالَتْ ذُكِرَ عِنْدَ النَّبِيِّ صَلَّى اللَّهُ عَلَيْهِ وَسَلَّمَ هَالِكٌ بِسُوءٍ فَقَالَ لَا تَذْكُرُوا هَلْكَى لَا تَذْكُرُوا هَلْكَى ۔ (ماخذ: سنن النسائی 1935، درجہ: البانی کے مطابق صحیح (مستند)

سیرت تصنیف کے بارے میں حضرت مسیح موعود علیہ السلام کی نصیحت

حضرت مرزا غلام احمد، حضرت مسیح موعود علیہ الصلوٰۃ والسلام نے سیرت لکھنے کی اہمیت پر زور دیتے ہوئے فرمایا:

''یہ بات ظاہر ہے کہ جب تک کسی شخص کے سوانح کا پورا نقشہ کھینچ کر نہ دکھلا یا جائے تب تک چند سطریں جو اجمالی طور پر ہوں کچھ بھی فائدہ پبلک کو نہیں پہنچا سکتیں اور ان کے لکھنے سے کوئی نتیجہ معتد بہ پیدا نہیں ہوتا۔

سوانح نویسی سے اصل مطلب تو یہ ہے کہ تا اس زمانہ کے لوگ یا آنے والی نسلیں ان لوگوں کے واقعات زندگی پر غور کر کے کچھ نمونہ ان کے اخلاق یا ہمت یا زہد و تقویٰ یا علم و معرفت یا تائید دین یا ہمدردی نوع انسان یا کسی اور قسم کی قابل تعریف ترقی کا اپنے لئے حاصل کریں اور کم سے کم یہ کہ قوم کے اولوالعزم لوگوں کے حالات معلوم کر کے اس شوکت اور شان کے قائل ہو جائیں جو اسلام کے عمائد میں ہمیشہ سے پائی جاتی رہی ہے تا اس کو حمایت قوم میں مخالفین کے سامنے پیش کر سکیں اور یا یہ کہ ان لوگوں کے مرتبت یا صدق اور کذب کی نسبت کچھ رائے قائم کر سکیں۔ اور ظاہر ہے کہ ایسے امور کے لئے کسی قدر مفصل واقعات کے جاننے کی ہر ایک کو ضرورت ہوتی ہے۔ اور بسا اوقات ایسا ہوتا ہے کہ ایک شخص ایک نامور انسان کے واقعات پڑھنے کے وقت نہایت شوق سے اس شخص

کے سوانح کو پڑھنا شروع کرتا ہے اور دل میں جوش رکھتا ہے کہ اس کے کامل حالات پر اطلاع پا کر اس سے کچھ فائدہ اٹھائے۔ تب اگر ایسا اتفاق ہو کہ سوانح نویس نے نہایت اجمال پر کفایت کی ہو اور لائف کے نقشہ کو صفائی سے نہ دکھلایا ہو تو یہ شخص نہایت ملول خاطر اور منقبض ہو جاتا ہے۔ اور بسا اوقات اپنے دل میں ایسے سوانح نویس پر اعتراض بھی کرتا ہے اور در حقیقت وہ اس اعتراض کا حق بھی رکھتا ہے کیونکہ اس وقت نہایت اشتیاق کی وجہ سے اس کی مثال ایسی ہوتی ہے کہ جیسے ایک بھوکے کے آگے خوان نعمت رکھا جائے اور معاً ایک لقمہ کے اٹھانے کے ساتھ ہی اس خوان کو اٹھالیا جائے۔

اس لئے ان بزرگوں کا یہ فرض ہے جو سوانح نویسی کے لئے قلم اٹھاویں کہ اپنی کتاب کو مفید عام اور ہر دلعزیز اور مقبول اَنام بنانے کے لئے نامور انسانوں کے سوانح کو صبر اور فراخ حوصلگی کے ساتھ اس قدر بسط سے لکھیں اور ان کی لائف کو ایسے طور سے مکمل کر کے دکھلاویں کہ اس کا پڑھنا ان کی ملاقات کا قائم مقام ہو جائے۔ تا اگر ایسی خوش بیانی سے کسی کا وقت خوش ہو تو اس سوانح نویس کی دنیا اور آخرت کی بہبودی کے لئے دعا بھی کرے۔ اور صفحات تاریخ پر نظر ڈالنے والے خوب جانتے ہیں کہ جن بزرگ محققوں نے نیک نیتی اور افادہ عام کے لئے قوم کے ممتاز شخصوں کے تذکرے لکھے ہیں انہوں نے ایسا ہی کیا ہے۔"

(ماخذ: کتاب البریہ، روحانی خزائن، جلد13، صفحہ 159-162)

خلفائے احمدیت کی نصیحت

جماعت احمدیہ میں ذکر خیر کی روایت (ہمارے بزرگوں کی زندگیوں کو محبت اور احترام کے ساتھ یاد کرنا اور ان کی تعظیم کرنا) کی جڑیں پیغمبر اکرم (صلی اللہ علیہ وآلہ وسلم) کی عظیم تعلیمات میں پیوست ہیں اور حضرت مسیح موعود علیہ السلام کے خلفاء نے اس پر زور دیا ہے۔ ہمارے روحانی پیشواوں نے اس عمل کی مسلسل حوصلہ افزائی کی ہے، نہ صرف عقیدت مند افراد کی خدمات کے لیے اظہار تشکر کے طور پر بلکہ آنے والی نسلوں کے لیے تحریک کا ذریعہ بھی۔ مندرجہ ذیل حصے میں ذکر خیر کی اہمیت اور آداب کے بارے میں خلفائے احمدیت کی طرف سے جاری کردہ کلیدی ہدایات، بیانات اور رہنمائی پیش کی گئی ہے، جو جماعت کے علمبرداروں اور ان کی قربانیوں کے لیے گہرے احترام کی عکاسی کرتی ہے۔

حضرت خلیفۃ المسیح اوّل حکیم مولوی نورالدین ؓ کی تعلیمات

احمدیہ مسلم کمیونٹی کے پہلے خلیفہ حضرت حکیم مولوی نورالدین ؓ نے اپنے خطبات، خطوط اور ذاتی تعلیمات میں بزرگوں کی یاد (ذکرِ خیر) پر زور دیا۔ ان کا خیال تھا کہ یہ عمل متقی افراد کی خوبیوں کو محفوظ رکھتا ہے، روحانی ترغیب فراہم کرتا ہے، اور آنے والی نسلوں میں راستبازی پیدا کرتا ہے۔ اس موضوع پر ان کی رہنمائی احمدیہ لٹریچر خصوصاً ملفوظات اور مکتوبات (خطوط) میں دستاویزی ہے۔

1. راستبازوں کو یاد کرنے سے الٰہی رحمت ہوتی ہے

حضرت خلیفۃ المسیح اوّل رضی اللہ عنہ اکثر یہ حدیث نقل فرماتے تھے:

"جب نیک لوگوں کا ذکر ہوتا ہے تو رحمت نازل ہوتی ہے۔"

انہوں نے وضاحت کی کہ متقی لوگوں کے بارے میں بات کرنا ایسے ذکر میں مشغول لوگوں پر اللہ کی رحمتوں کو دعوت دیتا ہے۔ یہ عقیدہ ان کے حضرت مسیح موعود علیہ السلام اور دیگر صالح ہستیوں کے

فضائل بیان کرنے کے عمل میں جھلکتا تھا۔

(ملفوظات حضرت خلیفۃ المسیح اولؓ، جلد 1۔1، ص۔120)

2. متقی بزرگوں کی زندگیوں سے سیکھنا

حضرت خلیفۃ المسیح اولؓ نے اس بات پر زور دیا کہ صالحین کو یاد کرنے سے انسانوں کو ان کے اخلاق کو اپنانے کی ترغیب دینی چاہیے۔ فرمایا:

”جو لوگ اپنے بزرگوں کو یاد نہیں کرتے وہ اللہ کی نعمتوں کو پہچاننے میں ناکام رہتے ہیں۔ ان کے فضائل کو یاد کیا جائے تاکہ ہم ان کی زندگیوں سے سبق حاصل کر کے اپنی اصلاح کر سکیں۔“ (مکتوبات نور الدین، ایک صحابی کے نام خط، 1909)

3. جماعت اور خلافت کے ساتھ تعلق کو مضبوط کرنا

وہ اکثر حضرت مسیح موعود علیہ السلام کے ابتدائی ساتھیوں کی قربانیوں اور اعلیٰ صفات کے بارے میں بات کرتے تھے اور دوسروں کو بھی ایسا کرنے کی ترغیب دیتے تھے۔ فرمایا:

”یہ جماعت صالحین کی قربانیوں سے قائم ہوئی ہے۔ ہمارا فرض ہے کہ ہم ان کا تذکرہ عقیدت کے ساتھ کریں تاکہ ہمارے دلوں میں اور ہمارے بچوں کے دلوں میں ایمان کی محبت زندہ رہے۔“ (ملفوظات حضرت خلیفۃ المسیح اولؓ، جلد 1۔2، ص۔85)

4. آنے والی نسلوں کے لیے بزرگوں کی تاریخ کو محفوظ کرنا

حضرت خلیفۃ المسیح اولؓ نے بزرگوں کی زندگیوں اور خدمات کو دستاویزی شکل دینے کی اہمیت پر زور دیا تاکہ ان کی قربانیوں کو فراموش نہ کیا جائے۔ آپ نے اپنے پیروکاروں کو ہدایت کی:

”اُن لوگوں کے بارے میں لکھیں جنہوں نے اخلاص کے ساتھ اسلام اور احمدیت کی

خدمت کی، تاکہ آنے والی نسلوں کے لیے ان کا نور چمکتا رہے۔"

(تفسیر نورالدین، تفسیر سورۃ العصر)

5. اپنے بزرگوں کو بھولنے کے نتائج

آپ نے ذکر خیر کو نظر انداز کرنے کے خطرات سے بھی خبردار کرتے ہوئے فرمایا:

"جو قوم اپنے بزرگوں کو بھول جاتی ہے وہ آخرکار اپنی شناخت اور روحانی طاقت کھو دیتی ہے۔ اگر آپ اپنے آباؤ اجداد کی قربانیوں اور تعلیمات کو محفوظ نہیں رکھیں گے تو آپ کا اللہ سے تعلق کمزور ہو جائے گا۔"

(ملفوظات حضرت خلیفۃ المسیح اوّلؓ، جلد 1۔3، ص۔47)

6. نتیجہ

حضرت خلیفۃ المسیح اولؓ کا عقیدہ تھا کہ بزرگوں کا ذکر خیر:

- اللہ کی رحمت اور برکتوں کو دعوت دیتا ہے۔
- نیک لوگوں سے سیکھنے کی ترغیب دیتا ہے۔
- جماعت کی روحانی بنیاد کو مضبوط کرنا
- آنے والی نسلوں کے لیے تاریخ کو محفوظ رکھتا ہے۔

انہوں نے تمام احمدیوں پر زور دیا کہ وہ بزرگوں کی مثالوں کو یاد رکھیں، دستاویز کریں اور ان کی پیروی کریں، اس بات کو یقینی بناتے ہوئے کہ ان کے فضائل آنے والی نسلوں کی حوصلہ افزائی اور رہنمائی کرتے رہیں۔

حضرت خلیفۃ المسیح الثانی رضی اللہ عنہ

پیاروں اور وفات شدگان کی اچھی یاد (ذکرِ خیر) صدقہ کی ایک بڑی فضیلت اور بامعنی شکل ہے۔ حضور صلی اللہ علیہ وسلم نے ہمیں اس کے بارے میں بتایا ہے۔ حضرت خلیفۃ المسیح الثانی رضی اللہ عنہ نے 15 جولائی 1949ء کو لاہور میں اپنے خطبہ جمعہ میں فرمایا:

''رسول اللہ صلی اللہ علیہ وسلم نے فرمایا: (اذکروا أمواتکم بالخیر)۔

اس کا ترجمہ ہے: ''ان لوگوں کے اچھے اعمال، خوبیوں اور صفات کا تذکرہ کریں جو اپنے خالق کو منتقل کر چکے ہیں۔''

حضورؓ نے اس بات پر زور دیا کہ اس لفظ کا استعمال (أمواتکم) حضور صلی اللہ علیہ وسلم کے اصحاب شامل ہیں، جو ستاروں کی مانند ہیں۔ ان میں سے کسی ایک کی پیروی آپ کو نجات کی طرف لے جا سکتی ہے۔ ان صحابہ نے اسلام کے لیے غیر معمولی خدمات انجام دیں، اسی لیے حضور صلی اللہ علیہ وسلم نے یہ اصطلاح استعمال کی۔ (أمواتکم) اس بات کو یقینی بنانے کے لیے کہ انہیں ہمیشہ یاد رکھا جائے۔ یہ ہمارے لیے سابق صحابہ کی قربانیوں کے لیے تیار رہنے کی یاددہانی کا کام کرتا ہے، نوجوانوں کو اپنے آباؤاجداد کی ہمت، مہربانی اور بے لوثی کی تقلید کرنے کی ترغیب دیتا ہے۔

(خطبہ جمعہ، 15 جولائی 1949، لاہور، الفضل 31 جولائی، 1949، صفحہ 7)

حضرت مرزا ناصر احمد صاحب خلیفۃ المسیح الثالث رحمۃ اللہ علیہ

احمدیہ مسلم کمیونٹی کے تیسرے خلیفہ حضرت مرزا ناصر احمد صاحب رحمۃ اللہ علیہ نے ذکرِ خیر کی اہمیت پر زور دیا۔ بزرگوں کی عزت کی یاد۔ روحانی ورثے کے تحفظ، فرقہ وارانہ رشتوں کو مضبوط کرنے اور آنے والی نسلوں کو متاثر کرنے کے لیے ایک اہم عمل کے طور پر۔ اپنے تمام خطبات، تقاریر اور ذاتی رہنمائی کے دوران، انہوں نے جماعت کے اراکین کو اپنے آباؤاجداد کی قربانیوں کو یاد رکھنے اور ان کی

دستاویز کرنے کی مسلسل ترغیب دی۔

1. بزرگوں کی میراث کا تحفظ ایمان کو مضبوط کرتا ہے۔

اپنے پیشروؤں کی پاکیزہ زندگیوں کو یاد کرنے سے ہمارے ایمان کو تقویت ملتی ہے اور خلافت سے ہمارا تعلق گہرا ہوتا ہے۔ (خطبہ جمعہ، 12 دسمبر 1969ء)

2. متقی بزرگوں کی قربانیوں کی دستاویز کرنا

صالح افراد کی شراکت کو ریکارڈ کرنا اس بات کو یقینی بناتا ہے کہ آنے والی نسلیں اپنے شاندار ورثے سے جڑی رہیں۔ (مجلس خدام الاحمدیہ اجتماع کا خطاب، 1973ء)

3۔ ذکرِ خیر الٰہی نعمتوں کو حاصل کرنے کا ایک ذریعہ ہے۔

نیک لوگوں کی زندگیوں کا تذکرہ معاشرے پر اللہ کی رحمتوں اور برکتوں کو دعوت دیتا ہے۔

(جلسہ سالانہ تقریر، 1976ء)

4. بزرگوں کی مثالی زندگی سے سیکھنا

اپنے پیشروؤں کے صبر اور قربانیوں کا مطالعہ ہمارے اپنے روحانی سفر کو آگے بڑھانے کے لیے انمول رہنمائی فراہم کرتا ہے۔ (مکاتب مع وقفین زندگی، 1977ء)

5. عملی اقدامات کے ذریعے بزرگوں کی عزت کرنا

سچی یاد ان لوگوں (جو ہم سے پہلے آئے) کی اقدار اور مشنوں کو برقرار رکھنے اور ان کے اصولوں کو روزمرہ کی زندگی میں مجسم کرنے سے ثابت ہوتی ہے۔

(مجلس انصار اللہ سے خطاب، 1974ء)

حضرت خلیفۃ المسیح الرابع رحمہ اللہ تعالیٰ

حضرت خلیفۃ المسیح الرابعؒ نے جماعت کے ارکان کو اپنے آباؤ اجداد کی ''اچھی یاد'' (ذکرِ خیر) کو آئندہ نسلوں کے لیے قلم بند کرنے، محفوظ کرنے اور شیئر کرنے کی یاد دلائی۔ 30/اپریل 1993ء کو اپنے خطبہ جمعہ میں حضورؒ نے اس پر زور دیتے ہوئے فرمایا:

''میں نے دیکھا ہے کہ بہت سے ایسے بزرگ آباؤ اجداد جنہوں نے حضرت مسیح موعود علیہ الصلوٰۃ والسلام کے زمانہ میں یا آپؑ کے بعد خلافت اولیٰ یا خلافت ثانیہ میں بیعتیں کی تھیں اور غیر معمولی دینی ترقیات حاصل کیں، غیر معمولی قربانیاں دیں اور ان کا ذکر اگلی نسلیں بھول رہی ہیں اور ان کے ماں باپ بھی اس ذکر کو زندہ نہیں رکھتے نتیجۃً وہ کتابوں کے پھول بنتے جا رہے ہیں اور کتابیں بھی ایسی جن کو کم لوگ پڑھتے ہیں۔ پس یہ انداز جو ہے زندہ رہنے کا انداز نہیں ہے۔ قرآن کریم نے ہمیں زندگی کا جو راز سمجھایا ہے اس کی رو سے آپ کو اپنے آباؤ اجداد کے ذکر کو لازماً زندہ رکھنا ہوگا۔

چنانچہ گزشتہ چند سالوں میں نے جماعتوں کو بار بار نصیحت کی کہ وہ سارے خاندان جن کے آباؤ اجداد میں صحابہ یا بزرگ تابعین تھے، ان کو چاہئے کہ وہ اپنے خاندان کا ذکر خیر اپنی آئندہ نسلوں میں جاری کریں مگر افسوس ہے کہ ابھی تک کماحقہ توجہ نہیں دی گئی... یہ تو المیہ ہے یہ تو بہت ہی دردناک بات ہے... کہ جن کے ذکر کو زندہ رکھنا حقیقت میں ضروری ہے جو آئندہ اُن کے اخلاق کی حفاظت کرے گا ان کے ذکر سے تو یہ لوگ غافل ہیں ان کو پتا ہی نہیں کہ ہمارے آباؤ اجداد کون تھے، کیا ہوئے۔ انہوں نے دین کی خاطر کیا کیا قربانیاں کیں؟ پس پہلے كَذِكْرِكُمْ آبَآءَكُمْ کے مضمون سے بات شروع کریں

اور ان نیک لوگوں کے ذکر کو اپنی اپنی مجالس میں زندہ کریں۔ اپنی اپنی قوموں میں اُن کے ذکر کو زندہ کریں اور پھر ہر خاندان میں اس ذکر کو زندہ کریں۔ پھر جیسا کہ قرآن کریم نے فرمایا ہے یہ ذکر لازماً ذکر الٰہی میں تبدیل ہوگا کیونکہ ان کے ذکر کی تو جان ہی اللہ کے تعلق میں ہے۔ یہ وہ پاک نسلیں ہیں جو خدا کی ہو چکی تھیں ان کا خدا کے ساتھ کوئی تشخص دکھائی نہیں دیتا۔

...صرف تاریخ کے اپنے ان اوراق کو کھولیں اور دیکھیں تو سہی کہ پہلے لوگ کیسے تھے اور کیا تھے؟ کن کن خاندانوں کے بزرگ کن کن قربانیوں کے بعد احمدیت میں داخل ہوئے اور احمدیت میں داخل ہونے کے بعد انہوں نے کیا کیا قربانیاں دیں، کس طرح وفا کے اعلیٰ نمونے دکھائے، کس طرح آخری سانس تک وہ خدا کے ہو رہے۔ اور خدا ہی کی خاطر جیئے اور خدا کی ہی خاطر مرے۔ یہ وہ لوگ ہیں جن کے ذکر کو زندہ کرنا ضروری ہے۔

...وہی راستہ ہے جو قرآن کریم نے بیان کیا ہے۔ آباء کے ذکر سے خدا کے ذکر کی طرف ان کو منتقل کر دیں۔ آباء کا ذکر کرتے ہوئے ہاتھ پکڑیں اور ذکر اللہ میں جا کر اپنی آخری منزل تک پہنچیں اور وہاں اپنے سفر کا اختتام کریں۔ یہ وہ طریق ہے جس سے ہم بہت سی کھوئی ہوئی اعلیٰ اقدار کو واپس لا سکتے ہیں۔ دوبارہ اختیار کر سکتے ہیں۔ قوموں کی زندگی کا راز اسی میں ہے۔"

(خطبات طاہر، جلد 12، صفحہ 329-336)

حضرت خلیفۃ المسیح الخامس ایدہ اللہ تعالیٰ بنصرہ العزیز

17 اکتوبر 2003ء کو اپنے جمعہ کے خطبہ میں، حضرت خلیفۃ المسیح الخامس ایدہ اللہ تعالیٰ بنصرہ العزیز نے جماعت کے ارکان پر زور دیا کہ وہ اپنے اسلاف کی ''نیک یاد'' (ذکرِ خیر) کو زندہ رکھیں۔

حضور ایدہ اللہ تعالیٰ بنصرہ العزیز نے فرمایا:

''یہ تو چند نمونے تھے جو میں نے پیش کئے، حضرت اقدس مسیح موعود علیہ السلام کی پیاری جماعت میں ایسے ہزاروں لاکھوں نمونے بکھرے پڑے ہیں۔ حضرت مسیح موعود علیہ السلام نے اپنے وقت میں لاکھوں کا ذکر کیا اب تو اور بھی بہت بڑھ چکے ہیں جنہوں نے اپنے اخلاص اور اپنی قربانیوں کے بڑے اعلیٰ معیار قائم کئے ہیں۔ بہت سے ایسے ہیں جن کے وفا، اخلاص، تعلق، محبت، اطاعت کے واقعات سامنے نہیں آئے۔ یہ لوگ خاموشی سے آئے اور محبت و تعلق وفا اور اطاعت کی مثالیں رقم کرتے ہوئے خاموشی سے چلے گئے۔ ایسے مخلصین کی اولادوں کو چاہئے کہ اپنے ایسے بزرگوں کے واقعات قلمبند کریں اور جماعت کے پاس محفوظ کروائیں اور اپنے خاندانوں میں بھی ان روایتوں کو جاری کریں اور اپنی نسلوں کو بھی بتاتے رہیں کہ ہمارے بزرگوں نے یہ مثالیں قائم کی ہیں اور ان کو ہم نے جاری رکھنا ہے۔''

(خطبات مسرور، جلد 1، صفحہ 412-413)

نظر انداز کیے جانے والوں کو محفوظ رکھنے کا ذاتی فرض

مزید برآں، یہ کتاب، پہلی بار، میرے دادا کے بارے میں تاریخی تفصیلات پیش کرتی ہے، وہ تفصیلات جو احمدیت کی ریکارڈ شدہ تاریخ میں کبھی درج نہیں ہوئیں۔ ان میں ہمارے خاندان میں محفوظ تبرکات شامل ہیں، تخت پوش (دیوان) جسے میرے دادا نے ذاتی طور پر حضرت مسیح موعود علیہ السلام کے لیے بنایا تھا اور حضرت مرزا غلام احمد صاحب علیہ السلام کے ساتھ ان کا قریبی اور محترم رشتہ ہے۔ میرے والد مرحوم پروفیسر میاں عطاء الرحمن صاحب نے اور نہ ہی میرے مرحوم بھائیوں (لطف الرحمن محمود اور حبیب الرحمن ساحر) نے ذاتی اور روحانی طور پر اہم یہ تاریخی بیانات و یادیں اپنی زندگی میں کبھی قلم بند نہیں کی۔

وہ ان خاندانی تبرکات کو تحریری شکل نہیں دے سکے اور نہ ہی حضرت مسیح موعود علیہ السلام کے لیے بنائے گئے تخت پوش/ دیوان کی قابل ذکر کہانی۔ میں نے اپنے خاندان کے روحانی ورثے کے ان غیر ریکارڈ شدہ پہلوؤں کو محفوظ رکھنے، بانٹنے اور ان پر تبصرہ کرنے کی ذمہ داری اپنے اوپر لی ہے۔

میرے والد نے 1967-1968ء میں ربوہ میں نوادرات/تبرکات کمیٹی کو حضرت مسیح موعود علیہ السلام کے مبارک لانگ کوٹ (اوورکوٹ) کے بارے میں ایک رسمی تحریری بیان دیا۔ بدقسمتی سے، میں اس تحریری بیان (جمع کرانے) کی کاپی حاصل نہیں کر سکا۔ صرف اللہ ہی جانتا ہے کہ اتنے اہم تاریخی ریکارڈ کہاں سے محفوظ کیے گئے ہوں گے۔

مزید برآں، میں ابھی تک حضرت خلیفۃ المسیح الرابع رحمہ اللہ کا ایک مخصوص ویڈیو کلپ تلاش کر رہا ہوں جس میں ہمارے دادا کے بنائے ہوئے تخت پوش/ دیوان کا حوالہ دیا گیا ہے۔ حضرت خلیفۃ المسیح الخامس کی رہنمائی کے بعد میں نے ربوہ کے ریسرچ سیل سے درخواست کی لیکن مجھے ابھی تک کوئی جواب نہیں ملا۔

مصنف کتاب نے حضرت خلیفۃ المسیح الخامس ایدہ اللہ بنصرہ العزیز کی خدمت اقدس میں عاجزانہ درخواست کی تھی کہ مسلم ٹیلی ویژن احمدیہ کے سٹاف کو ہدایت فرمائیں کہ حضرت خلیفۃ المسیح الرابع ؒ کی وہ ویڈیو کلپ اس عاجز کو مہیا کریں جس میں انہوں نے تخت پوش (دیوان) جس کو ہمارے دادا نے حضرت بانی سلسلہ احمدیہ ؑ کیلئے بنایا تھا، کا ذکر فرمایا تھا۔ مصنف کو تادم تحریر یہ کلپ موصول نہیں ہؤا نہ ہی کوئی جواب۔ مصنف اس باب کو حدیث کے ایک اقتباس سے ختم کرنا چاہتا ہیں:

اِذَا مَاتَ الاِنسَانُ اِنْقَطَعَ عَمَلُهُ إِلّا مِنْ ثَلَاثَةٍ: صَدَقَةٍ جَارِيَةٍ، أَوْ عِلْمٍ يُنْتَفَعُ بِهِ، أَوْ وَلَدٍ صَالِحٍ يَدْعُو لَهُ.

ترجمہ: جب کوئی شخص مرجاتا ہے تو اس کے اعمال ختم ہوجاتے ہیں سوائے تین کے:

جاری صدقہ، نفع بخش علم، یا نیک اولاد جو اس کے لیے دعا کرے۔

(صحیح مسلم، حدیث 1631؛ کتاب 13، حدیث 4005)

اہم نکات

- ذکرِ خیر اسلام کی ایک مستند اور بابرکت روایت ہے، جس کی بنیاد قرآن کریم، سنتِ نبوی ﷺ اور اسوۂ صالحین پر قائم ہے۔ آنحضرت صلی اللہ علیہ وسلم، حضرت مسیح موعود علیہ السلام اور خلفائے احمدیت نے اس کی اہمیت کو بارہا واضح فرمایا ہے۔ ذکرِ خیر محض یادداشت کا عمل نہیں بلکہ روحانی تربیت، ایمانی تسلسل اور اخلاقی بقا کا ذریعہ ہے۔
- مرحومین کی قربانیوں، خدمات اور اوصاف کو تحریری صورت میں محفوظ کرنا کسی بھی خاندان اور جماعت کی اخلاقی و روحانی شناخت کو برقرار رکھنے میں بنیادی کردار ادا کرتا ہے۔ تاریخ جب محفوظ نہ رہے تو شناخت دھندلا جاتی ہے اور روحانی رشتہ کمزور پڑ جاتا ہے۔
- اپنے بزرگوں کی میراث سے غفلت رفتہ رفتہ روحانی جڑوں سے دوری کا سبب بنتی ہے، جس

کے نتیجے میں نسل در نسل فکری اور ایمانی تسلسل متاثر ہوتا ہے۔ اسی احساسِ ذمہ داری کے تحت مصنف نے غیر مدون خاندانی تاریخ کو محفوظ کرنے کا ارادہ کیا، خصوصاً حضرت مسیح موعود علیہ السلام سے منسوب تبرکات اور اپنے دادا کی جانب سے حضورؑ کے لیے تعمیر کردہ تخت پوش (دیوان) کے پس منظر اور تاریخی کردار کو قلم بند کرنا اس تحریر کا محرک بنا۔

- یہ امر بھی قابلِ توجہ ہے کہ مختلف خلفائے احمدیت نے جماعت کے افراد کو مسلسل اس طرف توجہ دلائی ہے کہ وہ اپنے اسلاف کی روحانی قربانیوں اور خدمات کو جمع کریں، محفوظ کریں اور آئندہ نسلوں تک منتقل کریں، کیونکہ یہ ایک امانت ہے جس کے بارے میں باز پرس ہوگی۔

کلیدی نتائج

- ذکرِ خیر درحقیقت روحانی تسلسل کی ایک مؤثر صورت ہے، جو ماضی، حال اور مستقبل کے درمیان ایک زندہ رشتہ قائم رکھتی ہے اور نیکی کے نور کو باقی رکھتی ہے۔
- خاندانی اور جماعتی تاریخ کا تحفظ کوئی اختیاری یا ثانوی معاملہ نہیں بلکہ ایک ذمہ داری اور امانت ہے۔ یہ عمل ایک طرف اخلاقی فرض کی ادائیگی ہے اور دوسری طرف صدقۂ جاریہ، جس کا ثواب آنے والی نسلوں تک جاری رہتا ہے۔
- یہ حقیقت بھی اپنی جگہ مسلم ہے کہ ذاتی اور غیر مدون تاریخیں بھی غیر معمولی اہمیت رکھتی ہیں۔ خاندانی روایات، واقعات اور تبرکات، جب اخلاص کے ساتھ دین کی خدمت سے وابستہ ہوں، تو وہ محض ذاتی یادداشت نہیں رہتیں بلکہ اجتماعی اور جماعتی سرمایہ بن جاتی ہیں۔
- اس فریضے کا آغاز خاندان کی سطح سے ہی ممکن ہے۔ ہر نسل پر لازم ہے کہ وہ وراثت، یادداشت اور مقصد کو آئندہ نسل تک منتقل کرے تاکہ روحانی اور تاریخی تسلسل منقطع نہ ہو۔

باب 1 کا خلاصہ

باب اول اس کتاب کی روحانی، اخلاقی اور تاریخی بنیاد فراہم کرتا ہے۔اس باب میں ذکرِ خیر یعنی صالحین اور مرحومین کی باوقار یاد کو اسلامی اور احمدیہ تعلیمات کی روشنی میں بیان کیا گیا ہے۔

آنحضرت محمد صلی اللہ علیہ وسلم کی احادیث، حضرت مسیح موعود علیہ السلام کی تحریرات وارشادات، اور خلفائے احمدیت کے خطبات و ہدایات سے یہ حقیقت واضح ہوتی ہے کہ بزرگوں کی قربانیوں کو یادرکھنا اور انہیں تحریری شکل میں محفوظ کرنا محض ایک مستحسن روایت نہیں بلکہ ایک دینی اور روحانی ذمہ داری ہے۔

مصنف اس باب میں اپنی ذاتی تحریک کا بھی ذکر کرتا ہے، جو ان کے بڑے بھائی -خاندان کی تاریخ کے امین- کی وفات کے بعد پیدا ہوئی۔اس خلا نے مصنف کو اس بات پر آمادہ کیا کہ وہ اپنے خاندان کی روحانی تاریخ کو محفوظ کرے، خصوصاً حضرت مسیح موعود علیہ السلام کے تبرکات اور اپنے دادا کے تعمیر کردہ تخت پوش (دیوان) کی تاریخ کو قلم بند کرے۔

مصنف دینی علوم میں اپنی محدودات کا دیانت داری سے اعتراف کرتا ہے، تاہم اطاعت، خلوص اور تاریخی ذمہ داری کو اپنی اصل قوت قرار دیتا ہے۔یہی احساسِ ذمہ داری اس کتاب کی اساس ہے۔

قرآن کریم، احادیث نبویہ اور خلفائے احمدیت کے ارشادات اس باب میں ایک واضح اور مستقل پیغام کو تقویت دیتے ہیں کہ صالحین کی یاد خدا تعالیٰ کی برکتوں کو دعوت دیتی ہے، شناخت کو محفوظ رکھتی ہے اور آنے والی نسلوں کی روحانی بنیادوں کو مضبوط بناتی ہے۔

باب 2 میں ہموار منتقلی

باب اول میں کتاب کی روحانی بنیاد قائم ہو چکی ہے۔اب یہ بیان فطری طور پر تاریخی تسلسل کی طرف بڑھتا ہے۔ان واقعات، شخصیات اور حقائق کی طرف جنہیں محفوظ کرنا ناگزیر ہے۔

ذکرِ خیر کو ایک دینی اور اخلاقی ذمہ داری کے طور پر سمجھنے کے بعد، اب توجہ اپنے خاندان کی ابتدائی تاریخ کی طرف مرکوز کی جاتی ہے۔اس میں ہمارے اولین معروف بزرگ، بھیرہ سے ان کا تعلق، احمدیت کو قبول کرنے کے حالات، اور وہ خدمات شامل ہیں جنہوں نے اس خاندان کی روحانی شناخت کو تشکیل دی۔

باب دوم میں خاندانی تاریخ کو منظم انداز میں پیش کیا جائے گا۔ایسے حقائق اور روایات کی صورت میں جو وقت کے ساتھ بکھر جانے کے خطرے سے دوچار تھیں، مگر اب تحریری شکل میں محفوظ کی جا رہی ہیں۔ یہ تاریخ نہ صرف ایک خاندان کی داستان ہے بلکہ اس وسیع تر جماعتی پس منظر کا حصہ بھی ہے جس سے یہ خاندان وابستہ رہا۔

یوں باب دوم میں ایک ایسے تاریخی سفر کا آغاز ہوتا ہے جو شخصی یادداشت سے آگے بڑھ کر اجتماعی وراثت کی صورت اختیار کرتا ہے، اور آئندہ ابواب کے لیے مضبوط بنیاد فراہم کرتا ہے۔

OO

باب 2: ہمارے آباؤ اجداد (احمد آباد/ پنڈ دادن خان/بھیرہ)

2.0-تعارف

مصنف نے احمد آباد اور بھیرہ کے اعوان قبیلے کے آبائی پس منظر اور تاریخ کو تلاش کیا ہے۔ اعوانوں نے حضرت عباس علمدار رضی اللہ عنہ، حضرت عون بن یا اللہ (قطب شاہ) اور ان کے بیٹے محمد کندلان کے ذریعے حضرت علی رضی اللہ عنہ سے اپنا سلسلہ نسب جوڑا۔ حالیہ ڈی این اے رپورٹس عرب نسب کو ظاہر کرتی ہیں، جو انہیں مقامی ہندوستانی قبائل سے ممتاز کرتی ہیں۔

جینیات سے ہٹ کر، اعوان ایک بھرپور مارشل روایت کے مالک ہیں۔ برطانوی حکام نے انہیں "مارشل ریس" کے طور پر تسلیم کیا اور انہوں نے دونوں عالمی جنگوں میں اہم کردار ادا کیا۔ آج، کمیونٹی بہادری اور روحانی وابستگی کی میراث کو برقرار رکھتی ہے۔

تاریخی داستان پرانے بھیرہ (احمد آباد/بھیرا اڑیاں شریف) کو بیان کرتی ہے، جس میں کئی فوجوں کے حملوں کا ذکر ہے۔ اس شہر کو متعدد بار تباہی کا سامنا کرنا پڑا اور بالآخر سلطان شیر شاہ سوری نے دریائے جہلم کے اس پار دوبارہ تعمیر کیا۔ بھیرہ تاریخی طور پر ایک کثیر الثقافتی مرکز تھا، جس میں مسلمانوں، ہندوؤں اور سکھوں کی رہائش تھی۔ سبھی اس کے متنوع تعمیراتی ورثے میں اپنا حصہ ڈال رہے تھے۔ جھلکیوں میں لکڑی کے نقش ونگار، روایتی کھانے، مٹھائیاں، تازہ پیداوار، دستکاری، شہر کے دروازے اور مساجد شامل ہیں۔ متن میں صدیوں پرانی اشیاء کی تصویری عکاسی کی گئی ہے۔ جماعت احمدیہ کی تاریخی موجودگی نمایاں ہے، خاص طور پر حضرت حکیم مولانا نورالدین رحمۃ اللہ علیہ اور دیگر قابل ذکر اصحاب کا اثر۔

بھیرہ نے اپنے ثقافتی اور روحانی منظر نامے کو تقویت دیتے ہوئے بہت سے مذہبی رہنما، شاعر،

اسکالر، ماہرین تعلیم اور کاریگر پیدا کیے ہیں۔

2.1-خاندانی پس منظر اور ابتدائی حالات

احمد آباد اور بھیرہ سے تعلق رکھنے والے اعوان قبیلے کی نسلی اور ثقافتی تاریخ بہت گہری ہے۔ حضرت علی رضی اللہ عنہ سے حضرت عباس علمدار رضی اللہ عنہ اور حضرت عون بن یلہ (قطب شاہ) کا یہاں ہجرت کر کے آنا، روایت اور جینیاتی ثبوت دونوں سے ثابت ہے۔

بھیرہ، جسے اعوانوں کا ایک تاریخی مرکز سمجھا جاتا ہے، اس کے بھرپور فن تعمیر میں 1540 کی دہائی کی پیچیدہ نقش ونگار والے دروازے اور شیر شاہ سوری جامع مسجد شامل ہے۔

احمدیہ برادری نے بھیرہ کی شناخت کو تشکیل دیا ہے، خاص طور پر حضرت حکیم مولوی نورالدین (حضرت خلیفۃ المسیح اوّل ؓ) جیسی شخصیات کے ذریعے، جو 1841 میں پیدا ہوئے تھے۔ دیگر با اثر احمدیوں میں حضرت مفتی محمد صادق صاحب، حضرت مفتی فضل الرحمن صاحب اور حضرت مولوی دلپذیر صاحب شامل ہیں۔ ان کی شراکت نے روحانی زندگی اور علاقائی ترقی دونوں پر گہرا اثر ڈالا ہے۔

مصنف نے بھیرہ کے قریب احمد آباد سے ان کے نسب کا پتہ لگایا، اسلاف کو عقیدت مند اور بہادر کے طور پر پیش کیا، جو حضرت شیخ قادر بخش احمد آبادی اور حضرت مولوی نورالدین جیسے مذہبی بزرگوں کے ساتھ تعلقات رکھتے ہیں۔ خاندان کی ہجرت کی کہانی نو آبادیاتی تاریخ اور احمدیہ تعلیمات کے پھیلاؤ سے جڑی ہوئی ہے۔

حضرت مولوی محمد حسین احمد آبادی، ایک ممتاز عالم اور حضرت مسیح موعود علیہ السلام کے ساتھی، خاندان کے مذہبی تشخص کی تشکیل میں ان کے کردار کے لیے نمایاں ہیں۔ احمد آباد سے بھیرہ کی ہجرت، حضرت مولوی نورالدین کے زیر اثر، خاندان کی میراث میں ایک اہم باب ہے۔ بھیرہ کے ابتدائی احمدی ساتھیوں کو ان کی فکری شراکت اور جماعت کے اندر مسلسل اثر کے لیے تسلیم کیا جاتا ہے۔

2.1.1-اللہ کے شیر کی اولاد

حضرت علی رضی اللہ عنہ علوی اعوان اسلامی جنوبی ایشیا کی تاریخ میں ایک اہم مقام رکھتے ہیں۔
حضرت علی رضی اللہ عنہ سے حضرت عباس علمدار رضی اللہ عنہ اور حضرت عون بن یالہ کے ذریعہ یہاں آنے کا پتہ لگاتے ہیں۔ یہ سلسلہ حضرت سید عبدالقادر جیلانیؒ سے بھی جڑتا ہے۔ ان کے روحانی اور ثقافتی ورثے پر زور دیتا ہے۔

اعوان تاریخی طور پر پنجاب، خیبر پختونخواہ اور کشمیر میں سرگرم رہے ہیں۔ مذہبی عالمانہ فضیلت، قیادت اور فنون میں اپنا حصہ ڈال رہے ہیں۔ احمد آباد، سروبہ اور پنڈ دادن خان میں آبادیاں ان کی پائیدار میراث کی عکاسی کرتی ہیں۔

ایک اہم آباؤ اجداد محمد کنڈلان ہے، جن سے احمد آباد اور پنڈ دادن خان کے اعوان نکلے۔ یہ قبیلہ دیگر اسلامی نسبوں جیسے قریشی، ہاشمی اور عباسی سے بھی ہم آہنگ ہے۔

اعوان شجری نسب کو عام طور پر تین شاخوں میں تقسیم کیا جاتا ہے:

1. حضرت علی رضی اللہ عنہ سے حضرت عون بن یا اللہ تک۔

2. حضرت عون بن یا اللہ سے عبداللہ گوہر شاہ اور محمد علی کندلان تک۔

3. ان آباؤ اجداد سے لے کر موجودہ نسل تک، ننھیالی آباؤ اجداد کا تعلق خوشاب کے عبداللہ گوہر شاہ سے اور ددھیالی سلسلہ احمد آباد کے محمد علی کنڈلان سے ہے۔

یہ بیان نہ صرف شجرہ نسب بلکہ اعوان قبیلے کے ثقافتی، روحانی اور سماجی ارتقاء اور احمدیوں کی تاریخ اور وسیع تر علاقائی بیانیوں میں اس کے اہم کردار کو بھی سمیٹتا ہے۔

2.1.2-ڈی این اے اور اعوان قبیلے کے بارے میں جینیاتی حقائق

پاکستان کے پنجاب کے علاقے کا اعوان قبیلہ روایتی طور پر حضرت علی رضی اللہ عنہ سے تعلق رکھتا ہے اور انہیں دوسرے مقامی گروہوں سے ممتاز کرتا ہے۔ ہزارہ یونیورسٹی اور یونیورسٹی آف الاسکا فیئر بینکس کے جینیاتی مطالعات نے منفرد مارکر ہاپلوگروپ T1 اور تھری سائٹوسین مائٹوکونڈریل ڈی این اے ڈیلیٹ کرنے کا انکشاف کیا۔ تاہم، کچھ مورخین، نوآبادیاتی ریکارڈوں کا حوالہ دیتے ہوئے، مقامی جنوبی ایشیائی جڑوں کو جاٹ نسب سے منسلک کرنے کی دلیل دیتے ہیں۔ انگریزوں کی طرف سے ''مارشل ریس'' کے طور پر پہچانے جانے والے، اعوانوں کے پاس ایک قابل ذکر فوجی میراث ہے اور وہ ایک قابل احترام اور بااثر برادری کے طور پر جاری ہیں۔

2.1.2-نسب نامہ-حضرت علی کرم اللہ وجہ سے حضرت عون بن یا اللہ تک

حضرت علی بن طالب کرم اللہ وجہ

حضرت عباس علمدار

حضرت عبید اللہ علوی

حضرت حسن علوی

حضرت حمزۃ الاکبر علوی

حضرت جعفر علوی

حضرت علی علوی

حضرت قاسم علوی

حضرت طیار علوی

حضرت حمزہ علوی ثانی

حضرت یا اللہ قسم علوی

حضرت عون قطب شاہ

حضرت عون بن یااللہ (رضی اللہ عنہ) سنی تھے اور حضرت عبدالقادر جیلانی کے ذریعہ خوشاب/ وادی سون کے علاقے میں بطور مسلمان مبلغ بھیجے گئے۔

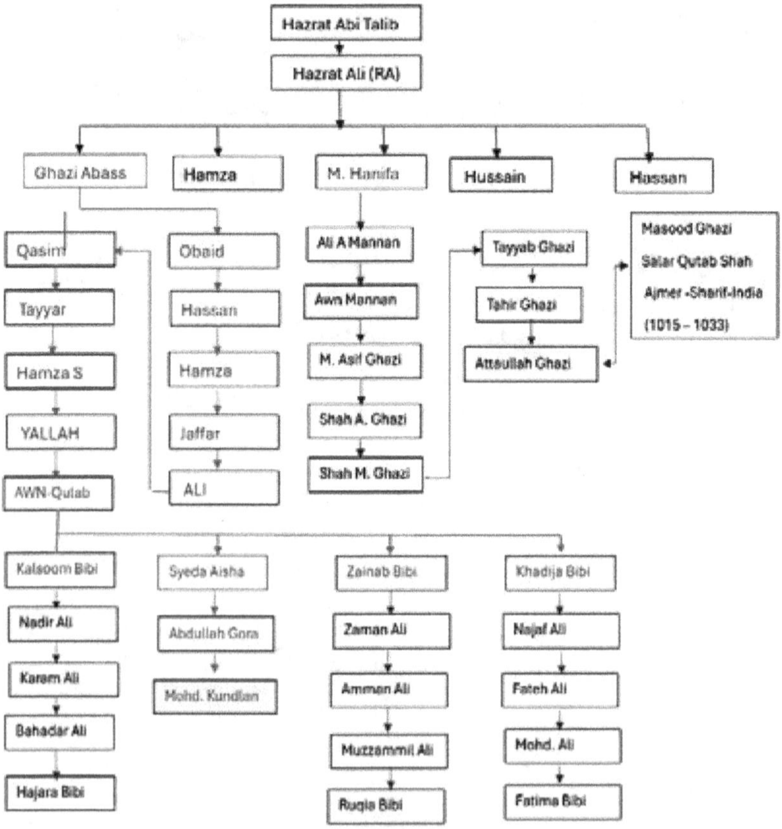

حضرت عبداللہ گوراخوشاب میں آباد ہوئے، جبکہ حضرت محمد کندلاں کھیوڑہ (نمک کی کانوں کے علاقے) میں سکونت پذیر ہوئے۔

ہمارے آباؤ اجداد حضرت محمد کندلان (حضرت عون بن یا اللہ اور سیدہ عائشہ) کی اولاد تھے جو نمک کی کان والے شہر کھیوڑہ میں آباد ہوئے۔ ہمارے آباؤ اجداد نے اس علاقے میں اپنی شناخت کی خاطر یہ نام (کندلانی) رکھا۔ ہمارے (ماں/ننھیالی) آباؤ اجداد خوشاب سے منتقل ہوئے اور عبداللہ گورا (جو سیدہ عائشہ اور حضرت عون بن یا اللہ کے بیٹے تھے) کی اولاد تھے۔ وہ سفید رنگ کے تھے۔ بھیرہ میں یہ دونوں فریق (باہمی شادیوں کے ذریعے) دوبارہ مل گئے، احمدیت کو قبول کیا اور حضرت حکیم مولانا نورالدین رحمۃ اللہ علیہ کے بہت قریب تھے۔

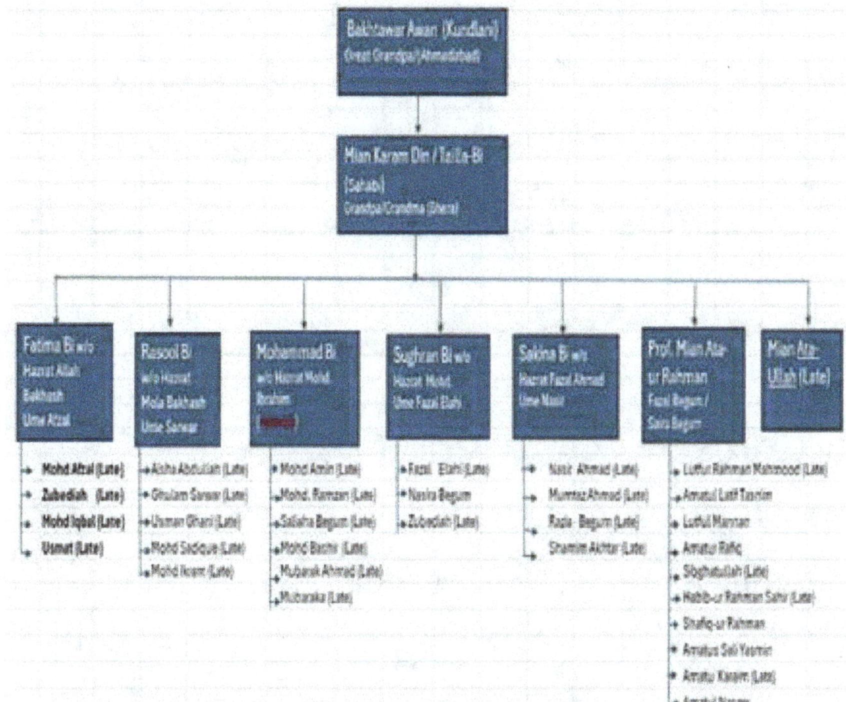

Family Tree/Shajara-e-Nasub (From Great Grandpa)

حضرت میاں بختاور اعوان (کندلانی)۔(پردادا۔ جد امجد)۔احمد آباد میں سپرد خاک

حضرت میاں کرم دین (احمد آبادی/بھیروی)۔صحابی، بھیرہ میں مدفون۔1925

اپنے جینیاتی ورثے سے ہٹ کر، اعوان/ ملک کے قبیلے کے بارے میں ایک کہانی مشہور ہے۔ برطانوی نوآبادیاتی انتظامیہ کی طرف سے ایک 'مارشل ریس' کے طور پر پہچانا جاتا ہے، انہیں ان کی بہادری اور نظم و ضبط کے لیے جانا جاتا تھا، جنہوں نے دونوں عالمی جنگوں کے دوران برطانوی ہندوستانی فوج میں نمایاں کردار ادا کیا۔ آج، اعوان برادری پاکستان اور اس سے باہر ایک قابل احترام اور بااثر موجودگی کو برقرار رکھتے ہوئے جرات اور روحانی عقیدت کی میراث کو مجسم بنا رہی ہے۔

یٰۤاَیُّهَا النَّاسُ اِنَّا خَلَقْنٰكُمْ مِّنْ ذَكَرٍ وَّاُنْثٰى وَجَعَلْنٰكُمْ شُعُوْبًا وَّقَبَآىِٕلَ لِتَعَارَفُوْا ؕ اِنَّ اَكْرَمَكُمْ عِنْدَ اللّٰهِ اَتْقٰىكُمْ ؕ اِنَّ اللّٰهَ عَلِیْمٌ خَبِیْرٌ ﴿۱۳﴾ (سُوْرَةُ الْحُجُرٰتِ: 14)

ترجمہ: اے لوگو! یقیناً ہم نے تمہیں نر اور مادہ سے پیدا کیا اور تمہیں قوموں اور قبیلوں میں تقسیم کیا تاکہ تم ایک دوسرے کو پہچان سکو۔ بلاشبہ اللہ کے نزدیک تم میں سب سے زیادہ معزز وہ ہے جو سب سے زیادہ متقی ہے۔ یقیناً اللہ دائمی علم رکھنے والا (اور) ہمیشہ باخبر ہے۔

2.2-تاریخ پرانا بھیرہ/ بھیراڑیاں شریف/ احمد آباد (تحصیل پنڈ دادن خان)

دریائے جہلم کے کنارے واقع پرانا بھیرہ انسانی تاریخ کی تقریباً 8500 سالہ خاموش گواہ کے طور پر کھڑا ہے۔ یہ قدیم قصبہ، جسے بھراریاں شریف بھی کہا جاتا ہے، نے سلطنتوں کے عروج و زوال، فوجوں کے تصادم اور یہاں کے لوگوں کا صبر و استقامت دیکھا۔ اسے متعدد بار تباہ اور دوبارہ بنایا گیا ہے، تین بار مکمل طور پر تباہ کیا گیا ہے اور دو بار آگ سے بھسم کیا گیا ہے، لیکن کبھی فراموش نہیں کیا گیا۔

بھیرہ کے آس پاس کی زمین نے سب سے پہلے سکندر اعظم کی مہمات کے دوران عالمی توجہ مبذول کروائی۔ 326 قبل مسیح میں، سکندر اس علاقے میں داخل ہوا اور ہائیڈاسپس کی زبردست جنگ لڑی، بہادر راجہ پورس کو شکست دی۔ اس کے باوجود سکندر کی تمام دریافتیں تلوار کے ذریعے نہیں ہوئیں۔ اپنی فوج کو کھیوڑہ کے قریب آرام کرتے ہوئے، جسے آج کل کھیوڑہ کہا جاتا ہے، اس نے ایک

حیران کن مشاہدہ کیا: اس کے گھوڑے بار بار زمین پر بکھرے ہوئے پتھروں کو چاٹنے کے لیے کھنچے جاتے تھے۔ حیرت زدہ، سکندر کے آدمیوں نے محسوس کیا کہ یہ پتھر نمک سے لدے ہوئے تھے۔

کھیوڑہ نمک کی کانیں آج تک دنیا کی سب سے بڑی اور قدیم ترین کانوں میں سے ایک ہے۔

صدیوں کے اتھل پتھل کے ذریعے - چاہے بابر کی فتوحات کے دوران، چنگیز خان کے منگول حملے، یا شیر شاہ سوری کی مہمات - بھیرہ نے ثقافت، حکمت عملی اور تجارت کے مرکز کے طور پر اپنی اہمیت برقرار رکھی۔ اس علاقے میں آثار قدیمہ کی کھدائیوں میں لوہے کے زمانے، اچیمینین سلطنت (553-330 قبل مسیح)، یونانی دور (321-184 قبل مسیح) اور موریان خاندان کے ٹیراکوٹا کے اعداد و شمار اور مٹی کے برتنوں کا پتہ چلا ہے۔ گرے ویئر، ریڈ ویئر، نازک سرخ ڈیزائن کے ساتھ بف ویئر، اور خوبصورتی سے تیار کردہ ٹیراکوٹا ہاتھی جیسے نمونے اس کے قدیم باشندوں کی گہری فنکارانہ روح کی عکاسی کرتے ہیں۔

پرانے بھیرہ سے منسلک احمد آباد کی بستی ہے، جو تاریخ کے جوار میں یکساں طور پر دبی ہوئی جگہ ہے۔ وقت گزرنے کے ساتھ، اعوانوں، مغلوں، سادات، اور دیگر کی برادریوں نے ایک بھرپور سماجی تانے بانے کو جوڑا، جس نے ہنگامہ اور امن دونوں کے دوران قابل ذکر برداشت کا مظاہرہ کیا۔

1445ء میں، شیر شاہ سوری نے اس خطے کی اہمیت کو تسلیم کرتے ہوئے دریائے جہلم کے مشرقی کنارے پر 'نیا بھیرہ' قائم کیا۔ اس کے باوجود بھیرہ کی پرانی روح، اس کی قدیم حکمت، فخر اور ثقافتی رونق آج بھی اس کے لوگوں کی زندگیوں میں گونجتی رہتی ہے۔

2.3- نئے بھیرہ کی تاریخ (سلطان شیر شاہ سوری کی طرف سے تعمیر)

پرانے بھیرہ کی بار بار تباہی کے جواب میں، سلطان شیر شاہ سوری نے 1545 میں دریائے جہلم (موجودہ ضلع سرگودھا) کے مشرقی کنارے پر شہر کو دوبارہ تعمیر کیا۔ اس نے اسے مضبوط دیواروں سے مضبوط کیا اور اسے ایک متحرک تجارتی مرکز میں تبدیل کر دیا۔ نیا بھیرہ اپنی کاریگری، خاص طور پر چاقو سازی کے لیے مشہور ہوا، اور یہ تاریخی شیر شاہی مسجد کا گھر ہے۔

تاریخی طور پر بھیرہ کو اسٹریٹجک اہمیت حاصل تھی۔ 1004 عیسوی میں غزنی کے سلطان محمود نے اس کی اہمیت کو پہچانا۔ مغل دور میں شہر نے ترقی کی، یہاں تک کہ شہنشاہ اکبر کے دور میں ٹکسال کے طور پر کام کیا۔ تاہم، بعد میں 1757 میں احمد شاہ درانی کی قیادت میں ہونے والے حملوں نے اس کے زوال میں اہم کردار ادا کیا۔

دریائے جہلم کا بدلتا ہوا راستہ اور شہر کے آٹھ تاریخی دروازوں سمیت تاریخی مقامات کو نظر انداز کرنے نے بھیرہ کی حیثیت کو مزید متاثر کیا۔ کچھ دروازے، جیسے چنیوٹی گیٹ اور لاہوری گیٹ کی تعمیر نو کی گئی ہے، جب کہ کشمیری گیٹ کی طرح کچھ کھنڈرات کا شکار ہیں۔ اصل شہر کی دیوار کی جگہ سرکلر روڈ نے لے لی ہے، جو اب پرانے شہر کے دائرے کا خاکہ پیش کرتی ہے۔

مہاراجہ رنجیت سنگھ کی سکھ سلطنت کے تحت بھیرہ سکھوں کے کنٹرول میں آیا۔ اگرچہ رنجیت سنگھ کو مذہبی رواداری کے لیے یاد کیا جاتا ہے، لیکن بعض مساجد کی دوبارہ تعمیر کی گئی، جیسے کہ لاہور کی شاہی مسجد، جو بارود کی فیکٹری بن گئی۔ اس دوران بھیرہ کی مساجد سے متعلق مخصوص ریکارڈز محدود ہیں۔

1849 میں پنجاب پر انگریزوں کے الحاق کے بعد، مذہبی مقامات کی بحالی کے لیے کوششیں کی گئیں، جیسا کہ لاہور کی شاہی مسجد کے ساتھ دیکھا گیا۔ اگرچہ اسی طرح کی کوششیں بھیرہ میں ہوئی

ہیں، لیکن دستاویزات بہت کم ہیں۔ بہر حال، بھیرہ نے دوبارہ تجارتی اہمیت حاصل کی، کابل اور سکھر جیسے خطوں کے ساتھ تجارتی روابط قائم کر لیے۔

2.3.1-جغرافیائی اور ثقافتی سیاق وسباق

احمد آباد، جو 32°40N اور 73°20E پر پایا جاتا ہے، دریائے جہلم کے قریب 215 میٹر کی بلندی پر بیٹھا ہے۔ یہ M2 موٹروے لیلا انٹرچینج سے تقریباً 7 کلومیٹر کے فاصلے پر ہے اور کھیوڑہ سالٹ مائنز اور تحصیل پنڈ دادن خان کے قریب ہے۔

احمد آباد کی آبادی زیادہ تر اعوانوں، مغلوں اور سادات پر مشتمل ہے، جنہوں نے تاریخی طور پر اس علاقے کو فوجی اور مذہبی کرداروں کے لیے آباد کیا۔ پرانا بھیرہ دریا کے اس پار، 2 سے 3 میل دور واقع ہے، جو تاریخی طور پر ہائیڈاسپس کی جنگ سمیت تجارت اور فوجی مہمات کے لیے ایک اہم راستے کے طور پر کام کرتا رہا ہے۔

2.3.2-نتیجہ

قدیم بھیرہ، جدید بھیرہ اور احمد آباد کی باہم جڑی ہوئی تاریخیں اس خطے کی اسٹریٹجک، ثقافتی اور تاریخی اہمیت کی ایک گہری وراثت کو نمایاں کرتی ہیں۔ قدیم نوادرات سے لے کر عسکری مہمات تک، اور نوآبادیاتی اثرات کے زیرِ سایہ مقامی استقامت تک، اس علاقے کی داستان بقا، مطابقت اور وقار سے عبارت ہے۔

بھیرہ کی تبدیلی ایک قلعہ بند قدیم شہر سے سرکلر روڈ کے ذریعے نشان زد ایک جدید بستی میں تحفظ اور ترقی کے درمیان توازن کی علامت ہے۔ تاریخی نشانات کے کٹاؤ کے باوجود، ورثے کا جذبہ اپنے لوگوں کے ذریعے جاری ہے۔

بھیرہ کے تاریخی شہر کی دیوار، جو کبھی اس کے دفاع اور شناخت کا مرکز تھی، سرکلر روڈ نے بدل دی

ہے جو کہ ایک جدید انفراسٹرکچر کی ترقی ہے اور عصری شہری منصوبہ بندی کی طرف شہر کی تبدیلی کا آئینہ دار ہے۔ یہ تبدیلی جدیدیت اور ورثے کے تحفظ کے درمیان تناؤ کو اجاگر کرتے ہوئے بھیرہ کے ابھرتے ہوئے منظرنامے کی عکاسی کرتی ہے۔ اگرچہ اصلی قلعہ بندی اور شہر کے آٹھ دروازوں میں سے بہت سے اب موجود نہیں ہیں، سرکلر روڈ فصیل والے شہر کی پرانی حدود کے پیچھے چلتی ہے، جو کہ گنجان آباد رہتی ہے۔ چنیوٹ اور لاہوری گیٹ جیسے منتخب دروازے فعال اور علامتی کردار ادا کرتے ہیں، جبکہ کشمیری گیٹ جیسے دوسرے نظر انداز ہیں۔ قلعہ بند دیواروں سے کھلی سڑک پر منتقلی بھیرا کے تاریخی سفر کی عکاسی کرتی ہے، جو تسلسل اور تبدیلی دونوں کو مجسم کرتی ہے۔

2.4- قاضیاں والہ مسجد اور اس کا احمدیہ جماعت سے تعلق

محلہ قاضیاں، بھیرہ میں واقع، قاضیانوالہ مسجد احمدیہ جماعت کے لیے گہری روحانی اور تاریخی اہمیت رکھتی ہے۔ یہ اہمیت قاضی خاندان کی تین ممتاز شخصیات کی شراکت سے پیدا ہوتی ہے: سید غلام شاہ اور ان کے صاحبزادے، حضرت قاضی سید امیر حسین شاہ اور حضرت قاضی سید غلام حسین شاہ۔ ان کا احمدیت قبول کرنا مسجد کے لیے ایک تبدیلی کا لمحہ تھا اور اس نے علاقے میں احمدیہ تحریک کی تعلیمات کو پھیلانے میں اپنا کردار ادا کرنے میں مدد کی۔ حضرت حکیم فضل دین بھیروی صاحب نے مسجد میں قرآن وحدیث کی تعلیم دے کر ان کی میراث جاری رکھی۔ تاہم، ان کی وفات کے بعد، مسجد بے کار ہو گئی اور بالآخر احمدیہ جماعت سے اپنی وابستگی ختم کر دی۔

2.4.1- تاریخی پس منظر

قاضی خاندان کی وراثت مغلیہ دور سے ملتی ہے جب ان کے آباؤ اجداد معزز عدالتی عہدوں پر فائز تھے۔ خاندانی سرپرست سید نظام الدین نے پرگنہ بھیرہ کے چیف جسٹس (قاضی القضا) کے طور پر خدمات انجام دیں اور ان کی خدمات کے اعتراف میں چک قاضی میں زمینیں عطا کی گئیں۔ اٹرو

رسوخ اور خدمت کے اس ورثے نے خاندان کے روحانی سفر کی بنیاد ڈالی، جو بعد میں احمدیہ تحریک کے ساتھ ہم آہنگ ہو گیا۔

2.4.2- قاضی برادران کے کردار کو اپنانا

قاضی خاندان کا احمدیہ جماعت سے تعلق سید غلام شاہ اور ان کے دو بیٹوں سے شروع ہوا۔ احمدیت میں ان کی ابتدائی تبدیلی نے حضرت مسیح موعود علیہ السلام اور حضرت حکیم مولانا نور الدینؓ کے ساتھ ایک مضبوط رشتہ قائم کیا، جس نے بھیرہ میں تحریک کی ترقی میں نمایاں مدد کی۔ ایک قابل احترام بزرگ اور گھوڑوں کے تاجر سید غلام شاہ 1909 میں انتقال سے تقریباً ایک صدی پہلے زندہ رہے۔ قادیان میں حضرت خلیفۃ المسیح اوّلؓ کی امامت میں ان کی غائبانہ نماز جنازہ ان کی غیر متزلزل عقیدت کی عکاسی کرتی تھی۔ شاہ صاحب کی عمر تقریباً ایک سو سال تھی جب ان کا انتقال ہوا اور انہیں ان کے آبائی گاؤں میں دفن کیا گیا جو کہ بھیرہ سے زیادہ دور نہیں تھا۔

2.4.3- حضرت قاضی سید امیر حسین شاہ رحمۃ اللہ علیہ

دینی تعلیم مکمل کرنے کے بعد حضرت قاضی سید امیر حسین شاہ رحمۃ اللہ علیہ واپس بھیرہ تشریف لے گئے اور قاضیانوالہ مسجد میں قرآن و حدیث کی تعلیم دینے لگے۔ آپ علاقہ کے ابتدائی احمدیوں میں سے ایک تھے۔ بعد میں قادیان چلے گئے اور اپنی زندگی جماعت کی خدمت کے لیے وقف کر دی۔ حضرت خلیفۃ المسیح الاول رضی اللہ عنہ کے ساتھ ان کے قریبی تعلقات نے انہیں مرحوم کی والدہ کی آخری رسومات ادا کرنے کا اعزاز حاصل کیا۔ انہیں بہشتی مقبرہ قادیان میں سپرد خاک کیا گیا۔

2.4.4- حضرت قاضی سید غلام حسین شاہ رحمۃ اللہ علیہ

آپ کے چھوٹے بھائی حضرت قاضی سید غلام حسین شاہ رحمۃ اللہ علیہ نے 1897ء میں حضرت

مسیح موعود علیہ السلام کے ہاتھوں احمدیت قبول کی۔ اپنی عوامی خدمت کے لیے برطانوی لقب ''خان بہادر'' سے نوازا گیا، وہ 1947 میں تقسیم کے بعد بھلوال ہجرت کر گئے اور 1955 میں وہیں انتقال کر گئے۔ اپنے بھائی کی طرح انھیں بھی بہشتی مقبرہ میں دفن کیا گیا۔ ان کے بیٹے سید ظہور شاہ نے فجی میں بطور مشنری خاندان کی روحانی میراث جاری رکھی۔

2.4.5-بعد کی تاریخ اور منتقلی

بھائیوں کے قادیان چلے جانے کے بعد مسجد ان کے غیر احمدی رشتہ داروں کی نگرانی میں آ گئی۔ اس تبدیلی کے باوجود، سید غلام شاہ اور ان کے بیٹوں کا اثر اس کی تاریخ میں بہت گہرا رہا۔ حضرت حکیم فضل دین بھیروی صاحب نے مسجد میں قرآن و حدیث کی تعلیم دے کر ان کی میراث جاری رکھی۔ تاہم، ان کی وفات کے بعد، مسجد بے کار ہو گئی اور بالآخر احمدیہ جماعت سے اپنی وابستگی ختم کر دی۔

2.4.6-ذاتی عکاسی

مصنف نے ان کے خاندان اور قاضی برادران کی اولاد کے درمیان پائیدار بندھن کو نوٹ کیا ہے۔ ایک ایسا رشتہ جو باہمی احترام اور روحانی ورثے سے جڑا ہوا ہے جو 120 سال سے زائد عرصے تک قائم ہے۔ وہ امید کرتے ہیں کہ یہ تعلق آنے والی نسلوں تک عزت و احترام سے چلتا رہے گا۔

2.4.7-نتیجہ

قاضیانوالہ مسجد قاضی خاندان کے غیر متزلزل ایمان اور بھیرہ میں احمدیت کے ابتدائی پھیلاؤ میں ان کے کردار کی علامت کے طور پر کھڑی ہے۔ اگرچہ وقت کے ساتھ اس کی وابستگی میں تبدیلی آئی ہے، لیکن یہ مسجد جماعت کی خدمت میں ان کی لگن اور قربانی کا ایک طاقتور ثبوت ہے۔

2.5-بھیرہ کی ثقافتی میراث: مٹھائیاں، دستکاری اور ورثہ

بھیرہ، ایک قدیم شہر جو ثقافتی اور روحانی ورثے میں گھرا ہوا ہے، اپنے روایتی کھانوں، کاریگروں کے دستکاری اور تاریخی اہمیت کے لیے مانا جاتا ہے۔ کسی زمانہ میں تلوار سازی، لکڑی کی تراش خراش اور عمدہ کٹلری میں اپنی مہارت کے لیے مشہور، بھیرہ کی کاریگری مغل دور میں پروان چڑھی۔ تاہم، 1947 کی تقسیم کے بعد اس فنی روایت کا زیادہ تر حصہ زوال پذیر ہوا، جس نے بہت سے ہنر مند کارکنوں کی نقل مکانی دیکھی۔ پھر بھی، اس وراثت کی باقیات برقرار ہیں اور ثقافتی فخر کا ایک ذریعہ ہیں۔

یہ قصبہ خاص طور پر اپنی مخصوص مٹھائیوں کے لیے جانا جاتا ہے، بشمول واریان اور پتیسا، اور اس کی زرخیز زرعی زمینیں۔ بھیرہ کی روحانی دولت اس کے مقدس مقامات جیسے کہ مڑھی باغ، تاریخی مقبرے اور شیر شاہ سوری کی تعمیر کردہ عظیم الشان جامع مسجد سے جھلکتی ہے۔

مصنف کا ننھیالی خاندان، محمود اعوان قبیلہ، 1857 میں بھیرہ میں آباد ہوا، اور اس نے اپنی جڑیں قصبے کے اعلیٰ نسب میں شامل کیں۔ بھیرہ کا تاریخی دل، سرکلر روڈ کے اردگرد مرکز، پرانے شہر کے نشانات رکھتا ہے، بشمول اس کے نو مشہور دروازے۔ اگرچہ نیا بھیرہ نے جدید ترقی دیکھی ہے، لیکن اس کی روایات اور ثقافتی شناخت کا جوہر گونجتا رہتا ہے۔

وقت کے ساتھ ساتھ بھیرہ کی تبدیلی، خاص طور پر تقسیم کے بعد، نے اس کی فنکارانہ متحرکات میں ایک تبدیلی کی نشاندہی کی۔ تاہم، اس قصبے کے امیر ورثے کو اب بھی اس کے لوگوں اور اولاد نے پسند کیا ہے۔ پنجاب حکومت نے اس کی تاریخی اہمیت کو تسلیم کیا ہے اور بھیرہ کو ایک فصیل دار شہر کے طور پر محفوظ رکھنے کا عہد کیا ہے، ثقافتی سیاحت کو راغب کرنے اور اس کی وراثت کو عزت دینے کے لیے تاریخی دروازوں کی بحالی کے منصوبوں کے ساتھ۔

2.5.1-کاریگری اور کاریگر ورثہ

بھیرہ کے کاریگر خاص طور پر اپنے شاندار لکڑی کے کام کے لیے جانے جاتے تھے، جو دروازوں پر پیچیدہ ڈیزائن تیار کرتے تھے، چلنے کی سوٹی (واکنگ اسٹکس) اور بیڈ پوسٹس۔ برطانوی نوآبادیاتی دور میں، جمعہ خان جیسے کاریگروں کو بکنگھم پیلس کے دروازوں پر کام سمیت اعلیٰ سطح کے منصوبوں میں حصہ ڈالنے کے لیے مدعو کیا گیا تھا۔ مقامی نشانات جیسے بھیرہ میں نور مسجد اور لاہور میوزیم میں نمائشیں اب بھی اس شاندار کاریگری کو نمایاں کرتی ہیں، جو کہ شہر کے فنی ماضی کو لازوال خراج تحسین پیش کرتی ہیں۔

بھیرہ سے لکڑی کے پیچیدہ دروازے اور تراشے ہوئے ٹکڑے ایک قابل ذکر سطح کی کاریگری اور جمالیاتی حساسیت کو نمایاں کرتے ہیں، جس میں آرائشی ڈیزائن کی خاصیت روایتی فنکاری میں گہری جڑی ہوئی ہے۔ یہ لکڑی کے نقش و نگار اب بھی بھیرہ کی کچھ تاریخی گلیوں میں محفوظ ہیں، جو قصبے کے شاندار ماضی کی پائیدار باقیات کے طور پر کام کر رہے ہیں۔

آج، اگرچہ کاریگروں کی تعداد کم ہوگئی ہے اور دستکاری کو مکمل طور پر معدوم ہونے کے خطرے کا سامنا ہے، لیکن یہ فن پارے قیمتی ثقافتی خزانے کی حیثیت رکھتے ہیں اور پنجاب کے ورثے میں بھیرہ کی اہم شراکت کی یاددہانی کے طور پر کھڑے ہیں۔

مصنف نے فخریہ طور پر قابل احترام حافظ قرآن/ امام الصلوٰۃ کی ایک تصویر شامل کی ہے، جو محنت کرتے ہیں اور کنگھی بنا کر ایمانداری سے کام کرتے ہیں۔ ہر پیشہ کا اپنا ایک وقار ہے اور اس میں کوئی بُری بات نہیں ہے۔

بائیں جانب اللہ تعالیٰ کے تراشے ہوئے ناموں کی نمائش دکھائی دیتی ہے۔ یہ ان کے فن اور مذہبی اقدار سے محبت اور جذبہ کی عکاسی کرتا ہے۔

2.5.2-روایتی غذائیں

بھیرہ اپنی روایتی مٹھائیوں اور کھانوں کے لیے بھی مشہور ہے، جیسے کہ وارین (مسالہ دار دال کی گیندیں) اور پتیسا (چنے کے آٹے سے بنی ایک میٹھی)۔ تازہ سبزیوں اور مہندی کے ساتھ یہ پکوان کی لذتیں، قصبے کی شناخت کے لیے لازم وملزوم ہیں، جو اس علاقے کے ذائقوں اور زرعی کثرت کو اجاگر کرتی ہیں۔

2.5.3-کاریگروں کی میراث اور زوال

بھیرہ میں سیٹھ اللہ جیوایا، فضل احمد اینڈ سنز کے کاروبار نے قصبے کے شاندار کاریگر ورثے کی مثال دی جو 20 ویں صدی کے وسط تک عمدہ کٹلری اور تلواروں کی برآمدات کے ساتھ پھلتا پھولتا رہا۔ تاہم، 1947 کی تقسیم نے دستکاری کی صنعت میں زبردست زوال کا آغاز کیا، کیونکہ بہت سے ہنرمند کاریگروں نے نقل مکانی کی یا اپنی تجارت چھوڑ دی۔

ملک محمد افضل، عبدالصمد، اور فضل حق اور حافظ فضل الرحمان جیسے قابل ذکر کاریگروں نے ان روایتی دستکاریوں کو محفوظ کرنے میں کلیدی کردار ادا کیا جو کہ حضرت مسیح موعود علیہ السلام کے اصحاب کے خاندانوں سے تعلق رکھنے والے احمدی مسلمان تھے۔ ان کے آخر کار گزرنے سے ان روایات کے معدوم ہونے کی نشان دہی ہوئی، جو کاریگروں کے کام سے جدید صنعت کی طرف وسیع تر تبدیلی کی عکاسی کرتی ہے۔

آج، اگرچہ روایتی دستکاری کا زیادہ تر حصہ ختم ہو چکا ہے، لیکن بھیرہ کی کاریگری کی میراث زندہ ہے۔ اس قصبے کی روحانی اور تعمیراتی اہمیت برقرار ہے، جس میں Murhehi Garden مشترکہ ہندو مسلم ورثے کی علامت اور شیر شاہ سوری کی جامع مسجد، جو اسلامی فن تعمیر کی ایک لازوال مثال ہے۔

2.5.4- بھیرہ کی روحانی اور تعمیراتی اہمیت

اپنے فنی ورثے سے ہٹ کر بھیرہ ایک بھرپور روحانی اور مذہبی تاریخ کا حامل ہے۔ مڑھی، مقدس مقبروں والا باغ، شہر کے مشترکہ ہندو اور مسلم ورثے کو نمایاں کرتا ہے، جبکہ شیر شاہ سوری کی جامع مسجد اسلامی فن تعمیر کی علامت کے طور پر کھڑی ہے، جو عظیم شہنشاہ شیر شاہ سوری کے زمانے کی ہے۔

بھیرہ، جو کبھی آٹھ دروازوں والا ایک ترقی پزیر شہر تھا، اب اس کی سابقہ شان وشوکت کی صرف باقیات باقی ہیں۔ سرکلر روڈ، جس میں آج قصبے کی 90% آبادی رہتی ہے، قصبے کی فصیل ہر ایک کو محفوظ رکھتی ہے۔ تاریخی دروازے، جو 1863 اور 1873 کے درمیان دوبارہ تعمیر کیے گئے تھے، اب زیادہ تر تباہ ہو چکے ہیں یا ان پر قبضہ کر لیا گیا ہے، جیسے کہ لاہوری گیٹ، لالو گیٹ، اور ملتانی گیٹ، بھیرہ کی بھرپور تاریخ کی یاددہانی کے طور پر کام کر رہے ہیں۔

2.5.5- تقسیم کے اثرات

1947 کی تقسیم کی وجہ سے پیدا ہونے والی ہلچل کے باوجود، جس کی وجہ سے بھیرہ سے سکھوں اور ہندوؤں کی نقل مکانی ہوئی، خاندان کی لچک اور ایمان کے ساتھ مضبوط وابستگی برقرار ہے۔ منتقلی، جس میں تنوع کے نقصان اور قصبے کی روایتی دستکاری میں کمی کی وجہ سے ناقابل تلافی نقصان ہوا، نے اب بھی دیرپا اثر چھوڑا ہے۔ تاہم ان روایات کا نچوڑ یاد میں رہتا ہے۔

مصنف نے بھیرہ میں بچپن کے سالوں کو یاد کیا ہے، بشمول سرکلر روڈ، پرانے شہر کے دروازے، اور خاندانی قبرستان جہاں شیر شاہ سوری کی بیٹی فخر النساء دفن ہیں۔ انہیں یاد ہے کہ ہنرمند کاریگر پیچیدہ ہتھیار اور کٹلری تیار کرتے ہیں، جو بھیرہ کے بھرپور ورثے کی عکاسی کرتے ہیں۔

ہمارے خاندان کی احمدیت میں شمولیت کی داستان 1894 میں شروع ہوئی۔ ہمارے دادا جان

احمد آباد سے بھیرہ منتقل ہوئے، اور اپنی آبائی قبروں کو پیچھے چھوڑنے کے باوجود، ان کا عقیدہ اور میراث آئندہ نسلوں کی رہنمائی کرتی رہتی ہے۔ اس نے ایک اہم روحانی موڑ کی نشاندہی کی جب انہوں نے حضرت مسیح موعودؑ کی تعلیمات کو قبول کیا۔

اس شہر اور اس کے آس پاس کے علاقوں سے تقریباً تیس ابتدائی اصحاب حضرت مسیح موعود علیہ الصلوٰۃ والسلام ایک بار اسلام کی خدمت کے لیے اٹھے تھے۔ اور بھی بہت سے ایسے ہوں گے جن کے نام کبھی درج نہیں ہوئے، جن کی تصویریں کبھی نہیں لی گئیں اور جن کی یادیں اب صرف اللہ کے پاس ہیں۔ افسوسناک بات یہ ہے کہ ان کی قبریں وقت کے ساتھ ضائع ہو چکی ہیں۔ اس کے بعد کے سالوں میں، ان کی اولاد نے جماعت کو چھوڑ دیا اور اپنے مقدس ورثے سے تمام تعلقات منقطع کر لیے۔ انہوں نے نہ تو اپنے بزرگوں کی قبروں کو محفوظ کیا اور نہ ہی کمیونٹی سے دوبارہ جڑنے کا کوئی جھکاؤ ظاہر کیا۔ انا اللہ و انا الیہ راجعون۔

ان کا دھیان کہیں اور چلا گیا۔ ان قابل احترام صحابہ کی جائیدادوں کو فروخت کرنے کے خواہشمند، انہوں نے DHA جیسے متمول محلوں میں سرمایہ کاری کی، پھر بھی ان لوگوں کی بھولی ہوئی آرام گاہوں کی عزت یا بحالی کی طرف واپس نہیں آئے جن کی قربانیوں نے کبھی اس سرزمین کو روشن کیا تھا۔

مصنف احمد آباد واپس آنے کی گہری خواہش کا اظہار کرتا ہے۔ اپنے آباؤ اجداد کے نقش قدم پر ایک بار پھر چلنے کے لیے، عقیدت، قربانی اور ایمان پر مبنی میراث سے تعلق کو بحال کرنے کے لیے۔ وہ اپنے آباؤ اجداد کی اعلیٰ اقدار کو برقرار رکھنے، اخلاص کے ساتھ انسانیت کی خدمت کرنے اور اسلام کی تعلیمات کے مطابق وفاداری کے ساتھ زندگی گزارنے کی قوت کے لیے دل سے دعا کرتا ہے۔

آج، بھیرہ کی ایک زمانے میں مشہور کاریگر کاری کا زیادہ تر حصہ وقت گزرنے کے ساتھ کھو گیا ہے۔ پھر بھی، سرکلر روڈ کے ساتھ تاریخی مرکز میں، اس کی سابقہ شان کی باقیات خاموشی سے برداشت کر رہی ہیں۔ پنجاب حکومت نے بھیرہ اور ملتان کو تاریخی چاردیواری والے شہروں کے طور پر محفوظ

کرنے کے لیے کوششیں شروع کی ہیں۔ایک ایسا اقدام جو زائرین کو اپنی طرف متوجہ کرنے اور فخر کو دوبارہ زندہ کرنے کا وعدہ رکھتا ہے، خاص طور پر اگر نو قدیم دروازوں کو مکمل طور پر بحال کیا جا سکے۔ افسوس کی بات یہ ہے کہ بھیرہ پہلے ہی ان میں سے چار تاریخی دروازوں کو کھو چکا ہے، جس میں وہ بھی شامل ہے جو کبھی فضل مسجد کے قریب کھڑا تھا، جو شہر کے متحرک اور منزلہ ماضی کا ایک خاموش گواہ تھا۔

2.6- احمدیہ جماعت بھیرہ کی ممتاز شخصیات

مصنف کے ننھیالی آباؤاجداد، محمود اعوان قبیلہ، 1857 میں خوشاب (پڑھرار) سے بھیرہ ہجرت کر گئے تھے۔ وہ حضرت عون بن یا اللہ کے بزرگ نسب سے جڑتے ہوئے مولانا حکیم نورالدین کے پاس آباد ہوئے۔ اس ہجرت کی روحانی اور ثقافتی اہمیت تھی، اور خاندان کی ہلکی رنگت ان کی گہری جڑوں والے ورثے کی علامت تھی۔

آبائی طرف، مصنف نے ان کا سلسلہ احمد آباد (پرانا بھیرہ) اور اعوان قبیلہ سے ملتا ہے، جو انہیں کربلا کے شہید حضرت عباس علمدار رضی اللہ عنہ کے ذریعے حضرت علی ابن طالب سے جوڑتا ہے۔ خاندان نے 1970 کی دہائی کے اواخر سے تیار ہونے والی ایک صدی سے زائد عرصے سے اعوانوں میں شادی کرنے کی روایت برقرار رکھی ہے۔

بھیرہ، جو کبھی ترقی کرتا ہوا دیواروں والا شہر تھا، اب صرف ایک سرکلر روڈ اور اپنے تاریخی دروازوں کی باقیات رکھتا ہے۔ 1947 کی تقسیم کے دوران ہونے والی تباہی کے باوجود، جس کی وجہ سے سکھوں اور ہندوؤں کی نقل مکانی ہوئی، خاندان کا عقیدہ اور روایت سے وابستگی مضبوط ہے۔ مصنف نے بھیرہ میں اپنے بچپن کی یادیں، شہر کے پرانے دروازے، اور مقامی کاریگروں کی کاریگری کو بڑے شوق سے یاد کیا۔

اس خاندان نے 1894ء میں احمدیت قبول کی اور مذہبی عدم برداشت کے باعث احمد آباد سے بھیرہ کی طرف ہجرت کی۔ یہ سفر ایمان کی ایک گہری اور فیصلہ کن گھڑی ثابت ہوا، جب انہوں نے حضرت مسیح موعود علیہ السلام کی تعلیمات کو خلوصِ دل سے قبول کیا۔

آج نیا بھیرہ ترقی کے مراحل سے گزر رہا ہے، اور قدیم بھیرہ کے تاریخی تشخص بالخصوص اس کے دروازوں کے تحفظ اور بحالی پر پنجاب حکومت خصوصی توجہ دے رہی ہے۔ اگر ان تاریخی دروازوں کو بحال کر دیا جائے تو یہ ایک بڑی سیاحتی کشش بن سکتے ہیں اور بھیرہ کے عظیم ثقافتی اور روحانی ورثے کو آئندہ نسلوں کے لیے محفوظ رکھنے کا ذریعہ بن سکتے ہیں۔

بھیرہ نے مغلیہ دور میں ترقی پائی، مگر اصل عروج سکھ عہد میں حاصل ہوا، اگرچہ یہ دور مسلمانوں کے لیے خوش آئند نہ تھا۔ اسی زمانے میں، 1841ء میں، اسی بستی میں حضرت حکیم مولوی نورالدینؓ، خلیفۃ المسیح الاوّل، کی ولادت ہوئی۔ حضرت مولانا نورالدینؓ (خلیفۃ المسیح الاوّلؓ) کو بھیرہ میں بھی اور جماعت احمدیہ میں بھی غیر معمولی مقام اور احترام حاصل ہے۔ وہ ہمارے دینی پیشوا تھے، اور ہمارے اسلاف ان کے خاندان کی روحانی رہنمائی پر گہرا اعتماد رکھتے تھے۔ بعدازاں جب انہوں نے احمدیت قبول کی تو ان کے قریبی اہلِ خانہ، دوست احباب اور جاننے والے سب نے بھی 1894ء میں احمدیت اختیار کر لی، کیونکہ انہوں نے احادیث میں بیان کردہ آسمانی نشانات کو اپنی آنکھوں سے پورا ہوتے ہوئے دیکھا تھا۔

بھیرہ کے قابل ذکر احمدیوں میں حضرت مفتی محمد صادق صاحب رضی اللہ عنہ، حضرت مفتی فضل الرحمن صاحب رضی اللہ عنہ، حضرت مولوی دلپذیر صاحب رضی اللہ عنہ، حضرت جمعہ خان صاحب رضی اللہ عنہ، حضرت مولانا شیر علی صاحب رضی اللہ عنہ، حضرت قریشی نجم الدین صاحب رضی اللہ عنہ، حضرت حکیم فضل دین صاحب رضی اللہ عنہ، حضرت قریشی غلام حسین صاحب رضی اللہ عنہ اور حضرت قاضی سید امیر حسین شاہ صاحب رضی اللہ عنہ، حضرت حافظ عبدالرحمٰن صاحب (سائیں جی رحمۃ اللہ علیہ)، حضرت

شیخ قادر بخش احمد آبادی صاحب رحمۃ اللہ علیہ، حضرت مولوی محمد حسین احمد آبادی صاحب رحمۃ اللہ علیہ، حضرت مولا بخش صاحب رحمۃ اللہ علیہ، حضرت میاں غلام محی الدین صاحب رحمۃ اللہ علیہ، حضرت میاں عبدالرحمن صاحب رحمۃ اللہ علیہ (سابق مہر سنگھ) شامل ہیں۔

بھیرہ میں احمدیہ جماعت کی دو مساجد ہیں: اندرون شہر میں نور مسجد اور لوہاراں والا دروازہ کے ساتھ والی فضل مسجد۔

بھیرہ اور آس پاس کے علاقوں سے چند ممتاز صحابہ کی تصویریں یہاں شامل کی گئی ہیں، جو ہماری جماعت احمدیہ کے مقصد میں ان کی لامحدود خدمات کے اعتراف میں ہیں۔ یہ پرہیز گار، حلیم اور ہماری جماعت کے لیے عظیم خدمات انجام دینے والے جماعت احمدیہ بھیرہ کی پہچان اور فخر ہیں۔ میں اپنی جماعت احمدیہ بھیرہ کے چند اوّلین ارکان کی تصاویر شیئر کر رہا ہوں۔

حضرت مسیح موعود علیہ السلام کے بھیرہ کے ابتدائی اصحاب میں ممتاز مسلم رہنما جیسے شیخ، شاعر (عربی، فارسی اور پنجابی میں)، مذہبی اسکالرز، حکیم، ماہرین تعلیم، اور عظیم مبلغین، نیز مختلف زبانوں میں قرآن کے مترجم اور مفسرین شامل تھے۔ انیسویں صدی کے اوائل میں، احمدیہ جماعت کے کچھ ارکان نے اسلام کے مشنریوں کے طور پر افریقہ، یورپ اور امریکہ کا سفر کیا۔ مولوی شیر علی صاحب نے قرآن پاک کا پہلا انگریزی ترجمہ مکمل کیا۔

جماعت احمدیہ کے بانی حضرت مرزا غلام احمد صاحب مسیح موعود علیہ السلام کی رحلت کے بعد حضرت حکیم مولانا نورالدین صاحب (خلیفۃ المسیح اوّل رضی اللہ عنہ) جماعت کے روحانی سربراہ ہوئے۔

حضرت جمعہ خان رحمۃ اللہ علیہ ایک ہنرمند بڑھئی تھے جنہوں نے دو مماثل دروازے تیار کیے تھے جن میں سے ایک اب لاہور کے عجائب گھر میں آویزاں ہے جبکہ دوسرا بھیرہ کی مسجد نور کے کمرے کے دروازے کی زینت ہے جہاں حضرت حکیم مولوی نورالدین رحمۃ اللہ علیہ کی ولادت ہوئی تھی۔

حضرت خلیفۃ المسیح الاول رضی اللہ عنہ کی رہنمائی کے بارے میں کچھ تنازعہ پیدا ہوا، جس کی وجہ سے آبائی

مسجد کو غیر احمدیوں کے حوالے کر دیا گیا، جب کہ ان کے آبائی گھر کو احمدیہ مسجد نور میں تبدیل کر دیا گیا۔ حضرت حکیم مولوی نورالدینؓ کی یادگاریں وہاں محفوظ ہیں۔ اس مسجد کے آگے اب بھی ایک 'تندور' (روٹی پکانے کے لیے ہندوستانی طرز کا تندور) کھڑا ہے، جو حضرت کے گھر والوں کے لیے روٹی فراہم کرتا تھا۔ خلیفۃ المسیح اوّلؓ کے زیادہ تر آبائی مکانات اور دیگر جائیدادیں اب جماعت کی ملکیت ہیں۔

یہ ممتاز شخصیات بھیرہ میں ہماری جماعت احمدیہ کا فخر ہیں، اور ہمیں ان کے کارناموں، شراکتوں اور برادری اور انسانیت کے لیے خدمات پر کافی فخر ہے۔ ان سب کا تعلق بھیرہ یا پڑوسی علاقوں جیسے ادرہامہ سے تھا۔

اس سے قبل اس علاقے میں تین مقامات پر "کوچہ حکیم نورالدین" کے نشان والی تختیاں آویزاں کی گئی تھیں، لیکن ان کو ہٹا دیا گیا ہے۔ عمارت، جو اصل میں ایک ہسپتال کے طور پر تعمیر کی گئی تھی، اب ٹیلی گرام آفس کے طور پر استعمال ہوتی ہے، جبکہ ہسپتال کی پرانی عمارت، جو شروع میں ایک پرائمری سکول کے طور پر کام کرتی تھی، اس کے بعد سے اسے دوبارہ گودام کے طور پر تبدیل کر دیا گیا ہے۔ تقریباً 20 سے 30 صحابہ، جن کے نام "اصحاب صدق و وفا: 313" میں شامل ہیں، بنیادی طور پر بھیرہ سے تعلق رکھتے تھے۔

1894 میں، بھیرہ میں فضل مسجد کے آس پاس کے تقریباً پورے علاقے نے احمدیت قبول کر لی اور محلے کا نام محلہ احمدیہ رکھ دیا گیا۔ افسوس کی بات یہ ہے کہ اب یہ تقریباً ویران ہو چکا ہے، کیونکہ خاندان مختلف شہروں میں منتقل ہو چکے ہیں۔ ٹاؤن کمیٹی کے ریکارڈ سے پتہ چلتا ہے کہ احمدیہ مسجد کے لیے زمین 1894 میں خریدی گئی تھی، جسے سرکاری طور پر احمدیہ مسجد کا نام دیا گیا تھا۔ تزئین و آرائش اور 1951 میں اس کے افتتاح کے بعد، اس کا نام مسجد فضل رکھا گیا۔ اب اس وقت غیر احمدی خاندان گھر خرید رہے ہیں اور منظم طریقے سے احمدیہ محلہ پر قبضہ کر رہے ہیں، جس سے فضل مسجد خطرے میں پڑ سکتی ہے۔

مختصراً، بھیرہ ایک ایسے قصبے کی علامت ہے جہاں روحانیت، دستکاری اور روایت کو روزمرہ کی زندگی میں پیچیدہ طریقے سے بُنا گیا تھا۔ ملک محمد افضل، حافظ فضل الرحمان، عبدالصمد اور فضل حق جیسے فنکاروں کی یادیں اور شراکتیں اس شاندار ورثے کو محفوظ رکھنے میں انمول ہیں، یہاں تک کہ جدید دور نے شہر کو تبدیل کر دیا ہے۔ یہ سب جماعت احمدیہ بھیرہ کے مخلص ارکان اور اصحابِ حضرت مسیح موعود علیہ السلام کی اولاد میں سے تھے۔ اللہ ان کے درجات کو جنت الفردوس میں بلند فرمائے۔ آمین۔

2.7-ایک ہمدردی کی اپیل

اس تاریخی مسجد کی دل دہلا دینے والی حالت تصویر میں واضح ہے۔ کسی زمانے میں ایمان اور اتحاد کی قابل فخر علامت، احمدیہ محلہ، اپنی طاقت میں قلعہ نما اب خاموش اور لاوارث کھڑا ہے، جو مسلسل ظلم وستم کا شکار رہے۔

ابتدائی علمبردار، تقریباً تیس مخلص ساتھی اور ان کی اولاد، جنہوں نے کبھی اس علاقے کو زندگی اور دعاؤں سے بھر دیا تھا، سب گزر چکے ہیں۔ جو کبھی ایک متحرک، خود کفیل علاقہ تھا اب زندہ رہنے کے لیے جدوجہد کر رہا ہے۔ ایک زمانہ تھا کہ احمدیوں کے اس مرکز میں کسی کو بھی گڑبڑ کرنے کی جرأت نہ تھی، آج یہ کمزور ہے۔

اگر ہم بحیثیت جماعت ان مقدس مقامات کی حفاظت کے لیے ابھی سے کام نہیں کرتے ہیں تو ان پر ان لوگوں کے قبضے کا خطرہ ہے جنہوں نے کبھی ان کی روحانی یا تاریخی اہمیت کی قدر نہیں کی۔ ان مساجد کو۔ قربانی کے ذریعے تعمیر کیا گیا ہے، جو نماز سے قائم ہے۔ ان کو نظر انداز ہونے یا غلط ہاتھوں میں جانے کی اجازت نہیں ہونی چاہیے۔

میں یورپ، کینیڈا، امریکہ اور آسٹریلیا میں مقیم احمدیوں کی اگلی نسل (بھیرہ نژاد) سے دلی اپیل کرتا ہوں۔ آگے بڑھیں اور اس وراثت کی ذمہ داری لیں۔ یہ مساجد بنیادی افادیت کے اخراجات کو

بھی پورا کرنے کے لیے جدوجہد کر رہی ہیں۔ ان کی دیواریں آج بھی آپ کے بزرگوں کی دعاؤں سے گونجتی ہیں، انہیں خاموش نہ ہونے دیں۔

میں یہ بھی امید کرتا ہوں کہ میری باتیں جماعت کے اندر موجود تنظیموں اور شریف فاؤنڈیشن جیسی کوششوں سے جڑے ہوئے لوگوں کے دلوں تک پہنچیں: ان کو عمل کی دعوت دیں۔ ان مساجد کی بحالی اور دیکھ بھال میں مالی مدد کریں۔ دل کھول کر عطیہ کریں۔ جان لگا کر کام کریں۔ ان لوگوں کی یاد کو عزت دو جو ہم سے پہلے آئے، نہ صرف جذبات کے ساتھ، بلکہ عزم کے ساتھ۔ اب وقت ہے۔ ہمیں دور سے دیکھتے ہوئے تاریخ کو غائب نہ ہونے دیں۔ براہ کرم نظام جماعت (بھیرہ میں مربی اور صدر جماعت، یا چناب نگر میں ذمہ دار دفتر) سے رابطہ کریں۔

تاہم، تقسیم کے بعد، مقامی کاریگروں کی دیکھ بھال کرنے والا کوئی نہیں رہا اور آہستہ آہستہ ان کی مہارتیں ان کے ساتھ غائب ہوگئیں۔ نوجوان نسل نوکریوں کی تلاش میں لاہور، کراچی اور ملتان جیسے شہروں میں منتقل ہو گئے۔ جماعت کو 1924ء میں ایک ایسے المناک واقعہ کی وجہ سے بڑا دھچکا لگا جس کی وجہ سے گرفتاریاں ہوئیں اور ایسا سانحہ ہوا کہ حضرت مسیح موعود علیہ الصلوٰۃ والسلام کے متعدد اصحاب اس صدمے سے چل بسے۔ یہ اقتصادی نقطہ نظر سے کافی تباہ کن تھا۔ تقسیم کی وجہ سے کاروبار کو آخری دھچکا لگا کیونکہ ہندوستانی شاہی ریاستیں عملی طور پر رک گئی تھیں۔

بعد میں، کمیونٹی نے 1974 کی احمدیہ مخالف تحریک کے دوران اور پھر 1984 کے جابرانہ آرڈیننس کے تحت شدید ظلم وستم کا سامنا کیا۔ فرقہ وارانہ منافرت اتنی شدید ہوگئی کہ بہت سے احمدی خاندان بھیرہ میں اپنے گھر بار چھوڑنے پر مجبور ہو گئے تا کہ اپنی حفاظت اور بقا کو یقینی بنایا جا سکے۔

2.8-بھیرہ سے مشہور شخصیات

1.8.2-جناب سر شانتی سوروپ بھٹناگر صاحب

(یوم پیدائش:21 فروری 1894، یوم وفات 1 جنوری 1955-جائے پیدائش: بھیرہ)

سر شانتی سوروپ بھٹناگر FRS, FASc, FNI,OBE , FINstP,FRIC

آپ ایک ہندوستانی کولائیڈ کیمسٹ، تعلیمی اور سائنسی منتظم تھے۔ کونسل آف سائنٹفک اینڈ انڈسٹریل ریسرچ (CSIR) کے پہلے ڈائریکٹر جنرل بھٹناگر کو ہندوستان میں ریسرچ لیبارٹریز کا باپ کہا جاتا ہے۔ وہ یونیورسٹی گرانٹس کمیشن (یو جی سی) کے پہلے چیئرمین بھی تھے۔

1958 میں، ان کے نام اور وراثت کو عزت دینے کے لیے، انڈین کونسل آف سائنٹفک اینڈ انڈسٹریل ریسرچ (CSIR) نے سائنس اور ٹیکنالوجی کے لیے شانتی سوروپ بھٹناگر پرائز ان سائنسدانوں کے لیے قائم کیا جنہوں نے سائنس کی مختلف شاخوں میں نمایاں خدمات انجام دی ہیں۔

بھٹناگر نے 1913 میں پنجاب یونیورسٹی کا انٹرمیڈیٹ کا امتحان فرسٹ کلاس میں پاس کیا اور فارمن کرسچن کالج میں داخلہ لیا، جہاں انہوں نے 1916 میں فزکس میں بی ایس سی اور 1919 میں کیمسٹری میں ایم ایس سی کی ڈگری حاصل کی۔ ٹرسٹی نے انہیں یونیورسٹی کالج لندن میں کیمسٹری کے پروفیسر فریڈرک جی ڈونان کے ماتحت داخل ہونے کی اجازت دی۔ انہوں نے 1921 میں سائنس میں ڈاکٹریٹ کی ڈگری حاصل کی۔ لندن میں رہتے ہوئے انہیں برطانوی محکمہ برائے سائنسی اور صنعتی تحقیق نے £250 سالانہ کی فیلوشپ کے ساتھ تعاون کیا۔

آزاد ہندوستان میں، آپ انڈین کیمیکل سوسائٹی، نیشنل انسٹی ٹیوٹ آف سائنسز آف انڈیا اور انڈین نیشنل سائنس کانگریس کے صدر تھے۔ انہیں 1954 میں حکومت ہند نے پدم بھوشن سے نوازا تھا۔

2.8.2- جناب سر ملک فیروز خان نون صاحب

جب 1958 میں ایک فوجی بغاوت کے ذریعے صدر اسکندر علی مرزا کو معزول کیا گیا تو سر ملک فیروز خان نون بھی ان کے نافذ کردہ مارشل لاء سے متاثر ہوئے۔ انگلستان میں بیرسٹر کے طور پر تربیت یافتہ، نون نے برطانوی ہندوستانی فوج کے امور سے نمٹنے کے لیے وزیر اعظم ونسٹن چرچل کی جنگی وزارت کے فوجی مشیر بننے سے پہلے برطانیہ میں ہندوستان کے ہائی کمشنر کے طور پر خدمات انجام دیں۔ نون پاکستان کے بانیوں میں سے ایک تھے، جنہوں نے 14 اگست 1947ء کو پاکستان کو بطور قومی ریاست قائم کرنے میں اہم کردار ادا کیا، جس کی قیادت میں محمد علی جناح کی ایک کامیاب آئینی تحریک چلی۔

اپنی ابتدائی تعلیم کے بعد، نون نے 1912 میں انگلینڈ جانے سے پہلے لاہور کے ایچی سن کالج میں تعلیم حاصل کی۔ انہوں نے 1916 میں وڈھم کالج سے تاریخ میں بیچلر آف آرٹس (بی اے) کی ڈگری حاصل کی۔ ایک شوقین فٹ بال کھلاڑی، اس نے اپنے کالج کے سالوں میں ISIS کلب کے لیے فیلڈ ہاکی بھی کھیلی۔ گریجویشن کے بعد، نون قانون کا امتحان دینے کے لیے لندن چلے گئے اور ہندوستان واپس آنے سے پہلے 1917ء میں Lincoln Inn سے بیرسٹرایٹ لاء کے طور پر کوالیفائی کیا۔ دسمبر 1932 میں، نون کو سینٹ جان کے قابل احترام آرڈر کا افسر مقرر کیا گیا۔ انہیں 1933 کے نئے سال کی اعزازی فہرست میں نائٹ کا خطاب دیا گیا اور 1937 کی کورونیشن آنرز لسٹ میں انہیں

نائٹ کمانڈر آف دی آرڈر آف دی انڈین ایمپائر (KCIE) بنایا گیا۔ اکتوبر 1941 میں، انہیں نائٹ کمانڈر آف دی آرڈر آف دی اسٹار آف انڈیا (KCSI) کا خطاب ملا۔

اکتوبر 1947 میں، پاکستان کے قیام کے بعد، جناح نے نون کو سعودی عرب اور وسیع تر اسلامی دنیا کے لیے خصوصی ایلچی مقرر کیا۔ ان کا مشن پاکستان کو متعارف کروانا اور اس کے قیام کی وجوہات کی وضاحت کرنا تھا، جس کا مقصد اس کے اندرونی چیلنجوں کے بارے میں بیداری پیدا کرنا اور مسلم ممالک سے اخلاقی اور مالی مدد حاصل کرنا تھا۔ نون نے اس اہم ذمہ داری کو کامیابی سے انجام دیا۔

1956 سے 1957 تک، نون نے مسئلہ کشمیر اور مشرقی ہندوستان میں شورش کے بارے میں ہندوستان کے ساتھ بات چیت کرنے کی کوشش کی لیکن بہت کم پیش رفت ہوئی۔ تاہم، انہوں نے عوامی لیگ، نیشنل عوامی پارٹی، کرشک صدک پارٹی اور دیگر پارلیمانی گروپوں کے ساتھ کامیابی کے ساتھ اتحاد قائم کیا، جس کی وجہ سے انہیں وزیر اعظم کے طور پر حکومت بنانے کی اجازت ملی۔ 16 دسمبر 1957 کو انہوں نے چیف جسٹس ایم منیر سے حلف لیا اور مخلوط حکومت بنائی۔ دریں اثنا، نون نے گوادر کے حصول کے لیے مسقط اور سلطنت عمان کے ساتھ پیچیدہ لیکن کامیاب مذاکرات کیے، جسے 8 ستمبر 1958ء کو فیڈریشن آف پاکستان میں 3$ ملین کی قیمت پر شامل کیا گیا۔

1958 کی پاکستانی بغاوت کے بعد، نون نے قومی سیاست سے ریٹائرمنٹ لے لی اور لکھنے کا رُخ کیا۔ انہوں نے ہندوستان کی تاریخ اور پاکستان میں قانون اور سیاست سے متعلق مسائل پر پانچ کتابیں تصنیف کیں۔ نون کی شادی وقار النساء سے ہوئی جو آسٹریا سے تعلق رکھتی تھیں اور ایک ممتاز سیاست دان اور سماجی کارکن تھیں۔ ان کا انتقال 7 دسمبر 1970ء کو ضلع سرگودھا کے اپنے آبائی گاؤں نور پور نون میں ہوا جہاں وہ آسودۂ خاک ہیں۔

2.8.3-مکرم پروفیسر عبدالمجید قریشی صاحب (اے ایم یو) علی گڑھ

پروفیسر عبدالمجید قریشی کا تعلق محلہ چٹی پلی، کشمیری گیٹ، بھیرہ کے معزز قریشی خاندان سے تھا۔ وہ 1886 میں بھیرہ میں پیدا ہوئے۔ 1903 میں گورنمنٹ ہائی سکول بھیرہ سے میٹرک کرنے کے بعد، انہوں نے مزید تعلیم علی گڑھ کے ایم اے او (محمدن اینگلو اورینٹل) کالج سے حاصل کی، جہاں ان کے دو بڑے بھائی فضل حق قریشی اور عبدالعزیز قریشی نے بھی تعلیم حاصل کی تھی۔ حضرت قریشی غلام حسین شاہ صاحب بھیرہ (قریشی خاندان سے) احمدیہ جماعت بھیرہ کے رکن تھے۔

ایک ذہین اور محنتی طالب علم، عبدالمجید نے علی گڑھ سے اعزاز کے ساتھ گریجویشن کیا اور الہ آباد یونیورسٹی سے ایم اے میں اپنی شاندار کارکردگی کے لیے ریاضی میں گولڈ میڈل حاصل کیا۔ اس نے ڈپٹی کلکٹر کے عہدے کے لیے سرکاری پیشکش ٹھکرادی، اس کے بجائے ایم اے او کالج میں بطور لیکچرار شامل ہونے کا انتخاب کیا۔ انہوں نے کالج کے اعزازی سکریٹری کا کردار بھی ادا کیا، جس کی بنیاد عظیم سرسید احمد خان نے مسلم کمیونٹی کی ترقی کے لیے رکھی تھی۔

پروفیسر قریشی ایک ممتاز ریاضی دان تھے اور انہوں نے 1947 میں اپنی ریٹائرمنٹ تک علی گڑھ مسلم یونیورسٹی (اے ایم یو) میں شعبہ ریاضی کے سربراہ کے طور پر خدمات انجام دیں، جبکہ مختلف انتظامی کرداروں کو بھی سنبھالا۔ 1947 میں تقسیم کے بعد وہ پاکستان ہجرت کر گئے۔ آباد ہونے کے لیے کئی جگہوں کی تلاش کے بعد، انہوں نے بالآخر اپنی جائے پیدائش بھیرہ واپس جانے کا فیصلہ کیا،

جہاں انہوں نے ریلوے اسٹیشن کے قریب ایک گھر حاصل کیا۔ شہر کے مضافات میں ایک مکان بھی انہیں دیا گیا تھا۔

1949 سے 1955 تک، وہ بھیرہ میں رہے، اپنا وقت ادبی کام کے لیے وقف کرتے ہوئے فیڈرل پبلک سروس کمیشن اور ممکنہ طور پر کراچی یونیورسٹی کے لیے ریاضی کے ممتحن کے طور پر بھی خدمات انجام دیتے رہے۔ 1955 میں وہ سرگودھا چلے گئے۔ سرگودھا میں ایک اہم تقریب کے دوران، جہاں صدر ایوب خان سٹیج پر موجود تھے، پروفیسر قریشی، جو اس وقت کافی کمزور اور بزرگ تھے، صدر کا ہاتھ تھامے احترام کی علامت کے طور پر دیکھے گئے۔ خیال کیا جاتا ہے کہ علی گڑھ میں پروفیسر قریشی کسی زمانے میں صدر ایوب خان کے استاد رہ چکے تھے۔ 1964 میں، پروفیسر قریشی کراچی چلے گئے، جہاں وہ 10 جولائی 1982ء کو اپنے انتقال تک مقیم رہے۔ مصنف کا خیال ہے کہ ان کا تعلق قریشی غلام حسین شاہ صاحب چٹی پلّی بھیرہ سے تھا۔

2.9-اعوان سرزمین کی ہماری مذہبی شخصیات

1.9.2-حضرت سلطان العارفین سلطان محمد باھو رحمۃ اللہ علیہ

حضرت سلطان باھوؒ 1039 ہجری (تقریباً 1629ء) میں شورکوٹ، ضلع جھنگ، پاکستان (اس وقت ہندوستان) میں مغل بادشاہ شاہ جہاں کے دور میں پیدا ہوئے۔ ان کے والد کی تقویٰ، دانائی اور دینی علم کے اعتراف میں مغل شہنشاہ شاہ جہاں نے انہیں گاؤں کرگن کے ساتھ مزید پندرہ ہزار بیگھہ اراضی عطا کی۔ حضرت سلطان باھوؒ کا تعلق اعوان قبیلے سے تھا، اور تاریخی روایات میں ان کا نسب اسی معزز قبیلے سے ملتا ہے۔

آپ کا تعلق حضرت علی بن ابو طالب کے قبیلہ اعوان سے تھا۔ حضرت فاطمہ کے علاوہ اعوان دوسری شادیوں سے حضرت علیؓ کی اولاد ہیں۔ سلطان باھو کے والد باز محمد پیشے کے لحاظ سے ایک سپاہی اور شاہ جہاں کی فوج میں ٹائٹل ہولڈر تھے۔ ان کی والدہ بی بی راستی ایک مقدس خاتون تھیں۔ انہیں روحانی طور پر سلطان باھو کی عظمت اور روحانی حیثیت سے ان کی پیدائش سے پہلے ہی آگاہ کر دیا گیا تھا اور انہیں فنا فی ھو (ھو میں فنا) کی حیثیت سے باھو (ھو کے ساتھ ایک) کا نام دیا گیا تھا۔

حضرت بایزید محمدؒ مغل سلطنت میں ملتان کے کمشنر تھے۔ وہ اپنی تقویٰ، بلند مرتبہ اور اعلیٰ مقام کی وجہ سے مشہور تھے اور مغل سلطنت کے اعلیٰ انتظامی حلقے میں شامل تھے۔ حضرت بی بی راستیؒ اللہ تعالیٰ کی ولیہ تھیں۔ ان کا تعلق بھی اعوان قبیلے سے تھا۔ ان کا اپنے شوہر پر گہرا روحانی اثر تھا، جس کے نتیجے میں حضرت بایزید محمدؒ دنیاوی امور سے بے نیاز ہو گئے اور انہوں نے سرکاری ملازمت چھوڑ کر اپنی زندگی اللہ تعالیٰ کی محبت اور عبادت میں گزارنے کا فیصلہ کیا۔

2.9.2- حضرت مولوی حکیم مولانا نور الدین خلیفۃ المسیح الاولؓ اور احمدی شخصیات

(حکیم نور الدین -8 جنوری 1834 -13 مارچ 1914)

حکیم نور الدینؒ (جنہیں حکیم نور الدین بھی لکھا جاتا ہے؛ حکیم نور الدین: 8 جنوری 1834ء- 13 مارچ 1914ء) حضرت مرزا غلام احمدؑ، بانئ جماعت احمدیہ، کے قریبی صحابی تھے اور 27 مئی 1908ء سے جماعت احمدیہ کے پہلے جانشین اور پہلے خلیفہ مقرر رہے۔

وہ کئی برس تک جموں و کشمیر کے مہاراجہ کے شاہی طبیب رہے۔ دینی علوم کے حصول کے شوق

میں انہوں نے وسیع سفر کیے، جن میں مکہ مکرمہ اور مدینہ منورہ میں طویل قیام بھی شامل تھا۔نورالدین وہ پہلے خوش قسمت شخص تھے جنہوں نے 1889 میں حضرت مرزا غلام احمد صاحبؑ سے بیعت کی اور ان کے قریبی ساتھی اور معتمد رہے۔بھیرہ میں اپنا گھر چھوڑ کر 1892 میں قادیان میں مستقل سکونت اختیار کی۔آپ نے اپنے پورے مذہبی پیشے میں حضورؑ کی مدد کی، اسلام کے خلاف عیسائی اور ہندو ماہرین کی تنقیدوں کے جواب میں تردید کی کئی جلدیں تصنیف کیں اور حضورؑ اور آپؑ کے مخالفین کے درمیان کچھ عوامی مباحثوں کو ترتیب دینے میں اہم کردار ادا کیا۔

حضورؑ کی وفات کے بعد انہیں متفقہ طور پر اُن کا جانشین منتخب کیا گیا۔نورالدین کی قیادت میں، احمدیہ تحریک نے جنوبی ہند، بنگال اور افغانستان میں احمدیوں کے چھوٹے چھوٹے گروہوں کے ساتھ منظم تبلیغی سرگرمیاں شروع کیں، انگلینڈ میں پہلا اسلامی مشن 1913 میں قائم ہوا، اور قرآن کے انگریزی ترجمے پر کام شروع ہوا۔قرآنی تفسیر اور حدیث پر ان کے لیکچرز حضرت مرزا غلام احمد صاحبؑ کے بعد قادیان آنے والوں کے لیے سب سے زیادہ توجہ کا مرکز تھے۔بہت سے ممتاز علماء اور رہنما ان کے شاگرد تھے، جن میں محمد علی اور شیر علی، جو خود قرآنی مفسرین تھے اور مرزا بشیر الدین محمود، جو ان کے بعد خلیفہ بنے۔

1865ء میں 31 سال کی عمر میں مکہ اور مدینہ کا سفر کیا۔دینی علم حاصل کرنے کے لیے کئی سال تک وہاں رہے۔آپ نے مشہور شیخ حسن خزراجی صاحب اور مولوی رحمت اللہ کرینالوی صاحب سے حدیث کی تعلیم حاصل کی۔آپ نے شاہ ولی اللہ محدث دہلوی کے پوتے شاہ عبدالغنی سے بیعت کی۔

آپؓ نے اندرونی اختلافات سے بھی نمٹا جب صدر انجمن احمدیہ کے کچھ اعلیٰ عہدیداروں نے نافذ کیے جانے والے انتظامی امور اور خلیفہ کے حقوق کے بارے میں اختلاف کیا۔ان کی وفات کے بعد، اس گروہ نے بالآخر قادیان چھوڑ کر لاہور میں اپنا صدر مقام بنالیا، اپنی انجمن احمدیہ انجمن اشاعت اسلام کے نام سے قائم کی۔

تصنیفات:

- حق الفرقان (قرآنی مذاکروں کی چار جلدوں کی تالیف)
- تفسیر القرآن: تفسیر اور مظاہر (ان کی تحریروں پر مبنی، ان کی بہوامۃ الرحمن عمر نے اپنے بیٹے عبدالمنان عمر کی مدد سے ترجمہ کیا)
- رہنما حجاز الموسم باریاض الحرمین (حجاز کے لیے ایک رہنما، مکہ اور مدینہ کے باغات کے عنوان سے)، حجاز میں مقدس مقامات کی وضاحت۔
- بیاض نورالدین (نورالدین کا فارما کوپیا)
- فصیل الخطاب، (امام کے پیچھے نماز میں فاتحہ پڑھنے کی اہمیت پر)
- فصل الخطاب، مقدّمہ اہل الکتاب (اسلام کے خلاف عیسائی بحثوں کا دو جلدوں کا جواب)
- ابتل الوہیت مسیح (مسیح کی الوہیت کی تردید)
- ردِتناسخ (تناسخ کے نظریے کی تردید)
- ردِنسخ قرآن (نسخِ قرآن کے عقیدہ کی تردید)، جس میں ایک شیعہ دوست کے ساتھ خط و کتابت کا سلسلہ شامل ہے۔
- تصدیق براہینِ احمدیہ (براہینِ احمدیہ کی تصدیق)، پنڈت لیکھ رام کی تکذیب براہینِ احمدیہ کے جواب میں۔
- مرقات الیقین فی حیات نورالدین (خودنوشت)
- دینیات کا پہلا رسالہ (علم الٰہیات)
- مبادی الصرف ونحو (گرائمر کے اصول)
- خطبات نور (جمعہ کے خطبات)
- خطابات نور (جمع شدہ تقاریر)۔

- (ایک عیسائی کے تین سوالوں کا جواب)
- ارشادات نور (خطوط، مضامین، اعلانات، اور سوال و جواب کے 3 جلدوں کا مجموعہ)

2.10-اہم شخصیات (اعوان/ بھیرہ کا علاقہ)

- ایئر مارشل نور خان کمانڈر ان چیف آف پاکستان ایئر فورس، 69-1965، مغربی پاکستان کے گورنر، 1969-70۔1965 کی جنگ میں پاک فضائیہ کے سربراہ۔
- نواب ملک امیر محمد خان - سابق نواب کالا باغ، اعوان قبیلے کے سربراہ اور 1960ء سے 1966ء تک مغربی پاکستان کے گورنر
- تجمل حسین ملک، (1971ء-ایسٹ پاکستان) کی ہند-پاک جنگ کے ہیرو تھے۔آپ نے ایک بہت بڑی طاقت کے خلاف ایک ناقابل تسخیر دفاعی جنگ کی اور ہتھیار ڈالنے سے انکار کر دیا اور بغاوت کی کوشش کی۔
- میر سلطان خان-آپ شطرنج کے بہتر یک کھلاڑی تھے۔
- احمد ندیم قاسمی - اردو شاعر، صحافی، ادبی نقاد، ڈرامہ نگار، مختصر کہانی نویس، پرائیڈ آف پرفارمنس، اور امتیاز حاصل کرنے والا، پاکستان کا تیسرا سب سے بڑا سول ایوارڈ۔
- سلطان باہو-اوہ صوفی صوفیانہ، شاعر، عالم، اور اپنے معروف سروری قادری کے بانی۔
- عبدالمنان وزیر آبادی-اسلامی اسکالر، جج، اور محدث۔
- حضرت مولانا نورالدین بھیروی (خلیفۃ المسیح الاول ؓ)
- حضرت مولانا شیر علی صاحب ؓ (قرآن پاک کا پہلا احمدی انگریزی ترجمہ)
- حضرت ڈاکٹر مفتی محمد صادق، برطانیہ/ امریکہ میں اسلام کے پہلے مشنری
- حضرت شیخ قادر بخش احمد آبادی رحمۃ اللہ علیہ، شیخ الاسلام احمد آبادی، ممتاز مذہبی رہنما۔

- حضرت مولانا محمد دلپذیر رحمۃ اللہ علیہ۔مفسر قرآن، پنجابی، فارسی اور عربی شاعر۔
- حضرت حکیم فضل دین صاحب رحمۃ اللہ علیہ
- حضرت قاضی سید امیر حسین شاہ بھیروی رحمۃ اللہ علیہ
- حضرت قریشی غلام حسین شاہ بھیروی رحمۃ اللہ علیہ چٹی پلی/کشمیری دروازہ
- حضرت قاضی سید غلام حسین شاہ بھیروی رحمۃ اللہ علیہ
- حضرت مولانا حکیم محمد حسین احمد آبادی/بھیروی رحمۃ اللہ علیہ
- حضرت مولا بخش بھیروی رحمۃ اللہ علیہ/حضرت اللہ بخش رحمۃ اللہ علیہ
- حضرت میاں خدا بخش بھیروی رحمۃ اللہ علیہ، امام فضل مسجد بھیرہ۔
- حضرت میاں غلام محی الدین بھیروی (معمار/ٹھیکیدار)
- حضرت قریشی غلام حسین شاہ (چٹی پلّی کے)۔مشہور قریشی خاندان
- میاں فضل الرحمن بسمل، (مورخ، جماعت احمدیہ بھیرہ)

2.11 –ہمارے بہادر سپاہی اور جنگی ہیرو

جنرل اختر حسین ملک (1965 کی جنگ کے ہیرو)

جنرل اختر حسین ملک S.P.K HJ.آپ کو ازمیر (ترکی) میں ملٹری اتاشی کے طور پر تعینات کیا گیا تھا، جہاں وہ اپنی اہلیہ کے ساتھ ایک آٹو ایکسیڈنٹ میں وفات پا گئے۔آپ جنرل عبدالعلی ملک صاحب (ایک احمدی) کے بڑے بھائی تھے۔آپ کی تدفین ربوہ (چناب نگر) میں ہوئی ہے۔

لیفٹیننٹ جنرل عبدالعلی ملک (1965ء جنگ کے ہیرو)

عبدالعلی ملک پاکستان آرمی میں تھری سٹار رینک کے آرمی جنرل تھے اور پنجاب رجمنٹ کی

19 ویں بٹالین سے پاکستان آرمی میں انفنٹری آفیسر تھے جنہوں نے بھارت کے ساتھ دوسری جنگ کے دوران چونڈے میں میکانائزڈ وار فیئر میں کمبیٹ انفنٹری فارمیشن کی قیادت کرنے کا اعزاز حاصل کیا۔1965 اور بعد میں 1971 میں بھارت کے ساتھ تیسری جنگ کے دوران آئی کور کی کمانڈ کی۔وہ راولپنڈی سے تقریباً پینسٹھ کلومیٹر (40 میل) کے فاصلے پر ایک چھوٹے سے گاؤں پنڈوری میں ایک احمدی خاندان میں پیدا ہوئے۔وہ ایک سپاہی اور انجینئر تھے۔

میجر جنرل افتخار جنجوعہ (وفات 9 دسمبر 1971)

پاک فوج کے میجر جنرل افتخار جنجوعہ پاک ہند کی جنگ کی کاروائی میں شہید ہونے والے اعلیٰ پاکستانی افسران میں سے ایک ہیں۔انہیں پاکستان میں رن آف کچھ کے ہیرو کے طور پر جانا جاتا ہے۔ وہ چھمب کی جنگ کے دوران 1971ء کی پاک بھارت جنگ میں 23 رانفنٹری ڈویژن کے کمانڈر تھے۔ان کی ولادت ایک احمدی گھرانے میں ہوئی تھی۔

میجر جنرل تجمل حسین ملک، ہلی کی جنگ کے ہیرو اور دو دفعہ بغاوت کرنے والے

میجر جنرل تجمل حسین ملک (1924 – 2003] پاک فوج میں ایک سینئر افسر تھے۔سابق جنرل آفیسر کمانڈنگ کے 23 ڈویژن کے عہدے سے ریٹائر ہوئے تھے۔

ہلید رنگ 1971 کی جنگ، پاک بھارت سرکار کے خلاف ایک ناکام جنگ، پاک فوج کے سربراہ کی ناکام کوشش۔ 1947 کی پاک بھارت جنگ اور 1965 کی جنگ۔ 1969 میں انہیں بریگیڈیئر کے طور پر ترقی دی گئی، اور اکتوبر 1971 میں، وہ جنرل ہیڈ کوارٹر کے طور پر اپنی درخواست پر بریگیڈ 5 میں لڑنے لگے۔ وہ 20 نومبر 1971 کو ہلی مشرقی پاکستان (اب بنگلہ دیش) میں تعینات بریگیڈ میں شامل ہوئے۔

جنرل ہیڈ کوارٹر۔ وہاں سے، انہوں نے مشرقی پاکستان کی درخواست پر لڑنے کے لیے

رضا کارانہ طور پر کام کیا، وہ ہلی بوگرہ محاذ پر تعینات 205 بریگیڈ میں تعینات تھے۔ جنگ کے دوران، انہیں نشان حیدر (پاکستان کی مسلح افواج میں بہادری کا سب سے بڑا اعزاز) دیا گیا۔

لیفٹیننٹ جنرل عبدالمجید ملک (جنگی ہیرو/ سیاستدان)

عبدالمجید ملک (1919–3 جون 2016) پاکستانی فوج میں ایک لیفٹیننٹ جنرل، دوسری جنگ عظیم کے تجربہ کار، سفارت کار، اور بعد میں سیاست دان تھے جنہوں نے 11 جولائی سے امور کشمیر اور شمالی علاقہ جات اور ریاستوں اور سرحدی علاقوں کے وزیر کے طور پر خدمات انجام دیں۔ 1997 سے 12 ستمبر 99 تک خدمات انجام دیں۔ سیاسی دوڑ میں شامل ہونے سے پہلے، انہوں نے جنرل ہیڈ کوارٹرز میں ڈائریکٹر ملٹری آپریشنز کے طور پر خدمات انجام دیں۔ تقسیم سے پہلے وہ برٹش انڈین آرمی میں کمیشنڈ آفیسر تھے۔

ایک ریٹائرڈ آرمی جنرل ہونے کے باوجود، انہوں نے مسلسل پانچ بار قومی اسمبلی کے رکن منتخب ہو کر ایک نادر مثال قائم کی۔ جمعہ کی شب ان کا انتقال ستانوے برس کی عمر میں اسلام آباد میں ہوا اور ہفتہ کوان کے آبائی گاؤں میں سپرد خاک کر دیا گیا۔ جون 2016 میں اسلام آباد میں جمعے کی رات دیر گئے ہسپتال میں انتقال کر گیا۔ ان کی میت کو پنجاب کے شہر چکوال میں ان کے آبائی گاؤں منتقل کیا گیا اور ہفتہ کو ان کے گاؤں جنڈ، چکوال کے قبرستان میں سپرد خاک کر دیا گیا۔

لیفٹیننٹ جنرل عبدالمجید ملک چکوال (1939) میں میرے والد کے شاگرد تھے۔ ان دنوں میٹرک کا امتحان پنجاب یونی ورسٹی لاہور کی طرف سے لیا جاتا تھا۔ ان کے میٹرک کے امتحان میں جھگڑا اس وقت ختم ہو گیا جب یونی ورسٹی کے ریکارڈ میں موجود میرے والد کے ہاتھ کے لکھے ہوئے نوٹس عدالت میں پیش کئے گئے۔ عدالت نے میرے والد کے ہاتھ سے لکھا ہوا بیان قبول کر لیا۔

دسمبر 2005 میں، سپریم کورٹ نے پنجاب یونیورسٹی کی جانب سے ان کی اسناد کو درست قرار دینے کے بعد ان کے کاغذات نامزدگی پر سے پابندی ہٹا دی۔ DAWN.COM۔

2005-09-30۔ بازیافت شدہ 2021-09-08۔ مجید ملک کو الیکشن لڑنے کی اجازت دے دی گئی۔

خداداد خان، پہلا ہندوستانی وکٹوریہ کراس وصول کرنے والا

خداداد خان (VC) 20 اکتوبر 1888ء کو پنجاب، چکوال کے قریب گاؤں ڈب میں پیدا ہوئے۔ ان کا خاندان پنجابی راجپوت منہاس قبیلے سے تھا۔ وہ پہلا ہندوستانی مسلمان سپاہی تھا جس کو 1914ء میں بہادری اور شجاعت دکھانے پر برطانیہ کا سب سے بڑا عسکری اعزاز 'وکٹوریہ کراس' دیا گیا۔ ان کا تعلق 129 بلوچ رجمنٹ سے تھا جو کراچی میں تعینات تھی۔ پہلی جنگ عظیم کے دوران ان کو فرانس جانے کا حکم ملا۔ وہ ستمبر 1914ء کو سمندری جہاز سے کراچی سے روانہ ہوئے اور مارسیلز پہنچ گئے جہاں ان کو ہولی بیک کے محاذ پر جرمن فوج کی پیش قدمی روکنے کے لئے متعین کیا گیا۔ لڑائی کے دوران ان کا کمانڈنگ آفیسر فائرنگ سے زخمی ہو گیا اور مشین گن چلانے والے پانچ سپاہی بھی موت کی نیند سو گئے۔ اس دوران خداداد زخمی ہونے کے باوجود اپنی مشین گن چلاتے رہے۔ اس لڑائی میں 7 / برطانوی، 5 ہندوستانی افسران اور 124 سپاہی شہید ہوئے۔ سپاہی خداداد کو برطانوی حکومت نے اکتوبر 1914ء میں وکٹوریہ کراس دیا۔ اس کے بعد ان کو صوبیدار خداداد خان بنا دیا گیا۔ ان کی وفات 8 مارچ 1971ء کو راولپنڈی میں ہوئی اور منڈی بہاؤالدین کے چک نمبر 25 میں سپرد خاک کیا گیا۔ ان کا وکٹوریہ کراس پاکستان کے گاؤں ڈب (چکوال) میں ان کے آبائی گھر میں نمائش کے لیے رکھا گیا۔

اہم نکات

- بھیرہ اور اس کے گردونواح کے علاقوں نے مختلف شعبہ ہائے زندگی میں نمایاں شخصیات پیدا کی ہیں، جن میں فوج، سیاست، ادب، سائنس اور مذہب شامل ہیں۔

- اعوان قبیلہ اور اس کی شاخوں نے نوآبادیاتی ہندوستان اور جدید پاکستان دونوں میں دفاع، حکمرانی اور ثقافتی ترقی میں کلیدی کردار ادا کیا ہے۔
- بھیرہ میں ابتدائی احمدی تحریک پر مبشرِ مصطفیٰ (ص) کے مخلص اصحاب نے گہرا اثر چھوڑا ہے، اور انہوں نے نسلوں کے لیے روحانی اور علمی بنیادیں قائم کی ہیں۔
- بھیرہ کی مذہبی قیادت اور تبلیغی سرگرمیاں قومی حدود سے آگے بڑھیں، جن میں قرآن پاک کے ترجمے، اسلام کی تبلیغ، اور عالمی احمدی مشنز کا قیام شامل ہے۔

اہم نتائج

- یہ خطہ شجاعت اور حکمت عملی کی روایت کے حامل فوجی ہیروز کا مسکن ہے، اور جنرل اختر ملک اور لیفٹیننٹ جنرل عبدالعلی ملک جیسے افسران اس کی مثال ہیں۔
- بھیرہ کی شخصیات نے سائنس اور تعلیم میں اہم خدمات انجام دی ہیں، اور سر شانتی سوروپ بھٹناگر اور پروفیسر عبدالمجید قریشی اس کی نمائندگی کرتے ہیں۔
- حضرت خلیفۃ المسیح الاوّل رضی اللہ عنہ اور حضرت سلطان باہو رحمۃ اللہ علیہ جیسی شخصیات نے اسلامی فکر اور روحانی زندگی پر نمایاں اثر ڈالا ہے۔
- احمد ندیم قاسمی اور قاضی بھائیوں جیسی شخصیات نے اردو ادب اور مذہبی علوم میں نمایاں خدمات انجام دی ہیں۔

کلیدی نتائج و استنباط

- بھیرہ ایک منفرد سنگم ہے جہاں فوجی قوت، علمی مہارت، روحانی گہرائی اور قومی خدمت یکجا ہیں۔

- ملک/اعوان قبیلے اور ابتدائی احمدی پیشرووں کی یہ میراث آج بھی موجودہ اور آنے والی نسلوں کے لیے رہنمائی اور تحریک کا سبب ہے۔
- بھیرہ کے عوام کی تاریخی خدمات پاکستان کی قومی اور مذہبی میراث کے ساتھ ساتھ عالمی احمدی مسلم جماعت کے لیے فخر کا باعث ہیں۔
- یہ باب اگلے باب میں بیان ہونے والے ذاتی اور روحانی تعلقات کو سمجھنے کے لیے ایک مضبوط تاریخی اور معنوی سیاق وسباق فراہم کرتا ہے۔

باب دوم: خلاصہ

- یہ باب بھیرہ اور ملک/اعوان قبیلے کی جامع تاریخ اور خدمات پیش کرتا ہے، اور مذہبی، فوجی، تعلیمی اور سول شعبوں میں ان کی شراکت کو واضح کرتا ہے۔
- باب کا آغاز مبشرِ مصطفیٰ (ص) کے ابتدائی اصحاب سے ہوتا ہے، جنہوں نے تبلیغی کوششیں، قرآن کے تراجم، اور علمی خدمات کے ذریعے احمدی تحریک کی بنیاد مستحکم کی۔
- باب میں حکیموں، شاعروں اور دینی علماء کی خدمات پر خصوصی توجہ دی گئی ہے، جن میں قاضی بھائی بھی شامل ہیں، جن کی قیادت نے تحریک کے ابتدائی دور میں کمیونٹی کی ہم آہنگی اور روحانی ترقی کو فروغ دیا۔
- ملک/اعوان قبیلے کے نمایاں سول حکام اور تعلیمی شخصیات نے علاقے میں حکمرانی اور تعلیمی شعبے کی ترقی میں اہم کردار ادا کیا ہے۔
- باب میں فوجی شخصیات اور جنگی ہیروز کو بھی خراج تحسین پیش کیا گیا ہے، جن میں نواب ملک امیر محمد خان، ایئر مارشل نور خان، اور جنرل اختر حسین ملک شامل ہیں، جن کی شجاعت اور قیادت نے 1947 سے 1971 کے درمیانی تنازعات میں کلیدی کردار ادا کیا۔

- قبیلے کی تاریخی فوجی میراث میں خداداد خان، پہلے بھارتی وکٹوریا کراس کے حامل، اور دیگر مسلم فوجیوں کا ذکر بھی شامل ہے، جنہوں نے پہلی عالمی جنگ میں بہادری کے اعلیٰ معیار کا مظاہرہ کیا۔
- تحقیقی حوالوں اور تاریخی سیاق و سباق کے ذریعے یہ باب بھیرہ اور ملک/اعوان قبیلے کو بہادری، علم، خدمت اور روحانی لگن کے ستون کے طور پر پیش کرتا ہے، اور احمدی تحریک اور جنوبی ایشیا کی تاریخ پر ان کے دیرپا اثرات کو واضح کرتا ہے۔

باب سوم کی جانب منتقلی

- بھیرہ کی نمایاں شخصیات۔سول حکام، تعلیمی ماہرین، فوجی ہیروز اور محترم دینی شخصیات۔کا یہ جامع جائزہ پیش کرنے کے بعد، ہم ایک ذاتی اور روحانی عکاسی کی طرف بڑھتے ہیں۔
- باب سوم کا آغاز میری بہن، امۃ اللطیف تسنیم، کی تحریر کردہ یادداشت سے ہوتا ہے، جس کا عنوان ہے: ''ہمارے دادا، حضرت میاں کرم دین بھیروی کی نیک یاد''
- اس یادداشت میں ہمارے دادا کی اخلاقی مضبوطی، عاجزی اور روحانی گہرائی بیان کی گئی ہے، اور یہ دکھایا گیا ہے کہ ان کی خاموش عبادت اور دین کی خدمت نے آنے والی نسلوں پر دیرپا اثر چھوڑا۔

OO

حضرت علیؓ کی مبارک تلوار (بمقام ترکی)

نمک کی دریافت جب سکندر نے سالٹ مائنز ایریا کھیوڑہ میں گھوڑوں کو پتھر چاٹتے دیکھا

پرانے بھیرہ کے کھنڈرات - بھراریاں شریف - احمد آباد کے قریب

پرانا بھیرہ میں غروب آفتاب (بھراریاں شریف احمد آباد)

New Bhera
Sargodha Side
Old Bhera Jhelum
Side

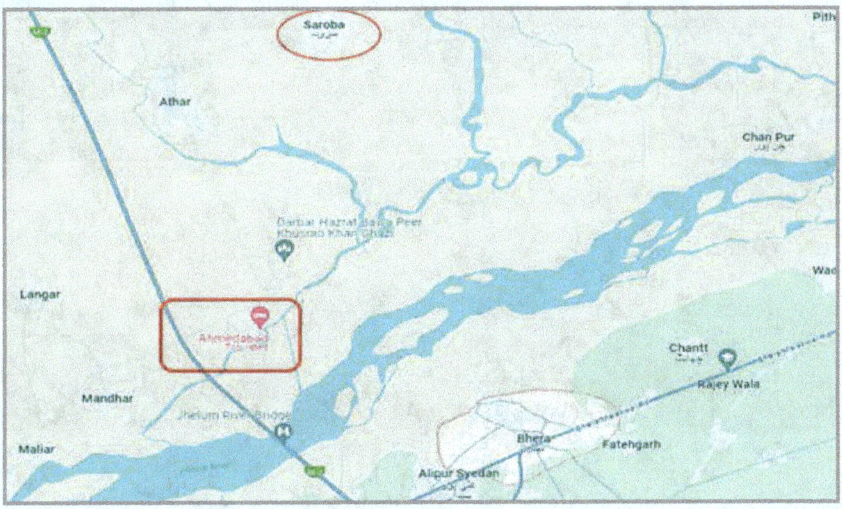
Saroba
Athar
Chan Pur
Langar
Ahmedabad
Mandhar
Maliar
Chantt
Rajey Wala
Bhera
Fatehgarh
Alipur Syedan

قلعہ کی دیوار جو شیر شاہ سوری نے بنوائی تھی

سلطان شیر شاہ سوری کی طرف سے جامع مسجد بھیرہ کی تعمیر

پانچ سو سال پہلے (1545-1540)

بھیرہ کی ثقافتی میراث: مٹھائیاں، دستکاری اور ورثہ

لکڑی پر نقش ونگار کرتے کاریگر

کھانا گرم رکھنے والا برتن

تہ کرنے والی ٹوکری

آرائشی فٹ پوسٹ

لکڑی کی کھدائی والا داخلی دروازہ

ایک صاحب جو کہ حافظ قرآن ہیں اپنے ہاتھ سے لکڑی کی کنگھی بناتے ہوئے

Patisaa
Mehndi

Warren- Potato
Warren

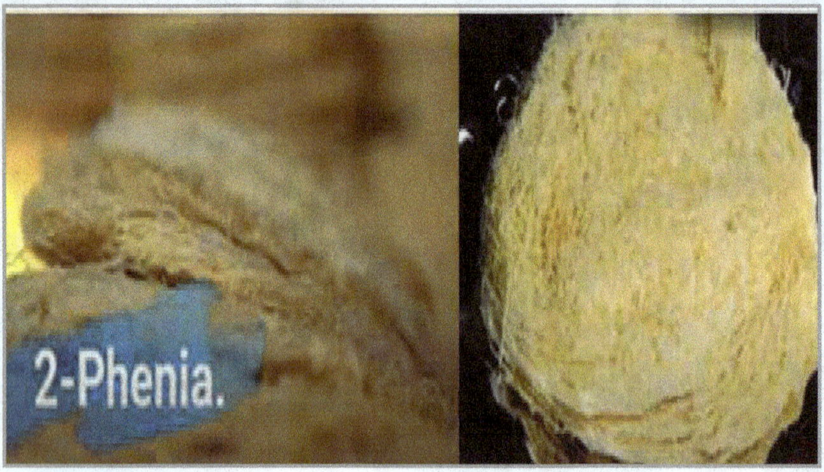

پھینیا

گڑ والی مٹھائی

ہاتھ سے تیار کٹلری سیٹ

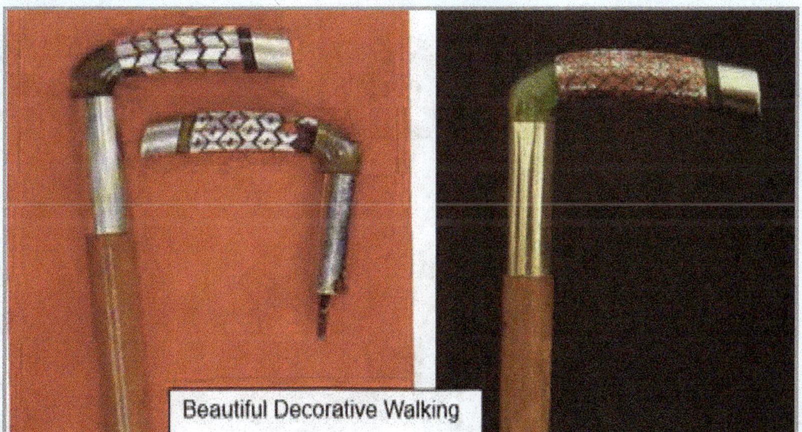

خوبصورت آرائشی واکنگ سٹک و ہینڈل

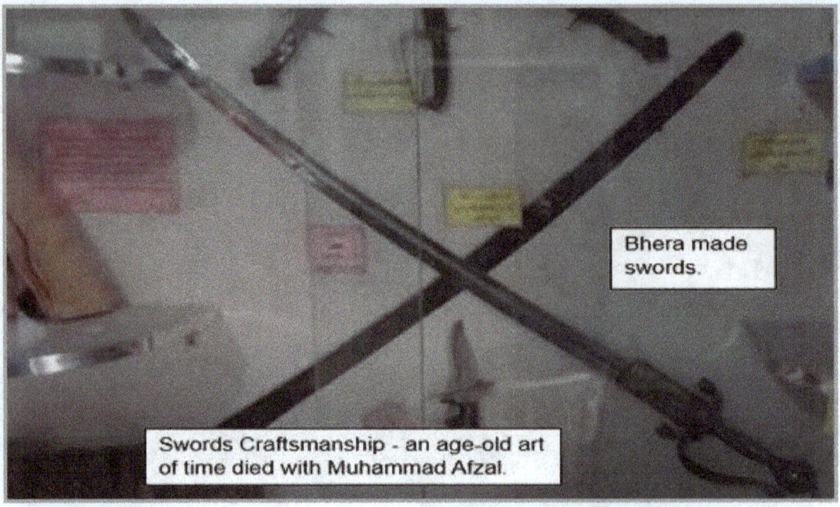

بھیرہ کی مشہور تلواریں جو محمد افضل احمدی کاریگر نے بنائی تھیں

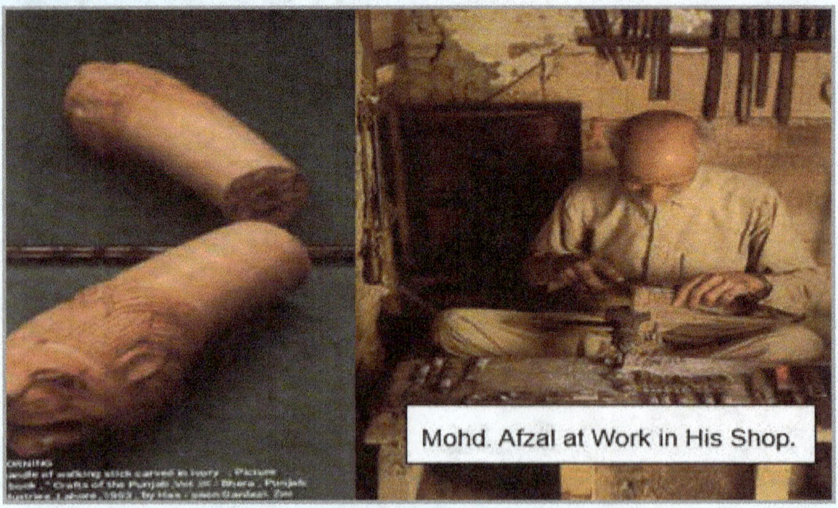

مرحوم محمد افضل اپنی دکان پر کام کر رہے ہیں

جامع مسجد قاضیاں والی

بھیرہ کے مڑھی میں کھجور کا باغ اور کنواں

شیر شاہ سوری جامع مسجد جو 1540 کی دہائی میں بنی تھی

Outer Lahori Gate

Interior Lahori Gate
Gani Mandi

Chinioti Gate.

Loharana Mori Gate

Shuttlecock Burqa

حضرت قاضی سید غلام حسین شاہ صاحب بھیرویؓ

حضرت قاضی امیر حسین شاہ صاحبؓ

حضرت مفتی فضل الرحمن بھیروی صاحبؓ

حضرت حکیم فضل دین بھیروی صاحبؓ

حضرت میاں محمد شفیع بھیروی صاحبؓ

حضرت فضل الٰہی بھیروی صاحبؓ

حضرت مفتی محمد صادق صاحبؓ

حضرت مولانا حکیم نورالدین صاحبؓ

(خلیفۃ المسیح الاوّل)

حضرت مولانا شیر علی صاحبؓ

قرآن کریم کے انگریزی مترجم

حضرت مولوی محمد حسین احمد آبادی صاحبؓ

مشہور حکیم، شاعر، عالم قرآن

فضل مسجد بھیرہ - میناروں کے بغیر - تجدید/ دیکھ بھال کی ضرورت ہے۔

ٹاؤن کمیٹی کے ریکارڈ سے پتہ چلتا ہے کہ مسجد کے لیے زمین 1894 میں رجسٹرڈ ہوئی تھی۔

مسجد نور، بھیرہ - جواب اپنے میناروں سے محروم ہے

لیفٹیننٹ جنرل عبدالعلی ملک

جنرل اختر حسین ملک

میجر جنرل افتخار جنجوعہ

میجر جنرل تجمل حسین ملک

لیفٹیننٹ جنرل عبدالمجید ملک

خداداد خان - وکٹوریہ کراس حاصل کرنے والے
پہلے مسلمان ہندوستانی سپاہی

STUDENTS & STAFF MEMBERS OF ALIGHAR MUSLIM UNIVERSITY , WITH SIR ALLAMA MUHAMNAD IQBAL (1877 - 1938) CIRCA : 1931
Sitting L to R : No 2 , Prof Abdul Majeed Kureshy ; No 3 , Sir Muhammd Allama Iqbal ; No 4 , Sir Ross Masood VC , grandson of Sir Syed Ahmed Khan . Zm

A GROUP OF STUDENTS FROM BHERA
Aligarh Muslim University , India - 1936/37

L to R , Sitting : At No 4 , Prof Abdul Majeed Kureshy
L to R , 2nd Row : No 2 Abdul Waheed Kureshy (centre) , No 3 Abdul Hameed Kureshy . Zm

باب 3: ذکر خیر حضرت میاں کرم دین بھیروی، میرے دادا (مرحوم)

(امۃ اللطیف تسنیم بنت پروفیسر میاں عطاء الرحمن صاحب - راؤنڈ راک، ٹیکساس)

حضرت میاں کرم دین بھیروی رحمۃ اللہ علیہ

پروفیسر میاں عطاء الرحمن صاحب مرحوم (سابق وائس پرنسپل تعلیم الاسلام کالج ربوہ) کے والد تھے

3.0-تعارف: ایمان اور محبت کی میراث

ذکرِ خیر ہمارے پیارے دادا جان حضرت میاں کرم دین صاحب مرحوم بھیروی کا جن کی یاد ہمیں ہمیشہ ایک ٹھنڈی ہوا کا خوشگوار جھونکا لگتا ہے۔

اللہ تعالیٰ نے انسانی دماغ کو ایک نہایت پیچیدہ عضو بنایا ہے کہ انتھک کوششوں کے باوجود کوئی یہ نہ سمجھ سکا کہ یادیں اسکی سلوٹوں میں اسکی تہوں میں جو خون، خلیوں اور اعصاب پر مشتمل ہیں کیسے تازہ رہتی ہیں۔ سالہا سال کی گزشتہ باتیں نہیں بھول سکتے۔

اللہ تعالیٰ کے دیئے ہوئے اس قیمتی خزانے میں ہمارے دادا جان مرحوم کی یادیں آج بھی تازہ ہیں۔ یہ یادیں بند آنکھوں کے آگے ایک فلم کی طرح گزرنے لگتی ہیں۔ آج پھر اس پیارے وجود کی یادیں ایک ایک کر کے ذہن کے پردے پر اُڑتی آرہی ہیں۔

'دادا جان' کے لفظ کے ساتھ ایک پیار اور شفقت سے بھرپور وجود ذہن میں آتا ہے۔ ہمارے دادا جان میری پیدائش سے قبل ہی اللہ تعالیٰ کو پیارے ہو چکے تھے۔ ہم نے ان کا ذکر اپنی پھوپھیوں سے سنا ہے جو ہمیشہ پیاری پیاری کہانیوں اور واقعات کی صورت میں ہمیں ان کی باتیں بتایا کرتی تھیں۔ جب وہ کہانی کی طرح ان کی زندگی کے واقعات ہمیں سناتیں تو ہم حسرت سے اپنی پھوپھیوں کی طرف دیکھتے کہ انہوں نے دادا جان کے ساتھ وقت گزارا ہوا ہے ان سے باتیں کی اور سُنی ہوئی ہیں۔ ہماری خواہش ہوتی کہ کاش ہم بھی دادا جان کی صحبت سے فیض یاب ہو سکتے، ان کی گود میں بیٹھ کر ان کی باتیں سنتے اور اُن کی داڑھی کے بالوں سے کھیلتے۔ کاش ہمارے ہوش سنبھالنے تک وہ زندہ رہتے اُنہی کی زبان سے ہم پیاری پیاری باتیں سُنتے۔

اللہ تعالیٰ حضرت مسیح موعود علیہ السلام کے اس سادہ منکسر المزاج صحابی پر ہزار ہار حمتیں نازل کرتا رہے۔ ان کے اعلیٰ علیّین میں درجات بلند سے بلند تر کرتا جائے۔ آمین۔

3.1- حضرت میاں کرم دین رحمۃ اللہ علیہ کا عظیم ورثہ

ہمارے پیارے دادا جان کا نام محترم میاں کرم دین صاحب تھا۔ آپ کے آباؤ اجداد احمد آباد جو دریائے جہلم کے کنارے آباد ہے، کے رہنے والے تھے۔ ہمارے دادا جان کی شادی طالعاں بی بی صاحبہ سے ہوئی۔ دادا جان مرحوم نے ہاں بیٹیوں کی تربیت اسلامی رنگ میں کی۔

حضرت سیٹھ اللہ جوایا صاحب آف بھیرہ اپنی شرافت کی وجہ سے بہت مشہور تھے، ان کے دو بیٹوں کے ساتھ دادا جان مرحوم کی پڑھی لکھی بیٹیاں بیاہی گئیں۔ ان کی شادیوں کے بعد دادا جان مرحوم نے بھیرہ میں رہائش اختیار کی۔ بھیرہ ہی وہ شہر ہے جس کے بارے میں محترم ثاقب زیروی صاحب نے کہا ہے ؎

قابلِ صد ناز ہے ثاقبؔ یہ بھیرہ کی زمیں

جس میں اترا ہے مسیحِ موعودؑ کا نورِ نگیں

حضرت خلیفۃ المسیح الاوّل الحاج حکیم نورالدین رضی اللہ عنہ بھیروی اسی شہر بھیرہ ہی کے رہنے والے تھے۔ آپ کا گھر اور مطب بھی بھیرہ میں ہی تھا۔ قرب وجوار سے امیر وغریب لوگ علاج کیلئے آپ کے پاس آتے۔ یہ وہی نوردین صاحب مرحوم ہیں جنہوں نے عروس البلادِ عربیہ میں جا کر تحصیلِ علم کی خواہش کو پورا کیا۔ دنیائے اسلام کے اہم مراکز میں جا جا کر تحصیل علم کی پیاس بجھائی۔ آپ حدیث کے بہت بڑے عالم تھے۔ غرضیکہ آپ کو علم تھا کہ آنحضرت صلی اللہ علیہ وسلم کے فرمانِ مبارک کے مطابق مسیح موعود اور مہدئ معہود کا وقتِ ظہور ہو چکا تھا۔ بار بار مدینہ شام اور دیگر تمام مقدس اور اہم مقامات پر گئے کہ شاید آنے والا یہیں کہیں موجود ہو۔ شاید دعویٰ کرنے کی دیر ہو۔ کیونکہ حضور صلی اللہ علیہ وسلم نے اس زمانہ کے متعلق نشانات و علامات بھی واضح فرما دی تھیں۔ لیکن اندر سے دل کہیں مطمئن نہ ہوا۔ بزرگانِ دین کو دیکھتے لیکن یہ یقین نہ ہوتا کہ یہی مسیح موعود ہیں۔ بے چین و بے قرار واپس چلے آتے۔

آخر کار آپ کو معلوم ہوا کہ قادیان میں کسی نے مجدّد ہونے کا دعویٰ کیا ہے۔ آپ جس مسجد میں نماز جمعہ پڑھاتے تھے اس میں دادا جان بھی جایا کرتے تھے اور وہاں آپ کی مولوی صاحب سے علیک سلیک ہوتی تھی۔

حضرت مسیح موعود علیہ الصلوٰۃ والسلام کے دعویٰ کی خبر سُن کر مولوی صاحب وہاں جا پہنچے کہ ہوسکتا ہے کہ یہی اللہ کا سچا فرستادہ ہو۔ آپ نے حضرت مرزا غلام احمد مسیح موعود علیہ الصلوٰۃ والسلام کے روشن چہرے کو دیکھا اور دیکھتے ہی بے قرار کو جیسے قرار آ گیا ہو۔ دل نے کہا کہ یہ کسی سچے کا چہرہ ہے۔ صرف پوچھا کہ کیا آپ نے دعویٰ یعنی مسیح موعود ہونے کا دعویٰ فرمایا ہے۔ مثبت جواب پر دل فوراً ایمان لایا بڑھ کر ہاتھ چوم لیا۔ اس واقعہ پر حضرت ابوبکرؓ کے ایمان لانے کا واقعہ یاد آتا ہے۔

اس وقت بھیرہ میں چند گنی چُنی ہستیاں تھیں جو حضرت مسیح موعود علیہ السلام پر ایمان لا چکی تھیں:

الحاج مولانا حکیم نورالدین صاحبؓ

حضرت مولوی دل پذیر صاحب (شاعرِ پنجابی) مرحوم بھیروی

قاضی سیّد امیر حسین صاحب مرحوم بھیروی

حضرت شیخ قادر بخش احمد آبادی رحمۃ اللہ علیہ

حضرت حافظ عبدالرحمٰن صاحب مرحوم جن کو ہماری امی اور نانی اماں سائیں جی کہا کرتی تھیں کیونکہ وہ احمدی گھرانوں میں لڑکیوں کو گھر آ کر قرآن کریم، حدیث اور اسلامی فقہ کی ابتدائی تعلیم دیا کرتے تھے۔

ہمارے دادا جان حضرت میاں کرم دین صاحب مرحوم بھیروی اور حضرت غلام محی الدین صاحب رضی اللہ تعالیٰ، یہ بھیرہ میں اوّلین صحابہ تھے جنہوں نے حضرت مرزا غلام احمد قادیانی کو سچا مسیح موعود و مہدیٔ معہود دل سے مان لیا تھا۔ یہ اوّلین اصحاب اسلامیہ باغ اور اندرونِ شہر رہتے تھے۔ جمعہ کے روز اکثر اکٹھے نماز کے بعد بیٹھ جاتے اور مرزا صاحب علیہ الصلوٰۃ والسلام کے ارشادات کے

بارے میں باتیں کرتے تھے۔

حضرت خلیفۃ المسیح الاولؓ حضرت مسیح موعودؑ کی خواہش کے مطابق قادیان جا کر رہائش پزیر ہو گئے۔آپ کا نیا گھر بھیرہ میں بن رہا تھا اسکی بھی پرواہ نہ کی۔ باقی بزرگان بھی اکثر قادیان جاتے رہتے اور حضرت مسیح موعودؑ کے ارشادات بغور سنتے۔ قاضی امیر حسین صاحب مرحوم بھی قادیان چلے گئے۔ حضرت خلیفۃ المسیح الاولؓ نے اپنا مطب وہیں کھول لیا۔ان دونوں اصحابؓ نے حضرت مسیح موعودؑ کے گھر میں ہی ایک ایک کمرہ لے کر رہائش اختیار کر لی۔

3.2-حضرت مسیح موعود علیہ السلام سے زندگی بدل دینے والی ملاقات

مولوی محمد حسین احمد آبادی بھی آپؑ کے پاس آتے جاتے رہتے۔ وہ پنجابی کے اعلیٰ پائے کے شاعر تھے۔ ہمارے دادا جان نے یہ سب کچھ سُنا۔ معلوم ہوا کہ مرزا صاحب نے مسیح موعود ہونے کا دعویٰ کیا ہے۔آپ کے دل میں یہ خواہش ایک تڑپ بن چکی تھی کہ جا کر خود ملیں اور دیکھیں تا کہ دل کو قرار آئے۔ دل نے چاہا سب کچھ چھوڑ چھاڑ کر قادیان چلے جائیں۔ حضرت مولوی نور الدینؓ سے ملاقات ہوئی۔ انہوں نے بتایا کہ تمہارے دل کا سکون اور قرار وہاں ہے۔آپ نے حضرت مسیح موعود علیہ السلام کے کمرے کی طرف اشارہ کیا۔ دادا جان وہاں پہنچے۔ حضورؑ اپنے کمرے میں بیٹھے لکھ رہے تھے۔ حضور کو کسی نے اطلاع دی کہ کوئی ملنے آیا ہے۔ حضورؑ نے فرمایا بُلاؤ۔ دادا عجز کا پیکر بنے، نظریں جُھکائے آہستہ آہستہ قدم اُٹھاتے قریب جا پہنچے۔ جُھکی ہوئی نگاہوں سے سلام کیا۔ بتانے والے نے بتایا کہ حضور! یہ شخص مولوی حکیم صاحب کے بھیرہ سے آیا ہے۔ حضورؑ نے نگاہیں اُٹھا کر دیکھا: ''اچھا اچھا آیئے'' دادا آگے ہو کر زمین پر بیٹھنے ہی والے تھے کہ حضورؑ نے فرمایا نہیں یہاں آکر بیٹھئے۔ اپنے قریب والی کرسی پر بٹھا لیا۔ آپؑ کی روشن پیشانی سے نظریں نیچے گئیں۔ آپ کی آنکھوں سے نظریں ملیں۔ آنکھوں سے آنسو ٹپ ٹپ گرنے لگے اور آہستہ آہستہ ملگجی داڑھی میں جذب ہونے لگے۔ یہ خوشی

کے آنسو تھے، اللہ جانے۔ دل کا سکون وقرار چہرہ پر ہویدا ہورہا تھا۔ حضورؑ کے ہاتھ تھام کر چوم لئے۔ اللہ کا ہزار ہزار شکر جس نے یہ موقعہ دیا کہ حضرت مسیح موعود علیہ السلام کو آنکھوں سے دیکھ لیا۔

اس کے بعد دادا جان کا اکثر آنا جانا لگا رہتا۔ مختلف موضوعات پر حضور علیہ السلام سے باتیں ہوتیں۔ دادا جان کو پڑھنا لکھنا آتا تھا۔ قرآن کریم کی تفاسیر اور احادیث کی کتب بھی پڑھی تھیں۔ قادیان جا کر یہ علم یقین میں بدل گیا۔

مجدّد، محدّث، مسیح موعود جیسے موضوعات پر حضرت مرزا صاحب سے باتیں ہوتیں۔ وفاتِ مسیح پر قرآنی آیات کے ثبوت پیش فرماتے۔ مسیح موعود کا نزول آسمان سے ہونا اس کے معانی بیان فرماتے کہ نزول کے معانی مبعوث کے ہیں۔ یہ باتیں حضرت مرزا صاحب کی زبان سے سنتے تو محسوس ہوتا گویا دلوں میں قندیلیں روشن ہو رہی ہوں۔

جب حضرت مسیح موعود علیہ السلام نے نبی ہونے کا دعویٰ کیا تو مسلمانوں نے دادا جان کو بہت پریشان کیا کہ دیکھا تمہارے قادیانی مرزا صاحب نے آنحضرت صلی اللہ علیہ وسلم کی ختمِ نبوّت کو توڑ دیا ہے۔ آپ بہت پریشان ہوتے، دل کو یقین تھا کہ مرزا صاحب بالکل سچے ہیں۔ ہاں ہماری سمجھ کا قصور ہے۔ جا کر معلوم ہوگا کہ حقیقت کیا ہے۔ حضرت مولوی نور الدین صاحب سے ملنے پر بتایا گیا کہ لوگ کیا کہتے ہیں۔ حضرت نور الدین صاحبؓ نے بتایا کہ مجھے بھی لوگ کہنے آئے کہ ”سُنتے ہو حکیم صاحب تمہارے مرزا صاحب نے آپؐ کی ہتک کردی ہے اپنے آپ کو نبی کہتا ہے۔“ حکیم مولوی نور الدین صاحب نے ان لوگوں کو کھری کھری سنادی۔ کہ میرا دل کہتا ہے کہ اگر میرے مرزا صاحب نے نبی ہونے کا دعویٰ کیا ہے تو وہ یقیناً سچ کہا ہے۔ دادا جان سے مخاطب ہو کر کہا کہ حضور نے نبی ہونے کا دعویٰ کیا ہے تو وہ سچا ہے۔ دادا جان کو یقین ہو گیا کہ وہ سچے نبی ہیں۔

ہماری پھوپھو جی بتاتی ہیں کہ ہم نے کہا کہ بابا جی یہ لوگ آپ کو مار ڈالیں گے۔ آپ اکیلے باہر چلے جاتے ہیں۔ تو آپ بڑے فخر سے کہتے کہ ہم مسیح موعودؑ کی سچائی پر یہ بھی خوشی خوشی قبول کرلیں گے۔

دادا جان کہا کرتے تھے کہ ہم خوش قسمت ہیں کہ صدیوں کے بعد ہم نے حضرت مسیح موعود علیہ السلام کو واحد خدا کی محبت میں سرشار اور خلقِ خدا کی ہمدردی میں ڈوبا دیکھا ہے۔ یہی خُو بُو تمام صحابہ کرام میں پائی جاتی تھی۔

3.3- عقیدت اور میراث: آزمائشوں سے فتح تک

دادا جان اپنے گلی محلہ کے غرباء کا کھلے دل سے خیال رکھتے۔ اکثر حضرت مسیح موعودؑ کے پاس جا کر رہا کرتے تھے۔ چونکہ آپ بار بار ملنے کی خاطر گھر جاتے رہتے تھے، ایک دن حضورؑ نے گھر والوں کے متعلق پوچھا۔ دادا جان نے کہا بیٹیاں ہیں، دو کی شادی کر دی ہے۔ کوئی بیٹا نہیں ہے۔ بتایا کہ لوگ میری بیوی سے اچھا سلوک نہیں کرتے۔ اپنے گھر کے اندر نہیں آنے دیتے۔ بیٹیوں کو دُور دُور رکھتے ہیں۔ حضرت مسیح موعود علیہ السلام سُن کر خاموش رہے۔ لیکن دل ہی دل میں مسلمانوں کے ایسے حالات پر فرسودہ خیالات اور ہندووانہ رویّوں پر افسوس کرتے ہونگے اور دعا کرتے ہونگے کہ ان لوگوں کی اصلاح ہو اور حقیقی اسلام کو اپنائیں۔ دادا جان نے غالباً دعا کیلئے کہا۔

ملاقاتوں میں جوں جوں اضافہ ہوا۔ ایمان و ایقان میں مہینوں کے سفر دنوں میں طے ہونے لگے۔ حضرت دادا جان صاحب مرحوم کو حضرت مسیح موعودؑ سے دلی عقیدت اور محبت تھی۔ حضور انور جس طرح ہمہ تن خدمتِ دین اشاعتِ اسلام اور دینی تربیت میں مشغول رہتے تھے۔ اس سے متاثر ہو کر دادا جان مرحوم کے دل میں یہ خیال آیا کہ کیوں نہ حضور کیلئے لکڑی کا ایک تخت پوش بنا کر دیں تا کہ آپؑ اس پر بیٹھ کر وعظ و نصیحت اور درس دیا کریں۔ حضور اقدسؑ کی دعاؤں پر بہت یقین تھا۔ دادا جان نے تخت پوش مکمل کر کے اس کے ایک کونے پر اپنا نام کندہ (Engrave) کیا۔ حضور اقدسؑ اس پر بیٹھ کر وعظ و نصیحت اور درس وغیرہ فرماتے۔ یقیناً دادا جان کے لئے دعا بھی کرتے ہونگے۔

3.4-شفا، ایمان، اور قادیان کی برکات

ایک بار ہماری منجھلی پھوپھو جی کو جب چار سال کی تھیں، لقوہ ہوگیا۔ انکا علاج کروانے کیلئے قادیان چلے آئے۔ خیال آیا کہ مولوی حکیم صاحب سے علاج کروالیں ۔ دادا جان پھوپھو جی کو لے کر حکیم صاحب کے مطب چلے گئے۔ حکیم صاحب نے ان کو وہاں کچھ عرصہ رہ کر بچی کا علاج کروانے کا مشورہ دیا۔ حضرت صاحب سے دعا کرانے کا بھی مشورہ دیا کہ بچی جلد ٹھیک ہوجائے گی۔ حضرت مسیح موعودؑ کو پتہ چلا تو دادا جی کو گول کمرے کے ایک طرف ایک کمرے میں قیام کرنے کو فرمایا۔ ان دنوں صحابہؓ منتظر رہتے کہ تازہ الہام ہو تو سُن لیں۔ قیمتی نکتے آپؑ تفصیل سے سمجھاتے۔ پھوپھو جی بتاتی تھیں کہ دادا جان ایسی ایسی باتیں بتاتے جو ہم پہلے کم سمجھتے تھے۔ مثلاً حضرت محمد صلی اللہ علیہ وسلم تو خاتم النبیّین ہیں اور حضرت مسیح موعودؑ نبی کیسے ہوسکتے ہیں۔ حضرت مسیح موعودؑ نے سمجھایا کہ شرعی نبی یعنی نئی شریعت لانے والا نبی نہیں آسکتا۔ لیکن حضرت مسیح موعودؑ کو تو اللہ تعالیٰ نے خود نبی کا درجہ دیا ہے اور حضرت محمد صلی اللہ علیہ وسلم کے اسلام کو جو اپنی اصلی صورت کھو چکا تھا، اُسی کا اصلی چہرہ دکھانے کیلئے مبعوث فرمایا ہے۔ صحابہ منتظر رہتے کہ اب کوئی نئی تازی بات اللہ کی طرف سے بتائی جائے گی اور ہم وہی سننے کیلئے منتظر ہیں۔

یہ اس وقت کی بات ہے جب پھوپھو جی وہاں ٹھہری ہوئی تھیں۔ ایک دن کہیں کھیلتے کھیلتے بچوں کے پاس آگئیں۔ بچوں نے ان کے چہرے کی طرف دیکھ کر کچھ کہہ دیا ہوگا یا مارا ہوگا تو وہ رونے لگیں۔ اتفاقاً حضرت مسیح موعود علیہ السلام کا گزر ہوا تو انہوں نے اسکو اٹھالیا۔ وہ غالباً اس بچی کو اب پہچاننے لگ گئے تھے۔ بچی کو اُٹھائے اُٹھائے دادا جی مرحوم کے پاس لے آئے۔ میاں کرم دین صاحب! آپ کی بچی رو رہی ہے۔ دادا جان نے بچی کو گود میں لے لیا اور متشکرانہ نگاہوں سے حضورؑ کو دیکھا۔ ان پھوپھو جی نے لمبی عمر پائی۔ دین کا جذبہ تو کوٹ کوٹ کر گویا دل میں بھرا تھا۔ شادی کے بعد اپنے گھر چلی گئیں۔

پھوپھو کے گھر کے پاس غیر احمدیوں کی ایک مسجد تھی۔ رات ہوئی تو لاؤڈ سپیکر پر مولوی صاحب حسبِ معمول حضرت مسیح موعود کو قادیانی مرزا کہہ کر برا بھلا کہہ رہا تھا۔ اس وقت تو خاموشی سے سُنتی رہیں۔ اُن کا دل چاہا کہ مسجد جا کر مولوی صاحب کو صحیح جواب دے کر خاموش کر دوں۔ مگر نہ جا سکیں اور گھر میں ہی ان کے مُنہ سے نکلا اسکی زبان تو چُھری کی طرح چل رہی ہے۔ کہیں لیکھرام کی طرح اسکو بھی کوئی چُھری نہ پڑ جائے۔ دادا جان وقتاً فوقتاً گھر میں سب کو احمدیت کی باتیں بتاتے رہتے تھے۔ اسلئے آتھم، لیکھرام اور ڈوئی وغیرہ کے متعلق جانتی تھیں۔ اگلے دن ان کو معلوم ہوا کہ مولوی پر کسی نے چُھری سے حملہ کر کے زخمی کر دیا ہے اور وہ ہسپتال میں ہے۔ مسجد میں اعلان ہو رہا تھا کہ لوگ جا کر مولوی صاحب کی عیادت کریں۔ پھپھو جی کو نہ جانے کیا سوجھی ہسپتال جا پہنچیں اور مولوی صاحب سے خیریت معلوم کر کے پوچھنے لگیں: ''مولوی صاحب آپکی تو کسی سے دشمنی نہیں ہے پھر کس نے آپ کو زخمی کر دیا۔'' مولوی صاحب صرف ہائے ہائے ہی کرتے رہے۔

3.5- خوشخبری، دعائیں اور بیٹے کی پیدائش

دادا جان کی کوشش ہوتی کہ زیادہ سے زیادہ وقت قادیان میں گزاریں۔ حضرت مسیح موعود علیہ السلام سے گاہے بگاہے کوئی بات سننے کو مل جاتی کوئی اشتہار چھپ کر آتا تو دل کو سکون ملتا اور ایمان اور پختہ ہو جاتا۔ انہی دنوں جب منجھلی پھپھو قادیان میں زیر علاج تھیں۔ دادا جان حضرت مسیح موعود علیہ السلام سے بار بار پھپھو جی کی صحت کیلئے دعا کی یاددہانی کراتے رہتے۔ دادا جان کو یہ پختہ یقین تھا کہ حضرت مسیح موعود علیہ السلام کی دعا سے ہی دوا میں برکت ہوگی۔ انہی دنوں حضرت حکیم خلیفۃ المسیح الاولؓ کے بیٹے عبدالحئی صاحب کی شادی تھی۔ حضرت خلیفہ اولؓ نے اپنی بیوی سے کہا کہ اس بچی کو جو میاں کرم دین صاحب کی بیٹی ہے، شادی کے کپڑے بنوادو۔ چنانچہ جب کپڑے تیار ہو کر آئے تو حضرت خلیفہ اولؓ کو دکھائے۔ حضور دیکھ کر کہنے لگے یہ شادی کے پہننے والے تو نہیں لگتے۔ اس پر گوٹا

کناری بھی لگوادو۔ چنانچہ پھوپھو جی کیلئے کپڑے گوٹے کناری سے سج کر آئے۔ حضورؓ نے فرمایا ''نیک بخت! اب یہ ٹھیک لگ رہے ہیں بچی کو دے دو''۔ اور شادی پر وہی کپڑے پہنے گئے۔

ان دنوں قادیان میں منارۃ المسیح کی بنیاد رکھی جارہی تھی۔ دو فٹ کے قریب اونچا ہو چکا تھا۔ دادا جان کو بھی اس میں اینٹیں لگانے کا موقعہ ملا۔ منارۃ المسیح کو دیکھ کر ہمیں دادا جان کی یاد آجاتی ہے کہ اس میں بھی اس منکسر المزاج صحابی کی خدمت شامل ہے۔ ہماری سب سے چھوٹی پھوپھو ہمارے پاس ربوہ آکر رہتی تھیں۔ وہ دادا جان کی بہت سے باتیں بتایا کرتیں۔ ہم بھی ان کے گرد جمع ہو جاتے۔ انہوں نے بتایا کہ دادا جان 1904ء میں جب واپس جانے لگے تو حضرت مسیح موعود علیہ السلام سے ملاقات کی۔ آپ نے حضورؑ سے عرض کیا کہ حضور میری بیوی کیلئے دعا کیجئے کہ اس کو بیعت نصیب ہو۔ آپ نے بتایا کہ کسی نے خواب میں دیکھا کہ طالعاں بی بی (دادا جان کی بیوی) کا نکاح حضرت مسیح موعود سے ہو رہا ہے۔ یہ خواب بتاتے ہوئے دادا جان کو دل میں شرمندگی ہو رہی تھی۔ حضرت مسیح موعودؑ فرمانے لگے تمہاری بیوی بیعت کرے گی اور اللہ ان کو اولادِ نرینہ سے نوازے گا۔ گو دادی جان اس وقت تک حضور کو دل سے مسیح موعود مان چکی تھیں البتہ بیعت کرنا ابھی باقی تھا۔ دادا جان جب حضور علیہ السلام سے مل کر واپس جانے لگے تو حضورؑ نے دادا جان کو اپنا ایک کُرتا، اپنی فریم شدہ فوٹو اور ایک کوٹ دیا۔ فرمایا کہ میاں یہ قمیص یا کُرتا تو آپ کیلئے ہے۔ یہ اپنے ساتھ رکھنا حتّٰی کہ قبر میں ساتھ لے جانا اور فریم اور کوٹ تمہارے بچوں کیلئے ہے۔ اور فرمایا ''میاں کرم دین صاحب جب اللہ تعالیٰ آپ کو اپنے فضل سے بیٹا عطا کرے گا تو اس کو عطاء الرحمٰن بلانا اللہ اس کو برکت دے گا''۔ یہ وہی عطاء الرحمٰن مرحوم ہیں جنہوں نے زندگی وقف کی اور قادیان کالج میں پھر ربوہ میں کالج کے پروفیسر عطاء الرحمٰن مشہور ہوئے۔

دادا جان مرحوم کسی کام سے سرگودھا گئے اور وہیں ٹھہرنا پڑا۔ بعد میں گھر میں 1905ء میں ابا جان کی پیدائش ہوئی۔ حضرت مولوی دل پذیر صاحب مرحوم نے جو پنجابی کے پایہ کے شاعر تھے چند اشعار کہے (نئی خوشی کی صبح)۔

آ قلم اَج لکھ سجن وَل خوشیاں دے پروانے
جیڑی مَنّت دل دی سی اوہ دِتّی اَج خدا نے
دن جمعے دا وقت نماشاں ایہہ چَن چڑھیا گویا
لکھ لکھ شکر خدا دا جے ایہہ فضل خدا دا ہویا
دھرتی وِچ اسلامی دے اَج اِیہہ شاخ نویں اِک جمّی
اللہ برکت دیوے اُس نوں شالا ہوئے حیاتی لمّی
آنو دیاں ای رُنّا پہلے سارا ٹبر ہسّے
اس ویلے سرگودھا جا کے کون مبارک دَسّے

ہماری پھوپھو جی یہ ہمیشہ پڑھ کر ہمیں سناتیں کہ ایک احمدی شاعر کے یہ اشعار بہت اچھے لگتے ہیں۔ ہم نے پھوپھو جی سے پوچھا کہ ہمارے دادا جان دِکھتے کیسے تھے۔ تو انہوں نے بتایا کہ ان کی میری شکل سے مشابہت تھی اور بتایا کہ میاں محمد امین صاحب جو ابا جان کے تایا زاد بھائی تھے ان سے شکل بہت ملتی تھی۔ ان کو ایک دو بار ہم نے ربوہ میں جلسہ سالانہ پر جاتے دیکھا۔ پھر شاید وہ جلد وفات پا گئے۔

پھوپھو بتاتیں کہ میاں جی ہمیشہ سر جھکائے کام کرتے رہتے۔ بے حد سادہ مزاج اور کبھی شہرت پانے کے خواہشمند نہ ہوئے۔ دادا جان نے اتنا عرصہ حضرت مسیح موعود علیہ السلام کے ساتھ گزارا اور پھر حضرت خلیفہ اولؓ جو ان کے قریبی دوست تھے ان کے ساتھ ان کے خلیفہ بننے کے بعد بھی بہت وقت گزارا۔ حضرت خلیفۃ المسیح الثانیؓ کے ساتھ وقت گزارا لیکن نمود و نمائش اور امارت کے کبھی خواہشمند نہ ہوئے۔

3.6۔ حضرت مسیح موعود علیہ السلام کے لیے تخت پوش/ دیوان

ایک دن حضرت مرزا طاہر احمد خلیفۃ المسیح الرابعؒ ایم ٹی اے پر کچھ پڑھا رہے تھے۔ باتوں باتوں میں کہیں اس تخت پوش کا ذکر کیا کہ بھیرہ کے ایک نہایت مخلص وفادار اور محنتی صحابی میاں کرم دین صاحب مرحوم کے ہاتھ کا بنا ہوا تخت پوش اب تک قادیان میں محفوظ ہے جو انہوں نے حضرت مسیح موعود علیہ السلام کیلئے اس لیے بنایا کہ اس پر بیٹھ کر لوگوں کو وعظ ونصیحت و تعلیم دیں۔ اس کے ایک کنارے پر انہوں نے اپنا نام کھدا ہوا لکھا ہے۔ میرے کانوں میں یہ الفاظ پڑے اور یوں محسوس ہوا کہ اس دھول پڑی دنیا میں دادا جان ایک چمکدار ستارے کی طرح چمک رہے ہوں۔ دل نے کہا وہ واقعی زندہ وجاوید ہیں۔ کوئی ان کو جانے پہچانے یا نہ پہچانے وہ اپنی تمام تر انکساریوں اور خلوص کے ساتھ آج بھی زندہ موجود ہیں۔ ہمارے لیے نہایت خوشی کی یہ بات ہے کہ وہ حضرت مسیح موعود علیہ السلام کے بہت قریب تھے۔ اللہ کا ہزار ہا شکر ہے کہ ہمارے پیارے حضور خلیفۃ المسیح الخامس ایدہ اللہ تعالیٰ بنصرہ العزیز نے لندن میں مخزنِ تصاویر کا انتظام اپنی نگرانی میں کرایا جس میں ایک گروپ فوٹو میں ہمارے پیارے دادا جان بھی ہیں۔ الحمد للہ علیٰ ذٰلک۔

ہمارے ابا جان مرحوم کو چار سال کی عمر میں تپِ محرّقہ لاحق ہو گیا اور کئی روز بخار رہا۔ اس وجہ سے اُن کی ٹانگوں پر اثر ہوا اور وہ چلنے پھرنے سے معذور ہو گئے۔ غالباً یہ پولیو کا حملہ تھا۔ اس وقت اس بیماری کا نام کسی کو معلوم نہ تھا۔ دادا جان مرحوم حضرت خلیفۃ المسیح الاوّلؓ کی خدمتِ اقدس میں دعا کی بار بار درخواست کرتے اور آپؓ کے مطب سے جا کر دوائیں بھی لیتے۔ علاج جاری تھا کہ ایک عجیب واقعہ رونما ہوا۔

دادا جان کام کرتے رہتے اور پاس ہی ابا جان کو چارپائی پر بٹھا دیتے کھلونے وغیرہ دیتے اور وہ کھیلتے رہتے۔ ایک دن اسی طرح ایک فقیر آیا سفید لباس میں ملبوس ہاتھ میں کشکول لٹکایا ہوا۔ اللہ ھو اللہ

ھو کہہ رہا تھا اس نے ابا میاں کو چارپائی پر بیٹھا ہوا دیکھا۔ پوچھا اس کو کیا ہے کیا یہ چلتا نہیں۔ دادا جان مرحوم نے بتایا کہ جب سے اس کا بخار اترا ہے یہ بچہ چلنے سے معذور ہے۔ اس فقیر نے دادا جان کو کوئی تیل بتایا کہ لاکر اس کی ٹانگوں کی مالش کرو بچہ انشاء اللہ چلنے لگ جائے گا۔ وہ اللہ ھو کا ورد کرتا ہوا چلا گیا۔ دادا جان نہ جانے کیوں اُٹھ کر اسکے پیچھے گلی کی نکڑ تک گئے غالباً شکریہ ادا کرنے کے لیے۔ لیکن وہ نہ جانے اتنی جلدی کہاں غائب ہو گیا۔ نظر ہی نہ آیا۔ دادا جان کے دل میں تو حضرت مسیح موعود علیہ السلام کی دعاؤں کا یقین تھا اور حضرت خلیفۃ المسیح الاولؓ کی دعاؤں پر اعتماد تھا۔ اس لیے واپس آکر کام میں لگ گئے جب قادیان گئے تو خلیفہ اولؓ سے دوا لیتے وقت ایک دم فقیر یاد آیا اور جھجکتے ہوئے دادا جان نے ان سے ذکر کر دیا کہ میں تو عطاء الرحمٰن کی ٹانگوں پر فلاں تیل کی مالش کرتا ہوں کوئی فقیر آیا تھا اس نے بتایا اور چلا گیا۔ آپؓ نے فرمایا۔ میاں وہ تو کوئی فرشتہ تھا آیا بتا کر چلا گیا۔ اس مالش سے بڑا فائدہ ہوگا۔ حضرت مسیح موعود علیہ السلام کی خدمت میں دعا کی درخواست کی آپؑ نے فرمایا پریشان ہونے کی ضرورت نہیں، بچہ انشاء اللہ ٹھیک ہو کر چلا کرے گا۔ حضور کے فرمان کے مطابق ابا جان آہستہ آہستہ چلنے لگے۔ ٹانگیں بہت پتلی ہو چکی تھیں۔ لیکن یہ پتلی ٹانگیں چلنے لگیں۔

دادا جان نے اللہ کا شکر ادا کیا کہ ہمارے والد کا پولیو سے صحت یاب ہونا، دو سال کے وقفہ کے ساتھ اپنا سکول دوبارہ شروع کرنا، اور پھر اپنی تعلیم مکمل کرنا، ایجوکیشن سروس (سرکاری ملازمت اور جماعت کی خدمت بطور وقف زندگی) میں شامل ہونا ہم سب کے لیے ایک معجزہ تھا۔ ہمارا پختہ عقیدہ ہے کہ یہ سب کچھ حضرت مسیح موعود علیہ السلام کی دعاؤں کی وجہ سے ہوا۔

3.7-ایمان اور لگن کی میراث

ہمارے دادا جان 1925ء میں وفات پا گئے اور بھیرہ میں احمدیوں کے قبرستان میں دفن ہوئے۔ وفات کے چھ ماہ بعد بہت بڑا اسیلاب آیا۔ دریائے جہلم کا پانی تمام غیر آباد علاقوں میں طغیانی لے آیا۔ بھیرہ کا شہر اونچی جگہ بنا ہوا ہے اس لیے وہ بچ گیا۔ جب سیلاب کا پانی اتر گیا تو معلوم ہوا کہ قبرستان میں تمام قبروں کی مٹی بَہہ گئی ہے تمام احمدی حضرات اکٹھے ہو کر قبروں پر مٹی ڈالنے گئے۔ ہماری منجھلی پھوپھو جی بھی جو حضرت مسیح موعود علیہ السلام کے پاس رہی تھیں قبرستان چلی گئیں کہ میاں جی کی قبر پر میں بھی مٹی ڈالوں گی۔ دادا جان کی قبر کی تقریباً تمام مٹی بَہہ کر چلی گئی اور کفن دکھائی دے رہا تھا۔ خدّام نے سوچا کہ اسی طرح دادا جان کو تھوڑی دیر کیلئے باہر نکال کر قبر کو بنا کر دوبارہ اندر رکھ دیں گے۔ پھوپھو جی نے بے خیالی سے دادا جان مرحوم کے چہرے سے کفن ہٹا کر دیکھا۔ ایسا لگا کہ دادا جان مرحوم سو رہے ہوں۔ داڑھی کے بال بھی ویسے کے ویسے نظر آ رہے تھے۔ پھوپھو جی نے چلّا کر کہا کہ میرے میاں جی تو ویسے کے ویسے ہیں ان کو قبر میں کچھ نہیں ہوا۔ سب نے آ کر دیکھا تو حیران رہ گئے۔ سبحان اللہ کہ یہ کیسا معجزہ ہے۔ حضرت مسیح موعودؑ کا کُرتہ تھا جو دادا جان کے سینے پر تھا۔ اس کی برکت سے وہ بظاہر ایسے لگ رہے تھے۔ سب نے پھوپھو جی کو سمجھایا کہ ایسا نہیں کرتے قبر کے اندر کے حالات اور پوشیدہ باتیں اللہ اور اس کے بندے کے درمیان کا معاملہ ہے اس میں دخل اندازی نہیں کرتے۔ پھوپھو جی بتاتی تھیں کہ میں نے تو داڑھی کے بالوں کو ہاتھوں میں لے کر چھُوا تھا اور وہ مٹی کی طرح ہاتھ میں بُھر گئے تھے۔ یہ اللہ کی شان ہے۔ پھوپھو جی اور باقی خدام سب کو حضرت مسیح موعودؑ کی سچائی کا پہلے ہی یقین تھا کہ اللہ تعالیٰ کی طرف سے سچے امام الزمانؑ ہیں۔ اب اور پختہ تر یقین ہو گیا کہ آپؑ تمام تر سچائیوں کے ساتھ تشریف لائے ہیں۔ اور دل ایمان اور ایقان سے لبریز ہو گئے۔ اللہ کا بہت احسان ہے کہ اس نے ہمیں حضرت مسیح موعودؑ کو ماننے پہچاننے کی توفیق بخشی۔

3.8-ایمان اور خدمت کے لیے وقف زندگی

ابا جان مرحوم دادا جان کی وفات کے بعد لاہور سے ایم ایس سی کر کے شاہ پور کالج میں فزکس کے لیکچرار کے طور پر فائز ہوئے۔ کچھ عرصہ تک شاہ پور کے کالج میں لیکچرار رہے۔ اسی دوران حضرت خلیفۃ المسیح الثانی رضی اللہ عنہ نے قادیان میں تعلیم الاسلام کالج کی بنیاد رکھی اور پورے ملک سے اس کے لیے لیکچرار کو آنے کی دعوت دی۔ ابا جان نے جُونہی سُنا کہ زندگی وقف کر کے قادیان جانے کا موقعہ ہے شاہ پور کی نوکری چھوڑ چھاڑ کے قادیان چلے گئے۔ پرنسپل شاہ پور کالج نے بہت سمجھایا کہ اچھی نوکری چھوڑ کر نہ جائیں۔ لیکن آپ قادیان چلے گئے اس جذبہ کے ساتھ کہ ہمارے خلیفۃ المسیح الثانی رضی اللہ عنہ کا فرمان ہر چیز پر مقدم ہے۔

کافی دیر وہاں فزکس کے لیکچرر کے طور پر کام کرتے رہے۔ جب 1947ء میں برصغیر کے کچھ حصے علیحدہ ہو کر پاکستان معرضِ وجود میں آ گیا تو قادیان سے کالج لاہور منتقل ہو گیا۔ جودھا مَل بلڈنگ میں کلاسز شروع کی گئیں۔ ان دنوں ابا جان مرحوم وہیں پڑھاتے تھے۔ پھر اللہ کے فضل سے ربوہ آباد ہوا اور کالج ربوہ میں آ گیا۔ ابا جان تعلیم الاسلام کالج میں ریٹائر ہونے تک خدمت سرانجام دیتے رہے اور حضرت مرزا ناصر احمد صاحب خلیفۃ المسیح الثالثؒ کے ساتھ طویل عرصہ تک خدمت کی توفیق پائی۔ حضورؒ پرنسپل اور ابا جان وائس پرنسپل کے طور پر کام کرتے رہے۔

جب کالج سکول ربوہ میں کُھلے تو ابا جان ہم بچوں کو ربوہ لے گئے اور ہم نے کالج کی کلاسز ربوہ میں ہی لیں۔ حضرت خلیفۃ المسیح الثانیؓ ان دنوں بیمار تھے۔ حضور پر قاتلانہ حملہ کے بعد ٹانگوں پر اثر ہو گیا تھا۔ ہم چار پانچ لڑکیاں آپؓ کا حال معلوم کرنے اور اپنے امتحانوں میں کامیابی کی دعا کیلئے درخواست کرنے جاتیں۔ حضور ہم تمام لڑکیوں کو والد کے نام سے پہچان لیتے تھے۔

کبھی کبھار راستہ میں حضرت نواب مبارکہ بیگم صاحبہؓ اور نواب امتہ الحفیظ بیگم صاحبہ ملتیں اور ہم

سے پوچھتیں کہاں سے آ رہی ہو۔ ہم بتاتے کہ حضورؓ سے دعا کرانے گئے تھے امتحان بہت قریب ہیں۔ وہ فرماتیں تم امتحانوں میں پاس تو ہوتی رہو گی، اب بڑی ہوگئی ہو، اپنے لیے خود بھی دعا کیا کرو کہ اے اللہ میری زندگی جنت کا نمونہ بنانا۔ ہم دل میں کچھ شرم محسوس کرتے کہ یہ دعا ہم کیسے کریں، ہمارے والدین کرتے ہونگے۔ لیکن نماز میں ہم یہ دُعا کر لیتے۔

ہم نے یہ تمام باتیں دادا جان کے متعلق کہانیوں کی طرح سُنیں اور دل میں نقش ہوگئیں۔ آپ نہایت نیکی و عاجزی سے وقت گزار کر رخصت ہوگئے لیکن ہماری یادوں میں آپ کی یادیں ہمیشہ زندہ ہیں اور آپ کی یاد ٹھنڈی ہوا کا تازہ جھونکا محسوس ہوتی ہے۔ اللہ تعالیٰ سے دعا ہے کہ وہ آپ کو اعلیٰ علیّین میں بلند مقام پر وہ جگہ عطا فرمائے جہاں اللہ تعالیٰ کے پیار کی نظر ہمیشہ ان پر پڑتی رہے۔ ہمارے والدین کو اعلیٰ علیّین میں اعلیٰ مقام عطا فرمائے۔ رَبِّ ارْحَمْهُمَا كَمَا رَبَّيٰنِيْ صَغِيْرًا۔

اللہ سے دعا ہے کہ دادا جان کی تمام آل اولاد کو قیامت تک حضرت مسیح موعود علیہ السلام کے بتائے ہوئے راستے پر گامزن رکھے۔ مخلص احمدی اور دین کے مضبوط ستون بنائے۔ آمین۔

آج دادا جان مرحوم کی بہت یاد آ رہی تھی۔ سوچا ان یادوں کو سپردِ قلم کر کے کاغذ پر اُتار دوں۔ یہ یادوں کے گو کاغذی پیرہن ہیں مگر یہ ہماری بہت پیاری ہستی کی بہت قیمتی یادیں ہیں۔

3.9-اہم نکات

- حضرت میاں کرم دین بھیروی رضی اللہ عنہ حضرت مسیح موعود علیہ الصلوٰۃ والسلام کے ابتدائی اور مخلص صحابی تھے، جن کا ایمان، عاجزی اور ہمدردی میں گہری بنیاد تھا۔
- احمدیت قبول کرنے کا ان کا فیصلہ سماجی مشکلات کے باوجود اور دنیاوی شہرت کے بغیر تھا، جو ابتدائی صحابہ کی شجاعت اور روحانی بصیرت کی عکاسی کرتا ہے۔
- دادا جان اور حضرت مسیح موعود علیہ الصلوٰۃ والسلام کے درمیان تعلق بہت قریبی اور خلوص بھرا

تھا، جو کثرت ملاقاتوں، روحانی گفتگو اور ذاتی دعاؤں سے ظاہر ہوتا ہے۔

- حضرت میاں کرم دین رضی اللہ عنہ نے تخت پوش تیار کیا، جو محبت کا عملی مظاہرہ تھا اور فنی مہارت کو ایمان کے ساتھ جوڑتا تھا۔
- ان کا خاندان، خاص طور پر بیٹیاں، اسلامی اقدار کے مطابق پروان چڑھے اور جماعت کی اخلاقی اور علمی مضبوطی میں نمایاں کردار ادا کیا۔
- ذاتی معجزات، جیسے ان کے بیٹے حضرت عطاالرحمن کی پولیو سے صحتیابی، دعا اور الٰہی مدد کی طاقت کی تصدیق کرتے ہیں۔
- وفات کے بعد بھی اللہ کی عنایت کے آثار، جیسے قبر میں جسم کی حفاظت، نے ان کی نسلوں پر گہرا اثر چھوڑا۔

3.10-اہم اسباق

- **ایمان پر مبنی وراثت:** میاں کرم دین کی وراثت مادی دولت میں نہیں بلکہ حضرت مسیح موعود علیہ الصلوٰۃ والسلام کے قریب ہونے اور نیک نسل چھوڑنے میں ناپی جاتی ہے۔
- **روحانی رفاقت کا اثر:** حضرت خلیفۃ المسیح الاوّلؓ اور حضرت مسیح موعود علیہ الصلوٰۃ والسلام کے ساتھ تعلق نے ان کے نظریات اور ایمان کو مضبوط کیا۔
- **خواتین کا کردار:** خاندان کی خواتین، خاص طور پر مصنف کی پھوپھیاں، ان کہانیوں کو نسل در نسل منتقل کرنے میں مددگار رہیں، جو ایمان کی یادوں کے تسلسل کو ظاہر کرتی ہیں۔

یہ کہانیاں احمدیت کی زندہ روایت کی عکاس ہیں، جہاں دعا، لگن اور ذاتی روحانی تجربات نسلوں تک محفوظ اور مشترک کیے جاتے ہیں۔

3.11-اہم نتائج

میاں کرم دین صاحب کی زندگی ایک مخلص خادم کے طور پر حضرت مسیح موعود علیہ الصلوٰۃ والسلام کے سائے میں گزارنے کی مثال ہے۔

ان کی عاجزی، خدمت اور جماعت کے لیے غیر متزلزل حمایت نے ان کی نسلوں میں ایمان، علم اور روحانی استقامت کی لہر پیدا کی۔

باب 3 نہ صرف ذاتی یادیں محفوظ کرتا ہے بلکہ احمدیہ مسلم جماعت کی اجتماعی تاریخ میں ان چھوٹے مگر روحانی اعتبار سے امیر صحابہ کے اثر کو اجاگر کرتا ہے۔

3.12-باب کا خلاصہ

اپنے محبوب دادا حضرت میاں کرم دین بھیروی رضی اللہ عنہ کو یاد کرتے ہوئے ہم محض ماضی کو دُہرا نہیں رہے بلکہ ایک زندہ ایمان کو تازہ کر رہے ہیں۔ ان کی کہانی یہ یاد دلاتی ہے کہ حقیقی عظمت اکثر خاموش خدمت میں چھپی ہوتی ہے، جو دنیا سے پوشیدہ مگر خدا کے سامنے نمایاں ہوتی ہے۔ ان کی موجودگی نہ صرف ہماری یادوں میں زندہ ہے بلکہ ہر دعا، ہر خدمت کے عمل اور ہر نسل میں جو انہوں نے شکل دی، نمایاں ہے۔

3.13-باب 4 کی طرف منتقلی

اب ہم باب 4 میں جاتے ہیں، جہاں حضرت میاں کرم دین بھیروی رضی اللہ عنہ کی زندگی کو مقدس تبرکات کے ذریعے دیکھا جائے گا۔ یہ مقدس تحائف۔محبت اور الٰہی فضل کے تحائف۔صدیوں سے خاندان کی حفاظت میں ہیں۔ اگلے باب میں مصنف ان تبرکات کی شاندار تاریخ اور ان کے ساتھ منتقل شدہ امانت کی کہانی بیان کرے گا۔

OO

باب 4: حضرت میاں کرم دین صاحب بھیروی ؓ کے لیے حضرت مسیح موعود علیہ السلام کے تبرکات

(شفیق الرحمن نیر (اعوان) ولد پروفیسر میاں عطاء الرحمن صاحب)

ہمارے دادا حضرت میاں کرم دین بھیروی صاحب جو کہ پروفیسر میاں عطاء الرحمن کے والد مرحوم تھے، کو گزرے تقریباً ایک صدی ہو چکی ہے اور انہیں بھیرہ، پاکستان میں سپرد خاک کیا گیا۔ تبرکات (مبارک تحفے) انہیں حضرت مسیح موعود علیہ السلام نے جماعت سے محبت، عقیدت اور خدمت کے نشان کے طور پر سونپے تھے۔ یہ قیمتی اشیاء بعد میں ہمارے والد محترم پروفیسر میاں عطاء الرحمن صاحب جو کہ ایک مخلص خدمت گار اور قادیان اور چناب نگر دونوں میں واقع تعلیم الاسلام کالج کے ریٹائرڈ وائس پرنسپل کے حوالے کر دی گئیں۔

جون 2018 میں، آسٹن، ٹیکساس سے میری بڑی بہن امۃ اللطیف تسنیم نے 'النور' میں شائع ہونے والا ذکرِ خیر (یاد) لکھا۔ اللہ تعالیٰ اسے اس کی کاوشوں کا بھرپور اجر عطا فرمائے۔

ذکرِ خیر کے سلسلے کو جاری رکھتے ہوئے، میں دعاؤں کی وراثت اور پیاری یادوں کو محفوظ رکھنے کے لیے چند مزید تاریخی حقائق شیئر کرنا چاہوں گا۔ میرا مقصد یہ ہے کہ ان واقعات کو ان کے تاریخی احمدیہ سیاق و سباق میں پیش کروں اور جہاں ضرورت ہو وہاں وضاحت فراہم کروں۔

میں اپنی پھوپھی مرحوم محمد بی صاحبہ اور اپنے پھپھا حضرت میاں مولا بخش صاحب بھیروی کی یاد کو بھی خراج تحسین پیش کرنا چاہتا ہوں۔ وہ، ہمارے دادا کے ساتھ، بھیرہ میں ہمارے خاندان سے حضرت مسیح موعود علیہ السلام کے پہلے اصحاب میں سے تھے۔

4.1-ابتدائی حالات اور خاندانی پس منظر

ہمارے دادا مرحوم ایک خاموش، عاجز، متقی، اور امانت دار انسان تھے۔ انہیں حضرت مسیح موعود علیہ السلام کے صحابی اور قریبی دوست ہونے کا اعزاز حاصل تھا۔ انہوں نے 1894ء میں بیعت کی اور احمدیہ مسلم کمیونٹی کے ایک مخلص رکن بن گئے۔

ہمارے آباؤ اجداد کا تعلق احمد آباد سے تھا، جو دریائے جہلم کے مشرقی کنارے پر واقع پنڈ دادن خان کی ایک بستی تھی اور اعوان قبیلے کا حصہ تھی۔ مزے کی بات یہ ہے کہ حضرت خلیفۃ المسیح اوّل ؓ کی والدہ محترمہ بھی اسی بستی سے آئی تھیں۔ دونوں خاندانوں کے درمیان یہ گہرا تعلق اور باہمی پیار غالباً ایمان اور اعتماد کے مضبوط اور دیرپا بندھن کی بنیاد بنا۔

حضرت مسیح موعود علیہ السلام نے پیار سے میرے دادا کو ''میاں کرم دین'' کے نام سے پکارا، ایک ایسا نام جسے میرے مرحوم والد ہمیشہ عزت، برکت اور فخر کا ذریعہ سمجھتے تھے۔ عمر بھر میرے والد کو میاں عطاء الرحمن کہا جاتا رہا۔ ہمارے دادا کو حضرت مولانا حکیم نور الدین صاحب خلیفۃ المسیح الاوّل ؓ کے ذریعہ بیعت کرنے کی سعادت حاصل ہوئی۔ ہمارے دادا، ہمارے پردادا حضرت بختاور اعوان کندلانی صاحب کے اکلوتے بیٹے تھے جو احمد آباد سے تھے اور اعوان قبیلہ سے تعلق رکھتے تھے۔ آپ نے حضرت حافظ غلام رسول صاحب، حضرت حکیم مولانا نور الدین کے والد گرامی اور حضرت شیخ قادر بخش احمد آباد سے مضبوط تعلقات رکھے، جو دونوں علاقہ کی معزز مذہبی شخصیات تھے۔ افسوس کہ ہمارے پردادا حضرت مسیح موعود علیہ الصلوٰۃ والسلام کے ظہور سے پہلے وفات پا گئے۔

ہمارے پردادا کے انتقال کے بعد، ہمارے آبائی خاندان نے حضرت حکیم نور الدین صاحب ؓ اور حضرت شیخ قادر بخش صاحب ؓ سے دینی اور روحانی رہنمائی حاصل کی۔ حضرت شیخ قادر بخش ؓ نے 1892 میں حضرت مسیح موعود علیہ السلام کو قبول کیا، بیعت کی اور احمد آباد میں اپنے پیروکاروں کو چھوڑ کر

بھیرہ چلے گئے۔وہ اکثر قادیان جاتے تھےاور بعد میں مستقل طور پر وہاں منتقل ہو گئے۔

(313اصحاب صدق ووفا،258،صفحہ 288

بیعت:1892،پیدائش:1852،وفات:1906)

اس کے بعد ہمارے دادا نے اسی سال بھیرہ میں رمضان کے مہینے میں چانداور سورج گرہن کی آسمانی نشانیاں دیکھ کرحضرت حکیم مولانا نورالدین صاحبؓ کے مشورہ سے 1894ء میں احمدیت قبول کی۔

رشتہ داروں اور پڑوسیوں کی طرف سے خاصی مخالفت کی گئی،جس کی وجہ سے کئی احمدی خاندان احمدآباد سے بھیرہ ہجرت کر گئے۔ان خاندانوں میں حضرت شیخ قادر بخش صاحب احمد آبادی،حضرت مولوی محمد حسین صاحب احمدآبادی اورحضرت مولوی فضل حسین صاحب احمد آبادی (جو بعد میں فضل الٰہی کے نام سے جانے گئے) تھے۔حضرت شیخ قادر بخش صاحب احمدآبادی اور حضرت مولوی فضل الٰہی صاحب احمدآبادی دونوں آخرکار مستقل طور پر قادیان چلے گئے۔حضرت شیخ قادر بخش صاحبؓ کا انتقال 1906ء میں قادیان میں ہوااور بہشتی مقبرہ میں سپرد خاک ہوئے۔

1894ء میں حضرت حکیم نورالدین صاحبؓ سے مشورہ کرنے کے بعد میرے دادا بھیرہ چلے گئے اور احمدیہ مسجد سے کچھ ہی دوری پر حافظانہ محلہ میں سکونت اختیار کی۔میری دو پھوپھیوں نے بھیرہ میں ایک خوشحال کٹلری کے کاروبار کے مالک حضرت سیٹھ اللہ جو یا یہ رضی اللہ عنہ کے دو پوتوں سے شادیاں کی۔فضل مسجد کے قریب ساتھی احمدیوں میں گھرے ہوئے،میرے دادا نے بھیرہ میں اپنے رشتہ داروں کی کمی محسوس نہیں کی۔

اس وقت،میری دادی نے شروع میں میرے دادا کے فیصلے کی حمایت نہیں کی۔تاہم،عین موقع پر،اس نے ایک واضح پیغام کے ساتھ ایک خواب دیکھا کہ جب تک وہ امام الزمانؑ کی جماعت سے متصل نہ ہو جائیں،انہیں اولاد (نرینہ) نصیب نہیں ہوگی۔اس گہرے خواب کے بعد سات بیٹیوں کی

ماں نے بیعت کی اور اس کے فوراً بعد یہ خواب ہمارے والد کی ولادت کے ساتھ پورا ہوا۔ الحمدللہ۔

حضرت مسیح موعود علیہ الصلوٰۃ والسلام نے نومولود کو عطاء الرحمن کا نام دیا تھا۔ اس نام نے نہ صرف اس بچے کی قسمت بلکہ اس کی اولاد کا مستقبل بھی سنوارا۔

9 جون 2017ء کو ہمارے بھائی لطف الرحمن محمود صاحب کی نماز جنازہ پڑھانے سے پہلے حضرت خلیفۃ المسیح الخامس نے جمعہ کے خطبہ میں ان کا تذکرہ یوں فرمایا:

''میاں عطاء الرحمن کے صاحبزادے لطف الرحمان محمود (امریکہ) کا 27 مئی 2017ء کو انتقال ہو گیا۔ ہم اللہ کے ہیں اور اسی کی طرف لوٹ کر جائیں گے۔ وہ اصل میں بھیرہ کے رہنے والے تھے۔ ان کے دادا حضرت میاں کرم دین صاحبؓ، حضرت مسیح موعود علیہ الصلوٰۃ والسلام کے صحابی تھے۔ 1894ء میں ان کی دادی، طالعہ بی بی نے شاید اپنے شوہر کے ساتھ بیعت کی تھی، لیکن اس وقت ان کا ایمان مکمل طور پر پختہ نہیں تھا اور یہ سن کر حضرت مسیح موعود علیہ السلام نے فرمایا:

''جس عورت نے یہ خواب دیکھا ہے اس کا ابھی تک مجھ پر ایمان نہیں ہے۔ اگر وہ ایمانداری سے مجھ پر ایمان لے آئیں تو اللہ تعالیٰ انہیں ایک بیٹے سے نوازے گا۔''

چنانچہ وہ بیعت کے لیے قادیان گئے اور اس کے بعد اللہ تعالیٰ نے انہیں ایک بیٹے سے نوازا، جس کا نام حضرت مسیح موعود علیہ السلام نے عطاء الرحمن رکھا۔ وہ لطف الرحمان کے والد تھے۔''

ہمارے والد صاحب کی ولادت حضرت مسیح موعود علیہ السلام کی دعاؤں کی قبولیت کا زندہ ثبوت تھی۔ ہمارے والد صاحب کا نام بھی حضرت مسیح موعود علیہ السلام نے رکھا تھا۔

4.2- میرے دادا بھیرہ کے ابتدائی صحابہ رضوان اللہ علیہم اجمعین میں

میرے دادا نے حضرت حکیم مولانا نورالدین صاحب رضی اللہ تعالیٰ عنہ سمیت حضرت مسیح موعود علیہ السلام کے بہت سے ابتدائی اصحاب سے قریبی تعلقات رکھے۔ دیگر قابل ذکر شخصیات میں حضرت قاضی سید امیر حسین شاہ صاحبؓ، حضرت مولوی محمد دلپذیر صاحب بھیرویؓ (مشہور پنجابی شاعر اور ادیب)، حضرت شیخ قادر بخش احمد آبادی صاحبؓ، حضرت حافظ عبدالرحمن صاحبؓ (مرحوم حافظ مبارک احمد صاحب کے والد گرامی)، حضرت مولوی محمد حسین صاحبؓ احمد آبادی اور حضرت میاں غلام محی الدین صاحبؓ شامل ہیں۔

احمدیت قبول کرنے کے بعد ہمارے قریبی رشتہ داروں نے میرے دادا کے ساتھ بڑی حقارت کا سلوک کیا۔ حضرت حکیم مولانا نورالدین صاحبؓ کے مشورے کے بعد آپ نے بھیرہ کی طرف ہجرت کی۔ حکیم مولانا نورالدین رحمۃ اللہ علیہ کی دعاؤں اور رہنمائی سے ہماری دونوں پھوپھیوں کی شادی بھیرہ کے سیٹھ اللہ جویا صاحب کے دیندار اور مذہبی گھرانے میں ہوئی۔ ہماری دونوں پھوپیوں کی شادی سیٹھ اللہ جوایا صاحب کے پوتوں حضرت مولا بخش صاحبؓ اور حضرت اللہ بخش صاحبؓ سے ہوئی۔ دونوں حضرت مسیح موعود علیہ السلام کے اولین اصحاب میں سے تھے۔

1895 میں، میرے دادا بھیرہ چلے گئے اور حافظانہ محلہ میں سکونت اختیار کی، جو قرآن پاک حفظ کرنے والوں سے وابستہ ایک علاقہ تھا۔ وہ حکیم مولانا نورالدین رحمۃ اللہ علیہ کے گھر کے قریب مسجد میں نماز جمعہ میں باقاعدگی سے شرکت کرتے تھے۔ اس دوران انہوں نے اندرون بھیرہ (پرانے شہر کا علاقہ) کے معروف احمدی بزرگوں (جمعہ خان) سے لکڑی کی تراش خراش کا فن بھی سیکھا۔

دریں اثنا، انگریز سرگودھا میں ترقیاتی کام کروا رہے تھے اور میرے دادا نے کچھ وقت وہاں کام کے لیے گزارا جبکہ ان کا خاندان 1906ء تک بھیرہ میں رہا۔

4.3-قادیان کا سفر-1903ء

1903ء میں میرے دادا اپنے داماد حضرت میاں مولا بخش صاحب کے ساتھ حضرت حکیم مولانا نورالدین صاحبؓ کے ارشاد پر قادیان تشریف لے گئے۔اس دورے کے دوران وہ ایک طویل مدت تک قادیان میں رہے۔

وہاں پر میرے دادا نے منارۃ المسیح کے سنگ بنیاد رکھنے کی تاریخی تقریب میں شرکت کی۔13 مارچ 1903ء کو حضرت مسیح موعود علیہ السلام نے جمعہ کے دن سنگ بنیاد رکھا۔میرے دادا اور حضرت میاں مولا بخش رحمۃ اللہ علیہ دونوں نے تعمیر کے پہلے مرحلے میں رضا کارانہ طور پر مدد کی۔

بدقسمتی سے منارۃ المسیح حضرت مسیح موعود علیہ السلام کی زندگی میں فنڈز کی کمی کی وجہ سے مکمل نہ ہو سکا۔تاہم بعد میں اسے حضرت مصلح موعود رضی اللہ عنہ کی قیادت میں 1914ء میں مکمل کیا گیا۔

آج قادیان میں عظیم الشان منارۃ المسیح احمدیت کی صداقت کا منہ بولتا ثبوت ہے۔یہ اللہ کا بہت بڑا احسان ہے کہ ہمارے دونوں بزرگوں کو اس اہم سنگ میل کی پہلی تعمیر میں حصہ لینے کا شرف حاصل ہوا۔میرے پھوپھا مولا بخش بھیروی نے ایک بار 1969ء کے جلسہ سالانہ میں مجھ سے بیان کیا کہ وہ حضرت مرزا بشیر الدین محمود احمد صاحبؓ کو کندھوں پر اٹھا کر قادیان کے باغ اور بازاروں میں سیر کراتے تھے۔

4.4-قادیان کا سفر-1904ء

1904ء کے اوائل میں میرے دادا قادیان واپس آئے اور تقریباً چھ ماہ تک وہاں رہے۔جب بھی وہ حضرت مسیح موعود علیہ السلام سے وطن واپسی کی اجازت لینے کے لیے جاتے تو حضورؑ انہیں قادیان میں مزید قیام کرنے کی ہدایت فرماتے۔

اس وقت، میرے دادا کی کوئی نرینہ اولاد نہیں تھی، صرف سات بیٹیاں تھیں۔جب محلے میں لڑکا

پیدا ہوتا تھا تو تو ہم پرست باشندے میری دادی اور پھوپھی کو نومولود کو دیکھنے سے روکتے تھے۔ یہ خیال کرتے ہوئے کہ ان کے اپنے بیٹے کے بغیر لڑکا عورتوں کو دکھانا بدنصیبی کا باعث بنے گا۔ میرے دادا نے غالباً ان تکلیف دہ حالات کو حضرت اقدسؑ سے شیئر کیا تھا۔

قادیان میں قیام کے دوران آپ حضرت قاضی سید امیر حسین شاہ صاحب اور حضرت حکیم مولانا نورالدین صاحبؓ کے ساتھ رہے۔ میرے دادا نے حضرت مسیح موعود علیہ الصلوٰۃ والسلام کے روزانہ کے معمول کو دیکھا، جب وہ لکھنے، تبلیغ کرنے، دعا کرنے اور عقیدت مندوں کو نصیحت کرنے میں مصروف تھے۔ میرے دادا نے حضرت مسیح موعود علیہ السلام کے بیٹھنے، وعظ اور دعوت و تبلیغ کے لیے لکڑی کا ایک خاص چبوترہ (تخت پوش) بنانے کی اجازت طلب کی۔

لکڑی کا یہ چبوترہ (تخت پوش/دیوان) آج بھی دارالمسیح کی پہلی منزل (پانی کے کنویں کے قریب) پر محفوظ ہے۔ گہرے بھورے رنگ کی لکڑی سے بنی اور اب رنگ کی گئی ہے، اس پر میرے دادا کا نام کندہ ہے، جو اپنے خاندان کے لیے حضرت مسیح موعود علیہ السلام کی دعاؤں کے حصول کی خواہش کے ثبوت کے طور پر کندہ ہے۔

1993ء میں میرے کزن ملک طاہر احمد صاحب مرحوم جو کہ ملک مبارک احمد صاحب آف بھیرہ کے صاحبزادے ہیں، کو قادیان کے جلسہ سالانہ میں شرکت کا موقع ملا۔ دارالمسیح کے دورے کے دوران ان کے ساتھ مولانا دوست محمد شاہد صاحب مرحوم، مولانا محمد اعظم اکسیر صاحب مرحوم اور محترم مولانا مبشر احمد کاہلوں صاحب بھی تھے۔ انہوں نے دارالمسیح کے اس حصہ کا دورہ کیا جس میں مختلف تبرکات (مبارک اشیاء) ہیں۔ مولانا دوست محمد شاہد صاحب نے تخت پوش کا تعارف کراتے ہوئے بتایا کہ اسے حضرت میاں کرم دین صاحب نے بنایا تھا، جو اصل میں تحصیل پنڈ دادن خان کے رہنے والے تھے اور بعد میں بھیرہ ہجرت کر گئے۔ اس پر آپ کا نام کندہ کیا گیا تا کہ حضرت مسیح موعود علیہ السلام انہیں ہمیشہ اپنی دعاؤں میں یاد رکھیں۔

بدقسمتی سے مجھے اس تاریخی (تخت پوش/دیوان) کو دیکھنے کا موقع نہیں ملا۔ 2005ء میں جب سیدنا حضرت خلیفۃ المسیح الخامس ایدہ اللہ تعالیٰ بنصرہ العزیز جلسہ سالانہ پر قادیان تشریف لے گئے تھے تو خاکسار بھی جلسہ کیلئے قادیان گیا۔ میں نے وہاں مرزا وسیم احمد صاحب سلمہٗ مرحوم سے دارالمسیح کے شعبہ تبرکات میں جانے کی اجازت طلب کی، لیکن مجھے داخلہ کی اجازت نہیں دی گئی۔ اگر اللہ تعالیٰ مجھے توفیق عطا فرمائے تو میں اس قیمتی یادگار، جو حضرت مسیح موعود علیہ السلام کے ساتھ ہمارے اسلاف کی محبت اور مضبوط رشتہ کا زندہ ثبوت ہے، کو دیکھنے کے لیے دوبارہ قادیان جاؤں گا۔

یہ لکڑی کا (تخت پوش/ دیوان) پلیٹ فارم صرف ایک نمونہ نہیں ہے بلکہ یہ سچی محبت، عقیدت اور ایمان کی علامت ہے۔ حضرت خلیفۃ المسیح الرابع رضی اللہ عنہ نے 1990-1994 میں ایک MTA پروگرام کے دوران اس کا تذکرہ کرتے ہوئے اسے حضرت مسیح موعود علیہ السلام کے ساتھ گہرے تعلق کی ایک طاقتور علامت کے طور پر اجاگر کیا۔ الحمدللہ، محبت کا یہ نشان دارالمسیح میں 120 سالوں سے محفوظ ہے۔ جب بھی میرے دادا نے بھیرہ واپس آنے کی اجازت مانگی تو حضرت مسیح موعود علیہ السلام نے انہیں قادیان میں مزید قیام کرنے کی ہدایت دی۔ ہمارے دادا کو گمان ہوا کہ شاید حضرت مسیح موعود علیہ الصلوٰۃ والسلام کی خواہش ہے کہ وہ قادیان میں مستقل سکونت اختیار کریں۔

آخرکار میرے دادا نے حضرت حکیم مولانا نورالدین صاحب رحمۃ اللہ علیہ سے درخواست کی کہ وہ گھر واپسی کی اجازت کے لیے اپنی طرف سے سفارش کریں۔ مہربانی سے حضرت مسیح موعود علیہ السلام نے انہیں چھ ماہ کے بعد واپس آنے کی اجازت دی اور بہت دعاؤں کے ساتھ رخصت کیا۔ انہوں نے میرے دادا کو یہ خوشخبری بھی دی کہ اللہ تعالیٰ انہیں ایک بیٹے سے نوازے گا، اس کا نام عطاء الرحمن رکھا جائے گا۔ میرے والد یکم اپریل 1905ء کو بھیرہ میں اللہ کے فضل اور حضرت مسیح موعود علیہ السلام کی دعاؤں سے پیدا ہوئے۔

اس وقت میرے دادا سرگودھا میں مقیم تھے۔ اس موقع پر پنجابی کے معروف شاعر اور خطیب

حضرت مولوی محمد دلپذیر صاحب رحمۃ اللہ علیہ نے میرے دادا کو ایک طویل نظم بھیجی۔ میری پھوپھو کو یہ نظم زبانی یاد تھیں اور اکثر ہمیں سناتی تھیں۔ بھیرہ کے علاقے میں حضرت مولوی محمد دلپذیر صاحب کے خطبات اور تصانیف کی شہرت تھی۔ مجھے آج بھی ان کی قبر دیکھنا یاد ہے، جو ان کے چاہنے والوں نے تعمیر کی تھی، حالانکہ بدقسمتی سے اسے 1974ء کے بعد منہدم کر دیا گیا تھا۔

مجھے امید ہے کہ احمدیہ کمیونٹی ان بزرگوں کی قبروں کی دیکھ بھال اور حفاظت کے لیے مناسب انتظامات کرنے پر غور کرے گی، خاص طور پر چونکہ ان کی بہت سی اولادیں بھیرہ کے علاقے سے دور جا چکی ہیں۔ اس کی قبر کو ایک نئے کتبہ کی ضرورت ہے۔

مجھے ان کی اہلیہ حضرت اللہ بی بی (ام منظور) کے لیے ایک کتبہ نصب کرنے کا اعزاز حاصل ہوا۔ وہ ایک حافظہ قرآن تھیں، جن کا انتقال 1908ء میں ہوا۔ اصل کتبہ غائب تھا۔ ان کا نیا کتبہ 2024ء میں نصب کیا گیا۔

4.5-قادیان کا سفر-1907ء

ہمارے دادا کو حضرت مسیح موعود علیہ السلام سے اتنی گہری محبت اور ایمان تھا کہ وہ ہر سال دعاؤں اور برکتوں کے لیے قادیان تشریف لاتے تھے۔ 1906ء یا 1907ء میں، ہماری پھوپھی، محمد بی صاحبہ کو بدقسمتی سے ٹائیفائیڈ بخار ہو گیا، جس نے ان پر دیرپا اثرات چھوڑے، جن میں ایک فالج بھی شامل ہے جس سے ان کے چہرے پر اثر پڑا۔

1907ء میں، حکیم مولانا نورالدین صاحبؓ سے مشورہ کرنے کے بعد، ہمارے دادا نے فیصلہ کیا کہ ہماری پھوپھو، جن کی عمر تقریباً 7 یا 8 سال تھی، کو قادیان لے جائیں۔ غالباً ان کا خیال تھا کہ حکیم مولانا نورالدین صاحبؓ سے علاج کروانے کے علاوہ، وہ حضرت مسیح موعود علیہ السلام سے درخواست دعا بھی کر لیں گے۔ حضرت حکیم مولانا نورالدین صاحبؓ نے انہیں علاج کے لیے کچھ عرصہ قادیان میں رہنے کا مشورہ دیا۔ حضرت مسیح موعود علیہ الصلوٰۃ والسلام نے ان کے لیے دارالمسیح میں 'گول کمرہ'

کے ساتھ والے کمرے میں قیام کا انتظام کیا۔

ایک دفعہ بچپن میں، دوسرے بچوں کے ساتھ کھیلتے ہوئے، ہماری پھوپھی کو ان کی حالت کے بارے میں چھیڑا گیا، جس سے وہ رو پڑیں۔ وہ سیڑھیوں پر بیٹھی روتی رہی، جب خدائی توفیق سے، حضرت مسیح موعود علیہ السلام وہاں سے گزرے۔ حضورؑ ان کے پاس آئے اور پیار سے چُپ کرانے کی خاطر گود میں اُٹھالیا۔ ایسا لگتا تھا کہ حضرت مسیح موعود علیہ السلام نے اسے پہچان لیا اور ہمارے دادا کے پاس لے آئے۔ میرے دادا نے اسے اپنی بانہوں میں تھام لیا۔ وہ آنکھوں میں تشکر کے ساتھ حضرت مسیح موعود علیہ السلام کو دیکھ رہے تھے۔

ہماری پھوپھی نے طویل زندگی گزاری اور 1976ء میں انتقال کر گئیں۔ انہیں بھیرہ کے احمدیہ قبرستان میں سپرد خاک کیا گیا۔ ہمارے والد مرحوم ہمیں اکثر بتایا کرتے تھے کہ وہ ایک صحابیہ (حضرت مسیح موعود علیہ السلام کی ساتھی) تھیں اور حضرت اقدسؑ نے انہیں بچپن میں قادیان میں اپنی گود میں اُٹھایا تھا۔ محمد بی صاحبہ نے ہمیں بتایا کہ انہوں نے قادیان میں حکیم مولانا نورالدین صاحبؓ کی رہنمائی میں چھ ماہ کے اندر ناظرہ قرآن مکمل کیا۔ اس وقت حکیم مولانا نورالدین صاحب کے بڑے بیٹے میاں عبدالحئی کی پہلی بار منگنی (یا نکاح) ہوئی تھی۔ حضرت حکیم مولانا نورالدین صاحب نے اپنی اہلیہ سے کہا کہ وہ اس خاص موقع پر ہماری پھوپھی کے لیے سبز ریشمی سوٹ تیار کریں۔

جب سوٹ بازار سے پہنچا تو حضرت حکیم مولانا نورالدین نے دیکھا کہ اس میں آرائشی (گوٹا اور کناری) عناصر کی کمی ہے۔ سوٹ دوبارہ سجانے کے لیے واپس کر دیا گیا۔ ہماری پھوپھی نے یہ لباس خاص موقع (میاں عبدالحئی کی منگنی) کے لیے استعمال کیا تھا۔ یہ اشارہ حضرت حکیم مولانا نورالدین کی عظیم فیاضی اور بھیرہ کے لوگوں سے ان کی گہری محبت کی مثال ہے۔

نکاح جو غالباً میاں عبدالحئی مرحوم کا پہلا تھا، حضرت پیر محمد منظور صاحب کی صاحبزادی حمدہ بیگم صاحبہ کے ساتھ ادا کیا گیا۔ یہ اہم واقعہ غالباً 30/اگست 1907ء کو پیش آیا۔

مہربانی اور باہمی پیار کا یہ دلی عمل ہمارے خاندان کے لیے سکون کا باعث ہے۔ حکیم مولانا نورالدین صاحب کے علاج اور حضرت مسیح موعود علیہ السلام کی دعاؤں کی قبولیت کی بدولت ہماری پھپھو مکمل طور پر صحت یاب ہوگئیں۔ یہ شفایابی ہمارے خاندان کے لیے کسی معجزے سے کم نہیں تھی، جو حضرت مسیح موعود علیہ السلام کی دعاؤں کی قبولیت کو نمایاں کرتی ہے۔

ہمارے دادا نے حضرت حکیم مولانا نورالدین رحمۃ اللہ علیہ کے ذریعے گھر واپسی کی اجازت چاہی اور اجازت مل گئی۔ جاتے وقت حضرت مسیح موعود علیہ الصلوٰۃ والسلام نے آپس میں محبت، احترام اور اعتماد کی علامت کے طور پر آپ کو تین مبارک تحفے (تبرکات) عطا فرمائے۔

4.6-دادا جان کے لیے مبارک تبرکات

حضرت مسیح موعود علیہ الصلوٰۃ والسلام نے ہمارے دادا کو اپنی مبارک قمیض (کرتہ) عطا کی اور عمر بھر اسے اپنے پاس رکھنے کی تاکید کی، حتیٰ کہ وقت آنے پر اسے اپنی قبر تک لے جائیں۔ جب 1925ء میں ہمارے دادا کا انتقال ہوا تو مبارک کرتہ ان کے کفن میں رکھا گیا اور ان کے ساتھ بھیرہ میں دفن کیا گیا۔ اس وقت ہمارے مرحوم والد صاحب لاہور میں اپنے ایم ایس سی کے امتحانات میں مصروف تھے اور ان کے رشتہ داروں نے انہیں والد کی وفات کی اطلاع نہ دینے کا فیصلہ کیا۔ اس لیے وہ جنازے میں شرکت سے قاصر تھے۔

حضرت مسیح موعود علیہ السلام نے ہمارے دادا کو اپنی تصویر بھی تحفے میں دی تھی، شاید اس امید پر کہ اس سے دوسروں کو ان کو "زمانے کا امام" تسلیم کرنے میں مدد ملے گی۔ ہمارے دادا نے اس تصویر کو فریم میں بہت پیار اور عقیدت کے ساتھ تیار کیا تھا۔ یہ ہمارے خاندان میں 116 سال سے محفوظ ہے اور 1982ء میں ان کے انتقال تک ہمارے والد کے کمرے میں موجود رہی۔

4.7-تابکاری کے ذریعہ بابرکت اوورکوٹ کا تحفظ

حضرت مسیح موعود علیہ الصلوٰۃ والسلام کی طرف سے ہمارے دادا کو عنایت کردہ قیمتی اشیاء میں سے ایک مبارک مقدس کوٹ تھا جو آج تک ہمارے خاندان کی دیکھ بھال میں موجود ہے۔

1969ء میں حضرت مولانا واحد حسین گیانی صاحب مرحوم کے صاحبزادے ڈاکٹر مرزا محی الدین صاحب (جو اب کینیڈا میں مقیم ہیں) نے پی ایچ ڈی مکمل کی اور لائل پور (فیصل آباد) کے ریڈی ایشن سینٹر میں تعینات ہوئے۔ اسی سال، انہوں نے اس مبارک کوٹ کو پیشہ ورانہ طور پر اس کے تحفظ کو یقینی بنانے کے لیے تیار کیا اور ہمیں یقین دلایا کہ یہ اگلے سو سال تک محفوظ رہے گا۔ اس کی حالت کو برقرار رکھنے کے لیے، اسے ایک خاص حفاظتی پلاسٹک کے غلاف میں بند کر دیا گیا تھا۔

حال ہی میں، میں نے ایک بار پھر ڈاکٹر مرزا محی الدین سے رابطہ کیا تا کہ ان کی ماہرانہ رہنمائی حاصل کی جا سکے کہ آیا وقت گزرنے کے پیش نظر پلاسٹک کو تبدیل کیا جانا چاہیے یا دوبارہ سیل کرنا چاہیے۔ تبرکات کمیٹی نے بغیر پلاسٹک کے اوورکوٹ کی تصویر کی درخواست کی، جسے میں نے اس باب میں شامل کیا ہے۔

1925 / 1926ء میں ہمارے دادا دادی کے انتقال کے بعد، تبرکات کو ہماری بڑی پھوپھی، فاطمہ بی، بھیرہ (حضرت اللہ بخش صاحب) کی اہلیہ نے دیکھ بھال کے ساتھ محفوظ کیا۔ 1936ء میں جب ہمارے والد پروفیسر میاں عطاء الرحمن نے تعلیم مکمل کر کے سرکاری ملازمت شروع کی تو انہوں نے یہ مقدس اشیاء ان کے سپرد کر دیں۔ اپنے کیریئر کے دوران ہمارے والد چکوال، شاہ پور اور جہلم میں تعینات رہے۔

1944ء میں انہوں نے اپنی محفوظ سرکاری ملازمت سے مستعفی ہونے کا جرأتمندانہ فیصلہ کیا اور اپنی زندگی جماعت کے لیے وقف کر دی اور قادیان کے تعلیم الاسلام کالج میں بطور زندگی وقف

(وقفِ زندگی) شمولیت اختیار کی۔ دوستوں کی طرف سے احتیاط کی تلقین کرنے کے مشورے کے باوجود، وہ یقین کے ساتھ آگے بڑھے اور جماعت کے سلیکشن بورڈ نے ان کی تقرری کی تصدیق کر دی۔ آپ نے قادیان میں جامعۃ المبشرین میں حدیث کے ممتاز پروفیسر حافظ مبارک احمد صاحب بھیروی کے ساتھ رہنا شروع کیا۔

تقسیم کے وقت ہمارے والد محترم کو حضرت خلیفۃ المسیح الثانیؓ نے حکم دیا کہ وہ حضرت مرزا ناصر احمد صاحبؒ کے ساتھ قادیان میں رہیں۔ دونوں 6 ماہ تک قادیان میں رہے اور پھر حضورؓ کے حکم سے لاہور آئے۔ بالآخر، کوٹ اور تصویر کو تقسیم ملک کے چھ ماہ بعد بحفاظت پاکستان لایا گیا اور جنوری 1982ء میں ان کے انتقال تک یہ تبرکات ہمارے والد کی دیکھ بھال میں رہے۔

اس کے بعد، یہ تبرکات میرے مرحوم بھائی حبیب الرحمان صاحب کے سپرد کر دیے گئے، جو 1984 میں امریکہ ہجرت کر گئے، جہاں انہوں نے 2015 تک احتیاط سے ان کی حفاظت کی۔ 2014 کے آخر میں، ان کے کینسر کی آخری مرحلے کی تشخیص ہوئی اور انہیں ہیوسٹن کے ایم ڈی اینڈرسن ہسپتال میں داخل کرایا گیا۔ اپنے انتقال سے صرف دو دن پہلے، انہوں نے مقدس اشیاء کی تحویل ہمارے بڑے بھائی لطف الرحمن محمود صاحب کو منتقل کر دی، جنہوں نے پھر ان کی دیکھ بھال کے بارے میں ہمارے بزرگوں کی خواہشات کی تصدیق کرتے ہوئے انہیں اعتماد اور ذمہ داری کے الفاظ کے ساتھ میرے حوالے کر دیا۔

4.7.1 - تبرکات کی دیکھ بھال کے لیے خصوصی ہدایات

ان اشیاء کی مقدس نوعیت کا احترام کرنے کے لیے، ہمارے خاندان نے درج ذیل رہنما اصولوں کو برقرار رکھا ہے:

- تبرکات کے سلسلے میں کوئی شرک (خدا کے ساتھ شرک) نہیں کرنا چاہیے۔ حضرت مسیح موعود علیہ السلام سے ان کے تعلق کی وجہ سے ان کا احترام کیا جاتا ہے، ان کی اس انداز سے تعظیم نہیں کی جاتی

ہے جس سے اسلامی تعلیمات سے سمجھوتہ کیا جائے۔

- تبرکات، خاص طور پر کوٹ، کو کبھی کاٹا یا تقسیم نہیں کرنا چاہیے۔
- دکھاوے کی خاطر عوامی نمائشوں سے گریز کریں۔ یہ اشیاء دکھاوے کے لیے نہیں ہیں بلکہ خاموشی سے دعا کیلئے یاد کرنے کے لیے ہیں۔

1969ء میں ہمارے والد صاحب نے جماعت کے دو معزز بزرگوں مولانا نسیم سیفی صاحب اور مولانا بشارت احمد بشیر سندھی صاحب کو ہمارے گھر تشریف لانے کے دوران کوٹ اور تصویر دکھائی۔ ان کے مشورے پر انہوں نے چناب نگر میں دفتر تبرکات ونوادرات کو تبرکات کے بارے میں ایک تحریری اعلامیہ دیا۔ نظام جماعت سے ان کی لگن ایسی تھی کہ انہوں نے کبھی اپنے لیے ایک نسخہ بھی نہیں رکھا۔ پچھلے دو سالوں سے، میں مکرم سید خالد احمد شاہ صاحب صدر انجمن احمدیہ ربوہ سے 1969ء کے اس بیان کی نقل حاصل کرنے کی کوشش کر رہا ہوں، لیکن اب تک کامیابی نہیں ہوئی۔ تب میں نے تبرکات کمیٹی کو اپنی زیر نگرانی اشیاء کی باضابطہ رجسٹریشن اور تصدیق کے لیے ایک نئی درخواست دی ہے۔ اللہ کے فضل سے اور کمیٹی کے فعال تعاون سے بالآخر مجھے مقدس آثار کی رجسٹریشن کا باضابطہ سرٹیفکیٹ مل گیا۔ تاہم، مجھے اب بھی افسوس ہے کہ میرے والد کا تحریر کردہ اصل بیان نہیں مل سکا۔

کمیٹی نے باضابطہ طور پر حضرت مرزا غلام احمد، حضرت مسیح موعود علیہ الصلوٰۃ والسلام کے لمبے کوٹ کو حقیقی تبرک کے طور پر تسلیم کیا ہے اور اس کی تصدیق کی ہے۔ پھر بھی مجھے گہری روحانی اہمیت کی دوسری چیز کا بھی ذکر کرنا ضروری ہے: حضرت مسیح موعود علیہ السلام کی مبارک تصویر، جو ہمارے دادا کو اس ہدایت کے ساتھ دی گئی تھی:

"اسے اپنے دوستوں اور پڑوسیوں کے ساتھ شیئر کریں تا کہ وہ مجھے پہچان سکیں۔"

افسوس کہ اس تصویر کو کمیٹی کی طرف سے مناسب توجہ وغور نہیں دی گئی۔ بہر حال، ہمارا خاندان اسے اعلیٰ درجے کے احترام، محبت اور تعظیم کے ساتھ برقرار رکھے ہوئے ہے، کیونکہ یہ روحانی تعلق کی

انمول میراث ہے۔

مصنف اصل میں یہ کتاب اردو میں شائع کر رہا تھا اور نامساعد حالات کی وجہ سے اس میں غیر ضروری تاخیر ہوئی۔ اس اردو ورژن کو روک دیا گیا تھا (مصنف اسے جلد ہی ہندوستان سے آزادانہ طور پر شائع کر سکتا ہے)۔ مزید یہ کہ میں نے ربوہ کے ریسرچ سیل، شعبہ احمدیت (تاریخ) اور ایم ٹی اے سے کچھ معلومات کے بارے میں خصوصی درخواست کی ہے جو ابھی تک موصول نہیں ہوئی ہیں۔ چونکہ یہ کتاب امریکہ میں شائع ہونے والی ہے، مصنف نے آگے بڑھنے اور بغیر کسی اضافی تاخیر کے کام کرنے کا فیصلہ کیا ہے۔ جیسے ہی معلومات آئیں گی، مصنف آنے والی معلومات کو اپنی کتاب کے اگلے ایڈیشن میں حوالہ جات کے ساتھ اپ ڈیٹ کرے گا۔

4.7.2- مبارک کوٹ میں ایک اہم نوٹ

ہمارے والد مرحوم اکثر مبارک کوٹ کی جیب میں ہاتھ سے لکھے ہوئے ایک چھوٹے سے نوٹ کا ذکر کرتے تھے۔ یہ نوٹ، غالباً خود حضرت مسیح موعود علیہ الصلوٰۃ والسلام نے لکھا تھا، اس میں اپنے کاتب کے لیے مختصر ہدایات تھیں۔ کئی سالوں تک، اسے ہماری پھوپھی کے گھر (1925-1936) میں محفوظ طریقے سے رکھا گیا، لیکن آخر کار یہ گم ہو گیا۔ یہ ایک ایسا معاملہ جس کا ہمیں ابھی تک غم ہے۔

4.7.3- تاریخی ریکارڈز پر وضاحت

میں قاری محمد شریف صاحب کے الفضل کے مضمون (11 جون 1976، صفحہ 4) میں مذکور چند تاریخی تفصیلات کو بھی واضح کرنا چاہتا ہوں، جس میں ہماری پھوپھو محمد بی صاحبہ (حضرت میاں محمد ابراہیم کی زوجہ) کا ذکر کیا گیا ہے۔

1. ہماری پھوپھی نے 30 اگست 1907ء کو حضرت مولانا نورالدین صاحب رضی اللہ عنہ کے بیٹے میاں عبدالحئی رحمۃ اللہ علیہ کے نکاح میں شرکت کی تھی۔ تاہم یہ واضح کرنا ضروری ہے کہ یہ حضرت خلیفۃ المسیح

الثانیؓ کا نکاح نہیں تھا، جیسا کہ بعض اوقات غلطی سے اندازہ لگایا جاتا ہے۔

2. تبرکات حضرت مسیح موعود علیہ الصلوٰۃ والسلام نے ہمارے دادا حضرت میاں کرم دین رضی اللہ عنہ کو دیے تھے نہ کہ براہ راست ہماری پھوپھو کو، جن کی عمر اس وقت صرف 7 یا 8 سال تھی۔

4.7.4-عقیدت کی میراث

ہمارے دادا ایک سادہ، عاجز آدمی تھے، جن میں کوئی دنیاوی لقب یا امتیاز نہیں تھا۔ پھر بھی، یہ ان کا گہرا اخلاص، غیر متزلزل عقیدت، اور روحانی اعتماد تھا جس نے انہیں حضرت مسیح موعودؑ کی بیعت کی سعادت حاصل کرنے کی توفیق دی۔ یہ تبرکات اسی روحانی سعادت کی پائیدار علامت کے طور پر محفوظ ہیں۔

پچھلے 116 سالوں سے، ہمارے خاندان نے ان تبرکات کو انتہائی احتیاط اور شکر گزاری کے ساتھ سنبھال کر رکھا ہے۔ ہم دعا کرتے ہیں کہ آنے والی نسلیں اس امانت کو برقرار رکھیں، ان مقدس اشیاء کی تعظیم کے ساتھ حفاظت کریں اور حضرت مسیح موعود علیہ السلام کی جماعت سے تعلق قائم رکھیں۔

اللہ ہمیں اس عظیم میراث پر قائم رہنے کی طاقت، اخلاص اور ثابت قدمی عطا فرمائے۔ ہم سب کا شمار خلافت احمدیہ کے وفادار حامیوں میں کیا جائے۔ آمین۔

4.8-تخت پوش/ دیوان جو حضرت میاں کرم دین بھیرویؓ نے بنایا تھا

یہ حصہ دارالمسیح، قادیان میں پائے جانے والے تخت پوش (دیوان) کا ایک جامع بیان فراہم کرتا ہے جو کہ ایک مقدس یادگار ہے جس کے بارے میں خیال کیا جاتا ہے کہ حضرت میاں کرم دین بھیرویؓ نے حضرت مرزا غلام احمد مسیح موعود علیہ السلام کے لیے عاجزانہ تحفہ کے طور پر تعمیر کیا تھا۔

یہ دیوان نہ صرف اس وجہ سے گہری تعظیم رکھتا ہے کہ اسے حضرت مسیح موعود علیہ السلام نے ذاتی طور پر استعمال کیا تھا بلکہ اس وجہ سے بھی کہ بعد میں حضرت اماں جان رضی اللہ عنہا نے ان کی وفات

کے بعد اسے استعمال کیا۔ ہمارے خاندان کے لیے، یہ روحانی عقیدت اور آبائی عزت کی ایک قابل قدر علامت بنی ہوئی ہے، جو ہمیں جماعت کے مبارک ابتدائی دنوں سے جوڑتی ہے۔

4.8.1- جاری تحقیق اور پوچھ گچھ

حضرت خلیفۃ المسیح الخامس ایدہ اللہ تعالیٰ بنصرہ العزیز کی مشفقانہ رہنمائی کے بعد مصنف نے تقریباً چار ماہ قبل اپنے خالہ زاد بھائی مبشر احمد ایاز صاحب کے ذریعہ چناب نگر (ربوہ) کے ریسرچ سیل تک رسائی کی تا کہ تخت پوش کے بارے میں تاریخی تصدیق اور مزید معلومات کی درخواست کی جائے۔ جب کہ انکوائری ابھی زیرِ نظر ہے، باضابطہ جواب زیر التواء ہے۔

اس ضمن میں حضرت خلیفۃ المسیح الخامس ایدہ اللہ تعالیٰ بنصرہ العزیز کی خدمت میں ایک تحریری درخواست بھی پیش کی گئی، جس میں حضرت خلیفۃ المسیح الرابعؒ کے دورِ خلافت (بالخصوص 1990ء سے 1994ء کے درمیان) کی محفوظ شدہ ایم ٹی اے فوٹیج تلاش کرنے میں معاونت کی درخواست کی گئی، کیونکہ ممکن ہے اس میں حضرت میاں کرم دین یا اس مقدس تخت پوش کا کوئی حوالہ موجود ہو۔ اگر ایسی فوٹیج دستیاب ہو جاتی ہے تو اسے اس تصنیف کے آئندہ ایڈیشنز میں شامل کر لیا جائے گا۔ ان شاء اللہ۔

اس کے ساتھ ساتھ، مصنف اپنے خاندان کے افراد سے جو قادیان میں 1994 میں جلسہ سالانہ میں شریک ہوئے تھے، کے ذاتی بیان بھی اکٹھے کر رہا ہے، جہاں حضرت دوست محمد شاہد صاحب مرحوم اور مولانا اعظم اکسیر صاحب مرحوم نے مبینہ طور پر قیمتی تاریخی بصیرت کا اشتراک کیا۔ یہ زبانی بیانیے تحفظ کی کوششوں کے اہم اجزاء ہیں۔ میں نے اسی طرح کی تحقیقات شعبہ تاریخ احمدیت کے جناب اسفندیار صاحب سے بھی کی ہیں۔ ابھی تک کوئی جواب نہیں ملا۔

4.8.2-کندہ کاری کا پتہ لگانا (غیر تباہ کن تکنیک)

دارالمسیح میں دو تخت پوش/ دیوان پائے جاتے ہیں۔ اس نوٹ میں زائرین کو آگاہ کیا گیا ہے کہ یہ مبارک چیزیں حضرت اماں جان رضی اللہ عنہا استعمال کرتی تھیں۔

دارالمسیح کے بائیں جانب پائے جانے والے 'بڑے تخت پوش' کے بارے میں بڑے پیمانے پر خیال کیا جاتا ہے کہ خاندانی روایت اور ابتدائی بیانات کی بنیاد پر یہ اصل دیوان ہے جسے حضرت میاں کرم دین رحمۃ اللہ علیہ نے 1904ء کے آس پاس تعمیر کیا تھا۔ دادا جان نے اس تخت پوش/ دیوان پر اس امید/ خواہش کے ساتھ اپنا نام کندہ کیا کہ حضرت مسیح موعود علیہ السلام اپنے خادم کو روزانہ کی دعاؤں میں یاد رکھیں گے۔

تقریباً ایک صدی تک دیوان کے ساتھ ایک دیواری نوشتہ میں یہ مقدس حقائق درج تھے۔ بدقسمتی سے، 2005 میں، دیوار کو سفید کر دیا گیا، غیر ارادی طور پر نہ صرف نوشتہ بلکہ جماعتی ورثے کا ایک قیمتی ٹکڑا بھی ہٹا دیا گیا۔ کئی دہائیوں کے دوران معمول کی دیکھ بھال اور وارنشنگ نے بھی دیوان کی اصل کندہ کاری کو ختم کرنے میں اہم کردار ادا کیا ہے۔

مصنف بھارتی پنجاب میں دستیاب (Non Destructive Imging Technology) غیر جارحانہ امیجنگ ٹیکنالوجی کو تلاش کر رہا ہے جو پوشیدہ یا دھندلا نوشتہ جات کو کھولنے میں مدد کر سکتی ہیں۔ مزید جدید طریقے، جیسے کہ ایکس رے امیجنگ، جو ریاستہائے متحدہ امریکہ میں دستیاب ہے، بھی زیر غور ہیں۔ تاہم، مقام کے تقدس کی وجہ سے، کوئی بھی تکنیکی تحقیقات جماعت کے حکام سے رسمی منظوری کے بعد ہی آگے بڑھے گی۔

4.8.3-تحفظ اور میراث

حضرت مسیح موعودؑ کی رحلت کے بعد اسی تخت پوش کو مبینہ طور پر حضرت اماں جان رضی اللہ عنہا نے اس کی روحانی اور تاریخی اہمیت کو مزید بلند کیا۔ اس تخت پوش کے بارے میں کہا جاتا ہے کہ یہ اس کمرہ میں رکھا تھا جہاں صحابہ کرامؓ اپنی ملاقات کا انتظار کرتے اور تعظیم سے لبریز ہوتے۔

وقت گزرنے کے ساتھ ساتھ، اس تاریخی تخت پوش کے بعض پہلو جماعتی ریکارڈ سے مٹتے دکھائی دیتے ہیں۔ شاید عملہ کی تبدیلی، ترجیحات میں تبدیلی، یا صحیح نگرانی نہ ہونا اس کی وجوہات ہوں۔ یہاں اس مشاہدہ کو تحریر کرنے کا مقصد تنقید نہیں، بلکہ ایک مقدس ورثہ کے تحفظ کی اہمیت کو اُجاگر کرنا ہے

حضرت خلیفۃ المسیح الرابعؒ کے دور سے ہی میں MTA (مسلم ٹیلیویژن احمدیہ) کے آرکائیوز سے وہ ویڈیو فوٹیج تلاش کرنے کی کوشش میں لگا ہوا تھا جس میں اس تاریخی دیوان کا ذکر ہے۔ لیکن افسوس کہ میری کاوشیں اب تک بے نتیجہ رہی ہیں۔ بہرکیف حضرت مسیح موعود علیہ السلام کے قول مبارک کہ: "سچے ہو کر جھوٹوں کی طرح تذلل اختیار کرو تا، تم بخشے جاؤ" کی روشنی میں ویڈیو کلپ تلاش کرنے کا یہ معاملہ میں خدا تعالیٰ پر چھوڑتا ہوں۔

4.8.4-لکڑی میں کھدی ہوئی ایک دادا کی عقیدت

یہ مقدس تخت پوش، جو حضرت میاں کرم دین بھیروی رحمۃ اللہ علیہ نے پیار سے تعمیر کیا تھا، لکڑی کے تراشے ہوئے ٹکڑے سے زیادہ ہے۔ یہ عاجزی اور روحانی لگن کا ایک لازوال اظہار ہے، جو حضرت مسیح موعود علیہ السلام کی زندگی میں تیار کیا گیا تھا اور ایک عقیدت مند پیروکار اور اس کے محبوب امام کے درمیان گہرا ذاتی تعلق ہے۔

اگرچہ اس ڈھانچے کا فی الحال رسمی ریکارڈوں میں محدود ذکر ملتا ہے، لیکن ہمارا خاندان اس وراثت کا احترام اور تحفظ جاری رکھے ہوئے ہے۔ زبانی تاریخ، علمی تحقیق اور باعزت سائنسی تحقیقات

کے ذریعے، مصنف اپنی کہانی کی تصدیق اور تحفظ کے لیے پرعزم ہے۔

اللہ تعالیٰ ان مخلصانہ کوششوں کو برکت دے، افہام وتفہیم کی نئی راہیں کھولے اور جماعت کے ارکان کونسل درنسل ہماری مقدس تاریخ کی قدر کرنے اور اس کی حفاظت کرنے کی ترغیب دے۔ آمین۔

رسد اور رسائی کی حدود کے باوجود، مصنف کو تخت پوش/ دیوان دونوں کی تصویر حاصل کرنے کی خوش قسمتی تھی۔ اس بصری ریکارڈ کو کتاب میں شامل کرنا اعزاز کی بات ہے۔ اس جگہ سے واقف افراد، جن میں خاندان کے بزرگ بھی شامل ہیں، نے تصدیق کی کہ بائیں جانب کا بڑا دیوان درحقیقت ہمارے دادا نے حضرت مرزا غلام احمد مسیح موعود علیہ السلام کے لیے بنایا گیا تھا۔

خاندانی روایت کے مطابق، اب گمشدہ ایک نوشتہ میں لکھا ہے کہ یہ دیوان احمد آباد کے حضرت میاں کرم دین نے تعمیر کیا تھا، جو بعد میں بھیرہ ہجرت کر گئے۔ یہ مقدس متن، جو 2005 تک نظر آتا تھا، بدقسمتی سے خصوصی وائٹ واشنگ (سفیدی) کے دوران ہٹا دیا گیا تھا۔

دارالمسیح کی پہلی منزل پر پانی کے کنویں کے قریب واقع یہ بڑا دیوان 1904 میں تعمیر کیا گیا تھا۔ بلڈر کے نام کی اصل کندہ کاری ممکنہ طور پر برسوں کی دیکھ بھال اور حفاظتی وارنشنگ کوٹ (Protective Varnishing Coats) کی وجہ سے دھندلی پڑ گئی تھی۔ جدید غیر تباہ کن آلات کا استعمال کرتے ہوئے مزید تحقیقات کی ضرورت پر زور دیا گیا تھا۔ تاریخ احمدیت کا محکمہ مثالی طور پر اس طرح کے آثار کے تحفظ کی نگرانی کرتا ہے۔ مصنف احترام کے ساتھ تجویز کرتا ہے کہ مستقبل کے تاریخی ریکارڈوں میں ممکنہ شمولیت کے لیے اس دیوان کی تاریخ اور نوشتہ جات پر نظر ثانی کی جائے۔

یہ مظاہر تنقید کے طور پر نہیں بلکہ تشویش اور مشترکہ ذمہ داری کے عاجزانہ اظہار کے طور پر پیش کیے جاتے ہیں تاکہ زیادہ سے زیادہ بیداری کی حوصلہ افزائی ہو، محکموں کے درمیان ہموار تعاون کو آسان بنایا جا سکے اور جماعت کے روحانی اور تاریخی خزانوں کے تحفظ کے لیے ہمارے اجتماعی عزم کو

برقرار رکھا جا سکے۔

دعائیہ امید کے ساتھ اور حضرت خلیفۃ المسیح الخامس ایدہ اللہ تعالیٰ بنصرہ العزیز کی رہنمائی میں، مصنف شہادتوں اور محفوظ شدہ مواد کو جمع کرنے میں مصروف رہتا ہے جو ہماری فرقہ وارانہ میراث کے اس پیارے باب کی تعمیر نو اور اس کی حفاظت میں مدد کر سکتا ہے۔

4.9-کلیدی بصیرتیں

- حضرت میاں کرم دین بھیروی رضی اللہ عنہ نے حضرت مسیح موعود علیہ الصلوٰۃ والسلام کے لیے سچی محبت اور غیر متزلزل لگن کا عملی مظاہرہ کیا اور قادیان جا کر دعا اور روحانی برکتیں حاصل کرتے رہے۔
- ان کی بیٹی، حضرت محمد بی صاحبہ، قادیان میں روحانی برکت اور طبی علاج کے امتزاج سے معجزانہ طور پر صحتیاب ہوئیں۔
- حضرت مسیح موعود علیہ الصلوٰۃ والسلام نے انہیں مقدس تبرکات تحفے میں دیے۔قمیص، کوٹ اور تصویر۔جو روحانی اعتماد اور گہری ذاتی محبت کی علامت ہیں۔
- یہ تبرکات چار نسلوں سے خاندان میں محفوظ ہیں اور ان کی حفاظت میں دستاویزات اور جدید سائنسی طریقے مددگار ثابت ہوئے ہیں۔
- 1904ء میں بنایا گیا تخت پوش ایک تاریخی واقعہ اور روحانی علامت کے طور پر خدمت اور قربانی کی یاد دلاتا ہے۔
- تاریخی نقوش کے ماند پڑنے کے سبب نئی تحقیق کی ضرورت پیدا ہوئی، جس میں خاندان، علماء اور جماعت کے آرکائیوز شامل ہیں تاکہ یہ وراثت مستند اور مکمل طور پر محفوظ رہے۔

4.10-اہم اسباق

- خاموش اور مخلص خدمت اکثر عوامی شناخت سے کہیں زیادہ دیر پا اثر چھوڑتی ہے۔
- خدمت کے یہ عملی اقدام، جیسے دیوان کی تعمیر یا مقدس تبرکات کی حفاظت، ایمان و محبت کی مضبوط بنیاد کی عکاسی کرتے ہیں۔
- یہ اقدامات روحانی رفاقت کی دائمی پہچان بھی ہیں۔
- خاندان پر یہ مقدس ذمہ داری عائد ہوتی ہے کہ اپنے نیک آباؤاجداد کی وراثت کو محفوظ رکھیں اور آنے والی نسلوں تک منتقل کریں۔
- روحانی وراثت کی حفاظت میں روایتی عقیدت اور جدید تحقیق کے وسائل کا امتزاج ضروری ہے۔

4.11-اہم نتائج

- اگرچہ حضرت میاں کرم دین (رضی اللہ عنہ) کے پاس کوئی رسمی لقب نہیں تھا، ان کی زندگی اخلاص، قربانی اور جماعت کے لیے غیر متزلزل محبت کی مثال تھی۔
- ان کی وراثت وہ تبرکات اور وفادار نسلیں ہیں جو ان کی یاد کو زندہ رکھتی ہیں، اور یہ ایک طاقتور وراثت کے طور پر آج بھی اثر انداز ہوتی ہے۔
- یہ کہانیاں ثابت کرتی ہیں کہ حضرت مسیح موعود علیہ الصلوٰۃ والسلام کے قریب ہونے کا شرف صرف معروف شخصیات تک محدود نہیں تھا بلکہ مخلص اور عاجز ایمان والوں تک بھی پہنچتا تھا۔

4.12-باب کا خلاصہ اور باب 5 کی طرف منتقلی

باب 4 حضرت میاں کرم دین بھیروی رضی اللہ عنہ کی زندگی اور وراثت کو بیان کرتا ہے-ایک خاموش مگر انتہائی مخلص خادم کی داستان۔ روحانی شفا، مقدس تحائف اور تاریخی خدمات کے ذریعے یہ باب سچی محبت، لگن اور طاقتور وراثت کو اجاگر کرتا ہے۔ خاندان کی نسلوں پر محیط کوششیں روحانی وراثت کی مضبوطی اور تسلسل کو ظاہر کرتی ہیں۔

اب ہم ان وفادار صحابہ کی جانب بڑھتے ہیں جو بھیرہ سے حضرت میاں کرم دین رضی اللہ عنہ کے دوست اور سفر کے ساتھی تھے، جن کی کہانیاں بھی عاجزی، قربانی اور حضرت مسیح موعود علیہ الصلوٰۃ والسلام کے لیے لگن کی عکاس ہیں۔

4.13-حتمی عکاسی: ایک مقدس امانت کی ادائیگی

خاندان میں محفوظ تبرکات اور میرے دادا حضرت میاں کرم دین بھیروی رضی اللہ عنہ کے بنائے ہوئے تخت پوش/ دیوان کی تاریخ کو دستاویزی شکل دینا ایک دل اور وراثت کا سفر رہا۔ یہ کام شہرت کے لیے نہیں بلکہ ایک مقدس امانت کی حفاظت کے لیے کیا گیا-ایک ایسا اعتماد جو نسل در نسل منتقل ہوا۔

الحمدللہ، اللہ کے فضل وکرم سے یہ تبرکات اپنی اصل حالت میں محفوظ ہیں۔ ٹھیک، سالم اور احتیاط کے ساتھ سنبھالے گئے ہیں۔ دیگر مواقع پر جہاں یہ مقدس اشیاء ٹوٹ پھوٹ یا گم ہوگئیں، ہمارے خاندان میں ان کی حفاظت اللہ کی عنایت اور حفاظت کا مظہر ہے۔

مصنف ان تبرکات کا سرپرست ہے، اور ان کی دیکھ بھال ایک روحانی امانت کے طور پر انجام دی جاتی ہے۔ اس دستاویز میں مصنف نے زبانی روایت، آرکائیوز، خاندانی ریکارڈز اور نایاب تصاویر جمع کیں۔ اگرچہ رسمی تعاون محدود تھا، کام صبر اور اخلاص کے ساتھ جاری رہا، یہ یقین رکھتے

ہوئے کہ معمولی کوشش بھی مقدس تاریخ کی حفاظت میں مددگار ثابت ہوسکتی ہے۔

یہ عکاسی کسی تنقید کے لیے نہیں بلکہ تاریخی یادداشت کو محفوظ رکھنے کی اہمیت کے لیے ایک عاجزانہ یاددہانی ہے، خاص طور پر جب یہ ہمیں جماعت کے ابتدائی دنوں اور حضرت مسیح موعود علیہ الصلوٰۃ والسلام کے بابرکت دور سے قریب جوڑتی ہے۔

جو لوگ مستقبل میں اس ذمہ داری کو سنبھالیں، اللہ آپ کے قدموں کو ہدایت دے، عزم کو مضبوط کرے اور اس وراثت کی پاسداری دیانتداری کے ساتھ کرنے کی توفیق دے۔ ہماری جماعت نسل در نسل ان روحانی خزانے کی حفاظت کرتی رہے۔ وَمَا تَوْفِيقِي إِلَّا بِاللّٰهِ۔

''اور میری کامیابی صرف اللہ کی مدد سے ہے۔'' (سورہ ہود، 88:11)

خلوص دل اور گہری عزت کے ساتھ

شفیق الرحمٰن نیر (اعوان)

سرپرست تبرکات

پوتا حضرت میاں کرم دین بھیروی صاحب رضی اللہ عنہ

بسم اللہ الرحمن الرحیم

تبرکات کمیٹی

ربوہ۔ پاکستان

Ref: TBK/1/324/21-11-2023

info@waqf-e-jadid.org

مکرم شفیق الرحمن صاحب

السلام علیکم ورحمۃ اللہ وبرکاتہ

امید ہے آپ خیریت سے ہونگے۔

آپ کا کیس بابت تصدیق تبرک حضرت مسیح موعود علیہ السلام تبرکات کمیٹی میں پیش ہوا۔ آپ کے پاس موجود حضرت مسیح موعود علیہ السلام کا تبرک (اوورکوٹ) 324 نمبر پر رجسٹر کرلیا گیا ہے۔

اگر آپ اس تبرک کو آگے تقسیم کریں تو براہ کرم انکو اس خط کی کاپی یا تبرک کے رجسٹریشن نمبر سے آگاہ کریں۔ نیز دفتر کو بھی مطلع فرمائیں۔ جنھیں تبرک تقسیم ہوگا انہیں مزید رجسٹریشن کی ضرورت نہ ہوگی بلکہ اس خط کی کاپی اور آپ کی تحریر ہی کافی ہوگی۔

جزاکم اللہ احسن الجزاء

والسلام

خاکسار

21.11.23

سیکرٹری

تبرکات کمیٹی۔ صدر انجمن احمدیہ پاکستان

تاریخی تخت پوش/ دیوان (بائیں طرف)

حضرت مولا بخش بھیروی صاحبؒ۔ حضرت اللہ بخش بھیروی صاحبؒ

دونوں اصحابؒ حضرت میاں کرم دین بھیروی صاحبؒ کے داماد تھے۔

حضرت اقدس مسیح موعود علیہ السلام امام الزمان کی حضرت میاں کرم دین صاحب بھیروی ؓ

کو دی گئی اصل تصویر ۔118 سال پرانی ہمارے دادا

کے ذریعہ محفوظ اور فریم شدہ (تقریباً 118 سال)

حضرت مسیح موعود علیہ الصلوٰۃ والسلام کا مبارک ''لمبا گرم کوٹ''

حضرت میاں کرم دین بھیرویؓ کو 1907ء میں تحفے کے طور پر دیا گیا تھا

اسے ایٹمی تابکاری سے محفوظ کر کے ایک حفاظتی پلاسٹک بیگ میں بند کر دیا گیا تھا

حضرت مسیح موعود علیہ السلام کا مبارک ''لمبا گرم کوٹ'' بغیر حفاظتی پلاسٹک بیگ کے۔

تبرکات کمیٹی چناب نگر کی خصوصی درخواست پر۔

تصویر کے بعد اسے ایک حفاظتی پلاسٹک بیگ میں دوبارہ بند کر دیا گیا تھا۔

یہ اس گروپ فوٹو کا حصہ ہے جو مارچ 1903ء میں قادیان میں لی گئی تھی (منارۃ المسیح کے سنگ بنیاد کے موقع پر)

اس تصویر کو بھیجنے کے لیے ڈاکٹر منیر کمارا (سیرالیون، برطانیہ میں جی پی) کا شکریہ۔

میرے دادا اور پھپھا (حضرت میاں مولا بخش بھیروی نے 1903ء میں

منارۃ المسیح کی پہلی تعمیر میں رضا کارانہ خدمات انجام دیں)

باب 5: بھیرہ (غیر رشتہ دار) کے منتخب ابتدائی صحابہ کا ذکر خیر

5.0- مختصر تعارف

یہ باب بھیرہ سے ہمارے دادا کے چند ابتدائی ساتھیوں اور قریبی دوستوں پر روشنی ڈالتا ہے جنہوں نے احمد آباد سے ہجرت کرنے کے بعد ہمارے خاندان کو ضروری جذباتی اور اخلاقی مدد فراہم کی۔ یہ ان خیر خواہوں اور وفادار حامیوں کے لیے وقف ہے جو مشکل وقت میں ہمارے ساتھ کھڑے رہے۔ یہ میرے دادا کی پائیدار دوستی کی ایک جھلک بھی پیش کرتا ہے جو ہجرت کے طویل عرصے بعد جاری رہی۔

آپ نے کئی معزز مذہبی اسکالرز کے ساتھ قریبی تعلقات رکھے جن میں سے اکثر نے اپنی اصل برادریوں کو چھوڑ کر احمدیت اختیار کی اور بعد میں بھیرہ یا قادیان کی طرف ہجرت کی۔ ان میں عربی، فارسی اور پنجابی کے نامور اسکالرز کے ساتھ ساتھ اپنے زمانے کے چند معتبر شاعر بھی تھے۔ ان کے بڑے پیمانے پر پڑھے گئے کاموں کو میرے دادا نے بہت سراہا، جو ان کے علم، شاعری اور روحانی بصیرت کی قدر کرتے تھے۔ یہ متقی ہستیاں ہماری زندگیوں میں روشنی کی مانند تھیں۔

اس دوستی کو عزت دینے کے لیے میں نے معتبر تاریخی ذرائع پر انحصار کیا ہے۔ مجھے ان قابل ذکر افراد کے واقعات کو دوبارہ دریافت کرنے اور ان کا اشتراک کرنے میں بے حد فخر محسوس ہوتا ہے۔ اگرچہ میرے مرحوم والد اور بڑے بھائی اس تاریخ کو محفوظ رکھنے سے قاصر تھے لیکن میں اس ذمہ داری کو آگے بڑھاتے ہوئے خوش قسمت سمجھتا ہوں۔

افسوس کی بات یہ ہے کہ ان ابتدائی صحابہ کی کچھ اولادیں اب اپنے آباؤ اجداد کے احمدیت سے تعلق اور بھیرہ یا قادیان کی طرف ہجرت کا انکار کرتی ہیں۔ وقت گزرنے کے ساتھ ساتھ ان میں سے

بعض صحابہؓ کی قبریں (بھیرہ اور قادیان میں) غائب ہوگئی ہیں۔ بھیرہ میں حضرت مسیح موعود علیہ الصلوٰۃ والسلام کے بہت سے صحابہ کرامؓ ہوئے، لیکن جگہ اور وسعت کی وجہ سے میں نے ان لوگوں پر توجہ مرکوز کی ہے جو ہمارے دادا سے مضبوطی سے وابستہ ہیں۔ میں ان کی مہربانی، وفاداری، اور ثابت قدم دوستی کا اعتراف کرتا ہوں۔ اللہ تعالیٰ ان کے درجات بلند فرمائے اور جنت الفردوس میں اعلیٰ مقام عطا فرمائے۔ آمین۔

اس باب میں درج ذیل صحابہ کرامؓ کو نمایاں کیا گیا ہے:

5.1 حضرت حکیم مولانا نورالدین صاحب بھیروی (خلیفۃ المسیح اولؓ)

5.2 حضرت قاضی سید امیر حسین شاہ صاحب رحمۃ اللہ علیہ

5.3 حضرت شیخ قادر بخش احمد آبادی رحمۃ اللہ علیہ

5.4 حضرت مولوی محمد حسین احمد آبادی رحمۃ اللہ علیہ

5.5 حضرت مولوی محمد دلپذیر بھیروی صاحب رحمۃ اللہ علیہ

5.6 حضرت میاں محمد اسحاق صاحب رحمۃ اللہ علیہ، نگران ممباسہ

مصنف نے آنے والی نسلوں کے لیے ان کی میراث کو محفوظ رکھنے کے لیے حوالہ جات اور تصاویر شامل کی ہیں۔ اللہ تعالیٰ اس کاوش کو قبول فرمائے۔ آمین۔

میرے دادا نے حضرت حکیم مولانا نورالدین رحمۃ اللہ علیہ، حضرت شیخ قادر بخش احمد آبادی رحمۃ اللہ علیہ جو اپنے وقت میں شیخ الاسلام کے نام سے مشہور تھے، اور حضرت مولوی محمد حسین احمد آبادی رحمۃ اللہ علیہ پر بے پناہ اعتماد کیا۔ ان کی روحانی مشاورت اور احمد آباد سے مشترکہ آبائی تعلقات نے ایک گہرا، اٹوٹ رشتہ قائم کیا۔

حضرت شیخ قادر بخش رحمۃ اللہ علیہ نے بالآخر قادیان میں سکونت اختیار کی جہاں 1906 میں آپ کا انتقال ہوا۔ آپ کی نماز جنازہ حضرت مسیح موعود علیہ السلام نے پڑھائی اور آپ کو بہشتی مقبرہ،

قادیان میں سپرد خاک کیا گیا۔ میرے علم کے مطابق وہ بھیرہ کے ابتدائی ساتھیوں میں سے تھے جنہیں وہیں سپرد خاک کیا گیا۔

حضرت مولوی نورالدین رضی اللہ عنہ کی پہلی زوجہ محترمہ بھیرہ سے تھیں۔ اسی طرح بہشتی مقبرہ قادیان میں حضرت مسیح موعود علیہ السلام کی امامت میں نماز جنازہ کے بعد دفن کی گئیں۔ قادیان کے متعدد دوروں کے باوجود مصنف ان کی اور مکرم مفتی فضل الرحمٰن بھیروی صاحب کی قبور بہشتی مقبرہ قادیان میں تلاش نہیں کر سکا۔ یہ میرے لئے ایک گہری ذاتی تشویش ہے اور ساتھ ہی ان مقدس مقامات کے تحفظ کی اہمیت کو قائم کرنے کی یاد دہانی ہے۔

اس کے برعکس، حضرت خلیفۃ المسیح الاول رضی اللہ عنہ کی دوسری زوجہ محترمہ کو بہشتی مقبرہ، ربوہ (چناب نگر) میں دفن کیا گیا ہے، جو حضرت مسیح موعود علیہ السلام کے وسیع خاندان کے لیے مخصوص حصے میں ہے، مصنف حضرت خلیفۃ المسیح الثانی رضی اللہ عنہ کو ان کی غور و فکر، سخاوت اور الٰہی بصارت کا سارا سہرا دیتا ہے۔

میں نے الگ الگ تحریروں میں اپنے توسیعی خاندان کے چند دیگر اصحاب کا بھی اعتراف کیا ہے۔ ہمارے خاندان اور جماعت دونوں کے لیے ان کی لگن تسلیم کی مستحق ہے۔ ان کو اس باب میں شامل کرنا ان کے عزم کو ایک چھوٹا سا خراج تحسین ہے۔ اللہ تعالیٰ اس یاد کو قبول فرمائے اور ان کو اس اخلاقی اور جذباتی مدد کا بھرپور اجر عطا فرمائے جو انہوں نے میرے دادا کی احمد آباد سے ہجرت کے بعد اپنے رشتہ داروں سے دور بھیرہ کی طرف کی۔ جنت الفردوس میں ان کے درجات بلند فرمائے۔ آمین۔

حضرت الحاج مولانا حکیم نورالدین خلیفۃ المسیح الاوّل رضی اللہ عنہ

Hadhrat Hafiz Hakeem Moulana Nooruddin Khalifatul Masih I

5.1-ذکرِ خیر حضرت الحاج حکیم مولانا نورالدین خلیفۃ المسیح الاولؓ

(1833ء-1914ء)

(شفیق الرحمن نیر (اعوان) ابن پروفیسر میاں عطاء الرحمن صاحب، مرحوم)

حضرت حکیم الحاج مولانا نورالدین رحمۃ اللہ علیہ کی زندگی کے خاکے، کارناموں، خدمات اور جماعت احمدیہ کے لیے بہت سی کتابیں لکھی گئی ہیں۔ میں اس موقع سے فائدہ اٹھاتے ہوئے حضرت مولانا نورالدین رحمۃ اللہ علیہ کی طرف سے اپنے خاندانی آباؤاجداد کو احمدیت سے متعارف کروانے کے لیے دل کی گہرائیوں سے خراج تحسین پیش کرنا چاہتا ہوں۔

اس ذکرِ خیر کا مقصد اپنے خاندان کے بزرگوں کی مہربانی، پیار، محبت اور دیکھ بھال کو دستاویزی شکل دینا ہے۔ یہ دستاویز ان کے مذہبی علم، طب کی تربیت اور وسیع مہارت کا مکمل احاطہ تو نہیں کرسکتی۔ لہٰذا میں صرف اپنے احترام کے اظہار کے لیے مختصراً ان موضوعات کا ذکر کروں گا۔ مزید تفصیلات کے لیے، میں قارئین سے پرزور مشورہ دوں گا کہ وہ اس دستاویز میں بطور حوالہ دی گئیں کتابوں سے مستفید ہوں۔

5.1.1-ابتدائی حالات اور خاندانی پس منظر

مولانا حکیم نورالدین کے شجرہ نسب سے معلوم ہوتا ہے کہ وہ حضرت عمر رضی اللہ عنہ کی اولاد میں سے تھے۔ ان کے آباء واجداد میں بہت سے اولیاء تھے۔ آپ کے والد کا نام حافظ غلام رسول تھا۔ وہ بھیرہ، ضلع شاہ پور کے رہنے والے تھے۔ ان کی والدہ کا تعلق اعوان خاندان سے تھا، ان کا نام نور بخت تھا۔ وہ کاہانہ کے میاں قادر بخش کی صاحبزادی تھیں۔

میاں فضل الرحمن بسمل غفاری اپنی کتاب تاریخ احمدیت بھیرہ (ص120) میں لکھتے ہیں:

''وہ پینتیسویں پشت میں حضرت عمر رضی اللہ عنہ کی اولاد میں سے تھے۔ ان کے والد کا نام حافظ غلام رسول تھا۔''

حضرت سر محمد ظفر اللہ خان صاحب اپنی کتاب حضرت مولوی نور الدین خلیفۃ المسیح اوّلؓ (ص1) میں ان کے بارے میں لکھتے ہیں:

''حضرت مولوی نور الدین رحمۃ اللہ علیہ کی پیدائش بھیرہ، ضلع شاہ پور، پنجاب، 1833 میں ہوئی تھی۔ وہ پیغمبر اسلام صلی اللہ علیہ وسلم کے دوسرے جانشین حضرت عمر رضی اللہ عنہ کی براہ راست نسبی اولاد میں چونتیسویں نمبر پر تھے۔ اس طرح وہ قریشی اور ہاشمی فاروقی تھے۔ ان کی والدہ نور بخت بھیرہ سے چند میل دور ایک اور گاؤں (احمد آباد) کی اعوان تھیں۔ آبائی وراثت کے علاوہ اُن کی مادری میراث بھی اعلیٰ درجے تک پہنچتی ہے۔ ان کی والدہ کا تعلق اعوان خاندان سے ہے جنہیں مورخین حضرت علی رضی اللہ عنہ کی اولاد قرار دیتے ہیں۔ یہ اسے فاروقی بھی بناتا ہے اور علوی بھی۔''

ہمارے دادا دادی کے خاندان دریائے جہلم کے دوسری طرف احمد آباد (بھیرہ سے 3/2 میل کے فاصلہ پر تھے۔ حضرت مولانا نور الدین کی والدہ کا تعلق بھی احمد آباد سے تھا، اور اعوان قبیلہ [حضرت مولوی نور الدین، خلیفۃ المسیح اول، محمد ظفر اللہ خان، صفحہ 1] خاندانوں کے درمیان یہ پرانے اور تاریخی تعلقات اور مذہبی وابستگی مکمل یقین اور اعتماد کا باعث بنی۔ احمدیت قبول کرنے سے پہلے حکیم مولانا نور الدین ہمارے خاندانی مذہبی رہنما تھے۔

5.1.2-حضرت مسیح موعود علیہ السلام سے خاندانی بزرگوں کا تعارف

ہمارے خاندانی بزرگوں کا تعارف حضرت حکیم مولانا نورالدین رحمۃ اللہ علیہ نے احمدیت سے کروایا جس کے لیے ہم آپ کے بے حد ممنون ہیں۔ میرے دادا اکثر ان کی دعوتوں پر قادیان گئے تھے اور حضرت مسیح موعود علیہ الصلوٰۃ والسلام کی طرف سے قادیان میں ''منارۃ المسیح'' کے سنگ بنیاد رکھنے کی تقریب میں شامل ہوئے تھے۔

ہمارے دادا نے اس تاریخی یادگار کی ابتدائی تعمیر میں رضا کارانہ طور پر حصہ لیا۔لیکن حضرت مسیح موعود علیہ السلام کی زندگی میں فنڈز کی کمی کی وجہ ادھورا چھوڑ دیا گیا۔ یہ بعد میں خلیفۃ المسیح الثانی رضی اللہ عنہ کے بابرکت دور میں مکمل ہوا۔احمدیت قبول کرنے پر قریبی رشتہ دار نے سردروی کا مظاہرہ کیا اور چند احمدی خاندان (نئے مذہب تبدیل کرنے والے) کو چھوڑنے پر مجبور کیا گیا۔حضرت حکیم نورالدین صاحب کے مشورہ سے سب نے بھیرہ کی طرف ہجرت کی۔ان میں سے بعض تو قادیان چلے گئے،

جب حضرت حکیم صاحب کشمیر سے قادیان چلے گئے۔ یہ گہرے پیار، محبت اور اعتماد کی سطح کو ظاہر کرتا ہے۔حضرت مولانا نورالدین نے نئے آنے والوں کے دل و دماغ میں حضرت مسیح موعود علیہ الصلوٰۃ والسلام کی اتنی محبت ڈال دی ہے کہ وہ قادیان میں اپنی تمام پریشانیوں اور بیماریوں سے پناہ پاتے ہیں۔ اُنہوں نے نامساعد حالات میں اُس کی شبینہ دعاؤں اور رہنمائی کے حصول کے لیے حضرت مسیح موعود علیہ السلام کے پاس لکھا۔

ہمارے آباؤاجداد نے بذات خود حضرت مسیح موعود علیہ السلام کی دعاؤں اور برکتوں کی قبولیت کا تجربہ کیا ہے۔ میں یہ مختصر نوٹ حضرت الحاج حکیم مولوی نورالدین کے بارے میں لکھ رہا ہوں تاکہ احمدیت سے ہمیں متعارف کروانے اور ہر طرح کے نامساعد حالات میں داداجان کی مدد اور رہنمائی کرنے پر ہمارے خاندان کے گہرے احترام، محبت اور قدردانی کا اظہار کیا جاسکے۔

وہ ایک عظیم اسلامی اسکالر، عظیم حکیم (طبیب)، متقی اور حضرت مسیح موعود علیہ السلام کے قابل اعتماد ساتھی تھے۔ 27 مئی 1908 کو قادیان میں حضرت مسیح موعود علیہ السلام کی رحلت کے بعد آپ کو پہلا جانشین (خلیفۃ المسیح اول) منتخب کیا گیا۔

5.1.3-ابتدائی زندگی

حضرت حکیم مولوی نورالدین رحمۃ اللہ علیہ 1833 میں پنجاب کے گاؤں بھیرہ میں پیدا ہوئے جواب پاکستان کا حصہ ہے۔ان کا خاندان قرآن پاک کا بہت علم رکھتا تھا اور اس سے پچھلی 11 پشتوں سے بے پناہ محبت رکھتا تھا۔انہوں نے اس مقدس کتاب کو حفظ کیا۔ یہ محبت حضرت مولوی نورالدین رحمۃ اللہ علیہ تک پہنچی جنہوں نے ایک ماہ میں 16 پارے حفظ کئے۔

5.1.3-ابتدائی تعلیم، اسکولنگ اور کھیل

ان کی ابتدائی تعلیم والدہ کی گود میں ہوئی۔ انہوں نے قرآن پاک، فقہ کی کچھ پنجابی کتابیں اور اسلامی فقہ اپنی والدہ سے سیکھا۔انہوں نے قرآن پاک کا ایک حصہ بھی اپنے والد سے سیکھا۔

گھر پر ابتدائی تعلیم کے بعد انہیں ایک سکول میں داخل کرایا گیا۔میاں غلام حیدر بھنا، حاجی کریم بخش اور ان کے بیٹے شرف الدین نے انہیں پڑھایا۔اس اسکول میں داخل ہونے والے طلباء کی تعداد محدود تھی اور اساتذہ نے ہر طالب علم پر انفرادی توجہ دی۔سکول کا ماحول صاف ستھرا اور پاکیزہ تھا۔ یہ ایک اسلامی اسکول تھا، اور اساتذہ بھی مسلمان تھے۔انہوں نے صرف ایک بیرونی کھیل سیکھا اور وہ تھا تیراکی۔اس کے حوالے سے مرقات الیقین (ص 202) میں فرماتے ہیں:

"میں نے تیراکی اور سواری کے علاوہ کوئی کھیل نہیں کھیلا۔ میں عظیم اور شاندار موقعوں پر ندیوں میں تیرتا ہوں۔"

علم کی تلاش میں وہ لاہور کے حکیم غلام دستگیر کی شہرت سے بہت متاثر تھے۔اس سے طب میں دلچسپی پیدا ہوئی۔علم کی تلاش میں وہ رام پور،لکھنؤ اور بھوپال میں رہے۔وہ علم کی جستجو میں بھوپال آئے 1866، میں بھوپال سے نکلے اور اپنے محبوب محمد صلی اللہ علیہ وآلہ وسلم کے شہر کو دیکھنے کے لیے سفر پر نکلے۔

25 سال کی عمر میں حضرت حکیم مولوی نورالدین رحمۃ اللہ علیہ کی علم کی جستجو آپ کو مکہ مکرمہ اور مدینہ منورہ کے مقدس شہروں میں لے گئی جہاں آپ نے چار سال قیام کیا۔وہاں قیام کے دوران وہ حج کرنے اور قرآن کریم اور احادیث کی تعلیم مکمل کرنے میں کامیاب ہوئے۔سنن ابوداؤد شیخ محمد خزرج سے سیکھا۔سید حسین نے مولانا صاحب کو صحیح مسلم پڑھایا۔وہ حدیث کی چھ کتابوں،صحاح ستہ کے مرجع تھے جو حضرت مولوی رحمت اللہ کریا النوی مہاجر مکہ نے پڑھائے تھے۔

1871ء میں مولانا حکیم نورالدین ہندوستان اور پاک سرزمین کے وسیع سفر سے فارغ ہو کر اپنے آبائی شہر واپس آئے۔انہوں نے اپنی تعلیم مذہب اور طب میں مکمل کی۔آپ کے والدین نے انکا کھلے دل سے استقبال کیا۔سفر پر ہونے اور اپنی غیر موجودگی کے باعث آپ نے اپنے بہت سے بھائیوں کو کھودیا۔ان کی آمد کے پہلے ہی دن کچھ مقامی علماء ان سے حسد کرنے لگے۔اپنی آمد کے فوراً بعد،انکو مقامی لوگوں کی طرف سے شدید مخالفت کا سامنا کرنا پڑا۔

5.1.4 - کشمیر کے مہاراجہ کے طبی مشیر

ہندوستان واپسی پر حضرت حکیم مولوی نورالدین رحمۃ اللہ علیہ کا استقبال ایک عالم اسلام اور معروف طبیب کی حیثیت سے ہوا۔ہندوستان بھر سے لوگ مشہور طبیب مولوی نورالدین کے پاس علاج کے لیے بھیرہ آتے تھے۔جب کشمیر کے مہاراجہ کو اس کی خبر ہوئی تو اس نے انہیں 35 سال کی عمر میں اپنا شاہی طبیب مقرر کر دیا۔تاہم،مہاراجہ کی موت کے بعد اندرونی اقتدار کی کشمکش کے بعد انہیں شاہی طبیب کے طور پر اپنا عہدہ چھوڑنا پڑا۔اپنے 16 سالہ قیام کے دوران،وہ مہاراجہ کے دو بیٹوں

کے ساتھ ساتھ کسی اور کو بھی قرآن پڑھانے میں کامیاب ہو گئے جن سے ان کا سامنا ہوا۔

بھیرہ واپس آ کر حضورؓ نے ایک ہسپتال بنانا شروع کیا جس میں قدرتی ادویات میں علاج کی پیشکش کی گئی۔ 52 سال کی عمر میں خلیفۃ المسیح اولؓ ہسپتال کے لیے تعمیراتی سامان خریدنے کے لیے لاہور تشریف لائے اور قادیان کا ایک دن کا دورہ کرنے کا سوچا تا کہ اس شخص سے ملاقات کر سکیں جس نے مسیح موعود اور مہدی ہونے کا دعویٰ کیا تھا۔ اللہ کا منصوبہ ایسا تھا کہ حضرت حکیم مولوی نورالدین رضی اللہ تعالیٰ عنہ نے خود حضرت مسیح موعود علیہ الصلوٰۃ والسلام کی درخواست پر مستقل سکونت اختیار کرنے کا فیصلہ کرتے ہوئے کبھی قادیان سے بھیرہ واپس نہ آئے۔ یہ حضرت مسیح موعود علیہ الصلوٰۃ والسلام کے دعوے کی حقیقت کو پہچاننے کے بعد تھا۔

حضرت مسیح موعود علیہ الصلوٰۃ والسلام نے حضرت حکیم مولوی نورالدین رحمۃ اللہ علیہ کے بارے میں ایک خوبصورت شہادت تحریر فرمائی:

"کتنا اچھا ہوتا اگر میرے پیروکاروں میں سے ہر کوئی نورالدین ہوتا۔

یہ اسی وقت ممکن ہے جب کسی کا دل سچائی اور پختہ یقین کے نور سے منور ہو۔"

23 مارچ 1889ء کو جب حضرت مسیح موعود علیہ السلام نے بیعت لینے کا آغاز کیا تو حضرت حکیم مولوی نورالدین رضی اللہ عنہ پہلے شخص تھے جنہوں نے آپ سے بیعت کی۔ حضرت مسیح موعود علیہ الصلوٰۃ والسلام کی صحبت میں قادیان میں قیام کے دوران آپ نے ایک کلینک بھی قائم کیا جہاں غریبوں کا مفت علاج کیا جاتا تھا۔ آپ نے حضرت مسیح موعود علیہ السلام کے بچوں اور تمام سامعین، مردوں، عورتوں، جوانوں اور بوڑھوں کو روزانہ قرآن پاک کا درس دیا۔

حضرت الحاج مولانا حافظ حکیم نورالدین (1833-1914) رحمۃ اللہ علیہ، حضرت مسیح موعود علیہ السلام کے پہلے خلیفہ تھے۔ آپ حضرت مسیح موعود علیہ السلام کی رحلت کے فوراً بعد 27 مئی 1908 کو کمیونٹی کی طرف سے متفقہ طور پر اس مبارک عہدے کے لیے منتخب ہوئے۔

حضرت مولانا حکیم نورالدین رحمۃ اللہ علیہ کی پیدائش بھیرہ، ہندوستان میں ہوئی، اور وہ حضرت عمر بن الخطاب رضی اللہ عنہ کی 34 ویں براہ راست اولاد تھے، جو کہ حضور نبی اکرم صلی اللہ علیہ وآلہ وسلم کے دوسرے خلیفہ تھے۔ آپ نے کم عمری میں ہی قرآن پاک کا مطالعہ شروع کیا اور حصول علم میں مکہ اور مدینہ سمیت دور دراز کا سفر کیا۔ انہوں نے عربی اور عبرانی، اسلامی فقہ اور فلسفہ، قرآن کریم کی تفسیر اور فارسی شاعری پر عبور حاصل کیا۔ ایک اسلامی اسکالر کے طور پر بین الاقوامی شہرت کے علاوہ، وہ جموں وکشمیر کے مہاراجہ کے شاہی معالج کے طور پر خدمات انجام دینے والے ایک ماہر معالج تھے۔

اس جگہ یہ امر خاص طور پر قابل ذکر ہے کہ جب حضرت مسیح الزمان علیہ السلام کو نورالدین جیسا گوہر آبدار ملا تو آپ کے قلب اطہر کے جذبات کا کیا عالم تھا۔ آپ نے فرمایا:

"جب سے میں اللہ تعالیٰ کی درگاہ سے مامور کیا گیا ہوں اور حیّ و قیوم کی طرف سے زندہ کیا گیا ہوں دین کے چیدہ مددگاروں کی طرف شوق کرتا ہوں اور وہ شوق اس شوق سے بڑھ کر ہے جو ایک پیاسے کو پانی کی طرف ہوتا ہے اور میں رات دن خدا تعالیٰ کے حضور میں چلاتا تھا اور کہتا تھا کہ اے میرے رب! میرا کون ناصر و مددگار ہے۔ میں تنہا اور ذلیل ہوں۔ پس جبکہ دعا کا ہاتھ پے در پے اُٹھا اور آسمان کی فضا میری دعا سے بھر گئی تو اللہ تعالیٰ نے میری عاجزی اور دعا کو قبول کیا اور رب العالمین کی رحمت نے جوش مارا اور اللہ تعالیٰ نے مجھے ایک مخلص صدیق عطا فرمایا جو میرے مددگاروں کی آنکھ ہے اور میرے ان مخلص دوستوں کا خلاصہ ہے جو دین کے بارے میں میرے دوست ہیں۔ اس کا نام اس کی نورانی صفات کی طرح نورالدین ہے۔ وہ جائے ولادت کے لحاظ سے بھیروی اور نسب کے لحاظ سے قریشی ہاشمی ہے جو کہ اسلام کے سرداروں میں سے اور شریف والدین کی اولاد میں سے ہے۔ پس مجھ کو اس سے ایسی خوشی ہوئی گویا کوئی جدا شدہ عضو مل گیا اور ایسا سرور ہوا جس طرح کہ حضرت نبی کریم صلی اللہ علیہ وآلہ وسلم حضرت فاروقؓ کے ملنے سے خوش ہوئے تھے۔

اور جب وہ میرے پاس آیا اور مجھ سے ملا اور میری نظر اس پر پڑی تو میں نے اس کو دیکھا کہ وہ میرے رب کی آیات میں سے ایک آیت ہے اور مجھے یقین ہو گیا کہ میری دعا کا نتیجہ ہے جس پر میں مداوت کرتا تھا اور میری فراست نے مجھے بتا دیا کہ وہ اللہ تعالیٰ کے منتخب بندوں میں سے ہے۔''

(ترجمہ از آئینہ کمالات اسلام طبع اوّل صفحہ 581-582)

قرآن کریم کے بارے میں ان کی گہری بصیرت کو حق الفرقان کے نام سے ایک مجموعہ میں مرتب کیا گیا ہے۔ اسلام احمدیت کے لیے ان کی بے شمار خدمات میں قرآن پاک کے انگریزی ترجمے کی تالیف کی نگرانی، برطانیہ میں کمیونٹی کے پہلے غیر ملکی مشن کا قیام، اور متعدد کتب کی اشاعت شامل ہے۔

ان کی زندگی کا ایک اہم پہلو نوجوانوں کو تعلیم دینے کے لیے ان کی لا متناہی لگن تھی۔ ان کی زندگی بھر کا یہ منصوبہ، اکثر ان کے ذاتی خرچ پر پورا ہوا۔ ان کوششوں کا نتیجہ احمدیت کی تاریخ کی چند بلند پایہ علمی شخصیات پر منتج ہوا، جن میں: حضرت مرزا بشیر الدین محمود احمد، خلیفۃ المسیح الثانی ؓ؛ حضرت مرزا بشیر احمد رحمۃ اللہ علیہ؛ حضرت مرزا شریف احمد رحمۃ اللہ علیہ؛ حضرت میر محمد اسحاق رحمۃ اللہ علیہ حضرت حافظ روشن علی رحمۃ اللہ علیہ اور حضرت صوفی غلام محمد رحمۃ اللہ علیہ۔

حضرت مسیح موعود علیہ الصلوٰۃ والسلام نے اپنے نمایاں کردار اور عزم کی قدر کی جس کا اظہار مندرجہ ذیل فارسی شعر میں ملتا ہے:

چہ خوش بودے اگر ہر یک ز امت نور دیں بودے
ہمیں بودے اگر ہر دل پُر از نورِ یقیں بودے

How excellent would it be if
everyone of the community were a Noor-ud-Deen,
So would it be if every heart
were filled with the light of the certainty of faith.

حضرت مولانا نورالدین خلیفۃ المسیح الاوّل رضی اللہ عنہ کا انتقال 1914 میں ہوا اور ان کے بعد حضرت مرزا بشیر الدین محمود احمد خلیفۃ المسیح الثانی رضی اللہ عنہ نے ان کی جگہ لی۔

5.1.5- ہمارے خاندان کے بزرگوں کے لیے خصوصی احسانات

ہمارے ننھیالی پردادا (حاجی احمد) فرقہ وارانہ فسادات سے بچنے کے لیے بھیرہ کے پولیس چیف کے مشورے پر اپنے والدین (محمد موسیٰ اور دین بیگم) کے ساتھ حج پر گئے۔ حاجی موسیٰ نے اسلام قبول کرنے کے بعد احمد آباد کی ایک برہمن خاتون سے دوبارہ شادی کر لی۔ وہ مکہ پہنچے اور بدقسمتی سے حاجی موسیٰ کا مکہ میں انتقال ہوا اور وہیں دفن ہوئے۔ حاجی احمد جوان ہونے اور مکہ میں سوتیلی ماں کی ذمہ داری سے پریشان ہو گئے۔ مقامی لوگ انہیں ''الہندی'' کہتے تھے۔

ایک دن حاجی احمد نے مولانا نورالدین کو حرم میں دیکھا اور (1868 / 1870) اپنے والد کی ناگہانی موت کے بارے میں بتایا۔ وہ بھیرہ میں مولانا نورالدین کے گھر سے زیادہ دور نہیں رہتے تھے۔ حضرت مولانا نورالدین نے اپنے عرب دوستوں کو مکہ کی سڑکوں پر تجارتی سامان کی تجارت سکھانے/تربیت دینے کو کہا۔ کچھ عرصہ بعد (1871ء کے لگ بھگ) حضرت مولانا نورالدینؓ انہیں اپنے خرچ پر واپس بھیرہ لائے اور خاندان کے بزرگوں کے حوالے کر دیا۔ ہمارا خاندان اس عظیم احسان پر حضرت حکیم صاحب کا بے حد ممنون ہے۔ ان کا خون کا رشتہ حضرت حکیم صاحب سے نہیں تھا۔ وطن سے دور سنگین حالات میں اپنے بزرگوں کی سخاوت اور بے لوث مدد/رہنمائی کو سراہتے ہیں۔

حضرت حکیم صاحب نے عرب سے واپسی پر حاجی احمد کی شادی بھی ایک شریف گھرانے میں کرائی، کاروبار کو قائم کرنے اور ہمارے ننھیالی خاندان کو احمدیت میں لانے میں رہنمائی فرمائی۔ بعد ازاں، ہمارے ننھیالی پردادا (حاجی احمد) نے حضرت مسیح موعود علیہ السلام کے لیے ''چاند اور سورج گرہن'' کی آسمانی نشانیوں کی تحریری گواہی پیش کی۔

میرے والد کی طرف سے حضرت حکیم صاحب میرے دادا (حضرت میاں کرم دین بھیروی) کے اچھے قابل اعتماد اور وفادار دوست تھے۔ دادا جان ہمیشہ تمام نازک خاندانی معاملات میں حضرت مولانا نور الدین سے مشورہ کرتے تھے۔ وہ ہمارے خاندان کے روحانی اور اسلامی استاد تھے۔ احمدیت قبول کرنے کے بعد جب قریبی رشتہ داروں نے بے عزتی اور مذہبی تعصب کا مظاہرہ کیا تو حضرت مولانا نورالدین صاحبؓ کے مشورہ سے اکثر احمدی خاندان احمد آباد سے بھیرہ ہجرت کر گئے۔

حضرت حکیم مولانا نورالدین رحمۃ اللہ علیہ کا سب سے بڑا احسان یہ تھا کہ ہم اپنے خاندان کے بزرگوں (ماں/ والدین) کو احمدیت کے حلقہ میں متعارف کرائیں۔ میں اپنے خاندان کے تئیں ان کی زبردست مہربانی اور خلوص کو تسلیم کرنا اور پہچاننا چاہتا ہوں۔ میں یہ بھی یہ اعتراف کرنا چاہتا ہوں کہ حضرت مولانا نورالدین رضی اللہ عنہ نے میرے دادا کو قادیان میں حضرت مسیح موعود علیہ السلام سے ملوایا۔ اس تعارف کے بعد دادا نے حضرت مسیح موعود علیہ السلام کے ساتھ براہ راست اور قریبی تعلقات استوار کئے۔

حضرت حکیم مولانا نورالدین رحمۃ اللہ علیہ کے علاوہ ایک اور مہربان اور مخلص دوست حضرت قاضی امیر حسین صاحب رحمۃ اللہ علیہ تھے۔

حضرت مولانا حکیم نورالدین ہمیشہ ہمارے دادا کو خاص مواقع پر قادیان بلایا کرتے تھے۔ قادیان میں حضرت مسیح موعود علیہ السلام کے ذریعہ منارۃ المسیح کا سنگ بنیاد رکھنے پر (13 مارچ 1903)، دادا کو قادیان میں تقریب میں شرکت کی دعوت دی گئی۔ دادا نے بھی قادیان میں منارۃ المسیح کی تعمیر میں رضا کارانہ طور پر حصہ لیا۔ بدقسمتی سے منارۃ المسیح حضرت مسیح موعود علیہ السلام کی زندگی میں فنڈز کی کمی کی وجہ سے مکمل نہ ہوسکی۔ پھر حضرت مصلح موعودؓ کے دور میں 1914ء میں اس کی دوبارہ تعمیر ہوئی، آج یہ شاندار منارۃ المسیح قادیان میں احمدیت کی حقانیت کی زندہ مثال ہے۔ قادیان میں قیام کے دوران دادا حضرت مولانا نورالدین اور قاضی سید امیر حسین صاحب رحمۃ اللہ علیہ کے ساتھ برابر

وقت گزارتے تھے۔

دادا جان 1904 میں قادیان تشریف لے گئے اور حضرت مسیح موعود علیہ السلام اور ان کے دوستوں (حکیم نورالدین اور قاضی امیر حسین بھیروی) کی صحبت میں تقریباً چھ ماہ رہے۔ حضرت مسیح موعود علیہ السلام کی اجازت سے بھیرہ واپسی پر حضرت مسیح موعود علیہ الصلوٰۃ والسلام نے دادا جان کے لیے خوشخبری فرمائی کہ اللہ تعالیٰ انہیں ایک بیٹے سے نوازے گا اور اس کا نام عطاء الرحمن تجویز فرمایا۔ یہ میرے دادا (چھ بیٹیوں کے باپ) کے لیے بہت اچھی خبر تھی۔ میرے والد یکم اپریل 1905ء کو بھیرہ میں حضرت مسیح موعود علیہ السلام کی دعاؤں کی قبولیت سے پیدا ہوئے۔ ہم حضرت میاں کرم دین کی اولاد حضرت مسیح موعود علیہ الصلوٰۃ والسلام کی مہمان نوازی، دعاؤں اور محبت و توجہ کے شکر گزار ہیں۔

ہم حضرت میاں کرم دین کی اولاد حضرت حکیم مولانا نورالدین رضی اللہ عنہ کے برابر کے شکر گزار ہیں کہ انہوں نے ہمارے دادا کو حضرت مسیح موعود علیہ الصلوٰۃ والسلام سے ملوایا اور ہمارے بزرگوں کو احمدیت کے دائرے میں لا کر بھیرہ کی طرف ہجرت کے لیے رہنمائی کی۔ ہم بے شک حضرت خلیفۃ المسیح الاول رضی اللہ عنہ کے شکر گزار ہیں۔

5.1.6- حضرت مسیح موعود علیہ السلام کے لیے تخت پوش/ دیوان

حضرت مسیح موعود علیہ السلام کے تحریری، تبلیغ، دعا اور عقیدت مندوں کو نصیحت کرنے کے وسیع اور مصروف نظام الاوقات کو دیکھتے ہوئے دادا نے لکڑی کا ایک خاص ڈھانچہ (تخت پوش) بنانے کی اجازت حاصل کی جس پر حضرت مسیح موعود علیہ السلام بیٹھ کر تقریر اور مشورے کرتے تھے۔ لکڑی کا تخت پوش تخت پوش/ دیوان آج بھی دارالمسیح کی پہلی منزل پر کمرے میں (پانی کے کنویں کے قریب) محفوظ ہے۔ یہ گہرے بھورے رنگ کی لکڑی سے بنا ہے اور اب اسے وارنش کیا گیا ہے۔ لکڑی کے اس سٹرکچر پر دادا نے اپنا نام بھی کندہ کیا تھا۔ تخت پوش/ دیوان پر نام کندہ کرنے کا مقصد حضرت مسیح موعود علیہ

الصلوٰۃ والسلام سے خصوصی دعاؤں کی درخواست تھی۔ میں (مصنف) گواہی دیتا ہوں کہ تمام دعائیں قبول ہوئیں۔ اس عاجز بندے کی اولاد نے مختلف صلاحیتوں سے جماعت کی خدمت کی اور کامیاب کیریئر کے ساتھ امریکہ میں آباد ہیں۔

5.1.7-حضرت مسیح موعود علیہ السلام کی دعاؤں کی قبولیت

ہماری پھوپھی محمد بی صاحبہ کو غالباً 1906 یا 1907 میں ٹائیفائیڈ بخار ہوا جس کا ان پر منفی اثر ہوا۔ بیماری کے اثرات فالج کی صورت میں ظاہر تھے۔ 1907ء میں حکیم مولانا نورالدین رحمۃ اللہ علیہ سے مشورہ کر کے میرے دادا پھوپھی کے ساتھ قادیان چلے گئے۔ میری پھپھو کی عمر 7 یا 8 سال تھی۔ دادا جان نے سوچا ہوگا کہ حکیم مولانا نورالدین سے علاج کروانے کے علاوہ حضرت مسیح موعود علیہ السلام سے دعاؤں کی درخواست کا بھی موقع ملے گا۔ حضرت حکیم مولانا نورالدین رحمۃ اللہ علیہ نے کچھ عرصہ قادیان میں رہ کر علاج کروانے کا مشورہ دیا۔ حضرت مسیح موعود علیہ الصلوٰۃ والسلام نے دادا جان کے قیام کے لیے گول کمرہ سے ملحقہ کمرہ دارالمسیح میں ترتیب دیا۔

پھوپھی محمد بی صاحبہ بتاتی تھیں کہ انہوں نے قادیان میں حکیم مولانا نورالدینؓ سے چھ ماہ (1907) میں ناظرہ قرآن ختم کیا۔ حکیم مولانا نورالدین کے بڑے بیٹے میاں عبدالحیٔ کی پہلی بار منگنی (یا نکاح) ہوئی۔ حضرت حکیم مولانا نورالدین نے اپنی اہلیہ سے کہا کہ اس منگنی کے لیے ہماری پھوپھی کے لیے سبز ریشمی سوٹ تیار کریں۔ جب سوٹ تیار ہو کر بازار سے آیا تو حضرت مولانا حکیم نورالدین صاحب نے فرمایا کہ اس پر کوئی آرائشی سامان نہیں تھا۔ چنانچہ یہ کام دوبارہ بازار میں ہوا اور ہماری پھپھو نے یہ سوٹ پہن کر اس تقریب میں شرکت کی۔ یہ حضرت حکیم مولانا نورالدین کی عظیم سخاوت اور بھیرہ کے لوگوں سے محبت وعقیدت کا اظہار تھا۔ غالباً یہ میاں عبدالحیٔ مرحوم کا پہلا نکاح تھا جو حضرت پیر محمد منظور کی صاحبزادی حمدہ بیگم کے ساتھ ہوا تھا۔ واحد نکاح جو غالباً 30 اگست 1907ء کو ہوا تھا۔

محبت، باہمی پیار اور ہمدردی کا یہ خاص اظہار ہمارے خاندان کے لیے سکون کا باعث ہے۔ پھوپھی حکیم مولانا نورالدین کے علاج اور حضرت مسیح موعود علیہ السلام کی دعاؤں کی قبولیت سے مکمل صحت یاب ہو گئیں۔ یہ ہمارے خاندان کے لیے بہت بڑا معجزہ تھا اور حضرت مسیح موعود علیہ السلام کی دعاؤں کی قبولیت الٰہی تھی۔

5.1.8-دادا کے لیے تبرکات

ہمارے دادا جان نے حضرت حکیم مولانا نورالدین رحمۃ اللہ علیہ کے ذریعے وطن واپسی کی اجازت طلب کی۔ اجازت مل گئی۔ جیسے ہی دادا جان جا رہے تھے، حضرت مسیح موعود علیہ السلام نے دادا کو تین بابرکت تحفے (تبرکات) عطا کیے، جو باہمی محبت، احترام الفت، اور اعتماد کی علامت ہیں۔

حضرت مسیح موعود علیہ الصلوٰۃ والسلام نے اپنی مبارک قمیض (قمیض/کرتہ) دادا جان کو دی اور مشورہ دیا کہ یہ آپ کے لیے ہے۔ جب تک زندہ رہو اسے اپنے پاس رکھو۔ یہاں تک کہ جب آپ انتقال کر جائیں تو اس قمیض کو اپنی قبر تک لے جانا۔ 1925 میں جب میرے دادا کا انتقال ہوا تو مبارک ''کرتا'' ان کے کفن میں رکھا گیا اور بھیرہ میں ان کے ساتھ دفن کیا گیا۔ میرے والد مرحوم اس وقت لاہور میں ایم ایس سی کے امتحانات میں مصروف تھے اور ان کے رشتہ داروں نے انہیں والد کی وفات کی اطلاع نہیں دی، اور وہ اپنے والد کے جنازے میں شرکت نہ کر سکے۔

حضرت مسیح موعود علیہ السلام نے اپنی تصویر اور ایک کوٹ (اوورکوٹ) دادا جان کو عطا فرمایا۔ حضرت مسیح موعود علیہ الصلوٰۃ والسلام نے اپنی مبارک تصویر دادا جان کو عطا فرمائی۔ اس امید کے ساتھ کہ اس تصویر کو دیکھ کر کچھ نیک روحیں آپؑ کو قبول فرمائیں گی۔ ہمارے مرحوم دادا نے اس تصویر کو لکڑی کے فریم میں اپنے ہاتھوں سے محفوظ کیا تھا اور ہمیشہ ہمارے والد کے کمرے میں آویزاں رہتا تھا۔ ہمارے مرحوم دادا نے یہ فریم بڑی محبت اور عقیدت کے ساتھ بنائی تھی۔ یہ تصویر اور کوٹ ہمارے

خاندان میں 116 سال سے محفوظ ہے۔ یہ تصویر ہمیشہ میرے والد کے کمرے میں آویزاں تھی جب تک کہ ان کا 1982ء میں انتقال نہیں ہوا۔

مصنف ان تبرکات کا متولی ہے۔ وہ سختی سے ہمارے آباؤ اجداد کی ہدایات پر عمل پیرا ہے۔ ان خاندانی روایات کی پاسداری ان کی اولین توجہ ہے:

- مبارک تبرکات کا شرک نہ کریں
- چھوٹے ٹکڑوں میں نہ کاٹیں (خاص طور پر مبارک کوٹ)۔ مبارک کوٹ کو محفوظ رکھیں۔
- غیر ضروری عوامی نمائش یا تشہیر سے منع کیا گیا ہے

ابتدائی ''تعارف/ بیعت'' کا روحانی سفر، تحفہ مبارک تبرکات کے ذریعے یہ سب حضرت مولانا نورالدین ؓ کی وجہ سے تھا۔ حضرت حکیم مولانا نورالدین ؓ کے کردار کو تسلیم نہ کرنا انتہائی ناانصافی ہو گی۔

ہمارے دادا مرحوم نہایت خاموش طبع، بغیر کسی نام ورتبے کے اور بہت ہی انجان شخصیت تھے۔ لیکن ان کی پختہ عقیدت، محبت اور باہمی اعتماد نے انہیں حضرت مسیح موعود علیہ السلام کی طرف سے ان تبرکات سے نوازا۔ یہ تبرکات حضرت مسیح موعود علیہ الصلوٰۃ والسلام کی اپنے بندے کے لیے سخاوت اور محبت کی نشانی ہیں۔ ہم، حضرت میاں کرم دین بھروی کی اولاد، اس عظیم عزت، اعتماد اور باہمی احترام کے لیے ہمہ وقت شکر گزار ہیں۔ ہمارا خاندان پچھلے 116 سالوں سے ان تبرکات کی برکات سے مستفید ہے۔

ہم حضرت حکیم مولانا نورالدین رضی اللہ عنہ کے بھی برابر کے شکر گزار ہیں کہ انہوں نے ہمارے (ددھیالی والدین/ننھیالی والدین) خاندانوں کو احمدیت کے دائرے میں لانے، ان کی محبت، پیار اور دعاؤں کے ذریعے رہنمائی کی۔

5.1.9-دور خلافت

26 مئی 1908ء کو لاہور میں حضرت مسیح موعود علیہ السلام کی رحلت کی ہولناک خبر قادیان پہنچی۔ اگلے دن حضرت حکیم مولوی نورالدین رضی اللہ عنہ کو متفقہ طور پر 1200 اراکین کی طرف سے حضرت مسیح موعود علیہ السلام کے بعد خلیفہ اول منتخب کیا گیا، اس طرح خلافت کے ادارے کا آغاز ہوا۔

خلیفۃ المسیح اولؓ کے انتخاب کے فوراً بعد صدر انجمن احمدیہ جو کہ جماعت کا ایک انتظامی ادارہ تھا، نے خلیفہ کو اپنے اقتدار کے لیے خطرہ محسوس کیا اور یہ دعویٰ کرنا شروع کر دیا کہ درحقیقت انجمن ہی اس کی جانشین ہے۔ وہ چاہتے تھے کہ خلیفہ کا کردار رسمی فرائض تک محدود رہے جیسے کہ نماز کی امامت کرنا اور معاشرے میں نئے آنے والوں کی شروعات کرنا جبکہ انجمن فیصلہ سازی کا اہم ادارہ ہوگا۔

برادری میں تقسیم بڑھ رہی تھی اور حضرت خلیفۃ المسیح اولؓ جانتے تھے کہ انہیں عمل کرنا ہے۔ مسجد مبارک میں ایک عظیم الشان حاضرین سے خطاب کرتے ہوئے انہوں نے ایک زوردار تقریر کی جہاں انہوں نے خلیفہ کے اختیارات پر زور دیا اور انجمن احمدیہ کے موقف کی وضاحت کی کہ وہ خلیفہ کے ماتحت ہیں۔ اس شاندار اور بے خوف تقریر نے انجمن کو اپنی جگہ پر رکھ دیا اور انہیں دوبارہ حضرت حکیم مولوی نورالدین رحمۃ اللہ علیہ کی اتھارٹی پر سوال کرنے کی جرأت نہ ہوئی۔

5.1.10-قابل ذکر کامیابیاں

- 1906ء میں یہ فیصلہ ہوا کہ کمیونٹی کے مشنریوں کی تربیت کے لیے پہلا مدرسہ احمدیہ قائم کیا جائے۔ ایک نصاب کا مسودہ تیار کیا گیا تھا، اور کمیونٹی سے بہترین مشنری پیدا کرنے کے لیے عملہ مقرر کیا گیا تھا۔
- مئی 1908 میں بیت المال (خزانہ) کا قیام عمل میں آیا۔

- قادیان میں احمدیوں کی بڑھتی ہوئی آبادی کے باعث قادیان میں دارالعلوم کے نام سے ایک نیا محلہ بنانے کا فیصلہ کیا گیا۔ بہت سی عمارتیں تعمیر کی گئیں جیسے کہ نور مسجد، تعلیم الاسلام ہائی اسکول اور مسجد اقصیٰ تک توسیع۔
- جون 1913 میں پہلی بار الفضل اخبار شائع ہوا۔ یہ ہفتہ وار اشاعت تھی، اور اس کا نام خود حضرت حکیم مولوی نورالدین رضی اللہ عنہ نے تجویز کیا تھا۔
- چوہدری فتح محمد سیال صاحب 1914ء میں لندن بھیجے جانے والے پہلے مشنری تھے۔
- 13 مارچ 1914ء بروز جمعہ کچھ عرصہ علالت کے بعد حضرت حکیم مولوی نورالدین رحمۃ اللہ علیہ کا انتقال ہوگیا۔
- آپ کو قادیان میں حضرت مسیح موعود علیہ السلام کے پہلو میں دفن کیا گیا۔ حضرت مرزا بشیر الدین محمود رضی اللہ عنہ کو متفقہ طور پر خلیفۃ المسیح الثانی منتخب کیا گیا۔

5.1.11- بھائیوں اور بہنوں کی فہرست

مولانا حکیم نورالدین خود کتاب ''مرقات الیقین'' میں اپنے بھائیوں اور بہنوں کے بارے میں کہتے ہیں کہ ہم نو بھائی بہن تھے، میں سب سے چھوٹا تھا۔

1. مولوی سلطان احمد صاحب (مالک پرنٹنگ پریس لاہور)
2. مولوی غلام نبی صاحب
3. حکیم غلام احمد صاحب
4. مولوی محمد بخش صاحب
5. محی الدین صاحب یا غلام محی الدین صاحب
6. امام بی بی صاحبہ (بہن)

7. غلام بی بی صاحبہ (بہن)
8. مولانا حکیم حافظ نورالدین
9. [ساتویں بھائی کا نام دستیاب نہیں ہے]

5.1.12-اولاد

دو بیویاں (پہلی فاطمہ صاحبہ اور دوسری صغرا بیگم)

پہلی بیوی سے بہت سے بچے بچپن میں ہی انتقال کر گئے، حضرت مسیح موعود علیہ السلام نے دوبارہ شادی کرنے کا مشورہ دیا۔ ان کی شادی صغراں بیگم (منشی احمد جان کی بیٹی) سے ہوئی۔

بیٹے (دوسری بیوی صغرا بیگم سے)

1. میاں عبدالحیٔ
2. میاں عبدالسلام عمر
3. میاں عبدالوہاب عمر
4. میاں عبدالمنان عمر

بیٹیاں (دونوں بیویوں سے)

1. محترمہ امامہ (پہلی بیوی، فاطمہ صاحبہ سے)
2. محترمہ حفصہ (پہلی بیوی سے)
3. محترمہ امت اللہ (پہلی بیوی سے)
4. حضرت سیدہ امۃ الحی رضی (دوسری بیوی صغراں بیگم سے)

ہمارے خاندان کے بزرگوں نے حضرت خلیفۃ المسیح اول رضی کی اولاد کو پیار، محبت اور احترام دیا

تھا۔میاں عبدالسلام اور میاں عبدالمنان کو ہیڈ ماسٹر محمد شفیع مرحوم نے پڑھایا اور رہنمائی کی۔ ہیڈ ماسٹر محمد شفیع مرحوم میری والدہ کے ننھیال (ماموں) اور میری نانی کے حقیقی بھائی تھے۔

میاں منان عمر صاحب (مرحوم) نے مجھے بتایا کہ جب وہ میٹرک کا امتحان دے رہے تھے تو ہیڈ ماسٹر محمد شفیع صاحب مرحوم نے اس دوران ان کی علی گڑھ مسلم یونیورسٹی (انڈیا) میں داخلے کے لیے رہنمائی کی۔وہ اپنی کتاب میں ہیڈ ماسٹر صاحب کی خدمات کا اعتراف کر چکے تھے۔

یہ دستاویز نامکمل ہو گی اگر میں حضرت حکیم مولوی نورالدین رحمۃ اللہ علیہ کا اپنے خاندان کو احمدیت میں لانے کا اعتراف نہ کرتا۔انہوں نے کئی بار میرے دادا کو مختلف مواقع پر قادیان مدعو کیا جو ہمارے لیے باعث اعزاز تھا۔ہم حضرت مولانا نورالدین رحمۃ اللہ کے شکر گزار ہیں کہ ان کے پیار، محبت اور تمام مشکل حالات میں ہمارے خاندان کے بزرگوں کی دیکھ بھال کی۔میرے دادا حضرت حکیم مولوی نورالدین صاحب اور حضرت قاضی امیر حسین صاحب کے ساتھ برابر وقت گزارتے تھے۔

اللہ تعالیٰ جنت النعیم میں حضرت خلیفۃ المسیح الاول رضی اللہ عنہ کے درجات بلند فرمائے۔اللہ تعالیٰ فرشتوں کو جنت کے باغوں میں ان کی خدمت کے لیے مقرر کرے۔(آمین)

5.2-ذکر خیر حضرت قاضی امیر حسین شاہ صاحب بھیروی ؓ

ولادت:1848ء بیعت:1893ء

وفات: 24/اگست 1930ء

صحابی 313-مدفون بہشتی مقبرہ قادیان

حضرت قاضی سید امیر حسین شاہ صاحب ؓ بھیرہ کے اوّلین صحابہ میں شامل ہیں۔ آپ کا ''اصحاب صدق ووفا-تین سو تیرہ'' میں رجسٹر 90 صفحہ 144 میں اندراج ہے۔ بہت جلیل القدر صحابی

اور حضرت مسیح الموعودؑ کے زمانے میں جب بھی حضرت حکیم مولانا نورالدینؓ قادیان سے باہر ہوتے تو آپ ''امام الصلوٰۃ'' ہوتے اور حضرت مسیح الموعودؑ نے آپ کے اقتدا میں نمازیں ادا فرمائی ہیں۔ سلسلہ عالیہ کے مشہور عالم، محدث، تعلیم الاسلام ہائی سکول اور پھر مدرسہ احمدیہ کے ابتدائی استاد تھے۔ آپ حضرت خلیفۃ المسیح الثانیؓ کے استاد اور مولانا جلال الدین شمس اور مولانا ابوالعطاء جالندھری ان کے خاص شاگرد عزیز تھے۔

حضرت قاضی امیر حسین شاہ صاحبؓ حضرت خلیفۃ المسیح الاوّلؓ کے رشتہ دار تھے یعنی حضرت خلیفۃ المسیح الاوّلؓ کی بھانجی کا آپ سے نکاح ہوا تھا۔ آپ نے علوم عربیہ کی تحصیل دلّی و ہندوستان کے مختلف مقامات پر کی تھی۔ علم حدیث محدث مولوی احمد علی سہارن پوری سے حاصل کیا تھا۔

آپ نے جنگ مقدّس (عبداللہ آتھم کے مباحثہ کے دنوں) میں حضرت مسیح الموعودؑ کے دست مبارک پر امرتسر میں بیعت کی تھی۔ بیعت کے بعد جب مخالفت کی وجہ سے سلسلہ ملازمت امرتسر سے منقطع ہو گیا تو قادیان میں ہجرت کر کے آ گئے۔ پہلے تعلیم الاسلام ہائی سکول اور پھر مدرسہ احمدیہ میں پڑھاتے تھے۔

قوی، نہایت اعلیٰ لمبا قد، شکل وجیہہ بارعب شخص تھے۔ ہیئت اور چال حضرت خلیفۃ المسیح الاوّلؓ سے بہت ملتی تھی۔ طبیعت جلالی تھی مگر حق معلوم ہونے پر فوراً غصہ ٹھنڈا ہو جاتا تھا۔ کلمۂ حق کہنے میں کسی کا ناجائز لحاظ نہ تھا۔ اپنے فرائض کی ادائیگی میں وقت کے نہایت پابند تھے۔

مجلس معتمدین کے بھی کئی سال ممبر رہے اور آخر تک مجلس شوریٰ کے ممبر رہے۔ ہر اجلاس میں باقاعدہ وقت پر آتے اور خیر خواہی سے جو مناسب سمجھتے مشورہ دیتے۔ آپ کو علم حدیث میں بالخصوص یدطولیٰ حاصل تھا۔ قرآن مجید کے علوم سے بھی خاص شغف تھا۔ آپ کی طبیعت مجتہدانہ تھی۔ قرآن و حدیث کے کئی مقامات میں منفردانہ رائے رکھتے تھے۔

آپ کا خیال تھا کہ بیت المقدس کبھی مسلمانوں کا قبلہ نہیں ہوا۔ بیویوں کی تعداد بجائے چار کے نو

(9) تک جائز سمجھتے تھے۔آپ سلسلہ عالیہ کے مفتی بھی تھے۔ریٹائر ہونے کے بعد بھی آخری وقت تک بخاری اور مسلم کا سبق مختلف طلباء کو دیتے رہے۔آپ نہایت متقی اور عالم باعمل تھے علاوہ دینی امور کے دنیاوی امور میں بھی کافی تجربہ رکھتے تھے۔بیع اور شریٰ کے معاملہ میں مہارت رکھتے تھے۔

آپ نے متعدد ازواج کیں مگر خدائی حکمت ہے کہ بچے آپ کے بہت فوت ہوئے۔وفات کے وقت آپ کی ایک بیوہ اور پانچ بچے تھے۔باوجود جلالی طبیعت کے حضرت خلیفۃ المسیح الثانیؓ کے حضور نہایت ادب کے مقام پر تھے۔آپ کی طبیعت میں بہت رقت تھی۔

ہمارے داداجان مرحوم (حضرت میاں کرم دین صاحب بھیرویؓ) جب بھی قادیان جاتے تو وہ قاضی سید امیر حسین شاہ صاحبؓ کے ساتھ ٹھہرتے۔غالباً قاضی صاحب دارالمسیح کے ایک حصہ میں مقیم تھے۔داداجان مرحوم کے حضرت قاضی صاحب کے ساتھ قریبی تعلقات تھے۔پھر میرے والد مرحوم کے تعلقات نہ صرف قاضی امیر حسین شاہؓ بلکہ ان کے بھائی سید غلام حسین شاہؓ اوران کے بیٹے سید ظہور شاہ صاحب سے بھی قائم رہے۔اس قدیمی تعلق نے مجھے ان کے ذکر خیر لکھنے کی ترغیب دی تاکہ میں ان بزرگ ہستیوں کا اظہار تشکر کرسکوں کہ انہوں نے نہایت نامساعد حالات میں داداجان مرحوم کو قبول احمدیت کے بعد ہر قسم کی حوصلہ افزائی اور دعاؤں سے مدد کی۔

5.2.1-خاندانی پس منظر اور ابتدائی حالات

حضرت قاضی امیر حسین شاہؓ کے والد محترم حضرت قاضی غلام شاہ صاحبؓ بھیرہ کے سادات خاندان میں سے تھے۔احمدیہ جماعت کے ابتدائی خاندانوں میں ان کا شمار ہوتا ہے۔آپ کے دو بیٹے یعنی حضرت قاضی سید امیر حسین اور خان بہادر حضرت قاضی سید غلام حسین شاہ بھی صحابہ حضرت مسیح موعودؑ میں سے تھے۔اس لحاظ سے حضرت قاضی سید امیر حسینؓ ''صحابی ابن صحابی'' ہیں۔

حضرت قاضی غلام شاہؓ کو ایک خواب آیا جس کی تعمیل وتعبیر میں وہ خود قادیان بغرض زیارت،

ملاقات اور دعا کے لئے حاضر ہوئے اور اپنی خواب کے مطابق حضرت اقدسؑ کو تین روپے بطور نذرانہ پیش کئے۔ اللہ تعالیٰ نے شاہ صاحب مرحوم کے بارہ بچوں میں دو بیٹوں اور شاہ صاحب کو قبول احمدیت کا اعزاز بخشا اور انہوں نے حضرت اقدسؑ کے ہاتھ پر بیعت کی۔ حضرت سید غلام شاہ صاحبؓ نے سو سال کی لمبی عمر پا کر 1909ء میں وفات پائی اور اپنے خاندانی قبرستان بھیرہ مدفون ہوئے۔ حضرت خلیفۃ المسیح الاوّلؓ نے آپ کا جنازہ غائب قادیان میں پڑھا۔

آپ کے دونوں صاحبزادوں کا ذکر ''تاریخ احمدیت بھیرہ'' میں موجود ہے۔

ا۔ جبکہ حضرت قاضی سید امیر حسین شاہ صاحبؓ کا ذکر ''تین سو تیرہ اصحاب صدق ووفا'' میں بھی موجود ہے

۲۔ البتہ حضرت سید غلام شاہؓ کا نہ بھیرہ کی تاریخ احمدیت اور نہ ہی تین سو تیرہ اصحاب صدق ووفا میں شامل ہے۔ محترم محمود مجیب اصغر انجینئر نے ان تینوں صحابہؓ کا ذکر خیر اپنے مضمون میں کیا ہے جو کہ الفضل 21 رجنوری 2010ء میں شائع ہوا۔

۳۔ حضرت قاضی سید امیر حسین شاہؓ بخاری سید تھے۔ مغلوں کے عہد میں آپ کے آباء و اجداد کو قاضی صاحب جلیل القدر عہدہ ملا تھا۔ حصول تعلیم کا آغاز جوانی کے عالم میں ہوا۔ اس سے قبل اپنے والد کے ساتھ گھوڑوں کی تجارت کرتے تھے۔ دینی تعلیم سہارنپور کے مدرسہ ''مظہر العلوم'' سے تکمیل کی۔ بھیرہ تشریف لانے پر آپ نے محلہ قاضیاں میں اپنی خاندانی مسجد میں حدیث کا درس دیا کرتے تھے۔

ان دنوں حضرت حکیم مولانا نورالدین بھیرہ میں تھے اور ان کی شدید مخالفت چل رہی تھی۔ انہی دنوں آپ کی شادی حضرت حکیم مولانا نورالدینؓ کی بھانجی سے ہوئی تھی۔ آپ نے ''مدرسۃ المسلمین'' امرتسر میں ملازمت کا آغاز کیا۔ آپ کو تعلیم و تدریس کا بے حد شوق اور جوش تھا۔ حضرت قاضی صاحب نے مئی 1893ء میں جنگ مقدس (مباحثہ عبداللہ آتھم) امرتسر کے دوسرے روز حضرت اقدسؑ کی

دعوت کی۔ اس دعوت کے بعد حضرت قاضی صاحب نے بیعت کرلی۔ احمدیت قبول کرنے کے بعد امرتسر میں مخالفت زور پکڑ گئی تو آپ ہجرت کر کے قادیان آ گئے اور تعلیم الاسلام ہائی سکول میں ملازم ہو گئے۔ آپ کے شاگردوں میں حضرت مرزا بشیر الدین محمود احمدؓ (خلیفۃ المسیح الثانیؓ) اور حضرت میر محمد اسحٰق صاحبؓ شامل تھے۔ اسی طرح خالد احمدیت مولانا جلال الدین صاحب شمسؓ اور مولانا ابو العطاء صاحب جالندھریؓ آپ کے شاگرد عزیزوں میں شامل ہیں۔

5.2.2-نظامِ جماعت کی اطاعت اور احترام

آپ کو درس و تدریس کا اس قدر شوق تھا کہ آپ نے اخیر وقت تک اس شغل کو جاری رکھا۔ قاضی صاحب نہایت قلیل مشاہرہ پر مدرس مقرر ہوئے اور مدرسہ احمدیہ کے قیام پر ان کی خدمات ادھر منتقل ہو گئیں۔

مدرسہ احمدیہ میں ہیڈ ماسٹر شیخ عبدالرحمٰن مصری تھے۔ وہ قاضی صاحبؓ کے شاگرد تھے۔ عمر میں چھوٹے اور ان کے افسر تھے۔ حضرت قاضی صاحبؓ نے نہایت بشاشت اور خوشی سے ان کی ماتحتی کو قبول کیا۔ نظام اطاعت اور تعاون کے لئے اپنا عملی نمونہ پیش کیا۔ بحیثیت ماتحت کے ان میں اطاعت، فرمانبرداری اور تعاون کی بہت قیمتی روح تھی۔ کسی قسم کی نمائش اور تکلف ان کی عادت میں نہ تھا۔ ہر قسم کی ریاکاری سے مبرّا تھے۔ باجود ''جہیر الصوت'' ہونے کے ہمیشہ آہستہ کلام کرتے تھے اور جوش کی حالت میں بھی ''او نیک بختا'' کہہ کر آغاز کلام کرتے تھے۔ حضرت حکیم مولانا نور الدینؓ قاضی صاحبؓ کی قرآن فہمی کی اکثر داد دیتے تھے اور ان کے نکات قرآنی کو قدر کی نگاہ سے دیکھتے تھے۔ بعض مواقع پر قاضی صاحبؓ حضرت حکیم مولانا نور الدینؓ سے مطالب قرآنی میں اختلاف بھی کرتے تھے۔

حضرت خانصاب قاضی سید غلام حسین صاحبؓ آف بھیرہ

(1880ء-1955ء)

5.2.3-درس وتدریس کا سلسلہ

قاضی صاحب مرحوم کو درس وتدریس کا بے حد شوق تھا۔ ریٹائرمنٹ کے بعد بھی یہ سلسلہ برابر جاری رہا۔ یونیورسٹی کے جو طالب علم تیاری کرتے تھے ہمیشہ قاضی صاحب سے وہ اپنے کورسز کی تکمیل میں مدد لیتے رہے۔ قاضی صاحب کو حضرت خلیفۃ المسیح الاوّلؓ کے ساتھ جو تعلقات رشتہ داری پیدا ہوئے تھے، وہ ختم ہو چکے تھے لیکن حضرت مولانا نورالدینؓ کو وہ اپنا محسن مانتے تھے اور آپ کی اولاد

سے محبت کرتے تھے۔ ان کی اولاد کی تعلیم وتربیت (اور خاص خاص طور پر مولوی عبدالمنان) کی تعلیم میں خصوصیت سے دلچسپی لیتے تھے اور اپنی آخری علالت و بیماری اور پیرانہ سالی میں بھی بعض کتابیں انہیں ختم کروائیں۔

برسبیل تذکرہ بھیرہ والوں کی خاص عقیدت حضرت حکیم مولانا نورالدینؓ اور ان کی اولاد سے تھی۔ حضرت خلیفۃ المسیح الاوّلؓ کے بعض صاحبزادگان، ہیڈ ماسٹر محمد شفیع بھیروی صاحب کے ہاں بھی تعلیم کے لئے آتے رہے۔ بعض بچوں کو وہ علی گڑھ میں داخل کروانے گئے۔ حضرت خلیفۃ المسیح الاوّلؓ کے ایک بیٹے نے مجھے اس بارے میں نہایت متشکرانہ انداز میں بتایا۔ مزید یہ کہ حضرت قاضی امیر حسینؓ نے کئی نمازوں کی امامت کی جس میں ان کی اقتدا میں حضرت اقدسؑ بھی شامل تھے۔

5.2.4-حضرت مسیح موعودؑ سے محبت

حضرت مسیح موعودؑ سے قاضی صاحب کو ایک عشق اور محبت تھی۔ حضورؑ کی اطاعت میں آپ گداز تھے۔ حضرت مسیح موعودؑ کو قبول کرنا ہی قاضی صاحب جیسے عالم کی بہت بڑی قربانی اور اخلاص کا اظہار تھا۔ بیعت سے پہلے بعض مسائل میں وہ اپنی تحقیقات میں جداگانہ مسلک رکھتے تھے (مثلاً حضرت مسیح موعودؑ سے حضرت مسیح ابن مریمؑ کی ولادت کے متعلق سنا کہ یہ بدوں باپ تھی) تو آپ نے تمام تحقیقات کو ترک کر دیا اور اسی پر ایمان لے آئے۔

حضرت مسیح موعودؑ کے وہ نہایت مؤدب ہوتے اور سب سے پہلی صف میں حضرت کے قریب تشریف رکھتے۔ حضرتؑ کی مجلس میں کبھی سوال نہ کرتے۔ بہت کم ایسا موقع آیا ہوگا کہ انہوں نے کچھ پوچھا ہو۔ وہ "الطریقۃ کلہ ادب/سارا طریقہ ادب ہے" کے بڑے پابند تھے۔ حضرت خلیفۃ المسیح الاوّلؓ اور حضرت خلیفۃ المسیح الثانیؓ کے بارمیں بھی ان کا یہی طریق عمل رہا۔ حضرت قاضی صاحبؓ خلیفۃ المسیح الثانیؓ کے استاد تھے لیکن قاضی صاحب نے آپ کے ہاتھ پر بیعت کر کے پوری اطاعت

اور فرمانبرداری کا ہر معاملہ میں ثبوت دیا اور حق کی تائید میں مردانہ وار کھڑے رہے۔

5.2.5-پابندئ وقت اور صاف گوئی

آپ پابندئ وقت کا بہت خیال رکھتے تھے۔ مدرسہ میں جب تک رہے ٹھیک وقت پر آئے اور اپنے وقت کا بہترین استعمال کرتے۔ اگر کسی مجلس مشورہ میں بلایا جاتا تو پابندی وقت کے ساتھ مجلس میں پہنچ جاتے بلکہ وہ سب سے پہلے پہنچنے والوں میں ہوتے تھے۔

صاف گوئی کے لئے وہ ہمیشہ مشہور رہے۔ اس کے لئے وہ کسی شخصیت سے مرعوب نہیں ہوتے تھے۔ بعض وقت اس صاف گوئی میں شدت بھی پیدا ہو جاتی لیکن اس کے ساتھ کسی قسم کے انتقام کے جذبات نہ ہوتے۔ قاضی صاحب نہایت دیندار تھے۔ ان کی دیانتداری کی ایک مثال کا اظہار ان ایام علالت میں ہوا۔ ایک شخص نے اپنے بعض مصالح کی بنا کچھ اراضی ان کے نام پر خرید رکھی تھی۔ کاغذات اور دستاویزات میں قاضی صاحب کا نام تھا مگر آپ نے اپنی وفات سے پہلے اپنی علالت کی شدت کا احساس کر کے اس کا اظہار کر دیا کہ میرا اس اراضی سے کوئی تعلق نہیں۔ یہ فلاں شخص کی ہے۔

5.2.6-وفات

قاضی صاحب کی علالت کا سلسلہ بہت لمبا ہو گیا تھا مگر اس علالت میں انہوں نے رضا بالقضاء کا زبردست ثبوت دیا۔ اپنی زبان سے یا اعمال سے کوئی شکایت نہیں کی بلکہ صبر اور حوصلہ سے اس کو برداشت کیا۔ قاضی صاحب کی علالت میں بارہا ایسے مواقع آئے کہ سمجھا جاتا تھا کہ شاید یہ ان کا آخری وقت ہے لیکن وہ بچ جاتے رہے۔ یہ اس حدیث کا عملی اظہار ہے کہ اللہ تعالیٰ اپنے نیک بندوں کی روح قبض کرنے میں تامّل ہوتا ہے۔ بہرحال آخری وقت آ گیا جس کا خطرہ تھا اور قاضی صاحبؒ 24/اگست 1930ء کو اپنے مولیٰ حقیقی سے جا ملے۔ انا للہ وانا الیہ راجعون۔

25/اگست 1930ء بوقت 9 بجے کے قریب باغ میں حضرت مولوی سید سرور شاہ صاحب امیر

جماعت نے جنازہ پڑھایا اور بہشتی مقبرہ، صحابہ کے قطعہ میں آپ کو سپرد خاک کر دیا گیا۔ اس موقع پر حضرت خلیفۃ المسیح الثانیؓ قادیان سے باہر تھے۔ حضرت قاضی صاحبؓ نے 82 یا 84 سال عمر پائی اور آپ کی بیعت 1893ء کی ہے۔

5.2.7-غیر مطبوعہ روایات بزبان مولوی محمد شہزادہ صاحب

میں محترم حبیب الرحمٰن زیروی مرحوم (ربوہ) کا بے حد ممنون ہوں کہ انہوں نے میری درخواست پر (بقیہ روایات صحابہ کرامؓ بزبان مولوی محمد شہزادہ مولوی فاضل قادیان نمبر 382 صفحہ 23 سے آگے) چند روایات حضرت قاضی امیر حسین شاہؓ کے بارہ میں ارسال کی تھیں۔ قارئین کرام کے لئے اسی مضمون میں نہایت ادب واحترام سے پیش کر رہا ہوں۔

1- مجھ سے قاضی امیر حسین شاہؓ مرحوم نے بیان کیا کہ میں حضرت مسیح موعودؑ کے زمانہ میں جلسہ سالانہ کے دنوں میں تقسیم سالن پر مقرر ہوتا تھا۔ ایک دفعہ کا ذکر ہے کہ ایک دیگ پک رہی تھی۔ میں نے اندازہ لگایا کہ سالن تھوڑا ہے۔ مہمانوں کیلئے یہ دیگ ناکافی ہوگی۔ حضرت مسیح موعودؑ اوپر سے کھڑکی میں سے جھانکے اور فرمایا۔ قاضی صاحب کھانا تقسیم کرنا شروع کر دو۔ میں نے عرض کی کہ بہت اچھا حضور۔ میں نے سالن تقسیم کرنا شروع کر دیا۔ وہ دیگ مہمانوں کے لئے نہ صرف کافی ہوئی بلکہ اس میں سے کچھ سالن بچ بھی گیا۔ لنگران دنوں میں اس مکان میں ہوتا تھا جس میں بعد ازاں عبدالرحیم درد صاحب رہتے تھے اور شرقی کمروں کے اوپر چوبارہ کی کھڑکی سے حضرت مسیح موعودؑ جھانکتے تھے۔

2- مجھ سے قاضی امیر حسین صاحبؓ نے بیان کیا کہ بمقام گورداسپور مجھے حضرت مسیح موعودؑ نے فرمایا کہ قاضی صاحب نماز پڑھائیں۔ میں بڑا خوش ہوا کہ آج میں خدا کے مسیح کو سفر میں چار رکعات پڑھاؤں گا اور اسطرح پر یہ مسئلہ حل ہو جائے گا۔ جب میں مصلیٰ پر کھڑے ہو کر تکبیر کہنے لگا تو حضرت مسیح موعودؑ نے آگے بڑھ کر میرے کان کے قریب منہ کر کے فرمایا۔ قاضی صاحب دو رکعات پڑھاؤ گے نا؟

میں نے عرض کیا۔ ہاں حضور۔ اس کے بعد میرا عمل دو رکعت رہا اور اعتقاد چار کا۔ (قاضی صاحب سفر میں چار رکعات نماز کے قائل تھے)

3- مجھ سے قاضی امیر حسین صاحبؓ نے بیان کیا کہ میرا لڑکا فوت ہو گیا۔ جنازہ کے ساتھ سوائے دو چار آدمیوں کے کوئی نہیں گیا۔ حضرت مسیح موعود نے فرمایا کہ دوستوں نے بہت برا کیا ہے کہ شامل نہیں ہوئے۔ ہمیں قاضی صاحب سے ہمدردی ہے۔

5.3-حضرت مولوی قادر بخش احمد آبادیؓ (شیخ الاسلام) کی یادیں

پیدائش:1852،قبول احمدیت:1892،انتقال:1906-قادیان میں مدفون

ترجمہ اور تیار کردہ:شفیق الرحمٰن،ابن پروفیسر میاں عطاء الرحمٰن (مرحوم)

5.3.1-تعارف

دریائے جہلم کے کنارے بھیرہ کے قریب ایک گاؤں احمد آباد کے حضرت مولوی قادر بخش صاحب اپنے زمانے کے ایک انتہائی قابل احترام اسلامی سکالر تھے، جنہیں بڑے پیمانے پر اعزازی لقب شیخ الاسلام سے جانا جاتا تھا۔ وہ خطے کی ایک ممتاز مذہبی شخصیت تھے اور حضرت مولانا حکیم نورالدینؓ کے ساتھ قریبی، دیرینہ دوستی کا اشتراک کیا، جو بعد میں خلیفۃ المسیح اولؓ بن گئے۔

1892ء میں انہوں نے احمدیت قبول کی اور اس سال قادیان میں ہونے والے تاریخی جلسہ سالانہ کے شرکاء میں شامل تھے۔ اس کا فیصلہ دلیرانہ تھا، کیونکہ ان کو آبائی گاؤں میں شدید مخالفت کا سامنا تھا۔ اس مخالفت کا سامنا کرتے ہوئے وہ پہلے بھیرہ چلے گئے اور بعد میں مستقل طور پر ہجرت کر کے قادیان چلے گئے جہاں 1906ء میں ان کا انتقال ہو گیا۔ بہشتی مقبرہ میں انہیں عزت کے ساتھ سپرد خاک کیا گیا۔ (مصنف کوششوں کے باوجود بھی بہشتی مقبرہ قادیان میں ان کی قبر تلاش نہیں کر

سکا۔اسی طرح حضرت غلام فاطمہ صاحبہ اہلیہ حضرت خلیفۃ المسیح الاوّل ؓ کی قبر بھی تلاش نہیں کی جاسکی)

حضرت مولوی قادر بخش صاحب کی ہجرت کا بڑا اثر ہوا۔حضرت مولانا حکیم نورالدین ؓ کے مشورہ پر، احمد آباد سے بہت سے دوسرے احمدی خاندان بھی بھیرہ چلے گئے۔ان کی عقیدت، ایمان کے لیے محبت اور ذاتی قربانیاں روحانیت، برادری اور الٰہی رہنمائی پر مرکوز زندگی کے متلاشی دوسروں کے لیے ایک طاقتور تحریک کا کام کرتی ہیں۔

5.3.2-حضرت مسیح موعود علیہ السلام کی تحریروں میں تذکرہ

حضرت مولوی قادر بخش رحمۃ اللہ علیہ کو یہ اعزاز حاصل ہے کہ حضرت مسیح موعود علیہ الصلوٰۃ والسلام نے ان کا تذکرہ اپنی محترم کتاب ''آئینہ کمالات اسلام'' میں کیا ہے جہاں وہ 1892ء کے جلسہ سالانہ میں 33ویں نمبر پر درج ہیں۔ان کا نام درج ذیل ہے:

حکیم شیخ قادر بخش، احمد آباد، ضلع جہلم۔مزید برآں، حضرت مسیح موعود علیہ السلام نے ''کتاب البریا'' میں ان کا حوالہ دیتے ہوئے انہیں ''پر امن کمیونٹی'' کا رکن پایا۔یہ پہچان ان کے نرم کردار، گہرے ایمان اور روحانی طرزِ عمل کا اظہار کرتی ہے۔

5.3.3-خاندان اور میراث

حضرت مولوی قادر بخش رحمۃ اللہ علیہ حضرت مولوی محمد حسین احمد آبادی کے والد تھے جو ایک قابل احترام صحابی (حضرت مسیح موعود علیہ السلام کے صحابی)، ماہر طبیب (حکیم)، پنجابی شاعر اور ایک اسلامی عالم تھے۔یہ خاندان حضرت مولانا حکیم نورالدین رحمۃ اللہ علیہ سے گہرا تعلق تھا کیونکہ ان کی ایک بھانجی کی شادی مولوی محمد حسین احمد آبادی سے ہوئی تھی۔

احمد آباد کے اسی گاؤں کی اولاد کے طور پر، میں اس عظیم خاندان کے لیے گہرا ذاتی رشتہ اور دلی تعریف محسوس کرتا ہوں۔ہمارے آباؤ اجداد نے اسی زمانے میں احمدیت کو قبول کیا، مذہبی پناہ گاہ کی

تلاش میں اکٹھے ہجرت کی، اور پگڑیوں کا تبادلہ کر کے اپنے روحانی بھائی چارے کو عزت بخشی، جو اتحاد اور بھائی چارے کی ایک قدیم علامت ہے۔ ایسی روایات ہمیں ان ابتدائی رشتوں کی مضبوطی اور خلوص کی یاد دلاتی ہیں، جن کی بنیاد مشترکہ ایمان اور قربانی پر ہے۔

5.3.4-نتیجہ

حضرت مولوی قادر بخش احمد آبادیؓ، جو شیخ الاسلام کے نام سے محبت و عقیدت کے ساتھ یاد کیے جاتے ہیں، کی یادگار میراث آج بھی ثابت قدم ایمان، علمی عظمت اور روحانی وابستگی کی ایک لازوال مثال کے طور پر روشن ہے۔ احمدیت کو ابتدا ہی میں قبول کرنا، حضرت مولانا حکیم نورالدینؓ کی قربت و رفاقت حاصل ہونا اور وقار و شرافت کے ساتھ قادیان کی طرف ہجرت کرنا، یہ سب امورِ حق وصداقت کے ساتھ ان کی غیر متزلزل وابستگی کی گواہی دیتے ہیں۔

ان کا نام، جو حضرت مسیح موعود علیہ السلام کی مبارک تحریروں میں محفوظ ہے، اس بات کو یقینی بناتا ہے کہ ان کی یاد نسلوں تک برقرار رہے گی۔ اسی مٹی اور روحانی روایت کی ایک عاجز اولاد کے طور پر، یہ میری عزت اور مقدس ذمہ داری ہے کہ میں ان کی کہانی کو محفوظ رکھوں اور اس کا اشتراک کروں۔

اللہ تعالیٰ جنت الفردوس کے اعلیٰ ترین باغوں میں ان کے درجات کو بلند فرمائے، ان کی روح کو سکون عطا فرمائے اور ان کی اولاد کو استقامت، اخلاص اور جماعت کی خدمت جاری رکھنے کی توفیق عطا فرمائے۔

5.3.5-حوالہ جات

- آئینہ کمالات اسلام
- کتاب البریا
- روحانی خزائن، جلد 13
- تاریخ احمدیت۔بھیرہ، صفحہ۔118

5.4-ذکرِ خیر حضرت مولوی محمد حسین احمد آبادی رحمۃ اللہ علیہ

ولادت: 1873ء بیعت: 1894ء وفات: 1916ء

(شفیق الرحمن نیر (اعوان) ابن پروفیسر میاں عطاء الرحمن صاحب مرحوم)

حضرت مولوی محمد حسین احمد آبادیؓ میرے دادا جان مرحوم (حضرت میاں کرم دینؓ) کے ہم وطن اور بہت قریبی دوست تھے۔آپ کا تعلق احمد آباد جہلم سے تھا جو کہ بھیرہ سے دو تین میل کے فاصلہ پر دریائے جہلم کے شرقی کنارے پر واقع تھا۔

حضرت مولوی صاحبؓ صحابی ابن صحابی تھے۔آپ ایک نمایاں اور بلند پایہ شاعر (عربی، فارسی، پنجابی) تھے۔اس کے علاوہ آپ مشہور طبیب بھی تھے۔آپ کی پیدائش احمد آباد کی ہے۔ پھر چند نامساعد حالات کے پیشِ نظر بھیرہ آ گئے۔ پھر اپنے والد محترم کے ساتھ ہجرت کر کے قادیان چلے گئے۔ خلافت اولیٰ میں واپس بھیرہ آ گئے اور 1916ء میں وفات پائی اور بھیرہ میں مدفون ہیں۔ مجھے بہت ریسرچ کرنے کے بعد آپ کے حالات زندگی جمع کرنے کا موقع ملا ہے اور خوشی محسوس ہو رہی ہے کہ میں اس بزرگ کا ذکر خیر لکھ رہا ہوں جنہوں نے نہایت نامساعد حالات میں ہمارے دادا جان مرحوم سے دوستی نبھائی اور کما حقہ ہر خوشی و غمی میں ان کے مدد و معاون رہے۔ میں اظہارِ تعلق کے لئے ان تصاویر، شاعری کی معلومات اور سلسلہ عالیہ احمدیہ میں تاریخی واقعات کو قلمبند کرنے کی کوشش کر رہا ہوں۔

5.4.1-خاندانی پس منظر اور ابتدائی حالات

حضرت مولوی صاحبؓ، حضرت مولوی شیخ قادر بخش صاحبؓ احمد آباد (نزد بھیرہ) کے اکلوتے صاحبزادے تھے۔حضرت مولوی قادر بخشؓ حضرت مولانا حکیم نور الدینؓ کے محبوں اور ہم عصروں

میں سے تھے۔آپ نے اوائل (1892ء) میں ہی احمدیت قبول کرنے کا شرف حاصل کیا۔آپ 1892ء کے جلسہ سالانہ میں شریک ہوئے اور ہجرت کر کے قادیان منتقل ہوگئے۔

(اصحاب صدق ووفا۔تین سو تیرہ صفحہ 288)

حضرت قادر بخشؓ 1852ء میں احمد آباد (نزد بھیرہ) میں پیدا ہوئے اور 1906ء میں قادیان میں وفات پائی اور وہاں بہشتی مقبرہ میں ہی مدفون ہوئے۔

حضرت اقدسؑ نے آئینہ کمالات اسلام میں جلسہ سالانہ 1892ء کی فہرست میں 33 نمبر پر آپ کا نام درج فرمایا جہاں حکیم قادر بخش احمد آباد ضلع جہلم تحریر کیا۔کتاب البریہ میں پر امن جماعت کے ضمن میں ذکر فرمایا ہے۔آپ ابتدا میں ہی ہجرت کر کے قادیان چلے گئے تھے اور وہیں 1906ء میں وفات پائی اور بہشتی مقبرہ میں تدفین ہوئی۔

تاریخ احمدیت سے پتہ چلتا ہے کہ حکیم محمد حسین احمد آبادیؓ بھی اپنے والد محترم کے ساتھ قادیان چلے گئے تھے۔ جنگ مقدس مباحثہ مئی 1893ء پادری عبداللہ آتھم بمقام امرتسر آپ بھی حضرت اقدسؑ کے ساتھ تھے اور پھر خلافت اولیٰ میں واپس بھیرہ آگئے اور 1916ء میں وفات پائی اور بھیرہ میں ہی دفن ہوئے۔

آپ بہت نیک، متقی اور رؤیاء صالحہ سے مشرف ہونے والے بزرگ تھے۔آپ کے رؤیاء صالحہ کی نہ صرف حضرت اقدسؑ نے تصدیق فرمائی بلکہ حضرت حکیم مولانا نورالدینؓ کی بھی پسندیدہ ہیں۔

حضرت مولوی صاحبؓ کی شادی خاندان قریش میں بھیرہ میں ہوئی جو کہ حضرت حکیم مولانا نورالدینؓ کی بھتیجی تھیں۔جب دریائے جہلم نے رخ موڑا تو احمد آباد کی زمین کا بڑا حصہ دریا برد ہوگیا اور آپ مع فیملی بھیرہ منتقل ہوئے۔آپ نے کچھ عرصہ حضرت میاں امام دینؓ (مخلص صحابی او ورسیئر بلوچستان) کے گھر بھیرہ میں قیام کیا۔

(تاریخ احمدیت بھیرہ از فضل الرحمٰن بسمل غفاری۔دسمبر 1972ء۔صفحہ 61،62)

5.4.2-ادبی اور طبی خدمات

حضرت مولوی محمد حسین احمد آبادیؒ بہت مشہور طبیب اور بلند پایہ شاعر تھے۔آپ کا آبائی وطن تو بھیرہ ہی تھا مگر خدا جانے کیوں احمد آباد جو کہ بھیرہ سے دو تین میل دریائے جہلم کے پار کنارے پر ہے جا مقیم ہوئے۔خود تو اتنا ہی ذکر کرتے ہیں کہ:

وطن قدیمی بھیرہ آہا چھڈ آئے اوہ جائیں
اس جگہ دے بندے ظالم آدم خور بلائیں

(احوال آخرت جدید)

لہٰذا آپ احمد آبادی مشہور ہو گئے کیونکہ آپ ولادت وہیں پر ہوئی۔حضرت مولوی محمد حسین احمد آبادیؒ ،حضرت مولوی محمد دلپذیرؒ کے شاعری کے استاد تھے اور دونوں ایک ہی محلہ میں رہتے تھے۔ آپ کی تصانیف میں فارسی ،اردو، پنجابی کی اکثر کتابیں ہیں مگر جوز یور طبع سے آراستہ شدہ ہیں ان کے نام یہ ہیں:

تاریخ جہاں نما (اردو نثر) تاریخی کتاب
علم طب کے مجربات پر مشتمل کتب مندرج ذیل ہیں:

1- فیض عام 2- اسرار الحاذقین
3- علاج الاطفال 4- رسالہ جنین

پنجابی منظوم احوال آخرت جدید، گلزار آدم، گلزار حسین ترجمہ سر الشہادتین، سیف السنت کلاں، خلاصہ دیوان حافظ، شرح قصیدہ، صلوٰۃ مضمریہ۔

آپ کے بارے مشہور ہے کہ آپ نے سورۃ یٰسین کا ترجمہ وتفسیر پنجابی میں لکھی تھی۔آپ نے متعدد کتب تصنیف کیں۔عموماً پنجابی میں لکھتے تھے کبھی کبھی اردو اور فارسی کی ملاوٹ بھی کرتے تھے۔

حضرت مولوی محمد حسین احمد آبادیؓ اپنے والد محترم کی طرح قادیان ہجرت کر کے چلے گئے تھے مگر پھر خلافت اولیٰ میں واپس 1914ء میں بھیرہ آ گئے۔آپ نے 1916ء میں وفات پائی اور بھیرہ میں مدفون ہوئے۔ جماعت احمدیہ ان کی آخری آرامگاہ رمزار کی نشاندہی اور کتبہ کی بھرپور کوشش کررہی ہے۔ان کے موجودہ لواحقین کو ان کے مزار کے بارے میں کچھ علم نہیں۔

آپ کی اولاد میں پانچ چھ لڑکیاں اور ایک لڑکا عبدالقادر شاہ فارسی دان اور انگریزی خواں تھے۔ بہت ذہین اور لائق تھے۔ان کے بھی بفضل خدا چھ سات بیٹے تھے۔ان میں سے ایک ڈاکٹر فضل قادر مرحوم تھے جو کہ میرے والد مرحوم کے ہم عصر تھے۔ اظہار تعلق کے لئے میں نے تمام بزرگوں کی تصاویر اسی مضمون میں شامل کر دی ہیں۔ مجھے حضرت قادر بخش صاحبؓ کی تصویر نہیں مل سکی۔ ہمارے بزرگوں کے یہ دیرینہ تعلقات ان دونوں صحابہؓ کی وفات کے بعد ان کی اگلی نسلوں رپشتوں کے ساتھ اس عقیدت واحترام کے قائم ودائم رہے۔ غالباً یہ تعلق اور باہمی محبت آبائی وطن احمد آباد اور احمدیت کی وجہ سے تھا۔

ہمارے یہ خاندانی تعلقات اسی خاندان کی تیسری پشت تک قائم رہے۔محترم ڈاکٹر فضل قادر شاہ صاحب کی غالباً دو صاحبزادیاں میری دونوں بڑی بہنوں کی کلاس فیلوز رہیں۔ پھر ہمارا خاندان 1956ء میں بھیرہ سے ربوہ آ گیا۔ پھر رفتہ رفتہ یہ تعلقات ماند پڑ گئے۔ ہم اعلیٰ تعلیم اور ملازمتوں کے سلسلہ میں پاکستان سے باہر آ گئے۔ ہمارے والدین وفات پا گئے۔اب بہت عرصہ کے بعد ڈاکٹر فضل قادر صاحب کے لواحقین سے میں نے سرگودھا رابطہ قائم کیا ہے۔ مجھے بہت تمنا تھی کہ میں حضرت مولوی صاحبؓ کی سورہ یٰسین کی پنجابی تفسیر حاصل کر سکتا۔اس میں مجھے تا حال کامیابی حاصل نہیں ہوئی مگر ان بزرگوں کی تصاویر دیکھ کر بہت اطمینان اور راحت ہوئی کہ ہمارے بزرگوں کا کن متقی لوگوں سے تعلق تھا۔ یہ ہمارے آباء واجداد کے ہم وطن، خیر خواہ اور ہمدرد تھے۔ اللہ تعالیٰ ان کے درجات بلند کرے۔ان کی اگلی نسلوں اور پشتوں کا حامی وناصر اور وارث ہو اور ان میں اپنی بزرگوں کی

نیکیوں اور تقویٰ شعاری پر چلنے کی توفیق بخشے۔ ان کے بزرگ تو بہت وفا شعار اور تابعداری میں اپنی مثال آپ تھے جو کہ ترک وطن کر کے مسیح الزماں کے قدموں میں اطمینان قلوب کے لئے نچھاور ہو گئے۔ اللہ تعالیٰ ان بزرگوں کو ان کے اخلاص اور تقویٰ کو قبول کرتے ہوئے جنت النعیم میں اعلیٰ مقام بخشے۔ آمین۔

5.4.3- عظیم پنجابی شاعر

حضرت مولوی محمد حسین احمد آبادیؓ بہت مشہور شاعر اور طبیب تھے۔ عربی کے بھی بہت بڑے عالم۔ انہوں نے کئی کتب کا پنجابی میں ترجمہ کیا تھا۔ آپ نے کئی کتب پنجابی میں لکھیں۔ بھیرہ کے علاقہ میں آپ کی ایک پنجابی ''مناجات طلب اولاد'' بہت مشہور ہوئی۔ اس کے ورد سے اولاد نصیب ہوتی ہے۔ اس کے چند اشعار میں اس مضمون میں تبرکاً نذر کر رہا ہوں۔ مولوی صاحبؓ کی اکثر کتب کی اشاعت مولوی محمد حسین احمد آبادی میموریل فاؤنڈیشن کے ذریعہ ہو چکی ہے۔ ''مناجات طلب اولاد'' بھیرہ کے علاقہ میں حضرت مولوی صاحبؓ کی پہچان ہے۔

حضرت مولوی صاحبؓ فارسی کے بھی بلند پایہ شاعر تھے۔ حضرت اقدس مسیح موعودؑ کی وفات پر آپ نے ''قطعہ تاریخ وفات'' تحریر فرمایا جو کہ 9/جون 1908ء میں ''اخبار بدر'' میں شائع ہوا۔ بغرض ثواب یہ پنجابی قطعہ مع اردو ترجمہ بھی اس مضمون میں شامل کر رہا ہوں:

5.4.4- مناجات طلب اولاد

وڈیاں مہراں والیا سائیاں رب غریب نوازا
اپنے فضل کرم تھیں کھولیں رحمت دا دروازہ
رحمت دا دریا الٰہی ہر دم وگدا تیرا
جے ہک قطرہ بخشیں مینوں کم ہو جاوے میرا

تیرا اوہ دربار الٰہی پاک منزہ عالی
جس درباروں کوئی سوالی کدیں نہ ولیاں خالی
باغ لگا دیں خوشیاں والے بوٹی پٹیں غم دی
سارے کم سنواریں ساڈے کر کے نظر کرم دی
لاویں پھل جناب اپنی تھیں سوہنے پھل نرالے
بخش کریں فرزند حضوروں نیک حیاتی والے

(تاریخ احمدیت بھیرہ از فضل الرحمٰن بسمل غفاری۔ دسمبر 1972ء صفحہ 93)

مسیح ومہدی موعود مسعود (وہ مبارک مہدی جس کا وعدہ دیا گیا تھا جس کے جمال سے اللہ تعالیٰ کا نور چمکا اس دنیا میں)

کہ نور حق درخشید از جمالش دریں عالم دراوفرستاد

اللہ تعالیٰ نے اسے بھیجا تھا تاکہ مخلوق اس کے (روحانی) کمالات سے فیض یاب ہو

کہ یابد خلق فیضان کمالش کمر بستہ پئے اسلام

اس نے اسلام کی شان وشوکت دنیا میں دکھانے کے لئے کمر باندھی ہوئی تھی

نمود اظہار وجبروت وجلالش چو اُو ماموروِ مغفور خدا بُود

جیسا کہ خدائے مغفور نے اسے اس کام کے لئے مامور کیا تھا مغفور

شُدہ مغفور سال انتقالش

ان کے انتقال کے سال کی تاریخ ہے۔

م=40، غ=1000، ف=80، و=6، ر=200 ٹوٹل=1326

(ملک محمد صفی اللہ خان) (اخبار البدر 23 جلد 7 صفحہ 8 مورخہ 9/جون 1908ء)

یہ قطعہ تاریخ وفات حضرت مسیح موعودؑ پر حکیم محمد حسین احمدی احمد آبادیؓ نے تحریر کیا جس میں سے

چند اشعار (فارسی میں) یہاں قارئین کے لئے درج ہیں۔ان فارسی اشعار کا ترجمہ ملک محمد صفی اللہ خان (ٹورانٹو، کینیڈا) نے فرمایا ہے۔اللہ تعالیٰ ملک صاحب کو اس کی بہترین جزا عطا فرمائے۔آمین۔

5.4.5-حضرت اقدسؑ سے قریبی تعلق

حضرت مولوی صاحبؓ کو یہ بھی شرف حاصل ہے کہ آپ حضرت مسیح موعودؑ کے ساتھ ''مباحثہ پادری عبداللہ آتھم'' (جو کہ جنگ مقدس کے نام سے سلسلہ کے لٹریچر میں مشہور ہوا) کیلئے مئی 1893ء امرتسر تشریف لے گئے۔ وہاں سے واپسی پر آپ نے ایک رؤیا صالحہ دیکھا جو کہ حضرت مسیح موعودؑ کا تصدیق شدہ اور حضرت حکیم مولانا نورالدینؓ کی خدمت میں نہایت پسندیدہ اور منظور شدہ تھا۔

(الفضل قادیان 8/اپریل 1914ء صفحہ 18 جلد نمبر 43)

یہ رؤیاء صالحہ بھی اسی سفر میں دیکھا یا گیا تھا۔ مجھے بھی اس کے پڑھنے کا موقع ملا اور بہت ایمان افروز پایا۔رؤیاء صالحہ تو کافی لمبا ہے مگر میں اس کا مختصراً خلاصہ یہاں پیش کرتا ہوں۔

رؤیاء صالحہ میں اللہ تعالیٰ نے (1893ء) میں حضرت اقدسؑ کی وفات، حکیم مولوی نورالدینؓ کی خلافت اولیٰ اور پھر حضرت مرزا محمود احمدؓ کے انتخاب خلافت کے بارے قبل از وقت دِکھا دیا تھا۔ ان کے ''رؤیاء صالحہ'' حضرت اقدسؑ کا تصدیق شدہ اور حضرت حکیم مولانا نورالدینؓ کا پسندیدہ اور منظور شدہ ہے۔ یہ رؤیاء دونوں حضرات کو بیان کی گئی اور دونوں نے اس کی کمال تصدیق فرمائی۔ حضرت اقدس مسیح موعودؑ نے 1908ء میں وفات پائی اور پھر حضرت حکیم مولانا نورالدینؓ کو ان کا جانشین (خلیفہ اوّل) منتخب کیا گیا اور پھر سیدنا حضرت مرزا محمود احمد خلیفۃ المسیح الثانیؓ منتخب ہوئے۔

رؤیاء صالحہ سن کر حضرت اقدس نے تعبیر میں فرمایا کہ وہ موعود فرزند جس کی برکت دنیا کے کناروں تک پہنچنی ہے تم کو میرے ساتھ دکھلایا گیا ہے۔ یہ رؤیاء ایسی صادق ہے کہ جس کی صداقت اظہر من الشمس ہے۔اس رؤیاء صالحہ کے بعد دس بارہ سال بعد (1905-1903ء) ایک رؤیاء دیکھا تھا وہ بھی ظاہر کرنا ضروری ہے۔چھوٹی مسجد میں جو حضرت اقدس کے دولت خانہ کے ساتھ ملحق ہے اس کو میں اتنا

بلند دیکھتا ہوں جیسے دور سے ستارہ نظر آتا ہے اور اس پر نور کے حروف سے لکھا ہوا دیکھا ''مقام محمود''۔ اس کی تعبیر ہر ایک دانا خود سوچ سکتا ہے۔ مجھے یہ سچی خوابیں جو دکھلائی گئیں ان کا ظاہر کرنا اس مخالفت کے زمانہ میں ضروری معلوم ہو۔ ان کو مشتہر فرمانا ضروری سمجھیں تو آپ کی مرضی۔

(عریضہ محمد حسین از بھیرہ۔31/مارچ 1914ء)

حضرت مولوی صاحبؓ حضرت خلیفۃ المسیح الاوّلؓ کے رشتہ داروں میں سے عالم، فاضل احمدی ہیں۔ حضرت مولوی صاحبؓ 1916ء میں بھیرہ میں وفات پا گئے۔ آپ نے حضرت مسیح موعودؑ کی وفات/خلافت اولیٰ اور پھر خلافت ثانیہ بھی دیکھی اور پھر اس دنیا سے رحلت فرما گئے۔ واقعی بہت متقی اور عالم باعمل انسان تھے۔

حضرت مولوی صاحبؓ کی اولاد میں ایک لڑکا (سید عبدالقادر شاہ مرحوم) اور پانچ یا چھ بیٹیاں تھیں۔ سید عبدالقادر صاحب بہت اچھے فارسی دان و انگریزی دان تھے۔ آپ کے بھی بفضل خدا چھ سات بیٹے تھے۔ سب بہت لائق اور باروزگار تھے۔ سید عبدالقادر شاہ مرحوم کی اولاد میں مَیں صرف ڈاکٹر فضل قادر مرحوم کو جانتا ہوں۔ میرے دودھیال (خاص طور پر پھوپھو جان محمد بیؓ صحابیہ) کا اس خاندان کے ساتھ قریبی تعلق رہا اور ڈاکٹر صاحب موصوف انہیں پھپھی کہہ کر بلاتے تھے۔

حضرت مولوی صاحبؓ بڑے درویش منش انسان تھے۔ ساری عمر سادگی میں بسر کی۔ بہت صابر و شاکر تھے۔ مرض الموت میں باوجود تکلیف کے اُف تک نہ کی بلکہ دعائیہ کلمات اور الحمدللہ کا ورد کرتے تھے۔ بہت حیادار بزرگ تھے۔ آپ کی بزرگی کے پیش نظر پڑوس کی خواتین آپ سے پردہ نہ کرتی تھیں مگر جب بھی آپ وہاں سے گزرتے تھے تو اپنے منہ پر پگڑی کا پلہ رکھ لیتے تھے۔ مجھے ان کی آخری بیماری کی تفصیلات معلوم نہیں ہیں۔ لیکن وہ عظیم حکیم، متقی اور خدا ترس انسان تھے۔

5.4.6-اولاد

حضرت مولوی محمد حسین صاحب احمد آبادیؓ اور حضرت خدیجہ بی بیؓ (جو کہ حضرت خلیفۃ المسیح الاوّلؓ کی بھتیجی تھیں) کی مندرجہ ذیل اولاد ہے:

1- سید عبدالقادر شاہ (حافظ قرآن) مدفون واہ

2- سیدہ رقیہ بی بی صاحبہ مرحومہ 3- سیدہ سکینہ بی بی صاحبہ مرحومہ

4- سیدہ صابرہ بی بی صاحبہ مرحومہ 5- سیدہ ہاجرہ بی بی صاحبہ مرحومہ

6- سیدہ آمنہ بی بی صاحبہ مرحومہ

سیّد عبدالقادر شاہ صاحب کے آگے بھی بہت اولاد ہے اور ان سے ہمارے خاندان کا تعلق ڈاکٹر فضل قادر مرحوم تک رہا پھر 84/1974ء کے بعد کے مروجہ قوانین سے گھبرا کر انہوں نے کمزوری دکھائی اور سلسلہ کی تمام کتب میرے ماموں ایم مبارک احمد صاحب کو دے دیں جو کہ اس وقت بھیرہ کے صدر تھے۔ اگلی نسل اپنے ان بزرگوں کے ابتدائی حالات اور ہماری تاریخ میں ان کے اذکار سے متفق نہیں۔

خاکسار اس کوشش میں ہے کہ مجھے حضرت مولوی صاحبؓ کی سورہ یٰسین کا ترجمہ وتفسیر بزبان پنجابی مل جائے تو انشاء اللہ زندگی نے مجھے موقع دیا تو میں اس کا انگریزی میں ترجمہ کر کے انہیں کے نام سے شائع کروں گا۔ یہ میرے بزرگوں کے قدیمی آزمائے ہوئے دوست تھے اور ان کے احسانات اور کریمانہ سلوک کا یہی باحسن اظہار تعلق ہوگا۔ اللہ تعالیٰ مجھے اس کی توفیق بخشے اور اللہ تعالیٰ ان بزرگوں کی نسلوں کو دوبارہ شجر احمد کی بابرگ وبار اور مضبوط جاندار شاخیں بنادے۔ یہ وہ بزرگ تھے کہ جنہوں نے مسیح الزماں کی خاطر ترک وطن کر کے قادیان میں سکونت کر لی تھی۔ یقیناً اللہ تعالیٰ ان کی دعاؤں، اخلاص اور سلسلہ کی خاطر محبت اور عقیدت کو ہرگز ضائع نہیں کرے گا۔ میں پوری امید اور دعا کرتا ہوں کہ ان کی اولاد اس کی قبر کی جگہوں کو تلاش کرنے، اسے بحال کرنے اور اس کی قبر پر ایک اچھا مستحق یادگاری کتبہ لگانے کے قابل ہوجائے گی۔ ان شاء اللہ تعالیٰ۔

حضرت مولوی محمد حسین صاحب احمد آبادیؒ

محترم سید عبدالقادر شاہ صاحب

محترم ڈاکٹر سید فضل قادر شاہ صاحب

5.5-ذکرِ خیر حضرت مولوی محمد دلپذیر بھیروی رحمۃ اللہ علیہ

ولادت: 1865ء   بیعت: 1894ء   وفات: 1945ء (مدفون بھیرہ)

(شفیق الرحمٰن ابن پروفیسر میاں عطاالرحمن صاحب مرحوم)

حضرت مولوی محمد دلپذیرؓ میرے دادا جان حضرت میاں کرم دین بھیرویؓ کے ہم عصر اور بہت قریبی دوستوں اور محبوں میں شامل تھے۔ انہی قدیمی اور دیرینہ تعلقات اور احسانات سے متاثر ہو کر میں نے ان کا ذکر خیر لکھنے کا ارادہ کیا ہے۔ اگرچہ میں اپنے ذکر خیر میں ان کی دینی، دنیاوی اور روحانی ترقیات کا پوری طرح سے احاطہ نہیں کرسکا، مگر اظہار تعلق اور احسانات کے اعتراف میں اپنی اس ذمہ داری کو احسن طریق سے نبھانے کی کوشش ضرور کی ہے۔

حضرت مولوی دلپذیرؓ وہ شخصیت تھے کہ جنہوں نے میری والد محترم (پروفیسر میاں عطاء الرحمٰن مرحوم) اپریل 1905ء) کی پیدائش پر ایک لمبی پنجابی نظم بطور مبارک باد لکھ کر سرگودھا میرے دادا کو بھجوائی جو کہ ملازمت کے سلسلہ میں گئے ہوئے تھے۔ اسی مضمون میں اظہار تعلق اور بغرض ثواب حضرت مولوی دلپذیرؓ کی اس نظم کے کچھ حصے شامل کروں گا۔ حضرت مولوی دلپذیرؓ پنجابی، فارسی اور عربی کے عظیم شاعر تھے۔ آپ کے دیئے گئے خطبات بھیرہ کے علاقے میں بہت مشہور ہوئے۔ آپ نے پنجابی میں کئی کتب بھی تحریر فرمائیں۔ مخلص احمدی اور مسجد نور بھیرہ میں امامت کے فرائض بھی انجام دیتے تھے۔ آپ کے قبول احمدیت سے قبل کی شاعری سے لوگ یہ سمجھتے تھے کہ آپ غیر احمدی ہیں مگر بعد کی کتب اور شاعری سے جب لوگوں کو علم ہوا کہ آپ کا تعلق جماعت احمدیہ سے ہے تو بہت حیران ہوئے۔ آپ نے اپنی شاعری میں ''وفات مسیح'' اور'' امامکم منکم'' کے سلسلہ میں کھل کر احمدی مؤقف کو پنجابی شاعری میں عوام الناس کے سامنے پیش کیا۔ آپ نے 1945ء میں وفات پائی اور بھیرہ میں مدفون ہوئے۔

5.5.1 -ابتدائی حالات اور خاندانی پس منظر

آپ کا شجرہ نسب حضرت عباس بن حضرت علیؓ سے ملتا ہے۔آپ کا جدّی وطن مدینہ طیبہ تھا۔ حضرت مولوی محمد دلپذیرؓ کا اصل نام محمد امین تھا۔دلپذیر ان کا تخلص تھا جو کہ وہ شاعری میں استعمال کرتے تھے۔آپ اپنے والد (مولوی کرم الدین رمولوی کرم الٰہیؒ) کی تیسری بیگم سے اکلوتے بیٹے تھے۔

آپ کے والد محترم نے تقریباً سو سال عمر پائی اور 1890ء میں وفات پائی جبکہ حضرت مولوی دلپذیرؓ مرحوم 25 سال کی عمر کے تھے۔آپ کے والد محترم نے 1310ھ بمطابق میں بعارضہ پتھری مثانہ رحلت فرمائی۔

حضرت مولوی صاحبؓ نے بھی اپنے والد محترم کی طرح تین شادیاں کی تھیں۔آپ کے ایک بیٹے (ڈاکٹر منظور احمد صاحب) کا بھی جماعت کے ساتھ پختہ تعلق رہا اور وہ بھی حضرت مولوی صاحبؓ کی طرح پنجابی، اردو اور فارسی میں شاعری کرتے تھے۔

حضرت مولوی محمد حسین احمد آبادیؓ حضرت مولوی صاحبؓ کے شاعری کے استاد اور حضرت حافظ مولوی شرف الدین قریشی (چٹی پلی) بھیرہ والے آپ کے دینی اور روحانی استاد تھے۔ غالباً قریشی غلام حسین صاحب بھیروی انہیں بزرگوں کے بیٹے اور حضرت مسیح موعودؑ کے اوّلین صحابی، محبی اور مقرب تھے اور حضرت مولوی دلپذیرؓ کے ساتھ بہت قریبی اور برادرانہ تعلقات رہے۔حضرت اقدسؑ نے حضرت قریشی غلام حسین صاحب بھیرویؓ کو حضرت مفتی محمد صادق صاحبؓ کے ہاتھ اپنا ''عصا'' بطور اظہار تعلق بھجوایا تھا۔

حضرت مولوی صاحبؓ بھیرہ کے ممتاز شاعر تھے۔آپ ''کسوف وخسوف'' کا آسمانی نشان جو کہ حضرت مسیح موعودؑ کی تائید ونصرت میں ظاہر ہوا تھا دیکھ کر 1894ء میں سلسلہ عالیہ احمدیہ میں بیعت

کر کے شامل ہوئے۔بھیرہ کے اکثر اوّلین صحابہؓ کسوف وخسوف کا نشان دیکھ کر 1894ء میں جماعت احمدیہ میں داخل ہوئے۔

حضرت مولوی صاحبؓ پہلی دفعہ قادیان اس وقت آئے جب حضرت حکیم مولانا نورالدینؓ جموں سے قادیان آ گئے تھے۔حضرت حکیم مولانا نورالدینؓ مولوی دلپذیرؓ کی والدہ صاحبہ (الاہ بی بیؓ) کے رضائی بھائی تھے اور آپ کے والد محترم (مولوی کرم الدین رکرم الٰہیؓ) کے شاگردوں میں سے تھے۔ماں بیٹا قادیان حضرت حکیم مولانا نورالدینؓ کو ملنے کے لئے آئے اور بیعت کر کے واپس گئے۔بعد میں حضورؑ کی زندگی میں کئی بار قادیان آئے اور کئی کئی دن حضورؑ کی صحبت میں رہے۔آپ کی کسی تحریر یا مکتوب سے لگتا ہے کہ 1905ء میں بیعت کی مگر حضرت مولوی دلپذیرؓ کسوف وخسوف کے آسمانی نشان کو دیکھ کر 1894ء میں ایمان لے آئے تھے۔

(الفضل 19رفروری 1946ء صفحہ 10)

گرچہ ان کی ذاتی تحریر ہے مگر وہ 1894ء میں بیعت کر چکے تھے۔

(تاریخ احمدیت بھیرہ از حضرت فضل الرحمٰن صاحب بسمل دسمبر 1972ء)

آپ نے شعروشاعری میں وہ کمال حاصل کیا کہ پنجابی زبان میں آپ سے پہلے شعرا ہیں مگر اتنا سلیس اور دلچسپ رنگ کسی نے پیدا نہیں کیا۔آپ کا نام پنجاب میں اتنا مشہور ہوا کہ پنجاب کے لوگ جہاں بھی گئے آپ کی تصانیف بھی وہاں پر لے گئے۔

چنانچہ عرب میں بھی جہاں اس زبان کو کوئی جانتا تک نہیں تھا۔جب آپ پہلی مرتبہ 1921ء میں حج بیت اللہ سے مشرف ہونے کے لئے گئے تو جتنے دن وہاں رہے وہ پنجابی احباب جو خاص مکہ مکرمہ میں سکونت پذیر تھے صبح وشام برابر دعوتیں کرتے رہے۔آپ نے اس سارے سفر اور حج کے احکام کو پنجابی نظم میں لکھا جو ''رہنمائے حج'' کے نام سے شائع ہو چکی ہے۔

دوسری دفعہ 1935ء میں صرف زیارت مدینہ کے لئے گئے کیونکہ پہلی دفعہ وہاں حاضر نہ ہو سکے

تھے۔اس سفر میں مدینہ طیبہ کے حالات کو جنہیں آپ نے ''گلزار مدینہ'' کے نام سے ایک کتاب میں منظوم مفصل لکھا ہے وہ بھی شائع ہو چکی ہے۔آپ نے سو سے زائد کتابیں نظم میں لکھی ہیں اور آج تک کسی پنجابی شاعر کی اس قدر تصانیف ثابت نہیں۔قریباً ستر سال قلم چلایا۔آپ کی جس قدر بھی تصانیف ہیں سب کی سب مذہبی تعلیم کی کتابیں ہیں۔آپ نے ہر تصنیف میں مسلمانوں کی دینی ودنیاوی بہبود کو مدنظر رکھا ہے۔شرک اور بدعت کو ہر رنگ میں قوم سے دور کرنے کی کوشش کی ہے۔

آپ نے قرآن کریم کی آیات کی بنا پر خطبات جمعہ وعیدین مرتب کر کے پنجابی نظم میں پہلی بار پیش کئے۔یہ خطبات اس قدر رائج ہوئے کہ پرانی طرز کے خطبے اب بالکل مفقود ہیں اور آپ کے یہی خطبات غیر احمدی مساجد میں اکثر غیر احمدی علماء پڑھ کر سنایا کرتے ہیں۔

سارے قرآن کریم کی تفسیر بھی آپ نے پنجابی نظم میں لکھی ہے جو کہ پنجاب کے بچوں اور بچیوں کے لئے نہایت مفید ہے اور یہ حضرت مسیح موعودؑ کی تعلیم کی روشنی میں لکھی گئی ہے۔آپ حضرت مسیح موعودؑ کے صحابہؓ میں سے تھے۔حضورؑ کی زندگی میں کئی کئی دن قادیان میں آکر رہا کرتے تھے۔

ان کے ساتھ ہماری خاندانی عقیدت، ادب اور احترام ہمارے بزرگوں نے اپنی اولاد کے دلوں میں کوٹ کوٹ کر بھرا تھا۔میں 1974ء میں بھیرہ گیا تو میری منجھلی پھوپھو جان (محمد بی صاحبہؓ اہلیہ حضرت میاں محمد ابراہیمؓ صحابیہ) مجھے حضرت دادا جان، دادی جان کی قبور پر دعا کے لئے احمدیہ قبرستان لے گئیں۔غالباً ہم ان کے گھر سے نکل کر ''حاجی گلاب'' کی طرف سے قبرستان کی طرف جا رہے تھے تو پہلے وہ مجھے حضرت مولوی دلپذیرؓ کی قبر پر لے گئیں اور مجھے بتایا کہ حضرت مولوی صاحبؓ دادا جان کے ''پگڑی بدل بھائی'' تھے۔لہٰذا ہم نے سب سے پہلے ان کی قبر پر دعا کی۔پھر پھوپھو جان نے ان کی نظم کا تذکرہ کیا جو انہوں نے ہمارے والد مرحوم (پروفیسر میاں عطاء الرحمٰن) کی پیدائش پر ''مبارک باد کے طور پر'' حضرت دادا جان کے لئے لکھی۔پھر اس کے بعد وہ مجھے دادا جان اور دادی جان اور چچا میاں عطا اللہ مرحوم کی قبور پر لے گئیں اور نصیحت کی کہ میں جب بھی آئندہ آؤں تو

اپنے بزرگوں کی طرح حضرت مولوی صاحبؒ کی قبر پر بھی دعا کے لئے ضرور آؤں۔ یہ بزرگ ہمارے بزرگوں کے ہمدرد اور محبت کرنے والے وجود تھے۔

راستہ میں ڈاکٹر فضل قادر (ابن سید عبدالقادر شاہ) اور جو کہ حضرت مولوی محمد حسین احمد آبادیؒ کے پوتے تھے سے ملاقات ہوگئی جو کہ اپنے بزرگوں کی قبور پر دعا کے لئے جا رہے تھے۔ ڈاکٹر صاحب موصوف بھی ہماری پھوپھو جان محمد بی صاحبہ کو "پھپھی" کہہ کر بلاتے تھے۔ دونوں کے درمیان ان کے مزاج کے مطابق گفتگو ہوئی۔ کاش میں ان کے ساتھ ان کے بزرگوں کی قبور پر چلا جاتا تو مجھے بھی نہ صرف دعا کرتا بلکہ ان کی قبور کی محل وقوع کا اندازہ ہو جاتا اور دادا جان مرحوم کے قریبی ساتھی حضرت مولوی محمد حسین احمد آبادیؒ کی قبر پر بھی دعا کر لیتا۔ حضرت مولوی محمد حسین احمد آبادیؒ ہمارے دادا جان مرحوم کے" پگڑی بدل بھائی" تھے۔ احمد آباد سے ہجرت کے بعد جب وہ بھیرہ آباد ہوئے تو وہاں کے اوّلین صحابہؓ اسی طرح ایک دوسرے سے بھائی چارہ کی بھیرہ کی روایات کو قائم رکھتے تھے۔

ڈاکٹر فضل قادر مرحوم ابا جان مرحوم کے ہم عصر تھے۔ ڈاکٹر صاحب کی دو بیٹیاں میری دو بہنوں کی بھیرہ میں کلاس فیلوز تھیں بلکہ ایک نے تو غالباً جامعہ نصرت میں بھی آکر تعلیم حاصل کی۔

مجھے 2020ء میں دوبارہ بھیرہ جانے کا موقع ملا مگر میں ان بزرگوں کی قبور کو شناخت نہ کر سکا اور قبرستان کی حالت بہت مخدوش تھی۔ میں نے آکر مرکز سلسلہ کو ان اوّلین صحابہ کی قبور کی Restoration اور نگہداشت کی طرف تحریری توجہ دلائی۔

5.5.2-شاعری اور ادبی خدمات

آپ پنجابی کے مشہور اور عظیم شاعر تھے۔ آپ کو عربی پر بھی بہت عبور تھا۔ عموماً دینی اور ادبی قسم کی پنجابی منظوم کتب تصنیف فرماتے تھے۔ چند کتب کا ذکر کر رہا ہوں۔ فہرست تو بہت لمبی ہے۔

1- ترجمہ دیوان حافظ (منظوم پنجابی) 2- کتاب احوال الآخرت

3۔ خطبات دلپذیر (بھیرہ کے علاقہ میں بہت مشہور ہیں)

4۔ قصص المحسنین (تفسیر سورہ یوسف)

5۔ گلزار مکہ و مدینہ (حج کے مناسک اور شعائر اللہ کی معلومات)

6۔ قرآن مجید (ترجمہ مع تفسیر پنجابی نظم میں) تفسیر دلپذیر۔ باغ قرآن

7۔ مناجات دلپذیر

حضرت مولوی دلپذیرؒ کے کلام میں شگفتگی، سلاست اور ترجمہ میں آپ کو بہت مہارت اور دسترس تھی۔ آپ نے نہایت عمدہ انداز سے بعض بہت سیاسی، نازک اور معاشرتی اور دینی مسائل کو نہایت اچھوتے انداز سے بیان کیا۔

1۔ وَمَا قَتَلُوْهُ وَ مَا صَلَبُوْهُ (النساء:158) وفات مسیح کا مسئلہ بیان کیا۔

2۔ اِمَامُكُمْ مِنْكُمْ کے مسئلہ کو بہت عمدہ انداز میں پنجابی شاعری میں بیان کیا۔

تاریخ احمدیت بھیرہ از حضرت فضل الرحمٰن صاحب بسمل بی اے بی ٹی دسمبر 1972ء صفحہ 84 تا 89 میں تفصیل سے درج ہے۔ مزید تفصیل کے لئے قارئین پڑھ سکتے ہیں۔

آپ نے 1935ء میں دوسرا حج کیا تو وہاں کے علماء کے اجتماع میں آپ کا عربی قصیدہ در شان نبی اکرمؐ پڑھا تھا۔ اس پر آپ کو ایک عربی طرز کا خلعت انعام کے طور پر دیا گیا۔ آپ کے عربی قصیدہ کو بہت پسند کیا گیا۔ آپ یہ خلعت عیدین پر زیب تن فرماتے تھے۔ آپ نے گلزار مدینہ میں ایک قصیدہ عربی، فارسی، کا مرکب تھا۔ ترکیب بند شعر:

یا حبیبی سیدی للہ نظر حالنا

سیدا راہ خدا یک نظر در حال ما

مولوی دلپذیرؒ کے حج کے سفر میں ایک احمدی پٹھان ''نادر خان'' بھی ہمراہ تھا۔ وہ بیچارہ راستہ میں ہی فوت ہو گیا۔ حضرت مولوی صاحبؒ نے نادر خان کا مرثیہ مخمس کی صورت میں لکھا تھا:

شالا رحمت رب سچے دی ہووی نادر خاناں

حضرت مولوی دلپذیرؒ نے حضرت شہید مولوی نعمت اللہ خان (مبلغ احمدیت کابل، افغانستان) کی شہادت (سنگساری) پر ایک منظوم رسالہ شائع کیا۔

اگے کربل مقتل اہا سید پاک اماما دا

آہن کابل کربل بنیا احمد دیاں غلاماں دا

حضرت مولوی دلپذیرؒ کی بعض کتب پنجابی عالم و فاضل کے امتحانات میں بطور نصاب شامل ہیں۔ حضرت مولوی صاحبؒ مسجد نور بھیرہ میں امام خطیب کے فرائض بھی سرانجام دیتے تھے۔ آپ کی دوسری زوجہ (سیدہ غلام فاطمہؓ) بھی بہت علمدار تھیں۔ انہوں نے کئی عورتوں کو قرآن مجید کا ترجمہ پڑھایا۔ حضرت مولوی صاحبؒ کو قادیان اور خاندان مسیح موعودؑ سے بہت محبت و عقیدت تھی۔ چنانچہ ایک منظوم رسالہ لکھا تھا۔ ترکیب بند کچھ اس طرح تھا:

شالا قادیاں شہر آباد رہے

جتھے مہدی دی اولاد رہے

بھیرہ میں لوگ آپ کو بہت کرامت والا بزرگ مانتے تھے۔ لوگ شادی بیاہ کے موقع پر خطبہ نکاح پڑھواتے اور نومولودوں کے کانوں میں اذان آپ سے دلواتے اور نیک بختی کے لئے دعا کرواتے۔ اموات پر جنازہ پڑھوانے کی درخواست بھی آپ کو ہی کی جاتی تھی۔ آپ کا کاروبار عام تھا۔ بازار کے چوبارہ میں آپ کا دفتر تھا۔ ملاقاتیوں کو بھی وہیں وقت دیا جاتا تھا اور وہیں قرآن کریم بھی پڑھاتے اور تفسیر نویسی میں مصروف رہتے تھے۔

5.5.3 -اولاد

حضرت مولوی محمد دلپذیرؒ نے اپنے والد مرحوم کے تتبع میں تین شادیاں کیں۔

زوجہ اوّل: الاہ بی بی صاحبہ والدہ ڈاکٹر منظور احمد صاحب۔1326ھ میں وفات پائی۔

زوجہ ثانی: سیدہ غلام فاطمہ صاحبہ/خیر النساء صاحبہ 1353ھ میں وفات پائی۔

زوجہ ثالثہ: جنت بی بی۔وفات 1363ھ۔

دوسری زوجہ سے کوئی اولاد نہیں ہوئی۔تیسری زوجہ سے ایک بیٹی ہوئی۔

سوانح دلپذیر کے مطابق آپ کی اولاد میں ایک بیٹا اور ایک بیٹی تھیں اور غالباً یہ زوجہ اوّل (الاہ بی بیؒ) سے تھیں۔

میں نے بہت کوشش کی کہ حضرت مولوی صاحبؒ کی کوئی تصویر میسر آجائے۔بعض احباب بھیرہ کو بھی اس بارہ میں درخواست کی ہے۔ابھی تک کوئی کامیابی نہیں ہوئی۔

آپ کے صاحبزادے ڈاکٹر منظور احمد صاحب مرحوم (ولادت 1896ء بیعت 1908ء اور وفات 1964ء) بھی بہت بزرگ اور شاعر تھے۔آپ نے بھی نظارت اصلاح وارشاد کی فرمائش پر ایک کتاب (امام المتقین) لکھی تھی۔ یہ پنجابی نظم ونثر میں سے ہے۔آپ کے دل میں بھی تبلیغ کا بہت شوق تھا۔ بہت سے لوگ آپ کی تبلیغ سے سلسلہ عالیہ احمدیہ میں سرگودھا کے علاقہ میں شامل ہوئے۔ غیر مبائعین کے بارے آپ نے اپنی شاعری میں بھی لکھا۔ڈاکٹر منظور احمد مرحوم نے حضرت مولوی صاحبؒ کی لوح مزار کے لئے یہ اشعار کندہ کرائے:

مزار خاتم الشعراء دلپذیر بھیروی
جو تاجور مملکت شعر و سخن تھا
اس وقت یہاں اس کا تہ خاک محل ہے
تھا جس کا قلم سحر، زباں جادو بیاں تھی

آج اس کی زباں بند ہے اور ہاتھ بھی شل ہے
مداح محمد کا وہ منصب جسے حاصل
منظور خنک بخت وہ مغفور ازل ہے

5.5.4-مولوی محمد دلپذیرؓ کا ہمارے خاندان سے اظہار تعلق

ہمارے دادا جان مرحوم کا بھیرہ کے اوّلین صحابہؓ سے بہت قریبی اور محبت کا سلوک تھا۔ ان صحابہؓ میں حضرت حکیم مولوی نور الدینؓ، حضرت قاضی امیر حسینؓ، حضرت مولوی محمد حسین احمد آبادیؓ، حضرت مولوی عبدالرحمٰنؓ (سائیں جی) اور حضرت مولوی محمد دلپذیرؓ۔ دادا جان اکثر ان اوّلین صحابہ سے تمام ضروری خاندانی امور کا ان صائب الرائے بزرگوں سے مشورہ کرتے تھے اور ان سب کی بہت قدر کرتے تھے۔

ہمارے والد محترم (پروفیسر میاں عطاء الرحمٰن مرحوم) کی ولادت پر ہمارے دادا جان مرحوم سرگودھا ملازمت کے سلسلہ میں گئے ہوئے تھے۔ حضرت مولوی صاحبؓ نے اس موقع پر دادا جان مرحوم کے لئے مبارک باد پر مشتمل ایک پنجابی نظم لکھی اور دعاؤں سے نوازا۔ ہم سب ان کے اظہار تعلق کے ممنون ہیں۔ تبرکاً چند اشعار یہاں درج ہیں:

آ قلم اج لکھ سجن دل خوشیاں دے پروانے
جیڑی منت دل سی اوہ دتّی اج خدا نے
بھائی میاں کرم دین تیرے تے رب دی رحمت ہوئی
گھر تیرے وچ نواں نواں اک بندہ آیا کوئی
اج نہ نام بتاوے اپنا نہ گل کردا اُگّی
جو دل چاہنا سی ساڈا اوہ پوری ہوچکی

روز جمعہ دا وقت نماشاں ایہہ چن چڑھیا گویا
لکھ لکھ شکر خدا دا ہے ایہہ فضل خدا دا ہویا
دھرتی وچ اسلامی دے اج شاخ نویں ہکّ جمی
اللہ برکت دیوے اس نو شالا ہوئے حیاتی لمی
آنو دیاں اسی رنا پہلے سارا ٹبر ہسے
اس ویلے سرگودھا جائے کون مبارک دسے

حضرت مولوی صاحبؓ کا یہ اظہار تعلق اور دعاؤں پر مشتمل پنجابی نظم ہمارے سارے خاندان کے لئے قابل صد ستائش اور خوشی کا موجب ہے۔

ہمارے دادا جان مرحوم کا حضرت مولوی صاحبؓ کے ساتھ یہ قریبی تعلق تا وفات (1925/26ء) قائم رہا تھا۔ اس کے علاوہ ہمارے خاندان کے دوسرے بزرگوں کے ساتھ بھی ان کا بہت قریبی تعلق ہے۔ خاص طور پر انہوں نے خالو جان میاں عبدالرحمٰن اوورسیر کا اپنی کتاب میں ذکر کیا ہے۔ خالو جان مرحوم حضرت مولوی صاحبؓ کی تصانیف میں بہت دلچسپی لیتے تھے اور کما حقہ ان کی اشاعت میں حسب توفیق مولوی صاحبؓ کی خدمت بھی کرتے تھے۔ علم و معرفت کا یہ وجود 1945ء میں مختلف عوارض (درد گردہ، کمر درد) کے غالب آنے کی وجہ سے وفات پا گئے اور بھیرہ کے قبرستان میں آسودہ لحد ہیں۔

حضرت مولوی دلپذیر رحمۃ اللہ علیہ اور ان کی اہلیہ (اللہ بی بی) کو بھیرہ میں ایک دوسرے کے ساتھ ایک مختلف قبرستان میں دفن کیا گیا۔ ان کی قبریں حاجی گلاب دروازہ سے ہجکا روڈ پر ایک قبرستان میں ہیں۔ یہ احمدیوں کے باقاعدہ قبرستان سے مختلف ہے۔ ان قبروں پر کتبہ (قبر کے پتھر) رکھے گئے ہیں۔ حضرت مولوی دلپذیر رحمۃ اللہ علیہ کا کتبہ ٹھیک نہیں ہے۔ یہ بمشکل پڑھا جاتا ہے۔ میں مقامی/پڑوسی جماعت سے درخواست کرتا ہوں کہ ان قبروں کی اچھی طرح دیکھ بھال کریں۔ ہم نے بھیرہ میں

چند بزرگ صحابہ کی قبریں تلاش کی ہیں جو حضرت مسیح موعود علیہ السلام اور حضرت خلیفۃ المسیح الاول رضی اللہ عنہ کے قریب تھے۔ حضرت مولوی محمد حسین احمد آبادی کی قبر کا کوئی سراغ نہیں ملا۔ ان کی اولاد نے احمدیت چھوڑ دی تھی۔ آپ کا شمار اولین صحابہ میں ہوتا تھا اور آپ کا تعلق حکیم نور الدین رضی اللہ عنہ سے تھا۔

اللہ تعالیٰ مرحوم کے درجات بلند فرمائے اور ان کے کلام اور تصانیف اور خطبات و مناجات میں بے انداز برکت دے اور آئندہ آنے والی نسلوں کی راہنمائی کا موجب ہوں۔ آمین۔

5.5.5-تعریف اور محبت کا اشارہ

2020ء میں حضرت مولوی دلپذیر صاحب کی قبر کی تلاش میں بھیرہ گیا لیکن شروع میں نہ مل سکی۔ کچھ غیر احمدی دوستوں کی مدد سے، میں بالآخر اس جگہ کو تلاش کرنے میں کامیاب ہو گیا۔ ان کے مقبرے کا پتھر ٹوٹا ہوا تھا، اور ان کی بیوی کی قبر کا نشان نہیں تھا۔

جب میں امریکہ واپس آیا تو ریسرچ سیل نے مجھ سے رابطہ کیا جو کہ میری پھوپھی کے بارہ میں تھا۔ جواب میں، میں نے جماعت سے پرزور اپیل کی تھی کہ وہ بھیرہ میں ابتدائی صحابہ کی قبروں کے تحفظ کے لیے اقدامات کریں۔

پانچ سال کی خاموشی اور انتظار کے بعد، میں بالآخر ایک غیر احمدی دوست کے تعاون سے، حضرت مولوی صاحب کی اہلیہ، قرآن کریم کی ایک حافظہ، الاہ بی بی صاحبہ، جو 1908 میں انتقال کر گئی تھیں، کی قبر پر ایک مناسب کتبہ رکھنے کے قابل ہو گیا۔

یہ چھوٹا سا اشارہ ایک عقیدت مند جوڑے کی یاد کو برقرار رکھنے اور قرآن کے حافظ اور میرے دادا کے قریبی دوستوں کی یاد کو برقرار رکھنے کے لئے میرا عاجزانہ خراج تحسین تھا۔ میں خُدا کا شکر ادا کرتا ہوں کہ اُس نے مجھے اُن کا احترام اور شکر گزار ہونے کے قابل بنایا جس کے وہ بہت زیادہ حقدار ہیں۔

مصنف دونوں کو اپنے دادا دادی، بہت قابل اعتماد اور میرے دادا کا قریبی دوست/ بھائی مانتا ہے۔

اللہ تعالیٰ مرحوم کے روحانی درجات کو بلند فرمائے، ان کے کلام، تحریروں، خطبات اور دعاؤں پر دائمی رحمتیں نازل فرمائے اور آنے والی نسلوں کو ایمان پر ثابت قدم رہنے کی ہدایت فرمائے۔ آمین۔

Hazrat Molvi Dilpazir Bheravi (RA)

Famous Punjabi Poet, Hafiz e Quran, Wrote Many Books, Student of Hazrat Molvi Mohammad Hussain Ahmadabadi. He has written Tafseer of Holy Quran in Punjabi. My Grandpa's Best Friend and wrote a long poem to congratulate my Grandfather when my Father Prof Ata ur Rahman was born on April 1st, 1905. Hazrat Molvi Dilpazir and his 1st Wife (Allah Bibi, Umme Manzoor, Hafiza e Quran) buried next to each other in Bhera. The ignorant Mullahs of Pakistan had damaged his tombstone. His wife tombstone was erected couple of

5.6-حضرت میاں محمد اسحاق (اوورسیر-ممباسہ) کی دل نشین یاد

پیدائش:1868ء بیعت:1891ء وفات:1925 (حیدرآباد دکن میں مدفون)

(ترجمہ:شفیق الرحمن نیر (اعوان) ولد پروفیسر میاں عطاء الرحمن صاحب مرحوم)

5.6.1-تعارف

حضرت مولوی چراغ دین صاحب بھیرہ کے صاحبزادے حضرت میاں محمد اسحاق احمدیت قبول کرنے سے پہلے اہل حدیث روایت سے تعلق رکھتے تھے۔ 1868ء میں بھیرہ میں پیدا ہوئے، انہوں نے پانچ سال کی عمر میں قرآن پاک حفظ کرلیا، یہ ایک قابل ذکر کارنامہ ہے جس نے ان کے ابتدائی روحانی رجحان کو اجاگر کیا۔ ان کا تعلق کاریگروں کے خاندان سے تھا اور بعد میں لاہور کے میوسکول آف انجینئرنگ میں انجینئرنگ کی تعلیم حاصل کی۔

1905ء میں انہوں نے برطانوی حکومت کے محکمہ آبپاشی میں شمولیت اختیار کی۔ انہوں نے میو اسکول میں بطور انسٹرکٹر بھی خدمات انجام دیں اور بعد میں اپنی سرکاری ملازمت کے دوران مشرقی افریقہ کے شہر ممباسا میں تعینات ہوئے۔

5.6.2-حضرت مسیح موعود علیہ السلام سے تعلق

میاں محمد اسحاق صاحب کا تعارف سب سے پہلے لاہور میں حضرت مسیح موعود علیہ السلام سے ہوا، جہاں انہیں حضرت مرزا غلام احمد علیہ السلام کی تصنیف کردہ ''سبز اشتہار'' ملا۔ اس کے پیغام اور حضرت مسیح موعود علیہ السلام سے ملاقات سے دل کی گہرائیوں سے متاثر ہو کر انہوں نے 1891ء میں احمدیت قبول کرلی۔

1890ء میں ایک تبدیلی کے خواب نے ان کے دل کو مسیح موعود کے دعوے کی سچائی کے لیے کھول دیا۔اس کے بعد وہ قادیان تشریف لے گئے اور اٹل عقیدت کے سفر کا آغاز کیا۔ایک نوجوان کے طور پر، وہ اکثر راتوں رات لاہور سے بٹالہ جاتے تھے اور پھر قادیان چلے جاتے تھے اور صبح وقت پر نماز فجر باجماعت ادا کرتے تھے۔ ان ابتدائی اوقات میں ان کی غیر متوقع اور مسلسل موجودگی نے حضرت مسیح موعود علیہ السلام کو خوش کیا، جو اکثر ان کے اخلاص اور عقیدت پر خوشی کا اظہار کرتے تھے۔

اس عقیدت نے میاں محمد اسحاق اور حضرت مسیح موعود علیہ السلام کے درمیان ایک مضبوط اور براہ راست روحانی بندھن کو فروغ دیا، جو محبت، احترام اور سچائی کی لگن پر مبنی تھا۔حضرت مسیح موعود علیہ السلام سے گہری محبت تھی۔ حضرت مسیح موعود علیہ السلام کے مشورے پر آپ نے حیدر آباد دکن سے ایک اور شادی کی تجویز قبول کی اور آخر کار وہاں منتقل ہو گئے۔ اگرچہ وہ پہلے ہی بھیرہ میں شادی شدہ تھے (فاطمہ بیگم)۔ اپنے آقا کی مکمل اطاعت میں، آپ نے دوبارہ شادی کی اور حیدر آباد دکن چلے گئے۔آپ کے دونوں رشتوں سے بچے تھے

ان کا انتقال 1925ء میں حیدر آباد دکن میں ہوا اور وہیں دفن ہوئے۔ بعد میں، ان کی دوسری بیوی (صالحہ بیگم) اور بچے قادیان اور تقسیم کے بعد پاکستان چلے گئے۔

5.6.3- تعلیمی اور کمیونٹی کے تعاون

ایک نگران کے طور پر اپنی سرکاری خدمات کے علاوہ، میاں محمد اسحاق نے ایک ماہر تعلیم کے طور پر لازوال خدمات انجام دیں۔ میوسکول آف انجینئرنگ میں بطور انسٹرکٹر خدمات انجام دیتے ہوئے، انہوں نے بھیرہ اور آس پاس کے علاقوں کے بہت سے نوجوان احمدی مردوں کو خصوصی تربیتی پروگراموں میں داخلہ لینے میں مدد کی۔ ان میں سے بہت سے طلباء ڈرائنگ ماسٹرز اور ہنر مند پیشہ ور بن گئے، ان کی رہنمائی کی بدولت مقامی احمدی کمیونٹی کی پیشہ ورانہ ترقی پر نمایاں اثر ڈالا۔

مشرقی افریقہ میں اپنی پوسٹنگ کے دوران، انہوں نے احمدیہ جماعت کے اعزازی عہدے دار کے طور پر بھی خدمات انجام دیں، خطے میں اس کی ابتدائی کوششوں کی حمایت کی۔

5.6.4-خاندانی زندگی اور آخری سال

پہلی بیوی کی وفات کے بعد، میاں محمد اسحاق کے بارہ میں خیال کیا جاتا ہے کہ انہیں دوسری شادی کے لیے حیدر آباد دکن کا سفر کرنے کے لیے روحانی رہنمائی حاصل ہوئی۔ ممکنہ طور پر خواب میں یا مشورے کے ذریعے۔ آپ نے اس ہدایت پر عمل کیا، وہاں دوبارہ شادی کی، اور ان کے ہاں اولاد بھی ہوئی۔

ان کا انتقال حیدر آباد دکن میں 1925ء میں ہوا اور وہیں دفن ہوئے۔ پہلی بیوی سے ان کے بچوں کو بعد میں حافظ محمد اسحاق بھیرہ واپس لائے۔ ان میں میاں محمد اسماعیل، ایک چارٹرڈ اکاؤنٹنٹ تھے جنہوں نے کراچی اور ملتان دونوں میں خدمات انجام دیں۔ انہوں نے بھیرہ کے بہت سے احمدیوں کے نوجوانوں کو روزگار اور کیریئر کے مواقع حاصل کرنے میں اہم کردار ادا کیا۔

ان کی دونوں بیویوں سے بچے تھے (بھیرہ اور حیدر آباد دکن سے)۔ ان کی وفات کے بعد بھیرہ والی بیوی سے ان کے بچوں کو ایک اور رشتہ دار (حافظ محمد اسحاق بھیرہ، محلہ احمدیہ بھیرہ) کے ذریعے واپس لایا گیا۔ تاہم، ذاتی رنجشوں کی وجہ سے جو کہ ممکنہ طور پر ان کے والد کی دوسری شادی سے متعلق خاندانی تناؤ سے پیدا ہوا تھا۔ حافظ محمد اسحاق ؒ کے بیٹے میاں محمد اسماعیل بالآخر مایوس ہو گئے اور خود کو جماعت سے دور کر لیا۔ اس کے باوجود ان کی بیٹیوں کی شادی لاہور کے مسلم ٹاؤن کے میاں عبدالرحمن کے معزز خاندان میں کر دی گئی۔ قابل ذکر بات یہ ہے کہ میاں عبدالقدوس (B.Sc. Eng.) نے میاں محمد اسحاق کی پوتی سے شادی کی جو میاں محمد اسماعیل کی بیٹی بھی تھیں۔

دوسری شادی کے بچے، حیدر آباد دکن میں مقیم، آخر کار ملتان میں آباد ہو گئے۔ افسوس کی بات ہے کہ بعد کی نسلوں میں جماعت کے ساتھ تعلقات کمزور ہوتے گئے اور آخر کار ٹوٹ گئے۔

5.6.5-میراث اور عکاسی

حضرت میاں محمد اسحاق کی زندگی گہرے روحانی یقین، بے لوث خدمت اور دیرپا تعلیمی اثرات کی داستان ہے۔ حضرت مسیح موعود علیہ السلام سے ان کی غیر متزلزل وابستگی، مذہبی سچائی کے حصول میں ان کی قربانیاں، اور احمدی نوجوانوں کی پیشہ ورانہ ترقی میں ان کی شراکتیں بھیرہ کے احمدی ورثے کا ایک اہم حصہ ہیں۔

اگرچہ بعد کی نسلیں اس تہہ سے دور ہو گئیں، لیکن اس کی میراث فخر اور تحریک کا باعث بنی ہوئی ہے۔ اللہ تعالیٰ ان کے روحانی درجات کو بلند فرمائے، ان کی قربانیوں کو قبول فرمائے اور آنے والی نسلوں کو ان کے عظیم نمونے کو پہچاننے اور ان سے دوبارہ جڑنے کی ہدایت کرے۔ آمین۔

5.6.6 -اولاد

1- پہلی بیوی: فاطمہ بیگم؛ بھیرہ میں وفات پائی اور دفن ہوئی۔

بیٹا: محمد اسماعیل (غیر احمدی)، بیٹی: رابعہ

2- حضرت مسیح موعود علیہ السلام کے مشورے سے حافظ صاحب نے حیدرآباد دکن میں نکاح کیا۔ ان کی دوسری بیوی، جس کا نام صالحہ بیگم تھا، کا انتقال ہوا اور انہیں قادیان میں دفن کیا گیا۔ تقسیم کے بعد ان کے بچے پاکستان چلے گئے۔ بچے: محمد یوسف، محمد شریف، جمیلہ۔

(حوالہ: 313 اصحاب صدق و وفا، نمبر 220، صفحہ 257)

5.7-اہم نکات

- روحانی رفاقت خون سے بڑھ کر: یہ صحابہ ایک ایسی روحانی بھائی چارہ میں بندھے تھے جو اخلاص، ایمان اور مشترکہ قربانی پر مبنی تھی، اور اکثر خاندانی تعلقات سے بھی گہرا تھا۔

- ثقافتی و علمی شخصیات: ان میں سے کئی صحابہ تعلیم یافتہ عالم، شاعر یا ادیب تھے، جن کے علمی اور ادبی کام نے مذہبی مباحث اور خاص طور پر پنجابی زبان میں فکری ترقی کو فروغ دیا۔
- مشترکہ مشکلات اور ایک دوسرے کی حمایت: یہ صحابہ ہجرت، ظلم و ستم، اور معاشرتی مشکلات کے دوران ایک دوسرے کے ساتھ کھڑے رہے، جو ابتدائی احمدیت میں اتحاد اور صبر و استقامت کی روح کی عکاسی کرتا ہے۔

5.8-اہم اسباق

- خاموش مگر دیرپا اثر: یہ صحابہؓ محترم، عاجز زندگی گزارنے کے باوجود جماعت کی اخلاقی اور روحانی ترقی پر گہرا اثر چھوڑ گئے۔
- تاریخی فراموشی کا خطرہ: بعض صحابہؓ کی یادیں نظرانداز ہو گئی ہیں، ان کی قبریں بھول گئی ہیں، اور ان کی نسلیں اپنے احمدی اصل سے کٹ گئی ہیں۔
- مقدس یادوں کی حفاظت: مصنف نے یہ ذمہ داری لی کہ ان یادوں کو محفوظ کیا جائے۔ صرف تاریخ کے لیے نہیں بلکہ روحانی تسلسل کے لیے۔

5.9-اہم نتائج

- غیر معروف لوگوں کو تسلیم کرنا: یہ باب ابتدائی جماعت کے ان کم معروف مگر بنیادی صحابہؓ کی یاد کو اجاگر کرتا ہے، جو میرے دادا حضرت میاں کرم دین رضی اللہ عنہ کے دل کے قریب تھے۔
- روحانی رفاقت کی اہمیت: ایمان، کردار اور مشترکہ مقصد پر مبنی رفاقت بہت اہمیت رکھتی ہے اور اسے قدر کی نگاہ سے دیکھنا اور اپنانا چاہیے۔
- عملی پیغام: آئندہ نسلیں ان صحابہؓ کی عزت، یاد اور سبق کو برقرار رکھیں تاکہ ان کی قربانیاں ضائع نہ ہوں اور نہ ہی فراموش ہوں۔

5.10-باب کا خلاصہ

یہ باب حضرت میاں کرم دین بھیروی رضی اللہ عنہ کے ابتدائی غیر خاندانی صحابہؓ کی یادگار ہے، جو بھیرہ میں ابتدائی احمدی جماعت کی نشوونما میں اہم کردار ادا کر رہے تھے۔ ذاتی کہانیوں، ادبی تبادلے اور تاریخی پس منظر کے ذریعے مصنف ان کی روحانی طاقت، ادبی وراثت اور ایک دوسرے کے ساتھ لگن کو اجاگر کرتا ہے۔ خصوصیات جو آج بھی ہمارے لیے مشعل راہ ہیں۔ اس باب کا مقصد روحانی بھائی چارے اور عاجز خدمت کی اہمیت کو زندہ کرنا اور اسے آنے والی نسلوں تک پہنچانا ہے۔

5.11-باب 6 کی طرف منتقلی

باب 5 میں ہم نے خاندان کے باہر کے روحانی بھائیوں اور صحابہؓ کو یاد کیا، جبکہ باب 6 میں ہم اندرونی، یعنی بھیرہ کے ابتدائی احمدی رشتہ داروں کی طرف نظر ڈالیں گے، جن کی رفاقت حضرت مسیح موعود علیہ الصلوٰۃ والسلام کے لیے غیر متزلزل وفاداری کے ساتھ جُڑی ہوئی تھی۔

ان میں سے ایک شخصیت حضرت قریشی غلام حسین شاہ صاحب چٹی پُلّی کی ہے، جن کی غیر معمولی لگن ایک نایاب علامتی عمل سے پہچانی گئی۔ حضرت مسیح موعود علیہ الصلوٰۃ والسلام نے حضرت مفتی محمد صادق صاحب رضی اللہ عنہ کے ذریعے انہیں اپنا عصا بھیجا۔ ایک ایسا اعزاز جو بہت کم لوگوں کو ملا۔

باب 6 میں ہم ان خون کے رشتہ داروں کی زندگی اور وراثت کو پیش کریں گے اور دِکھائیں گے کہ کس طرح ان کے خاندانی تعلقات اور روحانی استقامت نے جماعت کی ابتدائی بنیادوں کو مستحکم رکھا اور یہ ثابت کیا کہ عقیدت ایمان اور خاندان دونوں میں یکساں اہمیت رکھتی ہے۔

○○

باب 6: دادا جان کے دوست اور بھیرہ سے ابتدائی صحابہؓ (رشتہ دار)

6.0-تعارف

مصنف حضرت مسیح موعود علیہ الصلوٰۃ والسلام کے ابتدائی/اولیٰ صحابہ کے ابتدائی صحابہ میں سے کچھ کو خراج تحسین ((ذکرِ خیر) شامل کرنا چاہتا ہے۔ ایسے افراد جنہوں نے عاجزی، عقیدت اور شناخت کی خواہش کے بغیر خدمت کی۔ اگرچہ زیادہ تر دنیا کو معلوم نہیں تھا، لیکن ان کی بے لوث قربانیوں کو حضرت مسیح موعود علیہ السلام نے بہت زیادہ قدر کی تھی۔ اس قدر کہ کم ازکم ایک معاملے میں انہوں نے اپنی واکنگ چھڑی حضرت مفتی محمد صادق صاحبؓ کے ذریعہ ذاتی تحفہ کے طور پر بھیجی جو کہ ان کے روحانی مرتبے اور ان سے قربت کا ثبوت ہے۔

یہ نیک روحیں اپنے تقویٰ، وقار اور عزت و ناموس کو خاموشی سے اپنے ساتھ قبروں تک لے گئیں۔ مصنف گہرے احترام کے اشارے کے طور پر اس باب میں ان کی یاد کو تسلیم کرنے اور ان کا احترام کرنے پر مجبور محسوس کرتا ہے۔ اگرچہ یہ چلنے پھرنے والے فرشتے چلے گئے ہیں لیکن وہ بھیرہ میں مسیح موعود علیہ السلام کے خاموش سپاہی تھے جو اس خطے میں احمدیت کے پیغام کو پھیلانے میں اہم کردار ادا کر رہے تھے۔

مصنف مندرجہ ذیل صحابہ کے ذکر خیر کو شامل کرنے جا رہا ہے (جن میں سے اکثر کا تعلق ہمارے خاندان سے تھا)۔ میں اس سیکشن میں تعاون کرنے کے لیے اپنے دوستوں کا بھی ممنون ہوں۔ واضح رہے کہ میری یہ کتاب حضرت میاں فضل الرحمن بسمل صاحب مرحوم کی 1972ء میں شائع ہونے والی ''بھیرہ کی تاریخ احمدیت'' کے 55 سال بعد شائع ہو رہی ہے۔ خدا اس عاجزانہ کوشش کو قبول کرے کہ بھیرہ کے ان ابتدائی صحابہ کو نہ صرف پہچانا جائے بلکہ ان کا ذکر خیر ہماری آنے والی نسلوں تک بھی پہنچے۔

مصنف نے بھیرہ کے درج ذیل صحابہ کے ذکر خیر کو شامل کیا ہے

- 6.1 حکیم عبدالجلیل صاحب آف بھیرہ/شیخوپورہ (رضی اللہ عنہ)
- 6.2 حضرت میاں مولا بخش بھیرہ (رضی اللہ عنہ)
- 6.3 حضرت میاں خدا بخش بھیرہ (رضی اللہ عنہ)
- 6.4 حضرت قریشی غلام حسین شاہ چٹی پلی (رضی اللہ عنہ)
- 6.5 حضرت میاں غلام محی الدین (رضی اللہ عنہ)
- 6.6 حضرت حافظ عبدالرحمن صاحب (سائیں جی رحمۃ اللہ علیہ)، حضرت مولوی خان ملک صاحب (رضی اللہ عنہ) اور حافظ مبارک احمد صاحب بھیروی (رضی اللہ عنہ)

6.1-حضرت حکیم عبدالجلیل صاحب بھیروی رضی اللہ عنہ

ولادت: 1875ء بیعت: 1896ء وفات: جنوری 1945ء

(شمس الہادی خان صاحب آف ہیوسٹن-ٹیکساس)

حضرت حکیم عبدالجلیل صاحب بھیروی میری ننھیالی جدی ہیں۔ ناچیز حضرت حکیم صاحب مرحوم کا پڑنواسہ ہے۔ حکیم صاحب مرحوم کو وفات پائے 80 سال کے قریب ہو چکے ہیں۔ ان کے بارے اس سے قبل نیک یادوں کو محفوظ کرنے کے حوالے سے نبی کریمؐ کی حدیث مبارکہ کی تعمیل میں تحریک دعا کی نیت سے چند حروف یکجا کر رہا ہوں۔ اس سے قبل مختلف کتب، رسائل اور اخبارات میں ان کا ذکر خیر چھپ چکا ہے۔ اسی کے تسلسل میں چند یادیں لکھ رہا ہوں اور چند توجہ طلب امور کے بارے گزارشات کروں گا۔

6.1.1-پس منظر اور ابتدائی حالات

تاریخ احمدیت بھیرہ کے مطابق حکیم عبدالجلیل بھیروی مرحوم بھیرہ کے تاریخی شہر میں 1875ء میں پیدا ہوئے۔آپ نے 1896ء میں بیعت کی اور حضرت مسیح موعودؑ کے صحابی ہونے کا شرف حاصل کیا۔آپ مکرم حکیم شیخ احمد صاحب کے فرزند تھے جو کہ حضرت حکیم مولانا نورالدین صاحبؓ کے قدیمی دوستوں اور ہم عصروں میں شامل تھے۔اگرچہ آپ مخالفین کے محلہ میں رہتے تھے مگر بڑے نڈر، مستقل مزاج اور مخلص احمدی تھے۔سلسلہ عالیہ احمدیہ کے بارے بہت غیرت رکھنے والے تھے۔مقامی مخالفت اور ابتدائی مشکلات کے پیش نظر آپ 1900ء میں راولپنڈی منتقل ہو گئے تھے لیکن بھیرہ کے ساتھ آپ کا تعلق برقرار رہا۔آپ کا یہاں آبائی گھر تھا۔

(میاں فضل الرحمٰن بسمل غفاری مرحوم امیر جماعت بھیرہ اشاعت 1972ء صفحہ 103، 104)

6.1.2-سفر جہلم اور زیارت حضرت مسیح موعودؑ

آپ کو یہ شرف بھی حاصل ہوا کہ آپ حضرت اقدسؑ کے سفر جہلم کے (1903ء) موقع پر راولپنڈی سے جہلم آئے اور حضرت اقدس کی خدمت میں حاضری دی۔غالباً حضرت اقدسؑ جہلم کرم دین والے مقدمہ میں تشریف لے گئے تھے۔

(رجسٹر روایات صحابہ نمبر 7 صفحہ نمبر 243)

جماعت احمدیہ اور حضرت مسیح موعودؑ کے قیام و طعام کا بندوبست (شیخ) میاں احمد دین صاحب نے اپنے گھر کیا تھا۔کھانے کے دوران میاں احمد دین کی بیگم نے حضرت اقدسؑ سے کسی تکلیف کے لئے تعویذ کے لئے عرض کی۔حضورؑ نے فرمایا کہ ’’میں نے کبھی کوئی تعویذ نہیں لکھا اور نہ ہی رسول کریمؐ نے کبھی تعویذ لکھا تھا۔استغفار اور درود شریف کثرت سے پڑھا کریں اور میں آپ کے لئے دعا کروں گا۔‘‘

6.1.3 - جماعت کے نمائندوں کی مہمان نوازی

حضرت حکیم صاحب مرحوم بہت مہمان نواز، مخلص اور خدمت دین کرنے والے وجود تھے۔ سلسلہ احمدیہ کے بزرگان کے ساتھ دل سے عزت و احترام، محبت وعقیدت سے پیش آتے تھے۔ ابتدائی سالوں میں بھیرہ میں آپ کی خدمات کا ذکر سلسلہ کے لٹریچر میں ملتا ہے۔ حضرت مفتی محمد صادق صاحب مرحومؓ اپنے بھیرہ کے ایک دورہ کی رپورٹ میں تحریر فرماتے ہیں:

"حکیم عبدالجلیل صاحب کا شکرگزار ہوں جو اکثر اوقات میری خاطرداری میں میرے ساتھ رہے۔" (البدر-مورخہ 2/اپریل 1908ء صفحہ 8)

سلسلہ عالیہ احمدیہ کے مبلغین اور جماعت کے عہدیداروں کے ساتھ دلی محبت، عقیدت اور احترام کا تعلق رہا۔ جہاں بھی (بھیرہ، راولپنڈی اور شیخوپورہ) رہے آپ نے ہمیشہ سلسلہ کے بزرگان کی کماحقہٗ خدمت اور اکرام وتکریم کیا اور بھیرہ کے اوّلین صحابہ کی اعلیٰ روایات کا نمونہ پیش کیا۔ (الحمدللہ)

6.1.4-نظام جماعت اور خلیفہ وقت سے عقیدت

حضرت حکیم صاحب مرحوم کا نظام جماعت اور خلیفۂ وقت کے ساتھ براہ راست بہت مضبوط تعلق رہا۔ ہر مشکل اور ابتلاء کے وقت خلیفہ وقت سے دعا، راہنمائی اور مشورہ لیا کرتے تھے۔ بھیرہ میں مخالفت بڑھی تو آپ اپنے کاروبار کے سلسلہ میں راولپنڈی چلے گئے۔ وہاں بھی احمدیت کی وجہ سے شدید مخالفت کا سامنا کرنا پڑا لیکن آپ استقامت کے ساتھ حالات کا مقابلہ کرتے رہے اور احباب جماعت کو دعا کے لئے کہتے رہے۔ اخبار الفضل میں ایک جگہ لکھا ہے:

"راولپنڈی سے حکیم عبدالجلیل کاروبار میں برکت کے واسطے دعا کے خواستگار ہیں۔ اللہ تعالیٰ مددگار ہو۔" (الفضل یکم دسمبر 1914ء صفحہ 2)

اسی طرح کی ایک درخواست دعا جدی کی طرف سے الفضل 9 ستمبر 1915ء صفحہ 2 بھی شائع ہوئی تھی۔ جب آپ نے مخالفانہ حالات کا ذکر حضرت خلیفۃ المسیح الثانیؓ سے کیا تو حضورؓ نے آپ کو شیخوپورہ منتقل ہونے کا مشورہ دیا۔ چنانچہ حضورؓ کے منشاء مبارک کے مطابق آپ شیخوپورہ آ گئے۔ یہاں پر اللہ تعالیٰ نے بہت فضل فرمایا اور بے شمار برکتوں سے نوازا۔ آپ بہت شریف النفس اور نیک سیرت بزرگ تھے اور دینی کاموں سے کبھی غافل نہ ہوئے۔

اولاد:

1- محترم مرغوب اللہ صاحب (وفات 24 اپریل 1985ء موصی۔ ربوہ)

2- محترم ملک مظفر الحق صاحب (وفات 5 اگست 1967ء موصی۔ ربوہ)

3- محترم حکیم ظفر الدین صاحب (وفات 12 نومبر 1975ء موصی۔ ربوہ)

4- ملک ظفر احمد صاحب عباسی (وفات 6 جولائی 1971ء موصی۔ ربوہ)

5- محترم حکیم عبد الرزاق صاحب (وفات 9 اپریل 1988ء موصی۔ ربوہ)

6- زبیدہ بیگم صاحبہ اہلیہ محمد اسلم صاحب لاہور (وفات 26 فروری 1993ء موصی۔ ربوہ)

7- محترمہ زینب صاحبہ 8- محترمہ سکینہ صاحبہ

آپ کی اولاد بفضلہٖ تعالیٰ بیرونی ممالک میں آباد ہے۔ آپ کی نسل میں سے مکرم ملک حامد صاحب بطور مربی سلسلہ امریکہ خدمت کی توفیق پا رہے ہیں۔ اللہ تعالیٰ آپ کو اپنی رحمتوں کی چادر میں لپیٹ لے اور درجات بلند فرمائے۔ آمین۔

6.1.5- بزرگان سلسلہ سے عقیدت اور مہمان نوازی

ہمارے جدی بے حد مہمان نواز، بزرگان سلسلہ کی دل سے محبت، عقیدت، کمال ادب واحترام سے پیش آتے تھے۔ بھیرہ کے اوّلین صحابہ کی روایات، فرض شناسی اور شناخت کو ہمیشہ زندہ رکھا۔ دینی کاموں میں ہمیشہ اپنے آپ کو پیش کرتے۔

جماعت احمدیہ کے مشہور بزرگ محترم شیخ عبدالقادر صاحب سوداگرمل لائلپور (فیصل آباد) میں 1940-45ء مربی مقرر ہوئے تو شیخوپورہ کی جماعت بھی آپ کے سپرد تھی اور شیخ صاحب کو حکیم عبدالجلیل صاحب کے ساتھ بہت قریبی کام کرنے کا موقعہ ملا۔ شیخ صاحب اکثر حکیم عبدالجلیل کے گھر میں ہی قیام کرتے اور موصوف کماحقہ سلسلہ عالیہ احمدیہ کے بزرگان کی خدمت اور اکرام ضیف کا خیال رکھتے۔ محترم ملک صلاح الدین صاحب ایم اے مصنف تابعین اصحاب احمد کے تحت محترم شیخ عبدالقادر صاحب کے حالات بیان کرتے ہوئے لکھتے ہیں:

''ان دنوں شیخوپورہ کے صدر حضرت حکیم عبدالجلیل صاحب بھیروی تھے۔ جس قدر اخلاص ومحبت اور لطف کے ساتھ حضرت حکیم صاحب آپ کے ساتھ پیش آیا کرتے تھے۔ آپ اسے بھول نہیں سکتے۔ جب بھی آپ شیخوپورہ جایا کرتے آپ کا قیام ہمیشہ حضرت حکیم صاحب کے ہاں ہوا کرتا تھا۔ آپ کو یہ بات نہیں بھولتی کہ ایک مرتبہ آپ نے عصر کے بعد بازار سے چائے پی لی۔ جب حضرت حکیم صاحب کو اس کا علم ہوا تو اس قدر ناراض ہوئے جس کی کوئی حد ہی نہیں۔ فرمایا۔ آپ نے ہماری ناک کاٹ دی ہے۔ جن لوگوں نے آپ کو بازار سے چائے پیتے دیکھا ہوگا انہوں نے جماعت کے متعلق کیا خیال کیا ہوگا؟ آپ نے مجھے کیوں نہ فرمادیا وغیرہ وغیرہ۔ بہت دنوں تک ناراضگی کا اظہار فرماتے رہے۔ آپ صحابی تھے۔ عمر بھی کافی ہو چکی تھی اور جسم بھی بھاری تھا مگر اپنی دوکان کے سامنے کی مسجد میں شیخ صاحب کو لے جاتے اور بسا اوقات ان کے غسل کا کہتے۔ خود پانی نکال کر غسل خانہ میں ڈالا کرتے تھے اور ان کی خاطر صابن، تیل، تولیہ ہمیشہ دوکان پر رکھتے۔ اللہ اللہ وہ کیسے برکتوں والے ایام تھے۔

حضرت ممدوح فرمایا کرتے تھے کہ بھیرہ سے ہم راولپنڈی گئے وہاں احمدیت کی وجہ سے سخت مخالفت ہوئی۔ حضرت خلیفۃ المسیح الثانیؓ نے فرمایا کہ آپ شیخوپورہ چلے جائیں۔

شیخوپورہ آنے کے بعد اللہ تعالیٰ نے فضل فرمایا اور آہستہ آہستہ ہماری حالت اچھی ہوتی گئی حتیٰ کہ آج اللہ نے ہمیں رہائش کے لئے وسیع مکان عطا فرما دیا۔ (فالحمدللہ علیٰ ذالک)

مکرم شیخ صاحب کو چونکہ کئی کئی دن لگاتاران کے ہاں قیام کرنے کا موقعہ ملا اس لئے آپ ان کے خانگی حالات سے واقف ہیں۔ آپ لکھتے ہیں کہ حضرت حکیم صاحب اور ان کی اہلیہ محترمہ دونوں بلا ناغہ دو بجے تہجد کی نماز کے لئے اٹھتے اور نماز میں دعائیں کرتے کرتے بعض اوقات خود بخود ان کی آواز اونچی ہو جایا کرتی تھی۔ ان دعاؤں میں وہ حضرت خلیفۃ المسیح الثانیؓ، حضرت اماں جانؓ، حضرت مسیح موعودؑ اور مربیان سلسلہ اور پھر ہر بچہ کا نام لے کر دعائیں کرتے تھے۔ اللہ تعالیٰ نے ان کی دعاؤں کو سنا اور خوب سنا۔ جو دعائیں وہ کرتے تھے ان کی زندگی میں قبول ہو گئیں۔ حکیم صاحب محترم مرکز سلسلہ کے احکام کو اس قدر اہمیت دیتے تھے کہ جب تک تعمیل نہ ہو جاتی چین سے نہ بیٹھتے۔ ان کے زمانہ میں سیرت النبیؐ، سیرت حضرت مسیح موعودؑ اور یوم مصلح موعود کے جلسے عموماً بسوں کے اڈوں پر ہوا کرتے تھے اور اس سلسلہ میں باجود بڑھاپے کے وہ اکیلے حکام متعلقہ کو جا کر ملتے اور جلسوں کی منظوری، قیام امن سے متعلق جملہ امور خود طے کرواتے۔ آپ کی اولاد بھی ماشاءاللہ سلسلہ کی خوب فدائی ہے۔"

(تابعین اصحاب احمد جلد اوّل صفحہ 63، 64 - مرتبہ ملک صلاح الدین صاحب ایم اے)

6.1.6-وفات-انجام بخیر

حکیم عبدالجلیل صاحب نے جنوری 1946ء میں وفات پائی اور بوجہ موصی (وصیت نمبر 5505) ہونے کے بہشتی مقبرہ قادیان میں دفن ہوئے۔ حضرت خلیفۃ المسیح الثانیؓ نے بعد نماز جمعہ جنازہ پڑھایا۔ ان کی وفات اور تدفین کا اعلان الفضل 16/جنوری 1945ء صفحہ نمبر ا میں شائع ہوا تھا۔ بعض جماعتی مضامین میں ان کی تاریخ وفات جنوری 1947ء لکھی گئی ہے جو کہ درست نہیں۔ وصیت کے

علاوہ اللہ تعالیٰ نے آپ کو تحریک جدید کے پانچ ہزاری مجاہدین میں شامل ہونے کی توفیق بخشی۔

حکیم صاحب مرحوم کی اہلیہ محترمہ عائشہ بیگم صاحبہ بھی ایک نیک اور پارسا خاتون تھیں۔ 12 ردسمبر 1958ء کو وفات پاکر بہشتی مقبرہ ربوہ میں قطعہ نمبر 5 میں مدفون ہیں۔

احباب جماعت سے التجا ہے کہ وہ ہمارے ان بزرگوں کی بلندیٔ درجات کے لئے دعا کریں۔ اللہ تعالیٰ ان کی روحوں کو تسکین عطا فرمائے اور اپنے محبوں کے قدموں میں جنت النعیم میں جگہ دے اور ہمیں ان بزرگوں کے نقش قدم پر چلنے کی توفیق عطا فرمائے، ہماری آئندہ نسلوں کو نظام جماعت اور سلسلہ احمدیہ کے فدائین میں شامل کرے۔ آمین۔

تاریخی تصویر، حکیم صاحب اپنی فیملی اور پوتے کے ساتھ

6.2 - ذکر خیر حضرت میاں مولا بخش بھیروی رضی اللہ

ولادت 1888ء بیعت: 1899ء وفات: 21 مئی 1970ء - موصی

(شفیق الرحمن نیر (اعوان) ابن پروفیسر میاں عطاء الرحمن مرحوم، ٹیکساس، امریکہ)

حضرت میاں مولا بخش بھیروی رضی اللہ عنہ حضرت میاں فضل احمد بھیروی کے فرزند اور حضرت سیٹھ اللہ جیوایا رضی اللہ عنہ کے پوتے تھے۔ ہماری سب سے بڑی پھوپھو (محترمہ رسول بی بی صاحبہ رضی اللہ عنہا جو کہ فارسی کی بہت بڑی عالمہ تھیں) کی شادی حضرت میاں مولا بخش بھیروی رضی اللہ سے ہوئی تھی۔

تاریخ احمدیہ بھیرہ (مولفہ میاں فضل الرحمن بسمل غفاری بی اے بی ٹی اشاعت 1970ء) کے مطابق آپ کی ولادت 1888ء میں ہوئی اور آپ نے 1894ء میں بیعت کی۔ بہشتی مقبرہ کے قبر کے کتبہ پر آپ کی تاریخ پیدائش کے ساتھ تضاد پایا جاتا ہے۔ آپ نے 21 مئی 1970ء کو سرگودھا میں وفات پائی اور بہشتی مقبرہ ربوہ میں مدفون ہوئے۔ عمر کا آخری حصہ آپ نے اپنے بیٹے ملک غلام سرور مرحوم کے ساتھ گزارا۔ آپ کو وفات پائے تقریباً 53 / 54 سال ہو چکے ہیں۔

ہمارے بزرگوں کو ان کے بارے میں حالات زندگی اور ذکر خیر لکھنے کا موقع نہیں ملا۔ بزرگوں کی نیک یادوں کو محفوظ کرنے کے حوالہ سے حضرت نبی کریم صلی اللہ علیہ وسلم کی حدیث مبارکہ کی تعمیل میں تحریک دعا کی نیت سے چند حروف یکجا کر رہا ہوں۔ اس مضمون میں حضرت میاں مولا بخش بھیروی رضی اللہ کے ذکر خیر میں بھیرہ کے اولین صحابہ کا ذکر بھی کروں گا تا کہ کچھ روایتوں کو اس ذکر خیر میں مناسب حوالہ جات سے سپرد قلم کر سکوں۔

6.2.1 -ابتدائی حالات اور خاندانی پس نظر

حضرت میاں اللہ بخش بھیروی رضی اللہ نے (ان کی بہشتی مقبرہ میں کتبہ کے مطابق 1899ء میں بیعت کی جبکہ تاریخ احمدیت بھیرہ مولفہ میاں فضل الرحمن بسمل غفاری بی اے بی ٹی اشاعت 1970ء کے مطابق بیعت 1894ء درج ہے۔

آپ حضرت سیٹھ اللہ جیوایاؓ کے پوتے اور محترم میاں فضل احمد صاحب بھیروی کے بیٹے تھے۔ آپ حضرت میاں کرم دین رضی اللہ بھیروی (صحابی مسیح الموعود علیہ الصلوٰۃ والسلام والد پروفیسر میاں عطاء الرحمن مرحوم کے داماد تھے۔ آپ کی دو بڑی صاحبزادیاں (رسول بی بی اور فاطمہ بی بی صاحبہ) حضرت مولا بخش صاحب اور حضرت اللہ بخش صاحب (بھائیوں) سے بیاہی ہوئی تھیں۔ دونوں بھائی حضرت میاں فضل احمد بھیروی کے بیٹے تھے دونوں ہی صحابی ابن صحابی تھے۔ سیٹھ اللہ جیوایا اور میاں فضل احمد بھیروی رضی اللہ کا تلواریں، کرپانے اور سوٹیاں بنانے کا کارخانہ تھا جس میں بہت سارے صناع کام کرتے تھے اور ان کے تیار کردہ تحائف مختلف شہروں اور ریاستوں میں جاتے تھے۔ بید کی بنی چھڑیاں جن کے دستے سیپ اور پتھر کے بنے ہوتے تھے بہت مقبول تھے۔ حضرت اللہ بخش بھیروی مختلف ریاستوں میں جا کر راجوں مہاراجوں کو یہ ہاتھوں کے بنے ہوئے انمول تحائف فروخت کرتے تھے جبکہ حضرت مولا بخش ان تحائف کی تیاری کی نگرانی کرتے تھے۔ سیٹھ اللہ جیوایا اور حضرت میاں فضل احمد باقاعدگی کے ساتھ سرکاری افسروں (پولیس آفیسرز) اور انگریز افسروں کو بھی اظہار تعلق اور رابطہ کے لیے تحائف دیا کرتے تھے۔

بھیرہ میں ان کے مکان کی سنگ بنیاد سرگودھا کے انگریز ڈپٹی کمشنر رکھنے کے لیے بھیرہ آئے۔ ان کے لیے چاندی کی طشتری اور کرنڈی تیار کی گئی اور انہوں نے ان کے گھر کا سنگ بنیاد رکھا۔ ان کی مہمان نوازی اور اظہار تعلق سے انگریز ڈپٹی کمشنر اس قدر متاثر ہوا کہ انہوں نے ہمارے ان بزرگوں

سے پوچھا کہ آپ کو کیا جائیداد یا زمینیں بطور تحفہ لکھ دیں۔ ہمارے بزرگ اس قدر غیور اور سادہ اور محنت کش تھے کہ بجائے نون اور ٹوانوں کی طرح کسی جاگیر کی خواہش کرتے ہمارے بزرگوں نے ڈپٹی کمشنر سے کہا صاحب ہمیں کچھ نہیں چاہیے۔ ہمیں ہمارے کندھے پر ''تھابڑا'' (tap on the back) ماردیں۔ انگریز ڈپٹی کمشنر بہت حیران ہوا اور جاتے جاتے انہیں برٹش راج کی بہترین شہری کا سرٹیفکیٹ دے کر رخصت ہو گیا۔ اس موقع کا ڈپٹی کمشنر بہت اچھا اثر پڑا۔

1924ء میں جماعت احمدیہ بھیرہ پر بہت بڑا ابتلا آیا۔ غالباً کوئی پراچہ شہتیر گرنے سے زخمی ہو گیا اور پھر فوت ہو گیا۔ غالباً عید کا دن تھا۔ پراچوں نے اپنا اثر ورسوخ استعمال کر کے تقریباً احمدیہ محلہ بھیرہ کے تمام افراد کو گرفتار کروایا۔ اس صورتحال سے حضرت خلیفة المسیح الثانیؓ بہت پریشان اور ناراض ہوئے اور سر محمد ظفر اللہ خان کو تحقیقات اور مقدمہ کی پیروی کے لیے بھجوایا۔ اس موقع پر انگریز ڈپٹی کمشنر کے دئے گئے سرٹیفکیٹ نے اپنا کمال دکھایا۔ انگریز ڈپٹی کمشنر سرگودھا کی جیل ہی کا معائنے کے لیے آیا تو اس نے چونک کر سیٹھ اللہ جیوایا اور فضل احمد کے بچوں سے پوچھا کہ تم کیسے آئے ہو۔ دونوں بزرگوں نے ڈپٹی کمشنر کو سارا ماجرہ سنایا۔ حضرت خلیفة المسیح الثانی رضی اللہ کی دعاؤں ڈپٹی کمشنر سرگودھا کے ساتھ قدیمی تعلق اور سر ظفر اللہ خان کی کوششوں اور حکمت عملی اور ڈپٹی کمشنر کے سرٹیفکیٹ سے سارا معاملہ رفع دفع ہو گیا۔

مگر اس مقدمہ کے بد اثرات ہمارے محلہ کے معاشی حالات پر بہت گہرے پڑے اور کئی بزرگ احباب اس صدمہ سے وفات پا گئے۔ اس سانحہ کے بعد محلہ احمدیہ کے معاشی حالات پھر نہ سنبھل سکے اور رفتہ رفتہ نئی نسل نے ابتدائی تعلیم ہائی سکول سے حاصل کرنے کے بعد بھیرہ سے باہر ملازمتوں کی طرف توجہ دی۔ خاص طور پر پارٹیشن کے بعد محلہ احمدیہ رفتہ رفتہ خالی ہو گیا اور محلہ احمدیہ کی ساری رونقیں ماند پڑ گئیں۔

1974ء کے حالات نے مزید کاری ضرب لگائی اور بہت سے فدائی بھیرہ چھوڑ کر باہر منتقل ہو

گئے۔ 1984ء کے قوانین سے گھبرا کر بہت سارے بزرگ بھیرہ کو چھوڑ کر باہر کے شہروں میں اپنی اولاد کے پاس منتقل ہو گئے۔ محلہ احمدیہ کو نہ جانے کس کی نظر لگی کہ اب تک بالکل خالی اور ویران نظر آتا ہے۔

حضرت خلیفۃ المسیح الثانی رضی اللہ عنہ جب 1950ء میں بھی بھیرہ اپنی بیگم سیدہ امتہ الحئی سے کئے گئے وعدہ پورا کرنے کے لیے تشریف لائے تو انہوں نے سیٹھ اللہ جیوایا اور فضل احمد کے (ملک محمد افضل رضی اللہ ابن حضرت اللہ بخش ؓ) کے گھر رُکے۔ یہاں پر جماعت احمدیہ بھیرہ کی طرف سے ماسٹر فضل الٰہی (غالباً جماعت احمدیہ بھیرہ کے سیکٹری جنرل تھے) نے حضور ایداللہ تعالیٰ کی خدمت میں ایک چھڑی بطور تحفہ نذر کی۔ یہ بھیرہ کے صحابہ کا اظہار تعلق تھا کہ ایسے نایاب تحائف بطور عقیدت اور احترام اور محبت سے پیش کرتے تھے۔ یہ سلسلہ عقیدت اور اظہار تعلق حضرت مسیح موعود علیہ السلام کے زمانہ سے جاری تھا۔

حضرت مولا بخش رضی اللہ بھیروی صحابی ابن صحابی تھے۔ آپ کو وصیت کرنے کے بھی توفیق ملی اور بہشتی مقبرہ ربوہ میں مدفون ہیں۔ آپ کے خاندان کا تفصیلی ذکر تاریخ احمدیت بھیرہ (مولفہ میاں فضل الرحمن بسمل غفاری اشاعت 1970ء صفحہ نمبر 960) میں درج ہے۔ میں نے نوٹ کیا ہے کہ تاریخ احمدیت بھیرہ اور بہشتی مقبرہ میں کتبہ پر تاریخ ولادت کے بارے میں تضاد پایا جاتا ہے۔ مزید تحقیق کی ضرورت ہے۔

حضرت مولا بخش ؓ کی پہلی شادی حضرت میاں کرم دین بھیروی ؓ کی صاحبزادی رسول بی بی سے ہوئی جس میں اللہ تعالیٰ نے چار بیٹے اور ایک بیٹی عطا فرمائی۔ بیگم کی وفات کے بعد دوسری شادی سروبہ میں 1942ء میں صالحہ بیگم سے کی جن میں سے کوئی اولاد نہ تھی دونوں ازدواج بھیرہ کے احمدیہ قبرستان میں مدفون ہیں۔

6.2.2 -سفر قادیان-1903ء

حضرت مولا بخش 1903ء کے شروع میں اپنے سُسر حضرت میاں کرم دین بھیروی رضی اللہ کے ساتھ حضرت حکیم مولانا نور الدین رضی اللہ کی تحریک پر قادیان گئے اور کچھ ماہ قیام کیا۔ مارچ 1903ء میں حضرت مسیح موعود علیہ السلام نے منارۃ المسیح کا سنگ بنیاد رکھا اور تقریب میں شمولیت اختیار کی اور ان دونوں بزرگوں نے بنفس نفیس اس میں رضا کاران تعمیر میں حصہ لیا۔ غالبًا اس موقع پر ایک گروپ فوٹو میں بھی ہے جس میں سب احباب نظر آتے ہیں۔ یہ گروپ فوٹو مخزن تصاویر میں بھی موجود ہے۔

حضرت اقدس علیہ السلام کی زندگی میں منارۃ المسیح کی تعمیر بوجہ فنڈ کی کمی کی وجہ سے مکمل نہ ہوسکی۔ مگر پھر 1914ء میں حضرت خلیفۃ المسیح الثانیؓ کے دورِ خلافت میں اس کی دوبارہ تعمیر شروع ہوئی اور صداقت احمدیت کا یہ عظیم الشان نشان قادیان دارالامان میں پوری شان کے ساتھ کھڑا ہے۔ ہمیں فخر ہے کہ اللہ تعالیٰ نے ہمارے بزرگوں کو مسیح الزمان کو پہچاننے اور منارۃ المسیح کی ابتدائی تعمیر میں بطور رضا کار خدمت کرنے کی توفیق بخشی۔

6.2.3-حضرت اقدسؑ کے لیے تلاوت قرآن مجید

حضرت مولا بخش صاحب کے بارے میں ایک اور روایت جو کہ انہوں نے خود بھیرہ کے بعض احباب سے بیان کی کہ وہ اپنے والد (میاں فضل احمد) اور مستری قطب الدین کے ہمراہ قادیان گئے۔ حضرت مولوی عبدالکریمؓ (1904ء) میں وفات پا چکے تھے۔ حضرت اقدس علیہ السلام نے مستری قطب الدین رضی اللہ سے کہا کہ قرآن کی تلاوت سننے کے لیے کسی نوجوان کو لائیں جو کہ خوش الحانی اور صحیح تلفظ کے ساتھ قران کی تلاوت کر سکے۔ حضرت مستری قطب الدین بھیروی رضی اللہ عنہ نے حضرت میاں مولا بخش رضی اللہ کو پیش کیا اور انہوں نے حضرت اقدس کے سامنے سورہ

الدہر کی تلاوت کی۔ حضرت اقدسؑ نے ان کے صحیح تلفظ پر بہت خوشنودی کا اظہار فرمایا کہ بھیرہ والوں کو صحیح تلفّظ کے ساتھ قرآن پڑھنا آتا ہے اور دودھ کے ساتھ ان کی تواضع فرمائی۔

حضرت میاں مولابخشؓ اکثر جماعت کے فنکشن میں مسجد فضل بھیرہ میں نہایت خوش الہانی کے ساتھ تلاوت فرمایا کرتے تھے۔ آپ نہایت جوشیلے اور نڈر احمدی تھے۔ آپ بتایا کرتے تھے کہ جب بھی وہ قادیان جاتے تھے تو حضرت مرزا محمود احمد صاحب کو اپنے کندھے پر بٹھا کر باغ اور بازار سیر کے لیے لے جاتے تھے۔ آپ ایک مرتبہ اپنے والد میاں فضل احمد کے ساتھ حضرت اقدس علیہ السلام کی خدمت میں حاضر ہوئے تو حضرت اقدسؑ نے اس خواہش کا اظہار آپ کے والد محترم سے فرمایا کہ آپ ہمیں مولابخش سلسلہ کے کاموں کے لیے دے دیں۔ ہمارے بزرگ بہت سادہ اور قول سدید سے کام لیتے تھے۔ میاں فضل احمدؓ نے حضرت اقدس علیہ السلام کی خدمت میں عرض کیا کہ میرا یہ بیٹا سارے خاندان کا کفیل ہے اور اسے واپس بھیرہ جانے کی اجازت دیں۔ کاش ہمارے بزرگ مولابخشؓ کو سلسلہ کے لیے وقف کر آتے۔

6.2.4-حضرت اقدسؑ کے لیے بید کی چھڑیوں کے تحائف

حضرت مولابخش بھیرویؓ نے مختلف مواقع پر حضرت اقدس مسیح الموعود علیہ السلام کی خدمت میں بھیرہ کی بید کی بنی ہوئی چھڑیاں بطور تحائف (تین دفعہ) پیش کیں۔ ان کے دستے سیپ کے بنے ہوئے تھے اور ان پر مرزا غلام احمد مسیح الموعود انگریزی میں لکھا ہوا تھا۔ حضرت مولابخش رضی اللہ عنہ کے خاندانی کارخانے میں تلواریں، کرپانیں اور بید کی چھڑیاں بنتی تھیں جن کے دستے پتھر اور سیپ کے بنے ہوتے تھے اور جن کے آخر میں پیتل کی چھام لگی ہوتی تھی۔ انہوں نے ان تحائف کا ذکر کئی احباب جماعت بھیرہ سے کیا۔

ان کی ایک روایت ہمیں مولانا محمد اعظم اکسیر صاحب مبلغ سلسلہ بھیرہ اور برادر محمود مجیب اصغر

انجینیئر (حال سویڈن) سے بھی ملی ہیں۔بھیرہ کے اولین صحابہ اور جماعت کے معززین تعلق عامہ اور شہر کے سرکردہ افسروں، پولیس وغیرہ کو بطور تحائف پیش کرتے تھے۔انہی روایات کو زندہ رکھتے ہوئے اولین صحابہ نے ایسے تحائف حضرت اقدس علیہ السلام اور حضرت خلیفۃ المسیح ثانی رضی اللہ کی خدمت میں اظہار تعلق اور محبت اور عقیدت کے طور پر بھی پیش کیے۔تاریخ احمدیت میں مجھے دو حوالے ملے ہیں جو کہ میں اس مضمون میں درج کر رہا ہوں۔ایسے تحائف بھیرہ کے اور صحابہ (حضرت خدا بخش رضی اللہ) سے بھی منسوب ہیں۔

مجھے حضرت قاضی محمد یوسف فاروقی احمدی (سابق پراونشل امیر صوبہ سرحد 1914ء تا 1963ء) کی کتاب ''ظہور احمد موعودؑ'' صفحہ نمبر 36 میں حضرت اقدس مسیح موعود علیہ السلام کے ''حلیہ، شمائل اور لباس'' کے بارے میں تفصیل سے ذکر کیا ہے۔

> ''جب کبھی سیر کو جاتے تو ہاتھ میں بھیرہ کی بنی ہوئی بید کی چھڑی ہوتی جس کے قبضہ پر انگریزی حروف میں ''میرزا غلام احمد مسیح الموعود'' لکھا یعنی کندہ (Engrave) تھا۔ہاتھ میں چاندی کی انگشتری جس کا نگینہ سرخ عقیق کا تھا اور اس پر ''الیس اللّٰہُ بکافٍ عبدہ'' کا الہام کندہ تھا جس کے معنی ہیں کہ کیا اللہ تعالیٰ اپنے بندے کی حفاظت اور نصرت کے واسطے کافی نہیں۔''

اس تحریر کو پڑھنے کے بعد میرے دل میں مزید اس بارے تحقیق کی تحریک پیدا ہوئی۔سب سے پہلے تو میں نے محمود مجیب اصغر (حال سویڈن) ابن میاں فضل الرحمن بسمل غفاری مرحوم سے اس بارہ دریافت کیا۔انہوں نے بتایا کہ حضرت اقدس مسیح موعود علیہ السلام کو بید کی بنی ہوئی چھڑی بطور تحفہ نذر کی تھی۔ایک اور روایت کے مطابق انہوں نے مختلف مواقع پر تین چھڑیاں بطور تحفہ حضرت اقدس علیہ السلام کی خدمت میں بطور تحفہ پیش کیں۔روایت محمد اعظم اکسیر مرحوم سے ملی تھی۔حضرت مولا بخش بھیروی رضی اللہ نے اُن سے ان تحائف کا ذکر کیا تھا۔

حضرت مولا بخش بھیروی رضی اللہ بے حد سادہ، نام و نمود سے بے نیاز بہت غیرت منداور جوشیلے احمدی بزرگ تھے۔ بدقسمتی سے حضرت مولا بخش بھیروی رضی اللہ کی تمام اولا د وفات پا گئی۔ اور اُن کی اولا د کو یہ تاریخی واقعات قلم بند کرنے کا موقع نہ مل سکا۔ حضرت مولا بخش رضی اللہ کے کارخانے میں یہ تمام قیمتی نوادرات بنتے تھے اور تیار ہو کر بڑے بڑے راجوں اور مہاراجوں کی ریاستوں میں فروخت ہوتے تھے۔ لہٰذا نہایت وثوق سے کہہ سکتا ہوں کہ بید کی ''بھیرے'' والی چھڑی کا ذکر جو کہ حضرت قاضی محمد یوسفؓ نے کیا ہے۔ حضرت مولا بخش بھیروی رضی اللہ عنہ نے حضرت اقدس کو اظہار تعلق، عقیدت و محبت اور بطوف بطور تحفہ دیئے تھے۔ ''بھیرہ کی چھڑی'' کے بارے میں ایک اور حوالہ جو کہ برادرم محمد افضل اظہر (راولپنڈی) پاکستان نے بھجوایا ہے۔ قارئین کی خدمت میں اظہار تشکر کے ساتھ پیش خدمت ہے۔ (حوالہ سیرت حضرت مسیح موعود علیہ السلام۔ صفحہ 39۔ جلد اول۔ ''عصا'')

آپ ہاتھ میں چھڑی رکھا کرتے تھے اور عام طور پر چھڑی دستہ والی ہوتی تھی۔ مختلف دستوں والی چھڑیاں آپ کے ہاتھ میں دیکھی گئی ہیں۔ ایک چھڑی بھیرہ سے ایک دوست تیار کرلائے تھے جس پر سیپ کا کام کیا ہوا تھا اور اس پر ''حضرت مرزا غلام احمد مسیح الموعود'' لکھا ہوا تھا۔ عصا کے متعلق یہ بات یاد رکھنے کے قابل ہے کہ آپ ہمیشہ چھڑی لے کر باہر نکلا کرتے تھے۔ اور آپ کی عادت میں یہ بات داخل تھی کہ آپ ہر قسم کی چھڑی استعمال کرتے تھے لیکن یہ ضروری ہوتا تھا کہ وہ دستہ والی ہو۔ انگریزی فیشن کی چھڑیاں جو نازک ہوتی ہیں کبھی آپ کے ہاتھ میں نہیں دیکھی گئی۔

حضرت اقدس علیہ السلام کی تصاویر میں ''خالص لکڑی'' کی بنی ہوئی چھڑی عصا نظر آتی ہیں۔ اس سے ملتی جلتی چھڑی حضرت اقدس مسیح الموعود علیہ السلام نے اپنے ایک خاص صحابی قریشی غلام حسینؓ بھیروی کو حضرت مفتی محمد صادق رضی اللہ کے ہاتھ بھیرہ بھجوائی تھی۔ قریشی صاحبؓ حضرت اقدس کے بہت قریبی (313) صحابی تھے۔ اس کا ذکر تاریخ احمدیت بھیرہ (صفحہ نمبر 68) میں تفصیل کے ساتھ

درج ہے۔ یہ چھڑی آج بھی قریشی صاحب کے ورثہ کے پاس سرگودھا میں محفوظ ہے۔

حضرت مولا بخش بھیروی صاحب ماشاءاللہ بہت ذہین، نڈر اور جوشیلے احمدی تھے۔ ایک مرتبہ وہ کسی کام سے اندرون شہر گئے اور نماز کی ادائیگی کی نیت سے قریبی ہی کسی اور مسلک کی مسجد میں داخل ہوئے اور نماز کی نیت سے وضو کیا۔ مسجد میں داخل ہوتے ہوئے غیر جماعت احباب نے آپ سے ناراضگی کا اظہار کیا۔ مگر آپ بڑے اطمینان کے ساتھ وضو کرتے رہے۔ ابھی نماز شروع ہی کرنے والے تھے کہ چند غیر از جماعت احباب اکٹھے ہو کر آ گئے اور نماز پڑھنے سے منع کر دیا کیونکہ وہ احمدی ہیں۔ آپ نے انہیں بتایا کہ کسی کو نماز سے منع کرنا مسجد میں بہت بڑا گناہ ہے۔ مگر وہ غیر از جماعت بضد تھے کہ آپ نماز نہ پڑھیں اور مسجد سے باہر نکلیں۔ اس پر اُن کے اصرار پر آپ اس مسجد سے باہر نکل آئے اور ایک زوردار ''گوز'' صادر کیا اور کہا کہ اگر تم مسجد میں نماز نہیں پڑھنے دیتے تو آپ لوگ اپنا وضو اپنے پاس رکھیں۔ اس میں ان کی جرأت، ذہانت اور کمال درجہ کا مزاح کا مظاہرہ کیا اور ایک احسن رنگ میں ان کی تربیت بھی کر دی۔

حضرت مولا بخش رضی اللہ بڑی باقاعدگی سے جلسہ سالانہ ربوہ تشریف لاتے مگر آپ ہمیشہ ہماری قدیمی تعلق کے پیش نظر ہمارے ہاں قیام کرتے اور میری والدہ ان کی ہر ممکن مہمان نوازی اور خیال رکھتی تھیں۔ ہمیں وہ اکثر قادیان کے واقعات سنایا کرتے تھے اور بتاتے تھے کہ میں نے حضرت مصلح موعود رضی اللہ کو اپنے کندھوں پر بٹھا کر باغ اور قادیان کے بازاروں کی سیر کراتا تھا۔ بہت ہی اچھے مزاج کے تھے اور بچوں کے ساتھ ان کے لیول پر آ کر بات کرتے تھے۔ اللہ تعالیٰ اُن کے درجات بلند کرے۔ وفات مئی 1970ء میں پائی اور بہشتی مقبرہ ربوہ میں مدفون ہوئے۔

حضرت میاں مولا بخش صاحب بھیروی رضی اللہ ابن میاں فضل احمد بھیروی سے ایک اور روایت برادرم محمود مجیب اصغر انجینیئر (حال سویڈن) نے شیئر کی ہے (رجسٹر روایات رجسٹر نمبر 13 صفحہ نمبر 4)
حضرت مولا بخش رضی اللہ قادیان بغرض زیارت و دعا کے تشریف لے گئے تھے۔ اِن کے قیام کے

دوران دارالمسیح کے ایک حصہ میں اچانک آگ بھڑک اُٹھی۔ اُس کو بجھانے کے لیے تمام حاضر خدام نے بھرپور کوشش کی۔ ہر کوئی پانی استعمال کر رہا تھا مگر آگ بے قابو ہو رہی تھی۔ اچانک مولا بخش صاحب نے مٹی کے استعمال کی ترکیب کی۔ آپ ایک بڑی تیغاری میں مٹی بھر بھر کر لاتے اور آگ کے اوپر پھینکتے گئے حتیٰ کہ آگ بجھ گئی۔ حضرت اقدس علیہ السلام کو یہ نئی ترکیب بہت پسند آئی اور آپ نے خوشنودی کا اظہار فرمایا۔ حضرت مولا بخش صاحب بہت ذہین، نڈر اور سلسلہ کی بہت غیرت رکھنے والے تھے۔ آپ کو خداوند کریم نے خدمت کے بہت مواقع عطا فرمائے اور آپ نے بھی بھرپور عقیدت ادب اور احترام کا اظہار کیا۔

6.2.5-اولاد

زوجہ اول (محترمہ رسول بی بی بنت حضرت میاں کرم دینؓ) سے آپ کو خداوند کریم نے ایک صاحبزادی اور چار بیٹوں سے نوازا:

1۔ عائشہ بیگم زوجہ محمد عبداللہ مرحوم

2۔ ملک غلام سرور مرحوم اوورسیر مدفون بہشتی مقبرہ ربوہ

3۔ کیپٹن ملک محمد عثمان غنی مرحوم مدفون ربوہ

4۔ محترم محمد صدیق مرحوم جنگ عظیم دوئم میں اسمارہ شہادت پا گئے

5۔ ملک محمد اکرم صاحب مرحوم مدفون فیصل آباد

زوجہ اوّل کی وفات پر آپ نے دوسری شادی محترمہ صالحہ بیگم صاحبہ (1942ء) آف سروبہ/لنگر میں کی۔ ان میں سے آپ کی کوئی اولاد نہیں ہوئی۔

ہم سب خوش نصیب ہیں کہ ہمارے بزرگوں نے مسیح الزمان کو پہچانا، قبول کیا اور حضرت اقدس علیہ السلام کی مجالس میں کثرت سے شرکت کی اور فیض پایا۔ خداوندان فرشتہ سیرت، نیک، سادہ، نام و

نمود سے بے نیاز بزرگوں کے درجات بلند فرمائے کہ انہوں نے نہایت صدق و وفا کے ساتھ حضرت اقدس علیہ السلام سے اپنا عہد بیعت نبھایا اور تاحیات نظام جماعت سے وابستہ رہے۔ وصیت کے نظام میں شمولیت اختیار کی۔ اللہ تعالیٰ ان کی اولادوں کو بھی ہمیشہ ہمیش سلسلہ احمدیہ سے منسلک رکھے اور جنہوں نے کمزوری دکھائی انہیں پھر شجر احمد کی سرسبز شاخوں کا مصداق بنائے۔ آمین۔

حضرت اللہ بخش بھیروی صاحبؓ

حضرت مولیٰ بخش بھیروی صاحبؓ

6.3-ذکرِ خیر حضرت میاں خدا بخش صاحب بھیروی رضی اللہ

(شفیق الرحمن ابن پروفیسر میاں عطاء الرحمن صاحب مرحوم، حال ہیوسٹن ٹیکساس)

حضرت میاں خدا بخش بھیروی میرے ننھیالی بزرگوں میں شامل ہیں مرحوم میری والدہ مرحومہ کے خالو تھے۔ میری نانی جان مرحومہ محترمہ آمنہ بیگم زوجہ حضرت ملک فضل احمد بھیروی اور میاں خدا بخش بھیروی کی بیگم (محترمہ فاطمہ بیگم صاحبہ) حقیقی بہنیں تھیں۔ میاں خدا بخش بھیرویؓ 1891ء میں بھیرہ میں پیدا ہوئے پیدائشی احمدی تھے۔ انہوں نے 1977ء میں فیصل آباد میں وفات پائی اور بہشتی

مقبرہ ربوہ میں مدفون ہیں۔ مجھے اس سے پہلے ان کے ذکر خیر لکھنے کا موقع نہیں ملا۔ میاں خدا بخش بھیروی ؓ کو وفات پائے 47 سال گزر چکے ہیں۔ ہمارے بزرگوں کو ان کے حالات زندگی لکھنے کا موقع نہ مل سکا۔ بزرگوں کی نیک یادوں کو محفوظ کرنے کے حوالے سے حضرت نبی کریم صلی اللہ علیہ وسلم کی حدیث مبارکہ کی تعمیل میں تحریک دعا کی نیت سے چند حروف یکجا کر رہا ہوں۔ اس مضمون میں حضرت میاں خدا بخش بھیروی ؓ کے ذکر خیر کے ضمن میں چند بھیرہ کے اولین صحابہ کا ذکر کروں گا تا کہ کچھ روایات کو اس ذکر خیر میں مناسب حوالہ جات کے ساتھ سپرد قلم کرسکوں۔

6.3.1-ابتدائی حالات اور خاندانی پس منظر

حضرت میاں خدا بخش بھیروی ؓ پیدائشی احمدی 'صحابی ابن صحابی' تھے۔ آپ کی ولادت 1891ء میں بھیرہ میں ہوئی۔ آپ کے خاندان کا تعارف تاریخ احمدیت بھیرہ (میاں فضل الرحمن بسمل غفاری بی. اے. بی. ٹی امیر جماعت احمدیہ بھیرہ اشاعت دسمبر 1972 صفحہ نمبر 127) میں درج ہے۔ آپ کے [1] والد محترم حضرت میاں اللہ دتہ (1864-1909) 1898ء میں بیعت کر کے جماعت احمدیہ میں داخل ہوئے۔ حضرت میاں اللہ دتہ ؓ مرحوم بہت نیک اور باعمل بزرگ تھے۔ احمدیہ مسجد فضل میں امامت کے فرائض سرانجام بجالاتے رہے۔ آپ نے حضرت مسیح موعود علیہ السلام کے دست مبارک پر بیعت کی۔ آپ احمدیہ محلہ کی دینی تعلیم و تربیت اور رہنمائی کے لیے ہمہ تن کوشاں رہے۔ حضرت میاں اللہ دتہ ؓ مرحوم کی وفات 1909ء کے بعد یہ فرائض حضرت میاں خدا بخش ؓ مرحوم نے سنبھال لیے اور محلہ احمدیہ کے لوگوں کی دینی تربیت میں مشغول رہے۔

تاریخ احمدیت بھیرہ میں اکثر روایات محترم میاں خدا بخش صاحب ؓ صحابی کی بیان فرمودہ ہیں

حوالہ نمبر 1: بھیرہ کی تاریخ احمدیت۔ میاں فضل الرحمٰن بسمل غفاری۔ بی اے بی ٹی اشاعت دسمبر 1972 صفحہ نمبر 127

حوالہ نمبر 2: مخزن تصاویر صحابہ۔ ID # 2VTO7RF

آپ موصی تھے اور بہشتی مقبرہ ربوہ میں مدفون ہیں۔آپ کی اولاد در اولاد سب ہی مخلص اور جماعت احمدیہ اور نظام جماعت سے وابستہ ہیں۔حضرت میاں خدا بخش بھیروی ؓ کو اپنے والد محترم حضرت میاں اللہ دتہ ؓ اور ماموں خسر میاں غلام محی الدین ؓ کے ساتھ کئی مرتبہ قادیان جانے کا موقع ملا اور حضرت مسیح موعود علیہ السلام کی زیارت، مجالس میں حاضری اور تحائف پیش کرنے کی سعادت ملی۔ یہ تینوں بزرگ جماعت احمدیہ بھیرہ کے اوّلین صحابہ میں شامل ہیں۔حضرت میاں خدا بخش ؓ اور حضرت میاں غلام محی الدین کو وصیت کی بھی توفیق ملی الحمدللہ۔حضرت میاں خدا بخش ؓ نے اگست 1977ء میں لائل پور (فیصل آباد) میں وفات پائی اور بہشتی مقبرہ ربوہ میں مدفون ہوئے۔

آپ کے ماموں خسر میاں غلام محی الدین ؓ نے 1945ء میں بھیرہ میں وفات پائی۔گوآپ موصی تھے مگر مخدوش حالات کے پیش نظر بھیرہ ہی میں بطور امانتاً مدفون ہوئے اس کے بعد پارٹیشن ہوگئی اور آپ کے لواحقین کو بہشتی مقبرہ قادیان میں دفن کرنے کا موقع نہ مل سکا۔حضرت میاں غلام محی الدین ؓ کے بیٹے تو پہلے ہی وفات پا گئے تھے البتہ دو بیٹیاں آپ کے بعد وفات پا گئیں اور بہشتی مقبرہ ربوہ میں مدفون ہیں۔حضرت میاں غلام محی الدین ؓ کی بہو (بیگم میاں محمد شفیع مرحوم) قادیان منتقل ہوگئی تھی اور پھر تقسیم ہند کے بعد بھیرہ آ گئی۔بھیرہ وفات پائی اور بہشتی مقبرہ ربوہ میں دفن ہوئیں۔

6.3.2-اولاد

اللہ تعالیٰ نے آپ کو چھ بیٹیوں اور تین بیٹوں سے نوازا۔

1- امتہ اللہ بیگم زوجہ میاں عبدالرحمن مرحوم آف مسلم ٹاؤن لاہور

2- سرور بیگم زوجہ مستری خدا بخش مرحوم جھاوریاں

3- رابعہ بیگم زوجہ اول عبدالخالق مرحوم

4- ہاجرہ بیگم عین جوانی میں ٹائیفائیڈ سے وفات پا گئیں۔بھیرہ میں مدفون ہیں

5- آمنہ بیگم زوجہ ثانی عبدالخالق مرحوم

6- میاں عطاءاللہ صاحب

7- میاں محمد نصراللہ 8- میاں محمد ظفراللہ

9- رشیدہ بیگم اہلیہ ملک فضل الٰہی مرحوم اور سیر مدفون ربوہ

حضرت خدا بخش ؓ کو اپنی زندگی میں دو بیٹیوں اور ایک بیٹے کی وفات کا صدمہ پہنچا۔ آپ بہت صابر اور متقی تھے۔ اللہ کی رضا پر صبر و اطمینان اور شکر ادا کیا۔ زندگی کے تمام صدمات اور پریشانیوں کی خندہ پیشانی سے مقابلہ کیا۔ آپ کے دو صاحبزادوں (میاں عطا اللہ اور میاں ظفر اللہ) کی شادیاں ماسٹر فقیر اللہ صاحب مرحوم کے خاندان میں طے پائی۔ آپ کے بیٹے محمد نصر اللہ مرحوم کی شادی پروفیسر راجہ مقبول الٰہی کی ہمشیرہ منیرہ بیگم بنت حضرت میاں محمد مرحوم سے ہوئی۔ جن کے والد محترم صحابی اور موصی تھے اور قادیان میں مدفون ہیں۔ راجہ مقبول الٰہی صاحب مرحوم بھی کچھ عرصہ واقف زندگی رہے۔ میاں عطاءاللہ صاحب اور میاں محمد نصر اللہ صاحب فوج میں ملازم تھے۔ ہمارے ماموں جان ظفر اللہ مرحوم سٹیٹ بینک آف پاکستان (لاہور فیصل آباد) میں اچھی پوزیشن پر فائز رہے۔ آپ نے بھی جہاں تک ہوسکا کماحقہ جماعت کی بہت خدمت کی۔ حضرت خلیفۃ المسیح الثالث ؒ کے بیرونی ممالک کے دوروں میں محترم ضیغم مرحوم آف تحریک جدید ماموں محمد ظفر اللہ کے ذریعے تمام غیر ملکی زرمبادلہ اور سفروں کے لیے اجازت نامہ کے حصول کے لیے حاضر ہوتے رہتے تھے۔ ایک دفعہ تو وہ میری موجودگی میں فیصل آباد دفتر میں تشریف لائے تھے۔

میرے امریکہ آنے کے وقت ماموں محمد ظفر اللہ لاہور میں تعینات تھے۔ غالباً دونوں ماموں صاحبان (محمد ظفر اللہ اور محمد عطاءاللہ صاحب) کی شادیاں ماسٹر فقیر اللہ مرحوم کے خاندان میں ہوئی تھیں۔ ماموں ظفر اللہ مرحوم بہت خوش مزاج فرض شناس اور عزیز و اقارب کی خدمت گزار تھے۔ ماموں مرحوم نے میرے پاسپورٹ کے حصول اور امریکہ اعلیٰ تعلیم کی غرض سے آنے کے وقت تمام

ایگزٹ کا غذات کے حصول میں میری غیر معمولی مدد اور رہنمائی کی تھی۔ الحمدللہ۔ اللہ تعالیٰ ماموں جان مرحوم کو ان کی نیکیوں اور حسن سلوک کی بہترین جزا دے اور ان کے درجات بلند فرمائے اور کروٹ کروٹ جنت نصیب کرے۔ (آمین)

میاں خدا بخش ؓ بہت سادہ، پرخلوص اور نافع الناس وجود تھے میں نے خود اپنی آنکھوں سے دیکھا کہ نمازوں کی ادائیگی کے لیے وہ اپنے گھر سے نکلتے، ہاتھ میں چھڑی یا چھتری اور بلند آواز سے سب کے نام لے لے کر انہیں نماز کی ادائیگی کی یاد دہانی کراتے ہوئے، سرکلر روڈ سے ہوتے ہوئے محلہ احمدیہ کے اندر جاتے اور پھر مسجد فضل تک سب کو نماز کی دعوت دیتے جاتے۔ تمام احمدی احباب انہیں پیار سے ملاں جی کہہ کر پکارتے تھے۔ غالباً جمعہ کی نماز مسجد نور (اندرون شہر) میں ہوتی تھی باقی تمام نمازیں محلہ احمدیہ والی مسجد فضل میں ادا کرتے تھے۔ میں نے ان کے بارے میں کبھی بھی کسی سے یہ نہیں سنا کہ ان کا کسی سے تنازعہ یا جھگڑا ہوا ہے۔ آپ کو اپنی زندگی میں (بڑھاپے) میں صدمات بھی پہنچے۔ آپ کا ایک بیٹا محمد نصر اللہ (غالباً 1965ء) میں بھیرہ میں وفات پا گئے۔ بہت صبر اور استقامت کے ساتھ اس صدمہ کو برداشت کیا اور اپنی زندگی تک اپنے پوتوں، پوتی اور بہو کو اپنے پاس رکھ کر کماحقہٗ پرورش، نگہداشت اور تعلیم و تربیت کی۔ انہی کی نیک تربیت کی وجہ سے یہ تمام بچے تعلیم یافتہ، برسرروزگار اور جماعت سے منسلک ہیں اللہ تعالیٰ بزرگوں کی ان نشانیوں کو مزید کامیابیوں اور نعمتوں سے نوازے۔ آمین۔

حضرت اقدس علیہ السلام کا قریشی غلام حسین رضی اللہ کے لیے چھڑی کا تحفہ

تاریخ احمدیہ سے پتہ چلتا ہے کہ حضرت مسیح الموعود علیہ السلام نے ایک چھڑی بطور تحفہ بھیرہ کے ممتاز صحابی حضرت قریشی غلام حسین شاہ صاحب ؓ (ولادت 1860ء بیعت 1896ء، وفات 1927ء) کو حضرت مفتی محمد صادق رضی اللہ کے ذریعہ بھجوائی تھی۔ حضرت قریشی مرحوم ایک خدا رسیدہ صوفی بزرگ

اور صاحب کشف تھے۔ حضرت مسیح الموعود علیہ السلام کے خاص طور مقرب صحابہ میں سے تھے۔

آپ کے صاحبزادے قریشی عبدالرحمن مرحوم (ولادت 1900ء) کا بیان تاریخ احمدیت بھیرہ (صفحہ نمبر 68) پر درج ہے کہ ایک دفعہ حضرت اقدس علیہ السلام نے اپنا عصا حضرت مفتی محمد صادق رضی اللہ عنہ کے ہاتھ حضرت قریشی غلام حسین شاہ رضی اللہ کے لیے بھجوایا تھا۔ یہ آج بھی حضرت قریشی غلام حسین شاہ رضی اللہ کے عزیزوں کے پاس سرگودھا میں محفوظ ہے اور محمود مجیب اصغر کے ذریعے جماعت کے بعض علماء اور بزرگوں خصوصًا میر ناصر محمود صاحب نے اس کی زیارت ربوہ میں کی تھی۔ حضرت قریشی غلام حسین رضی اللہ کا گھر کشمیری دروازے کے قریب (چٹی ٹِلی کے قریب) تھا محترم صاحب خان نون ریٹائرڈ ڈپٹی کمشنر حضرت قریشی مرحوم کی معتقد تھے۔ بعد میں آپ کے ذریعہ احمدی ہوئے تھے۔

حضرت نانا جان میاں خدا بخش رضی اللہ کی ایک اور روایت جو کہ حضرت قریشی غلام حسین رضی اللہ کے بارے میں ہے یہاں درج کرنا چاہتا ہوں۔ ایک دفعہ نانا جان حضرت قریشی غلام حسین رضی اللہ صحابی حضرت اقدس علیہ السلام سے ملاقات کی غرض سے آپ کے مکان پر عام راستہ کی بجائے ایک کام کی وجہ سے گلیوں سے گزر کر پہنچے۔ جب آپ نے دستک دی تو اندر سے بغیر انہیں دیکھے کہا خدا بخش تو آج گلیوں میں گھوم کر آیا ہے۔ آپ کا (حضرت قریشی صاحب کے) گھر کشمیری دروازہ بھیرہ کے قریب تھا۔ حضرت قریشی رضی اللہ حضرت اقدس مسیح موعود علیہ السلام کے خاص صحابہ میں سے تھے۔ نہایت متقی، خدا رسیدہ، صوفی بزرگ اور صاحب کشف تھے۔ حضرت اقدس علیہ السلام آپ کی بے حد قدر کرتے تھے۔ بہت ہی استغنا طبیعت کے مالک تھے۔

بڑی باقاعدگی کے ساتھ جلسہ سالانہ قادیان تشریف لے جاتے۔ حضرت قریشی غلام حسین مرحوم رضی اللہ کو کئی لوگ نذرانہ پیش کرتے مگر رشوت خور افسر اور سود خور مہاجنوں سے نذرانہ بالکل نہ لیتے۔

(حوالہ نمبر 1 صفحہ نمبر 68-69)

میں برسبیل تذکرہ اپنے ایک اور جدّی اور ننھیالی بزرگ حضرت غلام محی الدین رضی اللہ[1] [حوالہ نمبر 1-3] جو کہ حضرت میاں خدا بخش رضی اللہ کے ماموں اور خُسر تھے کا ذکر کرنا چاہتا ہوں۔ آپ خدا کے فضل سے صحابی اور موصی تھے۔ آپ کو فن تعمیر میں بہت مہارت تھی۔ نیز سکنی جائیداد کی تقسیم مابین وارثین میں یدطولیٰ رکھتے تھے۔ ہمارے سب ننھیالی پیار سے انہیں بھیرہ کی زبان میں پُو یا جی کہا کرتے تھے۔ آپ نے بھیرہ میں سن 1945ء میں وفات پائی اور ان مخدوش حالات میں آپ کو بھیرہ کے احمدیہ قبرستان میں بطور امانت دفن کیا گیا اور آج بھی وہاں ہی آسودہ لحد ہیں۔

ہمارے ان ننھیالی بزرگوں کو بہت صدمات پیش آئے مگر انہوں نے کمال ثبات اور بہادری اور تقویٰ کے ساتھ ان صدمات اور غموں کو برداشت کیا اور توکل اور صبر کا دامن ہمیشہ تھامے رکھا۔ ہماری جدی حضرت غلام محی الدینؓ کو بھی یکے بعد دیگرے بہت سے صدمات سے دوچار ہونا پڑا۔ 1926ء میں آپ کی بیٹی آمنہ بیگم میری حقیقی نانی جان مرحومہ اہلیہ ملک فضل احمد مرحوم بھیروی تین بچوں کو کمسنی میں چھوڑ کر وفات پاگئیں۔ پھر ان کے جواں سال بیٹا میاں عبدالسمیع (جو کہ میڈیکل کالج میں زیر تعلیم تھے) اچانک وفات پاگئے۔ پھر آپ کے بہت ہی قابل اور اعلیٰ تعلیم یافتہ بیٹے ہیڈ ماسٹر محمد شفیع وفات پاگئے اور بہشتی مقبرہ قادیان میں غالباً 1942ء میں مدفون ہوئے۔ پھر ہیڈ ماسٹر صاحب کی چند بیٹیاں اور بیٹے ان کی وفات کے بعد اللہ کے حضور حاضر ہوگئے۔ یہ تمام صدمات کو ہمارے ننھیالی بزرگوں نے نہایت صبر و استقامت کے ساتھ برداشت کیا۔

حضرت غلام محی الدین رضی اللہ نے 1945ء میں بھیرہ میں وفات پائی اور بطور امانتاً بھیرہ میں ہی مدفون ہوئے۔ جبکہ حضرت میاں خدا بخش رضی اللہ عنہ نے 1977ء میں فیصل آباد میں وفات پائی

[1] حوالہ نمبر 1: صفحہ نمبر 59-حضرت میاں غلام محی الدینؓ

حوالہ نمبر 3: مخزن تصاویر صحابہ- ID # ZN9FQQ

اور بہشتی مقبرہ ربوہ میں مدفون ہوئے۔ ماموں جان میاں محمد ظفر اللہ نے حضرت نانا جان کی کماحقہٗ خدمت کا بھرپور موقع ملا۔ اللہ تعالیٰ انہیں اس کا بہترین اجر عطا کرے۔

برادر محمود مجیب اصغر انجینئر حال سویڈن نے مجھے ایک اور روایت بتائی۔ حضرت نانا جان بھیرہ کی مسجد فضل میں یوم مسیح الموعود کے موقع پر ذکر حبیب پر تقریر کرتے تھے اور اپنی ذاتی روایات احباب جماعت کی ایمان کی زیادتی کے لیے سنایا کرتے تھے۔ انہوں نے بتایا کہ میں اپنے والد محترم حضرت اللہ دتہ مرحوم کے ساتھ قادیان گیا اور مسجد مبارک نماز کے لیے گئے۔ نانا صاحب رضی اللہ کی عمر اس وقت زیادہ نہیں تھی (12 / 15 سال کے ہوں گے) نماز شروع ہوئی تو آپ حضرت اقدس علیہ السلام کے ساتھ کچھ جگہ احتراماً چھوڑ کر نماز کے لیے کھڑے ہو گئے۔ یہ حضرت نانا جان رضی اللہ کی طرف سے بوجہ احترام عقیدت و محبت کا اظہار تھا مگر حضرت اقدس علیہ السلام نے ان کا ہاتھ پکڑ کر انہیں اپنے ساتھ کھڑا کر لیا۔ اس میں نہ صرف تربیتی پہلو تھا بلکہ حضرت مسیح الزمان علیہ السلام کا اظہار تعلق، محبت بھی تھا۔ سبحان اللہ کہ ہمارے نانا جان نے وقت مسیحا کے ساتھ کھڑے ہو کر نماز ادا کی۔

نانا جان رضی اللہ عنہ جب کبھی ربوہ تشریف لاتے اور ہمارے گھر میں میرے والد پروفیسر عطاالرحمٰن صاحب مرحوم کو ملنے آتے۔ میرے والد مرحوم حضرت نانا جانؓ سے حضرت مسیح موعود علیہ السلام کی مجالس کے واقعات سنتے۔ ہمیں اس وقت علم سمجھ اور قدر نہ تھی اور ہم ان قیمتی روایتوں سے محروم رہے۔

میں اپنے اس ذکر خیر کو دو اور روایتوں کے ساتھ مکمل کر رہا ہوں۔ ان کا تذکرہ میری چھوٹی خالہ زاد بہن منصورہ بیگم (بنت ملک فضل الٰہی بھیروی مرحوم) جو کہ حضرت میاں خدا بخش رضی اللہ عنہ کی نواسی ہیں نے اپنی والدہ مرحومہ (رشیدہ بیگم) سے سنا کہ حضرت میاں خدا بخش رضی اللہ اپنے ماموں اور خسر حضرت میاں غلام محی الدین رضی اللہ (صحابی۔ مخزن تصاویر صحابہ) کے ساتھ قادیان گئے اور حضرت اقدس علیہ السلام کی خدمت میں ایک چھڑی بطور تحفہ پیش کی۔ اس کے قبضہ پر مرزا غلام احمد مسیح

الموعود کندہ تھا نیز اس چھڑی کے سرے پر پیتل کی شام لگی ہوئی تھی۔ (غالباً چھڑی کا وہ حصہ جو کہ زمین سے لگتا ہے اس کو بھیرہ کی زبان میں شام کہتے ہیں)

حضرت نانا جان کا اس واقعہ میں شمولیت کا بھی ذکر کرتے تھے جس میں معززین حضرت اقدس علیہ السلام کی مجلس میں آرہے تھے اور ایک سادہ آدمی آہستہ آہستہ ان مقربین اور معززین کے احترام میں سرکتا ہوئے جوتیوں کے پاس آخر پہنچ گیا۔ حضرت اقدس علیہ السلام کی نظر کرم اس سادہ لوح شخص پر پڑی تو اس کو اپنے پاس بلوایا اور ساتھ بیٹھ کر کھانا تناول فرمایا۔ حضرت نانا جان مرحوم اس مجلس میں موجود تھے اور اس موقع کے چشم دید گواہ تھے۔ ہم سب بے حد خوش نصیب ہیں کہ ہمارے بزرگوں نے وقت کے مسیحا کو پہچانا، قبول کیا اور حضرت اقدس علیہ السلام کی مجالس میں کثرت سے شرکت کی اور فیض پایا۔ خداوند کریم ہمارے ان فرشتہ سیرت، نیک سادہ، نام ونمود سے بے نیاز برزرگوں کے درجات بلند فرمائے کہ انہوں نے نہایت صدق اور وفا کے ساتھ حضرت اقدس سے عہد بیعت نبھایا اور تاحیات نظام جماعت سے وابستہ رہے۔ وصیت کے نظام میں شمولیت اختیار کی۔ اللہ تعالیٰ ان کی اولادوں کو بھی ہمیشہ سلسلہ احمدیہ سے منسلک رکھے اور جنہوں نے بھی کمزوری دیکھائی ہے اللہ تعالیٰ انہیں پھر شجر احمد علیہ السلام کی سرسبز شاخوں کا مصداق بنائیں۔ آمین۔

یہ عاجز اللہ تعالیٰ کا شکر گزار ہے کہ اس نے مجھے اپنے ان بزرگوں کے ذکر خیر لکھنے کی توفیق دی۔ میں تو ایک دنیاوی آدمی ہوں جس کا دینی علم بہت محدود تھا مگر اللہ تعالی نے مجھے توفیق دی کہ اس بارے میں اپنے محبی دوستوں اور سلسلہ کے لٹریچر سے مناسب حوالہ جات کے ساتھ میں یہ ذکر خیر مکمل کر سکا۔ اللہ تعالیٰ ہمارے ان بزرگوں کے درجات بلند کرے اور ہمیں ان کے نیک عملوں اور ان کی نیک خوبیوں کو اپنانے کی توفیق بخشے اور ہمیں ان دعاؤں کا وارث بنائے اور سلسلہ عالیہ سے ہمیشہ ہمیشہ وابستہ رکھے۔ آمین۔

6.4-روشنی کا مینار: حضرت قریشی غلام حسین شاہ صاحبؓ

پیدائش: 1860ء بیعت: 1896ء وفات: 1927

6.4.1-حضرت مسیح موعود علیہ السلام کے ایک قابل احترام صحابی

حضرت قریشی غلام حسین شاہ صاحب رحمۃ اللہ علیہ ایک متقی، پرہیزگار اور روحانی طور پر روشن خیال فرد تھے۔ اپنی عاجزی، پرہیزگاری اور فرشتہ صفت شخصیت کے لیے بڑے پیمانے پر قابل احترام تھے۔ بھیرہ سے تعلق رکھنے والے حضرت مسیح موعود علیہ السلام کے ابتدائی اور ممتاز اصحاب کی تاریخ میں ان کا ایک منفرد مقام ہے۔

حضرت مسیح موعود علیہ الصلوٰۃ والسلام نے حضرت قریشی صاحب کو ان کے اخلاص، روحانی نظم و ضبط اور خدا کے ساتھ غیر متزلزل تعلق کی وجہ سے قدر کی نگاہ سے دیکھا۔ پیار اور روحانی پہچان کی علامت کے طور پر، آپ نے حضرت مفتی محمد صادق رضی اللہ عنہ کے ذریعہ حضرت قریشی صاحب کو اپنی مبارک واکنگ اسٹک تحفے میں دی۔ اس مقدس آثار کو حضرت قریشی صاحب کی اولاد، جو آج سرگودھا میں مقیم ہیں، نے عقیدت کے ساتھ محفوظ کیا ہے۔

6.4.2-عقیدت، اثر اور خدمت کی زندگی

بھیرہ میں چٹی پلی کے قریب کشمیری گیٹ کے قریب حضرت قریشی صاحب شہر کے مضافات میں رہتے تھے۔ اس کے باوجود آپ نے باقاعدگی سے مسجد نور میں جمعہ کی نماز اور بھیرہ کے مخالف سرے پر واقع فضل مسجد میں نماز عید ادا کرنے کے لیے طویل سفر طے کیا۔ عبادت اور وقت کی پابندی میں ان کی لگن مثالی تھی۔

وہ اپنی سخاوت اور جماعت کی غیر متزلزل مالی امداد کے لیے بھی جانے جاتے تھے، جو ہمیشہ خلوص اور وقت پر پیش کی جاتی تھی۔ ان کے روحانی طرز عمل نے سرگودھا کے ریٹائرڈ ڈپٹی کمشنر ملک صاحب خان نون سمیت بہت سے لوگوں پر اثر چھوڑا جنہوں نے حضرت قریشی صاحب کے زیر اثر احمدیت قبول کی۔

6.4.3-روحانی وجدان اور گہری بصیرت

حضرت مسیح موعود علیہ السلام کے ساتھی اور مصنف کے نانا جان حضرت میاں خدا بخش صاحب رضی اللہ عنہ کی طرف سے شیئر کیا گیا ایک حیرت انگیز واقعہ حضرت قریشی صاحب کی روحانی وجدان کی عکاسی کرتا ہے:

ایک موقع پر حضرت میاں خدا بخش نے بھیرہ کی گھمبیر گلیوں میں سے ایک انجان اور بالواسطہ راستہ اختیار کیا تا کہ حضرت قریشی صاحب کی زیارت کی جا سکے۔ دروازہ کھٹکھٹانے پر حضرت قریشی صاحب نے یہ دیکھے بغیر کہ یہ کون ہے، فرمایا:

''خدا آپ کا بھلا کرے، آج آپ یہاں آنے کے لیے گلیوں میں گھومتے پھرتے ہیں۔''

یہ سادہ لیکن گہرا بیان ان کے مہمانوں کے ساتھ گہری روحانی بیداری اور بدیہی تعلق کی عکاسی کرتا ہے۔

6.4.4-دیانتداری اور سادگی کا ایک معیاری علمبردار

حضرت قریشی صاحب جلسہ میں باقاعدگی سے شریک ہوتے تھے اور اکثر قادیان جاتے تھے، جہاں حضرت مسیح موعود علیہ الصلوٰۃ والسلام نے ان کا بہت احترام کیا۔ انہوں نے ایک اعلیٰ اخلاقی معیار اور سادگی کی حامل زندگی گزاری۔ خاص طور پر، انہوں نے اخلاقی سالمیت پر غیر متزلزل موقف رکھتے

ہوئے رشوت یا سودخوری میں ملوث افراد کی طرف سے تحائف یا پیشکشوں کو مستقل طور پر مسترد کر دیا۔

6.4.5-ایک مقدس امانت اور پائیدار میراث

حضرت قریشی غلام حسین شاہ صاحب رحمۃ اللہ علیہ اور حضرت مسیح موعود علیہ الصلوٰۃ والسلام کے درمیان روحانی تعلق احمدیت کی تاریخ کا ایک گہرا باب ہے۔ تاریخ احمدیت بھیرہ (صفحہ 68) میں درج ایک قابل ذکر واقعہ بیان کرتا ہے کہ کس طرح حضرت مسیح موعود علیہ الصلوٰۃ والسلام نے حضرت مفتی محمد صادق رضی اللہ تعالیٰ عنہ کو ذاتی طور پر اپنی مبارک چھڑی حضرت قریشی صاحب تک پہنچانے کی ہدایت کی۔ یہ عمل نہ صرف گہرے احترام کی علامت ہے بلکہ ایک گہرے روحانی بندھن کی بھی علامت ہے۔

آج اس مقدس یادگار کو ان کی اولاد نے پیار سے محفوظ کیا ہے، جن میں محمود مجیب اصغر صاحب اور ربوہ (چناب نگر) کے میر ناصر محمود صاحب جیسی معزز شخصیات بھی شامل ہیں۔ ان کی سرپرستی اس بات کو یقینی بناتی ہے کہ حضرت قریشی صاحب کی میراث، ان کی عقیدت، عاجزی، اور راستبازی، آنے والی نسلوں کو متاثر کرتی رہے گی۔

6.5-حضرت غلام محی الدین رحمۃ اللہ علیہ

پیدائش: 1860ء بیعت: 1892ء وفات: 1945

ایک اور معزز، حضرت غلام محی الدین صاحبؓ [حوالہ نمبر 3-1]، دونوں حضرت میاں خدا بخش رحمۃ اللہ علیہ کے ماموں اور سسر تھے۔ دونوں کو حضرت مسیح موعود علیہ السلام کے ساتھی ہونے کی سعادت حاصل ہوئی۔ حضرت غلام محی الدین صاحب کو ان کی دانشمندی، فن تعمیر کی مہارت، اور کمیونٹی کی خدمت، خاص طور پر جائیداد کی تقسیم کے معاملات میں بڑے پیمانے پر احترام کیا جاتا تھا۔ چھوٹے خاندان کے افراد میں پیار سے ''پو یا جی'' کے نام سے جانا جاتا ہے، وہ 1945 میں انتقال کر گئے اور بھیرہ کے احمدیہ قبرستان میں دفن ہوئے۔ وہ ایک انجینئر اور عمارت کے ایک کامیاب ٹھیکیدار تھے۔

6.5.1 -ایمان اور طاقت کی آزمائش

حضرت غلام محی الدین صاحب رحمۃ اللہ علیہ نے ثابت قدمی کے ساتھ بے پناہ ذاتی نقصان برداشت کیا۔1926ء میں ان کی بیٹی آمنہ بیگم (میری نانی اور ملک فضل احمد صاحب کی اہلیہ) کا انتقال ہو گیا، وہ اپنے پیچھے تین چھوٹے بچے چھوڑ گئیں۔ اس کے فوراً بعد ان کے بیٹے میاں عبدالسمیع جو کہ میڈیکل کے طالب علم تھے، بھی انتقال کر گئے۔ بعد ازاں ہیڈ ماسٹر محمد شفیع جو کہ ایک معزز معلم اور ایک اور صاحبزادے تھے، 1942ء میں وفات پا گئے اور بہشتی مقبرہ، قادیان میں دفن ہوئے۔ ان کے کئی پوتے کم عمری میں انتقال کر گئے۔ ان بار بار آنے والے سانحات کے باوجود وہ صبر، تحمل اور اللہ پر مکمل بھروسہ رکھتے رہے۔

6.5.2-ذکر خیر کا زندہ ورثہ

یہ یاد ہمارے خاندان کے تانے بانے سے بنے ہوئے پائیدار روحانی میراث کے لیے دلی خراج تحسین کے طور پر کھڑی ہے۔ایک میراث جس کی جڑیں حضرت مسیح موعود علیہ السلام کی عقیدت میں ہیں۔ ان یادوں کو محفوظ کرنا اور بانٹنا محض عکاسی کا عمل نہیں ہے، بلکہ ایک مقدس امانت ہے۔ جو ہمارے بزرگوں کے ایمان، قربانی اور غیر متزلزل عزم کا احترام کرتی ہے۔

افسوس کہ موصی ہونے کے باوجود ان کی میت کو بہشتی مقبرہ میں تدفین کے لیے قادیان نہیں لے جایا گیا۔ وقت گزرنے کے ساتھ ساتھ ان کی اولاد بھیرہ سے منتقل ہو گئی اور احمدیہ قبرستان میں ان کی آخری آرام گاہ نظر انداز ہونے کی وجہ سے ختم ہو گئی۔ افسوسناک طور پر، اگلی نسل نے خود کو احمدیت سے دور کر لیا، بھیرہ میں آبائی جائیداد بیچ دی، اور اسلام آباد کے ڈی ایچ اے میں ایک جدید انکلیو میں منتقل ہو گئی۔

6.6-حضرت مولوی عبدالرحمٰن صاحبؓ پیدائش کھیوال ربھیروی

ولادت: 1866ء بیعت:1894 وفات: 1940ء

(شفیق الرحمن ابن پروفیسر میاں عطاء الرحمن صاحب مرحوم-ہیوسٹن، ٹیکساس)

حضرت مولوی عبدالرحمٰنؓ کی پیدائش کھیوال، جہلم کی ہے مگر آپ نے زندگی کا بڑا حصہ بھیرہ میں اپنے والد محترم حضرت خان صاحب (مصنف قانونچہ کھیوالی) کے ساتھ مخدوم فیملی (مخدوم محمد صدیق صاحبؓ) کے اتالیق بن کر گزارا۔ ''قانونچہ کھیوالی'' بھیرہ کے علاقہ میں عربی گرامر کی مشہور کتاب ہے۔ حضرت مولوی عبدالرحمٰن صحابی ابن صحابیؓ تھے۔

(313/اصحابہ صدق وصفار جسٹر 197، صفحہ 237-238)

آپ نہایت بے نفس، عابد وزاہد، درویش صفت بزرگ تھے۔ درس قرآن مجید کے آپ استاد تھے۔ یہ مبالغہ نہ ہوگا کہ بھیرہ کے تمام اوّلین صحابہؓ کی اولادوں (مردوخواتین) کو آپ دینی تعلیم، حدیث اور فقہ کے درس دیتے رہے۔ پیار ومحبت اور عقیدت سے تمام بزرگ انہیں ''حضرت سائیں جی'' کے نام سے یادرکھتے تھے۔ میری تمام پھپھیوں اور بزرگ احمدی خواتین نے آپ سے ہی قرآن پڑھا تھا۔ ان کے اسی احسان عظیم کو مدنظر رکھتے ہوئے اپنے سارے خاندان کے بزرگوں کی دینی تعلیم و تربیت کے اعتراف میں ان کا ذکر خیر کا نیک ارادہ کیا تھا۔ میں اس ذکر خیر میں حضرت مولوی عبدالرحمٰنؓ کے والد محترم حضرت مولوی خان ملکؓ (کھیوال۔جہلم) اور آپ کے فرزند رشید حضرت حافظ مبارک احمد مرحومؓ (سابق پروفیسر جامعۃ المبشرین قادیان/ربوہ) کو بغرض اظہار تعلق اور ثواب کے شامل کررہاہوں۔

میرے والد مرحوم (پروفیسر میاں عطاء الرحمٰن صاحب) جب 1944ء میں حضرت خلیفۃ المسیح الثانیؓ کی تحریک پر زندگی وقف کر کے تعلیم الاسلام کالج قادیان گئے تو وہاں محلہ دارالفضل میں حضرت حافظ مبارک احمدؓ کے گھر کے ایک حصہ میں مقیم رہے۔ ہمارے دونوں خاندانوں میں بہت قریبی تعلق

رہا۔ تقسیم ہند کے بعد دونوں خاندان ہجرت کر کے بھیرہ چلے آئے اور پھر ربوہ میں بھی ساتھ ساتھ رہے۔ حضرت حافظ مبارک احمد مرحوم اکثر بعد نماز عشاء ہمارے گھر تشریف لاتے اور ہمارے والدین سے ملاقات کرتے۔ حافظ صاحب مرحوم کے دو بیٹے (محمود ناصر اور بشیر احمد) میرے سکول اور کالج کے کلاس فیلو رہے۔ حافظ صاحب کے بیٹے بھائی مودود احمد مرحوم میرے بھائی لطف المنان کے بہت قریبی دوست تھے۔ مودود بھائی کچھ عرصہ مشرقی پاکستان میں بھی رہے اور پھر 1971ء کے بعد ربوہ آ گئے اور فیصل آباد ملازمت کرتے تھے۔

6.6.1-خاندانی پس منظر اور ابتدائی حالات

حضرت مولوی عبدالرحمٰن مرحوم حضرت مولوی خان ملک صاحبؓ (ابتدائی صحابی، 313 اصحاب صدق وصفا صفحہ 243) کھیول جہلم کے فرزند تھے۔ حضرت مولوی خان ملکؓ ''قانونچہ کھیوالی'' (عربی گرامر) کے مصنف تھے۔ آپ بھیرہ کی مشہور مخدوم فیملی (حضرت مخدوم محمد صدیق مرحومؓ) کے اتالیق رہے۔ پھر آپ کو جلال پور شریف (جہلم) والے پیر حیدر شاہ اپنے بچوں کی تعلیم کے لئے لے گئے۔ آپ نے بھیرہ، جہلم اور اٹک میں مختلف خاندانوں میں اتالیقی کی خدمات سرانجام دیں۔ عمر کے آخری حصہ میں حضرت مولوی خان ملکؓ قادیان چلے گئے۔ آپ کی بیعت ابتدائی ایام کی ہے۔ آپ کی ولادت 1803ء اور وفات 1913ء کی ہے۔ آپ نے قادیان میں وفات پائی اور وہیں بہشتی مقبرہ میں مدفون ہیں۔

حضرت مسیح موعودؑ نے تحفہ قیصریہ اور کتاب البریہ میں حضرت مولوی خان ملکؓ کا ذکر جلسہ ڈائمنڈ جوبلی اور پرامن جماعت کے طور پر فرمایا ہے۔ ہندوستان کے بڑے بڑے علماء آپ کے حلقہ تلمذ میں شامل تھے۔ حافظ نور محمدؓ سکنہ فیض اللہ چک نے بیان کیا ہے کہ حضرت مولوی خان ملکؓ پہلے پہلے حضرت مسیح موعودؑ کے پاس قادیان آئے تو حافظ نور محمدؓ اس ملاقات میں موجود تھے۔ حضرت مولوی خان ملکؓ نے حضرت مسیح موعودؑ کی خدمت اقدس میں سب سے پہلے حضرت رسول کریم صلی اللہ علیہ

وسلم کا سلام پہنچایا۔ حضرت مسیح موعودؑ نے فرمایا کہ آپ نے سب سے پہلے مجھے آنحضرت صلی اللہ علیہ وسلم کا سلام پہنچایا ہے۔ مزید حافظ نور محمدؓ نے بتایا کہ حضرت مولوی خان ملکؓ سے مشکوٰۃ شریف پڑھی تھی۔ (غیر مطبوعہ رجسٹر روایات نمبر 11 بابت مولوی خان ملکؓ)

خلافت اولیٰ میں حضرت مرزا محمود احمدؓ (خلیفۃ المسیح الثانیؓ) چکوال گئے۔ اس وقت مولوی خان ملکؓ ان کی زیارت کے لئے باوجود پیری اور ضعف کے حاضر ہوئے اور ایک مصلیٰ نذر میں پیش کیا۔ بعد میں پوچھا گیا کہ آپ نے مصلیٰ کیوں خاص طور پر پیش کیا تو فرمانے لگے کہ یہی تو مصلیٰ کا مالک ہے۔ اس کے سامنے مصلیٰ کی نذر نہ پیش کی جائے تو کس کے سامنے کی جائے؟ مطلب ان کا یہی تھا کہ یہ ہی خلافت کا مستحق ہے۔

حضرت مولوی خان ملکؓ بہت دینی غیرت رکھنے والے بزرگ تھے۔ حضرت مسیح موعودؑ کے بارے میں کوئی بے ادبی نہیں سن سکتے تھے۔ ایک دفعہ جلال پور شریف والے پیر مظفر شاہ صاحب نے ان کو اپنے صاحبزادوں کی تعلیم کے لئے بلایا لیکن حضرت مسیح موعودؑ کی شان میں ایک سخت کلمہ کہا۔ اس پر آپ نے فرمایا کہ میں آپ کے بچوں کو پڑھانے کے لئے تیار نہیں۔ مولوی خان ملکؓ کی وفات خلافت اولیٰ کے آخر زمانے (1913ء) میں ہوئی۔ حضرت مولوی خانؓ اپنا وطن چھوڑ کر قادیان چلے گئے اور قادیان میں ہی 1913ء میں ایک سو دس سال کی عمر میں وفات پائی اور بہشتی مقبرہ میں مدفون ہیں۔ آپ حضرت مولوی عبدالرحمٰنؓ کے والد اور حافظ مبارک احمدؓ کے دادا جان تھے۔

حضرت خلیفۃ المسیح الاوّلؓ آپ کی بہت عزت کیا کرتے تھے۔ طالب علمی کے زمانے میں حکیم نورالدینؓ آپ سے دعا کی درخواست کرتے تھے کہ اللہ تعالیٰ انہیں بڑا آدمی بنادے۔ بڑا آدمی سے مراد دین میں ترقی کرنے والا۔ آپ نے دعا فرمائی اور قبولیت دعا کے آثار دیکھ کر اسی وقت کہہ دیا کہ آپ بڑے دینی عالم بنیں گے۔

حضرت مولوی عبدالرحمٰن صاحب حضرت مولوی خان ملکؓ کے اکلوتے فرزند تھے۔ دونوں

بزرگ صحابی ابن صحابیؓ تھے۔ حضرت مولوی خان ملکؓ کے بعد حضرت مولوی عبدالرحمٰنؓ مخدوم فیملی (میانی، گھوگھیاٹ) بھیرہ کے اتالیق رہے۔ قرآن وحدیث اور فقہ کے عالم تھے۔ آخری عمر میں آپ بھی ہجرت کر کے قادیان چلے گئے۔ قادیان میں ہی وفات پائی اور وہیں مدفون ہوئے۔ پیار و محبت سے تمام احمدی بزرگ وخواتین انہیں بھیرہ کی زبان میں ''سائیں جی'' کے نام سے پکارتے تھے اور بے حد عقیدت رکھتے تھے۔

حضرت مولوی عبدالرحمٰنؓ کی تبلیغ سے ماسٹر سراج الدین صاحب (آف ہریہ) ضلع منڈی بہاؤالدین موضع سالم میں احمدی ہوئے۔ موصوف مولوی عبدالرشید یحیٰ صاحب مبلغ سلسلہ (جو امریکہ، کینیڈا اور کوریا میں مشنری تھے) ان کا حال ہی میں شکاگو میں انتقال ہوا، کے دادا جان تھے

(تاریخ احمدیت بھیرہ مرتبہ میاں فضل الرحمٰن بسمل غفاری۔ 313 اصحاب صدق وصفا صفحہ 243)

آپ کے اکلوتے صاحبزادے حافظ مبارک احمد صاحب بھیروی سابق پروفیسر جامعۃ المبشرین

قادیان/ربوہ) بڑے عالم فاضل، حدیث کے مشہور عالم تھے۔ آپ کی پہلی شادی حافظ روشن علیؓ کی

صاحبزادی (امۃ الحق) سے ہوئی تھی اور آپ کو ان کی دلداری کا شرف حاصل ہوا۔ حافظ مبارک احمد صاحب کی دوسری شادی قریشی نذیر احمد صاحب آف بھاگلپوری کی ہمشیرہ سے ہوئی تھی۔ اللہ تعالیٰ نے حضرت حافظ مبارک احمدؓ کو چھ بیٹیوں اور ایک بیٹی سے نوازا۔

تقسیم ہند کے وقت آپ بھیرہ مع فیملی کے آگئے۔ پھر ہائی سکول بھلوال میں عربی کے استاد مقرر ہوئے اور ساتھ ہی چک 6 پنیار کی جماعت کی تربیت بھی فرماتے رہے۔ کچھ عرصہ بعد ربوہ میں مکان تعمیر کروا کر رہنے لگے۔ کچھ عرصہ جامعہ احمدیہ میں بطور استاد الحدیث بھی رہے اور پھر سندھ جماعتی خدمات کے لئے تعینات کئے گئے۔

6.6.2-اولاد

حافظ مبارک احمد صاحب کی اولاد میں چھ بیٹے اور ایک بیٹی ہیں:

منصور احمد صاحب	مودود احمد صاحب	
مسعود احمد صاحب	محمود احمد ناصر صاحب	
بشیر احمد صاحب	شریف احمد صاحب	امۃ السلام صاحبہ

اللہ تعالیٰ کے فضل و کرم سے شریف احمد صاحب، مسعود احمد صاحب اور امۃ السلام صاحبہ حیات ہیں۔ اللہ تعالیٰ انہیں صحت و عافیت والی زندگی اور عمر میں بے انداز برکت دے اور انہیں اپنے بزرگوں کے نقش قدم پر چلنے کی توفیق بخشے۔ آمین۔

بڑے بزرگوں کی کوئی یادگاری تصاویر نہیں مل سکیں۔ حضرت حافظ مبارک احمدؓ کی ایک تصویر جو کہ غالباً کسی صاحبزادے کی شادی کے موقع پر لی گئی تھی بغرض اظہار تعلق اور دعا اس مضمون میں شامل کر دی گئی ہے۔ تقسیم ہند کے وقت بھیرہ میں منتقل ہونے پر حضرت حافظ مبارک احمد صاحب نے اپنے بیٹے منصور احمد صاحب کو کچھ عرصہ میاں فضل الرحمٰن بسمل کے بطور عمومی نگرانی، تعلیم و تربیت کے سپرد کیا اور انہوں نے کمال محبت سے برادرم منصور احمد صاحب کا خیال رکھا۔

6.7- حضرت حاجی احمد بھیروی صاحب رحمۃ اللہ علیہ

(ملک فضل احمد صاحب کے والد محترم)

(پیدائش: 1861ء قبول بیعت: 1894ء انتقال: 1924)

تعارف

یہ بیان حضرت حاجی احمد صاحب بھیرویؒ کی زندگی اور وراثت کو خراجِ عقیدت پیش کرتا ہے۔ ایک ایسے عظیم انسان کو جو گہرے ایمان، ثابت قدمی اور عاجزی کی علامت تھے۔ اُن کی زندگی کی داستان، جو مشکلات کا سفر طے کرتے ہوئے سے عبادت اور قربِ الٰہی تک پہنچی، خدائی رہنمائی اور نیک دل بزرگوں کی شفقت سے روشن ہے۔ اُن کی ثابت قدمی اور روحانی جرأت اُن کے خاندان کی نسلوں کے لیے بھیرہ میں ایک زندہ وراثت بن گئی۔

بھیرہ میں ابتدائی زندگی

حضرت حاجی احمد بھیرویؒ، جو مصنف کے ننہیالی پر دادا تھے، 1861ء میں بھیرہ میں پیدا ہوئے۔ ایک ایسا شہر جو علم و فضل اور عبادت گزاری کے لیے مشہور تھا۔ آپ نے اپنے والد میاں موسیٰ اور والدہ کی نگرانی میں پرورش پائی۔ اُن کے محلے کا علاقہ آج کل فضل مسجد کے قریب واقع ہے۔

آپ کی والدہ کے وصال کے بعد، آپ کے والد صاحب نے احمد آباد کی ایک برہمن خاتون، دین بیگم سے نکاح کیا اور یہی واقعہ اُن کی زندگی کا رخ بدلنے کا باعث بنا۔

خاندانی کی ہجرت اور مکہ کا سفر

ان کی بین المذاہب شادی نے مقامی ہندو برادری میں بے چینی پیدا کردی، جس کے باعث خاندان کو عارضی طور پر امن وسکون کے لیے بھیرہ چھوڑنا پڑا۔ انہوں نے مقدس سفرِ حج پر روانہ ہونے کا فیصلہ کیا اور کم عمر احمد کو بھی اپنے ساتھ لے گئے۔ مکہ مکرمہ پہنچنے کے بعد ایک اندوہناک واقعہ پیش آیا۔ میاں موسیٰ کا انتقال ہو گیا اور انہیں اسی بابرکت شہر میں دفن کیا گیا۔ احمد اور ان کی سوتیلی والدہ دین بیگم مکہ میں ہی مقیم ہو گئے، جہاں مقامی لوگ انہیں ''الہندی'' کے نام سے جاننے لگے۔ غیر ملکی سرزمین پر زندگی مشکل اور غیر یقینی تھی، مگر جلد ہی خدائی تقدیر نے اپنا کرشمہ دکھایا۔

مکہ میں زندگی اور حضرت نورالدین رضی اللہ عنہ سے ملاقات

ایک دن حرمِ شریف میں نوجوان احمد کی ملاقات حضرت حکیم مولوی نورالدینؓ سے ہوئی جو ایک ممتاز عالمِ دین اور حضرت مسیح موعودؑ کے جلیل القدر صحابی تھے۔ جب حضرت نورالدینؓ نے احمد کی مشکلات سُنیں تو نہایت شفقت اور ہمدردی سے اپنے ایک عرب دوست کے ذریعہ اُن کے لیے تجارت کی بنیادی تعلیم کا انتظام فرمایا۔ احمد نے نہایت عاجزی کے ساتھ مکہ کی گلیوں میں ماچس کی تیلیاں بیچنے سے کام کا آغاز کیا، مگر اُن کی سچائی، محنت اور ایمان نے جلد ہی مقامی لوگوں کے دلوں میں اُن کے لیے احترام پیدا کر دیا۔

حضرت نورالدینؓ کی دعاؤں اور نگرانی کے طفیل، احمد اور اُن کی سوتیلی والدہ دین بیگم بعدازاں بخیریت واپس بھیرہ پہنچے اور اپنے خاندان سے دوبارہ جا ملے۔ ہم، اُن کی نسل کے افراد، حضرت حکیم مولانا نورالدینؓ کی شفقت، ہمدردی اور فیاضی کے ہمیشہ شکرگزار رہیں گے۔

بھیرہ واپسی اور نئی زندگی کا قیام

بھیرہ واپسی پر حضرت نورالدینؓ نے اُن کی تربیت اور رہنمائی کا سلسلہ جاری رکھا۔ آپؓ نے نہ صرف اُنہیں کٹلری (چھری کانٹے وغیرہ) کا کاروبار قائم کرنے میں مدد دی بلکہ اُن کی شادی کے انتظامات بھی فرمائے۔ وقت کے ساتھ یہ کاروبار ترقی کرتا گیا۔ حاجی احمدؓ کی محنت، اخلاص اور حضرت نورالدینؓ کی دعاؤں نے اُنہیں عزت، کامیابی اور وقار عطا کیا۔ خاندان ہمیشہ کے لیے حضرت نورالدینؓ کی اُس شفقت اور فیاضی کا ممنون رہا جو آپؓ نے مکہ، جدہ اور وطن واپسی پر اُن کے ساتھ فرمائی۔

قبولِ احمدیت

1894ء میں حاجی احمدؓ نے احمدیت قبول کرتے ہوئے حضرت مرزا غلام احمد علیہ السلام، مسیح موعودؑ و مہدی موعودؑ کے دستِ مبارک پر بیعت کی۔ اُسی سال آپؓ نے ایک تحریری گواہی بھی پیش کی جس میں رمضان کے مہینے میں سورج اور چاند گرہن کے وقوع کی تصدیق کی جو ظہورِ مسیح موعودؑ کی پیشگوئی کے پورا ہونے کی علامت تھی۔ اُن کا گہرا ایمان اور ثابت قدمی اُنہیں بھیرہ کے ابتدائی مخلص احمدیوں میں شامل کر گئی، جو حق کے چراغ بردار بنے۔

خاندانی وراثت اور جائے آرام

حضرت حاجی احمدؓ، اُن کی سوتیلی والدہ (دین بیگم/ دیندار بیگم) اور اہلیہ شرفاں بی بی تینوں بھیرہ کے خاندانی قبرستان میں ایک دوسرے کے پہلو بہ پہلو مدفون ہیں، جو اُن کی نسلوں کے لیے برکت اور عقیدت کا مقام ہے۔ اُن کے اکلوتے صاحبزادے، ملک فضل احمد صاحب (1881ء–1956ء) جو مصنف کے نانا جان تھے، احمدی پیدا ہوئے اور اپنے والد کی ایمان، عاجزی اور خدمت کی روایت کو آگے بڑھایا۔

حضرت حاجی احمد بھیرویؓ کا خاندان بھیرہ کے ابتدائی اور نہایت مخلص احمدی گھرانوں میں شمار ہوتا ہے، جو اپنی روحانی مضبوطی، صبر و استقلال اور اسلام کی خدمت کے لیے غیر متزلزل وابستگی کے سبب ہمیشہ یاد رکھا جائے گا۔ اللہ تعالیٰ اُن کے درجات بلند فرمائے اور اُن کی نسلوں کو ایمان میں ثابت قدم رکھے۔ ('بھیرہ کی تاریخِ احمدیت' - میاں فضل الرحمٰن بسمل، صفحات 147-146، دسمبر 1972)

6.8-حضرت میاں محمد صاحب بھیروی رحمۃ اللہ علیہ

(حضرت محمد ابراہیم اور محمد اسماعیل کے والد)

(پیدائش: 1850ء - قبول احمدیت: 1898ء - انتقال: 1926)

تعارف

یہ بیان حضرت میاں محمد بھیرویؓ کی یاد میں عقیدت کا نذرانہ ہے جو بھیرہ میں جماعت احمدیہ مسلمہ کے اوائل مخلص اور محترم اراکین میں سے تھے۔ اُن کا ایمان، عاجزی اور پیغامِ مسیح موعودؑ سے گہری وابستگی اُن کے خاندان اور آنے والی نسلوں کے لیے ایک دائمی نمونہ بنی رہی۔ حضرت میاں محمدؓ، حضرت میاں حاجی احمدؓ کے بڑے بھائی تھے۔

ایمان اور عہدِ وفا

حضرت میاں محمد بھیرویؓ نے 1898ء میں احمدیت قبول کی اور تمام زندگی اخلاص و استقامت کے ساتھ اس عہد پر قائم رہے۔ آپؓ اپنی سچائی، خدمتِ دین اور بھیرہ کی جماعتی سرگرمیوں میں بھرپور حصہ لینے کے باعث نہایت محترم سمجھے جاتے تھے۔ اُن کی خاموش قوتِ ایمان اور پختہ عزم نے سب کے دلوں میں احترام پیدا کیا۔ حضرت حکیم مولانا نورالدینؓ کی ذاتی دعوت پر آپؓ اپنے بیٹوں اور

جماعت کے چند دیگر اراکین کے ہمراہ تاریخی ''لیکچر سیالکوٹ'' میں شمولیت کے لیے تشریف لے گئے۔ یہ سفر اُن کے شوقِ علم اور اُس والہانہ محبت کا مظہر تھا جو اُنہیں اسلام کی اُس روح سے تھی جسے حضرت مسیح موعودؑ نے ازسرِ نو زندہ فرمایا۔

خاندان اور اولاد

حضرت میاں محمد بھیرویؓ کو دو نیک اور صالح بیٹوں سے نوازا گیا۔ دونوں بیٹوں نے اپنے والد کے ساتھ 1898ء میں احمدیت قبول کی۔ میاں محمد ابراہیم صاحب (1870ء–1923ء) آپؓ کے بڑے فرزند اور مصنف کے پھپھا تھے۔ اُن کی زوجہ محترمہ محمد بی بی صاحبہؓ تھیں جو حضرت مسیح موعودؑ کی مخلص صحابیہ تھیں۔ وہ پروفیسر میاں عطاالرحمٰن کی ہمشیرہ اور حضرت میاں کرم دین بھیرویؓ کی صاحبزادی تھیں جو بھیرہ کے اوائل کے ممتاز اور مخلص احمدیوں میں سے تھے۔

میاں محمد اسماعیل صاحب (1878ء–1952ء) آپؓ کے دوسرے صاحبزادے تھے۔ اُن کی زوجہ محترمہ خدیجہ بی بی صاحبہؓ تھیں جو حضرت میاں غلام محی الدین بھیرویؓ کی صاحبزادی تھیں جو حضرت مسیح موعودؑ کے ایک اور محترم اور مخلص صحابی تھے۔

ان بابرکت رشتوں کے نتیجے میں حضرت میاں محمد بھیرویؓ کا خاندان بھیرہ کے دیگر اوّلین احمدی گھرانوں کے ساتھ گہرے روحانی اور خاندانی تعلقات میں منسلک ہوگیا۔ وہ گھرانے جو اخلاص، علم، اور خدمتِ دین میں نمایاں مقام رکھتے تھے۔

وراثت اور جائے آرام

حضرت میاں محمد بھیرویؓ کی زندگی ایمان، خدمتِ دین اور وقارِ نفس سے معمور تھی۔ آپؓ اور آپؓ کی نسلوں نے بھیرہ میں جماعت احمدیہ کے اوائل قیام و ترقی میں نمایاں کردار ادا کیا۔ آپؓ کے کئی خاندانی افراد آج بھیرہ کے احمدیہ قبرستان میں مدفون ہیں۔ اُن کی قبریں اُن کی قربانیوں، وفا اور اخلاص

کی خاموش مگر زندہ یادگار ہیں۔ اللہ تعالیٰ حضرت میاں محمد بھیرویؒ کے روحانی درجات بلند فرمائے، اُنہیں اجرِ عظیم عطا کرے، اور اُن کی نسلوں کو ایمان میں ثابت قدم رکھے۔ اور جو افراد جماعت سے دور ہو گئے ہیں، اللہ تعالیٰ اُنہیں محبت اور شفقت کے ساتھ دوبارہ احمدیت کی آغوش میں لے آئے۔

('بھیرہ کی تاریخِ احمدیت'۔ میاں فضل الرحمٰن بسمل، صفحات 150-148، دسمبر 1972)

6.9- عقیدت کی جڑوں سے خدمت کی میراث تک

مصنف اس کو ایک عظیم نعمت سمجھتا ہے کہ اس نے ہمارے قابل احترام اسلاف، بھیرہ کے ابتدائی اصحاب، اور مقدس تبرکات بشمول مبارک تخت پوش (دیوان) اور قابل احترام لمبے کوٹ کے تاریخی ورثے کو محفوظ کرنے اور دستاویز کرنے میں اپنی ذمہ داری پوری کی۔ یہ اہم تصنیف جو پہلے کی نسلوں یعنی ہمارے دادا، والد اور بڑے بھائیوں کی طرف سے غیر ریکارڈ شدہ رہ گئی تھی، اللہ کے فضل سے احتیاط سے مرتب کیا گیا ہے۔ مزید برآں، تبرکات، خاص طور پر مبارک لانگ کوٹ، کو باضابطہ طور پر چناب نگر میں تبرکات کمیٹی میں محفوظ رکھنے اور مستقبل کے حوالے سے رجسٹر کیا گیا ہے۔

باب 6 کا اختتام ہمارے دادا کے ساتھیوں اور قریبی دوستوں کی عمدہ زندگیوں پر ایک عقیدت مندانہ عکاسی کے ساتھ ہوتا ہے۔ بھیرہ کے متقی افراد جن کی عقیدت اور کردار نے آنے والی نسلوں کے لیے روحانی بنیاد رکھی۔ اگرچہ ان میں سے بہت سے لوگ نسبتاً مخدوش رہتے تھے، لیکن ان کے خلوص، عاجزی اور جماعت کے ساتھ وفاداری نے ان کی شراکت کو لازوال بنا دیا۔ وہ خاموش طاقت اور پائیدار ایمان والے آدمی تھے، جن کی صحبت ذاتی رشتوں سے بالاتر ہو کر خدمت، قربانی اور الٰہی سچائی پر اٹل یقین کے مشترکہ مشن تک پھیلی ہوئی تھی۔ ان کی دعاؤں، اصولوں اور موجودگی نے ہمارے خاندان کے اخلاقی دائرے کو تشکیل دیا، جو دولت یا حیثیت کی نہیں بلکہ روحانی دولت اور غیر متزلزل اقدار کی میراث چھوڑ کر گیا۔ ایمان اور خدمت کی وراثت میں پیوست اس عظیم فاؤنڈیشن نے ہمارے

پیارے والد مرحوم پروفیسر میاں عطاالرحمٰن کی زندگی میں نیا تاثر پیدا کیا۔

باب 7 میں، ہم اپنی توجہ ان کے شاندار سفر کی طرف مبذول کراتے ہیں، جہاں وراثت میں ملنے والی اقدار کو نہ صرف محفوظ کیا گیا بلکہ بامقصد عمل میں تبدیل کیا گیا۔ ان کے ابتدائی علمی مشاغل اور جماعت کے لیے اپنی زندگی وقف کرنے کے اصولی فیصلے سے لے کر، تعلیم الاسلام کالج میں ان کے اثر انگیز سالوں تک، ان کی زندگی ان نظریات کی تکمیل کی عکاسی کرتی ہے جو ابتدائی اصحاب سے حاصل کیے تھے۔ ان کی قیادت، علمی اور گہری روحانی وابستگی بھیرہ کی میراث کی زندہ توسیع بن گئی، جس نے ثابت کیا کہ حقیقی وراثت مادی املاک میں نہیں بلکہ ایمان، دیانت اور عاجزی کی مشعل کو آگے بڑھانے میں ہے۔

6.10- عقیدت کے علمبردار- بھیرہ کے صحابہ کرام رضوان اللہ علیہم اجمعین

مصنف کو کتاب ''313 - اصحاب صدق و وفا'' میں مذکور حضرت مسیح موعود علیہ السلام کے رجسٹرڈ صحابہ کرامؓ اور کتاب ''بھیرہ کی تاریخ احمدیت'' (مصنف میاں فضل الرحمان بسمل) میں مذکور حضرت مسیح موعود علیہ السلام کے غیر رجسٹرڈ صحابہ کرامؓ کو پیش کرنے میں بڑا فخر اور خوشی محسوس ہو رہی ہے۔ نیز چند ممتاز مبلغین کرام، واقفین زندگی اور دیگر بے لوث خدمت گزاروں کے ناموں کا بھی ذکر کیا گیا ہے جن کو اُجاگر کرنا بڑے اعزاز کی بات ہے۔ جنہوں نے اپنی زندگیاں صرف اور صرف اللہ کی رضا اور جماعت کے لیے وقف کر دیں۔

حضرت حکیم مولانا نورالدین صاحبؓ کے نقش قدم پر چلتے ہوئے جذبۂ عقیدت سے سرشار ان ارواح نے اسلام اور احمدیت کی تبلیغ و اشاعت میں گراں قدر خدمات سرانجام دیں۔ اس سیکشن کا مقصد ان کی وراثت کو دستاویزی شکل دینا، ان کی قربانیوں کا اعتراف کرنا اور حضرت مسیح موعود علیہ الصلوٰۃ والسلام کے عقیدت مند سپاہیوں کے طور پر ان کا احترام کرنا ہے۔

بھیرہ کے رجسٹرڈ صحابہ (”313-اصحاب صدق وفا“ میں مذکور)

1. حضرت قاضی امیر حسین صاحبؓ -(90/144)
2. حضرت شیخ مولوی فضل حسین احمد آبادی صاحبؓ -(139/190)
3. حضرت میاں محمد اسحاق صاحبؓ، نگران ممباسہ-(220/257)
4. حضرت مفتی فضل الرحمن بھیروی صاحبؓ -(245/279)
5. حضرت حافظ محمد سعید صاحبؓ -(بھیرہ/لندن)(246/279)
6. حضرت مستری قطب الدین بھیروی صاحبؓ -(247/280)
7. حضرت مستری عبدالکریم بھیروی صاحبؓ -(248/281)
8. حضرت مستری غلام الٰہی بھیروی صاحبؓ -(249/281)
9. حضرت میاں عالم دین بھیروی صاحبؓ -(250/282)
10. حضرت میاں محمد شفیع بھیروی صاحبؓ -(251/282)
11. حضرت میاں نجم الدین بھیروی صاحبؓ -(252/283)
12. حضرت میاں خادم حسین بھیروی صاحبؓ -(253/284)
13. حضرت بابو غلام رسول صاحبؓ -(254/285)
14. حضرت شیخ عبدالرحمن صاحبؓ (مہر سنگھ)-(255/285)
15. حضرت مولوی سردار محمد صاحبؓ (لون میانی)-(256/286)
16. حضرت مولوی دوست محمد صاحبؓ (لون میانی)-(257/287)
17. حضرت مولوی حافظ محمد صاحبؓ (بھیرہ/کشمیر)-(258/288)
18. حضرت مولوی قادر بخش صاحبؓ احمد آبادی-(259/288)

19. حضرت مستری اسلام احمد صاحبؓ بھیرہ۔(322/305)

20. حضرت حافظ غلام محی الدین صاحبؓ۔بھیرہ/قادیان(315/297)

21. حضرت حافظ حکیم مولوی نورالدین صاحبؓ بھیرہ/قادیان۔(51/21)

22. حضرت حافظ حکیم مولوی فضل دین صاحبؓ بھیرہ۔(58/23)

23. حضرت مفتی محمد صادق صاحبؓ بھیرہ۔(115/65)

24. حضرت مخدوم مولوی محمد صدیق صاحبؓ آف بھیرہ۔(232/189)

25. حضرت محمد امین صاحبؓ (کتاب فروش) بھیرہ/جہلم۔(317/300)

بھیرہ کے غیر رجسٹرڈ صحابہ کرامؓ (''بھیرہ کی تاریخ احمدیت'' میں مذکور)

1. حضرت مولا بخش بھیروی صاحبؓ (ملک غلام سرور کے والد)

2. حضرت اللہ بخش صاحبؓ (ملک محمد افضل صاحب کے والد)

3. حضرت میاں فضل احمد صاحبؓ (مولا بخش کے والد)

4. حضرت سیٹھ اللہ جوائیہ صاحبؓ

5. حضرت اللہ دتہ صاحبؓ (ماسٹر فضل الٰہی صاحب کے والد)

6. حضرت میاں کرم دین بھیروی صاحب احمد آبادیؓ (پروفیسر میاں عطاء الرحمن صاحب کے والد)

7. حضرت اللہ دتہ صاحبؓ (میاں خدا بخش کے والد، امام الصلوٰۃ، فضل مسجد، بھیرہ)

8. حضرت میاں خدا بخش صاحبؓ (امام الصلوٰۃ، فضل مسجد، بھیرہ)

9. حضرت میاں صدرالدین صاحبؓ (بابا صدرا کے نام سے مشہور)

10. حضرت مولوی فخر الدین صاحبؓ (آف میانی۔غوثیہ)

11. حضرت میاں غلام محی الدین صاحبؓ (ہیڈ ماسٹر محمد شفیع صاحب کے والد)

12. حضرت مولوی محمد حسین احمد آبادی صاحبؓ
13. حضرت مولوی محمد دلپذیر بھیروی صاحبؓ
14. حضرت فضل الٰہی صاحبؓ (عبدالصمد، عبدالحق، واحد اور افضل کے والد)
15. حضرت مولوی شیر علی صاحبؓ (ادھرم کے)
16. حضرت غلام شاہ صاحبؓ (قاضی امیر حسین صاحب کے والد)
17. حضرت میاں امام دین صاحبؓ (اور سیر)
18. حضرت میاں غلام الٰہی صاحبؓ (والد حافظ فضل الرحمن)
19. حضرت مولوی عبدالرحمن صاحبؓ (سائیں جی)، حافظ مبارک احمد کے والد
20. حضرت میاں احمد جنجوعہ صاحبؓ
21. حضرت میاں محمد صاحبؓ (محمد ابراہیم/اسماعیل کے والد۔ لیکچر سیالکوٹ میں شرکت کی)
22. حضرت قریشی غلام حسین شاہ صاحبؓ۔ چٹی پلّی
23. حضرت شیخ محمد شفیع صاحبؓ (ولد محمد بخش۔ شیش محل، بھیرہ)
24. حضرت میاں اللہ دین صاحبؓ (مجیب اصغر محمود کے پردادا)
25. حضرت الحاج میاں عبدالرحمن صاحبؓ (مجیب اصغر محمود کے دادا)
26. حضرت ماسٹر عبدالرؤف صاحبؓ (ڈرائنگ ماسٹر، قادیان)
27. حضرت ملک محمد سالم صاحبؓ
28. حضرت ڈاکٹر عبدالغنی صاحبؓ
29. حضرت ملک سمندر خان صاحبؓ
30. حضرت خان بہادر غلام محمد گلگتی صاحبؓ

31. حضرت قریشی سردار محمد صاحبؓ

32. حضرت کیپٹن محمد سعید صاحبؓ (میانی)

33. حضرت قاضی غلام حسین شاہ صاحبؓ (قاضی امیر حسین کے بھائی)

34. حضرت حکیم محمد صدیق صاحبؓ آف میانی (عثمان صدیقی صاحب کے والد)

اب تک مصنف نے بھیرہ سے 59 صحابہ کرامؓ کی شناخت کی ہے۔ بھیرہ کے آس پاس کے دیہاتوں اور دور دراز علاقوں سے اور بھی صحابہ کرامؓ کے نام مل سکتے ہیں۔

حوالہ جات:

1. بھیرہ کی تاریخ احمدیت (1972) مصنف میاں فضل الرحمان بسمل، سابق امیر جماعت احمدیہ بھیرہ۔ بھیرہ سے غیر رجسٹرڈ صحابہ

2. 313۔ اصحاب صدق وفا۔ بھیرہ سے رجسٹرڈ صحابہ

بھیرہ کے مبلغین کرام

1۔ حضرت مفتی محمد صادق صاحبؓ (برطانیہ/ امریکہ)

2۔ محترم صوفی عبدالغفور نفیس الرحمٰن پراچہ صاحب (چین/ امریکہ)

3۔ محترم فضل الٰہی انوری صاحب (نائیجیریا اور جرمنی)

4۔ محترم محمد خان جنجوعہ صاحب (اعزازی۔عراق)

5۔ محترم حافظ محمد اسحاق صاحب (اعزازی۔ممباسہ)

6۔ محترم مولوی غلام حسین ایاز صاحب (مشرقی افریقہ، سر افتخار کے والد)

7۔ محترم محمد عثمان صدیقی صاحب (اٹلی)

بھیرہ کے عقیدت مند/واقفین زندگی

1- محترم ماسٹر عبدالرؤف صاحب

2- محترم قاضی امیر حسین

3- محترم مولانا شیر علی صاحب

4- محترم شیخ عبدالرحمن صاحب (مہر سنگھ)

5- محترم پروفیسر میاں عطاء الرحمان صاحب

6- محترم پروفیسر محمد ابراہیم ناصر صاحب

7- محترم مولوی محمد یعقوب صاحب (زودنویس)

8- محترم مولوی محی الدین صاحب

9- محترم حافظ مبارک احمد صاحب

10- محترم مولوی محمد احمد جلیل صاحب

11- محترم اعظم اکسیر صاحب

12- محترم حافظ مظفر احمد صاحب

13- محترم ملک محمد اشرف بھیروی صاحب

14- محترم راجہ نصیر احمد (حجکا) صاحب

15- محترم لطف الرحمان محمود صاحب (سیرالیون)

16- محترم لطف المنان صاحب (عقیدت مند، T.I. کالج)

17- محترم حبیب الرحمان ساحر صاحب (عقیدت مند، ٹی آئی کالج)

6.11-اہم نکات

- بھیرہ کے ابتدائی صحابہ نے احمدیت کے پھیلاؤ اور مضبوطی میں بنیادی کردار ادا کیا اور جماعت کی بنیادوں کو مستحکم کیا۔
- بزرگ حضرات جیسے حضرت قریشی غلام حسین شاہ صاحب، حضرت مولوی خان ملک اور حضرت مولوی عبدالرحمٰن (سائیں جی) کی اخلاقی، روحانی اور علمی قیادت نے بھیرہ میں احمدی خاندانوں کی فکری اور روحانی تربیت میں کلیدی کردار ادا کیا۔
- یہ بزرگ قرآن کے استاد، اتالیق (پرائیویٹ استاد) اور جماعتی رہنما کے طور پر خدمت کرتے تھے اور شہرت یا پہچان کے بجائے عاجزی، اخلاص اور خدمت کو اوّلین ترجیح دیتے تھے۔
- قادیان اور حضرت مسیح موعود علیہ الصلوٰۃ والسلام کے ساتھ روحانی تعلقات ذاتی ملاقاتوں، خطوط، تحائف اور قربانیوں کے ذریعے مستحکم ہوئے۔
- مقدس تبرکات کی حفاظت صرف علامتی اقدام نہیں بلکہ ایک زندہ روایت اور نسل در نسل منتقل ہونے والا مقدس امانت ہے۔

6.12-اہم اسباق

- وراثت ہمیشہ خاموش خدمت کے ذریعے بنتی ہے۔ جماعت کے نامعلوم اور غیر مشہور ہیروز نے اپنے ثابت قدم ایمان اور قربانی کے ذریعے سب سے دیرپا اثر چھوڑا۔
- مذہبی تعلیم اور روحانی تربیت، جو نسلوں میں منتقل ہوئی، بھیرہ کے خاندانوں کی شناخت اور استقامت کا ستون بنی۔
- یہ نیک بزرگ اپنے بعد آنے والی نسلوں کے لیے راستہ ہموار کرتے ہیں، نہ کہ مادی دولت

کے ذریعے بلکہ اقدار، اعتماد اور روحانی ذمہ داری کے ذریعے۔

- ان بزرگوں کے قائم کردہ روحانی سلسلے اور اخلاقی معیار نے خاص طور پر تقسیم ہند کے بعد ربوہ کے پرورش یافتہ ماحول میں فروغ پایا اور آج بھی قائم ہے۔

6.13-کلیدی نتائج

- ان بزرگوں کی کہانیاں ماضی کا بند باب نہیں بلکہ ایک زندہ وراثت ہیں، جو ان کے بچوں اور پوتوں کی زندگیوں اور اعمال کے ذریعے جاری ہیں۔
- ان کی خاموش قوت، مخلص دعائیں اور اخلاقی کردار آنے والی نسلوں کے لیے جماعت کی خدمت میں لگن اور مقصدیت کے لیے رہنمائی فراہم کرتے ہیں۔
- بھیرہ کے ابتدائی صحابہ نے حقیقی صحابہ کی روح کو ظاہر کیا۔ جماعت کے ساتھ وفاداری، حضرت مسیح موعود (علیہ الصلوٰۃ والسلام) سے محبت اور بغیر کسی صلے کے خدمت۔

6.14-مختصر خلاصہ: باب 6

باب 6 بھیرہ کے ابتدائی صحابہ کو یاد کرتے ہوئے دل سے خراج عقیدت پیش کرتا ہے۔ ایسے مرد جو تقویٰ، علم، عاجزی اور خدمت میں بلند تھے۔ یہ باب حضرت قریشی غلام حسین شاہ صاحب، حضرت مولوی خان ملک، حضرت مولوی عبدالرحمٰن (سائیں جی) اور حافظ مبارک احمد صاحب بھیروی کی زندگیوں اور خدمات کو یاد کرتا ہے۔

تعلیم، دعا، خدمت اور خاموش قیادت کے ذریعے انہوں نے اپنی خاندانوں اور جماعت میں وہ روحانی اقدار قائم کیں جو صدیوں سے زندہ ہیں۔ مقدس تبرکات، تاریخی واقعات اور ذاتی تجربات مل کر ایک طاقتور داستان بناتے ہیں جو لگن، نظم وضبط اور نسل در نسل ایمان کی ترجمانی کرتی ہے۔

6.15-باب کا اختتام

بھیرہ کے یہ نیک مرد اپنی زندگی کے ذریعے روحانی رہنمائی کا نقشہ چھوڑ گئے۔ یادگاروں یا القابات کے ذریعے نہیں بلکہ روزمرہ خدمت، ایمان کی زندگی بھر کی لگن، اور سچائی کے لیے غیر متزلزل عزم کے ذریعے۔ ان کی دعائیں اور موجودگی آج بھی ان کی نسلوں کی زندگیوں کو روشن کرتی ہیں، اور انہیں وہی اعلیٰ معیار، عاجزی، علم اور جماعت سے محبت قائم رکھنے کی رہنمائی فراہم کرتی ہیں۔

6.16-باب 7 میں ہموار منتقلی

اب جبکہ ہم اپنے نیک بزرگان کا ذکر خیر کر چکے ہیں، ہم اس شخصیت کی زندگی کی جانب بڑھتے ہیں جس نے ان کی وراثت کو جدید دور میں نئی شکل دی۔ پروفیسر میاں عطا الرحمن صاحب، ہمارے محبوب والد۔

باب 7 ان کے شاندار سفر کی داستان بیان کرتا ہے، جو علمی قابلیت سے لے کر تعلیم الاسلام کالج میں ان کی مخلص اور بے لوث خدمات پر محیط ہے۔ ان کی زندگی ایک روشن مثال ہے کہ ماضی کی وراثت کس طرح ایک مقصد پر مبنی مستقبل کی تشکیل کر سکتی ہے جو ایمان، علم اور جماعت کی خدمت پر مبنی ہو۔

OO

باب نمبر 7: والد محترم پروفیسر میاں عطاء الرحمن صاحب کا ذکر خیر اور حضرت خلیفۃ المسیح الثالثؒ کی ان کے اہل خانہ پر مہربانیاں

تعارف

اس باب میں مصنف نے خاندان کے ابتدائی حالات اور تاریخی پس منظر کا مختصر تعارف پیش کیا ہے۔ میں نے انکے ہائی اسکول گریجویشن، سائنس کے مضامین میں اعلیٰ تعلیم شروع کرنے کے لیے ایک امریکی اسکول میں داخلے کے بارے میں تفصیلات بیان کی ہیں۔ ان کی پیدائش معجزانہ رنگ میں حضرت مسیح موعود علیہ السلام کی دعاؤں کی قبولیت کا ایک زندہ نشان تھی۔ اوران کا نام بھی حضورؑ نے رکھا تھا۔ مصنف نے ابتدائی زندگی میں ان کی صحت کے مسائل اور پولیو قسم کی کمزور بیماری سے ان کی معجزانہ صحت یابی کی تفصیلات شامل کی ہیں۔

ان کی رہنمائی اور حوصلہ افزائی کے لیے ہائی اسکول کے ہیڈ ماسٹر اور ایف سی کالج کی چیئر پرسن کا شکریہ۔ ان کے سرپرست (پروفیسر بینیڈ) نے ان کا تعارف لاہور میں نامور سائنسدانوں (ڈاکٹر کامپٹن اور ڈاکٹر ارنسٹ روتھر فورڈ نوبل انعام یافتہ) سے کرایا۔ ان کو انگلینڈ میں اعلیٰ تعلیم کے لیے اپنے ساتھیوں کے ساتھ جانے کی پیشکش کی گئی۔ طبی بنیادوں پر وہ اعلیٰ تعلیم کے لیے بیرون ملک نہیں جا سکے۔

انہوں نے تدریسی پیشہ کا انتخاب کیا اور برٹش ایجوکیشن سروس میں شمولیت اختیار کی۔ چکوال، شاہ پور اور جہلم کے سرکاری کالجوں میں دس سال تک پڑھایا۔ 1944ء میں انہوں نے اپنی سرکاری ملازمت سے استعفیٰ دے دیا اور تعلیم الاسلام کالج قادیان/لاہور/ربوہ میں فزکس کی گریجویٹ اور پوسٹ گریجویٹ دونوں کلاسوں کو پڑھایا۔ ایم ایس سی فزکس پروگرام (شروعات-1963ء، باقاعدہ

۔1969ء)تعلیم الاسلام کالج ربوہ میں شروع کیا۔انہوں نے تقریباً 40 سال تک اپنا تدریس کا مشن مکمل کیا اور کالج میں پوسٹ گریجویٹ فزکس کی کلاسز شروع کیں۔ وہ 1974ء میں کالج کی نیشنلائزیشن پر کالج ربوہ کے بطور وائس پرنسپل ریٹائر ہوئے۔

انہوں نے کالج کے قائم مقام پرنسپل (1965-1966ء) کے طور پر کام کیا۔کالج کے اعلیٰ ترین مفاد کے لیے انہوں نے پروفیسر قاضی محمد اسلم صاحب کا نام T.I.College Rabwah کے پرنسپل کے لیے تجویز کیا۔اپنی باقی زندگی 1974ء میں ریٹائرمنٹ تک وائس پرنسپل کے طور پر کام کیا۔

اپنی 45 سالہ سروس کے دوران، انہوں نے اپنے تمام ساتھیوں (ڈاکٹر بصیر پال، ڈاکٹر نذیر چوہدری، ڈاکٹر محمد رفیع) کے ساتھ اچھے کام کرنے والے تعلقات کو برقرار رکھا۔وہ کئی سالوں تک ہیڈ ایگزامنر رہے اور پنجاب یونیورسٹی اور گورنمنٹ کالج لاہور کے نامور ساتھیوں میں ان کی عزت افزائی کی گئی۔تعلیم الاسلام کالج ربوہ میں پوسٹ گریجویٹ فزکس کی کلاسز کے آغاز میں کلیدی عہدوں پر ان کے ساتھیوں کا بہت اثر تھا۔

مصنف نے سابق پرنسپل اور حضرت خلیفۃ المسیح الثالثؒ سے قریبی تعلق پر بھی روشنی ڈالی ہے۔ حضورؒ ریٹائرمنٹ کے بعد بھی ان کے ساتھ انتہائی مہربان تھے اور ان کے خاندان کے ساتھ بہترین تعلقات تھے۔اس کے مشورے/تاثرات کے لیے بعض مواقع پر پرائیویٹ میسجز بھیجے گئے۔

حضرت خلیفۃ المسیح الثالثؒ کے پروفیسر میاں عطاء الرحمن صاحب مرحوم کے بچوں کے ساتھ حسن سلوک کو دستاویزی شکل دی گئی ہے۔ہم حضورؒ کے اعتماد، بھروسے، محبت اور غیر مشروط مہربانی کا مظاہرہ کرنے پر ہم ان کے شکرگزار ہیں۔ہم اپنے دل کی گہرائیوں سے تعریف اور احترام کرتے ہیں۔اللہ تعالیٰ حضرت خلیفۃ المسیح الثالث رحمۃ اللہ علیہ کے درجات کو جنت میں بلند فرمائے۔

ایک ممتاز خادم جماعت

محترم پروفیسر میاں عطاء الرحمن صاحب (مرحوم)

(لطف الرحمان محمود۔ راؤنڈ راک، ٹیکساس)

میرے والد (ابا جان) پروفیسر میاں عطاء الرحمن کا انتقال ہوئے 23 سال ہو گئے ہیں۔ ان کی یاد میں پہلے لکھنے کا موقع نہیں مل سکا۔ بزرگوں کی یاد کو زندہ رکھنے کے لیے حضرت خلیفۃ المسیح الرابعؒ کے مشورے/خواہش کے مطابق دعاؤں کی نیت سے چند الفاظ لکھ رہا ہوں۔

ابتدائی حالات

ابا جان یکم اپریل 1905ء کو تاریخی قصبہ بھیرہ میں پیدا ہوئے۔ اس بستی نے جماعت احمدیہ کے لیے بہت سے مخلص خادم مہیا کیے ہیں۔ حضرت حکیم مولانا نورالدین صاحبؓ کا نام فہرست میں سب سے نمایاں ہے اور بہت سے دوسرے مخلص پیروکاروں کو جماعت میں شامل ہونے کے قابل بنایا۔ ہمارے دادا جان حضرت میاں کرم دین صاحبؓ، حضرت مسیح موعود علیہ السلام کے رفیق (صحابی) تھے۔ لیکن ہماری دادی (طالعہ بی بی) نے اس وقت بیعت نہیں کی تھی۔ لیکن کچھ عرصہ بعد انہوں نے ایک خواب دیکھا جس کی تعبیر یہ تھی کہ اگر وہ حضرت مسیح موعود علیہ السلام کو مان لیں تو انہیں بیٹا نصیب ہوگا۔ اس خواب کے بعد دادی نے احمدیت قبول کر لی۔ اللہ تعالیٰ نے انہیں سات بیٹیوں کے بعد بیٹے (ہمارے باپ کی شکل میں) سے نوازا۔ حضرت مسیح موعود علیہ السلام نے نومولود کا نام عطاء الرحمن رکھا اور دعا فرمائی جس نے نہ صرف نومولود بلکہ تمام آنے والی نسلوں کی تقدیر بدل دی۔

گورنمنٹ ہائی سکول بھیرہ بیسویں صدی کے آغاز میں اس علاقے کا مشہور اور ممتاز تعلیمی ادارہ

تھا۔انہوں نے اس سکول سے میٹرک /داخلہ کا امتحان پاس کیا اور پورے ضلع میں پہلی پوزیشن حاصل کی۔ دیوار پر ایک ’’اعزازی بورڈ‘‘ تھا جس پر ہر سال نمبروں کے ساتھ اوّل آنے والے طالب علم کا نام شامل کیا جاتا تھا۔آنر بورڈ پر سب سے زیادہ نام آنے والے مشہور ’’ہندو‘‘ نام تھے جن میں صرف چند مسلمانوں کے نام تھے۔آنر بورڈ پر پچھلے ستر سالوں کی تاریخ تھی۔ میں بھی اس ہائی سکول کا پرانا طالب علم تھا۔ چند سالوں کے بعد، میں نے سکول کا دورہ کیا اور یہ جان کر حیران رہ گیا کہ آنر بورڈ کو وائٹ واش کر دیا گیا تھا اور اس کی جگہ صرف ہیڈ ماسٹرز کے نام لکھے گئے تھے۔ والد کا نام جو فائنل امتحان میں ان کے اسکور کے ساتھ ’’آنر بورڈ‘‘ میں ڈالا گیا تھا وہ بھی ختم ہو گیا۔

میرے والد نے لاہور میں جن کالجوں میں تعلیم حاصل کی ہے میں ان کے بارے میں نہیں جانتا۔ایک بار میں نے اپنے والد کے لیے ایف سی کالج اولڈ بوائز ایسوسی ایشن کا دعوت نامہ دیکھا۔ ماسٹر (ایم ایس سی) کرنے کے بعد، ابا جان نے سینٹرل ٹریننگ کالج لاہور میں داخلہ لیا اور بی ٹی کی ڈگری حاصل کی۔ یہ کالج بہت مشہور تھا اور اسے برطانوی ماہرین تعلیم نے ’’سوئز کے مشرق میں بہترین‘‘ قرار دیا تھا۔

وقف زندگی

تعلیم الاسلام کالج 1944ء میں قادیان میں حضرت خلیفۃ المسیح الثانی رضی اللہ عنہ کے دور میں دوبارہ شروع ہوا۔ کالج میں سائنس کی کلاسز کے آغاز کے وقت، ابا جان گورنمنٹ ڈی مونٹ مورنسی کالج، شاہ پور میں فزکس کے لیکچرار کے طور پر کام کر رہے تھے۔ بعد میں اسی کالج کو گورنمنٹ کالج سرگودھا اور شاید اب تک یونیورسٹی کہا جاتا تھا۔ حضرت خلیفۃ المسیح الثانی رحمۃ اللہ علیہ نے قادیان کے کالج کے لیے تجربہ کار پروفیسروں کو بلایا تھا۔ خدا نے ہمارے والد کو وقت کے خلیفہ کی پکار پر لبیک کہنے کی توفیق دی اور اپنی خدمات جماعت کے لیے پیش کیں۔ کالج کے پرنسپل (ملک احمد حسین صاحب)

نے میرے والد کو اپنے خلوص رہمدردی سے راضی کرنے کی کوشش کی کہ وہ سرکاری ملازمت سے استعفیٰ نہ دیں۔ لیکن ہمارے ابا جان نے مستعفی ہونے اور معمولی تنخواہ پر قادیان کے کالج میں پڑھانے کا پختہ فیصلہ کیا۔ ہمارے باپ نے اس نازک فیصلے سے پہلے استخارہ کیا اور خواب میں حضرت مسیح موعود علیہ السلام کو یہ فرماتے ہوئے دیکھا:

''ہم نے تمام انتظامات کر لیے ہیں، روزمرہ کی ضروریات کے حصول میں کوئی رکاوٹ نہیں آئے گی۔''

یہ عظیم بشارت اس کے الفاظ سے پوری ہوئی۔ ہمارے والد نے شہرت یا عہدوں کی خواہش کے بغیر ایک انتہائی سادہ، دیانت دار اور عاجزانہ زندگی گزاری۔ ان کا ایک دوست/ ساتھی جو اعلیٰ عہدے پر تھا، ربوہ سے ملنے گیا۔ اس کا دنیاوی نقطہ نظر بالکل مختلف تھا۔ اس نے میرے والد کو مشورہ دیا کہ اگر وہ سرکاری ملازمت سے استعفیٰ نہ دیتے تو شاید وہ تمام مراعات کے ساتھ اعلیٰ عہدے سے ریٹائر ہو جاتے۔ دوست کے جانے کے بعد آپ نے ہمیں نصیحت کی کہ یہ ''وقفِ زندگی'' کی برکت ہے کہ وہ ابھی تک زندہ ہیں۔ ورنہ وہ بہت پہلے فوت ہو گئے ہوتے۔

محدود مالی وسائل کے ساتھ بچے بغیر کسی رکاوٹ کے اپنی اعلیٰ تعلیم مکمل کر سکتے ہیں۔ سرکاری ملازمتوں میں ایسی کوئی گارنٹی نہیں تھی۔ ہمارے والد کے وقف کی براہ راست برکت نے ان کے بچوں کی زندگیوں پر بہت زیادہ اثر ڈالا۔ دنیاوی تعلیم کے ساتھ ساتھ ہمیں قرآن، حدیث اور سیرت نبویؐ کے علم سے بھی روشناس کرایا گیا۔ ہمیں حضرت مسیح موعود علیہ السلام کے صحابہ سے ملنے اور ان کی روحانی صحبت سے مستفید ہونے کا موقع ملا۔ یہ وقف زندگی کی برکت تھی کہ ان کے تمام آٹھ بچے مختلف مضامین میں متعدد ڈگریوں کے ساتھ اعلیٰ تعلیم یافتہ ہیں۔

تعلیم الاسلام کالج میں خدمات

تعلیم الاسلام کالج میں خدمات ابا جان کو کالج کی تاریخ کے تینوں ادوار (قادیان، لاہور، ربوہ) میں پورے خلوص، توجہ اور لگن کے ساتھ خدمات انجام دینے کا شرف حاصل ہوا۔ میرے خطبہ نکاح میں حضرت خلیفۃ المسیح الثالثؒ نے کالج کے لیے والد کی طویل خدمات کا ذکر کیا اور فرمایا:

"پروفیسر میاں عطاء الرحمن صاحب وقف زندگی ہیں اور تعلیم الاسلام کالج میں طویل عرصے تک (قادیان سے) جماعت کی خدمت بڑی لگن اور خلوص کے ساتھ کی ہے۔ وہ انتہائی بے لوث اور مضبوط انسان ہیں۔"

حضرت خلیفۃ المسیح الثالثؒ کے خلافت پر فائز ہونے کے بعد ہمارے والد صاحب ربوہ کے کالج کے وائس پرنسپل تھے۔ انہیں فرائض کی انجام دہی اور کالج چلانے کی ذمہ داری دی گئی۔ بعد ازاں، اعلیٰ ترین مفادات کے لیے جامعہ اور کالج کو بہتر طریقے سے چلانے کے لیے، انہوں نے قاضی محمد اسلم صاحب کا نام کالج کے پرنسپل کے طور پر حضور کے لیے تجویز کیا۔ حضورؒ نے بخوشی یہ تجویز قبول کر لی اور قاضی محمد اسلم صاحب کو پرنسپل مقرر کر دیا گیا اور ہمارے والد صاحب وائس پرنسپل کے عہدے پر فائز رہے یہاں تک کہ دونوں کالج سے ریٹائر ہو گئے۔ ان کے سینکڑوں طلباء ہمارے والد سے تعلیم یافتہ تھے اور ان کے علم اور ان کی ہدایات کے اسلوب سے مستفید ہوئے۔ ان میں سے کئی دنیا کے مختلف حصوں میں مختلف صلاحیتوں میں اپنا حصہ ڈال رہے ہیں۔ تقسیم ہند کے وقت کالج کو لاہور منتقل کر دیا گیا۔ قادیان میں تمام جدید ترین سائنس لیبارٹریز پیچھے رہ گئیں۔ انہیں لاہور میں کھڑکیوں اور دروازوں کے بغیر لاوارث عمارت کے کھنڈرات کے ساتھ الاٹ کیا گیا تھا۔ لاہور میں سائنس کے مضامین پڑھانے کے لیے لیبارٹریوں سے لیس مشہور کالج تھے۔ لیکن سائنس کے اچھے پروفیسروں نے ہندوستان کا انتخاب کیا اور لاہور چھوڑ دیا۔ سائنس کے پروفیسرز کی شدید کمی تھی۔ باہمی گفت وشنید

اور بات چیت کے ذریعہ مسئلے کا حل نکالا گیا۔ یہ فیصلہ کیا گیا کہ ہمارا عملہ ان کالجوں کے لیے سائنس کی کلاسز پڑھائے گا، اس کے بعد وہ ہمارے طلباء کو اپنی لیبارٹریز استعمال کرنے کی اجازت دیں گے۔ اس سے کالج کے دوسرے طلباء کو ہمارے والد نے پڑھایا۔ کچھ طالب علموں کو لاہور میں ان کے پروفیسرز نے ربوہ بھیجا تا کہ وہ ہمارے والد سے فزکس کے اہم مسائل پر تبادلہ خیال کریں۔

قادیان میں قیام اور ہجرت

میں نے ان کی نگرانی میں قادیان میں ڈھائی سال گزارے ہیں۔ سات/آٹھ سال کا بچہ کچھ یادیں یاد کر سکتا تھا۔ تربیت کے لیے وہ مجھے اہم مواقع پر اپنے ساتھ رکھا کرتے تھے۔ مجھے آج بھی یاد ہے کہ ان کے ساتھ قادیان میں حضرت مسیح موعود علیہ السلام کی قبر پر جانا تھا۔ میرے والد نے مجھے مسجد اقصیٰ میں حضرت مسیح موعود علیہ السلام کے والد کی قبر بھی دکھائی۔ مجھے آج بھی یاد ہے کہ کسی عید کے دن حضرت خلیفۃ المسیح الثانیؓ سے ملاقات ہوئی تھی۔ قادیان میں ''مجلس مشاورات'' کی نئی اصطلاحات سننا اب بھی یاد ہے۔ مجھے آج بھی یاد ہے کہ ہمارے گھر کی دیوار پر لٹکائے گئے دو فریمز جو حضورؑ کی نظموں سے مزّین تھے۔ آپ بلند آواز سے پڑھتے تھے اور میں نے دل سے سیکھا۔ ایک اور فریم بھی تھا جو حضرت مسیح موعود علیہ الصلوٰۃ والسلام کے شائع کردہ پمفلٹ کی نقل معلوم ہوتا تھا۔

ہجرت (1947ء) کے وقت آپ اپنے ساتھ حضرت مسیح موعود علیہ السلام کا ''مبارک لانگ کوٹ/تبرک'' لائے جو دادا کو بطور تحفہ دیا تھا۔ یہ واحد شے تھی جس کو قادیان چھوڑتے وقت انہوں نے اپنے ساتھ لانے کے لیے منتخب کیا تھا۔ حضرت مسیح موعود علیہ السلام کا یہ مبارک لباس آج بھی ہمارے خاندان میں اصلی شکل میں موجود ہے۔ عموماً ایسے تبرک کو بہن بھائیوں میں تقسیم کرنے کے لیے ٹکڑے ٹکڑے کر دیا جاتا ہے۔ لیکن ہمیں ایسا نہ کرنے کی ہدایت دی گئی۔ ایک سو سال گزر چکے ہیں اور یہ مبارک کوٹ جوہری شعاعوں سے محفوظ، مکمل اور درست ہے۔ ایم ٹی اے پروگرامز اور الفضل

انٹرنیشنل کے کثرت سے دیکھنے والے قارئین اس پیشین گوئی سے بخوبی واقف ہیں کہ کس طرح بعض بادشاہوں نے حضرت مسیح موعود علیہ السلام کے لباس سے برکتیں مانگی ہیں۔ اللہ تعالیٰ سے دعا ہے کہ وہ ہمیں قومی روحانی خزانے کی حفاظت کے لیے پختہ ایمان، پختہ عزم اور اخلاص عطا فرمائے۔ آمین۔

تقسیم کے بعد ہمارا خاندان ہمارے آبائی شہر بھیرہ میں چلا گیا۔ مشرقی پنجاب سے بھی بہت سے نقل مکانی کرنے والے بھیرہ میں آباد ہوئے۔ انہوں نے خالی مکانات (ہندوؤں اور سکھوں کے پیچھے چھوڑے ہوئے) مسلمان تارکین وطن کو الاٹ کیے تھے۔ کچھ افسران نے ہمارے والد کو الاٹمنٹ میں گھر کی پیشکش کی۔ لیکن ہمارے والد نے یہ کہہ کر انکار کر دیا کہ بھیرہ میں ہمارے سر پر چھت ہے۔ اسے دوسرے مستحق خاندان کو دیا جائے۔ ہمارے والد بہت ہی مدبر اور خدا ترس انسان تھے۔

ان کے ایک پرانے طالب علم میاں عبدالسمیع نون صاحب نے ایک مضمون ''تعلیم الاسلام کالج کے عظیم اور کردار ساز پروفیسرز'' لکھا اور ہمارے والد کا ذکر یوں کیا:

''خدا سے ڈرنے والے درویش کی علامت، مکمل طور پر مدبر، شریف النفس نظر آنے کی خواہش، پروفیسر میاں عطاء الرحمن بھیروی ہیں۔''

اللہ ان کو جنت میں اعلیٰ مقام عطا فرمائے۔ اسے دنیاوی معاملات میں مالی اور جائیداد دونوں سے کوئی دلچسپی نہیں تھی۔ آپ نے ساری زندگی قادیان اور ربوہ میں کرائے کے گھروں میں گزاری۔ آپ ساری زندگی اپنے پیروں پر چلتے رہے اور منصفانہ ذرائع سے ربوہ میں اپنا ایک گھر بھی نہیں بنا سکے۔ آپ کو اپنی دیانت اور نیک نامی پر فخر تھا۔ آپ موصی تھے اور بہت سادہ زندگی گزارتے تھے۔ آپ نے وقف زندگی کے اپنے وعدے کو حرف بہ حرف پورا کیا۔

طلباء اور رفقا پر اچھا تاثر

بہترین تدریسی صلاحیتوں کے ساتھ فزکس کے مضمون پر مکمل عبور کے علاوہ، وہ بہت ہی مہربان، مخلص اور طلباء کے ایک دوست کی طرح تھے۔ ان خصوصیات کا ان کے شاگردوں پر خاصا اثر ہے۔ ان کے کچھ طلباء امریکہ میں ہیں اور اعلیٰ عہدوں پر ہیں۔ ان میں سے کچھ اب بھی کام کر رہے ہیں اور معاشرے میں اپنا حصہ ڈال رہے ہیں۔ وہ آج بھی ہمارے والد کو بڑے احترام اور محبت سے یاد کرتے ہیں۔

بعض حسنات کا ذکرِ خیر

اللہ تعالیٰ نے اپنے عاجز بندے کو بہت سی منفرد خصوصیات سے نوازا۔ سادگی، پرہیزگاری، درویش، روزمرہ کی نمازوں اور تہجد میں وقت کی پابندی، نیکیوں کو چھپانا، حتیٰ کہ اپنے قول وفعل سے کسی انسان کو تکلیف نہ پہنچانا۔ آپ دعا کی قبولیت پر پختہ یقین رکھتے تھے۔ آپ ہمیں نصیحت کرتے تھے کہ ہم اللہ تعالیٰ سے اپنی تمام حاجات مانگیں (ہمارے جوتے کے تسمے کے برابر بھی)۔

تقریباً تمام احمدی خاندانوں نے دعاؤں کی قبولیت کا معجزہ دیکھا ہے۔ یہ بھی حضرت مسیح موعودؑ کی اپنے پیروکاروں کے لیے ایک خاص تربیت اور برکت ہے۔ آپ بہت شرمیلے اور خاموش طبع انسان تھے۔ بعض اوقات اپنے خوابوں میں مقدس ہستیوں کو دیکھنے، ان کے استخارہ اور دعاؤں کی قبولیت کے بارے میں اپنے تجربات بیان کرتے تھے۔ آپ نے ہمارے دل و دماغ میں یہ بات ڈال دی کہ کامیابی کا نسخہ یہ ہے کہ اللہ پر بھروسہ رکھیں، اپنے مقاصد کے لیے دعا کریں اور اس کے حصول کے لیے پوری کوشش کریں۔ خدا سے ڈرنے والے کی پہچان اچھے کاموں میں سبقت حاصل کرنا ہے۔ آپ کو اس خوبی سے نوازا گیا۔ وقف زندگی کے علاوہ وہ نظام وصیت میں بھی شامل تھے۔ وہ مالی قربانیوں کے لیے حضور کی طرف سے شروع کی گئی تمام اسکیموں میں حصہ لیتے تھے۔ وہ تحریک جدید

کے ''پہلے پانچ ہزار مجاہدین'' میں بھی شامل تھے۔

دعا مانگنے کا شوق

آپ کو دعا کرنے سے بہت لگاؤ اور محبت تھی۔اس سے آپ کو بڑا اطمینان اور قلبی سکون ملتا تھا۔ وہ صبح سویرے اپنی تہجد کی نماز اونچی آواز میں پڑھا کرتے تھے جس سے تمام بچے عربی دعائیں حفظ کرنے کے قابل ہو جاتے تھے۔وہ بار بار درود حاصل کرنے کے لیے حضرت مسیح موعود علیہ السلام کے منتخب فارسی اشعار پڑھا کرتے تھے۔اس سے مجھے یہ فارسی اشعار یاد کرنے میں بھی مدد ملی۔اگرچہ میں نے ہائی اسکول/ کالج میں فارسی کی کوئی باضابطہ تربیت/تعلیم حاصل نہیں کی تھی،لیکن آپ نے مجھے فارسی کو روانی سے سمجھنے/ پڑھنے/ لکھنے کے قابل بنایا۔ان کی زندگی کی نمایاں خصوصیت دعاؤں کی قبولیت پر پختہ یقین تھا۔آپ کے پاس حضرت محمد الجزری الشافعی کی مرتب کردہ 'الحسن الحسین' (جو احادیث پر مبنی دعاؤں سے بنی ہوئی تھی) کی ایک پرانی کاپی تھی۔یہ تاتاری بغاوت سے چند سو سال پہلے تیار کیا گیا تھا۔الجزری کے خواب میں حضور صلی اللہ علیہ وسلم نے ان کی نمایاں خدمات پر خوشی/ اطمینان کا اظہار فرمایا تھا۔میں نے اس کتاب کو 1952–1953 کے ٹائم فریم میں دیکھا ہے۔آپ نے اس کتاب کی اکثر دعائیں دل سے حفظ کر رکھی تھیں۔

ابا جان نے مجھے دعائیہ کتاب کی ایک کاپی دی جس کے پہلے صفحے پر ان کا نوٹ تھا:

''خدا حسن حسین کی تمام دعائیں قبول فرمائے۔لطف الرحمن محمود کے لیے عطاء الرحمان کی طرف سے''

مجھے ہمیشہ ایسا لگا جیسے والد صاحب کی دعائیں مجھے 29 سالوں سے سیرالیون میں مددگار رہی ہیں۔بہت سے اتار چڑھاؤ آئے اور سیاسی عدم استحکام،افراتفری،خانہ جنگی۔متحارب دھڑے معصوم شہری کے ہاتھ پاؤں کاٹ رہے تھے۔میں نے قانون توڑنے والے دھڑوں کو چند گز کے فاصلے پر دیکھا ہے۔لیکن ہمیشہ معجزانہ طور پر بچ گیا۔میں نے خواب میں دیکھا کہ میرے والد صاحب،حضرت

مفتی محمد صادق صاحب (سبز پگڑی والے) سے درخواست کر رہے ہیں:

''مفتی صاحب، میرے بیٹے پر نظر رکھیں، وہ بہت پریشان ہے۔''

اس وقت دونوں کا انتقال بہت پہلے ہو چکا تھا۔ اس خواب کی تعبیر مجھ پر کھل گئی کہ کسی بھی ناگفتہ بہ حالات میں اللہ تعالیٰ سے پناہ مانگوں۔

مطالعہ کا شوق

ابا جان ساری زندگی فزکس کے پروفیسر رہے۔ ایسے شخص کو تاریخ اور مصر کے فرعون کے خزانوں میں کیسے دلچسپی ہو سکتی ہے؟ شاید ایک ماہر طبیعیات کے طور پر، وہ یہ جاننا چاہتے تھے کہ قدیم مصری جدید کرینوں کی مدد کے بغیر اہرام کیسے بنا سکتے تھے۔ وہ کیسے اتنے بھاری پتھروں کو اٹھانے میں کامیاب ہوئے اور بغیر کسی خامی کے اہرام بنائے۔ ابا جان نے مجھ سے مصر کے فرعون کے بارے میں مزید کتابیں فراہم کرنے کو کہا۔ آپ نے مجھے "Egyptology" میں دلچسپی پیدا کرنے میں بھی مدد ملی۔

مغربی تحقیق کی بنیاد پر، ٹیلی ویژن کی آمد کے ساتھ، اخبارات/میگزین کافی حد تک کم ہو گئے ہیں۔ انٹرنیٹ اور سی ڈیز کی آمد سے کتابیں متروک ہو چکی ہیں۔ ہماری والدہ اپنی کتابوں کی حفاظت کے لیے خصوصی کپڑوں کے غلاف تیار کرتی تھیں۔ آپ کی کتابوں کو احترام کے ساتھ پیش کرنے کے لئے ایک خاموش پیغام/سبق تھا۔ میں نے ہمیشہ سیرالیون میں اس بات میں اپنے طلباء کی حوصلہ شکنی کی ہے کہ وہ نصابی کتب/نوٹ بکس کو بیٹھنے کے لیے بطور سیٹ استعمال کریں۔

خلیفۂ وقت کی ہدایات سے آگاہی

ایم ٹی اے کی براہ راست نشریات ہماری جماعت کے لیے اللہ تعالیٰ کی ایک خاص نعمت ہے۔ اس سے خلیفۃ الوقت (اپنے جمعہ کے خطبات کے ذریعے) سے رہنمائی/ہدایات حاصل کرنے میں مدد ملتی ہے۔ جمعہ کے خطبات کو آڈیو کیسٹس کی صورت میں جماعت کے ساتھ شیئر کیا گیا۔ لیکن حضرت خلیفۃ المسیح الثالثؒ کے ابتدائی دور میں سوائے روزنامہ الفضل کے رابطے کے لیے ایسی کوئی سہولت میسر

نہیں تھی۔ اباجان خطبہ جمعہ کے اہم نکات لکھتے تھے اور بیرونی ڈاک کے ذریعے باقاعدگی سے مجھ سے شیئر کرتے تھے۔ اس طرح انہوں نے جماعت سے جوڑنے اور خلیفہ وقت سے براہ راست اور مضبوط تعلق رکھنے کی کوشش کی۔

سچ بولنا رقول سدید

ہم سب بہن بھائی آپ کی پسند/ ناپسندیدگی سے پوری طرح واقف تھے۔ ہماری پوری کوشش ہوتی کہ ہم آپ کو بالکل ناراض نہ کریں۔ میں ہمیشہ ڈرتا تھا کہ کہیں آپ کے جذبات کو ٹھیس نہ پہنچے۔ میں نے آپ کو ہمیشہ خدا کے قریب سمجھا۔ میں آپ کو دانستہ/ نادانستہ کوئی تکلیف پہنچانا نہیں چاہتا تھا اور نہ ہی اپنے آپ کو آپ کی محبتوں اور دعاؤں سے محروم کرنا چاہتا تھا۔

مجھے رمضان کا ایک واقعہ (مئی 1970 کا) یاد ہے۔ سیرالیون کا ایک طالب علم (محمد گاسامہ) ربوہ میں فزکس میں ماسٹر کر رہا تھا۔ میں نے اسے اپنے گھر افطار کے لیے بلایا۔ ہمارے اباجان مغرب کی نماز پڑھ کر نصرت مسجد سے واپس آئے اور مہمان کے ساتھ نماز چھوڑنے کا نوٹس لیا۔ ہمارے اباجان کو بہت تکلیف ہوئی اور نصیحت کی:

”ایسی افطار پارٹی کا کوئی فائدہ نہیں جو مسجد میں فرض نمازوں کو چھوڑ دے۔“

میں نے آپ کو پہلی بار ایسے موڈ میں دیکھا تھا۔ ہمارے اباجان دبلے پتلے اور کمزور تھے لیکن مذہبی معاملات میں کافی سخت تھے۔

دوستوں کی قدر کرنا

اباجان کے دوستوں کا حلقہ محدود تھا۔ لیکن وہ اپنے پرانے اور عزیز دوستوں کی بہت عزت کرتے تھے۔ حضرت الحاج نذیر احمد علی صاحب (سیرالیون کے ممتاز مشنری) ان کے کلاس فیلو میں سے تھے۔ جماعت کے لیے ان کی بے پناہ خدمات کی وجہ سے اباجان کو اپنے دوست کی بے پناہ محبت اور عزت تھی۔ الحاج نذیر احمد علی کو سیرالیون کے شہر بو میں سپرد خاک کر دیا گیا۔ میں بو میں کئی سال رہا تھا۔ وہ

مجھے ہمیشہ یاد دلاتے تھے کہ میں ان کی قبر پر جاؤں اور ان کو سلام کروں۔ وہ الحاج نذیر علی کے بچوں سے بہت پیار کرتے تھے جو تعلیم الاسلام کالج ربوہ میں ان کے شاگرد تھے۔

مشہور ہونے سے گریز

ابا جان بہت خاموش، تنہا اور کم پروفائل انسان ہیں۔ آپ کسی ضعف یا جلال کا شوق نہیں رکھتے تھے۔ آپ نے ایک درویش کا طرز زندگی اپنایا (کم بولو، کم کھاؤ، کم ہنسو)۔ ابا جان کے بہت ہی کھلے اور بے تکلف دوستوں کا حلقہ محدود تھا۔ ہم نے ان کو ہنستے، دوسروں کو ہنساتے اور لطیفے سناتے نہیں دیکھا۔ لیکن میں نے انہیں اپنے گھر میں اپنے دوستوں کا مناسب اردو شعروں کے ساتھ استقبال کرتے دیکھا ہے۔

انتقال

انتقال/ وفات بڑھاپا خود ایک بیماری ہے۔ ابا جان دمے کے مرض میں مبتلا تھے جو انہیں اپنی والدہ سے وراثت میں ملا تھا۔ ابا جان کو دمہ کے دورے پڑتے تھے جو ایک ہفتہ یا دس دن تک رہتے تھے۔ ہم ہمیشہ اُن کے لیے دمہ کے مہلک حملے کے بارے میں فکر مند رہتے تھے۔ لیکن ریٹائرمنٹ کے بعد ان کا خواب تھا کہ وہ سرجری کے بعد ہسپتال میں انتقال کر گئے ہیں۔ جیسا کہ دمہ ہمیشہ ہمارے ذہن میں رہتا تھا، ہم اس کے خواب کو پوری طرح بھول گئے۔

ہمارے والد شاہدرہ ٹاؤن میں نماز کی ادائیگی کے لیے مسجد جاتے ہوئے پھسل گئے۔ میرا اندازہ ہے کہ یہ کیلے کا چھلکا تھا جس کی وجہ سے گلی میں پھسل گئے۔ ہماری چھوٹی امّی (سیدہ سائرہ بیگم) اور بھائی حبیب الرحمان نے ان کا بہت خیال رکھا۔ بعد میں پتہ چلا کہ ان کے فیمر کا اوپری حصہ کولہے پر ٹوٹ گیا تھا۔ یہ سرجری میو ہسپتال میں ڈاکٹر اختر محمود صاحب (ان کے پرانے طالب علم میں سے ایک) نے تجویز کی تھی۔ اپنے تجربے کی بنیاد پر، سرجن مکمل صحت یاب ہونے اور چند ہفتوں کے بعد گھر جانے کے بارے میں کافی پر امید تھے۔ ہم منصوبہ بناتے ہیں اور خُدا نتیجہ/ تقدیر ڈیزائن کرتا ہے۔

میرے چھوٹے بھائی (شفیق الرحمان) بھی امریکہ سے ابا جان کے ہسپتال میں قیام کے دوران ان کی عیادت کے لیے پہنچے تھے۔ سرجری کامیابی سے مکمل ہوئی۔ میو ہسپتال میں سرجری کے دوران ڈاکٹر مبشر زاہد صاحب، ربوہ نے بھی مدد کی۔ چند دنوں کے بعد ہمارے ابا جان 14 جنوری 1982ء کو حرکت قلب بند ہوجانے سے اچانک انتقال کر گئے۔ برادرم حبیب الرحمن آخری لمحات میں ان کے ساتھ تھے۔ ابا جان نے اُن کی طرف دیکھا لیکن ایک لفظ نہ بول سکے۔ اگرچہ ڈاکٹروں کا کہنا ہے کہ یہ خون کے جمنے کی وجہ سے ہوا۔ سرجری کے بعد نا مناسب دیکھ بھال کی وجہ سے دل کا دورہ پڑا۔

ان کا دنیا میں آنا محض ایک معجزہ تھا، ان کا انتقال بھی کسی معجزے سے کم نہ تھا۔ موت کا وقت خدا کے کنٹرول میں ہے اور اس میں مداخلت نہیں کی جاسکتی۔ انسان ہونے کے ناطے اگر وہ اپنے رب سے اس وقت ملے جب دونوں ایک دوسرے سے خوش ہوں۔ ایک فرمانبردار بندے کے طور پر اپنے خدا سے ملنے کے لیے بڑے اطمینان کے ساتھ دنیا سے رخصت ہونا چاہیے۔ حضرت خلیفۃ المسیح الثالثؒ نے ان کی نماز جنازہ پڑھائی اور خاندان کے تمام افراد سے ہمدردی کا اظہار کیا۔ انہیں 15 جنوری 1982ء کو بہشتی مقبرہ ربوہ میں سپرد خاک کیا گیا۔ ان کی دونوں بیویاں بھی اسی قبرستان میں دفن ہوئیں۔ اس سے ہمیں اندرونی سکون ملتا ہے کہ باعزت زندگی گزارنے کے بعد وہ سب بہشتی مقبرہ، ربوہ میں آرام کر رہے ہیں۔ اللہ ان کے درجات جنت میں بلند کرے۔ آمین۔

دعا کی درخواست

آخر میں میں اپنے ابا جان کے تمام طلباء اور مداحوں سے درخواست کرنا چاہوں گا کہ وہ ہمارے لیے دعا کریں کہ اللہ تعالیٰ ہمیں ان کی خوبیوں، اعمال کو اپنانے اور ساتھی انسانوں کے لیے زیادہ سے زیادہ فائدہ مند بننے کی توفیق عطا فرمائے۔ آمین۔

OO

حضرت خلیفۃ المسیح الثالثؒ کے ہمارے خاندان پر احسانات

(شفیق الرحمن ابن پروفیسر میاں عطاء الرحمن صاحب مرحوم، ہیوسٹن، ٹیکساس)

میں بے حد خوش نصیب اور خوش قسمت ہوں کہ میں نے ایسے خاندان میں آنکھ کھولی جس کے بزرگوں نے حضرت مسیح موعود علیہ السلام سے لے کر تمام خلفاء کے ساتھ بہت صدق و وفا اور مکمل اطاعت کے ساتھ تعلق بیعت نبھایا۔

میرے والد مرحوم نے 1944ء میں حضرت خلیفۃ المسیح الثانیؓ کی تحریک پر لبیک کہتے ہوئے زندگی وقف کے لئے پیش کیا تھا۔ سلسلہ احمدیہ کو تعلیم الاسلام کالج میں مستند اساتذہ کی ضرورت تھے۔ میرے والد اس وقت گورنمنٹ کالج شاہ پور میں فزکس کے لیکچرار تھے۔ خلیفہ وقت کی آواز پر لبیک کہتے ہوئے اپنے آپ کو وقف کے لئے پیش کر دیا۔ آپ کے وقف کی تفصیل تاریخ احمدیت بھیرہ میں مع خاندانی تاریخ کے ساتھ درج ہے۔

والد مرحوم نے وقف زندگی کے فیصلہ سے قبل استخارہ کیا۔ آپ کو خواب میں حضرت اقدس مسیح موعودؑ کا دیدار نصیب ہوا۔ آپ نے خواب میں ہی فرمایا:

> ”ہم نے انتظام کر دیا ہے۔ ضروریات زندگی کے حاصل کرنے میں کسی قسم کی دقت پیش نہیں آئے گی۔“

ابا جان 1944ء میں سرکاری نوکری سے استعفیٰ دے کر اپنے آقا کی آواز پر لبیک کہتے ہوئے قادیان چلے آئے۔ آپ نے دارالفضل میں مکرم حافظ مبارک احمد صاحب بھیروی کے گھر کے ایک حصہ میں رہائش اختیار کی۔ محترم حافظ مبارک احمد صاحب کے والد محترم حضرت حافظ عبدالرحمٰن صاحب مرحوم بھیرہ کے قدیمی صحابی اور ہمارے خاندان کے بزرگوں کے استاد تھے۔ ہمارے خاندان

کی بزرگ خواتین نے انہیں سے قرآن پاک اور حدیث کا علم حاصل کیا تھا۔حافظ مبارک احمد صاحب بھیروی حضرت حافظ روشن علیؓ کے شاگرد عزیز اور داماد رہے تھے۔

میرے والد مرحوم کو حضرت خلیفۃ المسیح الثالثؒ کے ساتھ تعلیم الاسلام کالج کے تینوں ادوار (قادیان، لاہور اور ربوہ) میں کام کرنے کا موقع ملا۔ہجرت کے وقت حضرت خلیفۃ المسیح الثانیؓ نے میرے والد مرحوم کو حضرت مرزا ناصر احمد صاحبؒ کے ساتھ قادیان ٹھہرنے کی ہدایت فرمائی۔آپ دونوں ہجرت کے چھ ماہ بعد حضرت خلیفۃ المسیح الثانیؓ کی ہدایت پر واپس لاہور آئے اور لاہور میں تعلیم الاسلام کالج کو ایک متروک عمارت (جو کہ کھنڈر تھا) میں شروع کیا گیا۔ہجرت کے وقت بہت سارے قابل سائنس کے مضامین کے ہندو پروفیسرز لاہور کے کالجوں سے بھارت جا چکے تھے۔تعلیم الاسلام کالج کا سٹاف تو تھا مگر طلباء کے لئے سائنسی لبارٹریز نہ تھیں۔چنانچہ افہام و تفہیم کے ساتھ یہ فیصلہ ہوا کہ تعلیم الاسلام کالج کے پروفیسرز دیگر کالجوں کے طلباء کی کلاسز لیں گے اور ہمارے طلباء ان کالجوں کی لبارٹریز استعمال کر سکیں گے۔یہ دانشمندانہ فیصلہ بھی حضرت مرزا ناصر احمد صاحبؒ مرحوم کے زیر نگرانی لیا گیا۔

1953ء میں جماعت احمدیہ کے خلاف فسادات پھوٹ پڑے۔جس کے نتیجہ میں کچھ جانی اور مالی نقصان بھی ہوا۔حضرت مرزا ناصر احمد صاحبؒ کو بھی قید کی صورت میں قربانی دینی پڑی۔پھر پنجاب میں مارشل لاء لگ گیا۔میرے والدان دنوں شاہدرہ ٹاؤن میں رہ رہے تھے۔اس گلی میں زیادہ تر عطاء اللہ شاہ بخاری کے مرید رہتے تھے اور خدشہ تھا کہ وہ تنگ دلی اور بدخُلقی کا مظاہرہ کریں گے۔حضرت خلیفۃ المسیح الثانیؓ نے محترم چوہدری عبد الرحمٰن صاحب مرحوم کو اباجان اور نانا جان سید حبیب اللہ شاہ کی خیریت دریافت کرنے کے لئے بھجوایا۔موصوف شاہدرہ آئے اور حضرت خلیفۃ المسیح الثانیؓ کا ذاتی پیغام دیا۔یہ بھی حضرت خلیفۃ المسیح الثانیؓ کی اپنے خدام کے ساتھ شفقت کا اظہار تھا۔محترم چوہدری عبد الرحمٰن مرحوم نے مجھے یہ واقعہ اپنے بیٹے (اعجاز الرحمٰن، ہیوسٹن) کی شادی کے موقع پر سنایا۔

حضرت خلیفۃ المسیح الثانیؓ کی ہدایت پر تعلیم الاسلام کالج کو ربوہ منتقل کیا گیا۔تعلیم الاسلام ربوہ

حضرت مرزا ناصر احمد صاحبؒ کی زیر سرپرستی بطور (پرنسپل) نومبر 1965ء تک نہایت اعلیٰ روایات کے ساتھ ترقی کرتا رہا۔ غالباً اخوندزادہ عبدالقادر صاحب کی ریٹائرمنٹ پر ابا جان کو بطور وائس پرنسپل مقرر کیا اور ساتھ ہی ابا جان مرحوم فزکس کے ہیڈ آف ڈیپارٹمنٹ رہے۔ جب ڈاکٹر نصیر احمد خان صاحب انگلستان سے پی ایچ ڈی کر کے واپس آئے تو ابا جان نے حضرت مرزا ناصر احمدؒ کو مشورہ دیا کہ خان نصیر صاحب ہیڈ آف فزکس ڈیپارٹمنٹ بنا دیا جائے مگر حضرت میاں ناصر احمد صاحبؒ نے ابا جان کی اس تجویز کو قبول نہیں کیا اور ابا جان نومبر 1965ء تک بحیثیت وائس پرنسپل اور فزکس کے ہیڈ کے کام کرتے رہے۔

حضرت خلیفۃ المسیح الثالث کے خلافت پر متمکن ہونے کے بعد آپ 67-1966ء تک بحیثیت قائم مقام پرنسپل کام کرتے رہے۔ کالج کے بہتر نظم و نسق کے لئے ابا جان نے حضرت قاضی محمد اسلم صاحب مرحوم کا نام بطور پرنسپل تجویز کیا جسے حضورؒ نے قبول فرمایا اور پھر قاضی محمد اسلم صاحب مرحوم غالباً 1974ء تک پرنسپل اور والد صاحب وائس پرنسپل رہے۔ پھر کالج Nationalizes ہوگیا۔ اکثر احمدی پروفیسرز کے تبادلے کر دیئے گئے۔ کالج کی پرانی رونقیں ماند پڑنے لگیں۔ ہمارے والد مرحوم نے 1973-74ء میں ریٹائرمنٹ لے لی۔

والد مرحوم کے تعلقات اپنے قدیمی رفقاء (ڈاکٹر عبدالبصیر پال، ڈاکٹر نذیر چوہدری اور ڈاکٹر محمد رفیع) سے بہت قریبی رہے۔ تعلیم الاسلام کالج میں فزکس کی کلاسز کے اجراء کی کوشش 1960-61ء میں شروع کر دی گئی تھیں۔ پہلے مرحلہ میں Old Campus کے بائیولوجی ونگ کے ایک حصہ میں M.Sc. Previous کی تجربہ گاہ کا انتظام کیا گیا۔ لاہور کے ماہرین نے آکر معائنہ کے بعد مشورہ دیا کہ ریلوے لائن کے قریب ہونے کی وجہ سے حساس آلات کی Settings/Calibrations متاثر ہوگی۔ چنانچہ اس تجرہ گاہ کو نیو کیمپس (ڈگری کالج) منتقل کر دیا گیا۔ ہمارے بھائی لطف المنان نے M.Sc. Previous ربوہ سے مکمل کی۔ پروفیسر چوہدری محمد ارشد صاحب آف کینیڈا آپ کے استاد

تھے۔(غالباً موصوف FC College سے آئے تھے)دوسرے مرحلہ میں M.Sc. Classes کا باقاعدہ آغاز 1969ء میں ہوا۔خان نصیر خان صاحب فزکس کے ہیڈ تھے۔

ابا جان مرحوم ہمیشہ حضرت مرزا ناصر احمد صاحبؒ سے بچوں کی تعلیم وتربیت، مختلف اداروں میں داخلہ جات اور ذریعہ معاش کے بارے ہمیشہ مشورہ کرتے تھے بلکہ ابا جان مرحوم حضورؒ کے مشورہ جات کو فوقیت دیتے تھے۔جامعہ نصرت ربوہ کی پرنسپل نے ہمارے والد کو مشورہ دیا کہ ہمیں ایم اے انگلش کے لئے لیڈی لیکچرار کی ضرورت ہے اور آپ کی بیٹی اس پوسٹ کے لئے بہت موزوں ہوگی اور یہ کہ ابا جان ہماری اس ہمشیرہ کو لاہور ایم اے انگلش کے لئے بھجوائیں۔ابا جان نے حضرت مرزا ناصر احمد صاحبؒ سے اس بارے میں مشورہ کیا تو حضور نے فرمایا کہ اگر میں اپنی بچیوں کے بارے میں ناپسند کرتا ہوں تو آپ کی بچی کے بارے میں بھی میری یہ ہی رائے ہے۔لہٰذا میرے والد نے ہماری بڑی ہمشیرہ کو ایم اے انگلش کے داخلہ کے لئے لاہور جانے سے منع کر دیا تھا۔

حضرت مرزا ناصر احمد صاحبؒ اپنے رفقاء کا بہت خیال رکھتے تھے۔جب بھی سندھ سے فروٹ (خاص طور پر آم اور کھجور آتے) تو وہ ضرور ہمارے گھر بھی بھجواتے تھے۔یہ حضورؒ کا اظہار تعلق اور رفقاء کے ساتھ محبت کا سلوک تھا۔حضورؒ کو پرنسپل کے علاوہ اور بھی بہت سی جماعتی ذمہ داریاں سونپی گئی تھیں۔ابا جان مرحوم بطور وائس پرنسپل حضورؒ کے منشاء مبارک اور ہدایات کے مطابق کماحقہ اپنی ذمہ داریاں ادا کرتے رہے تاکہ کالج کے نظم ونسق اور معیار کو کسی قسم کی کوئی آنچ نہ آئے۔حضور انورؒ کے خلافت پر متمکن ہونے کے بعد بھی ابا جان کے ساتھ بہت قریبی تعلق رہا۔حضورؒ کے ذاتی پیغامات اکثر مولانا محمد شفیع اشرف صاحب مرحوم بعد از نماز عشاء گھر پر حاضر ہو کر ابا جان کو پہنچایا کرتے تھے۔

اکثر بیرونی ممالک کے سفروں اور دیگر ضروری امور کے بارے بھی ابا جان مرحوم کو یاد فرماتے تھے۔اکثر ان ملاقاتوں میں وہ ہمیں بھی شریک نہیں کرتے تھے۔ہم محمد شفیع اشرف صاحب کو بعد از

استقبال ابا جان کے کمرہ میں ہی لے جاتے جہاں یہ دونوں بے تکلفانہ گفتگو کرتے۔

مولانا محمد شفیع اشرف صاحب، حضرت عبدالرحیم درد صاحبؓ کے داماد تھے۔ ابا جان کو درد صاحب سے بھی بہت عقیدت تھی۔ جب بھی پیغام آتا محمد شفیع اشرف صاحب ابا جان سے چھوٹی سی تحریر وصولی کی لے جاتے اور اگلے دن ابا جان بنفس نفیس قصر خلافت میں حاضر ہوتے۔

ممکن ہے کہ ابا جان نے کالج کے زمانہ میں کسی انتظامی امور کے تعلق سے اپنی رائے کا اظہار کیا ہو۔ ابا جان کے قول سے چند غیر تجربہ کار رفقاء نے غلط تاثر پیدا کیا۔ میں ایسے تمام بیانات کو مسترد کرتا ہوں۔ ابا جان کو سفارش، ٹیوشن، سیاست اور چاپلوسی سے سخت نفرت تھی۔ وہ ہمیشہ قول سدید کی بات کرتے تھے۔ اسی لئے حضورؒ ابا جان کی دل سے قدر کرتے تھے۔ ابا جان کے بارے وہ ہمیں بتایا کرتے تھے کہ وہ

"A man of independent opinion"

ہمیں بہت فخر ہے کہ ہمارے والد نے حضرت صاحبؒ کے ماتحت بطور وائس پرنسپل فرائض سرانجام دیئے۔ آپ کے خلافت پر متمکن ہونے کے بعد ایک سال بطور قائم مقام پرنسپل کام کیا۔ پھر حضرت قاضی محمد اسلم صاحب کی بطور پرنسپل کی تجویز پیش کی جو کہ حضرت صاحب نے از راہ شفقت منظور فرمائی۔

میں اپنے اس مضمون میں (حضرت خلیفۃ المسیح الثالثؒ) حضورؒ کے خلافت پر متمکن ہونے کے بعد چند واقعات اور مشاہدات کو قلمبند کرنا چاہتا ہوں جو کہ تا حال بیان نہ ہو سکے۔ مجھے یقین ہے کہ قارئین کرام کو اس سے حضرت خلیفۃ المسیح الثالثؒ کی حسین سیرت، وسیع القلبی اور رفقاء اور ان کی اولادوں کے ساتھ غیر معمولی حسن سلوک اور حوصلہ افزائی اور اعتماد کی جھلک نظر آئے گی۔

بھائی لطف المنان کے لیے اعلیٰ تعلیم کی اجازت

ہمارے بڑے بھائی لطف المنان تعلیم الاسلام کالج میں لکچرار (واقف زندگی) تھے۔ انہوں نے ایم ایس سی کے دوران محترم ڈاکٹر بشارت جمیل مرحوم کے توجہ دلانے پر امریکن ایمیگریشن کی درخواست دے رکھی تھی۔ بعد میں انہیں توجہ دلانے پر نیویارک کی یونیورسٹی میں اعلیٰ تعلیم کے لئے درخواست بھجوائی۔ غالباً 1969ء میں انہیں وظیفہ کے ساتھ اعلیٰ تعلیم کا موقع ملا۔ کاغذات ملنے پر انہوں نے اباجان مرحوم اور پھر شیخ محبوب عالم خالد صاحب مرحوم سے مشورہ کیا۔ تمام کاغذات متعلقہ یونیورسٹی سے لے کر حضورؒ کی خدمت میں حاضر ہوئے۔ بعد ملاحظہ حضورؒ نے ہدایات دیں کہ متعلقہ یونیورسٹی کو آنے کی اطلاع دیں اور ساتھ ہی آپ کو امریکہ جانے کی اجازت بھی عطا فرمائی۔ اس اثناء امریکن کونسلیٹ کا خط ملا کہ آپ کی ایمیگریشن کی منظوری آ گئی ہے۔ آپ کاغذات کی تیاری کریں۔ برادرم منان دوبارہ حضورؒ سے مشورہ کے لئے حاضر ہوئے۔ حضور نے مشورہ دیا کہ متعلقہ یونیورسٹی کو اطلاع دیں کہ مجھے مزید انتظار کا موقع دیں تاکہ میں ایمیگریشن ویزہ کے حصول کے بعد آسکوں۔

سب مراحل کے مکمل ہونے کے بعد بھائی منان نے حضورؒ سے عرض کی کہ حضور قرضہ حسنہ کے طور پر جہاز کی ٹکٹ کا انتظام بھی فرمادیں۔ حضورؒ نے بھائی منان کو شیخ مبارک احمد صاحب سے ملنے کی ہدایت کی۔ شیخ صاحب موصوف فضل عمر فاؤنڈیشن کے سیکرٹری تھے۔ چنانچہ بھائی منان کے لئے فضل عمر فاؤنڈیشن سے 3500 روپے قرضہ حسنہ کا انتظام کیا گیا جو کہ بھائی منان نے جلد واپس کر دیئے۔ یہ بھی حضورؒ کی خاص نظر عنایت تھی کہ انہوں نے ایک واقف زندگی ابن واقف زندگی کا یہ مسئلہ بھی حل فرما دیا۔ الحمدللہ علیٰ ذالک۔

جب بھائی منان امریکہ روانہ ہونے لگے تو حضرت خلیفۃ المسیح الثالثؒ گھوڑے سے گرنے کی وجہ سے صاحب فراش تھے بلکہ ڈاکٹروں نے مکمل آرام کا مشورہ دیا تھا۔ ملاقاتیں بند تھیں مگر پھر بھی اظہار

تعلق کے لئے بھائی منان نے حضورؒ سے ملاقات کی درخواست دی تا کہ حضورؒ کی زیارت و دست بوسی اور دعاؤں سے رخصت ہوں۔ محترم شیخ محبوب عالم صاحب خالد نے ہر طرح سے راہنمائی اور حوصلہ افزائی کی۔ غیر متوقع طور پر حضورؒ کا پیغام آیا کہ آپ بعد نماز مغرب ملاقات کے لئے تشریف لائیں۔ اس ملاقات میں بھائی منان مجھے بھی اپنے ساتھ لے گئے۔ یہ بھی خداوند کریم کا مجھ پر بہت بڑا احسان تھا۔

ہم دونوں نے پرائیویٹ سیکرٹری کے دفتر میں رپورٹ کی۔ جس پر ہم سیڑھیوں سے ہوتے ہوئے دوسرے فلور پر گئے۔ حضورؒ کمرہ میں بیڈ پر لیٹے آرام فرما رہے تھے۔ بعد اجازت وسلام حضورؒ نے فرمایا کہ وہ بیڈ سے اٹھ نہیں سکتے اور پھر بھائی منان کو تفصیل کے ساتھ (امریکن کلچر کے بارے) ہدایات دیں۔ مجھے اچھی طرح یاد ہے کہ انہوں نے بہت تاکید کی کہ ہاتھ میں انگوٹھی رکھنا۔ غالباً کسی احمدی طالب علم کا ذکر بھی کیا جس نے وہاں کسی غیر مسلم سے شادی رچا رکھی ہے اور ہر قسم کے مسائل سے دوچار تھے۔ آخر میں ہدایت کی کہ باقاعدگی کے ساتھ حضورؒ کو اپنی تعلیمی پراگریس سے آگاہ رکھیں۔ آخر میں حضورؒ نے بھائی کو کہا کہ جھکو میں اٹھ نہیں سکتا اور بھائی منان کی گردن پر بوسہ دیا اور بہت دعاؤں کے ساتھ رخصت کیا۔

میں یہ منظر آج تک فراموش نہیں کر سکا۔ یہ خوشگوار یاد آج بھی میرے دل و دماغ میں تازہ ہے اور میں حضورؒ کے اس احسان اور محبت کے سلوک کو بھلا نہیں سکا۔ یہ حضورؒ کا اپنے غلام ابن غلام کے ساتھ محبت اور پیار کا سلوک ہمارے لئے کسی عطاءِ عظیم سے کم نہیں تھا۔

بھائی منان جب بھی پاکستان آتے تو خاص طور پر حضورؒ کو ملنے جاتے۔ حضورؒ کی نفیس طبیعت اور مزاج کے موافق آپ کے لئے آپ کے پسندیدہ پرفیومز بھی لاتے۔ مجھے بھی بھائی جان نے ہدایت کی تھی کہ حضورؒ کو یہ تحائف پسند ہیں اور ہمیشہ قبول فرما کر ہماری حوصلہ افزائی فرماتے تھے۔ اللہ تعالیٰ حضورؒ کو ان کے اس حسن سلوک اور کمال مہربانیوں کا اجر عظیم عطا کرے اور کروٹ کروٹ جنت الفردوس میں اعلیٰ مقام عطا فرمائے۔ آمین۔

شورش کشمیری کے جارحانہ آرٹیکل کی تردید

دوسرا واقعہ 74۔1973ء کا ہے۔ ہمارے بڑے بھائی لطف الرحمٰن محمود مرحوم سیرالیون سے چھٹی پر واپس مرکز آئے۔ اس دوران حضرت خلیفۃ المسیح الثالثؒ کا پیغام انہیں ملا۔ وہ حضورؒ سے ملنے قصر خلافت گئے اور ملاقات میں حضورؒ نے بھائی لطف الرحمٰن کو ہدایت کی کہ شورش کاشمیری نے حضرت اقدس مسیح موعود علیہ السلام کے بارے نہایت دل آزار مضمون اپنے اخبار ''چٹان'' میں شائع کیا ہے اور بہت تکذیب کی ہے۔ حضورؒ نے بھائی محمود کو اس کا ''جواب الجواب'' لکھنے کی ہدایت کی۔ بھائی محمود نے واپس آ کر حضور کے ساتھ ملاقات کی تفصیلات ابا جان کے ساتھ share کیں اور پھر بھائی محمود مرحوم نے شورش کاشمیری کا جواب بہت محنت اور لگن کے ساتھ لکھا۔

بھائی محمود مرحوم کو اللہ تعالیٰ نے تحریر و تقریر کا خاص ملکہ عطا فرمایا تھا اور وہ دونوں زبانوں اردو اور انگلش میں بہترین لکھاری تھے۔ قریباً ایک ماہ کے بعد جب بھائی محمود مرحوم مضمون مکمل کر چکے تو ابا جان نے انہیں ہدایت دی کہ مضمون لکھ کر حضورؒ کو پہنچا دو۔ حضورؒ جس کا بھی نام موزوں سمجھیں گے اس مضمون کو شائع کروا دیں گے۔ بھائی محمود مرحوم نے ابا جان کی نصیحت پر عمل کرتے ہوئے یہ مضمون حضورؒ کو پہنچایا۔ غالباً اس کو بعد میں ہفت روزہ رسالہ ''لاہور'' میں شائع کیا گیا۔ الحمدللہ کہ حضورؒ کو بھائی محمود مرحوم کا لکھا ہوا یہ ''جواب الجواب'' پسند آیا اور یہ ''تریاق'' کاشمیری کے لئے بہت موزوں اور مؤثر ثابت ہوا۔ الحمدللہ کہ خلیفۂ وقت نے اس خدمت کے لئے بھائی محمود مرحوم کا انتخاب فرمایا اور شورش کاشمیری جیسے مکذب اور مفسد کا ''جواب الجواب'' کی خدمت بھی ہمارے خاندان کے نصیب میں آئی۔ الحمدللہ علیٰ ذالک۔

بھائی لطف الرحمٰن محمود نے تعلیم الاسلام ہائی سکول کی تاریخ پر مشتمل ایک کتاب بہت محبت کے ساتھ لکھی تھی۔ بعد میں ان کے ایک بہت محبی اور قریبی دوست (سید میر محمد امین صاحب) نے مطالعہ کی غرض سے لی اور بار بار پڑھنے کے بعد ان سے مستقل طور پر لے کر اپنے گھر رکھ لی کہ مناسب موقع پر

شائع ہوگی۔ بعد میں بھائی سیرالیون چلے گئے۔ سید امین احمد صاحب کراچی چلے گئے۔ یہ تاریخی کتاب منظر عام پر نہ آسکی۔ اس میں بہت قیمتی اور نادر تصاویر بھی تھیں۔ سید میر محمد امین صاحب اس کتاب کو بعد میں شائع کرنے کا ارادہ رکھتے تھے۔ اکثر میں بھائی مرحوم سے اس بارے تذکرہ بھی کرتا تھا تو وہ مسکرا کر ٹال دیتے تھے کہ سید میر محمد امین صاحب کے کسی Safety Box میں محفوظ پڑی ہے۔

بھائی حبیب الرحمٰن صاحب مرحوم سے متعلق واقعات

برادرم حبیب الرحمٰن مرحوم سے دو واقعات بھی اسی مضمون میں لکھ رہا ہوں۔

برادرم حبیب الرحمٰن کے زمانہ طالب علمی میں ایم ایس سی فزکس کے دوران حضورؒ ایک دفعہ ڈگری کالج معائنہ کے لئے آئے۔ حبیب الرحمٰن نے بہت لمبی داڑھی رکھی ہوئی تھی۔ حضورؒ نے آکر حبیب الرحمٰن سے پوچھا۔ ''کیا میں تمہیں جانتا ہوں؟'' بھائی حبیب الرحمٰن نے مؤدبانہ عرض کیا کہ میں آپ کا ناچیز غلام حبیب الرحمٰن ہوں۔ حضور نے فرمایا کہ:

''یہ تم نے اتنی داڑھی کیوں چھوڑ رکھی ہے؟ انسان بنو، عمر کے مطابق داڑھی رکھو۔''

اس میں محبت، اپنائیت اور تربیت کا پہلو بہت نمایاں نظر آتا ہے۔

دوسرا واقعہ بھی کچھ اس طرح ہے کہ حبیب الرحمٰن کی شادی کے بعد ان کی زوجہ سے ناچاقی چل رہی تھی۔ اسی دوران برادرم حبیب الرحمٰن کی بیٹی عزیزہ ثوبیہ رحمٰن پیدا ہوئی لیکن وہ اپنی والدہ کے ہمراہ ناراضگی میں شیخوپورہ رہتی تھیں اور چھٹیوں میں نانی کے ساتھ رہی تھی۔ حبیب الرحمٰن حضورؒ کی ہدایت پر قصر خلافت ملاقات کے لئے گئے۔ حضورؒ اپنے سٹاف کے ساتھ موجود تھے۔ حضورؒ نے پوچھا کہ حبیب الرحمٰن بیٹی کہاں ہے؟ حبیب الرحمٰن نے برجستہ حضورؒ کو مؤدبانہ عرض کیا کہ بچی اپنی والدہ کے پاس ہیں۔ اس پر حضورؒ نے مرزا غلام احمد صاحب اور مرزا خورشید احمد صاحب کی طرف دیکھا۔ پھر پوچھا کہ حبیب بچی کی والدہ کہاں ہیں؟ اس پر حبیب الرحمٰن نے مؤدبانہ عرض کیا کہ بچی کی والدہ اپنی والدہ کے پاس

ہیں۔ یہ سن کر حضورؒ بہت مسکرائے اور مرزا غلام احمد صاحب سے کہا کہ آپ نے سن لیا کہ دونوں کہاں ہیں۔ یہ بھی حضورؒ کا خاص انداز محبت وتربیت تھا۔ ہمیشہ ہمارے ساتھ محبت اور حسن سلوک فرمایا۔

امریکہ کے لیے میری روانگی - 4 / نومبر 1978ء

چوتھا واقعہ میرے امریکہ جانے (نومبر 1978ء) سے منسلک ہے۔ میں 1978ء میں لاہور انجینئرنگ یونیورسٹی سے اپنی تعلیم مکمل کرنے کے بعد نومبر کے شروع میں امریکہ آرہا تھا۔ خدا کے فضل وکرم کے ساتھ مجھے Imigration Visa تو اکتوبر کے وسط میں مل گیا تھا اور میری 4 / نومبر کی امریکہ روانگی متوقع تھی۔ روانگی سے کچھ روز قبل والد مرحوم کی ہدایت پر میں ربوہ گیا اور حضرت خلیفۃ المسیح الثالثؒ سے ملاقات، اجازت اور دعا کی درخواست دی۔ غالباً یکم نومبر کو مجھے ملاقات کا وقت دیا گیا۔ میں وقت مقررہ پر پہنچ گیا۔ حضورؒ نے ملاقات کے وقت میری موجودگی میں اپنے سٹاف (مرزا خورشید احمد، مرزا غلام احمد، مرزا انس احمد اور خان عبدالطیف خان) کو بتایا کہ میں حضورؒ کا ایک ذاتی خط امریکہ کے نیشنل صدر (ڈاکٹر مظفر احمد صاحب آف شکاگو) کے لئے لے جاؤں گا۔ حضورؒ نے سٹاف کو ہدایت کی کہ ڈاکٹر مظفر احمد بذریعہ تار اطلاع دی جائے کہ حضورؒ کا ذاتی پیغام میں دستی لا رہا ہوں۔ مجھے یہ ہدایت دی کہ شکاگو پہنچ کر یہ خط جس قدر جلد ہو سکے ڈاکٹر مظفر کو دے کر بذریعہ تار اطلاع دیں کہ خط پہنچا دیا گیا ہے۔ ساتھ ہی ڈاکٹر مظفر احمد صاحب کو یہ پیغام دیا تھا کہ بذریعہ تار حضورؒ کو اطلاع دیں کہ یہ خط انہیں مل چکا ہے۔ میں ڈاکٹر صلاح الدین شمس مرحوم کا بے حد شکر گزار ہوں کہ خلیفہ وقت کے اس خط کو ڈاکٹر مظفر تک پہنچانے میں انہوں نے میرے ساتھ بہت تعاون کیا۔ مجھے اس علاقہ میں اپنے ساتھ لے کر گئے اور وہ خط ڈاکٹر مظفر کے گھر انہیں پہنچایا۔ یہ علاقہ ہمارے جیسے ایشیائی لوگوں کے لئے مختلف تھا۔ وہاں کے مکین ہمیں دیکھ کر حیران ہو رہے تھے۔ الحمدللہ کہ یہ سفر ہر لحاظ سے مبارک رہا اور خلیفہ وقت کا پیغام پہنچانے کی مجھے سعادت نصیب ہوئی۔ ہدایات کے دوران مجھے پتہ چل گیا تھا کہ یہ خط

امریکہ میں مقیم کس شخص کے بارے ہے۔ اس کا نام حضور نے اپنے سٹاف کو ہدایات دیتے ہوئے لیا تھا۔

مجھے اس کے بعد دسمبر 1981ء میں ربوہ جانے کا موقع ملا۔ میرے والد مرحوم نے میرے ذمہ یہ ڈیوٹی لگائی کہ میں حضرت خلیفۃ المسیح الثالثؒ سے ربوہ ملاقات کے لئے جاؤں اور حضرت سیدہ منصورہ مرحومہ کی وفات پر دلی تعزیت کا پیغام پہنچاؤں اور نیز میں اپنے بارے حضورؒ سے راہنمائی حاصل کروں کہ میں واپس وطن لوٹ آؤں اور ضعیف والدین کی خدمت کرسکوں۔ میں ذہنی طور پر پوری طرح تیار تھا کہ امریکہ سے تعلیم مکمل کرنے بلکہ IBM میں ایک سال کا تجربہ بھی حاصل کر چکا ہوں، میں لاہور آ کر سیٹ ہوسکتا ہوں۔ میرے ایک ماموں میاں نصیر الدین لاہور کے اے جی آفس میں اچھی پوسٹ پر تھے اور انہوں نے واپڈا کے رفقاء سے مل کر میرے لئے پوسٹنگ کا بھی وعدہ لے رکھا تھا۔ میرا ابھی ارادہ تھا کہ وہاں ہی لاہور میں سیٹ ہو جاؤں۔ میری چھوٹی والدہ اور میرے ماموں بہت خوش تھے کہ میں واپس آ کر لاہور میں سیٹ ہوں گا اور اس ضعیف العمری میں والدین کا خیال رکھ سکوں گا۔

ربوہ میں حضرت خلیفۃ المسیح الثالثؒ سے ملاقات کے لئے حاضر ہوا۔ میرے بھائی حبیب الرحمٰن بھی میرے ساتھ تھے۔ انہوں نے عقیدت کے طور پر اپنی خاندانی روایات کے مطابق حضور کی خدمت اقدس میں تحائف پیش کئے۔ حضور نے از راہ شفقت انہیں قبول فرمایا۔ انہیں بخوبی علم تھا کہ تحائف میں کیا ہے۔ ہمیں حضورؒ کی نفیس طبیعت کے بارے میں علم تھا۔ سب سے پہلے تو حضورؒ نے ابا جان کی صحت، سرجری وغیرہ کے بارے میں تفصیل سے پوچھا۔ پھر میں نے ابا جان کی طرف سے حضرت بیگم صاحبہ کی وفات پر دلی تعزیت کا پیغام دیا۔ مجھے یاد ہے کہ اس بارے میں سن کر حضرت صاحب کی آنکھوں میں آنسو آ گئے اور یہ ان کے سرخ رخسار پر جاری ہو گئے۔

پھر میں نے حضورؒ سے اجازت لے کر اپنے مستقبل کے بارے میں راہنمائی کی درخواست کی۔ حضورؒ نے مجھ سے پوچھا کہ IBM سے چھٹی لے کر آئے ہو؟ اور مجھ سے پوچھا کہ وہ کیسا سلوک کرتے

ہیں؟ میں نے حضورؒ کو بتایا کہ مجھے بہت اچھی طرح Treat کر رہے ہیں اور یہ کہ انہوں نے مجھے ایک ماہ کی چھٹی دی ہے تا کہ میں والد محترم کی سرجری کروا کر تیاری داری کر کے واپس آ جاؤں۔ Future Plan کے بارے میں حضورؒ نے فرمایا کہ ہم نے پچیس سال تمہاری تعلیم و تربیت پر لگائے ہیں۔ بہت دعاؤں کے بعد تمہیں خدا نے وہاں کی تعلیم حاصل کرنے کی توفیق دی۔ پھر اچھی ملازمت بھی عطا کی۔ تمہارے لئے اس ملک (پاکستان) میں کچھ نہیں رکھا۔ تم ہماری جماعت کا امریکہ میں Assett ہو۔ وہاں جا کر مستقل طور پر آباد ہو جاؤ۔ میں نے حضور انور کا شکریہ ادا کیا اور یقین دلایا کہ میں ان کی ہدایات اور راہنمائی پر عمل کروں گا۔

واپسی پر میں نے ابا جان کو حضور انور کے منشاء مبارک سے آگاہ کیا۔ والد مرحوم نے مجھے ہدایت دی کہ حضور انور کے حکم کے عین مطابق امریکہ واپسی کی تیاری کرو۔ اسی میں ہم سب کی خیر و برکت ہے۔ میں دوبارہ 12 رجنوری 1982ء کو ربوہ حضرت خلیفۃ المسیح الثالثؒ کی خدمت میں ملاقات اور دعا کے لئے حاضر ہوا۔ حضور انور نے کمال محبت اور شفقت سے بہت دعاؤں کے ساتھ مجھے رخصت کیا اور عاجز اپنے آقا کو آخری مرتبہ زیارت اور دست بوسی کے بعد 14 رجنوری کو امریکہ واپس آ گیا۔ گو واپسی کا سفر بہت کٹھن اور مشکل تھا۔ بہت سے عزیز واقارب، بزرگوں اور عزیز دوستوں، محبی اور قدر دانوں کو الوداع کہنا بہت مشکل ثابت ہوا۔

میں 15 رجنوری کو امریکہ پہنچا ہی تھا کہ والد مرحوم کی اچانک وفات کی اطلاع بذریعہ تار ملی۔ حضرت خلیفۃ المسیح الثالثؒ نے اپنے دیرینہ خادم اور رفیق کی نماز جنازہ پڑھائی۔ بعد میں برادرم حبیب الرحمٰن سے تعزیت کی اور پوچھا کہ شفیق الرحمٰن کو وفات کی اطلاع دی ہے، وہ تو امریکہ پہنچ رہا تھا کہ اچانک وفات ہوگئی۔ یہ بھی حضور انور کا کمال درجہ اظہار تعلق، محبت اور دیرینہ رفقاء کی اولادوں سے پیار کا سلوک تھا۔ اللہ تعالیٰ حضورؒ کے درجات بلند فرمائے۔ آمین۔

میرے قابل صد احترام استاد پروفیسر میاں عطاء الرحمن صاحب

(تحریر: پروفیسر آصف علی پرویز، لندن)

محترم میاں پروفیسر عطاء الرحمن ربوہ میں کچھ عرصہ ہمارے محلہ بلکہ ہماری گلی میں بھی مقیم رہے۔ اس لئے میں ان کو بچپن سے ہی جانتا تھا۔ بلکہ ان کے صاحبزادے حبیب الرحمن ساحر مرحوم میرے کلاس فیلو تھے۔ اس لئے بچپن سے ہی ہمارے گھروں میں آنا جانا تھا۔ میاں صاحب نمازیں دارالرحمت وسطی کی مسجد میں ادا کرتے تھے۔ مسجد پہنچ کر نہایت خموشی سے ذکر الٰہی میں مصروف رہتے۔ نہایت خموش طبع بزرگ تھے۔ بعض اوقات ہمارے محلے کے صدر میاں محمد شفیع ان سے درخواست کرتے کہ وہ نماز میں امامت فرمائیں۔ اس طرح بیسیوں دفعہ ان کی امامت میں نماز ادا کرنے کا موقعہ نصیب ہوا۔

ایک دفعہ میں نے بہت سے بزرگوں کو میاں صاحب کے گھر جاتے دیکھا جس میں ہمارے محلہ صدر اور ممبران مجلس عاملہ شامل تھے۔ میں بھی چپکے سے ان کی بیٹھک میں بیٹھ گیا۔ کچھ دیر کے بعد میاں صاحب ایک کوٹ لے کر آئے اور فرمایا کہ یہ کوٹ حضرت مسیح موعود علیہ السلام نے پہنا ہوا ہے۔ چنانچہ احباب نے ایک ایک کر کے برکت حاصل کرنے کے لئے اس کوٹ کو زیب تن کیا۔ اس عاجز کو بھی اس بابرکت کوٹ کی زیارت نصیب ہوگئی۔

راقم آثم کو آپ کے لائق و فائق بیٹے میاں لطف الرحمن محمود سے نویں اور دسویں جماعتوں میں فزکس اور کیمسٹری پڑھنے کا موقعہ ملا۔ آپ نہایت محنت اور محبت کے ساتھ ہم طالب علموں کو پڑھاتے۔ کیمسٹری کے مختلف تجربات کرواتے۔ یہ آپ کی شفقت کا نتیجہ تھا کہ مجھے سائنس کے مضامین میں شوق پیدا ہوگیا۔ چنانچہ میں نے میٹرک کے امتحان میں اللہ کے فضل سے سائنس کے مضامین میں فرسٹ ڈویژن حاصل کی۔

اسکے بعد عاجز نے 1965 میں تعلیم الاسلام کالج میں ایف ایس سی میں داخلہ لیا۔ اس زمانے میں کلاس کے ایک حصہ کو محترم میاں صاحب اور دوسرے حصہ کو پروفیسر نصیر احمد خان صاحب پڑھاتے تھے۔ خاکسار کو میاں صاحب کے گروپ میں شامل کیا گیا۔ پہلے دن میں یہ دیکھ کر حیران رہ گیا کہ میاں صاحب جو مسجد میں آکر خموشی سے بیٹھ جاتے تھے وہ اعلیٰ شستہ انگریزی زبان میں لیکچر دے رہے تھے۔ آپ نے ہمیں بتایا کہ اگلے دو سالوں میں ہمیں کیا پڑھایا جائیگا۔

آپ کی عادت تھی کہ بلیک بورڈ پر لکھ کر ہر بات ہر نقطہ اچھی طرح سمجھاتے تھے۔ فزکس ایک مشکل مضمون سمجھا جاتا ہے لیکن مگر آپ ہر مسئلے کو وضاحت کے ساتھ بیان فرماتے۔ حساب کے فارمولوں کو بڑی عمدگی سے حل کرتے۔ جہاں تک مجھے یاد پڑتا ہے کہ میں آپ کے لیکچروں کے نوٹس لیتا تھا۔ گھر واپس آکر ان نوٹس کو دوبارہ اچھی طرح صاف کر کے لکھ لیتا تھا۔ ایک دو دفعہ ان کو دہرانے سے مضمون اور حسابی مساوات سمجھ میں آجاتی تھی۔

اس کے برعکس پروفیسر نصیر احمد خان اتنی تفصیل میں نہیں جاتے تھے اور توقع کرتے تھے کہ طالب علم خود بھی مطالعہ کریں۔ ان کا یہ انداز برطانیہ میں پڑھانے کے طریق پر تھا جو آپ نے اپنی پی ایچ ڈی کے تعلیم دوران سیکھا تھا۔ مجھے جب بھی موقعہ ملتا، میں ان کی کلاس میں بھی شامل ہو جاتا۔ ان کے انداز سے مجھے اپنے اندر خود پڑھنے اور سیکھنے کا شوق پیدا ہوا۔ بعض اوقات میں ایڈوانس کتابوں سے بھی کچھ نہ کچھ سیکھ لیتا تو پروفیسر صاحب میری حوصلہ افزائی فرماتے تھے۔

مجھے ایک واقعہ یاد آیا۔ ایک دفعہ ہمارے سالانہ امتحانات ہونے والے تھے۔ محترم میاں صاحب نے فرمایا کہ اگر کسی کا کوئی سوال ہو تو بتائے؟ میں نے ایک مسئلہ کا ذکر کیا، یہ وہ مسئلہ تھا جس پر آپ نے اپنی کلاس میں کم توجہ دی تھی۔ جبکہ ایک دفعہ میں پروفیسر نصیر خان صاحب کی کلاس میں گیا تو انہوں نے اس مسئلہ پر تفصیل سے روشنی ڈالی تھی۔ میاں صاحب نے پورا پیریڈ اس مسئلہ کو سمجھانے میں صرف کر دیا۔ بعض طالب علموں نے شکایت کی تم نے خواہ مخواہ ایک مشکل سوال پوچھ لیا۔ اگر تم ایسا نہ

کرتے تو شاید میاں صاحب خود ہی یہ سوال کر دیتے اور یہ امتحان میں آجاتا۔ میں نے جواب دیا یہ تو ایک طرح سے پرچہ بتانے والی بات ہے۔ کیا تم تصور کر سکتے ہو کہ میاں صاحب ایسا سوال بتائیں گے جو امتحان میں پوچھا جائیگا۔

کچھ ایسا ہوا کہ اس سال امتحان کا پرچہ نصیر احمد خان صاحب نے تیار کیا اور غالباً میاں صاحب کو اس کی خبر نہ تھی۔ حسن اتفاق سے وہی سوال اس پرچے میں تھا۔ محترم میاں صاحب کی وضاحت اور دہرائے جانے کی وجہ سے میں نے یہ سوال بہ آسانی حل کر لیا اور کلاس میں اول رہا۔

حضرت خلیفۃ المسیح الثانیؓ اور کالج کی لیبارٹری

عاجز نے 1967 میں بی ایس سی میں داخلہ لیا۔ اور حساب کے ساتھ فزکس کا مضمون چن لیا۔ اس طرح مجھے دو سال میاں صاحب سے مزید تعلیم حاصل کرنے اور آپ کا شاگرد رہنے کا موقعہ مل گیا۔ ایک دفعہ آپ نے مجھے یہ واقعہ سنایا کہ حضرت مصلح موعودؓ کالج کے دورہ پر تشریف لائے۔ محترم میاں صاحب نے برطانیہ سے تجربات کرنے کیلئے مہنگے آلات منگوائے تھے۔ جو شاید کسی اور کالج میں نہ تھے۔ جب حضورؓ لیبارٹری کا معائنہ کرنے کیلئے تشریف لائے تو آپ نے بڑے فخر مگر عجز کے ساتھ عرض کیا کہ ہم نے یہ آلات برطانیہ سے منگوائے ہیں اور شاید ہی کسی اور کالج میں ہوں۔ حضورؓ نے اس بات کو سراہا اور چند منٹ بعد آپ کی طرف رخ کر کے پوچھا: ''میاں صاحب! آپ نے کیا بنایا ہے؟''

میاں صاحب کہتے ہیں کہ یہ بات میرے اندر تیر کی طرح گڑ گئی کہ ہمیں خود بھی کچھ بنانا چاہیے اگرچہ ایسے آلات بنانے کے لئے ہمارے پاس پیچیدہ مشینری موجود نہیں ہے۔

آپ کی باکمال ذہانت

مجھے خوب یاد ہے کہ ایک دفعہ ہم ایک تجربہ کر رہے تھے جس میں معلوم کرنا تھا کہ اس میں carbon resistence کتنی ہے۔ سوئے اتفاق کاربن جس ٹیوب میں تھا وہ ٹوٹ گئی۔ اب ہم

سب طالب علم پریشان کہ اب تجربہ کس طرح مکمل ہوگا۔ جب میاں صاحب کو اس بات کا علم ہوا تو آپ نے کسی قسم کی برہمی کا اظہار نہیں کیا لیکن یہ ضرور کہا کہ شیشے کے آلات بہت نازک ہوتے ہیں۔ ان کو بڑی احتیاط سے استعمال کرنا چاہیے۔ کچھ توقف کے بعد آپ اپنے آفس میں گئے، ایک گتا (کارڈ بورڈ) اور ایک موٹی پنسل لے کر واپس آئے۔ اس گتے پر آپ نے کئی بار موٹی لائن بنائی۔ یہ اب ایسے ہی تھا جیسے شیشے کی ٹیوب کے اندر کاربن تھا۔ اب آپ نے بجلی کے تار اس کے دونوں طرف لگائے اور ہمیں کہا اپنے تجربے کو جاری رکھیں۔ یہ تھا آپ کی ذہانت کا کمال۔

فزکس تو آپ کا اپنا مضمون تھا جس میں آپ ہر طور سے ماہر تھے۔ میرے نزدیک پورے پنجاب میں آپ سے زیادہ کوئی اور پروفیسر اتنا صاحب علم نہیں تھا۔ کچھ عرصہ مجھے آپ سے دینیات پڑھنے کا موقعہ بھی نصیب ہوا۔ آپ اس مضمون کو بھی سائنسی انداز میں پڑھاتے۔ یعنی بلیک بورڈ پر سب سے پہلے قرآن پاک کی آیت لکھتے۔ اس کے نیچے اس کا ترجمہ لکھتے۔ یوں ہمیں پڑھاتے گویا سائنس پڑھا رہے ہیں۔ اس کے برعکس دینیات کے دیگر اساتذہ شاذ ہی بلیک بورڈ استعمال کرتے تھے۔

بی ایس سی کی تعلیم کے دوران مجھے سائنس سوسائٹی کا صدر چن لیا گیا۔ آپ ہمارے اجلاسوں میں باقاعدگی سے شرکت فرماتے اور طلباء کو مختلف قسم کے سائنسی جرنلز پڑھنے کی ترغیب دیتے۔ چنانچہ تحدیث نعمت کے طور پر مجھے بھی کئی تحقیقی لیکچر دینے کا موقعہ ملا جن کو آپ نے پسند فرمایا۔

ہڑتال نہیں ہونے دی

راقم نے میاں صاحب کو ایک دفعہ بھی غصے کی حالت میں نہیں دیکھا سوائے ایک موقعہ کے۔ یہ شاید 1968 کی بات ہے جب ناچیز بی ایس سی کا طالب علم تھا۔ اس دور میں پنجاب یونیورسٹی کے طلباء ہڑتالوں پر تھے۔ بلکہ گورنمنٹ کالج اور دوسرے کالجوں کے طالب علم بھی ہڑتال پر تھے۔ کچھ نا اہل اور غیر تربیت یافتہ طالب علموں نے فیصلہ کیا کہ تعلیم الاسلام کالج میں بھی ہڑتال کی جائے۔ جب میاں صاحب کو اس کی بھنک ہوئی تو آپ نے سائنس کے طلباء کو کیمسٹری تھیٹر میں جمع کیا۔ آج میاں صاحب

وہ نہیں تھے جن کو ہم جانتے تھے۔آپ نے نہایت بلند آواز میں طلباء سے خطاب کیا اور طلباء کو کسی قسم کی ہڑتال کرنے سے منع فرمایا۔آپ نے فرمایا کہ اگر تم ایسا کرو گے تو اس کا مطلب ہے کہ تم کالج کے گاؤن کو کالے کتوں کے آگے پھینک رہے ہو۔طلباء نے یہ سننا تھا کہ بھیگی بلی کی طرح دم دبا کر بیٹھ گئے۔ہماری پڑھائی معمول کے مطابق جاری رہی۔

آپ پیدائشی سائنسدان تھے۔سائنس تمام عمر آپ کا اوڑھنا بچھونا رہی۔جمعہ کے روز نماز کے بعد آپ واپس کالج جاتے اور مختلف قسم کے تجربات میں مصروف رہتے۔

جب حضرت مرزا ناصر احمد صاحب ؒ کے خلیفہ منتخب ہوئے تو آپ کو قائم مقام پرنسپل مقرر کیا گیا۔ حضورؒ خلافت کے منصب پر فائز ہونے کے بعد جب پہلی بار کالج میں تشریف لائے تو محترم میاں صاحب نے استقبالیہ پڑھا۔اس میں حد درجہ اطاعت اور احترام کا پہلو کوٹ کوٹ کر بھرا ہوا تھا۔یوں لگتا تھا میاں صاحب کی جان آپ پر بچھی چلی جاتی ہے۔آپ کی طبیعت حد درجہ سادہ تھی۔غرور اور نخوت آپ کے پاس سے بھی نہیں گزری تھی۔جب آپ قائم مقام پرنسپل مقرر ہوئے تو اکثر پرنسپل کا بڑا آفس استعمال کرنے کے بجائے آپ اپنے فزکس کے شعبہ میں چھوٹے آفس میں ہی بیٹھتے۔پرنسپل کے مفوضہ فرائض سرانجام دینے کے علاوہ ساتھ ہی فزکس کی تعلیم کا کام بھی جاری رہتا۔

تقسیم ہند کے مشکل حالات

آپ نے ایک دفعہ مجھے یہ واقعہ خود سنایا کہ قادیان سے ہجرت کے وقت سارا سائنسی سامان اور آلات وہیں رہ گئے۔ظاہر ہے اب آپ کوئی سائنسی تجربات نہیں کر سکتے تھے۔چنانچہ آپ نے لاہور کے ایک مشہور کالج کے صدر شعبہ فزکس سے درخواست کی کہ مجھے آپ اپنی لیبارٹری میں آکر تجربات کرنے کی اجازت دیں۔صدر شعبہ بڑے حیران ہوئے کہ فزکس سے آپ کو کس قدر شغف ہے، ان مشکل حالات میں بھی آپ فزکس کے تجربات کرنا چاہتے ہیں خواہ کسی دوسرے کالج میں ہی کیوں نہ جانا پڑے۔میری یہ عاجزانہ رائے ہے کہ اگر آپ کسی ترقی یافتہ ملک جیسے برطانیہ میں ہوتے تو شاید کئی

نئی دریافتیں کر پاتے اور بعید نہیں سائنس کا سب سے بڑا انعام نوبیل پرائز بھی حاصل کر لیتے۔

میں نے 1969 میں بی ایس سی کا امتحان پاس کر لیا۔ میرے حساب اور فزکس میں اعلیٰ نمبر تھے۔ میں نے فیصلہ کیا کہ میں گورنمنٹ کالج لاہور سے ایم ایس سی کروں گا۔ مجھے قوی امید تھی کہ میرے اچھے نمبروں کی وجہ سے مجھے وظیفہ بھی مل جائیگا۔ یوں میری اعلیٰ تعلیم والدین پر کوئی بوجھ نہیں بنے گی۔ حسن اتفاق سے اسی سال پنجاب یونیورسٹی نے تعلیم الاسلام کالج میں ایم ایس سی فزکس کی کلاسوں کے اجراء کی اجازت دے دی۔ میں میاں صاحب کی خدمت میں حاضر ہوُا، اور عرض کی میرا ارادہ گورنمنٹ کالج سے حساب میں ایم ایس سی کرنے کا ہے۔ آپ نے فرمایا عزیزم تمہارے جیسے طالب علموں کے لئے ہی تو ہم نے اپنے کالج میں ایم ایس سی فزکس کی کلاسوں کا اجراء کیا ہے۔ چنانچہ میں نے لاہور جانے کا ارادہ بدل دیا۔ یوں مجھے ایم ایس سی کی پہلی کلاس میں شامل ہونے کا اعزاز حاصل ہوُا۔

جب ہماری ایم ایس سی کی کلاسز شروع ہوئیں تو پروفیسر نصیر احمد خان صاحب نے فیصلہ کیا کہ پانچ دن تو پڑھائی ہوگی اور جمعرات کے روز امتحان ہوگا۔ جب پہلا امتحان ہوُا تو اللہ کے فضل سے خاکسار نے اوّل پوزیشن حاصل کی۔ سوموار کے روز میں ان کے آفس میں گیا جہاں محترم میاں صاحب بھی تشریف فرما تھے۔ طلباء میں چہ میگوئیاں ہو رہی تھیں کہ یہ کیا طریق ہے کہ ہر ہفتے تین گھنٹے کا امتحان دیا جائے، یہ بہت مشکل ہے۔ میرے داخل ہوتے ہی آپ نے پوچھا امتحان کے بارے میں کوئی بات کرنے تو نہیں آئے؟ تمام طلباء کو ہر ہفتے امتحان دینا ہوگا۔ میں نے عرض کی بات تو امتحان کے بارے میں کرنے ہی آیا ہوں۔ آپ میری بات سن لیں مناسب ہو تو میری تجویز قبول فرمالیں ورنہ رد کر دیں۔ میاں صاحب نے تائید کی کہ اس کی بات سن لیتے ہیں یہ تو امتحان میں فرسٹ آیا ہے۔

میں نے عرض کیا کہ میں امتحان کے بالکل خلاف نہیں بلکہ اول آنے سے میرا حوصلہ بڑھا ہے۔ جمعہ کے روز جب میں نے سبق دوہرانا شروع کیا تو سب کچھ یاد تھا۔ اس لئے میری گزارش ہے کہ امتحان جمعرات کے بجائے ہفتہ کو لیا جائے۔ تاکہ جمعہ کے روز خوب پڑھائی کر کے امتحان کی تیاری کر

سکیں۔محترم خان صاحب نے میاں صاحب سے پوچھا آپ کی کیا رائے ہے؟ میاں صاحب نے کمال شفقت سے میری بات کی تائید کی۔ چنانچہ اس کے بعد امتحان جمعرات کی بجائے ہفتہ کو ہونے لگا۔یہ آپ کی ذرہ نوازی کی ایک تابندہ مثال تھی۔

وظیفہ کا اعلان

جب ہماری ایم ایس سی کی کلاسز شروع ہوگئیں تو ایک روز نصیر خان صاحب نے اعلان کیا کہ پروفیسر عبدالسلام صاحب نے پچاس روپے کے وظیفہ کا اعلان کیا ہے۔آپ میں سے جو بھی اگلے تین ماہ تک امتحانات میں اول آئیگا، اس کو یہ وظیفہ دیا جائیگا۔ہم طلباء میں اس وظیفہ کے لئے مقابلہ ہونے لگا۔اللہ تعالیٰ کے فضل وکرم سے میں ہر ہفتہ واری امتحان میں اول آتا رہا۔مجھے قوی امید تھی کہ یہ وظیفہ مجھے ہی ملے گا۔ جب وظیفہ دئے جانے کا اعلان ہوا تو وہ سرگودھا کے ایک طالب علم جس کا جماعت سے کوئی تعلق نہ تھا اس کو دے دیا گیا۔طبعاً مجھے اس کا بہت افسوس ہوا۔ میں نے محترم میاں صاحب کی خدمت میں ایک تفصیلی درخواست لکھی کہ میرے ساتھ زیادتی ہوئی ہے۔میاں صاحب نے مجھے اپنے آفس میں بلایا اور پیار سے اپنے پاس بٹھایا اور کہا تمہاری بات میں وزن ہے۔تاہم جب ہم نے وظیفہ کے لئے طالب علم کا انتخاب کرنا چاہا تو اس وقت بی ایس سی کے نمبرات کو بھی مدنظر رکھا۔اس طالب علم کے بی ایس سی میں تمہارے سے زیادہ نمبر تھے۔اس لئے ہم نے فیصلہ کیا کہ وظیفہ اُس کو دیا جائے۔تم دل چھوٹا نہ کرو انشاء اللہ تمہارے لئے بھی کوئی بہتر فیصلہ ہوگا۔اس وقت مجھے اس بات کا علم نہ تھا کہ قاضی محمد اسلم صاحب، پرنسپل تعلیم الاسلام کالج اور پروفیسر نصیر خان نے حضرت خلیفۃ المسیح الثالثؒ کی خدمت میں عرض کی تھی کہ ایک وظیفہ تو پروفیسر عبدالسلام صاحب نے دیا ہے لیکن ایک اور طالب علم اسی معیار کا ہے اس کو بھی وظیفہ ملنا چاہیئے۔ چنانچہ حضورؒ نے اپنے قلم سے درخواست پر تحریر فرمایا:

’’ایک سکالرشپ ساٹھ روپے ماہوار لقمان سکالرشپ دوں گا۔ انشاء اللہ۔ آصف علی کے لئے

فوراً بل بھیج دیں۔'' (الفضل ربوہ میں اعلان شائع ہوا تھا وہ اس مضمون کے ساتھ شامل ہے)۔ چنانچہ لقمان سکالرشپ کا آغاز خاکسار سے ہوا۔ اور اس کی رقم بھی زیادہ تھی۔ فالحمدللہ علی ذلک۔

لیبارٹری کے انچارج

محترم میاں صاحب ایم ایس سی میں ہمیں ایک مضمون پڑھاتے تھے اس کے ساتھ آپ لیبارٹری کے بھی انچارج تھے۔ یہ ضعیف العمری میں آپ پر ایک غیر معمولی بوجھ تھا، لیکن اس ذمہ داری کو آپ نے جوانوں کی طرح نبھایا۔ میری ایم ایس سی کی تعلیم کے دوران آپ کے ایک صاحبزادے میاں لطف المنان صاحب (حال، ملکواکی امریکہ) بھی کالج میں لیکچرر مقرر ہو گئے۔ مجھے بھی آپ سے تعلیم حاصل کرنے کا اعزاز حاصل ہوا۔ اس لحاظ سے میں یہ کہنے میں حق بجانب ہوں کہ میری تعلیم میں محترم میاں صاحب کا اور آپ کے بیٹوں کا کلیدی کردار ہے۔

جب میں 1971 میں امتحان کا آخری پرچہ دے کر فارغ ہوا تو باہر ہمارے لیبارٹری اسسٹنٹ کھڑے تھے۔ انہوں نے پیغام دیا کہ نصیر خان صاحب نے ارشاد فرمایا ہے کہ گھر جانے سے قبل نیو کیمپس میں آپ سے مل کر جاؤں۔ میں وہاں پہنچ گیا۔ انہوں نے ایک درخواست حضرت خلیفۃ المسیح الثالثؒ کے نام لکھ رکھی تھی جس کا لب لباب یہ تھا کہ خاکسار اور میاں صاحب کے صاحبزادے حبیب الرحمن ساحر کو کالج میں لیکچرر تعینات کر دیا جائے۔ چنانچہ نومبر 1971 سے عاجز کا کالج میں بطور لیکچرر فزکس تقرر ہو گیا۔

پروفیسر نصیر خان صاحب نے ارشاد فرمایا کہ تم میاں صاحب سے ایم ایس سی لیبارٹری کا چارج لو اور مجھے رپورٹ کرو۔ میں میاں صاحب کی خدمت میں حاضر ہوا اور عرض کی کہ خاں صاحب نے ارشاد فرمایا ہے کہ میں آپ سے لیبارٹری کا چارج لے لوں۔ آپ نے میری بات کو بڑے تحمل سے سنا اور فرمایا نہیں لیبارٹری کا چارج میں اپنے پاس ہی رکھوں گا۔ جب خاں صاحب کو اس کی اطلاع ہوئی تو

انہوں نے میاں صاحب سے خود بات کی کہ لیبارٹری کو مزید ترقی دینے کے لئے آپ پر مزید بوجھ نہیں ڈالنا چاہتا۔ اس کے لئے سخت محنت کی ضرورت ہے جو آپ کی صحت پر برا اثر ڈال سکتی ہے۔ اس لئے یہ ذمہ داری ایک نوجوان کے کندھوں (اس عاجز پر) پر ڈالنی چاہئے۔ میاں صاحب کی فزکس سے محبت اور شیفتگی کا یہ عالم تھا کہ آپ بڑی مشکل سے چارج دینے پر راضی ہوئے۔ بعد میں اس لیبارٹری کو ترقی دینے میں مجھے سخت محنت کرنا پڑی اور بعض اوقات میں سوچا کرتا کہ کاش میاں صاحب نے یہ گرانقدر ذمہ داری مجھ ناتواں کے کندھوں پر نہ ڈالی ہوتی، مجھے اس قدر شب بیداری تو نہ کرنا پڑتی۔

ایک مسئلے کا حل

میاں صاحب کو علم سے بے پناہ محبت تھی۔ عمر رسیدہ ہونے کے باوجود آپ کو مزید علم حاصل کرنے کی جستجو رہتی۔ ایک دفعہ مجھے کہا کہ آصف صاحب مجھے ایک سخت مسئلے کا حل معلوم نہیں۔ یہ میری خوش قسمتی کہ میں نے ان دنوں اس مسئلے پر تحقیق کر کے اس کا حل معلوم کرلیا تھا۔ اس میں بہت پیچیدہ اور گہرا حساب شامل تھا۔ میں نے عرض کی کہ میں نے مسئلہ حل کرلیا ہے۔ فرمایا مجھے بھی اس مسئلے کا حل بتاؤ۔ مجھے اپنے پاس کرسی پر بٹھایا اور میں نے قریب ایک گھنٹہ اس کا حل بتانے میں گزارا۔ آپ پورے صبر اور تحمل کے ساتھ میرے حل کو دیکھتے اور سنتے رہے۔ اس دوران ایک دفعہ بھی نہیں ٹوکا کہ تم نے ایسا کیوں کیا ہے؟ یا اس کو ایسے بھی حل کیا جا سکتا ہے۔ جب میں کئی صفحات پر اس مسئلہ کو لکھ چکا تو آپ کے چہرے پر ایسی بشاشت تھی گویا آپ کو ہفت اقلیم مل گئی ہو۔ کئی بار میرا شکریہ ادا کیا کہ تم نے میرے علم میں بہت اضافہ کیا ہے۔ میں تھا کہ شرم سے پانی پانی ہورہا تھا کہ میں نے آپ سے چھ سال تحصیل علم کیا اور صرف ایک مسئلہ کے حل بتانے پر میرے شکرگزار ہورہے ہیں جیسے ایک شاگرد اپنے استاد سے ہوتا ہے۔ یہ تھی آپ کی کسر نفسی اور علم سے بے پناہ محبت۔

جب میں ایم ایس سی کے طالب علموں کو فزکس پڑھا رہا تھا تو میرا پیریڈ آپ کے پیریڈ کے بعد

ہوتا تھا۔آپ لیکچر دینے میں اسقدر مگن ہوتے کہ خیال نہ رہتا کہ آپ کا وقت ختم ہو چکا ہے۔میں لیکچر روم کے باہر کھڑا رہتا کہ آپ پیریڈ ختم کریں تو اپنا شروع کروں۔بعض دفعہ طلباء آپ کو توجہ کراتے کہ آصف صاحب باہر کھڑے ہیں تو آپ بہت معذرت کر کے مجھے پیریڈ شروع کرنے کا موقعہ دیتے۔ ایک دن فرمایا میں بہت زیادتی کرتا ہوں آپ کے پیریڈ میں سے وقت لے لیتا ہوں، اس لئے باہر کھڑے انتظار نہ کریں بلکہ دروازے کو ہلکا سا کھٹکھٹا دیا کریں۔ میں نے کہا میں تو اس کو سوئے ادب خیال کرتا ہوں۔ جواباً فرمایا نہیں تمہارا حق ہے کہ تم پورا وقت لے کر اپنا پیریڈ پڑھاؤ۔

میاں صاحب کی رہائش گاہ محلہ دار الرحمت وسطی میں تھی جہاں سے نیو کیمپس قریب دو ڈھائی میل کے فاصلے پر تھا۔آپ ضعیف العمری میں بھی پیدل نیو کیمپس جاتے اور پیدل ہی گھر واپس آتے۔ایک دفعہ میں نے عرض کی کہ میں دوپہر کے کھانے کے وقت گھر جاتا ہوں، اگر مناسب ہو تو آپ کے گھر سے لنچ لے آیا کروں؟ فرمایا اس کی ضرورت نہیں میں دوپہر کے وقت بہت کم کھاتا ہوں۔میں دو انڈے ابال لیتا ہوں اور ساتھ میں چائے کا کپ، یہی دوپہر کا کھانا ہے۔اس سے زیادہ مجھے ضرورت نہیں۔شاید یہی وجہ تھی کہ آپ دبلے پتلے مگر نہایت چوق و چابند تھے۔میں 1975 تک کالج میں لیکچرار رہا۔ مجھے یاد نہیں کہ آپ نے کبھی چلنے کے لئے چھڑی کا سہارا لیا ہو۔

ہمیشہ سفید شلوار قمیض اور اچکن زیب تن فرماتے۔کالج کی سٹاف میٹنگوں میں آپ زیادہ تر خموش رہتے۔لیکن جب کوئی بات کرتے تو اس میں وزن ہوتا اور پتے کی بات ہوتی۔فضول بحث کرنا آپ کی طبیعت کے خلاف تھا۔ جب میں کالج میں لیکچرار تھا تو اس وقت سرکاری طور پر آپ ریٹائر ہو چکے تھے۔لیکن حضرت خلیفۃ المسیح الثالثؒ کی اجازت سے آپ ریٹائرمنٹ کے بعد بھی نوجوانوں کی سی انرجی سے لیکچر دیتے رہے۔

ایک دفعہ جب چوہدری محمد علی صاحب (مضطر) کالج کے پرنسپل تھے تو سٹاف میٹنگ کے دوران ہم نوجوان لیکچرارز کو نصیحت فرمائی کہ محترم میاں صاحب کی طرح پڑھانے کا انداز سیکھو، کس

شوق اور جذبے سے آپ لیکچر دیتے ہیں۔ میں نے اس نصیحت کو پلے باندھ لیا، نہ صرف اس سے کالج کے ملازمت کے عرصہ میں اس سے فائدہ اٹھایا بلکہ جب برطانیہ بھی آ گیا اور بڑا لمبا عرصہ کمپیوٹر کی تحقیق میں گزارا تو یہ نصیحت ہمیشہ میرے مدنظر رہی۔ اور یوں مجھے کمپیوٹر کے میدان میں گہری تحقیق کا موقعہ نصیب ہوا۔ شکر الحمدللہ۔

محترم میاں صاحب ایک قابل تقلید، نابغہ روزگار ہستی تھے۔ اعلیٰ اخلاق کا حسین و جمیل مرقع تھے۔ ایک باپ کی طرح شفیق، علم کے عاشق صادق، عاجزی اور فروتنی کا نیک نمونہ اور طلباء کے لئے مشعل راہ تھے۔ آپ سے میرے جیسے طالب علموں نے بہت کچھ سیکھا۔ پڑھنا اور پڑھانا سیکھا۔ سب سے بڑھ کر تحقیق کے سودمند طریقوں سے آگاہ ہوئے، جو زندگی میں بہت کام آئے۔

اللہ تعالیٰ میاں صاحب مرحوم کی روح کو ابدی سکون میں رکھے۔ ہم سب کو آپ کے نقش قدم پر چلنے کی توفیق دے۔ آمین۔

اہم بصیرتیں

- پروفیسر میاں عطاالرحمن صاحب کی زندگی خالص ایمان اور جماعت کی خدمت کے جذبے سے مزین تھی۔
- انہوں نے محفوظ سرکاری ملازمت ترک کر کے جماعت کی خدمت کا انتخاب کیا، جو ان کی گہری روحانی وابستگی کی عکاسی کرتا ہے۔
- وہ "تعلیم الاسلام کالج"، جیسے اہم تعلیمی ادارہ کو مختلف تاریخی تبدیلیوں، بشمول تقسیم ہند اور کالج کی منتقلی، کے دوران قائم رکھنے میں بنیادی کردار ادا کرتے رہے۔
- تعلیم کے لیے ان کا نقطہ نظر اخلاقی اصول، علمی برتری اور عاجزی پر مبنی تھا۔
- حضرت خلیفۃ المسیح الثالث رحمۃ اللہ علیہ کے ساتھ قریبی ذاتی اور روحانی تعلقات نے ان کے کام اور خاندانی زندگی کو غنی بنایا۔

- قومی کاری اور ریٹائرمنٹ کے چیلنجوں کے باوجود، انہوں نے وقار برقرار رکھا اور اپنے اطراف کے لوگوں کے لیے تحریک کا باعث بنے۔

اہم اسباق

- ایمان کے لیے حقیقی وابستگی اکثر ذاتی قربانی اور حوصلے کی متقاضی ہوتی ہے۔
- اصولوں پر مبنی تعلیمی قیادت کلاس روم سے آگے نسلوں کی تشکیل کر سکتی ہے۔
- روحانی قیادت (خلافت) کی رہنمائی اور حمایت پیشہ ورانہ اور ذاتی زندگی پر گہرا اثر ڈال سکتی ہے۔
- میراث قائم کرنے کا مطلب یہ ہے کہ تعلقات کو مضبوط کیا جائے اور طلباء و ساتھیوں کے ساتھ مہربانی، رہنمائی اور مثبت اثر ڈالنے کے ذریعے انہیں پروان چڑھایا جائے۔
- سیاسی بحران اور ادارہ جاتی تبدیلیاں عزم کو پرکھتی ہیں لیکن یہ نئے عزم اور خدمت کے جذبے کو بھی فروغ دے سکتی ہیں۔

کلیدی نتائج

- پروفیسر عطا الرحمن کی زندگی علم، ایمان اور خدمت کے درمیان ہم آہنگی کی بہترین مثال ہے۔
- ان کی خدمات ''تعلیم الاسلام کالج'' کو اسلامی تعلیم کے مرکز کے طور پر محفوظ رکھنے اور فروغ دینے میں اہم تھیں۔
- ان کے کردار اور اصولوں کی مضبوطی نے انہیں جماعت اور معاشرے میں دائمی احترام بخشا۔
- ان کی کہانی جماعت کی مضبوطی اور مخلص ارکان کی ذاتی قربانیوں کی عکاس ہے۔

- ان کی میراث آج بھی موجودہ اور آنے والی نسلوں کو اخلاص اور علمی برتری کے ساتھ خدمت کرنے کی تحریک دیتی ہے۔

باب 7 کا خلاصہ

- باب 7 پروفیسر میاں عطا الرحمن کے لیے دل سے خراج عقیدت پیش کرتا ہے، جس میں ان کی جماعت کے لیے وقف زندگی اور تعلیمی خدمات کی داستان بیان کی گئی ہے۔
- 1944ء میں سرکاری ملازمت ترک کرنے اور تہذیب الاسلام کالج سے وابستگی کے فیصلے، تقسیم ہند، کالج کی قومی کاری، اور مشکل حالات میں قیادت کے واقعات شامل ہیں۔
- باب میں ذاتی واقعات بھی شامل ہیں جو ان کی مہربانی، رہنمائی، اور خلیفہ وقت کے ساتھ روحانی تعلق کو واضح کرتے ہیں۔
- مجموعی طور پر یہ باب ایک ایسے شخص کی زندگی کا جشن مناتا ہے جو ایمان، علم اور خدمت کے لیے ہمیشہ سرگرم رہا۔

باب کا اختتام اور باب 8 کے لیے منتقلی

اس باب کے اختتام پر، ہم پروفیسر عطا الرحمن کی وفاداری، ایمان اور کردار کے اثرات پر غور کرتے ہیں۔ ان کے سفر میں ان کے قریبی ساتھی، دوست، اور کولیگز بھی شامل تھے، جنہوں نے روحانی اور پیشہ ورانہ زندگی کی بنیاد مضبوط کی۔

اگلے باب 8 میں، ہم ان قریبی دوستوں اور معتبر ساتھیوں کی زندگیوں اور خدمات کا جائزہ لیں گے اور دیکھیں گے کہ کس طرح ان کے تعلقات اور رہنمائی نے ابا جان کی میراث اور جماعت پر اثر ڈالا۔

حضرت میاں خدا بخش صاحب

محترم میاں محمد شفیع صاحب ہیڈ ماسٹر
(بی۔اے۔بی۔ٹی) علی گڑھ

حضرت غلام محی الدین بھیروی صاحب

محترم ڈاکٹر میاں محمد سمیع صاحب
(جوانی کی عمر میں وفات پاگئے)

حضرت میاں خدا بخش صاحب
اپنے پوتوں
(ماموں ظفر اللہ صاحب کے بچوں)
کے ساتھ

ماموں نصر اللہ صاحب

ماموں عطاء اللہ صاحب

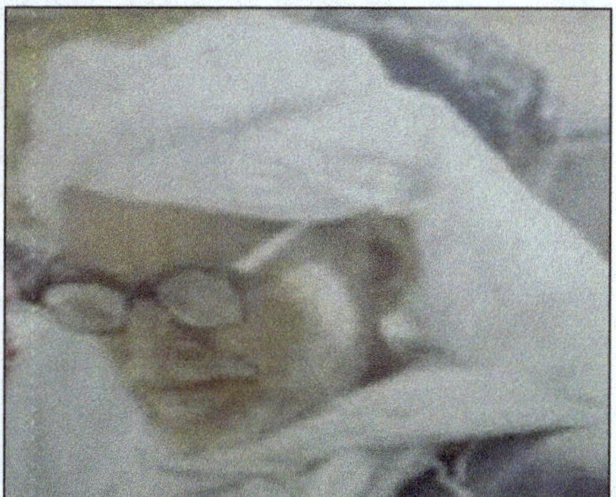

محترم میاں عبدالخالق صاحب مرحوم

ماموں ظفر اللہ صاحب

محترم ملک فضل الٰہی بھیروی صاحب مرحوم

محترم میاں عبدالرحمٰن صاحب مرحوم

2 نومبر 1978ء کو امریکہ روانہ ہونے سے پہلے حضرت خلیفۃ المسیح الثالثؒ کے ساتھ

محترم حافظ مبارک احمد صاحب

باب نمبر 8: پروفیسر میاں عطاء الرحمن صاحب (مرحوم) کے کلاس فیلو، رفقاء اور دوست

(شفیق الرحمن ابن پروفیسر میاں عطاء الرحمن صاحب مرحوم، ہیوسٹن، ٹیکساس)

اس حصے میں اپنے والد کے کلاس فیلوز (بھیرہ میں ابتدائی تعلیم)، لاہور میں گریجویٹ تعلیم، تدریسی پیشے میں ساتھیوں، ریٹائرمنٹ کی زندگی/ بڑھاپے میں مخلص اور قابل اعتماد دوستوں کا ذکر کرنا چاہوں گا۔ میں اس باب کو پانچ حصوں میں تقسیم کرنا چاہوں گا اور میں ان کے بارے میں مختصراً بات کروں گا کہ اس باب کو پانچ حصوں میں تقسیم کیا جائے گا:

- ہائی اسکول کلاس فیلوز (بھیرہ)
- گریجویٹ اسٹڈیز کلاس فیلوز (لاہور)
- گورنمنٹ ایجوکیشن سروس کے ساتھی
- تعلیم الاسلام کالج (قادیان، لاہور/ ربوہ) کے ساتھی
- ریٹائرمنٹ کے بعد دوست
- صحابہ کرامؓ کے ساتھ خصوصی تعلقات

8.1-ابتدائی تعلیم کے کلاس فیلو

میرے والد نے اپنی ابتدائی تعلیم (ہائی اسکول) بھیرہ میں مکمل کی۔ میں نے بڑے پیمانے پر ابتدائی تعلیم، چیلنجز اور صحت کے مسائل کا احاطہ کیا ہے جن کا انہیں اپنی ابتدائی زندگی میں سامنا کرنا پڑا۔

وہ ہم سے میاں فضل الرحمان بسمل صاحب (بی اے، بی ٹی) مرحوم کے بارے میں ذکر کرتے تھے۔ وہ بھیرہ جماعت کے امیر اور بھیرہ کی تاریخ احمدیت (1972) کے مصنف تھے۔ دونوں نویں جماعت تک ہم جماعت تھے۔ میاں فضل الرحمان کے والدین حج پر گئے اور 1924ء میں سعودی عرب میں انتقال کر گئے۔ اس کے بعد میاں فضل الرحمن قادیان چلے گئے اور تمام تر تعلیم قادیان میں حاصل کی۔ مذہبی تعلیم کے ساتھ ساتھ، انہوں نے تعلیم میں اپنی ڈگری مکمل کی اور بھیرہ کے آس پاس کے مختلف اسکولوں میں تدریسی پیشے سے منسلک ہو گئے۔ ساٹھ کی دہائی کے اوائل میں آپنے اپنے خاندان کو تعلیم کے لیے ربوہ منتقل کیا۔

ان کے ایک بیٹے (محمود مجیب اصغر انجینئر) ٹی آئی کالج ربوہ میں میرے والد کے طالب علم تھے۔ محمود، یو ای ٹی لاہور گئے، سول انجینئرنگ کی ڈگری حاصل کی اور مختلف شعبوں میں خدمات انجام دیں۔ وہ پاکستان میں بھی مختلف حیثیتوں میں جماعت کی خدمت کر چکے ہیں اور اب سویڈن میں ہیں۔ ان کے اور ان کے خاندان اور پس منظر کے بارے میں تفصیلی معلومات ان کی کتاب [بھیرہ کی تاریخ احمدیت۔ صفحہ 73-84] میں دی گئی ہیں۔ میاں فضل الرحمن بسمل بھیرہ کے قریب مختلف سرکاری سکولوں میں تدریسی عہدے پر فائز تھے۔

میاں فضل الرحمن نے ''تاریخ احمدیت بھیرہ'' تصنیف کی جو 1972ء میں شائع ہوئی۔ یہ بھیرہ جماعت کے بارے میں اپنی نوعیت کی پہلی کتاب تھی۔ میرا اللہ میاں صاحب کو اس کو بہترین اجر دے اور جنت میں ان کے درجات بلند کرے۔

وہ 1974ء میں بھیرہ جماعت کے امیر تھے اور بہت تکلیفیں جھیلیں۔ ان کے گھر کو نقصان پہنچا۔ وہ دیندار احمدی تھے۔ ان کا پورا خاندان بھی بہت مخلص احمدی ہے اور مختلف ممالک میں آباد ہے۔ میں نے اس حصے میں ان کی تصویر شامل کی ہے۔ میرے والد کے بھانجے ملک غلام سرور (میرے والد کی عمر کے تھے) بھی ان کے کلاس فیلو تھے۔ وہ 'رضائی برادر' بھی تھے۔ ملک غلام سرور نے اپنی تعلیم

میکلیگن کالج آف انجینئرنگ لاہور سے مکمل کی اورڈپلومہ حاصل کیااورکوٹ ادو میں بطوراوورسیئر کام کیا۔انہوں نےتقسیم کے دوران جماعت کے لیے'عقیدت مند' کے طور پر بھی کام کیا۔

وہ ربوہ میں ہمارے پڑوسی تھے۔ان کا خاندان ایک اچھا جذباتی سہارا تھا،اوروہ ہمیشہ ہمارے خاندان کے لیے موجود تھا۔وہ بھیرہ میں والد کے کلاس فیلو بھی تھے۔ان کے والد (حضرت مولا بخش بھیروی صاحب) نے 1903ء میں حضرت حکیم مولوی نورالدین صاحب کی دعوت پر منارۃ المسیح کی ابتدائی تعمیر میں رضا کارانہ طور پر حصہ لیا۔ [بھیرہ کی تاریخ احمدیت،صفحہ 96]

تقسیم کے اردگرد جماعت کے لیے چند سال کام کیا۔ بعد میں، انہیں کوٹ ادو میں سرکاری ملازمت (بطوراوورسیئر) میں شامل ہونے کی اجازت دی گئی۔ریٹائرمنٹ کے بعد پہلے سرگودھا میں آباد ہوئے اور پھرستر کی دہائی کے وسط میں ربوہ چلے گئے۔آپ کی وفات ربوہ میں ہوئی اور بہشتی مقبرہ ربوہ میں دفن ہوئے۔

میرے والد پاکستان کے سابق وزیراعظم (ملک فیروز خان نون) کے بارے میں ذکر کرتے تھے، جو بھیرہ میں ان کے ہائی اسکول کے کلاس فیلو تھے۔میرے والد نے انہیں پاکستان کا وزیراعظم بننے پر مبارکباد کا خط لکھا۔وزیراعظم نے میرے والد کو نہ صرف پہچانا بلکہ خود اپنے دستخط سے جواب دیا۔وہ بہت کامیاب سیاستدان بیوروکریٹ بھیرہ کے بیٹے تھے جنہوں نے پاکستان کو گوادر کا تحفہ دیا۔ یہ ان کی اہم ترین کامیابیوں میں سے ایک تھی جو پاکستان کی تاریخ کا حصہ بن چکی ہے۔ملک صاحب کا تعلق امیر/ زمیندار گھرانے سے تھا اور بیرون ملک (برطانیہ) میں قانون کی تعلیم حاصل کی تھی۔

میرے والد نے میری امی کے ماموں (میاں محمد سمیع) کے بارے میں بھی بات کی جو ان کے قریباً ہم عمر تھے۔میاں محمد سمیع صاحب علی گڑھ مسلم یونیورسٹی گئے جبکہ والد صاحب تعلیم کے لیے لاہور چلے گئے۔ میاں محمد سمیع میڈیکل سکول گئے، ٹی بی ہوگئی اور جوانی میں پھیپھڑوں کی پیچیدگیوں سے انتقال کر گئے۔

والد نے ہمیشہ ہماری ماں کے ننھیال کے خاندان کی تعریف کی۔ ماں کے نانا ایک انجینئر، کامیاب اور معروف ٹھیکیدار تھے۔ ہماری امی کے ماموں اعلیٰ تعلیم یافتہ، امیر، باوقار ملازمتوں اور اہم عہدوں پر تھے۔[بھیرہ کی تاریخ احمدیت، صفحہ 59]۔ میرے والد بہت محنتی تھے اور اپنے 'ہیڈ ماسٹر' کا بہت احترام کرتے تھے، جو میرے والد کے لیے مہربان اور مشیر تھے۔ میرے والد ضلع میں پہلے نمبر پر رہے، بھیرہ سکول کے ہیڈ ماسٹر میرے والد کو لاہور لے گئے اور انہیں امریکن سکول (ایف سی کالج) میں داخل کروا دیا۔ میرا اندازہ ہے کہ اس کا تعلق لاہور کے ''قزلباش خاندان'' سے تھا۔ یہ میرے والد کی زندگی میں ایک اہم موڑ تھا اور لاہور میں گریجویٹ کی تعلیم حاصل کرنے کے لیے انہیں صحیح راستے پر ڈال دیا گیا۔

میں یہ بھی تذکرہ کرنا چاہوں گا کہ میرے والد نے لاہور میں اپنی تعلیم کے دوران میاں عبدالرحمن (اوورسیئر، پی ڈبلیو ڈی) سے بھیرہ میں اپنے آبائی گھر کے خلاف رقم ادھار لی تھی۔ وہ میرے خالو بھی تھے (خالو جان نے ہماری خالہ امتہ اللہ سے شادی کی)۔ جب میرے والدین کی شادی ہوئی تو آبائی گھر کی ادائیگی والدہ نے دیئے گئے زیورات میں سے کی۔ جب مکمل ادائیگی ہوی تو ہمارے والد نے وہ گھر ہماری والدہ کو بطور تحفہ دیا۔ [بھیرہ کی تاریخ احمدیت، صفحہ 61-62]

بعد ازاں، ستر کی دہائی کے وسط میں میرے والد نے مجھے مسلم ٹاؤن لاہور میں بابو عبدالرحمن صاحب کے پاس جانے کو کہا اور ہمارے خاندان پر کیے گئے اس احسان پر ان کا شکریہ ادا کیا۔ بابو عبدالرحمٰن صاحب بہت مہربان تھے اور مجھے دیکھ کر بہت خوش ہوئے اور مجھے میری خالہ امتہ اللہ سے ملوایا جو بیماری کی وجہ سے بستر تک محدود تھیں۔ یہ ان کی رہائش گاہ پر میرا پہلا اور آخری دورہ تھا۔ میری زندگی میں کئی مواقع ایسے آئے جہاں میرے والد نے (خاندان کے اندر اور باہر) اس طرح کے کام سونپے تھے۔

میں نے حضرت مولوی محمد دلپذیر رحمۃ اللہ علیہ کی سوانح عمری بھی پڑھی ہے، مولوی صاحب نے

خالو میاں عبدالرحمن صاحب (ایس ڈی او) اور میاں حیات محمد صاحب (ایس ڈی او) نے ان کے مہربان، فیاض اور فعال ہونے کا اعتراف کیا ہے۔ ان کی اشاعتوں اور حوصلہ افزائی میں مدد کریں۔

ہمارے آباء واجداد احمد آباد سے بھیرہ منتقل ہوئے اور دوسرے خاندانی دوستوں (یعنی حضرت مولوی شیخ قادر بخش اور ان کے صاحبزادے حضرت حکیم محمد حسین احمد آبادی) کے ساتھ 1894 کے لگ بھگ جب انہوں نے احمدیت قبول کی۔ [بھیرہ کی تاریخ احمدیت، صفحہ 92-93]

ڈاکٹر سید فضل قادر صاحب حضرت مولوی محمد حسین صاحب احمد آبادی کے پوتے تھے اور میرے والد کے ہم عمر تھے۔ چچا فضل قادر میرے پھپو (محمد بی) کو پھپّو جی کہہ کر پکارتے تھے۔ ڈاکٹر صاحب بھیرہ میں ہمارے فیملی فزیشن تھے۔ اُن کی بیٹیاں بھیرہ میں میری بہنوں کی ہم جماعت تھیں۔ ہمارا خاندان میرے بڑے بھائیوں اور بہنوں کی تعلیم کے لیے بھیرہ سے باہر ربوہ/ لاہور چلا گیا۔ اگرچہ بھیرہ سے باہر ہونے کی وجہ سے ہمارا رابطہ منقطع ہو گیا لیکن ان خاندانوں کے لیے ہماری محبت، احترام اور پیار ہمارے دل و دماغ میں قائم ہے۔

مجھے معلوم ہوا کہ ڈاکٹر فضل قادر کا انتقال سرگودھا میں ہوا اور وہیں دفن ہوئے۔ ان کے والد (سید عبدالقادر شاہ صاحب) کو واہ میں سپرد خاک کیا گیا۔ میں آج بھی حضرت مولوی محمد حسین صاحب احمد آبادی کی قبر تلاش کرنے کے لیے جدوجہد کر رہا ہوں جو بھیرہ میں سیلاب کی وجہ سے کھو گئی تھی۔ اللہ تعالیٰ ان شریف النفس انسانوں کے درجات جنت الفردوس میں بلند فرمائے۔ (آمین)۔

اب تک میرے ساتھ شیئر کردہ معلومات کی بنیاد پر حضرت مولوی شیخ قادر بخش صاحب رحمۃ اللہ علیہ کا وصال 1906ء میں قادیان میں ہوا۔ حضرت مولوی محمد حسین صاحب احمد آبادی رحمۃ اللہ علیہ کا انتقال 1916ء میں بھیرہ میں ہوا۔ حضرت سید عبدالقادر صاحب کا وصال جھنڈیر/ واہ کے علاقے میں ہوا اور دفن ہوئے۔ نئی نسل (خاندان کے افراد) نے احمدیہ جماعت کے ساتھ کسی بھی قسم کے روابط کی سختی سے تردید کی۔

8.2-لاہور میں گریجویٹ تعلیم

اس سیکشن میں میں لاہور کے مختلف تعلیمی اداروں میں اپنے والد کے کلاس فیلوز کو شامل کروں گا۔ انہوں نے .F.Sc، .B.Sc، .M.Sc مکمل کیا اور سینٹرل ٹریننگ کالج سے بی ٹی کیا۔ بھیرہ اسکول کے ہیڈ ماسٹر میرے والد کے سرپرست تھے جنہوں نے میرے والد کی مدد، رہنمائی اور ایف سی کالج لاہور میں داخلہ دلوایا۔ یہ میری رائے میں بہترین فیصلہ تھا۔ یہ لاہور کا واحد امریکن سکول تھا۔

میرے والد نے ایف سی کالج لاہور میں پروفیسر جے۔ایم۔بینیڈ سے ملاقات کی اور یہ معجزہ نعمت سے کم نہیں تھا۔ پروفیسر بینیڈ شعبہ فزکس کے چیئرمین تھے۔ میرے والد کا پس منظر انتہائی شائستہ، سنجیدہ، قابل احترام اور توجہ طلب طالب علم تھا۔ پروفیسر بینیڈ ان کی خوبیوں سے بہت متاثر ہوئے اور میرے والد کو اپنے زیر نگرانی لے گئے۔ پروفیسر بینیڈ ان کے سرپرست بن گئے اور انہیں بی ایس سی کرنے کا مشورہ دیا۔ سائنس کے تین مضامین میں۔ لاہور میں تعلیم کے دوران ان کا تعارف نوبل انعام یافتہ (Dr. Compton & Dr. Rutherford) سے ہوا۔

پروفیسر جے ایم بینیڈ نے میرے والد کو فزکس میں ماسٹرز کرنے پر راضی کیا اور لاہور میں فزکس کے تمام اہم پروفیسروں سے ان کا تعارف کرایا۔ فزکس کے مشہور پروفیسر، پنجاب یونیورسٹی کے شعبہ فزکس کے چیئرمین ڈاکٹر عبدالبصیر پال (1952–1977ء) ایم ایس سی کے دوران میرے والد سے ایک سال سینئر تھے۔ یہ دوستی ان کا تمام تدریسی کیریئر رہی اور ریٹائرمنٹ تک ایک ساتھ ہیڈ ایگزامینر رہے۔

فزکس میں ماسٹرز مکمل کرنے کے بعد پروفیسر ردرفورڈ کی سرپرستی میں پانچ طالب علموں کو انگلینڈ میں اعلیٰ تعلیم کے لیے منتخب کیا گیا۔ میرے والد ان میں سے ایک تھے۔ ان پانچوں نے لندن جا کر نیوکلیئر فزکس میں تحقیق کرنی تھی۔ بدقسمتی سے میرے والد کو طبی بنیادوں پر چھوڑ دیا گیا۔ میڈیکل ٹیسٹ بورڈ کو معلوم ہوا کہ میرے والد کو دمہ ہے۔ یہ ہمارے جینز میں تھا۔ ہماری دادی کو بھی دمہ کا مرض لاحق تھا۔ میڈیکل بورڈ نے مشورہ دیا کہ لندن کی آب وہوا ان کی صحت کے لیے موزوں نہیں ہے۔ وہ اعلیٰ

تعلیم کے لیےلندن نہ جائیں۔

یہ میرے والد کے لیے سب سے بڑی مایوسی تھی۔ باقی چاروں نے اعلیٰ تعلیم حاصل کی، ڈاکٹریٹ کی، واپس آکر مختلف اداروں میں پاکستان کی خدمت کی۔ میرے والد نے پروفیسر بینیڈ سے مشورہ کیا اور تدریس کا پیشہ منتخب کیا، بی ٹی کی ڈگری حاصل کی اور برٹش ایجوکیشن سروس میں شمولیت اختیار کی۔

میرے والد ان رفقاء سے ساری زندگی رابطے میں رہے اور ان میں ڈاکٹر اے بی پال، ڈاکٹر رفیع محمد، ڈاکٹر نذیر چوہدری، اور ڈاکٹر نذیر احمد شامل تھے۔ انہوں نے ایم ایس سی کلاسز شروع کرنے میں اہم کردار ادا کیا۔ تعلیم الاسلام کالج ربوہ میں ایم ایس سی فزکس کلاسز (پہلا سال) ربوہ 1963ء میں شروع ہوا۔ باقاعدہ M.Sc فزکس کی کلاسز کی منظوری 1969ء میں دی گئی اور ان سابق ساتھیوں نے اس فیصلے میں معاون کردار ادا کیا۔

میرے والد کے ایک دوست ڈاکٹر نذیر چوہدری صاحب UET لاہور میں (1972-1978ء) کے دوران شعبہ فزکس کے سربراہ تھے جب میں الیکٹریکل انجینئرنگ ڈیپارٹمنٹ کا طالب علم تھا۔ ڈاکٹر نذیر چوہدری نے میرے ماموں (محبوب الٰہی ملک صاحب آف راولپنڈی) اور میرے بڑے بھائی (لطف المنان صاحب) کو بھی یاد کیا۔ دونوں ایم ایس سی فزکس پروگرام میں ان کے طالب علم تھے۔ ڈاکٹر نذیر نے مجھے تمام ضروری رہنمائی اور حوصلہ افزائی فراہم کی۔

میں یہ بتانا چاہوں گا کہ کشمیری رہنما شیخ محمد عبداللہ بھی میرے والد کے کلاس فیلو تھے۔ شیخ عبداللہ نے لاہور سے کیمسٹری میں ماسٹرز کیا۔ شیخ عبداللہ صاحب کشمیری نے سیاست میں قدم رکھا اور اس میدان میں کمال حاصل کیا۔

احمدی طلباء میں لاہور میں دوران تعلیم صوفی غلام محمد صاحب برکت اللہ درد سے ان کے بہت اچھے تعلقات تھے۔ یہ دوستی جنوری 1982ء میں ان کی وفات تک قائم رہی۔ صوفی غلام محمد نے لاہور سے بی ایس سی کیا۔ وہ لاہور میں احمدیہ ہاسٹل کے سپرنٹنڈنٹ تھے۔ بعد میں صوفی صاحب بی ٹی کے

لیےعلی گڑھ گئے۔صوفی صاحب نے 1957ءتک احمدیہ ہائی اسکول میں پڑھایا،اور 1985ء میں اپنی وفات تک ناظر بیت المال (خرچ) کےطور پرخدمات انجام دیں۔

8.3-برٹش گورنمنٹ ایجوکیشن سروس (1935-1944ء)

میرے والد نے 1935ء میں لاہور چھوڑ کر برٹش ایجوکیشن سروس میں شمولیت اختیار کی۔انہوں نے شاہ پور، چکوال اور جہلم میں فزکس کے لیکچرر کے طور پر خدمات انجام دیں۔لیکن وہ لاہور میں اپنے ساتھیوں سے رابطے میں تھے۔ایجوکیشن سروس نے میرے والد کو اپنے آبائی شہر (بھیرہ) کے قریب مقرر کیا۔میرے والد نے بھیرہ میں میری والدہ سے شادی کر کے اپنی زندگی کا آغاز کیا۔

میں ابھی پیدا نہیں ہوا تھا (1935 - 1944ء)، لیکن میرے والدین نے آرام دہ زندگی گزاری۔میرے والد اس زمانے کے عملے کے بارے میں بات کرتے تھے۔وہ مختلف مقامات پر سرکاری ملازمتوں میں اپنے ساتھیوں (مسلمان، ہندو، سکھ) کے بارے میں بات کرتے تھے۔اور مسٹر بھاٹیہ کی فیملی یاد کرتے تھے، جو ان کے ساتھ شاہ پور اور چکوال میں تھے۔برٹش ایجوکیشن سروس سے ان کا ایک ساتھی ربوہ میں میرے والد سے ملنے آیا۔دونوں انتہائی بے تکلف، کھلے دل سے گپ شپ لگا رہے تھے اور لطیفے کر رہے تھے اور میں حیران رہ گیا۔

وہ پاکستان ٹائمز میں اکثر 'ایڈیٹر کو خطوط' لکھتے رہتے تھے۔میرے والد خطوط کے ذریعے ان سے رابطے میں تھے اور پاکستان ٹائمز میں ان کے خطوط کو سراہتے تھے۔اُن کے جانے کے بعد، میں اپنے والد سے ملاقاتی کے بارے میں پوچھنے کے لیے بے چین تھا۔مجھے بتایا گیا کہ ان دنوں ان کی اہلیہ بھی اسی کالج میں لیکچرار تھیں۔ان دنوں ایسا بہت کم تھا اور مسلمانوں اور لیڈی لیکچررز کی اسامیاں بہت کم تھیں۔

میرے ماموں (ایم مبارک) میری والدہ کے بہت قریب تھے۔ماموں صرف ایک سال کے

تھے جب انہوں نے اپنی والدہ کو کھو دیا۔ ماموں کو چکوال/شاہ پور لایا گیا، اور انہوں نے میٹرک (ہائی سکول) ہمارے خاندان کے ساتھ رہ کر کیا۔ بعد میں ماموں نے فوج میں شمولیت اختیار کی۔ WW-II میں برما جا کر جاپانیوں کے خلاف لڑے۔ عبدالمجید ملک چکوال میں ماموں کے کلاس فیلو اور میرے والد کے شاگرد تھے۔ عبدالمجید ملک ایک بہت ہی نامور، سجے ہوئے، معزز اعلیٰ فوجی افسر تھے۔

اچانک ارکان قومی اسمبلی یا سینیٹ کے لیے بی اے کی ڈگری لازمی قرار دے دی گئی۔ جنرل مجید نے میرے والد کا دستخط شدہ سرٹیفکیٹ پیش کیا کہ وہ اپنی ڈگری کے لیے یونیورسٹی کے تمام تقاضوں کو پورا کرتے ہیں۔ اسے قبول کر لیا گیا اور میرے والد کا دستخط شدہ سرٹیفکیٹ اخبار میں شائع ہوا۔ میرے ماموں نے وہ سند پہچان لی اور جنرل مجید سے ملنے چلے گئے۔ اتنے عرصے بعد مل کر دونوں بے حد خوش تھے۔

مجھے یقین نہیں ہے کہ عبدالمجید ملک شاہ پور میں والد صاحب کے شاگرد تھے۔ جنرل عبدالمجید ملک نے برطانوی فوج میں شمولیت اختیار کی اور WW-II میں برما سیکٹر پر جاپانیوں کے خلاف جنگ کی۔ ان کی بہادری کی وجہ سے انہیں کمیشن دیا گیا۔ لیکن ہمیں ان کی خدمات اور کارناموں پر بلاشبہ بہت فخر ہے۔

میں نے شاہ پور کالج کی 1944ء میں لی گئی ایک پرانی تاریخی تصویر شامل کی ہے۔ اس سے میرے والد کا برطانوی تعلیمی سروس کے دوران استعمال ہونے والے باقاعدہ لباس کا بھی پتہ چلتا ہے۔ تعلیم الاسلام کالج میں بطور اسٹاف شامل ہونے کے بعد میرے والد کا لباس بالکل بدل گیا تھا۔ شاہ پور کالج کا نام پنجاب کے برطانوی گورنر (ڈی مونٹ مورنسی) کے نام پر تھا۔ 1944ء میرے والد کے استعفیٰ پر ایک احمدی ریٹائرڈ کرنل ملک ستار بخش صاحب نے عہدہ سنبھالا۔ چکوال میں (1944) میں کوئی گورنمنٹ کالج نہیں تھا۔

ڈی مانٹ مورنسی کالج شاہ پور-1944ء

8.4-تعلیم الاسلام کالج سروس اور رفقاء

حضرت مرزا غلام احمد علیہ السلام نے 1898ء میں تعلیم الاسلام مڈل سکول کا آغاز کر کے کالج کی بنیاد رکھی جسے 1901ء میں ہائی سکول کی سطح پر اپ گریڈ کر دیا گیا۔ کالج 1903ء میں کھولا گیا لیکن اسے بند کرنا پڑا کیونکہ یہ پنجاب یونیورسٹی کی تقاضے/ضروریات کو پورا نہیں کرتا تھا۔

1944ء میں حضرت خلیفۃ المسیح الثانیؓ نے کالج کی بنیاد رکھی۔ صاحبزادہ مرزا ناصر احمدؒ کو پرنسپل مقرر کیا گیا اور کالج کو تعلیم الاسلام ہائی اسکول کی کشادہ عمارت میں رکھا گیا، جس کے لیے ایک نئی عمارت تعمیر کی گئی۔ خلیفۃ المسیح الثانیؓ نے 1947ء میں کالج کو اس کے انتہائی نازک مراحل سے گزارا، جب کالج بے گھر ہو گیا۔ پاکستان نے 1947ء میں آزادی حاصل کی۔ کئی مہینوں تک ایک لاوارث

گھوڑے کے اصطبل میں کام کرنے کے بعد کالج کو ایک متروک عمارت میں منتقل کر دیا گیا۔ڈی اے وی کالج میں لاہور کی یہ عمارت کچھ عرصے کے لیے پناہ گزین کیمپ کے طور پر استعمال ہوتی تھی اور بری طرح تباہ ہوگئی تھی لیکن کالج کی ضروریات کے مطابق اس کی مرمت کی گئی تھی۔ 1955ء میں کالج اپنے موجودہ کیمپس ربوہ میں منتقل ہوگیا۔

1944ء میں احمدیہ جماعت کے روحانی سربراہ کی کال پر میرے والد نے تعلیم الاسلام کالج میں فزکس کے پروفیسر کی حیثیت سے 'عقیدت مند/ وقف زندگی' کے طور پر اپنی خدمات پیش کیں۔انہیں سلیکشن بورڈ (قاضی محمد اسلم صاحب، عبدالرحیم درد صاحب، ملک غلام فرید صاحب، مولوی محمد دین صاحب، مرزا بشیر احمد صاحب) نے منتخب کیا لہٰذا والد صاحب نے سرکاری ملازمت سے استعفیٰ دے دیا۔میری رائے میں مالی طور پر یہ ایک درست فیصلہ تو نہیں تھا لیکن یہ ایک عظیم اور قابل قدر قربانی تھی۔

ہمارا خاندان 1944ء میں قادیان چلا گیا اور دارالفضل میں حضرت حافظ مبارک احمد کے ساتھ رہنے لگا۔حافظ مبارک احمد کا تعلق بھیرہ سے تھا۔والد محترم کی حضرت ملک غلام فرید صاحب اور مولانا عبدالرحیم درد صاحب سے اچھی دوستی تھی۔ مجھے بتایا گیا کہ ملک غلام فرید صاحب کے دو بیٹے قادیان میں میرے والد کے شاگرد تھے۔کچھ اور رشتہ دار اور دوست احباب قادیان میں مقیم تھے۔1946ء میں میرے والد نے تقسیم سے پہلے خاندان کو بھیرہ بھیج دیا۔ ہمارا خاندان اس وقت تک نانا جان کے ساتھ رہا جب تک کہ ہمارا آبائی گھر ٹھیک نہیں ہوگیا اور اس کی تزئین و آرائش نہیں ہوگئی۔

ہمارے والد کو مشورہ دیا گیا کہ وہ قادیان میں حضرت مرزا ناصر احمدؒ کے ساتھ پیچھے رہیں، جب ہیڈ کوارٹر لاہور منتقل ہوگیا۔دونوں تقریباً چھ ماہ تک پیچھے رہے اور حضرت خلیفۃ المسیح الثانی رضی اللہ عنہ کی ہدایت پر لاہور/ پاکستان واپس آ گئے۔ تقسیم کے فوراً بعد میرے والد کے ایک شاگرد (منیر شامی) کو سکھوں نے قادیان میں شہید کر دیا۔میرے والد نے گلی میں ان کی لاش دیکھی لیکن کچھ نہ کر سکے کیونکہ اسے سکھوں کے ہجوم نے گھیر لیا تھا۔ مجھے یقین نہیں ہے کہ آیا وہ بی ایس سی کر رہا تھا یا نہیں۔

حضرت خلیفۃ المسیح الثالث رحمۃ اللہ علیہ کی ہدایت پر لاہور میں کالج کا آغاز کیا گیا تا کہ احمدی طلباء کالج کا تعلیمی میدانوں میں واپس آنے اور اپنی بہترین صلاحیتوں کے ساتھ نئے ملک کی خدمت کرنے کی ترغیب دی جائے۔ کالج کا عملہ مختلف کالجوں (یعنی ایف سی کالج) میں پڑھا رہا تھا اور ہمارے طلباء ان کی لیبارٹریز استعمال کرنے کے قابل تھے۔ ہمارا عملہ تجربہ کار تدریسی عملے کی ضروریات پوری کر رہا تھا، کیونکہ زیادہ تر ہندو پروفیسر تقسیم کے بعد ہندوستان چلے گئے۔لیکن علمائے کرام کی غیرت پھر سے لاہور میں (1952 / 1953ء) میں احمدیہ مخالف فسادات کی صورت میں اُبھری۔ لاہور میں چند معصوم جانیں ضائع ہوئیں۔ املاک کونقصان پہنچا۔فوج نے قدم بڑھا کر لاہور میں مارشل لاءلگادیا۔

حضرت خلیفۃ المسیح الثانیؓ کی ہدایات اور پختہ فیصلہ پر تعلیم الاسلام کالج کو جماعت کے نئے مرکز ربوہ منتقل کر دیا گیا۔ کالج 1955ء میں ربوہ میں شروع ہوا اور زیادہ تر عملہ لاہور سے ربوہ چلا گیا۔ کچھ اسٹاف ممبران نے لاہور میں مختلف کالجوں میں پیچھے رہنے کا انتخاب کیا۔ہم سب نے ایک عاجزانہ طرز زندگی گزاری، کرائے کے گھروں میں، بغیر موٹر سائیکل، سکوٹر یا کار کے۔ میں نے اپنے والد کو مرمت شدہ کپڑوں اور جوتوں کے ساتھ دیکھا ہے۔ میرے والد ساری زندگی پیدل چل کر کالج جاتے تھے۔ وہ سفارش، چاپلوسی، خوشامد، ٹیوشن یا غیر منصفانہ ذرائع کے خلاف تھے۔ پڑھانا ان کا جنون تھا، اور وہ ہمیشہ ایماندار، معزز، قابل اعتماد اور سچے ساتھیوں میں گھرے رہتے تھے۔

لیکن ان کے تمام ساتھی جو سرکاری ملازمتوں میں تھے اچھی زندگی اور اہم عہدوں پر فائز تھے۔ اس تفاوت نے مجھے ایک مختلف نقطہ نظر/ پیشہ اپنانے پر مجبور کیا اور مجھے ایک وسیع النظر، معتدل انسان بنا دیا۔ اخوند عبد القادر صاحب کالج سے 1956ء میں ریٹائر ہوئے اور والد صاحب 1956ء سے لے کر نومبر 1965ء تک کالج کے وائس پرنسپل مقرر رہے۔ حضرت مرزا ناصر احمد صاحب خلیفۃ المسیح الثالث ؒ جماعت کے خلیفہ بنے اور میرے والد نے قائم مقام پرنسپل کی ذمہ داریاں سنبھالیں۔

ہمارے والد نے 1965–1966ء تک تعلیم الاسلام کالج ربوہ کے اگلے پرنسپل کے لیے قاضی محمد اسلم صاحب (گورنمنٹ کالج لاہور میں وسیع تجربہ اور پنجاب یونیورسٹی سے اچھے روابط کے ساتھ) کا نام تجویز کیا۔ حضورؒ نے تجویز قبول فرمالی اور قاضی صاحب کو پرنسپل مقرر کر دیا گیا۔ ہمارے والد صاحب 1972ء تک وائس پرنسپل کے طور پر خدمات انجام دیتے رہے۔

ایم ایس سی پنجاب یونیورسٹی نے فزکس کی لیبارٹریز قائم کیں اور اس کی منظوری دی اور کلاسز کا آغاز 1963ء میں کیا گیا۔ ڈگری کالج میں کلاسز لیبارٹریز جدید آلات سے پوری طرح لیس تھیں اور ایم ایس سی کی باقاعدہ کلاسز 1969ء میں شروع کی گئی تھیں۔ یہ ایک خواب پورا ہونے جیسا تھا۔ پہلے تین گروپس نے شاندار نتائج دکھائے۔ کالج کی نیشنلائزیشن (1973ء) کا اثر عملے پر ہی نہیں بلکہ تعلیم اور نظم وضبط کے معیار پر بھی پڑا۔

میرے والد نے 1972 / 1973ء میں ریٹائرمنٹ لے لی۔ حضرت قاضی محمد اسلم صاحب صحت کے مسائل کی وجہ سے عہدہ چھوڑ گئے۔ چوہدری محمد علی صاحب اب پرنسپل (1973ء) تھے۔

ڈاکٹر نصیر احمد خان نے گریجویٹ اسٹڈیز کا انتظام کیا اور بہترین نظم وضبط اور مطالعہ کے معیار کو برقرار رکھا۔ میرے والد 1978ء تک ربوہ میں رہے اور پھر لاہور چلے گئے۔ وہ اپنی ریٹائرمنٹ کے بعد کبھی کالج (پرانے یا نیو کیمپس) واپس نہیں گئے۔ مسجد میں نماز پڑھنا، بہشتی مقبرہ جانا اور اپنے دوستوں کے ساتھ وقت گزارنا ان کا معمول تھا جو ان کے گھر باقاعدگی سے آتے تھے۔

فزکس ڈیپارٹمنٹ کا زیادہ تر تدریسی عملہ اعلیٰ تعلیم یا بہتر مواقع کے لیے بیرون ملک (USA/Africa) چلے گئے۔ ڈاکٹر خان کا تبادلہ بھی باہر کر دیا گیا۔ میرے مرحوم بھائی (حبیب الرحمٰن ساحر) 1984ء تک شعبہ فزکس کے ساتھ رہے۔ ڈاکٹر خان دوبارہ شعبہ میں آئے اور 1984ء میں غیر متوقع طور پر دل کا دورہ پڑنے سے انتقال کر گئے۔ پروفیسر عبدالخالق بھی اعلیٰ تعلیم کے لیے امریکہ روانہ ہو گئے۔ بھائی حبیب نے بالآخر 1984ء میں ڈیپارٹمنٹ/ کالج چھوڑ دیا اور اعلیٰ تعلیم

کے لیے امریکہ آئے اور امریکہ میں آباد ہو گئے۔

میں پروفیسر مسعود عاطف کا ذکر کرنا چاہتا ہوں، جو ایک دیرینہ ساتھی اور فزکس ڈیپارٹمنٹ کے بہت قابل اعتماد سٹاف ممبر ہیں۔ عاطف صاحب کا تعلق حضرت مولانا عبدالرحیم درد صاحب سے تھا جن سے میرے والد قادیان اور ربوہ میں قیام کے دوران بہت متاثر ہوئے۔ پروفیسر مسعود عاطف کے میرے والد اور بھائی لطف منان کے ساتھ فزکس ڈیپارٹمنٹ میں بہت اچھے تعلقات تھے۔

چوہدری غلام حیدر صاحب بھی شعبہ فزکس میں تھے۔ حضرت مرزا ناصر احمد صاحبؒ (پرنسپل) کی طرف سے انہیں کچھ خاص فرائض بھی سونپے گئے۔ وہ نہایت خوش اخلاق، نرم گفتار اور قابل اعتماد شریف آدمی تھے۔ میرے والد نے ہمیشہ ان پر بھروسہ کیا۔ جب بھی کوئی مسئلہ ہوتا وہ ہمیشہ ہمارے والد سے مشورہ کرتے۔ ہمارے والد ان کی مدد کے لیے ہمیشہ موجود رہتے تھے۔ ہم انہیں اپنا چچا سمجھتے تھے اور وہ بھی ہم پر بہت مہربان تھے۔ مجھے علم نہیں ہے کہ ان کی ریٹائرمنٹ کب ہوئی لیکن وہ ریٹائرمنٹ کے بعد ہمارے والد سے اکثر ملنے آتے تھے۔ میں باقی معاون عملہ (محمد علی، محمد شفیع، شریف، رشید، ڈگری کالج میں لائبریرین) کا بھی ان کے پرجوش تعاون کیلئے شکریہ کرنا چاہوں گا۔ شادی بابا طلباء اور عملہ دونوں میں بے حد مقبول تھے۔ مجھے علم نہیں کہ آیا انہوں نے نیشنلائزیشن کے بعد کالج چھوڑ دیا تھا۔ ان کے بغیر کالج ادھورا تھا۔

میرے والد کے خان حبیب اللہ خان کے ساتھ بہت اچھے تعلقات ہیں۔ خان صاحب کو فلکیات اور نیوا ٹامک تھیوری میں بھی دلچسپی تھی۔ خان صاحب میرے والد سے باہمی دلچسپی کے ان موضوعات پر بات کرتے تھے۔ میں نے بھی چار سال کیمسٹری پڑھی ہے اور خان صاحب کالج میں قیام کے دوران بہت اچھے پروفیسر تھے۔ ڈاکٹر ایس ایم شاہد شعبہ کیمسٹری کے سربراہ تھے اور ہمیں بی ایس سی میں آرگینک کیمسٹری پڑھایا کرتے تھے۔ پروفیسر مبارک انصاری صاحب نے ہمیں فزیکل کیمسٹری پڑھائی اور شعبہ کیمسٹری میں لیبارٹری کے کام کی نگرانی کی۔ کالج نیشنلائزیشن کے بعد پروفیسر

حبیب اللہ خان کو انجمن میں جماعت کی خدمت کے لیے بلایا گیا۔ اس سے قبل وہ کنٹرولر آف ایگزامینیشن بھی تھے۔

چوہدری علی اکبر صاحب بھی میرے والد کے قریبی دوست تھے۔ میرے خیال میں وہ نائب ناظر تعلیم اور ریٹائرڈ انسپکٹر آف سکول بھی تھے۔ ان کا ایک بیٹا میرے والد کا (عطا الرحمن، یو ای ٹی گریجویٹ) طالب علم اور شعبہ عربی کے پروفیسر سلطان اکبر صاحب کا بہنوئی تھا۔

دیگر سٹاف ممبرز میں ہمارے والد صاحب کے صوفی بشارت الرحمن صاحب اور شیخ محبوب عالم خالد کے ساتھ بہت اچھے تعلقات تھے۔ بعد ازاں شیخ خالد نے پرائیویٹ سیکرٹری سے لے کر صدر صدر انجمن تک مختلف عہدوں پر خدمات انجام دیں۔ صوفی صاحب بھی ناظر تعلیم کی خدمات انجام دے رہے تھے۔ تقریباً تمام وقف زندگی کالج کے عملہ کی خدمات مختلف جماعتی اداروں (صدر انجمن، تحریک جدید، وقف جدید) کو تفویض کی گئیں۔

چوہدری فضل داد ایک اور دوست تھے۔ وہ ہمارے گھر سے زیادہ دور نہیں رہتے تھے۔ ان کا تقرر نئے کیمپس/ڈگری کالج کے لیے کیا گیا تھا۔ اس کے علاوہ وہ سپورٹس، روئنگ اور دیگر خصوصی فرائض کے ڈائریکٹر بھی رہے۔ وہ حضرت مرزا ناصر احمد صاحبؒ (پرنسپل) کے بہت قریب تھے۔ وہ بھائی منان کے ولیمہ پر آئے اور پوچھا کہ کھانا حضور کو بھیجا ہے یا نہیں۔ سیکورٹی خدشات کی وجہ سے ہم غور کر رہے تھے۔ چوہدری فضل داد نے ہمارے والد سے مشورہ کیا اور کھانے کی ٹرے خود قصرِ خلافت میں پہنچانے کی پیشکش کی۔ میرے والد نے ان کی پیشکش کو بخوشی قبول کیا کیونکہ وہ بہت قابل اعتماد شخص تھے۔ ایسے مخلص، بے لوث، قابل اعتماد دوست اس دنیا میں تلاش کرنا بہت مشکل ہے۔

ہمارے والد 1977ء کے وسط تک ربوہ میں رہے اور بعد میں لاہور چلے گئے۔ لاہور میں انہیں ان تمام مخلص دوستوں کی کمی محسوس ہوئی۔ ان کے کچھ دوست (یعنی برکت اللہ درد) باقاعدگی سے ان سے ملنے آتے تھے۔ اس وقت تک، وہ اپنی تمام سماجی ذمہ داریوں کو پورا کر چکے تھے اور بیٹیوں کی

شادیاں ہوچکی تھی۔لیکن لاہور میں ان کے قریبی دوستوں کا سماجی حلقہ ختم ہوگیا۔ان کے تمام دوست ربوہ میں رہ گئے تھے،سوائے برکت اللہ درد صاحب کے۔تین بیٹے اور دو بیٹیاں ملک سے باہر تھیں۔ ایک بیٹی کراچی میں مقیم تھی۔ بھائی حبیب ربوہ میں ڈگری کالج میں شعبہ فزکس کے ساتھ تھے۔

آپ نے ایک عاجزانہ طرز زندگی گزاری۔ گھر کرائے پر لیے،ساری زندگی پیدل چلتے رہے (بغیر سائیکل،موٹر سائیکل یا سکوٹر کے)لیکن ان کے تمام ساتھی جو سرکاری ملازمتوں میں تھے،مخیر تھے اور اہم عہدوں پر فائز تھے۔

میں نے جب بھی اپنے والد کو اپنے جوتے پالش کرتے دیکھا تو میں اس کام کو خوش دلی سے انجام دیتا تھا۔جب بھی ان کو دمہ کا حملہ ہوتا،ہم دونوں بھائی (حبیب اور میں) رات کو اپنے والد کے پاس شفٹوں میں جایا کرتے تھے۔سانس کی تنگی کی وجہ سے وہ سونہیں پاتے تھے-دمہ کے دورے کے باعث وہ پانی کا ایک گھونٹ پینے سے قاصر تھے۔کوئی بھی ہلکی سی حرکت سانس کی تنگی یا بے قابو خشک کھانسی کو متحرک کرسکتی ہے۔ان دنوں سانس لینے کی مشینیں یا انہیلر نہیں تھے۔امینوفیلائن انجیکشن بازو میں آہستہ سے دیے گئے۔

لاہور منتقل ہونے کے بعد برکت اللہ درد صاحب باقاعدگی سے میرے والد سے ملنے جاتے تھے۔میں،مومن کاٹھ گڑھی صاحب اور ان کے بھائی عبدالجلیل صاحب (شکور کے والد) کا شکر گزار ہوں کہ انہوں نے ریٹائرمنٹ کے بعد بڑھاپے میں ہمارے والد کے ساتھ وقت گزارا۔میرے والد کے ایک پرانے دوست کلر کہار سے تھے۔میں ان کا نام بھول گیا،ربوہ میں ہمارے والد سے ملنے آیا کرتے تھے۔وہ اقصیٰ روڈ پر رہتے تھے اور ان کا اکلوتا بیٹا ربوہ میں جماعت کے دفتر میں کام کرتا تھا۔تقسیم ہند کے بعد وہ ہمارے والد سے لاہور میں باقاعدگی سے ملنے جاتے تھے۔اللہ تعالیٰ نے ان کی اگلی نسل کو بہت زیادہ نوازا ہے۔ان کی تمام اولاد امریکہ میں رہتی ہے اور اچھی طرح سے تعلیم یافتہ، پیشہ ور اور امریکہ میں اچھی طرح سے آباد ہے۔

8.5-صحابہ کے ساتھ خصوصی تعلقات

8.5.1-حضرت مفتی محمد صادق صاحبؓ (1872-1957ء-بیعت 1890ء)

حضرت مفتی محمد صادق صاحبؓ 1872ء میں بھیرہ کے ایک مشہور مذہبی گھرانے (مفتیان) میں پیدا ہوئے۔ وہ امریکہ اور انگلینڈ میں اسلام/احمدیت کے پہلے مشنری تھے۔آپ حضرت مسیح موعود علیہ الصلوٰۃ والسلام کے ایک ممتاز اور مخلص ساتھی تھے۔انہوں نے 1890ء میں بیعت کی، 1957ء میں وفات پائی اور ربوہ میں بہشتی مقبرہ میں دفن ہوئے۔حضرت مسیح موعود علیہ الصلوٰۃ والسلام نے مفتی صاحب کو پیار سے بلایا ہے۔درج ذیل خراج تحسین:

- سچا اور مخلص دوست
- ذہین اور متقی ایڈیٹر
- جماعت کے متقی رکن

حضرت مفتی محمد صادق صاحبؓ کی تصویر جب وہ احمدیہ مشنری کے طور پر لندن میں تھے

مفتی صاحب ایک بڑے عالم تھے اور انگریزی، عربی، فارسی اور عبرانی زبانوں میں بہت سی کتابیں لکھ چکے تھے۔آپ نے Sunrise میگزین شروع کیا۔

آپ کا خاندانی تاریخی پس منظر، وسیع مذہبی علم اور جماعت کے لیے خدمات کو [بھیرہ کی تاریخ

احمدیت، میاں فضل الرحمان بسمل، بی اے بی ٹی، امیر بھیرہ جماعت، 1972، صفحہ 43-46] میں بڑے پیمانے پر قلم بند کیا گیا ہے۔

آپ نے بھیرہ میں ہائی اسکول مکمل کیا اور کشمیر میں حضرت مولوی نور الدین کے ساتھ وقت گزارنے گئے۔ آپ نے جنوری 1891ء میں احمدیت قبول کی۔ وہ اصحابِ صدق و وفا میں بھی شامل ہیں۔ 1900ء میں ملازمت سے استعفیٰ دے کر قادیان چلے گئے۔ حضرت مسیح موعود علیہ السلام نے انہیں البدر کا مدیر مقرر کیا۔ انہیں اڑیسہ، احمد آباد، بنگال اور حیدر آباد میں مشنری کے طور پر بھیجا گیا۔

میرے والد حضرت مفتی محمد صادق صاحب سے حضرت مسیح موعود علیہ الصلوٰۃ والسلام کے رفیق اور اپنے آبائی شہر (بھیرہ) سے گہری محبت اور احترام رکھتے تھے۔ وہ نماز جمعہ کے بعد باقاعدگی سے مفتی صاحب کے پاس ان کی رہائش گاہ پر جایا کرتے تھے۔ حضرت مفتی صاحب نے والد محترم کو ایک تسبیح بطور ہدیہ عطا فرمائی جو آپ کو عمر بھر عزیز رہی۔ وہ ہمیشہ حضرت مفتی صاحب سے ملاقات کے لیے جاتے تھے، ان سے دعا کی درخواست کرتے تھے اور ان سے حضرت مسیح موعود علیہ السلام کی صحبت میں ہونے والے اہم واقعات اور مشاہدات کے بارے میں دریافت کرتے تھے۔

حضرت مفتی محمد صادق صاحب اکثر جماعت کے سالانہ جلسوں میں اپنے پسندیدہ موضوع ''ذکرِ حبیب'' پر تقریر فرماتے تھے۔ وہ حضرت مسیح موعود علیہ السلام کے تاریخی واقعات، مشاہدات اور عمل کو نئی نسل کے سامنے بیان کرتے تھے۔ حضرت مفتی صاحب نے حضرت مسیح موعود علیہ السلام کے پرائیویٹ سیکرٹری اور قادیان میں ہائی سکول کے ہیڈ ماسٹر کے طور پر بھی کام کیا۔

حضرت مفتی صاحب کو مارچ 1917ء میں بطور مشنری انگلستان بھیجا گیا، جنوری 1920ء میں بحیثیت مشنری امریکہ چلے گئے اور طویل مدت تک خدمات انجام دیں۔ انہوں نے امریکہ میں 'مسلم سن رائز' بھی شروع کیا۔ آپ سیکرٹری صدر انجمن احمدیہ، حضرت خلیفۃ المسیح الثانیؓ کے پرائیویٹ سیکرٹری اور نائب امیر مقام قادیان تھے۔

حضرت مفتی صاحب ایک بہت ہی کامیاب مشنری تھے جنہوں نے سینکڑوں/ ہزاروں مقامی امریکیوں کوجدید سہولیات (فیکس، سیل فون، لاؤڈ سپیکر، ٹرانسپورٹیشن، آڈیو/ ویڈیو، محدود وسائل اور مرکز کی طرف سے تعاون) کے بغیر اسلام اور احمدیت سے متعارف کرایا۔ یہ سب ان کی ایمانداری، تقویٰ، دعاؤں، بہترین ابلاغی صلاحیتوں کی وجہ سے ہوا۔ ٹرین کے ذریعہ بڑے پیمانے پر سفر کیا اور امریکہ میں وسط مغرب سے مشرقی ساحل تک مختلف جماعتیں قائم کیں۔ وہ ایک کامیاب مشنری کے طور پر قادیان واپس آئے، اُنہیں امریکہ سے ڈاکٹریٹ کی اعزازی ڈگری سے نوازا گیا۔ حضرت مفتی صاحب کا انتقال 13 جنوری 1957ء کو ربوہ میں ہوا۔

اولاد:

حضرت مفتی صاحب نے دوشادیاں کیں۔ تین بیٹے اور ایک بیٹی:

1- حضرت منظور احمد بھیروی
2- عبدالسلام صاحب
3- مفتی احمد صادق (امریکہ)
4- مرحومہ امۃ المومن زوجہ عبدالمومن (کمانڈر)

8.5.2۔حضرت ڈاکٹر حشمت اللہ خان صاحبؓ (1887-1967ء)

حضرت ڈاکٹر حشمت اللہ خان صاحبؓ حضرت مسیح موعود علیہ السلام کے مشہور صحابی

ڈاکٹر حشمت اللہ خان صاحبؓ، حضرت خلیفۃ المسیح ثانی رضی اللہ عنہ کے ذاتی معالج تھے اور یورپ کے سفر میں ان کے ساتھ تھے۔

حضرت مفتی محمد صادق صاحبؓ اور حضرت مرزا شریف احمد صاحبؓ کے بعد ڈاکٹر حشمت اللہ صاحب نے 28 دسمبر 1964ء کو جلسہ سالانہ ربوہ کے دوران 'ذکرِ حبیب' پر تقریر کی۔ یہ تقریر 23 جنوری 1965ء کو الفضل میں شائع ہوئی اور انہوں نے اپنے رفقاء کو بھجوائی۔

والد مرحوم جمعہ کے دن نماز کے بعد ان کی رہائش گاہ پر ان سے ملنے جاتے تھے اور ہمارے لیے خصوصی دعاؤں کی درخواست کرتے تھے۔ مجھے اب بھی یاد ہے کہ ڈاکٹر حشمت اللہ صاحب، حضرت خلیفۃ المسیح الثانیؓ کے ساتھ کار پر احمد نگر جاتے تھے۔ حضرت مرزا بشیر احمد صاحبؓ ایک الگ گاڑی میں حضورؓ کے پیچھے جاتے تھے۔

حضرت حشمت اللہ خان صاحبؓ نے قادیان اور ربوہ میں حضرت خلیفۃ المسیح الثانیؓ اور آپؓ کے خاندان کے ذاتی معالج کی حیثیت سے جماعت کی خدمت کی۔ میں ان کے دو بیٹوں (ڈاکٹر محمد احمد اور نعیم احمد) سے ملا۔ مجھے یہ بھی یاد آیا کہ ان کا ایک بیٹا لندن میں فوت ہوا اور اس کی میت کو بہشتی مقبرہ

میں دفنانے کے لیے ربوہ لایا گیا تھا۔

محمد نعیم (1972) داؤدخیل/ میانوالی میں پینسلین لیب میں ملازم تھے۔ بعد میں، وہ امریکہ چلے گئے اور ہیوسٹن، ٹیکساس میں سپرد خاک ہوئے۔ ان کے دو پوتے (منصور احمد خان اور منعم نعیم) امریکہ میں ہیں اور جماعت کے سرگرم ارکان ہیں۔ منصور خان ربوہ کے ہائی سکول اینڈ کالج میں میرا کلاس فیلو تھا۔

8.5.3- چودھری علی محمد صاحبؓ بی اے بی ٹی (المعروف بی ٹی صاحب)

حضرت چوہدری علی محمد صاحبؓ بی اے بی ٹی حضرت مسیح موعود علیہ الصلوٰۃ والسلام کے عقیدت مند، موصی اور رفیق تھے۔ ربوہ کے اسی محلہ (دارالرحمت وسطی) میں رہتے تھے۔ پھر وہ اپنے گھر دارالرحمت شرقی میں چلے گئے۔ حضرت علی محمد صاحب بی ٹی صاحب کی خدمات کا سلسلہ تعلیم الاسلام ہائی اسکول قادیان میں تدریس سے لے کر ریویو آف ریلیجنز (انگریزی میگزین) کے مدیر تک ہے۔

ان کا سب سے چھوٹا بیٹا (نسیم احمد ککو اور ان کا پوتا (نوید اختر) میرے دوست/ کلاس فیلو تھے۔ حضرت بی ٹی صاحب کے بچے بہترین مباحثہ کرنے والے اور کھیل کود میں بہترین کھلاڑی تھے۔ ان کا کمرہ (ڈرائنگ روم- کارنائس) ٹرافیوں سے سجا ہوتا تھا۔

حضرت بی ٹی صاحب نہایت شفیق، نرم گفتار اور پوری برادری میں قابل احترام تھے۔ میرے خاندان میں کیرم بورڈ کھیلنے کی اجازت نہیں تھی۔ ایک دفعہ میں حضرت بی ٹی صاحب کے گھر گیا تو انہوں

نے مجھے کیرم بورڈ کھیلنے کی دعوت دی۔ میں نے احترام سے انکار کر دیا کیونکہ میرے والد مجھے اجازت نہیں دیتے۔ میزبان پوری طرح حیران ہوا اور مجھے بتایا کہ وہ مسجد میں نماز کے بعد میرے والد سے بات کرنے جا رہے ہیں۔ حضرت بی ٹی نے میرے والد سے بات چیت کی اور مجھے صرف حضرت بی ٹی صاحب کے ساتھ کیرم بورڈ کھیلنے کی اجازت دی۔ میرے والد نے مجھے حضرت بی ٹی صاحب کے ساتھ ان کے گھر کھیلنے کی اجازت دی کیونکہ وہ حضرت مسیح موعود علیہ السلام کے صحابی تھے۔

حضرت بی ٹی صاحب کا بہترین معیار یہ تھا کہ وہ بچوں کو ان کی سطح پر نہایت ہی نرم لہجے میں پڑھاتے/نصیحت کرتے۔ وہ ہمارے خاندان کے ساتھ بہت پیار کرنے والے، خیال رکھنے والے اور خیر خواہ تھے۔ حضرت بی ٹی صاحب نے مجھے 1908ء میں قادیان میں اپنی بیعت اور حضرت مسیح موعود علیہ الصلوٰۃ والسلام کے جنازے کی تفصیلات بتائیں۔ آپ نے قادیان میں جنازہ اور تدفین میں شرکت کی۔ اللہ تعالیٰ ان کی خدمت کے لیے فرشتے مقرر فرمائے اور جنت النعیم میں ان کے درجات بلند فرمائے۔ آمین۔

8.5.4- حضرت حافظ مختار احمد شاہجہانپوری صاحب رضی اللہ عنہ

حضرت حافظ مختار احمد شاہجہاں پوری صاحب ربوہ کی احمدی برادری سے وابستہ اردو شاعر تھے۔ ان کے بارے میں محدود معلومات دستیاب ہیں۔ اردو شاعری کی ایک بھرپور روایت ہے اور یہ جنوبی ایشیا میں ثقافتی ورثے کا ایک اہم حصہ رہی ہے، خاص طور پر اسلامی ادب کے تناظر میں۔ احمدی کمیونٹی کے شاعر، دوسرے مسلم شاعروں کی طرح، اکثر محبت، الٰہی جذبہ اور روحانیت کے موضوعات پر اظہار خیال کرتے ہیں۔ اگر آپ کو اردو شاعری یا احمدی کمیونٹی کی ادبی خدمات میں دلچسپی ہو تو مختلف شاعروں کی تخلیقات کو تلاش کرنے سے اس بھرپور ادبی روایت کا گہرائی سے اندازہ کیا جا سکتا ہے۔

میرے والد گرامی حضرت حافظ صاحب سے ان کی رہائش گاہ پر جا کر خیریت دریافت کرتے

اور دعاؤں کی درخواست کرتے۔ میرے والد صاحب ان کے صحابی ہونے کی وجہ سے ان کا بہت احترام کرتے تھے۔

حضرت حافظ صاحب بزرگ اور ضعیف لیکن ذہنی طور پر بیدار شخص تھے۔ ایک بار میں ان کی رہائش گاہ پر گیا تو وہ کتابوں میں گھرے ہوئے تھے۔ وہ بستر پر لیٹے تھے۔ آپ حضرت مسیح موعود علیہ الصلوٰۃ والسلام کی شاعری کے بارے میں گفتگو کر رہے تھے۔ حضرت حافظ صاحب نے اردو کے کئی مشہور شعراء کی مثالیں دیں، جنہوں نے اشعار میں ایک ہی اسلوب کو استعمال کیا ہے اور اس کے بالمقابل حضرت مسیح موعود علیہ السلام کی شاعری کو افضل ثابت کیا اور آپؑ کے کے ناقدین کی جہالت کو ثابت کیا۔

حضرت حافظ بہت فصیح و بلیغ تھے اور شستہ اردو بولتے تھے۔ انہوں نے بڑی عمر میں اور بہت کم وقت میں قرآن پاک حفظ کیا۔ اللہ تعالیٰ ان کی خدمت کے لیے فرشتے مقرر فرمائے اور جنت الفردوس میں ان کے درجات بلند فرمائے۔ (آمین)۔

8.5.5 - حضرت ملک غلام فرید صاحبؓ (1897-1977ء)

حضرت ملک غلام فرید صاحب (1897-1977)، ایک قابل ذکر احمدیہ مسلمان عالم تھے۔ انہیں 1942ء میں حضرت خلیفۃ المسیح الثانیؓ نے 5 جلدوں کی انگریزی تفسیر قرآن پاک کی تیاری کا کام سونپا تھا۔ انہوں نے مذکورہ تفسیر 1962 میں شائع کی۔ بعد ازاں 1969ء میں ملک صاحب نے مختصر ایڈیشن شائع کیا۔

انگریزی ترجمہ اور تفسیر کے ساتھ قرآن پاک 1962ء میں احمدیہ مسلم کمیونٹی کی طرف سے شائع کردہ قرآن کی 5 جلدوں پر مشتمل تفسیر ہے۔ اسے مترجمین کے ایک بورڈ نے تیار کیا تھا جس میں مولوی شیر علی صاحب، مرزا بشیر احمد صاحب اور ملک غلام فرید صاحب شامل تھے۔

ملک غلام فرید صاحب نے قرآن پاک کی ایک لغت بھی تیار کی لیکن یہ ان کی زندگی میں شائع نہ ہوسکی۔ ان کا انتقال 1977ء میں لاہور میں ہوا اور موصی ہونے کے ناطے بہشتی مقبرہ ربوہ میں دفن ہوئے۔ وہ حضرت مسیح موعود علیہ الصلوٰۃ والسلام کے عقیدت منداور صحابی تھے۔

میرے والد سے دوستی قادیان سے ہوئی (1944ء)، ملک صاحب ٹی آئی کالج قادیان کے فیکلٹی ممبران کے حتمی انتخاب کے لیے سلیکشن بورڈ کے ممبران میں سے تھے۔ حضرت ملک صاحب کے دونوں بیٹے قادیان میں میرے والد کے شاگرد تھے۔ تقسیم کے بعد ملک صاحب لاہور چلے گئے، جودھامل بلڈنگ لاہور میں ان کا دفتر تھا جہاں وہ قرآن پاک کے ترجمے کا کام کرتے تھے۔

1964 / 1965ء میں، میرے بھائی نے لاہور میں فزکس میں ماسٹر کی ڈگری مکمل کی۔ ہمارے والد کے کہنے پر ملک صاحب نے اپنے دفتر میں دوسرا کمرہ میرے بھائی کو فراہم کرنے کی مہربانی کی۔ وہ ربوہ میں جلسہ گاہ میں باقاعدگی سے شرکت کرتے تھے اور مرزا شریف احمد/ مرزا منصور احمد کے ساتھ رہائش پذیر ہوتے۔ شوریٰ کے اجلاسوں کے لیے وہ میاں عبدالرحیم احمد کے ہاں ان کی رہائش گاہ پر ٹھہرتے تھے۔ احمدیہ جماعت اور اسلام کے لیے قرآن پاک کے ترجمہ میں حضرت ملک غلام فرید کی نمایاں خدمات یہ ہیں:

1- قرآن مجید کی لغت، ملک غلام فرید، ایم اے

2- متن کے حوالہ جات اور وضاحت

3- ملک غلام فرید کی طرف سے قرآن پاک کا خلاصہ

قرآن پاک کا خلاصہ بذریعہ ملک غلام فرید صاحب قرآن پاک کے پیغام اور مومنین کے جسم پر اس کے اثرات کا ایک جائزہ پیش کرتا ہے۔ مصنف نے قرآن پاک کے ہر ایک باب کا تجزیہ کیا ہے، اس میں درج واقعات کا تاریخی تناظر اور پس منظر فراہم کیا ہے۔ وہ اس ترتیب میں مواد کا خلاصہ بھی پیش کرتا ہے۔

اللہ تعالیٰ ملک صاحب کے درجات جنت النعیم میں بلند فرمائے اور جنت کے باغوں میں ان کی خدمت کے لیے فرشتے مقرر فرمائے۔آمین۔

8.5.6-حضرت مولانا عبدالرحیم صاحب دردؓ

حضرت مولانا عبدالرحیم صاحب درد، جن کو اے آر درد کے نام سے بھی جانا جاتا ہے (19 جون 1894 - 7 دسمبر 1955ء) ایک احمدی مسلمان مصنف، مشنری، اور تحریک پاکستان کے سیاسی کارکن تھے، جنہوں نے تاریخی مسجد فضل لندن کے امام کے طور پر خدمات انجام دیں، جو کہ ایک اہم اجتماع کی جگہ ہے۔آپ محمد علی جناح کو برطانیہ سے ہندوستان واپس لانے اور تحریک پاکستان کے لیے لڑنے پر راضی کرنے کے لیے بھی جانے جاتے ہیں۔

مولانا درد صاحب ایک مقرر، احمدیہ مشنری اور مصنف تھے۔انہوں نے بہت سے بڑے سامعین سے خطاب کیا، خاص طور پر جلسہ سالانہ، بین المذاہب تقریبات اور پاکستان پر سیاسی مباحثوں کے دوران۔انہوں نے انگریزی اور اردو دونوں میں بہت سی کتابیں لکھیں، ان میں سے لائف آف احمد-بانی آف احمدیہ مومنٹ (1948)، ایک سوانح عمری جس میں حضرت مرزا غلام احمد صاحبؑ کی 1901ءتک کی زندگی کا احاطہ کیا گیا ہے، تاہم، وہ مکمل کرنے سے قاصر رہے۔انہوں نے

ایک کتاب اسلامی خلافت (1938ء) بھی لکھی۔

مولانا درد صاحب نے مارچ 1933ء میں محمد علی جناح سے ملاقات کی جو ہندوستانی سیاست سے مکمل طور پر مایوس ہو کر انگلینڈ واپس آ گئے تھے اور وہاں اپنی قانونی پریکٹس شروع کر دی تھی، اور انہیں ہندوستان واپس آنے پر راضی کرنے کی کوشش کی جس کی ہندوستانی مسلمانوں کو سخت ضرورت تھی۔ مولانا درد صاحب نے جناح کو بتایا کہ جناح کے برطانوی ہندوستان میں سیاست کو ترک کرنے سے وہ مسلم کاز کے لیے 'غدار' ہیں۔ سیاسی منظر نامے پر جناح کی واپسی کی علامت کے لیے درد نے اپریل 1933ء میں لندن کی فضل مسجد میں ایک لیکچر کا اہتمام کیا، جس کا عنوان تھا 'ہندوستان کا مستقبل' جس کی صدارت سر نیرن سنڈیمن نے کی جس میں جناح نے ہندوستانی آئینی اصلاحات پر حالیہ وائٹ پیپر پر تنقید کی اور ہندوستانیوں کی طرف سے خود مختاری کی دلیل دی۔

آل انڈیا کشمیر کمیٹی کے اتفاق رائے سے درد اس کے سیکرٹری بن گئے۔ آپ نے کئی سالوں تک جماعت کے ناظم صدر انجمن احمدیہ کی خدمت کی، اور حضرت خلیفۃ المسیح الثانیؓ کے ساتھ رہے۔

درد صاحب 1920 سے 1924ء تک حضرت خلیفۃ المسیح الثانیؓ کے پرائیویٹ سیکرٹری رہے اور ان کے ساتھ دمشق، فلسطین، مصر، اٹلی اور فرانس میں بالآخر 22 اگست 1924ء کو ویمبلے کی کانفرنس آف لیونگ ریلیجنز 1924ء کے لیے انگلینڈ پہنچے۔ آپ کو لندن مشن کے انچارج مشنری کے طور پر مقرر کیا گیا۔ انہوں نے انگلینڈ میں احمدیہ مشنری کے طور پر دو مدتوں میں کل 10 سال خدمات انجام دیں۔ لندن میں فضل مسجد، ان کی نگرانی میں 1926ء میں تعمیر کی گئی تھی۔ وہ بالآخر 1938ء میں قادیان واپس آئے۔

مولانا درد صاحب 1924ء سے 1928ء تک اور پھر 1931ء سے 1938ء تک دو بار لندن کی فضل مسجد کے امام رہے۔ میرے والد صاحب کو حضرت درد صاحب سے گہری محبت اور احترام تھا۔ پروفیسر مسعود عاطف (درد صاحب کے بھانجے اور داماد) نے ساری زندگی ربوہ کے شعبہ فزکس میں میرے والد کے ساتھ کام کیا۔

8.5.7-حضرت مولوی شیر علی صاحبؓ

حضرت مولوی شیر علی صاحبؓ کی ولادت 24 نومبر 1875ء کو ہوئی۔ آپ مولوی نظام الدین کے صاحبزادے تھے۔ آپ اصل میں بھیرہ کے قریب ادرہامہ گاؤں کے رہنے والے تھے۔

حضرت مرزا غلام احمد صاحب علیہ السلام کے دعویٰ کی خبر سن کر قادیان تشریف لے گئے اور ان کے ہاتھ پر بیعت کی۔ وہ قادیان میں تعلیم الاسلام ہائی سکول کے ہیڈ ماسٹر رہے۔ آپ نے ساری زندگی اسلام احمدیت کی خدمت میں گزاری۔ وہ ایک گہرے عالم تھے اور انہوں نے قرآن پاک کا انگریزی میں ترجمہ کیا۔ حضرت مولوی شیر علی صاحب رضی اللہ عنہ حضرت مسیح موعود علیہ الصلوٰۃ والسلام کے فرشتہ صحابی تھے۔ حضرت مولوی شیر علی صاحبؓ ریویو آف ریلیجن (ROR) کے چیف ایڈیٹر تھے۔

حضرت خلیفۃ المسیح الثانیؓ نے آپ کو امیرِ مقامی (ان کی غیر موجودگی میں) اور صدر صدر انجمن مقرر کیا۔

قرآن پاک کا انگریزی ترجمہ: حضرت مولوی شیر علی صاحب قرآن پاک کے انگریزی ترجمہ کے لیے مشہور ہیں۔ اس ترجمے کو احمدیہ کمیونٹی میں اور اس سے باہر اس کی وضاحت اور درستگی کی وجہ سے بہت زیادہ سمجھا جاتا ہے۔

نقطہ نظر: اُن کے ترجمہ میں مفصل تفسیر شامل ہے تا کہ قارئین کو آیات کے سیاق و سباق اور گہرے معانی کو سمجھنے میں مدد ملے۔ یہ قرآن کریم کو وسیع تر سامعین کے لیے قابل رسائی بناتا ہے، بشمول وہ لوگ جو عربی سے واقف نہیں ہیں۔

جماعت احمدیہ کے لیے تعاون/ خدمات

تعلیمی کاوشیں: آپ ترجمے کے کام کے علاوہ تعلیمی اقدامات میں گہرا حصہ لیتے تھے۔ انہوں نے اسلامی تعلیمات کے علم اور فہم کو پھیلانے کے لیے کام کیا۔

ادبی کام: انہوں نے کئی دیگر کام تصنیف کیے جنہوں نے کمیونٹی کی مذہبی اور فکری ترقی میں اہم کردار ادا کیا۔ مولوی شیر علی کی کوششوں نے ایک دیرپا اثر چھوڑا ہے، جس سے انگریزی بولنے والے سامعین کے لیے قرآن پاک کی تعلیمات کو مزید قابل رسائی بنایا گیا ہے اور احمدیہ مسلم کمیونٹی کے مذہبی لٹریچر کو تقویت ملی ہے۔

ان کا انتقال 13 نومبر 1947 کو لاہور میں ہوا۔ آپ کو بہشتی مقبرہ ربوہ میں سپرد خاک کیا گیا۔

میرے والد محترم کی حضرت مولوی شیر علی رحمۃ اللہ علیہ کے ساتھ بہت گہرے مراسم تھے جب وہ ایک نئے عقیدت مند/ وقف زندگی کے طور پر قادیان پہنچے۔ یہ خاندانی تعلقات مولوی صاحب کے انتقال کے بعد اگلی نسل تک قائم رہے۔ اللہ تعالیٰ سے دعا ہے کہ ان کی آنے والی نسلیں اپنے اسلاف کے نقش قدم پر چلیں اور زندگی اور دین کے تمام شعبوں میں سبقت لے جائیں۔ آمین۔

8.5.8-ذکرِ خیر حضرت ڈاکٹر غلام مصطفیٰ صاحب (مرحوم)

حضرت ڈاکٹر غلام مصطفیٰ صاحبؓ (مرحوم) حضرت مسیح موعود علیہ السلام کے صحابی تھے۔ وہ پیشے کے اعتبار سے میڈیکل ڈاکٹر تھے اور بہت ہی نڈر/بے خوف احمدی تھے۔ ہمارے والد پروفیسر عطاء الرحمن صاحب، ڈاکٹر مصطفیٰ کے بہت گہرے دوست تھے اور دارالصدر میں ان کے گھر باقاعدگی سے ان سے ملنے جاتے تھے۔ یہ ایک پرانی دوستی تھی اور تقسیم کے بعد مضبوط ہوتی جارہی تھی۔ صحابی ہونے کے ناطے ہمارے والدان کی بہت عزت کرتے تھے۔ وہ دعاؤں کی درخواست کرنے کے علاوہ طبی مشورہ لینے بھی جایا کرتے تھے۔ تقسیم کے آس پاس وہ لاہور (شاید میو ہسپتال میں) تعینات رہے۔ ڈاکٹر صاحب نے طبی مشیر کے طور پر حضرت خلیفۃ المسیح الثانی رضی اللہ عنہ کی خدمت کی۔ جماعت لٹریچر میں ان کی خدمات اور جماعت سے وفاداری کو پوری طرح سے قلمبند کیا گیا ہے۔ زکریا ورک (ٹورانٹو-کینیڈا) نے ان کی یاد کو دستاویزی شکل دی ہے۔

حضرت صوفی غلام محمد صاحبؓ اور ڈاکٹر غلام مصطفیٰ صاحب دونوں بھائی تھے اور زکریا ورک کے ماموں تھے۔ [وہ جب یاد آئے - بہت یاد آئے، زکریا ورک -ٹورانٹو-کینیڈا، شائع جنوری 2022ء]

میں یہ معلومات تلاش کر رہا تھا اور دفتر تاریخ احمدیت ربوہ ایسی معلومات فراہم نہیں کر سکا۔ میں زکریا ورک کا شکر گزار ہوں کہ انہوں نے اپنے خاندان کے تین صحابہ کے بارے میں ذکر خیر مکمل کرنے

کے لیے اپنی کتاب شیئر کی۔

حضرت ڈاکٹر غلام مصطفیٰ (مرحوم) بہت مہربان تھے اور ہمیشہ دوسروں کی مدد کے لیے کوشاں رہتے تھے۔ تقسیم کے آس پاس میرے والد کے ایک بہت ذہین طالب علم نے اپنی قابلیت کی بنیاد پر کے ای میڈیکل کالج میں داخلہ لیا۔ وہ متوسط گھرانے سے تھا اور 'سفید کوٹ' خریدنے کا متحمل نہیں ہو سکتا تھا جو کالج میں شرکت کے لیے ضروری تھا۔ پرنسپل (میرے خیال میں وہ ڈاکٹر الہٰی بخش تھے) نے انہیں متنبہ کیا کہ وہ کالج کے سفید کوٹ کے بغیر کلاسز میں جانے کی اجازت نہ دیں گے۔

طالب علم میرے والد کے پاس آیا اور اپنا مسئلہ بیان کیا۔ بدقسمتی سے، میرے والد بھی اس کی مدد کرنے سے قاصر تھے۔ میرے والد طالب علم کو میو ہسپتال میں ڈاکٹر غلام مصطفیٰ کے پاس لے گئے اور تشویش کا اظہار کیا۔ ڈاکٹر غلام مصطفیٰ بھی بغیر فنڈز کے تھے۔ لیکن انہیں لاہور میں ایک احمدی شخص کے لیے فی الفور طالب علم کی مدد کے لیے ایک نوٹ دیا۔ نوٹ نے کام کیا، ضرورت مند طالب علم کو وائٹ کوٹ مل گیا، کے ای کالج میں داخلہ لیا، گریجویشن کیا، امریکہ جا کر پچاس سال کام کیا اور دو سال پہلے انتقال کر گئے۔ ڈاکٹر غلام مصطفیٰ (مرحوم) کی مہربانی کا یہ قصہ انہوں نے خود مجھ سے شیئر کیا۔

ڈاکٹر قاضی صاحب سے یہ واقعہ سن کر میں نے فیصلہ کیا کہ ڈاکٹر غلام مصطفیٰ (مرحوم) کی مہربانی کے اس واقعہ کو قلمبند کروں۔ میڈیکل کا وہ طالب علم ڈاکٹر قاضی بشیر احمد صاحب (مرحوم) ولد قاضی منیر احمد صاحب راوی روڈ لاہور تھا۔ قاضی بشیر اس احسان پر میرے والد اور ڈاکٹر غلام مصطفیٰ صاحب کے ہمیشہ شکر گزار رہے۔ میرے خیال میں یہ نوٹ چوہدری نبی احمد کو طالب علم کی مدد کے لیے بھیجا گیا تھا۔ خدا اس عمل میں شامل تمام فریقین کو جزائے خیر دے جس نے ایک روشن طالب علم کی زندگی کو ہمیشہ کے لیے بدل دیا۔

میرے بڑے بھائی (حبیب الرحمٰن ساحر صاحب) کو ایک تل پیدا ہوا جس سے اکثر خون آتا تھا۔ میرے والدین پریشان ہو گئے۔ قصبے میں اور بھی ڈاکٹر تھے لیکن میرے والد حبیب کو ڈاکٹر مصطفیٰ

صاحب کے پاس مشاورت کے لیے لے گئے۔ برادرم حبیب مرحوم غفر اللہ کا علاج ڈاکٹر غلام مصطفیٰ نے کیا اور وہ ان کے علاج سے صحت یاب ہو گئے۔

ڈاکٹر غلام مصطفیٰ صاحب (مرحوم) کا تعلق اعلیٰ تعلیم یافتہ، صحابہ اور عقیدت مند گھرانے سے تھا۔ اہم عہدوں پر فائز رہے اور خلوص نیت سے جماعت کی خدمت کی۔ ان کے خاندان نے جماعت کو اچھے، مخلص اور موئثر مشنری فراہم کیے ہیں۔ اللہ تعالیٰ سے دعا ہے کہ ان کی آنے والی نسلیں اپنے اسلاف کے نقش قدم پر چلیں اور زندگی اور دین کے تمام شعبوں میں سبقت لے جائیں۔ (آمین)

میں اللہ تعالیٰ کا شکر گزار ہوں کہ آپ نے اپنے والد مرحوم کے ایک صحابی اور قریبی قابل اعتماد دوست کا ذکر خیر لکھنے کا موقع دیا۔

8.5.9-ذکر خیر حضرت صوفی غلام محمد صاحبؓ

حضرت صوفی غلام محمد صاحبؓ (مرحوم) صحابی ابن صحابی تھے۔ ابتدائی تعلیم اپنے والد سے حاصل کی۔ 1905ء میں دوسری جماعت میں مدرسہ تعلیم الاسلام قادیان میں داخلہ لیا، 1908ء تک قادیان میں تعلیم حاصل کی اور اپنے آبائی وطن واپس آ گئے۔ ان کے والد (حضرت میاں محمد دین صاحب واصل باقی نویس 313) بھی گجرات/کھاریاں کے علاقے سے ایک معروف صحابی تھے۔

صوفی صاحب (مرحوم) 1915 میں قادیان واپس آئے اور 1918 میں میٹرک مکمل کیا اور اپنے آپ کو وقفِ زندگی کے طور پر پیش کیا۔

صوفی صاحب نے یوپی (آگرہ) میں 1923ء سے 1926ء تک بطور مشنری خدمات انجام دیں۔ انہوں نے لاہور (1926-1931ء) میں تعلیم حاصل کی اور بی ایس سی کیا۔ میرے والد بھی لاہور میں (1926-1934ء) تعلیم مکمل کر رہے تھے۔ مجھے یقین ہے کہ ہمارے والد صاحب اس وقت میں صوفی صاحب سے رابطے میں تھے۔ حضور نے انہیں احمدیہ ہاسٹل لاہور (1926-1931) کا مہتمم مقرر کیا۔ انہیں واپس قادیان بلایا گیا اور کانپور متعین کیا گی۔ صوفی صاحب تعلیم الاسلام ہائی سکول قادیان میں بطور استاد مقرر ہوئے اور 1946ء تک بورڈنگ ہاؤس کے سپرنٹنڈنٹ کے طور پر تعینات ہوئے۔ بی ٹی کرنے کے لیے وہ (1936ء) علی گڑھ گئے۔ انہوں نے عرصہ دراز تک تعلیم الاسلام ہائی سکول قادیان لاہور چنیوٹ میں خدمات انجام دیں اور 1957ء میں ریٹائر ہوئے۔ انہوں نے ریٹائرمنٹ کے بعد دوبارہ وقفِ کی پیشکش کی اور ناظر بیت المال صدر انجمن احمدیہ مقرر ہوئے۔ صوفی صاحب نے 1985ء تک جماعت کی خدمت کی دل کا دورہ پڑنے سے ربوہ میں رحلت فرما گئے۔ انہوں نے اپنے وقف کے عہد کو دیانتداری، فضل اور وقار کے ساتھ پورا کیا۔

میرے والد انہیں لاہور سے جانتے تھے جب وہ لاہور کے احمدیہ ہاسٹل میں سپرنٹنڈنٹ تھے۔ تعلیم مکمل کرنے کے بعد میرے والد نے 1944ء تک برٹش ایجوکیشن سروس میں شمولیت اختیار کر لی۔ میرے والد نے سرکاری ملازمت سے استعفیٰ دے کر حضرت خلیفۃ المسیح الثانی رضی اللہ عنہ کی آواز پر لبیک کہا اور قادیان میں تعلیم الاسلام کالج کے سٹاف میں فزکس لیکچرر کے طور پر شامل ہو گئے۔ تقسیم کے بعد کالج لاہور اور بعد میں ربوہ منتقل ہو گیا۔ صوفی صاحب کا اکلوتا فرزند ارجمند مبارک مصلح الدین میرے والد کے شاگردوں میں سے تھا۔ ربوہ میں یہ تعلقات اور باہمی احترام خاندانی سطح تک پہنچ گئے۔ ان کی ایک بیٹی ہماری بہن کی بہت قریبی دوست تھی۔

ہمارے والد کا معمول تھا کہ جمعہ کے بعد ان کی رہائش گاہ پر ملتے تھے۔صوفی صاحب، ڈاکٹر غلام مصطفیٰ صاحب، حافظ مختار احمد شاہجہاں پوری صاحب، ڈاکٹر حشمت اللہ صاحب ان کی فہرست میں تھے۔ مجھے یاد ہے کہ میرے والد مجھے شاہجہاں پوری صاحب کے پاس لے گئے اور ہمارے لیے دعا کرنے اور برکت کے لیے میرے سر پر ہاتھ پھیرنے کی درخواست کی۔ حافظ صاحب بہت ہی عمر رسیدہ نرم گفتار، کمزور اور ناتواں تھے، اپنے بستر پر لیٹے ہوئے تھے، لیکن وہ خوش تھے کہ ہم جمعہ کے بعد ان کی رہائش گاہ پر آئے ہیں۔ ان کے اردگرد بہت سی کتابیں تھیں۔ آپ اعلیٰ پایہ کے شاعر تھے۔ انہوں نے میرے والد سے حضرت مسیح موعود علیہ السلام کی اردو شاعری کے بارے میں بات کی۔

حضرت صوفی صاحب حضرت خلیفۃ المسیح الثالث رحمۃ اللہ علیہ کے بہت محترم اور بہت عزیز تھے۔ وہ بہت پرہیز گار تھے اور ربوہ کے اکثر لوگ ان سے دعاؤں اور استخارہ کی درخواست کرتے تھے۔ اللہ تعالیٰ نے انہیں نظام جماعت کی خدمت کے لیے لمبی، صحت مند اور فعال زندگی عطا کی۔ یہ محض اللہ کی نعمت تھی۔ اللہ تعالیٰ سے دعا ہے کہ وہ جنت الفردوس میں حضرت صوفی صاحب کے درجات کو بلند فرمائے۔ (آمین)

میں اس مضمون میں بھائی مبارک مصلح الدین صاحب کے لیے بھی ذکر خیر کے طور پر چند سطریں شامل کرنا چاہتا ہوں۔ ہم چاروں بھائی ان سے 1989ء میں لندن میں صد سالہ جلسہ سالانہ میں ملے تھے۔ مجھے یاد ہے کہ ہم سب ایک ساتھ ڈنر کے لیے ساؤتھ ہال گئے تھے۔ وہ میری پہلی ملاقات تھی۔ یہ ایک اچھا تعارف تھا۔ میں نے دیکھا کہ بھائی مبارک، بھائی حبیب کے ساتھ بہت بے تکلف تھے۔ ان کا تعارف چوہدری حمید اللہ کے ذریعہ ہوا۔ یہ میرا معمول تھا کہ اگر میں کسی کاروباری دورے پر مشرق بعید/ یورپ جاتا تو ربوہ جانے کے لیے میں ہمیشہ کراچی/ لاہور کا سائیڈ ٹرپ شامل کرتا اور اپنے والدین کی قبور پر دعا و فاتحہ خوانی کی توفیق پاتا۔ بعض اوقات یہ دورے ربوہ میں حقیقی لوگوں/ دوستوں کو بتائے بغیر غیر منصوبہ بند تھے۔ چوہدری حمید اللہ صاحب کے آفس میں ہمیشہ رک جانا میرا معمول تھا۔

میں یو ای ٹی لاہور جانے سے پہلے چار سال تک ان کا طالب علم تھا۔

مجھے یاد ہے کہ لاہور واپس آتے ہوئے میں ربوہ میں تحریک جدید کے دفتر میں رکا اور چوہدری حمید اللہ صاحب سے کچھ دیر ملاقات کے لیے آپ کو ایک چھوٹا سا نوٹ بھیجا۔ اس وقت چوہدری حمید اللہ صاحب وکلاء کے ساتھ میٹنگ کر رہے تھے۔ میرا نوٹ ملنے پر چوہدری صاحب نے اعلان کیا کہ ایک طالب علم (پروفیسر میاں عطاء الرحمن کے بیٹے) امریکہ جانے سے پہلے مجھ سے ملنے آئے ہیں۔ چوہدری صاحب نے سیکرٹری سے کہا کہ مجھے اندر لے آئیں اور تمام حاضرین سے میرا تعارف کرایا۔ چوہدری صاحب نے حاضرین کو بتایا کہ میں ربوہ اپنے والدین کے لیے دعا کرنے کے لیے آیا ہوں۔ پھر چوہدری حمید اللہ صاحب نے اعلان کیا کہ میٹنگ برخاست کی جارہی ہے اور میرے ساتھ اپنے دفتر میں وقت گزارا۔ ان کے مصروف شیڈول میں یہ میرے لیے بہت بڑے اعزاز کی بات تھی۔

میں بھائی مبارک، سمیع سیال اور چوہدری عطاء اللہ صاحب (فارسی پروفیسر) سے ملا۔ بھائی مبارک نے مجھ سے سرگوشی کی اور مشورہ دیا کہ باہر جاتے وقت ان سے ملوں۔ چوہدری عطا اللہ صاحب نے آکر مجھے گلے لگایا اور رونے لگے۔ انہوں نے بتایا کہ میں نے اپنی آنکھوں سے دیکھا ہے کہ میرے والد کی دعائیں قبول ہوئیں۔ اس کے بعد میں نے بھائی مبارک کے ساتھ ان کے دفتر میں وقت گزارا۔ نہوں نے مجھے مشورہ دیا کہ ہمیشہ ربوہ میں آکر زیادہ وقت گزاروں۔

ہماری چھوٹی امی (سیدہ سائرہ بیگم) کا انتقال 1992ء میں لاہور میں ہوا۔ میں امریکہ سے کاروباری دورے پر تھا اور مجھے افسوس ناک خبر بروقت نہ ملی۔ وہ موصیہ تھیں اور انہیں بہشتی مقبرہ ربوہ میں دفن کیا جانا تھا۔ میت کو لاہور سے لایا گیا اور نماز جنازہ ادا کی گئی۔ اگرچہ اس کے تمام چندے ادا کیے گئے تھے، لیکن دفتر نے کچھ خدشات کا اظہار کیا۔ میری بہن جو وہاں موجود تھی، اس نے مجھے بتایا کہ بھائی مبارک نے بہشتی مقبرہ کے عملے کو بتایا کہ وہ پروفیسر میاں عطاء الرحمن کی اہلیہ ہیں جنہوں نے اپنی زندگی میں کبھی ایک پیسہ بھی غلط استعمال نہیں کیا۔ خاندان کے قریبی افراد امریکہ میں ہیں، میں کسی

بھی 'بقیہ' کے لیے ذمہ دار ہوں جو کبھی سامنے آسکتا ہے۔ پلیز جلدی کر کے میت کو قبرستان میں دفن کر دیں۔ میری بہن نے بعد میں یہ بات مجھ سے امریکہ میں بتائی اور پوچھا کہ یہ مبارک مصلح الدین کون تھے؟ میں نے اس سے کہا کہ وہ اس دنیا میں تمہارا پانچواں بھائی تھا۔

مختصر یہ کہ بھائی مبارک 'جیسے باپ ویسا بیٹا' تھے۔ وہ بالکل ہمارے بڑے بھائی جیسے تھے۔ وہ تمام امور جو میری ذمہ داریوں میں تھے، سنبھالتے تھے۔ میں بھائی مبارک کے احساس ذمہ داری کے لیے ان کا ہمیشہ ممنون رہوں گا۔ اللہ تعالیٰ ان کو اس کا بہترین اجر عطا فرمائے اور جنت النعیم میں درجات بلند فرمائے۔ آمین۔

اہم بصیرتیں

- تعلیم اور اخلاقی سالمیت کے لیے پختہ وابستگی طلباء اور معاشرے پر دیرپا اثر ڈالتی ہے۔
- حقیقی قیادت خدمت، عاجزی اور ثابت قدمی کے ذریعے ظاہر ہوتی ہے، حتیٰ کہ سماجی ہلچل کے دور میں بھی۔
- ایمان اور اصولوں کے لیے ذاتی قربانیاں کردار مضبوط کرتی ہیں اور کمیونٹی میں اعتماد قائم کرتی ہیں۔
- رہنمائی محض رسمی تعلیم تک محدود نہیں، بلکہ دہائیوں پر محیط تعلقات قومی اور خاندانی ورثے کی بنیاد بنتے ہیں۔
- معزز اصحاب کے ساتھ روحانی صحبت ذاتی اور پیشہ ورانہ زندگی کو فروغ دیتی ہے اور نسل در نسل اثر ڈالتی ہے۔

اہم اسباق

- اخلاقی طرزِ زندگی اور پیشہ ورانہ محنت ایک دیر پا اثر کی ضمانت ہیں۔
- معلمین علمی ترقی اور اخلاقی تربیت پر گہرا اثر ڈالتے ہیں۔
- علماء اور ہم عصروں کے ساتھ تعاون علمی اور روحانی نمو کو فروغ دیتا ہے۔
- طلباء کی مدد جیسے چھوٹے اقدامات زندگی بھر کے لیے مثبت تبدیلی کا سبب بن سکتے ہیں۔
- کمیونٹی کے ادارے ذاتی قربانی، عاجزی اور اصولی قیادت کے ذریعے ترقی کرتے ہیں۔

کلیدی نتائج

- پروفیسر میاں عطا الرحمن صاحب کی زندگی ایمان، خدمت اور تعلیم کو عملی قیادت میں یکجا کرنے کی مثال ہے۔
- تعلیم الاسلام کالج کی ترقی اس بات کا مظہر ہے کہ وژن، ثابت قدمی اور اخلاقی رہنمائی تاریخی بحرانوں، جیسے کہ تقسیم ہند، پر قابو پانے کی طاقت رکھتی ہے۔
- ابتدائی جماعتی رہنماؤں اور اصحاب کے ساتھ رہنمائی اور روحانی صحبت ان کی ذاتی ترقی اور خاندان و کمیونٹی کے مستحکم ورثے کا مرکز تھی۔
- باب 8 اس نسل کے پیش روؤں کو خراجِ عقیدت پیش کرتا ہے جنہوں نے ایمان، عقل اور قربانی کو ملا کر کمیونٹی کے مفاد کے لیے خدمات انجام دی۔

باب 8 کا خلاصہ

- یہ باب ابتدائی احمدیہ جماعت کے پیش روؤں کے منفرد زبانی اور تاریخی ریکارڈ کو محفوظ کرتا ہے۔

- قریبی یادوں کے ذریعے یہ پروفیسر عطاالرحمٰن صاحب کی زندگی کوشکل دینے والی رہنمائی، روحانی رہنمائی، اور خدمت کے اعمال کو دستاویزی شکل دیتا ہے۔
- یہ اصحاب کی دیرپا اثرپذیری، اہم تعلیمی اداروں کی ترقی، اور نسل درنسل ایمان وخدمت کے تسلسل کو اجاگر کرتا ہے۔
- باب ذاتی سالمیت، پیشہ ورانہ برتری اور روحانی وابستگی کے باہمی تعلق پر زور دیتا ہے، اور دکھاتا ہے کہ یہ اصول کس طرح فرد اور کمیونٹی دونوں کی ترقی کی بنیاد بنتے ہیں۔

باب 9 کے لیے منتقلی

- جب ہم ان اصحاب اور ساتھیوں پر غور ختم کرتے ہیں جنہوں نے ہمارے والد کی عوامی اور پیشہ ورانہ زندگی میں رہنمائی اور تعاون فراہم کیا۔ باب 9 توجہ خاندان کے اندرونی اثرات پر مرکوز کرتا ہے۔
- یہ ہماری والدہ، فضل بیگم، اور ماموصاحبان کو خراجِ تحسین پیش کرتا ہے، جن کی خاموش قوت، مستقل قربانیاں، اور غیر متزلزل ایمان نے خاندان کی پرورش کی۔
- ان کی محبت، وقار اور رہنمائی نے وہ بنیاد فراہم کی جس پر پروفیسر عطاالرحمن کا خدمت اور تعلیم کا ورثہ قائم اور مستحکم ہوا۔

○○

○○

یہ میرے والد کی زندگی کا ایک مختصر بیان ہے۔ان کے ہم جماعتوں، ساتھیوں اور ربوہ میں صحابہؓ کے ساتھ ان کے قریبی تعلقات کا۔ کالج سے ان کی اچانک ریٹائرمنٹ، خصوصاً غیر متوقع قومیانے (نیشنلائزیشن) کے بعد، ہم سب کے لیے، بشمول ان کے ساتھیوں کے، ایک بڑا صدمہ تھی۔قومیائے جانے کے بعد انہوں نے زندگی بھر کبھی پرانے یا نئے کیمپس کا رُخ نہیں کیا۔

جب انہوں نے اپنی سماجی ذمہ داریاں پوری کرلیں تو انہوں نے لاہور منتقل ہونے اور ہماری والدہ کے ساتھ قیام کا فیصلہ کیا۔ ایسا کرنے سے وہ اپنے پرانے ساتھیوں اور اُن اسٹاف ممبران سے کٹ گئے جن کے ساتھ وہ کئی برسوں سے کام کرتے رہے تھے۔ ماحول میں آئی اس اچانک تبدیلی کو ان کے لیے برداشت کرنا مشکل تھا۔ وہ اُس بستی سے جُدا ہو گئے تھے جہاں انہوں نے تیس برس گزارے اور بے شمار قیمتی یادیں بنائیں تھیں اور بالآخر یہ تبدیلی ان کی صحت پر اثر انداز ہوئی۔

○○

مکرم ملک فیروز خان نون صاحب

مکرم میاں محمد سمیع صاحب

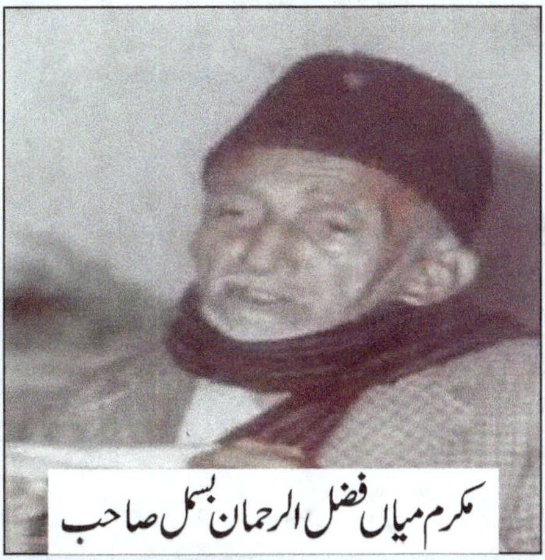

مکرم میاں فضل الرحمان بسمل صاحب

مکرم ڈاکٹر فضل قادر صاحب

مکرم ملک غلام سرور صاحب (اوورسیئر)

مکرم میاں عبدالرحمن صاحب (اوورسیر)

پروفیسر جے-ایم بینیڈ (چیئرمین فزکس ڈیپارٹمنٹ ایف سی کالج لاہور
(میرے والد کے سرپرست)

ڈاکٹر آرتھر ہولی کامپٹن

ڈاکٹر ارنسٹ ردرفورڈ

ڈاکٹر اے-بی-پال

ڈاکٹر رفیع محمد

شیخ محمد عبداللہ

تعلیم الاسلام کالج قادیان، انڈیا

تعلیم الاسلام کالج ربوہ، پاکستان (اولڈ کیمپس)

کرسیاں (L to R): پروفیسر چوہدری محمد علی صاحب، پروفیسر میاں عطاء الرحمن صاحب،

پرنسپل حضرت مرزا ناصر احمد صاحبؒ، حضرت خلیفۃ المسیح الثانیؓ،

پروفیسر اخوند محمد عبد القادر صاحب، پروفیسر صوفی بشارت الرحمن صاحب،

پروفیسر شیخ محبوب عالم خالد صاحب

کھڑے ہوئے (L to R): مسعود احمد عاطف صاحب، مرزا مجید احمد صاحب

ڈاکٹر ایس ایم شاہد صاحب، حبیب اللہ خان صاحب، ڈاکٹر مرزا منور احمد صاحب،

نصیر احمد خان صاحب، محمد یعقوب صاحب، محمد ابراہیم ناصر صاحب

دوسری صف میں کھڑے ہوئے: مولانا غلام احمد بدوملہی صاحب، محمد لطیف صاحب،

مبارک احمد انصاری صاحب، ماسٹر محمد فضل داد صاحب، ظفر احمد وینس صاحب، مولوی محمد دین صاحب

حضرت خلیفۃ المسیح الثانیؓ پرنسپل اور عملہ کے کچھ ارکان کے ساتھ

پروفیسر حبیب اللہ خان صاحب اور مسعود احمد عاطف صاحب کو واضح طور پر پہچانا جا سکتا ہے۔

حضرت خلیفۃ المسیح الثانیؓ ربوہ میں پرنسپل صاحبؒ کے ساتھ کالج کی نئی تعمیر شدہ عمارت سے باہر آتے ہوئے

The Principal and Staff with Sardar Abdul Hamid Dasti, Education Minister, on the occasion of the College Convocation and Prize Distribution Function.

Muhammad Munir Shami (Shaheed) extream left standing, T. I. College, Qadian, 1946

ٹی آئی کالج ربوہ کے پرنسپل حضرت مرزا ناصر احمد صاحبؒ

کالج کا عملہ پروفیسر سراج الدین صاحب، سیکرٹری ایجوکیشن،

حکومت مغربی پاکستان کے ساتھ (1961-6-4)

1966 ءمیں کانووکیشن کے بعد حضرت خلیفۃ المسیح الثالثؒ کے ساتھ کالج کا عملہ (تصویر المنار سے لی گئی)

کرسیوں پر(L to R): ڈاکٹرنصیراحمد خان صاحب، ڈاکٹرایس.ایم شاہد صاحب، صوفی بشارت الرحمان صاحب

حبیب اللہ خان صاحب، کیوایم اسلم صاحب، حضرت مرزا ناصراحمد صاحب خلیفۃ المسیح الثالثؒ (پرنسپل)

میاں عطاء الرحمان صاحب، چوہدری محمد علی صاحب، شیخ محبوب عالم خالد صاحب

پہلی صف میں کھڑے: ایم اے انور صاحب، اے راشد غنی صاحب، صاحبزادہ مرزا خورشید احمد صاحب

اے راشد فوزی صاحب، حبیب الرحمان صاحب، ایم ارشد صاحب، ایم شریف خالد صاحب

ملک محمد عبداللہ صاحب، ایم شریف خان صاحب، مسعود عاطف صاحب، ناصر پروازی صاحب

ایم ابراہیم ناصر صاحب، چوہدری عطاء اللہ صاحب، مبارک اے انصاری صاحب، رفیق اے ثاقب صاحب

چوہدری حمید اللہ صاحب، مرزا انس احمد صاحب، چوہدری حامد احمد صاحب، لال دین صاحب

ایم سلطان اکبر صاحب، راشد صاحب، سعید اللہ خان صاحب، منور شمیم خالد صاحب

دوسری قطار میں کھڑے: راشد اے جاوید صاحب، اعجاز الحق صاحب، ایم اسلم صابر صاحب

ایم ارشد ترمذی صاحب، لطف المنان صاحب، اے جلیل صادق صاحب، انور حسن صاحب

1965ء میں کانووکیشن میں ڈگریاں حاصل کرنے کے بعد گریجویٹ

بیٹھے ہوئے (L سے R) محمد احمد صاحب، محمود احمد مرزا صاحب، محمود احمد زمان صاحب، نعیم احمد صاحب،

نعیم احمد طیب صاحب، انعام اللہ ہاشمی صاحب، للف الرحمان ناز صاحب

کھڑے (پہلی قطار: L سے R): مقبول احمد ملک صاحب، اقبال احمد نجم صاحب

ظفر الاسلام صاحب، سراج الحق صاحب، چوہدری محمد صدیق صاحب

مجیب الدین امجد صاحب، منیر احمد صاحب، حضرت صاحبزادہ مرزا ناصر احمد صاحبؒ ایم اے آکسن (پرنسپل)

محمد اکرم صاحب، منصور احمد صاحب، چوہدری ناصر الدین صاحب، ناصر احمد صاحب

مسعود احمد صاحب، محمد عظیم خان صاحب، منور احمد صاحب

کھڑے (دوسری قطار: L سے R): حامد احمد خالد صاحب، حسن محمد خان عارف صاحب

ظفر اقبال پراچہ صاحب، بشیر احمد خالد صاحب، عبد الرشید شریف صاحب،

ناصر احمد صاحب، عبد السبحان صاحب، لطف المنان صاحب

رشید احمد صاحب، محمد اشرف چوہدری صاحب

1969ء میں کانووکیشن میں ڈگریاں حاصل کرنے کے بعد گریجویٹ

کانووکیشن کے مہمان خصوصی، پروفیسر قاضی ایم اسلم صاحب اور حضرت صاحبزادہ مرزا منصور احمد صاحب کے ساتھ

طاہر باجوہ، امیر احمد پیرکوٹی، حبیب الرحمن ساحر، نامعلوم، پروفیسر قاضی ایم اسلم

حضرت صاحبزادہ مرزا منصور احمد، نامعلوم، مبشر سولنگی، معین شاہ نور محمد، ملک خالد مسعود،

عبدالحئی بشارت، وسیم اختر، خالد محمود، عبدالرحمٰن اور دیگر شامل ہیں۔

احمد چوہدری، نامعلوم، شفقت ڈھلوں، شاہد احمد سعدی، عبدالمجید طاہر، شاہد احمد سعدی،

منور احمد باجوہ، مسرور احمد باجوہ، ملک مسعود، خالد، مبرور احمد بھٹی، آصف علی پرویز،

شاہد نقاب مخدوم، مبارک طاہر، ابوالسلام چیمہ اور بہت سے دوسرے آسانی سے پہچانے جاسکتے ہیں۔

دوسرے نام جیسے ہی دستیاب ہوں گے شامل کیے جائیں گے

(مدد کی تعریف کی جائے گی۔تصویر عبدالحئی بشارت نے فراہم کی ہے)

حضرت خلیفۃ المسیح الثانیؓ اپنے دورہ یورپ کے دوران اپنے وفد کے ساتھ۔
حضرت ڈاکٹر حشمت اللہ خان صاحبؓ دائیں سے تیسرے نمبر پر کھڑے ہیں۔

Change of Leadership -1965-Prof. Mian Ata-ur-Rehman (Vice-Principal) with Prof. Qazi M. Aslam (Principal)

اولڈ کیمپس کی خراب حالت - میرے والد اور نصیر خان صاحب کا دفتر ہوا کرتا تھا

باب 9: ہماری پیاری ماں، ماموں اور بہن بھائیوں کی حسین یادیں

اگلے دو ابواب (9 اور 10) میں، میں دو غیر معمولی خواتین کو دلی خراج تحسین پیش کرتا ہوں۔ ہماری مائیں جن کی زندگیاں اٹل محبت سے بھرپور تھیں، انہوں نے ہماری ہمت بلند کرنے میں مؤثر کام کیا۔انہوں نے ہمیں حکمت اور پرسکون طاقت سے تشکیل دیا، ہمیں ایمان، خدمت اور مقصد کی میراث کو آگے بڑھانے کے لیے تیار کیا۔ ہماری مائیں طاقت اور خاموش قربانی کے ستون تھیں۔

ہمارے والد کے ساتھ عاجزی کے ساتھ زندگی گزارتے ہوئے، ایک وقف زندگی ملازم، انہوں نے سادگی اور قناعت کو اپنایا، کبھی بھی زینت یا مادی آسائش کی تلاش نہیں کی۔ میں نے انہیں کبھی زیورات پہنتے یا مال کے لیے کوئی تشویش ظاہر کرتے نہیں دیکھا۔ ان کا اصل حسن قربانی، وقار اور عقیدت میں ہے۔

آج ہم جو زندگی گزار رہے ہیں اور جن نعمتوں سے ہم لطف اندوز ہو رہے ہیں وہ ان کی خاموش دعاؤں اور ثابت قدمی کا ثمر ہے۔ میں اپنے آپ کو بہت خوش قسمت سمجھتا ہوں کہ مجھے دونوں ماؤں کی محبت اور توجہ ملی، جنہوں نے میرے کردار کو ڈھالا اور مجھے روشن مستقبل کے سفر کے لیے تیار کیا۔

اللہ تعالیٰ اپنی بے پایاں رحمت سے ان کے درجات کو جنت الفردوس میں بلند فرمائے، ان کی قبروں کو کشادہ فرمائے، ان پر اپنا نور (الٰہی نور) منور فرمائے اور ان کی ابدی آرام گاہوں پر آسمان کی طرف سے ٹھنڈی، آرام دہ ہوائیں چلیں۔ آمین۔

9.0-تعارف

اس باب میں، میں اپنی پیاری والدہ فضل بیگم کی زندگی پر غور کرتا ہوں، ایک ایسی خاتون جن کا ہماری زندگی میں کردار خاندانی سے کہیں زیادہ گہرا تھا۔اس باب میں مصنف نے اپنی والدہ فضل بیگم کو

اپنے ماموں، بہن بھائیوں اور دیگر خاندان کے ساتھ یاد کیا ہے اور ساتھ ہی ان کے آبائی پس منظر کا بھی جائزہ پیش کیا ہے۔ خاندان کے ننھالی اور ددھیالی دونوں پہلو اپنی جڑیں بھیرہ سے ڈھونڈتے ہیں، جو پنجاب، پاکستان کا ایک قدیم اور تاریخی لحاظ سے اہم شہر ہے۔ دونوں طرف کے آباؤ اجداد کا تعلق اعوان قبیلے سے تھا اور کاروبار اور تعلیم میں اپنی مضبوط روایات کے لیے مشہور تھے۔ ان میں سے بہت سے لوگ بھیرہ میں احمدیہ مسلم کمیونٹی کے ابتدائی ساتھیوں میں سے تھے۔

ہماری والدہ نے آٹھویں جماعت تک باضابطہ تعلیم حاصل کی، اس کے بعد ان کی دینی تعلیم گھر پر حضرت حافظ عبدالرحمٰن صاحب رحمۃ اللہ علیہ، جنہیں پیار سے سائیں جی کے نام سے جانا جاتا تھا، کی رہنمائی میں جاری رہی۔ اس وقت، قدامت پسند ثقافتی اور خاندانی اصولوں کی وجہ سے، لڑکیوں کے لیے ایک خاص سطح سے آگے باقاعدہ اسکولوں میں جانے سے گریز کرنے کا رواج تھا۔

مصنف نے دو دلی خراج تحسین پیش کیے ہیں، ایک امۃ اللطیف تسنیم کی طرف سے اور دوسرا مصنف کی طرف سے اپنی مرحومہ والدہ کی یاد میں:

- میری ماں کی یاد میں (یادِ امی جان) از امۃ اللطیف تسنیم
- میری پیاری ماں (فضل بیگم/ ہماری امی) مصنف کی طرف سے

یہ ماموں کی یاد کو بھی خراج تحسین پیش کرتے ہیں، ان خاندان کے افراد کا شکریہ ادا کرتے ہیں جو محبت اور طاقت کے ستون کے طور پر کھڑے تھے۔

9.1- خاندانی تاریخ اور پس منظر

اس باب میں مصنف کی بڑی بہن امۃ اللطیف تسنیم کی طرف سے ان کی پیاری ماں کو خراج تحسین پیش کرنے کے لیے ایک دل کو چھونے والا مضمون بھی شامل ہے۔ علاوہ ازیں یہ ان کے بھائی صبغت اللہ کی مختصر اور پیاری یاد پر بھی نظر ڈالے گا، جو چیچک کی وجہ سے بچپن میں ہی انتقال کر گئے تھے۔

9.2-میری ماں کی یاد میں (یادِ امی جان)

محبت، یقین اور نقصان کی بازگشت۔ فضل بیگم

(ذکر خیر از امۃ اللطیف تسنیم، ٹیکساس، امریکہ)

ہماری پیاری والدہ محترمہ فضل بیگم صاحبہ جو کہ پروفیسر میاں عطاء الرحمن کی اہلیہ تھیں، انتقال کر گئیں۔ وہ رحم دلی، صبر اور مہمان نوازی کا پیکر تھیں۔ اس کی نرم طبیعت اور نمایاں کردار ہمیشہ ہمارے دلوں میں نقش رہے گا۔ وہ ہمیشہ مسکراتی، خوبصورت اور پیار کرنے والی تھیں۔ میں ان کی پہلی بیٹی تھی، جو اپنے بھائی کے بعد پیدا ہوئی اور اپنا بچپن کا بیشتر حصہ اس کے ساتھ گزرا۔

مجھے یاد ہے جب ابا جان (والد) نے چکوال اور بعد میں گورنمنٹ کالج شاہ پور میں تدریسی عہدہ قبول کیا۔ جب ان کا تبادلہ شاہ پور ہوا تو ابا جان، امی جان (والدہ) اور ہم تین بہن بھائی ان کے ساتھ چلے گئے۔ ہم ایک نوجوان لڑکے کو بھی ساتھ لائے جو باہر کے کاموں میں مدد کرتا تھا۔

اس وقت میری عمر تقریباً تین سال ہوگی۔ جب میری والدہ گھر کے کام کاج میں مصروف ہوتیں تو وہ مجھے رنگ برنگے بستر پر بٹھاتیں اور ایک چھوٹی پلیٹ میں چینی کھلاتیں۔ مجھے اتنا پیار دکھانے کے بعد وہ مسکرا کر کہتیں، "اب تم یہاں سے بالکل نہ ہٹو۔" ہمارے گھر کے سامنے ایک نل تھا جہاں ہندو عورتیں اپنے برتن دھوتی تھیں۔ چمکدار برتن دھوپ میں چمکتے تھے، اور میں انہیں دیکھنا پسند کرتی تھی۔ ہم شاہ پور میں ناقابل یقین حد تک خوش تھے۔

ماں اور میں نے اپنے تین بہن بھائیوں کے ساتھ کافی وقت گزارا۔ وہ ہمیں نہلاتیں، ہمارے کپڑے لاتیں، کپڑے پہننے میں ہماری مدد کرتیں، ہمیں قاعدہ یسرنا القرآن سکھاتیں اور ہمارے کھانے کا خاص خیال رکھتیں۔ میرا چھوٹا بھائی لطف المنان ادھر ادھر رینگتا تھا جب امی مصروف ہوتی تھیں۔ چھوٹی سی میز پر امی ابا جان کے لیے چائے لاتیں۔ وہ قریب کی کرسی پر بیٹھ کر چائے پیتے اور

امی بھی ان کے ساتھ شامل ہو جاتیں۔

ایک دن وہ کچن میں کچھ لینے گئیں۔ میرا چھوٹا بھائی کمرے سے باہر آیا اور میز کی ٹانگ پکڑنے لگا۔ اچانک ایک جھٹکے سے اس نے میز نیچے کی اور پوری گرم چائے اس کے سینے اور پیٹ پر گر گئی۔ اس نے پکارا۔ ماں بھاگتی ہوئی آئیں۔ وہ بھی اسے اٹھا کر رونے لگیں۔ انہوں نے کالج سے ہمارے والد کو بلانے کے لیے کسی کو بھیجا تھا۔ وہ اپنی سائیکل پر آئے اور خدا کی مدد اور مسلسل دیکھ بھال سے، جلے ہوئے زخم ٹھیک ہو گئے۔ کافی دیر تک میرا بھائی نشانات کو دیکھتا اور کہتا کہ امی مجھے کوئی دوائی لگا دیں۔ امی جان کے ساتھ ہمارے پیار کے دن ایسے ہی تھے۔

9.2.1-امی جان کا مزاج، ایمان اور سبق آموز لمحات

ہماری والدہ جان ایک خوش مزاج خاتون تھیں۔ ایک دن، وہ شاید میرے چھوٹے بھائی کے کپڑے باتھ روم میں دھو رہی تھیں کہ دروازے پر دستک ہوئی۔ میں دیکھنے گیا کہ کون ہے؟ ایک لڑکے نے جواب دیا،"میں سکول سے امتحانی پرچے لینے آیا ہوں۔" میں نے امی سے کہا۔ امی نے جواب دیا،"اسے بعد میں آنے کو کہو، تمہارے والد ابھی گھر نہیں ہیں۔" میں نے واپس جا کر جواب دیا۔ تھوڑی دیر بعد دوبارہ گھنٹی بجی۔ اس بار آواز مختلف تھی، ایک اور لڑکا ڈرامہ کر رہا تھا۔ میری ماں نے ہنستے ہوئے کہا،"یہ ضرور تمہارے بھائی کے ہم جماعت ہوں گے جو بے وقوف بنا رہے ہیں۔" وہ ٹھیک کہہ رہی تھیں۔ انہوں نے دوبارہ گھنٹی بجائی۔ ہم نے دروازہ کھولا تا کہ ایک پرندہ تلاش کر سکیں جس کے گلے میں ایک چھوٹی گھنٹی بندھی تھی۔ انہوں نے اسے دروازے کی گھنٹی بجانے کی تربیت دی تھی۔ ایسے ہی مزے کا وقت ہم نے گزارا اور امی دل سے ہنس پڑتیں۔

مجھے یاد ہے کہ ماں ہمیں چھوٹی چھوٹی دعائیں سکھاتی تھیں۔ زیادہ تر دعائیں ہم نے ان سے ہی سیکھی تھیں۔ وہ ہمیں اپنے ہاتھ دھونے یا کھانا شروع کرنے سے پہلے "بسم اللہ" کہنا یاد دلاتی تھیں۔

پانی پینے سے پہلے کی دعا:

''بِسْمِ اللّٰهِ الَّذِیْ لَا یَضُرُّ مَعَ اسْمِهٖ شَیْءٌ فِی الْاَرْضِ وَلَا فِی السَّمَاءِ وَهُوَ السَّمِیْعُ الْعَلِیْمُ''

وہ بلند آواز سے پڑھتیں۔ہم نے اسے وقت کے ساتھ حفظ کیا۔سونے سے پہلے آیت الکرسی، سورۃ اخلاص، سورۃ الفلق، سورۃ الناس پڑھتیں۔وہ ہمیں ہدایت دیتی تھیں۔مجھے وہ سکون یاد ہے جس کے ساتھ ہم سب مل کر دعا کرتے تھے۔جب ہم روتے یا پریشان ہوتے، تو وہ ہمیں ایک طرف لے جاتیں، ہمارے آنسو پونچھتیں، اور کہتیں، ''آؤ، مل کر دعا کریں۔''

جب ہم قادیان چلے گئے تو ہمارے پاس بہت سے مہمان تھے۔امی جان کو کوئی شکایت نہیں تھی۔وہ اپنے ہاتھوں سے مسلسل کام کرتیں اور پیار سے سب کی خدمت کرتیں۔وہ غیر معمولی طور پر مہمان نواز تھیں۔آج جب بھی میں ان کے بارے میں سوچتا ہوں، میرا دل تشکر سے بھر جاتا ہے۔ اللہ جنت الفردوس میں اعلیٰ مقام عطا فرمائے۔آمین۔

9.2.2-ایک بھائی کی مختصر زندگی۔صبغت اللہ کی خوشی اور جدائی

ابا جان نے شاہ پور کالج سے استعفیٰ دے دیا اور تعلیم الاسلام کالج میں پڑھانے کے لیے قادیان چلے گئے۔ ہمارا گھر خوشیوں سے بھر گیا۔امی نے ایک بیٹے کو جنم دیا اور ہم نے اس کا نام صبغت اللہ رکھا۔وہ ناقابل یقین حد تک خوبصورت تھا، اور ہم سب اسے پسند کرتے تھے۔یہ ہماری زندگیوں میں بہت سی خوشیاں لے کر آیا۔ہم اس کے ساتھ کھیلتے اور اسے ادھر ادھر لے جاتے۔وہ ہر وقت ہنستا رہتا۔ امی کہتی تھیں کہ یہ لڑکا کبھی نہیں روئے گا انشا اللہ۔وہ سب کی گود میں جائے گا۔ہماری پڑوسی، ایک ہندو خاتون کہتی، ''مجھے اس کا خیال رکھنے دو، میں اسے پالوں گی۔'' وہ بہت پیارا تھا۔

پھر ایک دن بھیرہ میں چیچک کی وبا پھیل گئی۔انفیکشن تیزی سے پھیل گیا۔یہ قصبے کے اوپری حصے

سے شروع ہوا اور آخر کار وہاں پہنچ گیا جہاں ہم رہتے تھے۔ ہمارے پڑوسی خاندان نے اپنے دو تین بچے کھو دیئے۔ پڑوسیوں کی بیٹیاں صبغت اللہ کو اس کے ساتھ وقت گزارنے کے لیے اپنے گھر لے جاتی تھیں۔ میری والدہ نے کبھی کوئی تشویش ظاہر نہیں کی۔ تقریباً 60 سال پہلے وہی پڑوسی ہمارے پھپھو کو اپنے نوزائیدہ بچوں کو دیکھنے سے روکتے تھے۔ لیکن ہمارے والدین اس کے بارے میں فیاض تھے۔ یہ نوجوان خواتین چیچک میں مبتلا تھیں، جس کی وجہ سے صبغت اللہ کو بھی چیچک کی بیماری لگ گئی۔

مجھے آج بھی وہ رات یاد ہے جب میں اس کے کمرے میں گئی تھی۔ امی قرآن پاک کی تلاوت کر رہی تھیں۔ انہوں نے مجھ سے بھی کچھ پڑھنے کو کہا۔ میں اپنے بھائی کی حالت دیکھ کر ڈر گئی۔ میں نے کہا، ''مجھے نہیں معلوم کہ یہاں سے کیسے پڑھنا ہے'' انہوں نے اصرار کیا، ''آپ جو کچھ بھی کر سکتے ہیں اسے پڑھیں۔ یہ سب خدا کا کلام ہے۔'' تو، میں نے کیا۔ ہم نے رات عبادت میں گزاری۔

جلد ہی، ڈاکٹر نے تصدیق کی کہ یہ چیچک ہے۔ انہوں نے ہمیں گھر چھوڑنے کو کہا۔ اس لیے ہم ایک دوست کے خالی گھر میں چلے گئے۔ میرا بھائی الگ تھلگ تھا۔ ہمارے والد اس قدر پریشان تھے کہ وہ کھانے پینے کے لیے اسے اپنے پاس نہیں لا سکتے تھے۔ دن رات دعائیں مانگتے رہے۔ کمرے کا چکر لگاتے رہے۔ جماعت نے بچے کے لیے دودھ لانے کا انتظام کیا۔ پھر کچھ دنوں بعد خبر آئی کہ صبغت اللہ کا انتقال ہو گیا ہے۔ امی جان نے ناقابل یقین صبر کے ساتھ اس غم کو برداشت کیا اور ایک بار بھی شکایت نہیں کی۔ اتنے بڑے نقصان کے بعد بھی انہوں نے کبھی اللہ سے شکوہ نہیں کیا۔ ان کا ایمان غیر متزلزل رہا۔

9.2.3-ننھیال خاندانی خلاصہ: بھیرہ سے میراث

ہماری والدہ کا تعلق بھیرہ کے ایک معزز اعوان خاندان سے تھا جس کی جڑیں خطے کی تاریخ میں گہری ہیں۔ وہ ملک فضل احمد صاحب (1881-1956ء) کی بیٹی تھیں، جو ایک پیدائشی احمدی اور مسیح موعودؑ کے ساتھی تھے۔ ملک فضل احمد ایک کامیاب کاروباری تھے جو کٹلری، تلوار، خنجر، کرپان اور سنگ

یشب (جیڈ) ماربل شطرنج کی میزوں کا کاروبار کرتے تھے اور مختلف راجاؤں اور مہاراجوں کو اپنا سامان فراہم کرتے تھے۔

ان کا شجرہ نسب حاجی احمد (ہماری ماں کے دادا)، بھیرہ جماعت کے ایک معزز رکن اور حضرت مسیح موعود علیہ السلام کے ایک صحابی سے ملتا ہے، جنہوں نے 1894ء میں بیعت قبول کی تھی۔ حاجی احمد کا شاندار سفر۔ مکہ میں ایک نوجوان لڑکے کے طور پر مشکلات کا سامنا کرنے سے لے کر اپنے والد کے انتقال کے بعد اور حضرت حکیم نور دین صاحبؓ کی ذاتی مدد/ دعا کے ساتھ بھیرہ میں ایک کامیاب بزنس مین کے طور پر اُبھرا۔ ان کی میراث/ معاشی احیاء ایک الٰہی نعمت تھی جو حضرت حکیم مولانا نورالدین بھیرویؓ کی دعاؤں کی قبولیت کا نتیجہ تھی۔ حاجی احمد نے رمضان کے مہینے میں سورج اور چاند گرہن کی تحریری گواہی بھی فراہم کی جس نے مسیح موعود کی سچائی کی علامت کے طور پر کام کیا۔ یہ حقیقت تاریخ احمدیت بھیرہ میں درج ہے۔

ہماری والدہ کے ننھیال کی طرف، ان کے نانا، حضرت میاں غلام محی الدین صاحب (1860–1945ء) حضرت مسیح موعود علیہ السلام کے ایک معزز ساتھی (صحابی نمبر 313) بھیرہ میں ایک معزز انجینئر اور ٹھیکیدار تھے۔ آپ نے 1892ء میں بیعت کی اور موصی بن گئے۔ کمیونٹی کے لیے ان کی شراکتیں نہ صرف پیشہ ورانہ تھیں بلکہ روحانی تھیں، کیونکہ انہوں نے خاندان کے مختلف افراد کی تعلیم اور مذہبی وابستگیوں میں مدد کی۔ اس خاندان نے 1926ء اور 1930ء کے درمیان کئی سانحات کا سامنا کیا، جس میں ان کی بیٹی آمنہ بیگم (ہماری نانی جان)، ان کے بیٹے ڈاکٹر محمد سمیع اور بعد میں ان کے بڑے بیٹے، ہیڈ ماسٹر محمد شفیع صاحب، جو بھیرہ کے تعلیمی نظام اور مذہبی قیادت میں ایک ممتاز شخصیت تھے۔

بھیرہ میں ننھیالی خاندان کے گہرے رشتے اور گہری جڑیں عقیدے اور کمیونٹی کی خدمت سے نمایاں ہیں۔ بعد کی نسلوں کے اپنے آبائی وطن سے دور ہونے کے باوجود، اب ان بزرگوں کی قبروں کی

بحالی اور تحفظ کے لیے کوششیں جاری ہیں، جن میں سے اکثر احمدیہ مسلم کمیونٹی کے ابتدائی عقیدت مند تھے اور ان کی قربانیوں اور خلوص کو یاد کیا جاتا ہے۔

یہ نسب/ وراثت، موافقت، عقیدت، اور برادری کی قیادت کے امتزاج کی عکاسی کرتی ہے، جو نسلوں سے گزرنے والی اقدار کی مضبوط بنیاد رکھتی ہے۔ والدہ کے پھوپھی اور ماموں اور دادا دادی بھیرہ کے ابتدائی صحابہ میں سے تھے۔

ڈاکٹر محمد سمیع صاحب میرے والد کی عمر کے تھے اور F.Sc تک ہم جماعت تھے۔ اس کے بعد محمد سمیع میڈیکل سکول چلے گئے۔ میڈیکل سکول میں قیام کے دوران انہیں ٹی بی ہو گیا۔ ان کا علاج کیا گیا اور ایک پھیپھڑا تبدیل کر دیا گیا۔ لیکن وہ اس بیماری سے مکمل طور پر صحت یاب نہ ہو سکے۔ جوانی میں انتقال کر گئے۔ یہ سانحہ ننھیال کے لیے بہت بڑا صدمہ تھا لیکن انہوں نے بڑے صبر کے ساتھ اللہ کی رضا کو قبول کیا۔

میاں محمد سمیع (میڈیکل اسٹوڈنٹ)

والدہ فضل بیگم کی نانا جان اور ماموں صاحبوں۔ نانا جان کو بھیرہ میں ماموں سمیع کے ساتھ دفن کیا گیا۔ ماموں محمد شفیع کو قادیان میں موصی کی حیثیت سے دفن کیا گیا۔ یہ حضرات ہمارے خاندان کی پہچان تھے۔ انہوں نے تعلیم اور روحانی دونوں شعبوں میں مہارت حاصل کی اور کامیاب رہے۔ اللہ ان کے درجات کو جنت میں بلند کرے۔

میں نے ہمیشہ اپنے والدین کو اپنی ماں کے ننھیال کا مداح پایا۔ میرے والد نے مجھے کہانیاں سنائیں کہ حضرت نانا جان اور اماں کے ماموں کتنے اچھے تھے۔ وہ بھیرہ میں اپنے وقت کے ''رائل'' سے واقف تھے۔ خدا نے انہیں تعلیم، دولت، خوبصورتی اور معاشرے میں نمایاں مقام عطا کیا۔ میرے والد کہتے تھے کہ تمہارے ننھیالی بزرگ اپنے زمانے کے بادشاہ تھے۔ کبھی کبھی مصنف کو بدقسمتی محسوس ہوتی ہے کہ میں نے انہیں اپنی زندگی میں نہیں دیکھا اور ان کی صحبت کا لطف نہیں اُٹھایا۔ یہ سب حضرت مسیح موعود علیہ الصلوٰۃ والسلام کے صحابہ تھے اور بھیرہ جماعت کا لازمی حصہ تھے۔ ہمارے ننھیالی بزرگ حضرت خلیفۃ المسیح الاول رضی اللہ عنہ کی اولاد کی تعلیم میں مددگار تھے۔ یہ بچے اپنے امتحانات کی تیاریوں اور کالجوں میں داخلوں کے لیے ہیڈ ماسٹر میاں محمد شفیع صاحب کی رہنمائی اور نگہداشت کے لئے شکر گزار ہیں۔ آپ نے میاں منان عمر کا داخلہ علی گڑھ مسلم یونی ورسٹی میں کرانے میں مدد کی جہاں وہ الیومنی رہے۔

9.3-میری پیاری ماں (فضل بیگم/ بڑی امی)

یہ ہیں مصنف کی میٹھی یادیں-از: شفیق الرحمٰن

میں اپنے آپ کو خوش قسمت سمجھتا ہوں کہ اپنی زندگی کے 21 سال اپنی والدہ کے ساتھ گزارے۔ میں سب سے چھوٹا بیٹا تھا، ایک بہن مجھ سے چھوٹی تھی۔ ہماری والدہ باہمت، موافق، متقی، مضبوط اور مہربان تھیں۔ اپنی پوری زندگی میں، وہ متعدد بار مختلف شہروں میں منتقل ہوئیں، مختلف جغرافیائی علاقوں اور زبانوں کا تجربہ حاصل کرتی رہیں۔

اپنے آبائی شہر بھیرہ واپس آنے سے پہلے انہوں نے تین سال قادیان میں گزارے۔ 1956ء میں، ہمارے والد نے اپنے خاندان کو ربوہ منتقل کرنے کا فیصلہ کیا، اور میرے بڑے بہن بھائیوں کو اسکولوں اور کالجوں میں جانے کی اجازت دی۔ قادیان اور بھیرہ کے اپنے دوستوں سے رابطے میں

رہتے ہوئے وہ ربوہ کے غیر مانوس ماحول میں تیزی سے ایڈجسٹ ہوگئیں۔ وہ باقاعدگی سے ہمارے علاقے میں لجنہ میٹنگز میں شرکت کرتی تھیں، سرگرم رہتی تھیں اور کمیونٹی میں مصروف رہتی تھیں۔

9.3.1- خاندانی پس منظر اور تاریخ

1920ء میں پیدا ہونے والی میری والدہ میرے نانا ملک فضل احمد صاحب اور نانی آمنہ بیگم صاحبہ کی سب سے بڑی اولاد تھیں۔ ہماری نانی بھیرہ کی سب سے خوبصورت خواتین میں سے ایک کے طور پر مشہور تھیں، جنہیں مقامی زبان میں پیار سے ''کونج'' کہا جاتا تھا۔ میرے نانا جان ایک خوشحال تاجر تھے۔ افسوسناک بات یہ ہے کہ ہماری نانی کا شادی کے صرف پانچ یا چھ سال بعد اچانک انتقال ہوگیا، اپنے پیچھے تین بچے چھوڑ گئے: میری ماں اور ان کے دو بھائی۔

وہ ایک مستحکم اور انتہائی معزز خاندان سے تعلق رکھتی تھی۔ امی جان کے نانا جان غیر معمولی طور پر ایک کامیاب ٹھیکیدار اور انجینئر تھے جنہوں نے اپنے دونوں بیٹوں کو اعلیٰ تعلیم کے لیے علی گڑھ بھیجا۔

امی جان کی دادی شرفان اکثر بچوں کو ان کے نانا کے پاس لے جاتی تھیں، جو ان کے اپنے بھائی بھی تھے۔ میری والدہ صرف چھ سال کی تھیں جب ان کی والدہ کا بھیرہ میں 1926ء میں انتقال ہو گیا۔ میری پھپھو صغراں بی اکثر بتاتی تھیں کہ نانی جان اپنے بچوں کے مستقبل کے بارے میں کتنی فکر مند تھیں، یہ محسوس کرتے ہوئے کہ وہ ان کی دیکھ بھال کے لیے آس پاس نہیں ہوں گی۔

میری والدہ ہمیں بتایا کرتی تھیں کہ جب وہ پیدا ہوئیں تو ان کے والد نے ان کے عقیقہ کے لیے ایک مسنون جانور ذبح کیا تھا۔ ان کو اپنے چھوٹے بھائیوں کے ساتھ اپنے نانا نانی سے ملنے کا وقت یاد آیا، جب آپ کے پاؤں چاندی کی پازیب سے مزین تھے۔ جب ان کے ماموں نے پازیب دیکھی تو انھوں نے گرمجوشی سے ان کا استقبال کیا۔ دادی شرفان نے اس بات کو یقینی بنایا کہ ان کی اپنے نانا نانی کے گھر تک رسائی آسان ہے۔ میری والدہ کو اپنے ماموں رشتہ داروں میں اپنے دادا دادی، چچا

خالہ، اور کزن پر بے حد فخر تھا۔

ان کی والدہ (نانی جان) کے انتقال کے بعد میری والدہ اور ان کے بھائیوں کی پرورش ان کی دادی نے کی۔ میرے نانا جان نے پھپھو سکینہ بی سے دوبارہ شادی کر لی۔ میری والدہ نے ابتدائی تعلیم بھیرہ میں حاصل کی اور حافظ مبارک احمد مرحوم کے والد حافظ عبدالرحمٰن سے دینی علوم (قرآن، حدیث اور فقہ) کی تعلیم حاصل کی۔ وہ گہری مذہبی تھیں اور چھوٹی عمر سے ہی اعتکاف میں حصہ لیتی تھیں۔

میرے والدین نے شادی 1937ء یا 1938ء کے لگ بھگ اس وقت طے کی جب میرے والد چکوال کے ایک سرکاری کالج میں لیکچرار تھے۔ شادی کے بعد وہ چکوال، شاہ پور اور جہلم میں مقیم رہے۔ بھیرہ میں میری والدہ کے قریبی دوستوں میں بہت سی احمدی خواتین شامل تھیں، جیسے آمنہ بیگم، ممانی زیباں، عائشہ (غلام سرور کی بیوی)، زیبان پیراچی (صوفی عبدالغفور صاحب کی بہن)، خالہ خدیجہ، خالہ غلام فاطمہ، ممانی فاطمہ، خالہ فیضی، خالہ عائشہ اور امابسی۔

جب میرے والد لاہور میں تعلیم حاصل کر رہے تھے تو انہوں نے اپنے آبائی گھر کو گروی رکھ کر بابو عبدالرحمٰن سے رقم ادھار لی۔ ان کی شادی کے بعد، میری والدہ نے قرض کی ادائیگی کے لیے اپنے تمام زیورات عطیہ کر دیے۔ شکر گزاری کے طور پر، میرے والد نے قرض ادا ہونے کے بعد انہیں پدرانہ گھر دے دیا۔

1944ء میں، میرے والد نے اپنی اچھی تنخواہ والی سرکاری ملازمت سے استعفیٰ دے دیا اور ایک عقیدت مند کی حیثیت سے قادیان چلے گئے، تعلیم الاسلام کالج میں بطور تدریسی عملہ شامل ہو گئے۔ ہمارا خاندان محلہ دارالفضل میں حافظ مبارک احمد مرحوم کے گھر کے ایک حصے میں آباد تھا۔ حافظ مبارک احمد جامعہ قادیان/ربوہ کے ایک ممتاز عالم حدیث تھے۔

ہمارے خاندان پر پہلا سانحہ ہمارے چھوٹے بھائی صبغۃ اللہ کا کھونا تھا جو 1946ء میں ایک مختصر علالت کے بعد چیچک سے انتقال کر گیا۔ ہمارے والد نے اسے پیار سے نہلایا اور اس کی ننھی نعش

کو قبرستان لے گئے۔ اس کی پنکی (چھوٹی انگلی) پر چیچک کے تین نشانات دکھائی دے رہے تھے۔ ہمسایہ خواتین روایتی طور پر تعزیت کے لیے آئیں، لیکن ہماری والدہ نے نرمی سے انہیں یاد دلایا کہ وہ ایک امانت ہے جسے ہماری دیکھ بھال سونپی گئی ہے، اپنے خالق کے پاس واپس آ گئی ہے اور یہ کہ ہم سب خدا کی مرضی کے تابع ہیں۔

9.3.2- تقسیم کے ارد گرد بھیرہ منتقل ہونا

تقسیم کے وقت میرے نانا جان نے ماموں بشارت کو ہمارے خاندان کو بھیرہ لانے کے لیے بھیجا تھا۔ میرے والد حضرت خلیفۃ المسیح الثانیؓ کی ہدایت پر مرزا ناصر احمد کے ساتھ قادیان میں پیچھے رہے۔ چھ ماہ کے بعد، میرے والد حضرت مرزا ناصر احمد صاحبؒ کے ساتھ پاکستان پہنچے اور لاہور کے تعلیم الاسلام کالج میں دوبارہ ڈیوٹی شروع کی۔ دریں اثنا، میری والدہ چار بچوں کے ساتھ بھیرہ میں تھیں، میرے نانا جان کے ساتھ اس وقت تک رہتی تھیں جب تک کہ ہمارا آبائی گھر واپس جانے کے لیے تیار نہ ہو گیا۔ بجلی لگنے کے بعد ہم اپنے تزئین و آرائش والے گھر میں جا بسے۔

تقسیم کے بعد میرے والد نے سیدہ سائرہ بیگم سے دوسری شادی کی۔ میرے قریبی رشتہ داروں اور میرے والد کے دوست احباب کو اس بات کا علم تھا، آخر کار یہ معاملہ حضرت خلیفۃ المسیح الثانی رضی اللہ عنہ تک پہنچا۔ میری والدہ، میری پھپھو صغراں بی کے ساتھ حضورؓ سے ملاقات کے لیے گئیں۔ حضرت خلیفۃ المسیح الثانیؓ نے نہایت مہربانی سے میرے والد کو دوبارہ شادی کرنے کی اجازت دی اور میری والدہ کے رضاکارانہ وقف کو قبول کیا۔ حضورؓ نے مشورہ دیا کہ ان کا وقف بچوں کی دیکھ بھال اور اپنے شوہر کی خدمت کے لیے ہے۔ یہ میری والدہ کے لیے خاصا مشکل وقت تھا، جنہوں نے خود کو میری، حبیب اور یاسمین کی پرورش میں مصروف رکھا۔

یہ خبر ہمارے ماموں خاندان کے لیے صدمے کی طرح آئی۔ میرے والد کی طرف سے،

خاندان کے کچھ افراد نے خاموشی سے میرے والد کی دوسری شادی کی حمایت کی، لیکن میری والدہ نے قابل ذکر طاقت کے ساتھ تبدیلیوں کا سامنا کیا۔ لاہور میں ہمارے بڑے پھپھو اور اس کے خاندان نے میرے والد کے فیصلے کی حوصلہ افزائی کی۔ حالات کے باوجود میری والدہ نے کبھی ہماری چھوٹی امّی کے بارے میں ہم سے کوئی منفی بات نہیں کی۔ جب ہماری بہن نصیر نے کالج جانا شروع کیا اور ہاسٹل میں رہنے لگی تو وہ ہمیں گھر ملنے آتی تھیں۔ میں نے دیکھا کہ میری ماں ہمیشہ کھلے دل سے اس کا خیر مقدم کرتی تھی، بالکل اسی طرح جیسے وہ میری دوسری بہنوں کے ساتھ تھی۔

میں نے اپنی والدہ کی ربوہ کی ثقافت، بشمول ان کی زبان، لباس اور رسم و رواج کے ساتھ موافقت کی تعریف کی۔ مجھے یاد ہے کہ ان کا شٹل کاک برقعہ پہن کر ان کے ساتھ جانا، جب ہم بھیرہ میں اپنے گھر سے کافی دور ان کی خالہ سے ملنے گئے تھے۔ ہم اکثر سرکلر مین روڈ سے گریز کرتے ہیں، بھاری ٹریفک سے بچنے کے لیے پچھلی تنگ گلیوں کا انتخاب کرتے تھے۔ اس بات کو یقینی بناتے ہوئے کہ ہم غروب آفتاب سے پہلے گھر واپس آ جائیں۔ میری والدہ پہلے خالہ خدیجہ، پھر خالہ غلام فاطمہ اور آخر میں ان کی ممانی فاطمہ سے ملنے جاتیں جو دوسری منزل پر رہتی تھیں۔ یہ دورے، عام طور پر ظہر اور عصر کی نماز کے درمیان، اکثر نصیحت اور مشوروں سے بھرے ہوتے تھے۔ پھپھو محمد بی گھر کے ساتھ ہی رہتی تھی، لیکن میری والدہ نے بنیادی طور پر اپنی خالہ کے ساتھ وقت گزارا۔

میری والدہ اپنی دعاؤں میں گہری مذہبی اور مستعد تھیں۔ مجھے ایک ڈھکن والا ایک بڑا ڈبہ یاد آیا جس میں انہوں نے ''دھرکونے'' (دھریک کے درخت کے بیج) رکھے ہوتے تھے، جسے وہ اپنی تسبیح کے لیے موتیوں کے طور پر استعمال کرتی تھیں۔ ان کے قریبی رشتہ داروں میں ہماری خالہ آمنہ بیگم (حضرت اللہ بخش کی صاحبزادی) ہر ہفتے عصر کی نماز کے بعد اکثر ہماری والدہ سے ملنے آتی تھیں۔

9.3.3-بھیرہ میں بچپن کی یادیں

میرے بچپن کا ایک واقعہ، جیسا کہ میری بہن (امۃ الرفیق) نے بیان کیا، ہمارے گھر کے قریب پیش آیا۔گلی کے پار ایک چھوٹا سا کھلا نالہ بہتا تھا۔میری بہن مجھے اپنی دوست کے پاس لے جارہی تھی جو نالے کے دوسری طرف کھڑی تھا کہ میں اتفاق سے بہن کے بازو سے پھسل کر نالے کے اندر گر گیا۔ خوش قسمتی سے میرے کزن کیپٹن مبارک احمد نے یہ حادثہ دیکھا اور مدد کے لیے دوڑ پڑے۔وہ مجھے اپنے گھر لے گئے، جہاں میری پھپھو محمد بی نے اپنی بیٹیوں اور بہوؤں کے ساتھ مل کر مجھے صاف کیا اور بحفاظت گھر واپس کر دیا۔لیکن میری والدہ سے ان کی نظراندازی پر سخت احتجاج کیے بغیر نہیں۔میری ممانی مبارکہ نے سرکلر روڈ کے ساتھ ساتھ اونچی آواز میں اپنی ناراضگی کا اظہار کرتے ہوئے کافی منظر بنایا۔

بدقسمتی سے، اس گندے نالے میں گرنے کے بعد مجھے ٹائیفائیڈ ہو گیا اور میں کئی مہینوں تک بستر پر پڑا رہا۔اس بیماری نے میرا مدافعتی نظام بری طرح کمزور کر دیا، جس سے میری باقی زندگی میری صحت متاثر رہی۔

میری والدہ نے پڑوسی خواتین سے قریبی تعلقات رکھے جن میں خالہ فیضی، خالہ عائشہ، بہن حفیظان، خالہ بسی، خالہ سرداراں اور خالہ تاجی شامل تھیں۔ یہ خواتین دوپہر کے کھانے کے فوراً بعد ہمارے گھر آجاتیں، اکثر جب ہم دوپہر کی نیندیں لے رہے ہوتے۔وہ ہمارے غیر رسمی بیٹھنے کے کمرے میں بیٹھتے، گرمی کی شدید گرمی میں ٹھنڈا رکھنے کے لیے ہاتھ سے چلنے والے چھت کے پنکھے کو کھینچتے۔

جب ہماری پڑوسی عائشہ کے ہاں بیٹی پیدا ہوئی تو میری ماں نے اس کا نام 'بشریٰ' رکھا اور اسے پہلے ہی بتادیا کہ بشریٰ کے بعد اس کے ہاں بیٹے کی ولادت ہوگی۔یقیناً، یہ سچ ثابت ہوا، اور میں بشریٰ

اوراس کے بھائی دونوں سے 1990ء کی دہائی کے وسط میں ملاجب میں بھیرہ گیا تھا۔

حفیظاں ایک جوان، صاف گو عورت تھی، لیکن اس کی شادی ایک انتہائی سادہ نظر، سیاہ رنگت والے آدمی سے ہوئی تھی۔ ان کی والدہ حاکم بی بی بھی ہماری پڑوسی تھیں۔ وہ اکثر میری امی کو بتاتی تھیں کہ کیسے ہماری مرحومہ دادی تہجد اور نوافل کے وقت نماز میں کھڑے ہو کر صبح تک عبادت کرتی تھیں۔ حاکم بی بی بڑی بڑی آنکھوں والی ایک خوبصورت خاتون تھیں۔

ہمارے خاندانی ہال میں فرش پر ایک ''چھٹو'' تھا، جو جڑی بوٹیاں پیسنے اور ملانے کے لیے استعمال ہوتا تھا۔ ہمارے پاس ایک ''چرخہ'' (چرخا) بھی تھا جسے میری دادی استعمال کرتی تھیں۔ مرکزی داخلی دروازہ دائیں طرف تھا جبکہ دوسری منزل کی سیڑھیاں بائیں طرف تھیں۔ مرکزی ڈرائنگ روم میں داخل ہونے کے ساتھ ساتھ مرکزی گھر کے ایک طرف کا داخلہ بھی تھا۔ 2002ء کے آس پاس، کیپٹن مبارک نے ہینڈ پمپ کو کچن کے قریب ایک نئی جگہ پر منتقل کیا۔

باورچی خانہ چھوٹا تھا، اور میری والدہ وہاں کھانا پکاتی تھیں۔ باورچی خانے کے دائیں جانب ایک چھوٹی سی اسٹوریج ایریا تھی۔ مجھے واضح طور پر یاد ہے کہ ماں نے میرے والد کے لیے چائے کا برتن تیار کیا تھا۔ ساتھ والے کمرے میں ایک کرسی اور سائیڈ ٹیبل تھی جہاں میرے والد بیٹھ کر چائے پیتے تھے۔ میں باقاعدگی سے ان سے ملنے جاتا، ان کے کپ سے اپنے حصے کی چائے کا بے تابی سے انتظار کرتا۔ وہ مجھے ''میاں منگتا'' کہتے تھے، شاید اس لیے کہ میں ہمیشہ چائے مانگتا تھا۔

بچپن میں، میں اکثر اپنے آبائی رشتہ داروں سے ملنے جاتا تھا۔ ہمارے گھر آپس میں جڑے ہوئے تھے، اور جب بھی میں ٹنسلائٹس یا بخار سے بیمار ہوتا، تو میں اپنی ماں سے کہتا کہ مجھے ''دم/ درود'' کے لیے پھپھو صغراں بی کے پاس بھیج دیں۔ وہ مجھے شفا دینے کے لیے قرآن کی آیات اور خصوصی دعائیں سناتی۔ میرے بڑے کزن مجھے ان سے اور دوسرے رشتہ داروں سے ملنے لے جاتے، جیسے میری بڑی پھپھو فاطمہ بی۔ مجھے پھپھو صغراں بی کا بنگلہ بہت پسند تھا۔ یہ دوسری منزل پر تھا، گلی کی طرف،

اور ایک طرف میرے دادا کی بنائی ہوئی خوبصورت سیاہ لکڑی کے نقش ونگار سے مزین تھی۔

گرمیوں کی راتوں میں ہم دوسری منزل پر سوتے تھے۔تنگ سیڑھیوں نے صحن سے چار پائیوں کو اوپر لے جانا مشکل بنا دیا تھا، لیکن ہم ایسا کرنا چاہتے تھے۔تاہم، جب بارش ہوتی تھی، تو ہم نیچے کی طرف بھاگتے تھے کیونکہ دوسری منزل پر کوئی چھت والا کمرہ نہیں تھا۔ہم اکثر کھلے آسمان کے نیچے سوتے تھے۔میں ہمیشہ اندھیرے سے تھوڑا ڈرتا تھا، خاص کر ساتھ والے خالی گھر سے۔ماضی کی اکثر کہانیاں اس ''خالی'' گھر سے وابستہ تھیں۔تقسیم کے بعد، اغوا کی افواہیں تھیں، اس لیے ہم ہمیشہ محتاط رہتے تھے اور کبھی اکیلے باہر نہیں نکلے۔مجھے یاد ہے کہ میری امی کے چچا محمد صاحب اکثر روزمرہ کا سامان وغیرہ گھر پہنچانے میں مدد کے لیے آتے تھے۔کبھی کبھی، سردارن سبزیاں گھر پہنچاتی تھی۔اگر کسی روز وہ نہ آتی تو اس کی بیٹی دوسری منزل پر آ کر پوچھتی کہ ہم کیا آرڈر کرنا چاہتے ہیں؟

میں نے بھیرہ کو 1955 / 1956 کے آس پاس چھوڑا لیکن 1994 / 1995 میں ممانی زیبان کے ساتھ اپنے آبائی گھر کو دیکھنے گئے۔جب ہم اپنے آبائی گھر کے قریب پہنچے تو میں نے دیکھا کہ سیاہ لباس میں ایک لمبی عورت سبزیوں کے ساتھ زمین پر بیٹھی ہے۔ممانی جان نے اس سے مختصر بات کی اور پھر پوچھا کہ کیا وہ مجھے پہچانتی ہیں؟ وہ عورت کھڑی ہوئی، مجھے گلے لگالیا، اور ممانی زیبان سے کہا، ''میں جانتی ہوں، وہ فضلائی کا بیٹا ہے، ہم انہیں دور سے سونگھ سکتے ہیں۔'' وہ مجھے دیکھ کر بہت خوش ہوی۔پھر وہ ہمارے ساتھ خالہ فیضی اور خالہ عائشہ سے ملنے چلی گئیں، جو ہمیں دیکھ کر اتنی ہی خوش تھیں۔میں نے دیکھا کہ وہ اب بھی میری ماں کو پیار سے یاد کرتے ہیں اور ان کے بارے میں بات کرتے ہوئے روتے ہیں۔میں خالہ عائشہ کی بیٹی بشریٰ سے بھی ملا، جن کا نام میری والدہ نے رکھا تھا۔حیات کی دکان اب بھی وہیں تھی لیکن اسے کوئی اور چلا رہا تھا۔

یہ عورتیں پوچھتی تھیں کہ ہم نے اپنے دادا، دادی، گھر اور گلی کو کیوں چھوڑا ہے؟ ہم پاکستان چھوڑ کر امریکہ میں کیوں آبسے؟ ہم انہیں بھیرہ میں کیوں نہیں دیکھتے؟ ہماری ماں کے بارے میں کوئی شکایت

نہیں کیونکہ وہ انتقال کر چکی ہیں۔

ہماری والدہ کو بچھڑے کئی سال ہو چکے ہیں لیکن میری والدہ کے لیے ان کا پیار تعلق اور باہمی احترام ٹھنڈا نہیں ہوا۔ میری والدہ کی ایک عزیز (غیر احمدی سہیلی خالہ عائشہ) زمین پر بیٹھی ہوئی تھیں جنہوں نے میری والدہ کے بارے میں گہرے دکھ کا اظہار کرتے ہوئے ہاتھوں سے زمین پیٹ کر اپنے دُکھ کا اظہار کیا کہ میری آپا فضل بیگم کو لے آئیں۔

مصنف نے اپنے بچپن کی کچھ یادیں شیئر کی ہیں۔ میں بہت خوش قسمت تھا کہ ایسی پیار کرنے والی خالاؤں کے سائے میں پرورش پائی۔ انہوں نے ہماری پرورش اس وقت کی جب ہم ان کے پڑوس میں بڑے ہو رہے تھے۔ ان کی محبت، احترام لازوال اور غیر مشروط تھا۔ میں اپنے پرسکون لمحات میں ان واقعات کو یاد کرتا ہوں اور اس سے مجھے توانائی اور حوصلہ ملتا ہے۔ اب میں اپنی ان آنٹیوں کے لیے دعا ہی کر سکتا ہوں۔

9.3.4-احمد آباد کا سفر

مجھے اپنے بچپن کا ایک واقعہ یاد آ گیا جس نے ایک تاثر چھوڑا۔ احمد آباد میں ایک شادی تھی اور میرے تمام رشتہ داروں نے شرکت کی۔ ہم نے کشتی کے ذریعے دریائے جہلم کو عبور کیا اور پھر پیدل چل کر احمد آباد چلے گئے۔ اگرچہ میں ناقابل یقین حد تک شیر خوار بچہ تھا تقریباً ایک سال کا لیکن مجھے اب بھی اس سفر کی کچھ تفصیلات یاد ہیں۔ ہم وہاں ایک دو دن رہے، اور مجھے وہ کمرہ یاد ہے جہاں میں اور میری والدہ ٹھہرے تھے۔ کمرے میں دو چارپائیاں تھیں۔

جو چیز میری یادداشت میں سب سے زیادہ واضح طور پر نمایاں ہے وہ ایک خوبصورت سونے کا ہار ہے جس میں دل کی شکل کا لاکٹ ہے جو میری ماں نے پہنا تھا۔ میں نے اسے اتارنے کو کہا ہوگا تاکہ میں اس کے ساتھ کھیل سکوں۔ کسی وقت میں چارپائی پر سو گیا اور ہار میرے ہاتھ سے پھسل کر فرش

پر گر گیا۔ مجھے وہ بے چین تلاش یاد ہے جس کے بعد میزبان خاندان نے میری ماں کا ہار تلاش کرنے کی کوشش کی۔ شکر ہے، آخر کار انہیں اسی کمرے میں فرش پر ملا۔

اگرچہ میں صرف ایک سال کا تھا، میرے پاس اب بھی اس گھر اور کمرے کی واضح یادیں ہیں۔ مجھے یاد نہیں کہ ہم کتنی دیر ٹھہرے رہے یا کیسے واپس آئے، لیکن احمد آباد کا سفر میرے ساتھ رہا۔

یہ واقعی مجھے حیران کر دیتا ہے کہ خدا کی عطا کردہ یادداشت کے ساتھ مجھے اب بھی سفر کی تفصیلات اور تمام واقعات یاد ہیں۔

احمد آباد وہ قصبہ تھا جہاں میرے آباؤ اجداد رہتے تھے۔ میرے دادا نے اس قصبے سے (مذہبی عدم برداشت کی وجہ سے) بھیرہ منتقل ہونے کا فیصلہ کیا۔ انہوں نے کئی دوسرے خاندانوں کے ساتھ احمدیت قبول کی اور بھیرہ چلے گئے۔ منتقل ہونے والوں میں شیخ الاسلام حضرت قادر بخش احمد آبادی رحمۃ اللہ علیہ، مولوی محمد حسین احمد آبادی (جو ڈاکٹر فضل قادر کے دادا تھے) اور حضرت مولوی فضل الٰہی (مغل) احمد آبادی تھے۔

ہمارے بعض رشتہ دار حضرت قاضی محمد امین اور سروبہ سے حضرت قاضی محمد یامین ربوہ میں ہمارے پاس آتے تھے۔ وہ ہمارے والد کے ماموں زاد اور خالہ زاد تھے۔ ہمارے کئی آباؤ اجداد مخدوم، قاضی کے نام سے جانے جاتے تھے اور کچھ چنیوٹ سمیت علاقے میں مختلف خانقاہوں کے مالک یا متولی تھے۔

احمد آباد بالآخر دریائے جہلم کے بدلتے ہوئے رخ (ڈاہاہ) کا شکار ہو گیا، جس سے بہت سے خاندان وہاں سے نکلنے پر مجبور ہوئے۔ میرے دادا کے دوست، مولوی محمد حسین احمد آبادی، جو ایک مشہور حکیم، شاعر، اور مذہبی اسکالر تھے۔، 1914ء میں احمد آباد واپس آئے اور 1916ء میں ان کا انتقال ہوا۔ میں ابھی تک تحقیق کر رہا ہوں کہ وہ بھیرہ میں دفن ہوئے یا احمد آباد میں۔ وہ حضرت مولوی محمد دلپذیر رحمۃ اللہ علیہ کے استاد تھے، جن کا انتقال 1945ء میں ہوا اور وہ بھیرہ میں مدفون ہیں۔

غیر احمدیوں (بھیرہ/احمد آباد) نے مجھ سے ان کی تدفین کی جگہ کا انکشاف کرنے کے لیے رابطہ کیا ہے تاکہ وہ حضرت مولوی محمد حسین احمد آبادی رحمۃ اللہ علیہ کے لیے ایک خوبصورت درگاہ تعمیر کر سکیں۔

مصنف کے پردادا حضرت میاں بختاور کندلانی احمد آباد میں مدفون تھے اور حضرت مولانا نورالدین اور شیخ الاسلام حضرت قادر بخش احمد آبادی کے قریبی دوست تھے، انہوں (شیخ الاسلام) نے احمدیت قبول کرنے کے بعد اپنے تمام القابات ترک کر دیے، قادیان چلے گئے، انتقال کر گئے اور بہشتی مقبرہ میں دفن ہوئے۔ ان ابتدائی صحابہ کی اگلی نسل نے احمدیت چھوڑ دی اور ہماری جماعت کے ساتھ تعلق ترک کر دیا۔ ہم خدا کے شکر گزار ہیں کہ ہم ابھی تک جماعت اور ان نعمتوں کا حصہ ہیں۔

9.3.5-ربوہ منتقل

کالج کے لاہور سے ربوہ منتقل ہونے کے بعد، ہمارے خاندان نے اس کی پیروی کی۔ ہم کئی کرائے کے گھروں میں رہتے تھے: پہلے صوفی اسحاق صاحب کے گھر، پھر 'باسرہ ہاؤس' میں اور آخر میں ڈاکٹر بندیشا صاحب کے گھر۔ ہم نے سب سے طویل عرصہ 'باسرہ ہاؤس' والے گھر میں گزارا جو قریشی محمد عبداللہ صاحب کی رہائش گاہ 'آشیانہ' کے ساتھ ہی تھا۔ محدود مالی وسائل کی وجہ سے، میرے والد ربوہ میں اپنا ذاتی گھر تعمیر نہیں کر سکے تھے۔

میں نے اپنی ابتدائی تعلیم کا آغاز پرائمری اسکول سے کیا جب میرے بڑے بہن بھائی کالج شروع کرنے کی تیاری کر رہے تھے۔ تعلیم اولین ترجیح تھی اور ساٹھ کی دہائی کے وسط تک میرے خاندان کے چار بڑے افراد ربوہ اور لاہور میں اپنی تعلیم مکمل کر چکے تھے۔

ہمارا آبائی گھر بھیرہ میں رہا جس کی دیکھ بھال ماموں بشارت اور ماموں مبارک نے کی۔ ربوہ میں اپنے وقت کے دوران، ہم اکثر گرمیوں کی چھٹیوں میں بھیرہ جاتے تھے۔ تاہم، ان دوروں کے دوران، میں نے مقامی کاریگروں سے "برے الفاظ" سیکھے، جس کی وجہ سے میرے والد نے ہمارے دورے

روک دیے۔ بدقسمتی سے، سڑکوں پر اس طرح برے الفاظ سننا عام تھا، خاص طور پر تنازعات کے وقت۔

مجھے اپنے والد کے پچاس کی دہائی کے اواخر میں شدید بیمار پڑنے کی دھندلی یاد ہے۔ جب ہم صوفی اسحاق کے گھر میں رہ رہے تھے۔ مجھے اپنی چھوٹی امی کی مختصر ملاقات یاد ہے، لیکن مجھے یقین نہیں ہے کہ ہماری مائیں کبھی ذاتی طور پر ملیں یا نہیں۔ اس کے بعد، ہم باسرہ ہاؤس والے گھر چلے گئے اور 1969ء تک وہیں رہے۔ پھر ہم ڈاکٹر بندیشا کے گھر چلے گئے، اس سے پہلے کہ میرے بھائی منان اعلیٰ تعلیم کے لیے امریکہ روانہ ہوں۔

1969ء میں میرے بڑے بہن بھائیوں بھائی محمود اور باجی لطیف کی شادی آشیانہ کے قریب بسرا کے گھر ہوئی۔ باجی لطیف شادی کے بعد راولپنڈی چلی گئیں، جب کہ بھابی ضیاء بھائی محمود سے ملنے سیرا لیون گئیں۔ بھائی منان کی منگنی ہو گئی اور امریکہ چلے گئے بھائی محمود اور بھابی ضیا 1970 / 1971ء میں پاکستان واپس آئے اور انعام الرحمن ربوہ میں پیدا ہوئے۔ بھائی محمود بعد میں بھابی ضیاء کو اس کے والدین کے پاس چھوڑ کر سیرا لیون واپس چلے گئے، جو اکثر ہم سے ملنے آتے تھے۔ مشرقی پاکستان میں حالات خراب ہوتے گئے، اور مجھے یاد ہے کہ بھابی ضیاء آخرکار انعام کے ساتھ سیرا لیون واپس چلی گئیں۔

دسمبر 1972ء میں میرے والد شدید بیمار ہو گئے اور انہیں علاج کے لیے لاہور منتقل کرنے کی سفارش کی گئی۔ انہیں U.C.H لاہور میں داخل کرایا گیا۔ میں رشتہ داروں خصوصاً ماموں نصیر اور پھپھو صغراں بی کی طرف سے ملنے والی اخلاقی حمایت کے لیے شکر گزار ہوں۔ معجزانہ طور پر، میرے والد صحت یاب ہو گئے اور انہیں ہسپتال سے ڈسچارج کر دیا گیا۔ والد کی اس بیماری کے دوران میں نے اپنا بی ایس سی کا امتحان چھوڑ دیا تھا۔

اس دوران UET لاہور سے پروفیسر راجہ مقبول الٰہی میرے والد سے ملنے آئے اور مجھے الیکٹریکل انجینئرنگ کے لیے لاہور کی انجینئرنگ یونیورسٹی میں داخلے کے لیے درخواست دینے کی

ترغیب دی۔ میں نے درخواست دی اور مئی 1973ء میں قبول کر لی گئی۔ یہ میری زندگی میں ایک اہم موڑ تھا اور میں اسے اپنے والد کی دعاؤں سے منسوب کرتا ہوں، جس نے میری زندگی کا رخ بدل دیا۔ میں نے ویسٹ پاکستان یونیورسٹی آف انجینئرنگ اینڈ ٹیکنالوجی میں سہگل فاؤنڈیشن نیشنل ٹیلنٹ اسکالرشپ پر الیکٹریکل انجینئرنگ میں داخلہ لیا۔

اس غیر متوقع تبدیلی اور لاہور منتقلی نے میری زندگی بدل دی۔ اس نے مجھے مختلف قسم کے لوگوں سے رابطہ قائم کرنے اور متنوع پس منظر سے تعلق رکھنے والے افراد کے ساتھ تعلقات استوار کرنے کی اجازت دی۔ ایسی مہارتیں عام طور پر نصابی کتابوں سے نہیں سیکھی جاتی ہیں۔ وہ خدا کی عطا کردہ خوبیاں ہیں جو زندگی کے تجربات سے حاصل ہوتی ہیں۔ میں راستے میں کچھ ناقابل یقین لوگوں سے ملا ہوں، اور میں خاموش لمحوں میں ان کی یادوں کو پسند کرتا ہوں۔ ان کی غیر موجودگی میرے دل میں ایک خلا چھوڑ دیتی ہے، لیکن ان کی حوصلہ افزائی میری امیدوں اور عزائم کو ہوا دیتی ہے۔

9.3.6- میری ماں کی صحت کے مسائل

مجھے ساٹھ کی دہائی کے اواخر سے یاد ہے جب ہماری والدہ شدید بیمار ہو گئیں۔ مقامی علاج کے بے اثر ثابت ہونے کے بعد، میرے والد نے لاہور میں ہمارے فیملی ڈاکٹر سے مشورہ لیا۔ وہ ہائی بلڈ پریشر کے ساتھ جدوجہد کر رہی تھیں۔ ان کا بایاں بازو اور کندھا منجمد تھے۔ شکر ہے، چند مہینوں کے بعد، وہ مکمل صحت یاب ہو کر اپنے معمول پر لوٹ آئی۔ بھائی محمود اور منان کی مصروفیات کے دوران ان کی صحت اچھی تھی اور انہوں نے باجی لطیف کی شادی میں بڑھ چڑھ کر حصہ لیا۔ مجھے انعام الرحمن کی پیدائش کے وقت ان کی زبردست خوشی یاد ہے۔ وہ پرجوش اور دل کی گہرائیوں سے اپنے بچوں کی سسرال میں مصروف تھی۔

افسوس کی بات ہے کہ وقت کے ساتھ ساتھ ان کی صحت گرنے لگی۔ انہوں نے ہائی بلڈ پریشر،

بات چیت کرنے میں تکلیف اور اپنا توازن برقرار رکھنے میں دشواری کا سامنا کیا۔ یہ فالج کے شروعاتی اثرات تھے۔

دسمبر 1971ء میں سقوط مشرقی پاکستان کے بعد ان کی حالت مزید بگڑ گئی۔ ہم نے دیکھا کہ ان کو چلنے کے لیے دیوار کا سہارا لینا پڑتا تھا۔ ڈاکٹر بھٹی سے مشورہ کے لیے ہم انہیں کئی بار فیصل آباد لے کر گئے لیکن کوئی بہتری نہیں آئی۔ ماموں مبارک آئے اور والدہ سے گفتگو پر تشویش کا اظہار کیا۔ ایسا لگتا تھا کہ ماضی قریب میں فالج کی وجہ سے ان کی گفتگو متاثر ہوئی تھی۔ جبکہ ماموں ممتاز نے انہیں مزید طبی معائنے کے لیے لے جانے کے لیے اپنی وین کی پیشکش بھی کی۔

اس مشکل دور میں ہمارے والد شاہدرہ ٹاؤن گئے لیکن خود شدید بیمار ہو گئے جس کی وجہ سے وہ گھر واپس نہیں آ سکے۔

مئی 1972ء کے وسط میں لندن سے معروف نیورولوجسٹ ڈاکٹر داؤد مبشر ربوہ میں ہماری خالہ (بوبو جی، چوہدری غلام احمد کی والدہ) کا معائنہ کرنے آئے۔ انہوں نے ہماری ماں کا بھی جائزہ لیا اور کہا کہ وہ برین ہیمرج کا سامنا کرنے کے دہانے پر ہیں۔ انہوں نے مزید کہا کہ اگر وہ آنے والی 'کوما' سے بچ گئی، جو چھ سے سات گھنٹے تک جاری رہے گی، تو وہ مزید پانچ سے دس سال تک زندہ رہ سکتی ہیں۔ انہوں نے صرف میری بڑی بہن اور بھائی حبیب کے ساتھ تشخیص/تشویش کا اشتراک کیا۔

اس نازک دن، میں ان کے ڈاکٹر سے مشورہ کرنے فیصل آباد گیا تھا۔ جب میں 3:00 بجے کے قریب گھر واپس آیا تو میں نے دیکھا کہ وہ پہلے ہی کوما میں چلی گئی تھیں۔ ڈاکٹر رشید اگلے چھ سات گھنٹے تک ان کی طرف دیکھتا رہا۔ ان کی سانسیں بے ترتیب ہو گئیں اور رگیں کمزور ہوئیں، جس کی وجہ سے کوئی انجیکشن لگانا مشکل ہو گیا۔ ان کا خون دھیرے دھیرے گاڑھا ہوتا گیا اور تیز بخار ہو گیا۔ نتیجتاً وہ گہری کوما (بے ہوشی) میں چلی گئیں۔

ہم نے فوراً اپنے قریبی رشتہ داروں کو اطلاع دی، جو ہمارے گھر آئے۔ رات 10:00 بجے کے

قریب، سات گھنٹے تک کوما میں رہنے کے بعد، وہ سکون سے چل بسیں، جیسا کہ ڈاکٹر مبشر نے اندازہ لگایا تھا۔ یہ ہمارے خاندان کے لیے ایک انتہائی مشکل وقت تھا۔ میرے بڑے بھائی، والد اور بہن دور تھے، اور ہم اس گہرے نقصان کو پورا کرنے کے لیے رہ گئے تھے۔ ڈاکٹر مبشر کے معائنے کے ٹھیک ایک ہفتے بعد وہ کوما میں چلی گئیں، کیونکہ خون کا جمنا ان کے دماغ تک پہنچ گیا، جس سے سیریبلر تھرومبوسس ہوا۔ ہمارے پاس خدا کی مرضی کو قبول کرنے کے سوا کوئی چارہ نہیں تھا، یہ جانتے ہوئے کہ دوسرا ممکنہ نتیجہ اسے ساری زندگی بستر پر چھوڑ سکتا تھا۔

9.3.7-ربوہ میں انتقال اور تدفین

ہماری والدہ کے انتقال کی خبر ہم سب کے لیے ایک صدمہ تھی۔ ہمارے پڑوسیوں نے قدم بڑھا کر حتمی انتظامات کی ذمہ داری سنبھالی۔ انہوں نے ایک مع ڈرائیور کار کا انتظام کیا اور ہمارے ماموں میاں نصیر الدین، ہمارے والد کو ربوہ واپس لانے کے لیے لاہور گئے۔ اس نے ہماری چھوٹی امی کو ہماری والدہ کی سنگین بیماری کے بارے میں بتایا لیکن انہیں اس سانحے سے پوری طرح بچالیا۔

میں اپنی والدہ کے انتقال کی اطلاع گھر والوں کو راولپنڈی بھیجنے کے لیے مقامی پوسٹ آفس گیا۔ ہم نے اپنے پڑوسیوں اور رشتہ داروں کی مدد سے تدفین کی تیاری کی۔ انہیں آخری غسل دیا گیا اور نعش کو ٹھنڈا رکھنے کے لیے لکڑی کے تابوت میں رکھا، جس کے چاروں طرف برف کے بیس بلاکس تھے۔

ہمارے والد صبح 10:30 بجے کے قریب گھر پہنچے۔ ہم نے والد صاحب کو والدہ محترمہ کی وفات کی خبر سنانے کیلئے ذہنی طور پر تیار کیا جس میں کچھ وقت لگا۔ پھر ہم نے انہیں یہ افسوس ناک خبر دی۔ مجھے یاد ہے کہ وہ کمرے میں چلتے ہوئے ہماری والدہ کو آخری بار دیکھ رہے تھے اور پھر میاں عزیز احمد (بہن صالحہ کے شوہر) کو تابوت بند کرنے کی اجازت دی۔

اس کے بعد ان کی میت کو نماز جنازہ کے لیے مسجد مبارک میں لے جایا گیا اور بہشتی مقبرہ، ربوہ میں سپرد خاک کیا گیا۔ تدفین کے بعد ڈاکٹر نصیر خان نے مہربانی کر کے حبیب اور مجھے گھر کی سواری دی۔ ہم اپنے تمام رشتہ داروں، پڑوسیوں، خیر خواہوں اور دوستوں کے تہہ دل سے ممنون ہیں جنہوں نے اس دکھ کی گھڑی میں غیر متزلزل تعاون کیا۔

میں اپنے قریبی پڑوسیوں کی غیر معمولی مدد کو تسلیم کرنے کے لیے ایک لمحہ نکالنا چاہتا ہوں۔ انہوں نے قابل ذکر وقار اور شفقت کے ساتھ ساری ذمہ داری اپنے اوپر لے لی اور تدفین کے سارے انتظامات کیئے۔ میں ہمیشہ ان کی جذباتی اور اخلاقی حمایت کا شکر گزار رہوں گا، جس نے میرے والد پر ایک تاثر چھوڑا، جو زندگی بھر اس خاندان کے شکر گزار رہے۔ ہماری پرانی خاندانی دوستی بالآخر رشتوں میں بدل گئی جب ہمارے بھانجے (داؤد) کی شادی ڈاکٹر وسیمہ سے کینیڈا میں ہوئی۔

9.3.8-صدمے کے بعد ایڈ جسٹ کرنا

ہماری والدہ کے انتقال کے بعد ہماری پھپھو ہمارے ساتھ رہنے آئی تھی۔ پھپھو جان کو پڑھنے کا بہت شوق تھا۔ وہ 400 صفحات پر مشتمل اے آر خاتون کا پورا ناول ایک رات میں پڑھتی تھیں۔ اگلے دن وہ میری بہنوں کے ساتھ ناول کے اہم کرداروں کے بارے میں گفتگو کرتی۔ جب بھی ہم ٹی وی دیکھنا چاہتے، ہم پھپھو سے اجازت طلب کرتے، کیونکہ ہمارے والد کو ان کے فیصلے پر بھروسہ تھا۔

ماموں جان ممتاز وین حادثے میں زخمی ہو گئے جنہیں فیصل آباد کے ہسپتال میں داخل کرا دیا گیا۔ انہوں نے پھپو کو فیصل آباد جانے اور پھر بھکر واپس آنے کیلئے اصرار کیا۔ ہمارے ماموں باقاعدگی سے ہمارے پاس آتے تھے۔

میں نے 1973ء کے وسط میں عمر ہال میں رہائش پذیر لاہور کی یونیورسٹی آف انجینئرنگ اینڈ ٹیکنالوجی (UET) میں انجینئرنگ کی تعلیم شروع کرنے کے لیے ربوہ چھوڑ دیا۔ ہمارے والد 1976ء

تک ربوہ میں رہے، اس کے بعد وہ لاہور چلے گئے۔ بھائی حبیب رفیق کی شادی ربوہ میں ہوئی، جب کہ بہن امۃ السمیع نے ملتان میں شادی کی اور بعد میں اپنے شوہر کے ساتھ مل کر نائیجیریا چلی گئی۔

بھائی حبیب اور اس کی بیوی نے شادی شدہ زندگی کو ایڈجسٹ کرنے میں جدوجہد کی اور وہ اپنے اختلافات کو حل نہیں کر سکے۔ ہمارے والد کی ان کے مسائل میں ثالثی اور مصالحت کی مخلصانہ کوششوں کے باوجود وہ ملک محمد عبداللہ صاحب کے ساتھ معاہدہ نہ کر سکے۔ تعطل تک پہنچنے کے بعد، میرے والد نے ربوہ کو خیریت سے چھوڑنے کا فیصلہ کیا۔

میں نے اپنی تعلیم مکمل کی اور امریکہ میں الیکٹریکل اور کمپیوٹر انجینئرنگ میں اپنی اعلیٰ تعلیم جاری رکھنے کی تیاری کر رہا تھا۔ میرے ماموں باجی رفیق اور ان کے بیٹے کو بھکر لے گئے۔ حبیب نے ربوہ کے ڈگری کالج میں بطور لیکچرار کام جاری رکھا۔ بالآخر، قضا نے فیصلہ دیا کہ حبیب اور اس کی بیوی ناقابل مصالحت اختلافات کی وجہ سے ساتھ رہنا جاری نہیں رکھ سکتے۔ چونکہ یہ آپس کی شادی (Cross Marriage) تھی، اس لیے ملک خاندان نے میری بہن کی طلاق کا انتخاب کیا۔ ان مشکل حالات نے میرا نقطہ نظر بدل دیا اور میں نے اپنے تمام ''دل کے معاملات'' کو مؤخر کرنے اور اپنے نئے مقاصد کے ساتھ آگے بڑھنے کا فیصلہ کیا۔ جو کہ امریکہ جانے، اعلیٰ تعلیم حاصل کرنے، کارپوریٹ امریکہ میں داخلہ لینے اور میرے خاندان کو امریکہ میں آباد ہونے کے قابل بنانے سے کم نہیں تھا۔

9.3.9-امریکہ منتقل ہونا

میں اس نتیجے سے محفوظ رہا۔ ملک محمد عبداللہ ہمیشہ مجھ پر بے حد مہربان رہے اور کئی بار UET کے ہاسٹلز میں مجھ سے ملنے آئے۔ میں نے اس کا احترام کیا اور اس پر پورا بھروسہ کیا، ایسا اعتماد جس میں میرا کبھی خیانت کرنے کا ارادہ نہیں تھا۔ بدقسمتی سے غلط بیانیوں اور مبالغہ آرائیوں کی وجہ سے وہ اعتماد ختم ہو گیا۔

جب میں امریکہ میں اپنی پڑھائی کے وسط میں تھا، مجھے طلاق کی کارروائی کی خبر ملی۔ اسی مہینے، ہم نے ڈینور (Denver) کا سفر کیا اور اپنے تمام بہن بھائیوں کے لیے امیگریشن کی درخواستیں دائر کیں۔ میں نے کانگریس مین ڈک چینی اور سینیٹر ایلن سمپسن سے بھی ان کی درخواستوں میں تیزی لانے کے لیے رابطہ کیا۔ میں نے دسمبر 1980ء میں گریجویشن کیا اور روچیسٹر، مینیسوٹا میں IBM میں شمولیت اختیار کی، جہاں اس کے فوراً بعد میں منتقل ہو گیا۔ 1981ء میں، میں کامیابی کے ساتھ اپنی بہن رفیق اور اس کے بیٹے کو امریکہ لے آیا جس میں باقی خاندان کے لیے ایک سرپرائز تھا۔ انہیں اندازہ نہیں تھا کہ وہ اپنے بیٹے کے ساتھ خیریت سے پاکستان چھوڑ آئی ہیں۔

ایک بار جب میں روچیسٹر میں اپنے نئے گھر میں آباد ہوا، میں نے اپنی ماں کے بارے میں ایک خواب دیکھا۔ یوں محسوس ہوا جیسے وہ فون پر مدھم آواز میں دور سے بات کر رہی ہوں۔ ان کی آواز مدھم لیکن صاف ہے۔ انہوں نے پوچھا کہ کیا میں اپنے نئے گھر میں شفٹ ہو گیا ہوں؟ میں انہیں بغیر کسی تاخیر کے جلدی سے اپنے گھر پہنچانے کے لیے بے چین تھا۔ میں نے ان سے اپنا جائے وقوع بتانے کو کہا۔ انہوں نے گفتگو جاری رکھی مگر اپنی جگہ نہیں بتائی۔ میرے اصرار پر لائن خاموش ہو گئی۔ شاید ان کو جواب دینے کی اجازت نہیں تھی۔ لیکن یہ ظاہر کرتا ہے کہ روحیں اپنے پیاروں سے پوری طرح واقف ہیں اور وہ خدا کے فضل سے ہمیں دیکھ رہے ہیں۔

میں جذبات سے مغلوب ہو کر اٹھا، اگلی صبح کام پر نہیں جا سکا۔ میں اس دن اپنے گھر میں اکیلے بہت رویا تھا۔ خدا نے مجھے اب ان کی خدمت کرنے کے قابل بنایا لیکن اب وہ سب مجھ سے جدا ہو کر اللہ کے حضور حاضر ہو چکے ہیں۔

اس بات پر غور کرتے ہوئے کہ میرے والدین نے میرے لیے کیا قربانیاں دی تھیں اور کیسے اچانک انہوں نے مجھے پیچھے چھوڑ دیا تھا۔ یوں لگا جیسے میری ماں مجھے دیکھ رہی ہے اور میری خیریت کی دعا کر رہی ہے۔

میں اپنی نانی سے کبھی نہیں ملا تھا، جن کا انتقال 1926ء میں بھیرہ میں ہوا۔ روچیسٹر میں ایک رات، میں نے خواب میں دیکھا کہ میں بھیرہ میں نانا جان کی حویلی کے باہر چہل قدمی کر رہا ہوں۔ میں نے دیکھا کہ اندر ایک سٹیج پر بہت سی خواتین سفید لباس میں جمع ہیں۔ جیسے ہی میں نے اندر جھانکا، میری والدہ نے سٹیج سے بھاگ کر مجھے گلے لگایا اور سفید لباس میں ملبوس ایک نوجوان خاتون سے ملنے کے لیے لے گئیں۔ میں نے ان سے اس خاتون کے بارے میں پوچھا تو انہوں نے بتایا کہ یہ میری امی جان اور آپ کی نانی جان ہیں۔ نانی جان نے قریب آ کر میرے داہنے گال پر بوسہ دیا۔ میں اب بھی اس خواب سے گرمجوشی اور محبت محسوس کرتا ہوں۔ یہ میری نانی اماں کے ساتھ میری پہلی ملاقات تھی، جو روحوں کے پراسرار سفر کی ایک خوبصورت یاد تھی۔

آخر کار، میرے بھائی حبیب کو حضرت خلیفۃ المسیح الرابعؒ سے امریکہ ہجرت کرنے کی اجازت مل گئی۔ اس نے اپنی تعلیم یونیورسٹی آف مینیسوٹا (سینٹ پال)، ملواکی کی مارکویٹ یونیورسٹی اور مشی گن میں ہارپر میڈیکل کالج سے حاصل کی۔ ہمارے خاندان نے 1984ء میں ربوہ کو خیر آباد کہہ دیا۔ میرے والدین اور دونوں ماؤں کو بہشتی مقبرہ میں سپرد خاک کیا گیا، جب کہ میرے دادا، دادی، ایک چچا اور ایک چھوٹا بھائی ہمارے آبائی شہر بھیرہ میں دفن ہیں۔

ہمارے خاندان کا سفر قابل ذکر ہے۔ احمد آباد میں احمدیت قبول کرنے کے بعد، میرے دادا دادی حضرت خلیفۃ المسیح الاول رضی اللہ عنہ کے مشورہ پر 1894ء میں بھیرہ چلے گئے۔ 1944ء میں یہ خاندان قادیان چلا گیا، پھر 1947ء میں واپس بھیرہ اور آخر کار 1956ء میں ربوہ چلا گیا۔ بالآخر ہم سب 1984ء میں پاکستان چھوڑ کر امریکہ چلے گئے۔ 1994 / 1995 میں، میرے بڑے بھائی اور بہن کے خاندان ہمارے ساتھ یہاں شامل ہوئے۔ بھیرہ کے ابتدائی صحابہ کی اولادیں اب امریکہ میں مقیم ہیں۔ ہماری تمام کامیابیاں اور برکات ہمارے والدین اور دادا، دادی کی دعاؤں کا نتیجہ ہیں۔

میری آخری دعا کے ساتھ:

رَّبِّ ارْحَمْهُمَا كَمَا رَبَّيَانِي صَغِيرًا

''اے میرے رب، ان پر رحم فرما جیسا کہ انہوں نے مجھے بچپن میں پالا'' (قرآن 25:17)

9.4- ہمارے ماموں کے بارے میں یادیں

یہ حصہ ہمارے ماموں کی محبت بھری یادوں کا اعادہ کرتا ہے، جن کی مہربانی، رہنمائی اور مدد نے ہمارے خاندان پر دیرپا اثر چھوڑا۔ دلی یادوں کے ذریعے، ہم ان کی سخاوت، مضبوط کردار اور ان پائیدار بندھنوں کا جشن مناتے ہیں جو انہوں نے نسل در نسل پروان چڑھائے۔ ان کی کہانیاں نہ صرف خاندانی رشتوں کی عکاسی کرتی ہیں بلکہ ایمان، برادری اور خدمت کے لیے گہری وابستگیوں کی بھی عکاسی کرتی ہیں۔

9.4.1- ماموں ملک بشارت احمد صاحب اور ممانی مبارکہ بیگم صاحبہ

دونوں بھیرہ کے ابتدائی صحابہ کی اولاد تھے۔ ماموں بشارت نے تقسیم ہند کے دوران حفاظت مرکز قادیان کے لیے بھی خدمات انجام دیں۔

ملک بشارت احمد صاحب اور ان کی اہلیہ انتہائی مہربان، محبت کرنے والے، دیکھ بھال کرنے والے اور بے پناہ مدد کرنے والے تھے۔ وہ انتہائی ملنسار تھے اور جب بھی ضرورت پڑتی تھی ہمارے لیے ہمیشہ موجود رہتے تھے۔ ان کی اہلیہ دلیر، بہادر، اچھی میزبان، صاف دل اور منکسر المزاج تھیں۔ فیز کے ساتھ سرخ ترک ٹوپی پہننے کی وجہ سے میرے ماموں کو ''صوفی'' بھی کہا جاتا تھا۔ وہ مذہبی وجوہات کی بنا پر لمبے بال (گردن تک) رکھے ہوئے تھے۔ بچپن میں میں ان کے گھر میں سوتا تھا۔ باجماعت نماز فجر کی ادائیگی کے بعد قرآن کریم کی تلاوت ان کا روز کا معمول تھا۔

ممانی مبارکہ بغیر کسی رسمی تعلیم کے ایک گھریلو خاتون تھیں۔ لیکن وہ اتنی فصیح اور مدلل تھیں کہ وہ

ہمارے خاندان میں ''کرشنا مینن'' کے نام سے مشہور تھیں۔ کرشنا مینن ہندوستانی پارلیمنٹ کے اسپیکر اور ہندوستان کے صدر تھے۔ اگر وہ لاء سکول جاتیں تو یقین ہے کہ وہ چیف جسٹس یا وزیر قانون بن جاتی۔ کیونکہ وہ اپنے نقطہ نظر کو بہتر طور پر منوا لیتی تھیں

میرے نانا جان کا کاروبار (کٹلری، تلواریں، پتھر کی شطرنج کی میز، خنجر، کرپان) تقسیم کے بعد بری طرح متاثر ہوا کیونکہ ہندو ریاستوں کو سپلائی/تجارت روک دی گئی تھی۔ انہوں نے ایک نیا کاروبار شروع کیا، لیکن یہ اتنا منافع بخش نہیں تھا۔ ہمارے نانا جان کے انتقال کے بعد ان کے مالی حالات بگڑ گئے۔ بچے ہائی اسکول چھوڑ چکے تھے اور تعلیم میں اچھی کارکردگی کا مظاہرہ کر سکتے تھے۔ بچوں نے بھیرہ چھوڑ دیا اور بھکر/کوہاٹ/ چنیوٹ میں کاٹن ملز میں ملازمت حاصل کی۔

ماموں مہندی کے کاروبار میں شامل ہو گئے۔ وہ دوسرے ساتھی کی بک کیپنگ کر رہے تھے۔ یہ منافع بخش نہیں تھا۔ ماموں صاحبان میری والدہ کے بہت قریب تھے کیونکہ وہ ہمیشہ بچوں کی تعلیم پر توجہ دینے کے لیے اپنی تجاویز دیتی تھیں۔ لیکن ہماری ممانی مبارکہ ایسی تجاویز کو رد کر دیتی تھیں۔

ماموجان کی زندگی کا آخری حصہ اچھا نہیں رہا۔ بچے مستقل مزاج نہیں تھے اور مرکزی خاندان سے دور ہو گئے۔ ان کا بیٹا مبشر دل کی تکلیف کے باعث انتقال کر گیا۔ پھر بھائی سعید کا انتقال ہو گیا۔ مشترکہ الیکٹرک فلور مشین کو پہلے آرا مشین میں تبدیل کیا گیا اور انور نے جلدی میں بیچ دیا۔ اس کی وجہ سے سعید کو بڑھاپے میں ملازمت سے فارغ کر دیا گیا۔ مجید نے بھکر کی کاٹن ملز سے بھی استعفیٰ دے دیا اور واپس بھیرہ چلا گیا۔ اس نے تعمیراتی مزدور کے طور پر کام شروع کیا۔

ہمارے ماموں کی وفات کے بعد، بچوں نے (خاص طور پر دو بیٹیوں نے) احمدیت سے باہر شادی کر لی۔ بھائی مجید نے بھی سروبہ (احمدیت سے باہر) میں شادی کی۔

ماموں میری ماں اور باپ کے لیے انتہائی مہربان اور قابل احترام تھے۔ ماموں جان نے اپنی زندگی میں چند مشکلات کا سامنا کیا لیکن اپنے ایمان کو برقرار رکھا اور حوصلے اور بہادری کے ساتھ

ناگزیر حالات کا سامنا کیا۔ میں یہ بتانا چاہوں گا کہ نانی جان کا انتقال جلد ہی اپنے پیچھے تین بچوں (میری ماں اور دونوں ماموں) کو چھوڑ گیا جن کی پرورش ان کی دادی نے کی تھی۔ ماموں بشارت نانا جان کے کاروبار سے منسلک تھے، اور یہ واضح نہیں کہ انہوں نے میٹرک مکمل کی تھی یا نہیں۔ اگرچہ ننھیالی خاندان مالی اور تعلیمی لحاظ سے مضبوط تھا لیکن ان کی رہنمائی اور تعلیم میں نظرانداز ی کی گئی۔

جب میں پرائمری اسکول میں تھا تو میرے ماموں کے خاندان جلسہ سالانہ کے دوران ہم سے ملنے آئے۔ جب وہ واپس بھیرہ گئے تو بھائی منان اور میں ان کے ساتھ گئے۔ واپس بھیرہ جاتے ہوئے ہماری بس کو معمولی حادثہ پیش آیا اور میرا دایاں ہاتھ زخمی ہو گیا۔ جب ہم بھیرہ پہنچے تو دائیں ہاتھ پر سوجن نظر آرہی تھی۔ ماموں نے حکیم کو بلایا اور اس نے جڑی بوٹیوں کا تیل/ ہری گندم اور ہلدی ڈال کر مضبوطی سے لپیٹ لیا۔ میں ایک دو دن میں ٹھیک ہو گیا۔ جب ہم واپس آئے تو ماموں جان نے مجھے ایک سوٹ (بغیر سلے) دیا۔

خاندان کے اندر اچھی تفہیم نہیں تھی اور اس تصادم کی صورتحال کا اثر اگلی نسل پر بھی پڑا۔ بھیرہ میں کسی بھی بچے نے میٹرک مکمل نہیں کیا۔ تعلیم کی کمی، کم توجہ اور نظم وضبط کی وجہ سے فیکٹری کے ماحول میں کام کرنے کے لیے کم گریڈ کی نوکریاں ملیں۔ بعد میں، بچوں نے اپنی ملازمتیں چھوڑ دیں اور بھیرہ آ گئے۔ ان کے درمیان ایک قریبی رشتہ ہے۔ میں تفصیلات نہیں جانتا، لیکن یہ مکمل افراتفری اور ناکامیوں کا باعث بنا۔

پہلے ماموں بشارت احمد کا انتقال ہوا جس کے بعد ممانی مبارکہ کا انتقال ہوا۔ پھر ہماری بہن امۃ العزیز کا انتقال ہو گیا۔ ان کی شادی اپنے کزن سے ہوئی تھی جسے افغان خاندان نے قتل کر دیا تھا۔ پھر سانحات کا ایک ایسا سلسلہ شروع ہوا جس نے خاندان کو بہت نقصان پہنچایا۔ یہاں ذکر کرنا بہت تکلیف دہ ہے۔ ان سانحات نے بیٹیوں اور نواسوں کو متاثر کیا۔

میں نے اپنے والد کی وفات کے بعد جنوری 1982ء میں بھیرہ میں ماموں بشارت اور ان کے

خاندان سے ملاقات کی۔ ہم احمد آباد/سروبہ سے اپنے کچھ دور دراز کے رشتہ داروں سے ان کے گھر پر ملے۔ یہ 1982ء میں بھیرہ میں میری ان سے آخری ملاقات تھی۔

مجھے امریکہ میں ماموجان بشارت، ماموں ممتاز اور ماموں ناصر کے انتقال کی افسوسناک خبر ملی۔ 2006ء میں میں بھائی محمود کے ساتھ لاہور گیا اور ماموں ناصر کے انتقال پر ممانی اقبال صاحبہ سے تعزیت کی۔ ہم نے اسلام آباد میں ماموں مبارک کے خاندان سے ملاقات کی اور واپس امریکہ چلے گئے۔ ہمیں بھکر سے خاندان کے اس حصے سے ملنے کا وقت نہیں مل سکا۔ ہم نے خالہ رضیہ، بھائی فضل الٰہی اور پھپھو صغراں بی کو اس خاندان سے کھو دیا۔

میں نے سال 2020ء میں ایک اور سفر کیا اور ایک دن کے سفر کے لیے بھیرہ گیا۔ بھیرہ میں قبرستان کا دورہ کیا۔ مجید نے مجھے ماموں بشارت، بھائی سعید، نانا جان، سعید کی بیٹی اور بھائی مبشر کی قبریں دکھائیں۔ پھر پچھلے سال ہم دل کی پیچیدگیوں کی وجہ سے بھائی مجید سے محروم ہو گئے۔ زندگی کے آخری حصے میں بھی ان کی زندگی اچھی نہیں رہی۔ انہوں نے اپنی ماں کی طرح اپنے والد اور بھائیوں کے پاس دفن ہونے کو ترجیح نہ دی۔ یہ قدرے عجیب تھا۔

مجید کے انتقال کے بعد میں ان کے خاندان سے رابطے میں ہوں۔ حاجی برکات اب بھیرہ سے متعلق کاموں میں میری مدد کر رہے ہیں۔ میں ان کا شکر گزار ہوں کہ انہوں نے ہمارے بزرگوں کی قبروں کی تندہی سے دیکھ بھال کی اور ان کی بھی دیکھ بھال کی۔ یہ ماموں بشارت تھے جنہوں نے ہمارے والدین کی وفات کے بعد آبائی گھر ہمارے تمام بھائیوں اور بہنوں کو منتقل کر دیا۔ حاجی برکات کی مدد سے اس کی باقاعدہ دیکھ بھال کے لیے رقم ضائع کرنے کے بجائے اس کا مناسب انتظام کیا گیا۔

میں انتہائی بدقسمت محسوس کرتا ہوں کہ میں ملک سے باہر تھا جب وہ دل کی بیماری کی وجہ سے محدود نقل و حرکت کے ساتھ بیمار تھے۔ میں ان کے خاندان کا شکر گزار ہوں کہ انہوں نے ان کی بیماری اور بڑھاپے میں ان کی محبت سے دیکھ بھال کی۔ اللہ تعالیٰ جنت النعیم میں ان کے درجات بلند فرمائے۔

اولاد

1-ملک سعید احمد (مرحوم)	2-ملک مبشر احمد (مرحوم)
3-امۃ الحفیظ (مرحوم)	4-ملک مجید احمد (مرحوم)
5-امۃ العزیز (مرحوم)	6-امۃ القدیر

میں نے دو دیگر چچا (فضل الٰہی صاحب اور ملک وصیع صوفی) اور خالہ (رضیہ اور شمیم اختر) کو بھی کھو دیا۔ ہمارے پھپو، ماموں اور کزن ماموں ممتاز اور اس کے بیٹے کے علاوہ چناب نگر میں دفن ہوئے۔ خدا ان پر اپنی رحمت کرے اور جنت النعیم میں ان کے درجات بلند کرے اور وہ ابدی سکون عطا فرمائے جس کے وہ اگلے جہان میں مستحق ہیں۔ آمین۔

9.4.2-ماموں ملک مبارک احمد صاحب اور ممانی زیب النساء بیگم صاحبہ

ملک مبارک احمد اور ان کی اہلیہ انتہائی مہربان، محبت کرنے والے، دیکھ بھال کرنے والے اور بے پناہ مدد کرنے والے تھے۔ وہ انتہائی ملنسار تھے اور جب بھی ضرورت پڑتی تھی ہمارے لیے ہمیشہ موجود رہتے تھے۔ ان کی اہلیہ بہترین میزبان، خوش مزاج خاتون اور مسکراہٹ کے ساتھ مہمان کا استقبال کرنے والی تھیں۔ وہ ایک قدامت پسند ماموں سے زیادہ کھلے، بے تکلف اور دوست کی طرح تھے۔ یہ بتانا مناسب ہوگا کہ دونوں میری ماں کے پسندیدہ اور قابل اعتماد تھے۔

ماموں میری والدہ اور والد صاحب کی بہت عزت کرتے تھے۔ ماموں مبارک ہمارے خاندان کے ساتھ چکوال اور شاہ پور میں رہتے تھے۔ آپ نے میٹرک کا امتحان دیا۔ وہ برطانوی فوج میں شامل ہوئے اور برما کے محاذ پر جاپانی افواج کے خلاف لڑنے گئے۔ ماموں کی پہلی اہلیہ ممانی حمیدہ ایک مختصر علالت کے بعد وفات پا گئی تھیں۔ ماموں اس وقت برما میں تعینات تھے۔ وہ غمگین ہو گئے جب ان کو معلوم ہوا کہ اس کی پیاری بیوی چلی گئی ہے۔ انہوں نے مجھے بتایا کہ ہمارے والد نانی اماں خدیجہ سے

ہماری ممانی کا ہاتھ مانگنے گئے تھے۔ انہوں نے بخوشی یہ تجویز قبول کر لی اور دونوں نے شادی کر لی۔ ہماری والدہ ماموں مبارک اور ممانی زیبا کے بارے میں کوئی منفی بات سننے کو تیار نہیں تھیں۔ ماموں مبارک ہماری والدہ سے ملاقات کیلئے لاہور جاتے ہوئے ہمیشہ ایک رات قیام کرتے تھے۔

ان کے درمیان گہرا رشتہ تھا۔ چناب نگر منتقل ہونے کے بعد، ماموجان بھیرہ میں ہمارے آبائی گھر کی دیکھ بھال کر رہے تھے۔ وہ چناب نگر میں باقاعدگی سے ہماری والدہ سے ملنے جاتے تھے اور چناب نگر میں اپنے خاندان کے ساتھ جلسہ سالانہ (سالانہ کانفرنسوں) میں شرکت کرتے تھے۔ جس وقت ہماری والدہ کا انتقال ہوا، ہمارے ماموں ناصر خاندان کے ساتھ چناب نگر میں مقیم تھے اور فیصل آباد میں آبپاشی کے دفتر میں اکاؤنٹ آفس کے طور پر کام کر رہے تھے۔ یہ سب ہماری والدہ کے جنازے میں شرکت کے لیے آئے تھے جو برین ہیمرج کی وجہ سے چناب نگر میں اچانک انتقال کر گئی تھیں۔ بدقسمتی سے ماموں بشارت کے ساتھ والدہ کے تعلقات اتنے گرمجوشی سے نہیں تھے جتنے باقی بھائیوں کے ساتھ تھے۔

ایک اور اہم احسان جو ہم پر ماموں مبارک کے خاندان کا لائل پور/فیصل آباد کے سینٹ رافیل ہسپتال میں تھا وہ طیبہ اور رفیق کی ڈیلیوری میں مدد کا تھا۔ وہ احسان ہمیں آج بھی یاد ہے۔ پھر UET لاہور سے گریجویشن کرنے کے بعد، میں نے نومبر 1978ء میں بھیرہ میں اپنے ماموں سے ملے بغیر پاکستان چھوڑ دیا۔ بھیرہ میں ہمارے والد کے انتقال کے بعد پاکستان واپس آنے کے بعد میں نے اپنے ماموں سے ملاقات کی۔ ہمارے کچھ رشتہ داروں (احمد آباد/سروبہ سے) نے بھیرہ میں ہم سے ملنے کی خواہش ظاہر کی۔ وہ ہمارے والد کے انتقال پر اظہار تعزیت کرنا چاہتے تھے۔ حبیب کے اصرار پر ہم ایک رات ماموں بشارت احمد کے پاس ٹھہرے اور واپس چناب نگر آ گئے۔

میں نے 1994 / 1995ء کے پاکستان کے دورے میں راولپنڈی میں ماموں مبارک سے ملاقات کی۔ میں نے بھیرہ، بھکر، راولپنڈی، شیخوپورہ، لاہور اور کراچی کا دورہ کیا اور اس سفر میں کسی رشتہ

دار کو یاد نہیں کیا۔ ماموں ممتاز اپنے بیٹے (ڈاکٹر محمود) کی غیر متوقع رحلت سے غمزدہ تھے۔ میں اپنی خالہ رضیہ اور خالہ شمیم سے ملا۔ میں اس سفر کے دوران بھیرہ قبرستان نہیں جا سکا۔ کزنز میں اشرف اور شامی سے لاہور میں ملاقات ہوئی۔ میں اپنے دوسرے کزنز کو دیکھ سکتا تھا۔ ہوسکتا ہے کہ وہ شہر سے باہر تھے یا مختلف شہروں/مقامات میں ملازم تھے۔ ماموں جان ناصر اور ان کے خاندان کی مہمان نوازی کا شکریہ۔ شامی مجھے اپنے سسرال سے مختصر ملاقات کے لیے گلبرگ لے گیا۔ یہ میری پھپھو سے پہلی اور آخری ملاقات تھی۔

مجھے امریکہ میں ماموں جان بشارت اور ماموں ممتاز کے انتقال کی افسوسناک خبر ملی۔ میں 1998ء میں مختصر طور پر پاکستان واپس گیا اور خالہ شمیم سے ان کے گھر اور ماموں ناصر کے خاندان سے ملا۔ میں چوہدری صاحب کے ساتھ قادیان بھی گیا۔ عبدالسمیع۔ ہم لاہور سے بارڈر کراس کر کے بٹالہ گئے اور جلسہ کے دوران قادیان چلے گئے۔ شدید برفباری کی وجہ سے میں نے ایک بہترین موقع گنوا دیا اور کشمیر کے لوگ وقت پر قادیان نہ پہنچ سکے۔

میں نے سال 2000ء میں ایک اور سفر کیا جو بھائی افضال اور ان کی اہلیہ سلمیٰ کے ذریعہ نوشہرہ میں نصیرہ کے ساتھ میری منگنی کے بارے میں ترتیب دیا گیا تھا۔ باجی نصیر راولپنڈی میں میرے ساتھ تھیں۔ ماموں مبارک اور ممانی زیبان ہمارے ساتھ منگنی کے لیے نوشہرہ گئے تھے۔ ہم نے ایک منی بس لی اور راولپنڈی سے نوشہرہ تک کا سفر کیا۔ میں اپنی بہن نصیرہ، بھائی افضال، بھابی سلمیٰ، ممانی زیب النساء اور ماموں مبارک کا شکرگزار ہوں کہ وہ میرے سرپرست کے طور پر تقریب میں جسمانی طور پر موجود تھے۔ میں امۃ النصیرہ کے ساتھ واپس کراچی پہنچا۔ میں نے کراچی میں کچھ دن گزارے اور واپس امریکہ چلا گیا۔

نصیرہ کے ویزے میں تقریباً نو مہینے لگے، اور وہ دسمبر 2001 میں میرے ساتھ یو ایس اے میں شامل ہوئی۔ میں نے ان سے لندن کے ہیتھرو ایئرپورٹ پر ملاقات کی اور ہم ایک ساتھ ہیوسٹن کے

لیے پرواز کر گئے۔ میں ماموں مبارک سے 2005ء تک رابطے میں تھا جب میں طاہر کے گھر بھائی محمود کے ساتھ اسلام آباد میں ان سے ملنے گیا تھا۔ میں کراچی میں نوین کی شادی میں شرکت کے لیے گیا تھا۔ تقریب کے بعد میں لاہور چلا گیا، قادیان گیا اور 2005ء کے جلسہ سالانہ قادیان میں شرکت کی۔ حضرت خلیفۃ المسیح الخامس ایدہ اللہ تعالیٰ بنصرہ العزیز بھی قادیان میں تھے۔

ہم واپس لاہور آئے، وہاں سے اسلام آباد چلے گئے اور ایک رات کے قیام کے بعد ہم اسلام آباد سے کراچی کے راستے امریکہ روانہ ہوئے۔ بھائی محمود انعام الرحمن کے ساتھ سیدھے امریکہ چلے گئے۔ وہ سخت سردی/فلو کی علامات میں مبتلا تھے۔ ماموں مبارک سے یہ میری آخری ملاقات تھی۔ ان کو ہلکا ہلکا فالج ہوا جس کی کوئی علامت نظر نہیں آئی۔ لیکن میں نے دیکھا کہ وہ اپنی گفتگو میں باتیں دہرا رہے تھے۔

پھر مجھے اپنی ممانی کی طرف سے پہلے ماموں ناصر اور پھر ماموں مبارک کے انتقال کی خبر ملی۔ میں چین میں Huaqin کے ساتھ ایک سال کے ایک معاہدے پر کام کر رہا تھا اور اکثر سفر کرتا تھا۔ مجھے اپنی ممانی کی طرف سے درخواست موصول ہوئی کہ وہ مجھ سے دوبارہ ملنا چاہیں گی۔ میں اپنی اہلیہ نصیرہ کے ساتھ دسمبر 2020 میں راولپنڈی میں اپنے تمام بزرگ رشتہ داروں سے ملنے گیا تھا۔ انعام کے گھر میں اس ملاقات کا اہتمام کرنے کے لیے بھائی انعام اور افضال واقعی مہربان تھے۔ میں نے خالہ صفیہ، خالو مشتاق، ممانی زیبان، بھابی نینا اور اپنے تمام کزنز سے ملاقات کی۔ اس دورے کے بعد میں نے خالہ صفیہ، ممانی زیبان اور خالو مشتاق کو کھو دیا۔ وہ بہت اچھے، پیار کرنے والے، عزت دار اور میرے قریبی رشتہ دار تھے۔ پہلے ہم نے ممانی زیبان، پھر خالو مشتاق اور بعد میں خالہ صفیہ کو غیر متوقع دل کی پیچیدگیوں کی وجہ سے کھو دیا۔

مجھے اگلے تین سال کے لیے عمرہ پر جانے کا موقع ملا۔ لیکن میں کووڈ-19 اور غیر مستحکم سیاسی صورتحال کی وجہ سے پاکستان نہیں جا سکا۔ ایک دفعہ میں نادیہ کے ساتھ وقت گزارنے اور اسے عمرے

پر لے جانے کے لیے دبئ گیا۔ لیکن میں نے دیکھا کہ مقدس شہروں میں رمضان کے دوران خاصا رش ہوتا ہے۔ 2022ء کے رمضان کے دوران مقدس شہروں میں اپریل میں موسم گرم تھا۔

ہمارے ماموں اور خالہ مہربان، پیار کرنے والے اور دیکھ بھال کرنے والے تھے۔ وہ ہماری والدہ کی وفات (1972ء) کے بعد ہمارے ساتھ پیار سے پیش آئے۔ ہم نے اپنی ماں کی وفات کے بعد ان کے اچھے تعلقات میں کوئی انحراف نہیں دیکھا۔ میں نے 1978ء میں ملک چھوڑ دیا لیکن ننھیالی رشتہ داروں سے جڑا رہا۔ ماموں مبارک ہماری والدہ کے لیے خاص تھے۔ وہ ہمارے خاندان کے ساتھ شاہ پور اور چکوال میں رہتے تھے اور ہمیشہ ہمارے خاندان کا حصہ تھے۔ وہ بھیرہ میں احمدیہ جماعت (1980ء کے وسط میں) کے صدر بھی رہے۔ بعد میں وہ بھیرہ چھوڑ کر اپنے بیٹوں کے ساتھ رہنے کے لیے اسلام آباد چلے گئے۔

میں خود کو انتہائی بدقسمت محسوس کرتا ہوں کہ جب میں ملک سے باہر تھا تب وہ محدود نقل و حرکت کے ساتھ فالج کی وجہ سے بیمار تھے۔ میں ان کے خاندان کا شکر گزار ہوں کہ انہوں نے ان کی بیماری اور بڑھاپے میں ان کی محبت سے دیکھ بھال کی۔ اللہ تعالیٰ جنت النعیم میں ان کے درجات بلند فرمائے۔

اولاد

1۔ ملک منور احمد (مرحوم)
2۔ ملک انوار احمد (اسلام آباد)
3۔ کوثر انعام
4۔ ملک اشرف احمد (مانٹریال)
5۔ شاہدہ بیگم
6۔ عابدہ بیگم (مانٹریال)
7۔ ملک طاہر احمد (اسلام آباد)

میں نے تین دیگر ماموں یعقوب، ماموں اسحاق، ماموں محبوب اور خالہ عائشہ، ممانی مبارکہ اور فاطمہ کو بھی کھو دیا۔ وہ راولپنڈی میں رہنے والی میری ماں کے کزن تھے۔ اللہ تعالیٰ ان کے درجات کو

جنت میں بلند فرمائے اور انہیں ابدی سکون عطا فرمائے۔آمین۔

9.4.3-ملک ممتاز احمد اور ممانی ناصرہ بیگم

ملک ممتاز احمد ایک غیر معمولی شفیق، محبت کرنے والے اور فیاض انسان تھے۔ وہ ہمہ وقت دستیاب ہوتے تھے اور ہر طرح سے ہماری مدد کرنے کو تیار رہتے۔انہوں نے ضلع میانوالی بھکر کے امیر کے طور پر خدمات انجام دیں اور تھل ٹیکسٹائل ملز میں بطور کاسٹنگ آفیسر کام کیا۔ 1974ء کے بعد، انہوں نے اپنی نوکری چھوڑ کر کاروبار میں قدم رکھا، شیزان کے ساتھ بالواسطہ طور پر کام کیا اور فیصل آباد، جھنگ اور بھکر میں قالین کی تجارت اور نقل وحمل سے منسلک ہو گئے۔ ماموں ممتاز ایک قابل ذکر کامیاب کاروباری شخصیت تھے۔

ان کی اہلیہ، ممانی ناصرہ، ہماری پھپھو کی بیٹی تھی ۔بے باک، بہادر، مہمان نواز اور بہت پیار کرنے والی۔ میں باجی رفیق کی تکلیف دہ طلاق کے دوران ان کی حمایت کو کبھی نہیں بھولوں گا، کیونکہ انہوں نے اسے اور اس کی بیٹے گل کو بھکر میں پناہ دی اور ان کی دیکھ بھال کی، اس سے پہلے کہ وہ امریکہ ہجرت کر جائیں۔ ماموں ممتاز نے ہماری والدہ کو میڈیکل چیک اپ کے لیے لائل پور لے جانے کے لیے ایک وین کا انتظام بھی کیا جب وہ سفر کرنے سے قاصر تھیں۔

مئی 1972ء میں ہماری والدہ کے انتقال کے بعد ماموں ممتاز ہماری پھپھو کو ربوہ میں ہمارے ساتھ چھوڑ گئے۔ چند ماہ بعد، ماموں ممتاز کی کار ایک سڑک حادثے کا شکار ہوئی اور ان کو فیصل آباد کے ہسپتال میں داخل کیا گیا۔صحت یاب ہونے کے بعد وہ واپس بھکر چلے گئے۔

UET لاہور میں اپنے وقت کے دوران، ماموں اکثر مجھ سے ملنے ہاسٹل میں آیا کرتے تھے۔ ایسے ہی ایک موقع پر وہ مجھے ہماری بڑی پھپھو فاطمہ بی سے ملنے باغبانپورہ لے گئے جو بھائی محمد اقبال صاحب کے ہاں ٹھہری ہوئی تھیں۔ میں نے پہلی بار پھپھا جان (حضرت اللہ بخش) کی تصویر دیکھی جو

علامہ اقبال سے خاصی مشابہت رکھتی تھی۔ اسی سفر میں میری ملاقات ملک حمید اللہ کے اہل خانہ سے بھی ہوئی جو سعودی عرب جانے کی تیاری کر رہے تھے۔ مجھے اس وقت تک اندازہ نہیں ہوا تھا کہ میری پھوپھی میرے ہاسٹل کے اتنے قریب رہتی ہیں۔

فیصل آباد میں میڈیکل کا طالب علم ماموں جان کا بڑا بیٹا محمود علالت کے باعث اچانک انتقال کر گیا۔ یہ نقصان پورے خاندان کے لیے ایک تباہ کن صدمہ تھا اور ایک ایسا صدمہ جس سے ماموں کبھی بھی مکمل طور پر باہر نہیں آ سکے۔

ماموں سے میری آخری ملاقات 1994ء میں بھکر کے دورے کے دوران ہوئی تھی۔ میں ان کے گھر رہا اور اس کے بعد ہم خطوط کے ذریعے رابطے میں رہے۔ وہ پروسٹیٹ کی سرجری کے لیے لاہور گئے تھے جو کامیاب رہی۔ ڈسچارج ہونے کے بعد، خالو واسع کے گھر میں قیام کے دوران دل کی تکلیف کے باعث نیند میں سکون سے انتقال کر گئے۔ ان کی میت کو آخری رسومات کے لیے ماموں ناصر کے گھر لایا گیا اور پھر تدفین کے لیے ربوہ لے جایا گیا۔ اس خبر نے امریکہ میں ہم سب کو گہرا صدمہ پہنچایا۔

ماموں کو اپنے خاندان کے بھائیوں، بہنوں، بھتیجوں اور بھانجیوں سے بے پناہ محبت تھی۔ اس کی میراث آج بھی زندہ ہے۔ ان کا چھوٹا بیٹا، عامر، اب بھکر میانوالی کے امیر کے طور پر خدمات انجام دے رہا ہے اور مجھے یقین ہے کہ وہ اپنے والد کے مشن کو دیانت داری کے ساتھ آگے بڑھائیں گے۔

میرے بھائی منان نے ایک بار بتایا تھا کہ جب انہوں نے پرائمری اسکول شروع کیا تو ماموں ممتاز کلاس میں ان کے ساتھ بیٹھتے تھے تا کہ ان کو ایڈجسٹ کرنے میں مدد مل سکے۔ یہ وہ شخص تھا جس کا ماموں پرورش کرنے والا، صبر کرنے والا اور وقف کرنے والا تھا۔

اپنی وفات سے چند گھنٹے پہلے، ماموں نے مجھے اپنا آخری خط لکھا اور اپنے بھانجے سے کہا کہ وہ

اسے پوسٹ کرے۔ میں نے اسے جذبات سے پڑھا اور بعد میں اسے بطور تحفہ ممانی ناصرہ کو واپس کر دیا۔ یہ خط اس باہمی محبت، اعتماد، اور گہرے پیار کی عکاسی کرتا ہے جو ہم نے شیئر کیا تھا۔

ہم بھکر میں خاندان کے ساتھ رابطے میں رہتے ہیں۔ ممانی ناصرہ کو فالج کا دورہ پڑا اور دل کی پیچیدگیاں پیدا ہوئیں۔ طاہر ہارٹ سینٹر میں ان کا علاج کیا گیا اور وہ طبی نگرانی میں صحت یاب ہو رہی ہیں۔ اللہ اسے مکمل صحت یابی اور لمبی صحت والی زندگی عطا فرمائے۔

ملک ممتاز احمد صاحب کی اولاد

1-ڈاکٹر ملک محمود احمد (مرحوم) 2-ملک حامد رضا (بھکر)

3-ثمینہ ملک 4-روبینہ ملک 5-عامر ملک (امیر بھکر)

ماموں ممتاز نے اپنی زندگی دوسروں کی خدمت کے لیے وقف کر دی۔ بیواؤں، یتیموں، اور بیروزگار نوجوانوں کی جماعت کے اندر اور باہر۔ آپ نے بہت سے احمدی نوجوانوں کو تھل ٹیکسٹائل ملز میں ملازمتیں حاصل کرنے میں مدد کی اور خاندان، دوستوں اور پرانے ساتھیوں کی مسلسل مدد کی۔ وہ ایک مخلص باپ اور ایک حقیقی رول ماڈل تھے۔ ماموں ممتاز نے بہت طویل عرصہ (تقریباً 30 سال) امیر ضلع (میانوالی اور بھکر) کے طور پر خدمات انجام دیں۔ اللہ تعالیٰ جنت النعیم میں ان کے درجات بلند فرمائے۔ آمین۔

9.4.5-میاں نصیر الدین اور ممانی اقبال بیگم

میاں نصیر الدین اور ممانی اقبال بیگم غیر معمولی محبت کرنے والے، مہربان اور قابل اعتماد تھے۔ جب ہمیں مدد کی ضرورت ہوتی تھی تو وہ ہمیشہ ہمارے لیے دستیاب ہوتے تھے۔ ممانی ایک خوش مزاج میزبان تھیں جنہوں نے ہر مہمان کو حقیقی معنوں میں خوش آمدید کہا۔

ماموں جان اپنی بے تکلف اور ملنسار طبیعت کے ساتھ ایک قدامت پسند بزرگ سے زیادہ ایک

دوست کی طرح لگتے تھے۔ وہ ہمارے والدین سے بے پناہ محبت اور احترام رکھتے تھے۔ جب ہماری والدہ کو نشتر ہسپتال ملتان میں داخل کیا گیا تو ماموں اور ان کے سسرال والوں نے ان کا غیر معمولی خیال رکھا۔ انہوں نے باجی نصیر کو بی ایڈ میں داخلہ دلانے میں بھی مدد کی۔ لاہور کے لیڈی میکلیگن کالج میں ان کے داخلہ کو یقینی بنانے کے لیے ہیڈ کلرک مسٹر بخاری سے ذاتی طور پر ملاقات کی۔

ماموں جان نے بھائی محمود کو افریقہ جانے کے لیے اپنا پاسپورٹ حاصل کرنے میں مدد کی اور منان کو ان کا پاسپورٹ امریکہ میں محفوظ کرنے میں مدد کی۔ وہ میرے ساتھ لاہور میں میرے ایئر فورس کے سلیکشن ٹیسٹ کے لیے گئے۔ حالانکہ مجھے بالآخر کمزور نظر اور مضبوط رابطوں کی کمی کی وجہ سے مسترد کر دیا گیا۔

تقسیم کے بعد، ماموں ہمارے والد کے ساتھ لاہور میں تعلیم الاسلام کالج کے لیے مقرر کردہ اسٹاف کی عمارت میں رہتے تھے۔ بعد میں، انہوں نے اے جی آفس میں شمولیت اختیار کی اور تیزی سے ترقی کرتے گئے۔ ایک موقع پر، جب میرے والد کو ہماری تعلیم کے لیے پیسوں کی ضرورت تھی، تو ماموں نے انہیں کچھ فنڈز اُدھار دیے، یہ سمجھ کر یونیورسٹی کے امتحان کے پیپر مارکنگ کے بعد واپس کر دیے جائیں گے۔ جب بعد میں میرے والد نے قرض کی ادائیگی کے لیے منی آرڈر بھیجا، تو ماموں نے اسے یہ کہتے ہوئے واپس کر دیا، ''یہ کبھی قرض نہیں تھا۔'' اس بے لوث اشارے نے میرے دل پر نقش چھوڑا۔

جب ہمارے والد 1972ء میں یوسی ایچ لاہور میں شدید بیمار تھے تو ماموں جان اس تمام آزمائش میں ہمارے ساتھ کھڑے رہے۔

وہ ماہر شماریات اور پامسٹ بھی تھے۔ ایک بار میری ہتھیلی پڑھ کر انہوں نے کہا کہ میں بی ایس سی کا امتحان پاس نہیں کروں گا۔ یہ میرے لئے ایک چونکا دینے والی بات تھی۔ میں نے انہیں غلط ثابت کرنے کا تہیہ کر لیا۔ بعد میں، میں نے UET لاہور سے الیکٹریکل انجینئرنگ میں گریجویشن کیا، اپنے

ماسٹرز کے لیے USA آیا، اور 1980 میں IBM میں شمولیت اختیار کی۔

بعد کے سالوں میں، ماموں کی صحت دل کے مسائل اور فالج کی وجہ سے گر گئی۔ جب انہوں نے بتایا کہ ان کی کولیسٹرول کی دوا ''لوپڈ'' پاکستان میں دستیاب نہیں ہے تو میں نے ان کو امریکہ سے چھ ماہ کی دوائی بھیجی، حالانکہ اس سے گھٹنے میں درد ہوتا تھا۔

ماموں نے ہمارے آبائی گھر کو برقرار رکھنے میں ہماری مدد کے لیے قانونی جنگیں بھی لڑیں اور کامیاب ہوئے۔ انہوں نے اپنی پوری زندگی راج گڑھ میں بنائے ہوئے گھر میں گزاری، جس میں بہت سی یادیں وابستہ تھیں۔ میرے والد اور میرے دونوں ماموں کی اسی گھر میں آخری رسومات ادا کی گئیں تھیں۔ ماموں جان کے انتقال کے بعد بالآخر مکان بیچ دیا گیا۔

لاہور کے 2020ء کے دورے کے دوران، میں نے ڈاکٹر مبشر سے ان کی نئی رہائش گاہ پر ملاقات کی اور کیپٹن مبارک احمد کو دیکھا، حالانکہ میں دوسرے کزنز سے ملنے سے محروم رہا جو نقل مکانی کر رہے تھے۔

ماموں نے ایک بار دلی خواہش کا اظہار کیا کہ میں ان کی قبر کی زیارت کروں اور ان کی یاد میں شمعیں روشن کروں۔ انشاءاللہ، میں اپنے اگلے سفر میں یہ وعدہ پورا کروں گا۔

ان کے قریبی دوستوں میں شامل ہیں:

ماموں محبوب الٰہی	عباداللہ (شاہد محمود کے والد)
مظفر (لاہور سے ٹھیکیدار)	ملک ممتاز (ٹرانسپورٹر)

بھٹی صاحب (جوہرآباد) ماموں جان کی جوہرآباد سے دیرپا دوستی اور میٹھی یادیں بندھی تھیں۔

میاں نصیرالدین کی اولاد

ڈاکٹر مبشر احمد ملک/ نصرت (دونوں کا انتقال 2024ء میں ہوا)

بشریٰ ناہید (فیصل آباد)	مظفر احمد (ریٹائرڈ اووسیئر)
روبینہ/ اشرف ملک (ٹورنٹو)	خالدہ رانا (امریکہ)
فوزیہ/ حامد رضا (بھکر)	منور احمد شامی (دبئی)
امۃ الآخر/ ناجیہ (لاہور)	

مجھے اب بھی ڈاکٹر مبشر سے اپنی آخری ملاقات یاد ہے جب میں جنوری 2020ء میں صبح صبح ان کی نئی رہائش گاہ پر رُکا تھا۔ بعد ازاں وہ اچانک حرکت قلب بند ہونے کے باعث انتقال کر گئے۔ وہ احمدیہ جماعت کے ساتھ میڈیکل کیمپوں (رضاکارانہ طور پر) میں بڑھ چڑھ کر حصہ لیتے تھے۔ لاہور سے تعلق رکھنے والے ڈاکٹر احسان قریشی نے ان میڈیکل کیمپوں میں ڈاکٹر مبشر کی کوششوں کا اشتراک کیا۔ وہ میرے کلاس فیلو تھے۔ وہ میڈیکل اسکول گئے اور میں نے یو ای ٹی لاہور کا انتخاب کیا۔

اللہ تعالیٰ جنت میں ان کے درجات بلند کرے۔ بیٹا اور باپ دونوں لاہور احمدیہ قبرستان میں ایک دوسرے کے ساتھ دفن ہوئے۔ خدا ڈاکٹر مبشر کے بچوں کا نگہبان ہو۔ آمین۔

9.5- ہمارے چھوٹے بھائی صبغت اللہ کی یادیں

(امۃ اللطیف تسنیم، راؤنڈ راک، ٹیکساس)

1946 میں پیدا ہونے والے بھائی صبغت اللہ چاروں بہن بھائیوں میں سب سے چھوٹے تھے اور ہم اپنے والدین کے ساتھ قادیان میں اکٹھے رہتے تھے۔ ہم تقسیم سے کچھ دیر پہلے بھیرہ چلے گئے، اپنے نانا کے پاس رہے۔ چند مہینوں کے بعد ہم اپنے آبائی گھر میں چلے گئے۔ ہمارے والد قادیان میں مقیم رہے، تعلیم الاسلام کالج میں کام کرتے رہے، اور گرمیوں میں ہم سے ملنے آتے، تصویریں شیئر کرنے کے لیے لے کر آتے۔

1946ء کے آخر میں، ہمارے خاندان کو صبغۃ اللہ نامی ایک چھوٹے بھائی سے نوازا گیا، جس کے نام کیلئے ہم حضرت خلیفۃ المسیح الثانیؓ سے انتظار کر رہے تھے۔ وہ ایک صحت مند، خوش مزاج بچہ تھا جو ایک پٹھان سے ملتا جلتا تھا۔ اس نے ابھی بچوں کی طرح بولنا شروع کیا تھا اور اس کی مسکراہٹ خوبصورت تھی۔ ہمارے پڑوس کے گھر والے بھی اسے بہت پسند کرتے تھے اور اکثر ان کی بیٹیاں اس سے کھیلنے کے لیے اسے اپنے ساتھ لے جاتی تھیں۔

افسوسناک طور پر، چیچک کی وبا پڑوس میں پھیل گئی۔ ہماری ماں نے بچوں کو حفاظت کے لیے انہیں گھر کے اندر ہی رکھا۔ جلد ہی، ہمیں معلوم ہوا کہ پڑوسیوں کی بیٹیاں بھی اس بیماری میں مبتلا ہو گئی ہیں۔ تھوڑی دیر بعد، ہمارے بھائی کو تیز بخار اور وہی خطرناک علامات پیدا ہوئیں۔ بخار کے بعد دردناک سرخ دھبے پڑ گئے جنہوں نے اس کے جسم کو ڈھانپ لیا، جس سے وہ بے چین اور پریشان ہو گیا۔

ہماری والدہ اسے مقامی ڈاکٹر کے پاس لے گئیں، جنہوں نے تصدیق کی کہ صبغۃ اللہ کو چیچک ہے۔ ہمارے والد گھر پر تھے، ان کی بیماری کے دوران ان کی دیکھ بھال کر رہے تھے، جبکہ ہم بہن بھائیوں کو احتیاط کے طور پر ہماری پھوپھی (صغراں بی) کے گھر بھیج دیا گیا تھا۔ آٹھ دن کے بعد، دھبے

پانی سے بھر گئے اور ہمارا بچہ بھائی مسلسل روتا رہا، اس کی آواز درد سے روکھ گئی۔ جاری طبی علاج کے باوجود دانے مزید بڑھ گئے، اور ہماری ماں نے اس کی جلد کو سکون بخشنے کے لیے ٹیلکم پاؤڈر لگایا۔

ایک دن پریشان ہو کر ہم اس سے ملنے گئے۔ جیسے ہی ہم سیڑھیاں اترے، ہماری والدہ نے اسے دور سے ہمیں دکھایا، ہمارے آنے سے بظاہر پریشان تھے۔ وہ وہیں لیٹا تھا، تیز بخار تھا اور بے چین تھا، اس کی چھوٹی ناک میں دھبے پڑ رہے تھے۔

ان کی بیماری کے دسویں دن، ہمارے چھوٹے بھائی کو اس کے خالق نے اپنے گھر بلایا، بالآخر وہ تمام مصائب سے آزاد ہوا (انا اللہ وانا الیہ راجعون)۔ اس کی جلد رخصتی نے ہمارے خاندان خصوصاً ہمارے والدین کے دلوں میں ایک گہرا خلا چھوڑ دیا۔ ہمارے والد نے اسے آخری غسل دیا، اسے تدفین کے لیے تیار کیا اور قبرستان لے گئے، جہاں اسے ہمارے دادا، دادی اور چچا عطا اللہ کے پاس سپرد خاک کیا گیا۔ یہ ہماری ماں کا ایک بچے کے کھونے کا پہلا تجربہ تھا، پھر بھی انہوں نے اپنے غم میں غیر معمولی صبر اور حوصلے کا مظاہرہ کیا۔ مجھے پوری امید ہے کہ صبغۃ اللہ جنت کے ابدی باغوں میں اپنے والدین کے ساتھ مل جائیں گے۔ آمین۔

اس کے انتقال کے بعد گھر کو اچھی طرح سے جراثیم سے پاک کر دیا گیا تھا، جس سے ہم بہن بھائیوں کو گھر واپس آنے کا موقع ملا۔ ہماری آمد پر، ہم نے دیکھا کہ ہماری والدہ پہلی منزل پر نہیں تھیں۔ جب ہم نے دریافت کیا تو ہمارے والد نے بتایا کہ وہ دوسری منزل پر ہے۔ ہم اس بیماری کے پھیلاؤ کو روکنے کے لیے اپنے بچے بھائی کے بستر کی چادریں اور کپڑے جلانے کے لیے اوپر گئے تھے۔ اگرچہ ہم اس کے چھوٹے کپڑوں کو یادگار کے طور پر رکھنا چاہتے تھے، لیکن انہیں ہماری حفاظت کے لیے جلانے کی ضرورت تھی۔ یہ منظر دل دہلا دینے والا تھا۔ وہ رو رہی تھیں جب انہوں نے اپنا سامان چھوڑ دیا۔ ہم خاموشی سے نیچے واپس آ گئے، ہم جانتے تھے ہماری والدہ صبغت اللہ کی یاد کو ہمیشہ اپنے ساتھ رکھیں گی۔

اگرچہ بعد میں ہمارے والدین کو دو بیٹوں اور ایک بیٹی سے نوازا گیا لیکن صبغت اللہ نے ہمیشہ

ان کے دلوں میں ایک خاص مقام رکھا۔ انشاء اللہ ہم سب اپنے رب کے فضل سے وقت مقررہ پر متحد ہو جائیں گے۔ پیارے بھائی، ہم آپ سے جلد ہی جنت میں ملنے کی امید کرتے ہیں۔

9.5.1-ہمارے پیارے بھائی صبغت اللہ (مرحوم) کا ذکر خیر

(شفیق الرحمن ابن پروفیسر میاں عطاء الرحمن، مرحوم)

ہمارے بھائی صبغت اللہ کے بارے میں لکھنا اعزاز کی بات ہے جو 1946ء میں پیدا ہوئے اور چیچک کی پیچیدگیوں کی وجہ سے تین ماہ کی چھوٹی عمر میں ہی ہم سے جدا ہو گئے۔ وہ ایک صحت مند، بچہ تھا۔ اسے ہمارے خاندانی قبرستان میں ہمارے دادا دادی اور پیارے چچا عطا اللہ کے پاس دفن کیا گیا۔ ہمارے خاندان میں صبغتہ اللہ کے نام کو خاص اہمیت حاصل تھی۔

اس وقت پنجاب میں چیچک بہت پھیلی ہوئی تھی اور اکثر جان لیوا تھی۔ ہمارا پورا محلہ متاثر ہوا۔ پڑوسیوں کی بیٹیاں اکثر بچے صبغت اللہ کے ساتھ کھیلتی تھیں اور افسوسناک بات یہ ہے کہ وہ بھی چیچک کا شکار ہوگئیں۔ اس کی وجہ سے ہمارے بھائی کو اچانک تیز بخار اور بیماری ہوگئی۔

جب وہ بیمار ہوا تو دوسرے بچوں کو حفاظت کے لیے ہماری پھوپھیوں کے پاس بھیج دیا گیا، جب کہ ہمارے والدین نے گھر میں صبغتہ اللہ کی دیکھ بھال کے لیے خود کو وقف کر دیا۔ میری بڑی بہن نے بتایا کہ کس طرح وہ اور دوسرے بچے سیڑھیوں پر بیٹھ کر اسے دور سے دیکھ رہے تھے۔ وہ روشن چہرہ اور صحت مند تھا لیکن اپنے آخری ایام میں اس نے درد سے روتے ہوئے بہت تکلیف اُٹھائی۔

اس کی ناک پر نو سرخ دھبے نمودار ہوئے۔ اس کی جلد کو سکون دینے کے لیے ٹیلکم پاؤڈر لگایا گیا۔ درد سے رونے کی وجہ سے اس کی آواز روکھی ہوگئی۔ پھر وہ دن بھی آیا جب اللہ تعالیٰ نے اس کو اپنے پاس بُلا لیا اور ہمیں گہرے غم میں چھوڑ دیا۔ انا للہ وانا الیہ راجعون۔

ہمارے والد نے پیار سے اسے تدفین کے لیے تیار کیا، اسے آخری غسل دیا اور بیماری کے پھیلاؤ

کو روکنے کے لیے اس کی چھوٹی سی نعش کو آبائی قبرستان لے گئے۔ میری بہن رفیق نے بتایا کہ کس طرح ہمارے والد نے ہمارے پیارے بھائی کی سب سے چھوٹی انگلی ہمیں دِکھائی، جس پر تین دل دہلا دینے والے دھبے اس کی تکلیف کی یاد دلاتے ہیں۔ ان کے انتقال نے ہماری ماں کے دل پر ایک انمٹ داغ چھوڑ دیا۔ اگرچہ بعد میں انہیں مزید تین بچوں سے نوازا گیا لیکن صبغت اللہ نے ہمیشہ اپنے دل میں ایک خاص مقام رکھا۔ انفیکشن سے بچنے کے لیے، اس نے اس کا بستر اور کپڑے جلا دیے۔

اس کا نقصان ایک گہرا جذباتی دھچکا تھا۔ رشتہ دار، دوست احباب اور محلے دار سب تعزیت کے لیے آئے۔ بھیرہ کی ثقافت میں، غم کا کھل کر اظہار کیا جاتا تھا، پھر بھی ہماری والدہ نے دوستوں سے صرف اس کے لیے دعا کرنے کو کہا۔ انہوں نے اسے خدا کی طرف سے ایک ''امانت'' (تحفہ) کے طور پر پہچانا جو اب اللہ تعالیٰ کی طرف لوٹ گیا تھا۔ میری والدہ نے صبر کیا اور مجھے یقین ہے کہ خدا تعالیٰ نے ان کو ان کے صبر کے بدلہ دیتے ہوئے انہیں مزید تین بچوں سے نوازا۔

جنوری 1982ء میں ہمارے والد کے انتقال کے بعد، میں ربوہ واپس چلا گیا۔ اس پہلی رات، میں نے خواب میں دیکھا کہ ایک اجنبی دروازے کی گھنٹی بجا رہا ہے۔ میں نے ایک ایسے بوڑھے آدمی کو سلام کیا جس سے میں کبھی نہیں ملا تھا، جو ایک بچے کو لے کر بہت دور سے سفر کر کے آیا تھا۔ اس کے بعد ہمارے والد نمودار ہوئے، اس آدمی کا استقبال کیا اور بچے کا استقبال کیا۔ بیدار ہونے پر، میں پریشان اور تسلی دونوں میں تھا، اس خواب کا یقین کرتے ہوئے، ہمارے والد کے بھائی صبغت اللہ کے ساتھ دوبارہ ملنا تھا۔

پیارے بھائی، سکون سے آرام کریں اور انتظار کریں اور ہمارے لیے دعا کریں۔ آپ نے ہمیں بہت جلد چھوڑ دیا، لیکن ہم خدا کی مرضی کو قبول کرتے ہیں۔ انشاء اللہ ہم دوبارہ جنت میں ملیں گے۔ تب تک ہمارے لیے دعا کریں۔ آمین۔

9.6-اجرائی خلاصہ

- باب 9 میں خاندان کے سب سے چھوٹے بھائی صبغت اللہ کی یادیں اوران کے مختصر مگر قیمتی وجود کو بیان کیا گیا ہے، جو محض تین ماہ کی عمر میں چیچک کے مرض میں وفات پا گئے۔انا للہ وانا الیہ راجعون۔
- امۃ الطیف تسنیم اور شفیق الرحمن کی ذاتی یادداشتوں کے ذریعے یہ باب والدہ کی صبر و طاقت،اورخاندان کے دیگرافراد کی محبت وتعاون کونمایاں کرتا ہے۔
- کہانی میں یہ بھی اُجاگر کیا گیا کہ بیماری کے دوران خاندان نے کس طرح حفاظتی اقدامات کیے،اوروالدین ورشتہ داروں نے بے پناہ محبت اور دیکھ بھال فراہم کی۔
- باب میں خدا کی رضا کی روحانی قبولیت اور آخرت میں ملاقات کی امید بھی اُجاگر کی گئی ہے۔
- مختصر زندگی کے باوجود صبغت اللہ خاندان کی اجتماعی یادداشت میں ایک محبوب اور یادگار شخصیت کے طور پر رہ گئے۔

9.7-اہم بصیرتیں

- **بچپن کی نازک صورتحال:** بیسویں صدی کے وسط میں پنجاب میں چیچک بچوں کی شرح اموات میں ایک عام اور خطرناک سبب تھا۔
- **خاندانی یکجہتی اور دیکھ بھال:** بڑی فیملی نے حفاظتی اقدامات کیے، بچوں کومحفوظ مقامات پر بھیجااور بیمار بچے کی دن رات دیکھ بھال کی۔
- **جذباتی مضبوطی:** شدید غم کے باوجود خاندان نے صبر، ایمان اور طاقت دکھائی، خاص طور

پر والدہ۔

- ثقافتی روایات: روایتی اقدامات، جیسے مکمل صفائی اور متاثرہ اشیاء کا جلانا، کمیونٹی میں کھلے طور پر غم کے اظہار کا حصہ تھے۔
- روحانی یقین اور قبولیت: خاندان کی خدا کی تقدیر پر ایمان اور آخرت میں دوبارہ ملاقات کی امید نے مشکل وقت میں تسلی فراہم کی۔
- پائیدار وراثت: مختصر زندگی کے باوجود صبغت اللہ خاندان میں یادگار شخصیت کے طور پر رہ گئے۔

9.8-اہم اسباق

- زندگی کی نازکیت کی یاددہانی: صبغت اللہ کی کہانی مشکل وقت میں خاندانی روابط کی مضبوطی کی یاد دلاتی ہے۔
- ایمان اور ثقافتی روایات کی اہمیت: ایمان اور روایتی رسوم خاندانوں کو غم اور نقصان کے لمحات میں سہارا دیتے ہیں۔
- یادیں اور شناخت: پیارے گزرے ہوئے افراد کی یادیں خاندان کی شناخت کی تشکیل اور دوبارہ ملاقات کی امید کو فروغ دیتی ہیں۔
- ذاتی تاریخ کی حفاظت: ذاتی یادداشتوں کو محفوظ کرنا آئندہ نسلوں کے لیے قیمتی سبق فراہم کرتا ہے۔

9.9-کلیدی نتائج

- یہ باب صبغت اللہ کی یاد کو احترام اور محبت کے ساتھ زندہ کرتا ہے، اور ظاہر کرتا ہے کہ مختصر

زندگی بھی گہرا معنی رکھتی ہے۔

- ایمان پر مبنی خاندانی داستانیں صدمے سے شفا اور سمجھ بوجھ فراہم کرتی ہیں۔
- یادداشت کو برقرار رکھنا خاندانی تعلقات اور روحانی تسلسل کو مضبوط کرتا ہے۔
- ذاتی تاریخ باب کے بعد آنے والے ابواب کے لیے ایک ہمدردانہ ماحول قائم کرتی ہے، جو ذکرِ خیر کی روایت کو جاری رکھتی ہے۔

9.10-باب 10 کی طرف ہموار منتقلی

باب 9 کے اختتام پر، صبغت اللہ کی یاد میں بیان کردہ خاندانی قربانیاں اور محبتیں ہمیں اگلے باب کی طرف لے جاتی ہیں۔ باب 10 میں ہم محترمہ سیدہ سائرہ بیگم (چھوٹی امّی) کی زندگی اور خدمات پر توجہ مرکوز کریں گے، جنہوں نے خاندان کی تاریخ اور اقدار کو مزید مضبوط کیا۔

○○

مکرم ایم مبارک احمد صاحب (ماموں)

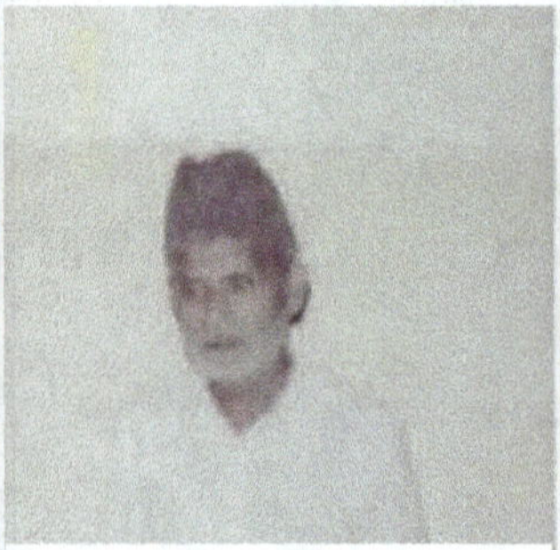

مکرم بشارت احمد صاحب (ماموں)

مکرم ملک فضل احمد صاحب (نانا جان)

مکرم ممتاز احمد صاحب (ماموں)

مکرم ناصر احمد صاحب (ماموں)

محترم میاں محمد شفیق صاحب (ہیڈ ماسٹر)

حضرت غلام محی الدین صاحبؓ
(والدہ کے نانا جان)

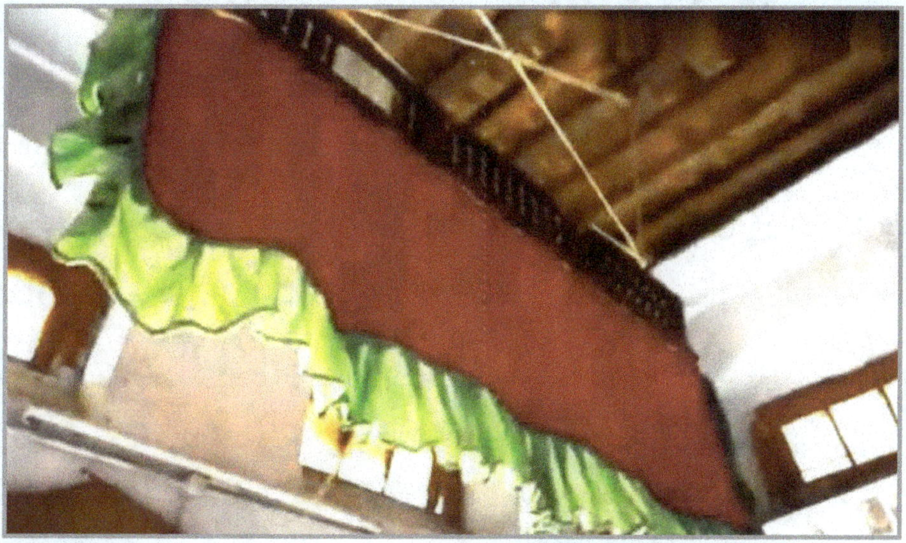

دستی چھت پنکھا

چرخہ

چکی۔گندم کا پیسنا

باب 10 - ذکرِ خیر امی سیدہ سائرہ بیگم صاحبہ

اہلیہ پروفیسر میاں عطاء الرحمن صاحب، مرحوم

یہ باب میری والدہ سیدہ سائرہ بیگم صاحبہ کے ذکر خیر پر مشتمل ہے۔ میری بہن امۃ النصیر خراب صحت کی وجہ سے انہیں خراج تحسین پیش کرنے سے قاصر تھیں۔ لہٰذا میں نے اپنی والدہ کے بارے میں کچھ یادیں لکھنے کا فیصلہ کیا ہے۔ میں ماموں جان سید منصور شاہ صاحب کی یادوں پر مشتمل کچھ سطریں لکھوں گا۔ انشاء اللہ۔

1954ء میں شاہدرہ ٹاؤن میں نمونیا کی وجہ سے میری چھوٹی بہن امۃ الکریم انتقال کر گئیں۔ اس کتاب میں، میں اپنی بہن کے ذکرِ خیر کو بھی شامل کر رہا ہوں۔

10.1- امی سیدہ سائرہ بیگم مرحومہ

(اہلیہ ثانی، پروفیسر میاں عطاء الرحمن صاحب مرحوم)

تمام بہن بھائیوں میں سے مجھے اپنی والدہ کے ساتھ لاہور میں وقت گزارنے کا شرف حاصل ہوا۔ تقریباً ہر ہفتے کے آخر میں یو ای ٹی لاہور کے اپنے ہاسٹل سے شاہدرہ ٹاؤن میں انہیں ملنے جاتا تھا۔ ان کی خواہش پر میں نے اپنے قومی شناختی کارڈ پر اپنا مستقل پتہ تبدیل کر دیا تھا۔ والدہ صاحبہ شاہدرہ ٹاؤن میں ایک قابل احترام ٹیچر تھیں۔ جنہیں پورا محلہ ادب اور احترام کے ساتھ "باجی" کے نام سے جانتا تھا۔ ہماری گلی میں پرانے کثیر المنزلہ مکانات تھے۔ تین منزلوں کی ایک تنگ گلی میں بالکونیاں ایک دوسرے کے آمنے سامنے تھیں۔ ہر گھر کے سامنے بیٹھنے والے چبوترے پر کام کرتے تھے جہاں محلے کی عورتیں گپ شپ کرتیں اور راہگیروں پر نظر رکھتیں۔ یہ ایک قریبی برادری تھی جہاں

ہر کوئی ایک دوسرے کو جانتا تھا۔

ہمارے زیادہ تر پڑوسیوں کا تعلق ککّے زئی خاندانوں سے تھا۔ خواتین بعض اوقات پر جوش بحث ومباحثے اور ہلکے پھلکے جھگڑوں میں مصروف رہتی تھیں۔ وہ لمحات جواب مجھے یہاں امریکہ میں بہت یاد آتے ہیں۔ احرار سے وابستہ پڑوسیوں کے درمیان واحد احمدی خاندان ہونے کے باوجود، ہم نے غیر معمولی گرمجوشی، احترام اور اعتماد کا تجربہ کیا۔ ان کی مہربانی نے مجھ پر ایک اثر چھوڑا۔ اس گلی میں میری والدہ کی بہت عزت تھی، ایک منفرد شخصیت جس نے اس گلی کی چار نسلوں کو پڑھایا۔

10.2-تعارف

سیدہ سائرہ بیگم جنہیں پیار سے چھوٹی امی کہا جاتا تھا، حضرت قاضی سید حبیب اللہ شاہ صاحب آف لاہور کی صاحبزادی تھیں۔ ان کے والد، نانا جان، ایک کامیاب کاروباری شخصیت تھے۔ جنہوں نے تعمیراتی سامان فراہم کیا، اینٹوں کے بھٹوں کا انتظام کیا اور کوئلے کا کاروبار کیا۔ اصل میں شکر گڑھ/ سیالکوٹ کے رہنے والے، وہ حضرت مسیح موعود علیہ الصلوٰۃ والسلام کے معروف ساتھی تھے۔

قاضی صاحب انتہائی عقیدت مند تھے اور مزنگ کے علاقے میں منتقل ہونے سے پہلے ابتدائی طور پر لاہور کینٹ میں رہتے تھے۔ چھوٹی امی کے ماموں میں سے ایک، جو کہ ہویلیاں/ ایبٹ آباد/ مانسہرہ کے علاقے سے تعلق رکھتے تھے اکثر شاہدرہ ٹاؤن میں ان سے ملنے آتے تھے۔ اگرچہ میں ان سے کبھی نہیں ملا، لیکن پڑوسیوں نے بتایا کہ چھوٹی امی کے انتقال کے بعد، ان کے ماموں ان کے گھر آئے، وہ اگلی سیڑھیوں پر بیٹھے تھے۔ ان کو امی کے انتقال کا بہت غم تھا۔

چھوٹی امی کی والدہ (نانی جان) اکثر چھٹیوں اور موسمی تبدیلیوں کے دوران اس ماموں سے ملانے لے جاتی تھیں۔ لاہور میں اپنی تعلیم مکمل کرنے کے بعد، چھوٹی امی شاہدرہ ٹاؤن کے ایک گرلز سکول میں ٹیچر بن گئیں۔ جہاں انہوں نے اپنے طالب علموں پر دیرپا اثر چھوڑا۔ ہماری ماں نے اپنے

والدین کیلئے ہر قربانی دی، اپنی بہنوں اور بھائیوں کی بے لوث پرورش میں مدد کی۔

10.3-خاندانی پس منظر اور ابتدائی حالات

قاضی سید حبیب اللہ شاہ صاحب (1871-1964ء) کا تعلق چک قاضیاں کے ایک ممتاز خاندان سے تھا، جو بادشاہ ہمایوں کے ساتھ عراق سے آنے والے مسافروں کی اولاد تھے۔ آپ حضرت قاضی محمد عبداللہ رضی اللہ عنہ کے قریبی دوست، حضرت مسیح موعود علیہ السلام کے قابل ذکر ساتھی اور انگلستان کے مشنری تھے۔ دونوں پڑھے لکھے، مہربان اور پیشہ ورانہ طور پر مصروف رہتے تھے۔

قاضی صاحب نے دو شادیاں کی تھیں۔ اگرچہ ان کی پہلی شادی کی تفصیلات بہت کم ہیں، ان کی پوتی/نواسی نے امریکہ میں ایک مشنری سید جواد علی شاہ صاحب سے شادی کی تھی۔ ان کی دوسری بیوی نور جہاں صاحبہ سے ان کے ہاں چھ بیٹیاں اور ایک بیٹا مرحوم سید منصور شاہ پیدا ہوئے۔ تقویٰ کے لیے مشہور، ان کی دعائیں اکثر قبول ہوتی تھیں۔ میں اپنی والدہ کے ماموں کے بارے میں بہت کم جانتا ہوں، لیکن ایبٹ آباد کے ایک ماموں اکثر نانی جان (بے جی) اور چھوٹی امی سے ملنے آتے تھے۔

حضرت قاضی صاحب کی اولاد (لاہور/شاہدرہ ٹاؤن)

اپنی پہلی بیوی عمارہ بیگم کی طرف سے قاضی صاحب کی مندرجہ ذیل اولاد تھی:

- مبارکہ بیگم (شادی شدہ عبدالغفور؛ نور جہاں بیگم کی پرورش؛ جوانی میں انتقال ہوا)
- کلثوم بیگم اہلیہ سید محمد لطیف صاحب

(ان کی بیٹی سعیدہ نے سید جواد علی صاحب، مشنری یو ایس اے سے شادی کی)

- نور جہاں بیگم
- ہاجرہ بیگم۔ پیدائش 1910 اہلیہ صوفی عبدالغفور نفیس الرحمان (چین و امریکہ میں مشنری)

- نصرت بیگم اہلیہ حکیم احمد دین صاحب، شاہدرہ ٹاؤن
- سائرہ بیگم۔ پیدائش 1920 اہلیہ پروفیسر میاں عطاء الرحمن صاحب
- فہمیدہ بیگم اہلیہ محمد اکرام صاحب، دہلی گیٹ، لاہور
- اقبال بیگم اہلیہ سید اصغر علی شاہ صاحب
- سید منصور احمد
- ناصرہ بیگم اہلیہ شریف ہاشمی صاحب

دونوں شادیوں کے بعد کچھ بچے بچپن میں ہی وفات پا گئے۔ سید منصور نے تین شادیاں کیں۔ ان کی دوسری شادی سے تعلق رکھنے والے افراد لاہور میں رہتے ہیں، اور ان کی تیسری شادی سے تعلق رکھنے والے امریکہ میں پڑھے لکھے پیشہ ور ہیں۔ دوسری بیوی نور جہاں کا تعلق ہیولیاں/ ایبٹ آباد/ مانسہرہ کے علاقے سے ہے۔ حضرت قاضی صاحب دُعا گو اور متقی تھے۔ وہ بہت سے صدموں سے دوچار ہوئے لیکن اللہ تعالیٰ پر پختہ یقین تھا۔

10.4- میری پیاری چھوٹی امی (سیدہ سائرہ بیگم مرحومہ)

میں اپنے آپ کو خوش قسمت سمجھتا ہوں کہ مجھے شاہدرہ ٹاؤن میں چھوٹی امی کے ساتھ 7-8 ابتدائی سال بڑے بہن بھائیوں کے برعکس گزارنے کا موقع ملا۔ جنہوں نے مختلف اداروں میں شرکت کی اور ہاسٹلز میں قیام کیا، میں صرف دو چھوٹی بہنوں کے ساتھ سب سے چھوٹے بہن بھائی کے طور پر ان کی قربت سے لطف اندوز ہونے کے قابل تھا۔ چھوٹی امی کی پرورش اور تعلیم لاہور میں ہوئی۔ ہمارے والد اعلیٰ تعلیم کے لیے بھیرہ سے لاہور آئے۔ ہمارے والد لاہور میں رہے (8 سے 10 سال) اور ایف سی کالج اور مختلف اداروں میں تعلیم حاصل کی۔ فزکس میں ماسٹر ڈگری اور سینٹرل ٹریننگ کالج سے Bachelor of Education کی ڈگری حاصل کی۔ اپنی تعلیم کے دوران اکثر وہ حضرت

قاضی صاحب کے پاس دعا کے لیے جاتے تھے کیونکہ وہ مشہور صحابی تھے۔ جو اس وقت مالی طور پر بھی بہت اچھے تھے اور مزنگ میں رہتے تھے۔

میری بہن کے مطابق، ہمارے والد نے تعلیم مکمل کرنے کے بعد 1935ء میں حضرت قاضی صاحب کی بیٹی (سیدہ سائرہ بیگم) کا ہاتھ مانگا، لیکن قاضی صاحب نے شائستگی سے اس تجویز کو قبول نہیں کیا۔

سرکاری تدریسی عہدہ حاصل کرنے کے بعد ہمارے والد شاہ پور چلے گئے۔ ایک سال بعد، ہمارے والد کی بھیرہ میں ہماری والدہ (فضل بیگم) سے شادی ہوئی۔ اور شاہ پور، چکوال اور جہلم کے کالجوں میں پڑھانا شروع کیا۔ 1944ء میں انہوں نے سرکاری ملازمت سے استعفیٰ دے دیا اور قادیان میں اپنی زندگی وقف کردی جو کہ ایک اہم مالی قربانی تھی۔ 1946ء کے قریب تقسیم کے قریب آتے ہی ہمارا خاندان واپس بھیرہ چلا گیا جبکہ ہمارے والد محترم حافظ مبارک احمد صاحب بھیروی کے ساتھ قادیان میں مقیم رہے۔

تقسیم کے دوران حضرت خلیفۃ المسیح الثانیؓ کی رہنمائی میں ہمارے والد محترم، حضرت مرزا ناصر

احمد صاحب کے ساتھ قادیان میں رہے۔ چھ ماہ بعد، وہ لاہور واپس آئے اور ناکافی سہولیات کی وجہ سے مشکل حالات کا سامنا کرتے ہوئے، تعلیم الاسلام کالج میں ٹھہرے۔ وہ ایک چھوٹے سے کمرے میں رہتے تھے جو ان کو تفویض کیا گیا تھا۔ میرے ماموں ناصر اور ڈاکٹر قاضی بشیر احمد (میڈیکل اسٹوڈنٹ) ہمارے والد کے ساتھ لاہور میں رہتے تھے۔ ملک حمید اللہ، ایک رشتہ دار اور طالب علم اکثر میرے والد سے ملنے آیا کرتے تھے۔ دریں اثنا، باقی خاندان بھیرہ میں ٹھہرے، جس کی دیکھ بھال ہمارے ننھیال والوں نے کی۔ قاضی خاندان کو تقسیم کے بعد بھی مشکلات کا سامنا کرنا پڑا۔

1951ء میں ہمارے والد نے چھوٹی امی سے شادی کی۔ لاہور میں شادی میں شرکت کرنے والے ماموں ناصر سمیت کچھ رشتہ داروں نے شرکت کی۔ اللہ نے ان کو دو بیٹیاں امۃ الکریم اور امۃ النصیر سے نوازا۔ افسوس کہ امۃ الکریم بچپن میں نمونیا سے انتقال کر گئیں اور شاہدرہ ٹاؤن میں تدفین ہوئی۔

چھوٹی امی نے اپنی زندگی لڑکیوں کے اسکول میں پڑھانے کے لیے وقف کر دی۔ انہوں نے شاہدرہ ٹاؤن میں ایک آرام دہ گھر اور دارالرحمت غربی ربوہ میں دوسرا گھر بنالیا۔ ہماری بہن نصیر بعد میں ربوہ چلی گئیں۔ ہاسٹل میں رہیں، اور جامعہ نصرت سے ایف اے اور بی اے مکمل کیا۔ وہ باقاعدگی سے ہماری رہائش گاہ پر آیا کرتی تھیں اور بھائی منان، ابا جان اور میں اکثر اس سے ملنے ہاسٹل جاتے تھے۔

مئی 1972ء میں، ہماری والدہ فضل بیگم صاحبہ کو ما میں جانے کے بعد سیریبلر تھرومبوسس سے انتقال کر گئیں۔ ہمارے والد اس وقت شاہدرہ ٹاؤن میں بیمار تھے۔ ہمارے ماموں ناصر کو اگلے دن ان کی تدفین کے لیے خاندان کو ربوہ لانے کے لیے لاہور بھیجا گیا۔ ہم ان مشکل وقتوں میں چھوٹی امی کے تعاون کے لیے ان کے تہہ دل سے ممنون ہیں۔

مئی 1973ء میں یو ای ٹی لاہور میں داخلہ لینے کے بعد میں لاہور چلا گیا۔ اگرچہ یہ پروگرام چار سال تک جاری رہنے کے لیے تھا، لیکن اس میں ''بنگلہ دیش نہ منظور'' اور ''ختم نبوت'' کے احتجاج سمیت سیاسی تحریکوں کی وجہ سے توسیع کی گئی۔ میں نے اپنی والدہ کی خواہش پر اپنے قومی شناختی کارڈ پر اپنا

مستقل پتہ (ربوہ سے شاہدرہ ٹاؤن) بھی تبدیل کیا۔ اور تقریباً ہر ہفتے ان سے ملنے جاتا۔ میری بہن نصیر نے بھی بی ایڈ مکمل کرنے کے لیے ایک سال لیڈی میکلیگن کالج میں داخلہ لیا۔

10.4.1- امۃ النصیر کی شادی

باجی نصیر کی شادی شاہدرہ ٹاؤن کے حضرت حکیم احمد دین صاحب کے نواسے ارشد سلیم ملک سے ہوئی۔ حضرت مسیح موعود علیہ الصلوٰۃ والسلام کے معروف صحابی حکیم صاحب کی شادی ہماری خالہ نصرت سے ہوئی اور ان کو ایک بیٹی بشارت (جسے بشریٰ بھی کہا جاتا ہے) سے نوازا گیا۔

میں خاندان کے اس پہلو کے بارے میں زیادہ نہیں جانتا تھا۔ ارشد بھائی کے والد ایک نیول آفیسر تھے جو 1971ء کی جنگ میں اس وقت شہید ہوئے جب آبدوز غازی خلیج بنگال میں ڈوب گئی۔ ان کا نکاح ربوہ میں سالانہ جلسہ کے دوران ہوا جہاں پورا خاندان جمع تھا۔ یہ ایک طے شدہ شادی تھی، اور ہم سب نے جوش وخروش سے اس کی حمایت کی۔ چھوٹی امی، ایک نفیس، پڑھی لکھی، اور تجربہ کار خاتون تھیں۔ اگرچہ میں اس فیصلے سے قدرے حیران تھا، لیکن میں نے اپنے والدین کے ساتھ کبھی یہ بات نہیں اُٹھائی۔

مارچ 1978ء میں شادی شاہدرہ ٹاؤن میں ہوئی۔ شادی کے بعد باجی نصیر کراچی چلی گئیں۔ اس وقت ارشد بھائی میڈیکل کے طالب علم تھے لیکن جلد ہی انہوں نے اپنی توجہ کاروبار کی طرف مبذول کرلی۔ بدقسمتی سے، ہمارے بڑے بھائی بیرون ملک رہنے کی وجہ سے شرکت نہیں کر سکے، لیکن باقی خاندان موجود تھا۔ یہ مکمل طور پر ان کا اپنا فیصلہ تھا۔

میں اپنے آخری سال کی پڑھائی، اپنے مقالے (Thesis) کی تیاری اور آخری امتحانات کے لیے تیار ہونے پر گہری توجہ مرکوز کر چکا تھا۔ میں اکثر گرمیوں میں یو ایس آئی ایس اور برٹش کونسل لائبریریوں میں پڑھتا تھا۔ ان ایئر کنڈیشنڈ جگہوں نے ایک ٹھنڈا، پرسکون ماحول فراہم کیا جہاں بہت

سے پیشہ ور طلباء بشمول میڈیکل کے طلباء جمع ہوتے تھے۔ یونیورسٹی نے ان لائبریریوں کو مفت نقل و حمل کی پیشکش کی، میرے والدین شاہدرہ ٹاؤن میں تھے اور میں ہر ہفتے باقاعدگی سے ان کے پاس جایا کرتا تھا۔

10.4.2- میرا گریجویٹ مطالعہ اور ملازمت

یونیورسٹی آف انجینئرنگ اینڈ ٹیکنالوجی (UET)، لاہور سے گریجویشن کرنے کے بعد، میں نے مزید تعلیم کے لیے امریکہ جانے کے لیے اپنا ویزا حاصل کرنے کا عمل شروع کیا۔ میں نے الیکٹریکل انجینئرنگ (BSEE) میں اپنا بیچلر آف سائنس الیکٹرانکس اور کمیونیکیشن انجینئرنگ میں مہارت کے ساتھ مکمل کیا۔ 1978ء میں، میرے شعبے کے انجینئرز کی امریکہ میں بہت زیادہ مانگ تھی، میری لیبر سرٹیفکیشن پر عملدرآمد کیا گیا، اور مجھے اکتوبر 1978ء میں لاہور میں اپنا یوایس امیگریشن ویزا ملا۔ میں 3 نومبر 1978ء کو کراچی کے لیے روانہ ہوا، اور ایئر فرانس کے ذریعے پیرس کے راستے نیویارک گیا۔

میرے والد، بھائی حبیب، ماموں جان ناصر اور کچھ ہم جماعت مجھے الوداع کرنے آئے تھے۔ اس وقت، میرے والد کی صحت بہت اچھی لگ رہی تھی، اور یہ بات میرے ذہن میں کبھی نہیں آئی کہ جب میں انہیں دوبارہ دیکھوں گا تو وہ چلنے پھرنے سے قاصر ہوں گے۔

میں 4 نومبر کو نیویارک پہنچا، امیگریشن مکمل کی اور شکاگو کا سفر کیا۔ ڈاکٹر صلاح الدین شمس صاحب (مرحوم) کے ساتھ مختصر قیام کے بعد میں گریجویشن کی تعلیم کے لیے یونیورسٹی آف واومنگ جانے سے پہلے اپنے بھائی منان کے ساتھ چند ہفتوں تک رہنے کے لیے وسکونسن چلا گیا۔ میں نے اپنے والد کو یقین دلایا کہ میں جلد ہی ڈگری لے کر واپس آؤں گا اور اس وعدے کو پورا کرنے کے لیے پرعزم تھا۔ میں اپنی گریجویشن تعلیم کے بارے میں اپنے والد کی توقعات سے پوری طرح واقف تھا۔ میں نے ان کو مایوس نہ کرنے کا تہیہ کر رکھا تھا۔

لارامی، واومنگ میں گریجویٹ اسکول چیلنجنگ تھا۔سب کچھ مختلف تھا۔آب وہوا، اونچائی، بول چال، خوراک اور ثقافت ۔ میں نے پہلے چھ ماہ کے دوران جدوجہد کی اور پاکستان واپس جانے کے خیالات ایک سے زیادہ بار میرے ذہن میں آئے۔ تاہم، میرے والد کی محبت بھری حمایت نے مجھے جاری رکھا۔ وہ مجھے باقاعدگی سے ایروگرامس کے ذریعے لکھتے تھے، اور میں ہر خط کو قیمتی سمجھتا تھا۔ کیمپس پوسٹ آفس انجینئرنگ ڈپارٹمنٹ سے زیادہ دور نہیں تھا، اس لیے میں نے روزانہ لیکچرز کے بعد دوپہر کے قریب اپنا میل باکس چیک کرنا معمول بنالیا۔ میرے ہم جماعت اکثر مجھے یہ کہتے ہوئے چھیڑتے تھے کہ انہوں نے پہلے ہی چیک کرلیا ہے اور انہیں پاکستان سے کوئی خط نہیں ملا۔لیکن میں ہر دوپہر اپنے والد کے خطوط کا بے تابی سے انتظار کرتا تھا۔

مشکلات کے باوجود، میں نے اپنی گریجوئیشن دوسالوں میں مکمل کی،توقع سے بہت جلد۔ مجھے پی ایچ ڈی پروگرام کے لیے تجویز کیا گیا تھا۔لیکن خاندانی حالات غیرمتوقع طور پر بدل گئے۔شکر ہے، میرے پاس ٹیچنگ اسسٹنٹ شپ (TA) تھی جس نے میرے مالی بوجھ کو نمایاں طور پر کم کیا۔ میری ٹیوشن مکمل طور پر شامل تھی، اور مجھے الیکٹریکل انجینئرنگ ڈیپارٹمنٹ میں مدد کے لیے 575$ کا ماہانہ وظیفہ ملا۔ گاڑی کے بغیر اور ہر طرف برف پڑی ہوئی تھی، میں نیویارک میں حبیب بینک کے ذریعے اپنے والد کو پیسے بھیجنے کے لیے ہر ماہ بینک جاتا تھا۔ یہ ایک لمبی چہل قدمی تھی، خاص طور پر بعض اوقات درجہ حرارت -18°F سے -30°F تک گرجاتا ہے۔

نومبر 1980ء تک، میں نے تمام امتحانات پاس کرلیے، اپنا مقالہ جمع کرایا اور ڈگری کے تقاضے پورے کرلیے۔ الیکٹریکل انجینئرنگ ڈیپارٹمنٹ کے چیئرمین نے میرے والد کو ایک ٹیلی گرام بھیجا جس میں ان کے بیٹے کے ماسٹر ڈگری کی کامیابی پر مبارکباد دی گئی۔ میرے والد کو اس خوشخبری کا بے صبری سے انتظار تھا۔ میں ان کی امید پر پورا اترنے پر بہت خوش تھا۔ میں نے UOW سے اپنی ڈگری مکمل کرنے پر اپنے والد کو ایک Appreciation Plaque (تعریفی تمغہ) بھیجا۔ میں اپنے

خاندان میں پہلا شخص تھا جس نے یہ سنگ میل حاصل کیا۔گریجویٹ کمیٹی کے ارکان کے دستخط شدہ مقالے کی ایک کاپی میرے والد کو بھیجی گئی ۔ میں فیکلٹی ممبران کی طرف سے دکھائی جانے والی اس غیر معمولی شائستگی کی تعریف کرتا ہوں۔

اپنی ڈگری اور اپنے والدین کی دعاؤں کے ساتھ، میں خوش قسمت تھا کہ میں یونیورسٹی کے Placement Office کے ذریعے روچیسٹر، مینیسوٹا میں IBM کے ساتھ ملازمت حاصل کر سکا۔ میں نے پیشکش کا خط اپنے مشیر اور دوستوں کے ساتھ شیئر کیا اور جلد ہی IBM میں اس نئے باب کا آغاز کیا۔، میں نے 31 دسمبر 1980ء کو IBM CO شروع کیا۔ یہ وہ دن تھا، جسے سروس کا ایک سال سمجھا جاتا تھا۔ میں نے اپنے والدین کو ہر چیز کے بارے میں مطلع کیا۔میری نئی ملازمت، رہنے کے انتظامات، اور دیگر تفصیلات۔ چند مہینوں کے بعد ایک مؤثر اپارٹمنٹ میں، میں نے ایک گھر خریدا اور آباد ہو گیا۔

میں اللہ کا تہہ دل سے شکر گزار ہوں کہ اس نے مجھے اپنا وعدہ پورا کرنے کے قابل بنایا۔اپنی ڈگری مکمل کرنے اور امریکہ میں ایک بہترین ملازمت حاصل کرنے کے لیے۔ میں اپنے خاندان کا پہلا شخص تھا جس نے امریکہ میں ماسٹر ڈگری حاصل کی۔اس وقت میرے والدین بھی زندہ تھے۔الحمدللہ۔

10.4.3-ماں کی ریٹائرمنٹ

چھوٹی امی 1980ء میں شاہدرہ ٹاؤن میں تین نسلوں کو قرآن پاک کی تعلیم دینے اور پرائیویٹ طور پر گھر پر تعلیم دینے کے بعد ریٹائر ہوئیں۔ وہ برادری میں پیار سے ''باجی جی'' کے نام سے جانی جاتی تھیں۔ ان کی ریٹائرمنٹ کے بعد ہمارے والد کی صحت تیزی سے خراب ہونے لگی۔ اپنی بیماری کے باوجود، آپ نے غیر متزلزل احترام، عقیدت اور لگن کے ساتھ ہمارے والد کی دیکھ بھال کی۔ہم تینوں بھائی بیرون ملک میں تھے اور بھائی حبیب (جو اس وقت پاکستان میں تھے) ہر ویک

اینڈ پر والد صاحب کے پاس جاتے۔ تاہم، میں صرف اس مشکل کا تصور کر سکتا ہوں کہ میرے والد نے کس مشکل کو برداشت کیا کیونکہ ان کی نقل وحرکت محدود ہوگئی تھی۔ مناسب آلات کے ساتھ میرے والد کی بیماری کی صحیح طریقے سے تشخیص نہیں کی گئی۔ شاہدرہ شہر کی سڑکیں نا قابل رسائی تھیں۔ لیکن بعد میں ان کی تشخیص ہپ فریکچر کے طور پر ہوئی۔ 1981ء کے اوائل تک، وہ مزید لکھ نہیں سکتے تھے، کیونکہ وہ درد کی وجہ سے زیادہ دیر تک بیٹھ نہیں سکتے تھے۔

ابا جان کی پریشانی خطوط میں واضح تھی۔ آپ نے مجھے اپنا آخری خط 1981ء کے وسط میں بھیجا، جس میں آخری نصیحتیں کی تھیں۔ اسے موصول ہونے کے بعد، میں نے ابا جان کے علاج کے لیے پاکستان واپس آنے کا فیصلہ کیا لیکن انہیں مطلع نہیں کیا۔ میں نے IBM میں اپنے مینیجر کے ساتھ اپنے منصوبوں پر تبادلہ خیال کیا اور سال کے آخر تک سفر کرنے کے لیے 1981ء اور 1982ء کی اپنی جمع شدہ چھٹیوں کے دنوں کو استعمال کرنے کا فیصلہ کیا۔

میں نے اپنے منصوبے قریبی دوستوں، مسلمان پڑوسیوں اور خاندانی دوستوں کے ساتھ شیئر کیے، جن سب نے میرے فیصلے کی حمایت کی۔ میں نے اپنے بھائی حبیب کو اطلاع دی کہ میں والد کے علاج کے لیے ایک ماہ لاہور میں رہوں گا۔

میری غیر موجودگی کے دوران ایک شدید برفانی طوفان آیا، لیکن میں علی گڑھ، انڈیا سے تعلق رکھنے والے بھائی یوسفی اور بھابھی سیما کا تہہ دل سے احسان مند ہوں جنہوں نے میرے گھر، بہن اور بھانجے کا خیال رکھا۔ میرے جانے سے پہلے، میرے والد نے مجھ سے روچیسٹر میں اپنے پڑوسیوں کے بارے میں پوچھا تھا۔ اُن کے بارے میں سننے کے بعد، ابا جان نے انہیں اپنی دعاؤں میں شامل کر لیا جو اُن کے گہرے ایمان اور انسانیت کے لیے محبت کی عکاس ہے۔

10.4.4-والد کی بیماری، سرجری اور انتقال

چند ماہ بعد باجی رفیق اور ان کا بیٹا امریکہ پہنچے اور مجھے بتایا کہ والد صاحب مسجد جاتے ہوئے کیلے کے چھلکے پر پھسلنے کے بعد سے چلنے سے قاصر ہیں۔ میں نے اپنے خدشات اپنے مینیجر کے ساتھ شیئر کیے، اس بات کا ذکر کرتے ہوئے کہ میں نے کرسمس کے دوران اپنے والدین سے ملنے کے لیے پاکستان جانے کا منصوبہ بنایا تھا۔

مجھے اپنے والد کے خطوط بھی موصول ہوئے جن میں ان کی صحت اور نقل وحرکت میں کمی کا ذکر تھا۔ انہوں نے بتایا کہ کس طرح چھوٹی امی نے اپنی بیماری کے دوران ان کی بہترین دیکھ بھال کی۔ اُس وقت، کوئی واشر اور ڈرائر نہیں تھے۔ تمام کام ہاتھ سے کیے جاتے تھے۔ اپنے آخری ایروگرام میں انہوں نے مجھے تاکید کی کہ میں چھوٹی امی اور نصیر کی اسی طرح دیکھ بھال کروں جس طرح میں نے ان کی دیکھ بھال کی ہے۔

اس وقت شاہدرہ ٹاؤن تک رسائی مشکل تھی کیونکہ پانی اور گیس کی لائنوں کے لیے سڑکیں کھودی گئی تھیں۔ 15 دسمبر کو پہنچتے ہی ہم نے والد صاحب کے ایکسرے کروانے کے لیے گھر پر ایکسرے کا بندوبست کیا۔ پتہ چلا کہ ان کے کولہے کا جوڑ ٹوٹ گیا ہے جس کی سرجری کی ضرورت ہے۔ خوش قسمتی سے، ایک ہفتے کے اندر، ہمیں میو ہسپتال میں ایک بہترین آرتھوپیڈک سرجن، ایک بیرون ملک تربیت یافتہ ڈاکٹر اور میرے والد کے سابق طالب علموں میں سے ایک ملا۔ مجھے یہ مشکل کام سونپا گیا تھا کہ میں ضروری سرجری کی خبریں بتاؤں اور انہیں ذہنی طور پر اس کے لیے تیار کروں۔ میں نے ابا جان کو یقین دلایا کہ میں بلا تاخیر ان کی خدمت اور حاضری کے لیے حاضر ہوں۔ میرے والد نے خواب میں دیکھا کہ ان کو سرخ اینٹوں والے ہسپتال میں داخل کیا گیا ہے۔ چنانچہ ان کا انتقال اسی ہسپتال میں ہوا۔ ابا جان نے ہماری والدہ کو بتایا کہ شفیق ہزاروں میل کا سفر طے کر کے آیا ہے۔ اور وہ بغیر کسی تاخیر

کے سرجری کے لیے تیار ہیں۔ اگر وہ صحتیاب ہو گئے تو وہ اپنی باقی زندگی دوسرے ضرورت مندوں کی خدمت میں گزاریں گے۔

ہم نے ابا جان کو میو ہسپتال میں داخل کرایا، اور دن کے اختتام پر، ڈاکٹر اختر محمود نے سرجری کی۔ ہم نے ایک مصنوعی ہپ جوائنٹ خریدا جس میں فیوژن کی ضرورت تھی۔ مجھے یاد ہے کہ سرجری جنوری 1982ء کے پہلے ہفتے میں ہوئی تھی، یہ کامیاب رہی اور ہمیں بتایا گیا کہ میاں صاحب ایک ہفتے میں چلنے کے قابل ہو جائیں گے۔ اس کے بعد ہم نے پر امید محسوس کیا۔

12 جنوری 1982ء کو میں نے حضور سے ملاقات کی اور انہیں آپریشن کے بارے میں آگاہ کیا۔ میں 13 جنوری کو لاہور واپس آیا، ہسپتال میں اپنے والد کی عیادت کی، حضرت خلیفۃ المسیح الثالثؒ سے اپنی ملاقات کی تفصیلات بتائیں اور اسی شام گھر واپسی کی اجازت مانگی۔ میرے والد کو میری بہن رفیق کی فکر تھی جو میری غیر موجودگی میں اکیلی رہتی تھی۔ مجھے معلوم نہیں تھا کہ یہ میری ان سے آخری ملاقات ہو گی۔ اس شام، میں کراچی واپس آیا اور نیویارک کے لیے پی آئی اے کی اگلی لمبی پرواز پکڑی۔ 14 جنوری 1982ء کو، میں روچیسٹر، مینیسوٹا میں دیر سے پہنچا۔ اگلی صبح، تقریباً 9 بجے (CST)، میرے دفتر کے فون پر ایک ٹیلی گرام پہنچا جس میں مجھے میرے والد کے انتقال کی اطلاع ملی۔ جراحی کے بعد خون جم گیا تھا جو بالآخر ہسپتال میں ہارٹ اٹیک کا سبب بنا۔

میں نے اپنے مینیجر کے ساتھ خبر شیئر کی، جس نے پوچھا کہ کیا میں پاکستان واپس جانا چاہتا ہوں۔ میرے مینیجر نے تمام انتظامات کر دیئے اور دوپہر کو میں نیویارک کے راستے گھر (پاکستان) کے لیے پرواز کر رہا تھا۔ سعید قریشی نے لاہور ایئرپورٹ پر مجھ سے ملاقات کی اور مجھے بریفنگ دی۔ مجھے ربوہ لے گئے۔ ہم اکٹھے ربوہ پہنچ گئے۔ سعید قریشی میرے لیے نہ صرف ایک چھوٹا بھائی تھا، بلکہ ایک قریبی خاندان کا فرد، ایک قریبی قابل اعتماد پڑوسی تھا۔ حبیب کے لیے رہائش کے انتظامات مختلف تھے۔ میرے پیارے چچا حاجی برکت اللہ درد صاحب بہت پیار کرنے والے اور خیال رکھنے والے تھے۔

میرے قیام کے دوران وہ ہمارے ہاں تشریف لائے اور رہے۔ میرے پہنچنے سے پہلے میرے والد کو ربوہ میں دفن کر دیا گیا تھا۔

میں شام نگر سے تعلق رکھنے والے اپنے ہم جماعت مرحوم نصیر الدین ہمایوں کا اعتراف کرنا چاہوں گا جنہوں نے میو ہسپتال میں حبیب کے ساتھ میرے والد کی تیمارداری کی۔ اللہ تعالیٰ جنت الفردوس میں درجات بلند فرمائے۔ ان کی شادی میری کزن امۃ الخبیر سے ہوئی تھی۔ میں نے ہمیشہ اس کے لیے دعا کی، کیونکہ وہ جنازے کے انتظامات کرنے، میرے والد کی میت کو ماموں ناصر کے گھر پہنچانے اور ربوہ تک ان کے آخری غسل اور تدفین کے سفر کی نگرانی میں بے حد مددگار تھے۔

جس رات میں ربوہ پہنچا، میں نے ایک خواب دیکھا، جیسے ہمارے گھر کی کال بیل بجی ہو اور میں دروازے پر جواب دینے جا رہا ہوں اور میں ایک نامعلوم مہمان کو سلام کرتا ہوں۔ اچانک میرے والد اپنے کمرے سے نمودار ہوئے اور دروازے کی طرف چلے، نامعلوم آدمی (جو طویل سفر کر کے آیا تھا) نے ایک بچہ میرے والد کے حوالے کر دیا۔ میرے والد لڑکے کو اپنے کمرے میں لے گئے۔ میں خواب سے بیدار ہوا، اور اپنے والد کو خواب میں دیکھ کر لرز گیا۔ میں جذباتی ہو کر بیدار ہوا اور خواب حبیب اور حاجی برکت اللہ درد کے ساتھ شیئر کیا۔ میں حیران تھا کہ کیا میرے والد ہمارے چھوٹے بھائی صبغت اللہ کے ساتھ دوبارہ مل گئے تھے، جو بھیرہ میں چیچک سے بچپن میں فوت ہو گیا تھا۔ خدا مجھ پر بہت مہربان ہے کہ اس نے مجھے ایسے ناقابل فراموش خواب دکھائے ہیں تاکہ مجھے منفی حالات میں اندرونی سکون نصیب ہو۔ ربوہ میں کچھ دن گزارنے کے بعد میں مزید کچھ دن شاہدرہ میں چھوٹی امی کے پاس رہا۔

10.4.5-چھوٹی امی کے آخری سال

میں لاہور میں اپنی والدہ کی بیماری اور علاج کی تفصیلات سے پوری طرح واقف نہیں تھا، لیکن چھوٹی امی غیر معمولی طور پر ایک بہادر اور مضبوط خاتون تھیں۔ والد کے انتقال کے بعد، وہ ایک باوقار زندگی گزار رہی تھیں۔ میری بہن، امتہ نصیر، کراچی میں مشترکہ خاندانی نظام میں اپنے بچوں کی پرورش میں مصروف تھی۔ یہ واضح نہیں ہے کہ وہ شاہدرہ ٹاؤن، لاہور میں کتنی بار ہماری والدہ سے ملنے گئی، لیکن میرا خیال ہے کہ یہ دو یا تین بار سے زیادہ نہیں تھا۔ چھوٹی امی نے اپنی زندگی کے آخری آٹھ سال عزت کے ساتھ اپنے گھر میں گزارے، کسی پر بھروسہ نہیں کیا۔

امریکہ جانے سے پہلے نمود سحر (سابقہ اہلیہ) اور حبیب نے 1983-1984 میں شاہدرہ ٹاؤن میں ان سے ملاقات کی۔ مجھے ان کی طرف سے آخری خط 1988ء میں ملا تھا جس میں مباہلہ کے بارے میں تفصیلات طلب کی گئی تھیں۔ مجھے تشویش تھی کہ غیر ملکی میل کو سنسر کیا جا سکتا ہے، جس سے کوئی مسئلہ پیدا ہو سکتا ہے، اس لیے میں معلومات نہیں بھیج سکا۔ ماموں ناصر مہربانی سے مجھے شاہدرہ ٹاؤن کے بارے میں آگاہ کرتے رہے، لیکن ان کی اپنی صحت گر رہی تھی، جس سے ان کی نقل و حرکت محدود ہو رہی تھی۔ وہ دل کے مریض تھے اور بعد میں فالج کا دورہ پڑا جس کی وجہ سے وہ وہیل چیئر پر ہی رہ گئے۔ نتیجتاً ہمارا رابطہ کافی حد تک کم ہو گیا۔

10.4.6-چھوٹی امی کی آخری بیماری

شاہدرہ میں رہنے والی ہماری خالہ ہاجرہ اپنی آخری بیماری کے دوران چھوٹی امی سے قریبی رابطے میں رہیں اور نصیر کو ان کی حالت سے آگاہ کرتی رہیں۔ مجھے معلوم ہوا کہ چھوٹی امی کو لاہور کے ایک ہسپتال میں داخل کرایا گیا ہے اور خالہ ہاجرہ نے باجی نصیر کو آگاہ کیا۔ کال موصول ہونے پر باجی نصیر لاہور پہنچ گئیں۔ ہمارے پتے اور رابطے کی معلومات تلاش کرنے کی کوشش کی۔ باجی نے چھوٹی امی کے ہینڈ بیگ

میں سے ماموں ناصر کے رابطے کی معلومات تلاش کیں اور ان تک پہنچیں۔ عام طور پر چھوٹی امی ہنگامی حالات میں ہمیں اطلاع دینے میں جلدی کرتی تھیں، اس لیے تاخیر سے آنے والی خبریں تشویشناک تھیں۔ باجی نصیر کو ہمارے رابطے کی معلومات مل گئیں (جو جلدی میں کراچی میں پیچھے رہ گئی تھیں) آخر کار مجھے یہ افسوسناک خبر ماموں ناصر کے ذریعے اور تھوڑی دیر بعد باجی نصیر سے براہ راست ملی۔

میں خالہ ہاجرہ اور ان کے خاندان کا تہہ دل سے مشکور ہوں کہ انہوں نے ہماری والدہ کی آخری بیماری کے دوران بہترین دیکھ بھال کی۔ اگرچہ یہ ہماری ذمہ داری تھی، ہم فوری معلومات حاصل نہیں کر سکے، شاید اس لیے کہ ان کے پاس ہمارے تمام رابطے کی تفصیلات نہیں تھیں۔ ہماری والدہ ہائی بلڈ شوگر اور ہائی بلڈ پریشر کا شکار تھیں، لیکن مجھے یاد نہیں کہ وہ باقاعدگی سے کوئی دوا لیتی تھیں۔

10.4.7 - ربوہ میں جنازہ اور تدفین

چھوٹی امی کا انتقال شاہدرہ ٹاؤن لاہور میں ہوا۔ وہ کچھ عرصے سے ہسپتال میں داخل تھیں اور اپنے آخری ایام خالہ ہاجرہ کی دیکھ بھال میں گزارے۔ میری بہن نصیر بھی اس دوران کراچی سے آئی اور ہسپتال میں ٹھہری۔ میں خالہ ہاجرہ کے خاندان کا ممنون احسان ہوں کہ والدہ کی بیماری اور آخری ایام میں انہوں نے ہماری والدہ کا غیر معمولی خیال رکھا۔ میں نے ٹورنٹو، کینیڈا میں اپنے کزن حمید احمد پراچہ کا بھی شکریہ ادا کیا۔

ہماری چھوٹی امی نصیر کی موجودگی میں سکون سے گزر گئیں جس سے مجھے بہت سکون ملا۔ ایک موصی کے طور پر، آپ نے اپنی آخری وصیت میں کہا تھا کہ وہ بہشتی مقبرہ میں دفن ہونا چاہتی ہیں۔

جنازہ کی تیاری اور تدفین کے انتظامات خالہ ہاجرہ، ارشد بھائی اور نصیر نے دیکھے۔ ربوہ میں ان کے جنازے میں خالو عبدالواسع اور ماموں ممتاز موجود تھے۔

میں اپنے والد کے سابق شاگردوں میں سے ایک مبارک مصلح الدین ابن صوفی غلام محمد

(مرحوم) کا خاص طور پر ممنون ہوں۔ میری بہن نصیر نے مجھے مطلع کیا کہ وصیت کے دفتر نے اس نازک وقت کے دوران وصیت کے لیے واجب الادا کے بارے میں خدشات کا اظہار کیا۔ مبارک مصلح الدین مہربانی کر کے آگے بڑھے اور پوری ذمہ داری لی، دفتر کو یقین دلایا کہ قریبی رشتہ دار بیرون ملک ہیں اور وہ کسی بھی بقایا جات کا انتظام کریں گے۔ ان کی کوششوں کی بدولت ہماری پیاری چھوٹی امی کو بغیر کسی تاخیر کے ربوہ کے بہشتی مقبرہ میں سپرد خاک کر دیا گیا۔ اللہ اس عظیم احسان کیلئے بھائی مبارک کے درجات بلند فرمائے۔ آمین۔

نماز جنازہ اور تدفین میں ماموں ممتاز اور خالو واصی سمیت دیگر عزیز و اقارب نے شرکت کی۔ بھائی محمود بھی اس وقت ربوہ میں تھے۔ وہ ریٹائرڈ پروفیسروں سے ملنے گئے، جہاں انہیں ہماری والدہ کے انتقال کی افسوسناک خبر ملی۔ وہ بہشتی مقبرہ پہنچنے اور باجی نصیر سے تعزیت کرنے میں کامیاب ہوئے۔

ہماری والدہ (سیدہ سائرہ بیگم) نے آخری دنوں میں ہمارے والد کا غیر معمولی خیال رکھا۔ ہم ان کی قربانی، دیکھ بھال اور لگن کے لیے تہہ دل سے شکر گزار ہیں۔ اللہ تعالیٰ ان کے درجات کو جنت النعیم میں بلند فرمائے اور ان کی خدمت کے لیے فرشتے مقرر فرمائے۔ آمین۔

ذاتی عکاسی

اپنے پرسکون لمحات میں، میں کبھی امریکہ میں اپنی ذاتی زندگی میں اس قدر جذب ہونے کے لیے خود کو مجرم محسوس کرتا ہوں۔ مجھے اپنے بچوں کو ان کی دادی سے متعارف کرانے کا موقع کبھی نہیں ملا۔ میں نے اپنی زندگی کے آٹھ سال چھوٹی امی کے ساتھ گزارے، باہمی اعتماد اور احترام پر مبنی قریبی رشتہ استوار کیا۔ مجھے وہ پرانے دن اب بھی یاد ہیں جب میں ٹنسلائٹس یا فلو کے ساتھ ان کے گھر واپس آیا تھا۔ آپ نے ان بیماریوں کے دوران غیر معمولی محبت سے میری دیکھ بھال کی۔

میں اپنے ذاتی گھریلو مسائل میں اس قدر پھنس گیا تھا کہ مجھے اپنی والدہ کو یہ بتانے کا موقع ہی

نہیں ملا کہ میں یہاں امریکہ میں کس قسم کی زندگی اور عذاب میں پھنس گیا ہوں۔ میں اپنے آپ پر شرمندہ ہوں کہ میں اپنی شادی کے لیے والدہ کی تجویز (لاہور میں میڈیکل کی طالبہ) کا احترام نہیں کر سکا۔ میری والدہ مجھے اچھی طرح جانتی تھیں اور میرے انتخاب، توقعات اور خواہشات سے واقف تھیں۔ میرے لیے ان کا کیا ہوا انتخاب بہتر تھا۔ افسوس، میں ان کی پسند کا احترام نہیں کر سکا۔ میں جب تک زندہ رہوں گا اس پر پچھتا تا رہوں گا۔

جب بھی میرا کوئی بہن بھائی بیمار ہوتا تو ہم ہمیشہ علاج کے لیے لاہور آتے، جیسا کہ ہمارے فیملی فزیشن موجود تھے۔ چھوٹی امی نے ہمیشہ اس بات کو یقینی بنایا کہ ہمیں بہترین دیکھ بھال ملے۔ خدا انہیں اس کی محبت، مہمان نوازی اور مہربانی کا بدلہ دے۔

ہمارے والد اپنے ٹوٹے ہوئے کولہے کی وجہ سے کم از کم ایک سال تک بستر پر پڑے رہے، ہماری امی نے بڑھاپے میں ان کی تندہی سے دیکھ بھال کی جس کیلئے اپنی والدہ کے شکر گزار ہیں۔ انہوں نے اپنے بیمار شوہر کی خدمت کا حق ادا کیا۔ خدا ان کو بہترین اجر، ابدی سکون عطا کرے، جس کی وہ سب سے زیادہ حقدار تھی۔

چھوٹی امی نے ہر حال میں ہمارے خاندان اور ہمارے والد کا ساتھ دیا۔ وہ ہمیشہ ہمارے دفاع اور ترقی کے لیے موجود تھیں اور ہم نے اس کی بہت سی خوبیوں کی دل کی گہرائیوں سے تعریف کی۔

میری ریٹائرمنٹ کے بعد سے ایک دن بھی ایسا نہیں گزرا جب میں نے اپنے دادا، دادی، والدین، چچا اور مرحوم بہن بھائیوں کی ابدی سلامتی اور جنت میں اعلیٰ درجات کی دعا نہ کی ہو۔

رَّبِّ ارْحَمْهُمَا كَمَا رَبَّيَانِي صَغِيرًا

''اے میرے رب ان پر رحم فرما جس طرح انہوں نے مجھے بچپن میں پالا تھا۔''

(قرآن کریم-25:17)

10.5-سید منصور شاہ صاحب کا ذکرِ خیر

(شفیق الرحمٰن، ولد پروفیسر میاں عطاء الرحمٰن صاحب، مرحوم)

ماموں جان منصور ہمارے نانا جان کی اولاد میں سب سے چھوٹے اور اکلوتے بیٹے تھے۔ 28 اگست 1928ء کو پیدا ہوئے، ان کی آمد خدا تعالیٰ کی طرف سے نانا جان کی دعاؤں کا بابرکت جواب تھا۔ وہ ہماری چھوٹی امی سیدہ سائرہ بیگم کے چھوٹے بھائی تھے۔ میں یہ ذکرِ خیر ان کے لیے اپنے احترام اور خیر سگالی کے اظہار کے لیے لکھ رہا ہوں۔

1947ء میں تقسیم کے وقت، ماموجان نے لاہور منتقل ہونے سے پہلے چناب نگر میں جماعت کے اکاؤنٹنٹ کے طور پر مختصر طور پر کام کیا، جہاں انہوں نے واپڈا میں شمولیت اختیار کی۔ ماموں جان کی فیملی کچھ سال شاہدرہ شہر میں رہے۔ اور روزانہ اپنے دفتر جاتے تھے۔

ماموں جان نے تین شادیاں کیں:

بیوی نمبر 1: مبارکہ، جن سے ان کی دو بیٹیاں تھیں، امۃ الخبیر اور امۃ البصیر۔ بعد میں ان کی طلاق ہوگئی اور وہ ملتان اور کراچی میں الگ رہتی تھیں۔

بیوی نمبر 2: لاہور سے شہناز، ان سے ان کے چار بیٹے تھے۔ کریم، باسط، قدوس، عاطف۔ اور دو بیٹیاں، امۃ الخبیر اور عظمیٰ۔ وہ لاہور میں رہتے تھے، اور ایک بیٹی اور ایک بیٹا جماعت سے وابستہ ہیں۔

بیوی نمبر 3: امۃ العلیم، ان کی چناب نگر میں شادی ہوئی۔ ان کے تین بیٹے تھے۔ احمد سلطان، عثمان احمد۔ اور ایک بیٹی نورین۔ سبھی پڑھے لکھے ہیں اور امریکہ میں آباد ہیں۔

واپڈا سے ریٹائر ہونے کے بعد ماموں جان چناب نگر واپس آ گئے۔ ان کا اور ان کی دوسری بیوی کا بریڈنر تھ روڈ پر مشترکہ کاروبار تھا، حالانکہ یہ شہناز کے بھائیوں کے نام سے رجسٹرڈ تھا۔ مجھے مکمل

تفصیلات نہیں معلوم، لیکن ایسا لگتا ہے کہ یہ کاروبار حقوق کا دعویٰ کرنے والے ان کے رشتہ داروں نے لے لیا ہے۔ ان مشکلات کے باوجود، ماموں جان ایک عاجز، مہربان انسان تھے جنہوں نے اپنے والدین اور بہنوں کا پیار سے خیال رکھا۔ ان کی سب سے بڑی خوبی اس نے خاندان کے ساتھ شفقت کا مظاہرہ کیا۔

UET لاہور میں اپنی تعلیم کے دوران، میں اکثر اپنی والدہ کو قائل کرتا تھا کہ وہ ہمیں شاہدرہ ٹاؤن میں واقع ماموں جان کے گھر چترا ہار یا انڈین فلمیں دیکھنے لے جائیں، ماموں جان امی کے گھر کے قریب ہی مین بازار میں دوسری منزل پر رہتے تھے۔ اگرچہ ہماری والدہ کو ایسے پروگرام پسند نہیں تھے لیکن وہ ہمارے اصرار پر ہمیں ساتھ لے جاتی تھیں۔

ریٹائرمنٹ اور تیسری شادی کے بعد ماموں جان چناب نگر میں ہمارے چچا ملک رشید بھیروی کے پڑوس میں رہنے لگے۔ ممانی شہناز بھی اپنے خاندان کے ساتھ وہاں منتقل ہوگئیں۔ اگرچہ میں لاہور میں پڑھتا تھا، لیکن میں نے گول بازار میں اپنے کچھ کزنز سے مختصر ملاقات کی، جہاں ماموں جان کے سسرال والے بھی رہتے تھے۔ بدقسمتی سے مجھے اپنی سب سے چھوٹی ممانی جان سے ملنے کا موقع نہیں ملا۔

ماموں جان بھی کچھ عرصہ لاہور کی چوہان سٹریٹ/ شام نگر کے علاقہ میں اپنے بھانجے حبیب کے قریب رہے، جو کہ ایک بینک میں کام کرتا تھا۔ امۃ الخبیر کی شادی نصیرالدین ہمایوں سے ہوئی۔ نصیر ٹی آئی کالج چناب نگر میں ایف ایس سی کے دوران میرا ہم جماعت تھا۔

میرے ہم جماعت نصیر اور حبیب نے ہمارے والد کے کولہے کی سرجری کے بعد میو ہسپتال میں ان کا بہت خیال رکھا، جنازے کے انتظامات اور چناب نگر میں تدفین میں مدد کی۔ میں مرحوم نصیرالدین ہمایوں کا تہہ دل سے شکر گزار ہوں۔ اللہ تعالیٰ جنت الفردوس میں درجات بلند فرمائے۔ وہ ایک بہادر اور مہربان روح تھی جو بہت جلد ہمیں چھوڑ گئی۔ انا للہ وانا الیہ راجعون۔

ماموں جان کے خاندان سے، میں بہن امۃ الخبیر اور کزن قدوس، کریم، باسط اور سب سے چھوٹی بیٹی عظمیٰ (جسے ماہیم بھی کہا جاتا ہے) کو جانتا ہوں۔ میرے امریکہ منتقل ہونے کے بعد، میرا اپنے کزنز سے رابطہ ختم ہوگیا جو ممکنہ طور پر اب بھی لاہور میں ہیں۔ امۃ الخبیر ماموکانجن/فیصل آباد میں رہتی ہے۔

بہن خبیر کی بیٹی کی شادی میرے بھانجے فیضان سے ہوئی ہے اور وہ اپنے بچوں کے ساتھ کراچی میں رہتی ہے۔ بعد میں، ماموں منصور اپنی بہن (خالہ فہمیدہ) کے ساتھ دہلی گیٹ کے پاس، لاہور میں ہماری احمدیہ مسجد کے قریب رہتے تھے۔ وہ ذیابیطس کے مریض تھے اور 1998ء میں انتقال کر گئے، لاہور میں سپرد خاک ہوئے۔ بیرون ملک جانے کے بعد میرا خاندان کی اس شاخ سے رابطہ منقطع ہوگیا۔

اللہ تعالیٰ ماموں منصور پر رحم فرمائے، ان کی کوتاہیوں کو درگزر فرمائے، انہیں جنت الفردوس میں اعلیٰ مقام عطا فرمائے۔ ان کی اولاد کو بہتر رنگ میں نوازے اور ان کا حامی وناصر ہو۔ آمین۔

10.5- ہماری بہن امۃ الکریم مرحومہ
بنت پروفیسر میاں عطاء الرحمن صاحب مرحوم
(شفیق الرحمن ابن پروفیسر میاں عطاء الرحمن صاحب مرحوم)

ہماری ننھی بہن، امۃ الکریم، نمونیا کی پیچیدگیوں کی وجہ سے شاہدرہ ٹاؤن میں تقریباً تین یا چار سال کی عمر میں انتقال کرگئیں۔ 1952ء میں پیدا ہونے والی وہ ابا جان اور چھوٹی امی کی پہلی اولاد تھیں۔ وہ لاہور میں ہماری چھوٹی امّی کے ساتھ رہتی تھیں، جو ایک مقامی لڑکیوں کے سکول میں ٹیچر تھیں۔ بدقسمتی سے، میں اس سے کبھی نہیں ملا۔ میری بہنوں، امۃ النصیر اور امۃ السمیع نے اس کی یادیں شیئر کیں۔ نومبر 1955ء میں ان کا انتقال ہوگیا اور اس کے اچانک انتقال سے ہمارے خاندان کا دل ٹوٹ گیا۔ اناللہ وانا الیہ راجعون۔

میری چھوٹی بہن امۃ السمیع امۃ النصیر چھوٹی امی کے ساتھ لاہور میں تھی۔ جہانگیر مقبرہ میں نماز

عید کے بعد وہ قبرستان کے پاس رکے جہاں ہماری والدہ نے امۃ الکریم کی قبر پر دعا کی۔ میری بہن نے مجھے بتایا کہ ہماری والدہ اپنی پیاری بیٹی کے انتقال کے تیئس سال بعد بے ساختہ رو رہی تھیں، یہ ایک ماں کی محبت اور غم کا گہرا اظہار تھا۔

مجھے امۃ الکریم کے بارہ میں اپنی والدہ کے ساتھ براہ راست گفتگو کرنا یاد نہیں ہے، لیکن میری بہن نے اسے ایک ذہین، فطین اور خوبصورت لڑکی قرار دیا جو اکثر اپنی ماں کے ساتھ اسکول جاتی تھی۔ میری بہن نے امۃ الکریم کی ایک پرانی تصویر بھی شیئر کی، جو اس کی ہماری واحد ٹھوس یاد ہے۔ اسے پھل خاص طور پر سیب بہت پسند تھے اور وہ اپنی چھوٹی بہن امۃ النصیر کے ساتھ گھر میں وقت گزارنے کا لطف اٹھاتی تھیں۔

لڑکیوں کا اسکول عام طور پر محفوظ تھا، لیکن سیکیورٹی گارڈ تماشائیوں کو روکنے کے لیے کبھی کبھار سخت الفاظ استعمال کرتا تھا۔ اس کے معنی سے ناواقف امۃ الکریم نے ایک بار ایک برا لفظ دہرایا جو اس نے سنا تھا، جس سے ہماری والدہ کی طرف سے نرم وضبط پیدا ہوا۔ وہ جلد ہی اس واقعہ کو بھول گئی۔

امۃ الکریم کے اچانک انتقال نے ہمارے والدین اور اہل خانہ کو بہت دکھ پہنچایا۔ انہیں شاہدرہ ٹاؤن کے مقامی قبرستان میں سپرد خاک کر دیا گیا۔ تقریباً ستر سال پہلے، ہمارے دل کا ایک ٹکڑا سپرد خاک کر دیا گیا، خاص طور پر ہماری چھوٹی امی کی زندگی میں ایک دیرپا خلا چھوڑ گیا۔ خدا اسے سکون عطا فرمائے اور اسے آخرت میں ہمارے بزرگوں، والدین اور دادا دادی کے ساتھ ملا دے۔

ہمارے والدین کے انتقال اور شاہدرہ، پاکستان سے ہمارے منتقل ہونے کے بعد ہم نے امۃ الکریم کی قبر کا پتہ کھو دیا۔ ہم اس لاپرواہی پر بہت معذرت خواہ ہیں اور اس کی پوری ذمہ داری لیتے ہیں۔ یہ ہماری غفلت تھی، اور ہمیں اس پر شدید افسوس ہے۔ بعد میں، ہم نے بھیرہ میں اپنے آبائی قبرستان میں اپنے دادا، دادی، چچا اور بھائی صبغت اللہ کے پاس اس کے لیے ایک یادگار بنائی۔

پیاری بہن، سکون سے آرام کریں۔ آپ نے ہمیں بہت جلد چھوڑ دیا، ہمیں غمگین چھوڑ کر لیکن خدا

کی مرضی کو قبول کیا۔ انشاء اللہ ہم آپ سے دوبارہ جنت میں ملیں گے۔ براہ کرم اس وقت تک انتظار کریں اور ہمارے لیے دعا کریں۔ آمین۔

10.6-اجرائی خلاصہ

- باب 10 محترمہ سیدہ سائرہ بیگم (چھوٹی امّی) کی حیاتِ طیبہ، کردار اور خاندان پر دیرپا اثرات کو خراجِ تحسین پیش کرتا ہے۔
- یہ باب ان کی ابتدائی زندگی -شاہدرہ ٹاؤن، لاہور- سے لے کر ایک باوقار معلّمہ، شفیق سرپرست اور مثالی گھریلو شخصیت کے طور پر ان کے کردار کو بیان کرتا ہے۔
- انہوں نے کئی نسلوں کی بچیوں کی تعلیم و تربیت کی اور اپنے خاندان کے لیے اخلاق، علم اور ایثار کی مثال قائم کی۔
- 1980ء میں اُن کی ریٹائرمنٹ کا زمانہ شوہر، پروفیسر میاں عطاالرحمن، کی صحت کی خرابی کے ساتھ ہم آہنگ ہوا، جس میں انہوں نے صبر، وقار اور اخلاص کے ساتھ گھریلو ذمہ داریاں سنبھالیں۔
- شوہر کی وفات کے بعد بھی چھوٹی امّی نے خودداری، اخلاقی استقامت اور سادہ طرزِ زندگی کے ساتھ اپنی زندگی جاری رکھی۔
- ذاتی نقصان اور غم: یہ حساس طور پر صارف کی بہن امۃ الکریم کے نقصان اور خاندان پر اس کی جلد موت کے دیرپا اثرات کو بیان کرتا ہے، خاص طور پر ان کی ماں پر۔
- چیلنجز اور علیحدگی: ہجرت اور خاندانی حرکات میں تبدیلی کی وجہ سے علیحدگی کا ایک موضوع ہے، جس کے نتیجے میں بعض رشتہ داروں سے رابطہ منقطع ہو جاتا ہے اور بعض خاندانی معاملات کی نگرانی ہوتی ہے، جیسے کہ امۃ الکریم کی قبر۔
- ایمان اور یاد: خاندان کے افراد کے لیے گہرا احترام اور دعائیں مانگی جاتی ہیں، جو اس

روحانی فریم ورک کی عکاسی کرتی ہے جو نقصان کے دوران خاندان کی مدد کرتا ہے۔

- خاندانی نگہداشت اور مدد: داستان خاندان کے افراد کی طرف سے فراہم کی گئی بے لوث دیکھ بھال کو تسلیم کرتی ہے، خاص طور پر چھوٹی امی کی طرف سے اپنے والد کے آخری سالوں میں اور اس نے اپنے بہن بھائیوں کو جو جذباتی تعاون پیش کیا تھا۔
- ذمہ داری اور عکاسی: مصنف خاندان کی یادداشت اور میراث کے احترام کے عزم کے ساتھ قریبی خاندانی روابط اور دوروں کو برقرار رکھنے میں ناکامی پر دلی افسوس کا اظہار کرتا ہے۔

10.7-اہم نکات

- روحانی ایمان کو عملی خدمت کے ساتھ ہم آہنگ کر کے خاندان کو استحکام بخشنا۔
- زندگی تعلیم، خدمت اور خاندانی ذمہ داریوں کے حسین امتزاج کی مثال ہے۔
- خاندان اور برادری کی مضبوط معاونت۔خصوصاً خالہ حاجرہ اور بھائی مصلح الدین۔بحران کے اوقات میں کلیدی رہی۔
- بڑھاپے اور کٹھن حالات میں بھی صبر، اخلاقی قوت اور حوصلہ برقرار رکھا جا سکتا ہے۔
- روزمرہ کی خاموش خدمت اور نگہداشت نسل در نسل دیرپا اثرات مرتب کرتی ہے۔
- خاندان کے جوان افراد کے کھو جانے سے رشتہ داروں پر دیرپا جذباتی اثر پڑ سکتا ہے، جو یاد اور دعا کی اہمیت کو واضح کرتا ہے۔
- خاندان کے ارکان اکثر مشکل وقت میں نگہداشت کے اہم کردار ادا کرتے ہیں، جو خاندانی تعاون کی طاقت اور لچک کو ظاہر کرتے ہیں۔
- ہجرت اور بدلتے ہوئے حالات خاندانی تسلسل کے لیے چیلنجز پیدا کرتے ہیں، لیکن روحانی رشتے اور دعا مستقل رہتی ہے۔

- بیماری اور موت کے وقت مدد کرنے والوں کی پہچان اور شکرگزاری اجتماعی خاندانی ورثے کے احترام کے لیے بہت ضروری ہے۔

10.8-اہم اسباق

- خاندان اور ایمان سے وابستگی الفاظ نہیں بلکہ کردار اور عمل سے ظاہر ہوتی ہے۔
- ذاتی تبدیلی یا ریٹائرمنٹ خاندان اور معاشرے کے لیے خدمت کے نئے مواقع پیدا کر سکتی ہے۔
- انکساری، صبر اور جرأت انسان کو مشکلات میں بھی باوقار رکھتی ہے۔
- وسیع خاندانی روابط عملی اور جذباتی مضبوط مدد فراہم کرتے ہیں۔
- خواتین بطور معلّمہ، نگہبان اور اخلاقی ستون خاندان اور معاشرے کی شیرازہ بندی میں مرکزی کردار ادا کرتی ہیں۔
- یہ باب ایک عکاس اور دلی لہجہ مرتب کرتا ہے، جو قارئین کو اگلے باب میں مصنف کے پیارے بھائی کی گہری اور ذاتی یاد کے لیے تیار کرتا ہے۔

10.9-کلیدی نتائج

- چھوٹی امّی کی زندگی ذاتی وابستگی، روحانی طاقت اور سماجی خدمت کے متوازن امتزاج کی عملی تصویر ہے۔
- اُن کے کردار نے خاندان کی اخلاقی اور روحانی بنیادوں کو مضبوط کیا اور آئندہ نسلوں کی آبیاری کی۔
- گھریلو سطح پر خاموش مگر مضبوط قیادت طویل المدت اور گہرے اثرات چھوڑتی ہے۔

10.10- باب 10 کا پیشہ ورانہ خلاصہ

باب 10 میں ماموں منصور احمد شاہ اور مصنف کی بہن امۃ الکریم پر مرکوز خاندانی یادوں کا ایک دلکش بیان پیش کیا گیا ہے۔ اس میں ماموں منصور کی زندگی کے سفر کا پتہ لگایا گیا ہے، جس میں ان کا پیشہ ورانہ کیریئر، متعدد شادیاں اور بڑھے ہوئے خاندان میں ان کے ہمدرد کردار شامل ہیں۔ باب میں مصنف کی بہن کی اچانک وفات کو بھی سنجیدگی سے یاد کیا گیا ہے، جس کے انتقال نے خاندان، خاص طور پر ان کی والدہ کو بہت زیادہ متاثر کیا۔ دیکھ بھال، ہجرت، اور علیحدگی کی کہانیوں کے ذریعے، باب میں خاندانی بندھنوں، ایمان سے چلنے والی یاد، اور نقصان کی جذباتی پیچیدگی کے موضوعات کو نمایاں کیا گیا ہے۔ یہ شکر گزاری، روحانی تعلق، اور خاندانی وراثت کے تئیں ذمہ داری کی اہمیت کو واضح کرتا ہے جبکہ قربت کے کھو جانے والے مواقع پر ذاتی پچھتاوے کو تسلیم کرتا ہے۔

10.11 -باب 11 میں ہموار منتقلی

چھوٹی امّی کی غیر معمولی زندگی، ایثار اور پائیدار وراثت پر غور کے بعد، باب 11 میں ہم بھائی حبیب الرحمٰن کی شخصیت اور خدمات کی جانب رجوع کریں گے۔ یہ باب واضح کرے گا کہ چھوٹی امّی اور خاندانی ماحول سے ملنے والی اقدار نے کس طرح ایمان، خدمت اور استقامت کی روایت نسل در نسل آگے بڑھائی۔

OO

باب 11: حبیب الرحمن ساحر کی محبت بھری یادیں

(شفیق الرحمٰن ولد پروفیسر میاں عطاء الرحمٰن صاحب، ہیوسٹن، ٹیکساس)

میں یہ مضمون اپنے پیارے بھائی حبیب رحمٰن ساحر صاحب کے ذکرِ خیر کے طور پر لکھ رہا ہوں۔ آپ مارچ 1949ء میں بھیرہ میں پیدا ہوئے۔ آپ پروفیسر میاں عطاء الرحمن صاحب اور فضل بیگم کے بیٹے تھے۔ وہ مجھ سے دو سال بڑے تھے۔ ایک اچھے شاعر اور ماہر طبیعیات تھے۔ 1955 میں، چھ سال کی عمر میں، وہ اپنے خاندان کے ساتھ ربوہ منتقل ہو گئے تھے۔ انہوں نے اپنی ابتدائی تعلیم ربوہ (موجودہ چناب نگر) میں حاصل کی اور 6 سال تک تعلیم الاسلام کالج، ربوہ میں گزارے، جہاں انہوں نے فزکس میں ماسٹر کی ڈگری حاصل کی۔ 1971ء میں فارغ التحصیل ہونے کے بعد انہیں ڈاکٹر نصیر احمد خان کی قیادت میں شعبہ فزکس میں پڑھانے کی سعادت حاصل ہوئی، 1984 تک یہ کام جاری رکھا۔

11.1-ابتدائی حالات اور خاندانی پس منظر

ہائی اسکول تک میں، حبیب صاحب کے کئی ہم جماعتوں کو جانتا تھا، جن میں ڈاکٹر لئیق انصاری، مجیب چوہدری، ظفر اقبال، آصف علی پرویز، امیر احمد، مرغوب بھٹی، سعید اللہ (ایک کرکٹر)، مبارک احمد اور بہت سے دوسرے احباب بھی تھے۔ میں بدقسمتی سے، پچھلے پچاس سالوں میں بھول گیا ہوں۔ اس کے کچھ ہم جماعت امریکہ بھی چلے گئے ہیں اور وہ اپنی آخری بیماری تک ان سے رابطے میں رہے۔ وہ خاص طور پر ڈاکٹر ظفر اقبال کے قریب تھے، جو ایک آنکولوجسٹ تھے، جن کے ساتھ انہوں نے ملوا کی میں وقت گزارا۔ ان کی ملوا کی کے مرحوم مودود احمد صاحب سے بھی گہری دوستی تھی۔

ہائی اسکول کے بعد، انہوں نے چھ سال تک ربوہ کے کالج میں تعلیم حاصل کی۔ وہ اکثر اپنے روشن خیال دوست حمید الدین (چھوٹا) کو بڑے شوق سے یاد کرتے تھے جو UET لاہور میں بی ایس سی

انجینئرنگ کرنے کے بعد ازاں ممکنہ طور پر کینیڈا چلا گیا۔جس کے بعد ان کا رابطہ ختم ہو گیا۔ایک اور قریبی دوست سید عبدالباسط شاہ تھے جو سید عبدالرزاق شاہ صاحب کے بیٹے تھے۔

1965ء میں جب انہوں نے کالج شروع کیا تو حبیب نے ابتدائی طور پر طب کی تعلیم حاصل کرنے کی خواہش ظاہر کی۔ ہمارے والد کے حلقہ سے تعلق رکھنے والا ایک ہونہار طالب علم، جو کنگ ایڈورڈو کے میڈیکل کالج میں اپنی ڈگری مکمل کرنے سے قاصر تھا، ایک سانحہ نے اسے شدید مایوس کیا۔اس تجربے نے ہمارے والد کو یہ یقین دلایا کہ الٰہی برکتوں کے بغیر، ان کے بچے اس مشکل میدان میں کامیاب نہیں ہو سکتے۔مزید برآں، مالی چیلنجوں نے ہمارے والد کے لیے اتنے لمبے اور مہنگے تعلیمی سفر کو سہارا دینا مشکل بنا دیا۔اس کا اثر حبیب پر بہت زیادہ پڑا، جنہوں نے ہچکچاتے ہوئے پری میڈیکل اسٹڈیز سے پری انجینئرنگ کی طرف رخ کیا، آخر کار فزکس پر توجہ دی۔اس تبدیلی کے باوجود، حبیب میڈیکل اسکول میں کامیاب ہونے کی صلاحیت زیادہ رکھتے تھے۔

1971ء میں، حبیب نے تعلیم الاسلام کالج کے پہلے ایم ایس سی بیچ کے طور پر گریجویشن کی۔ آپ کو حضرت خلیفۃ المسیح الثالث رحمہ اللہ نے اپنے ساتھی گریجویٹس کے ساتھ شعبہ فزکس میں تدریسی عہدے کی پیشکش کی جسے آپ نے دل وجان سے قبول کیا۔انہوں نے اپنی زندگی جماعت کے لیے وقف کر دی اور فیکلٹی کے قابل قدر رکن بن گئے۔

ان کے ایم ایس سی ہم جماعتوں، میں مرزا محمد لقمان، منور احمد لاہوری، محمد علی ٹاؤنی، امیر احمد، آصف علی پرویز، لئیق احمد، اور مبارک احمد قابل ذکر ہیں۔ان کے اساتذہ میں پروفیسر مسعود عاطف صاحب، خالق احمد صاحب اور خادم حسین صاحب شامل تھے جو بعد میں ان کے ساتھی بنے۔ الیکٹریکل انجینئر جناب امجد بشیر صاحب نے بھی کچھ دیر کے لیے فیکلٹی میں شمولیت اختیار کی۔وہ انجینئر تھے اور انہیں فزکس ڈیپارٹمنٹ کی ورکشاپ میں تعینات کیا گیا تھا۔

11.2-ڈگری کالج میں شمولیت

نیشنلائز سے پہلے تعلیم الاسلام کالج نظارت تعلیم کی نگرانی میں تھا اور حضرت خلیفۃ المسیح الثالث رحمہ اللہ علیہ نے ڈگری کالج کے معاملات میں گہری دلچسپی لی۔ میں یہ بتانا چاہتا ہوں کہ تعلیم الاسلام کالج کے سابق طالب علم قمر شمس کو شعبہ فزکس میں پوزیشن کی پیشکش کی گئی تھی۔ تاہم، مجھے یقین نہیں ہے کہ یہ نیشنلائز سے پہلے یا بعد میں ہوا ہے۔

کالج کے نیشنلائز ہونے کے بعد اسے بہت سی مشکلات کا سامنا کرنا پڑا۔ عملے کے زیادہ تر ارکان کو یا تو دوسرے شہروں میں منتقل کر دیا گیا یا وہ مزید تعلیم کے لیے بیرون ملک چلے گئے تھے۔ خوش قسمتی سے، میرے بھائی حبیب ان ہنگامہ خیز سالوں سے متاثر نہیں ہوئے اور محکمے میں اپنا کام جاری رکھا۔ میرے والد، جو کالج سے بھی وابستہ تھے، نے 1973ء میں نیشنلائزیشن کے بعد ریٹائر ہونے کا انتخاب کیا۔ قاضی محمد اسلم صاحب بھی خرابی صحت کے باعث رخصت ہو گئے۔ تاہم، حبیب، ایک واقف زندگی اور موصی ہونے کی وجہ سے حضرت خلیفۃ المسیح الثالثؒ نے انہیں اپنا عہدہ برقرار رکھنے کی اجازت دے کر مقرر کیا تھا۔ انہوں نے حکومت کے مقرر کردہ پرنسپل اور پروفیسر مسعود عاطف صاحب کے ساتھ اچھے ورکنگ ریلیشن شپ بنائے۔ دونوں نے بغیر کسی رکاوٹ کے اپنی ڈیوٹی جاری رکھی، یہاں تک کہ کچھ اسٹاف ممبران کو دوبارہ تعینات کیا گیا۔

1973 میں، میں نے انجینئرنگ یونیورسٹی لاہور میں داخلہ کے لیے ربوہ چھوڑ دیا، جہاں میں نے الیکٹرانکس اور کمیونیکیشن انجینئرنگ میں مہارت کے ساتھ BSEE (الیکٹریکل انجینئرنگ) کا آغاز کیا۔ یہ میری زندگی میں ایک اہم موڑ تھا جس سے میں نے فائدہ اٹھایا اور میں کافی خوش قسمت تھا کہ مجھے اپنے پورے پروگرام کے لیے سہگل فاؤنڈیشن نیشنل ٹیلنٹ اسکالرشپ سے نوازا گیا، جو میرے اور میرے خاندان کے لیے ایک نعمت تھی۔ اگرچہ میں نے ان عقیدت مند پروفیسروں کو پیچھے چھوڑ دیا

جنہوں نے اتنی توجہ سے میری رہنمائی کی تھی، اب وقت آ گیا ہے کہ ایک نئے باب کو اپنایا جائے۔ یونیورسٹی میں، میں اپنے والد کے بہت سے ساتھیوں اور پرانے دوستوں سے ملا، جس سے مجھے تسلسل کا احساس ہوا۔ اگلے پانچ سالوں تک، میں گھر سے دور رہا، صرف ویک اینڈ پر کبھی کبھار ربوہ جاتا تھا۔ انجینئرنگ یونیورسٹی میں میری پڑھائی سخت تھی، جبکہ حبیب ایم ایس سی کلاسز کو پڑھانے میں مصروف تھے۔ کوانٹم میکینکس ان کا پسندیدہ مضمون تھا۔ ہماری بات چیت مختصر اور اکثر ویک اینڈ پر ہوتی تھی۔

11.3- خصوصی فرائض

1974ء میں ربوہ کے واقعے کے بعد، حبیب کو چوہدری حمید اللہ صاحب کی رہنمائی میں ''خصوصی فرائض'' تفویض کیے گئے۔ اگرچہ تفصیلات میرے ساتھ کبھی شیئر نہیں کی گئیں، لیکن یہ انتہائی ہنگامہ خیز وقت تھا، جس کا اختتام 1974ء میں جماعت کے خلاف آرڈیننس پر ہوا، جس نے ملک بھر میں بڑے پیمانے پر نفرت اور تشدد کو جنم دیا۔ یہ کشیدگی کالجوں اور یونیورسٹیوں میں پھیل گئی جس کے نتیجے میں احمدی طلباء پر حملے ہوئے۔ اس عرصے میں ہم دو ماہ کے لیے نیو مسلم ٹاؤن کے احمدیہ ہاسٹل میں چلے گئے۔ حبیب صاحب جلسہ سالانہ کے فرائض میں بھی شامل تھے، چوہدری حمید اللہ صاحب یا نصیر احمد خان کے ساتھ ''مکانات'' میں کام کرتے تھے۔

کالجوں کے قومیائے جانے کے بعد، حبیب کو ڈگری کالج ربوہ میں اپنا کام جاری رکھنے کی سفارش کی گئی۔ اسی دوران لنگر خانہ میں روٹی پلانٹ کا پہلا نفاذ چوہدری حمید اللہ صاحب کی نگرانی میں ہوا اور اس اقدام میں فزکس ڈیپارٹمنٹ کے ممبران بشمول حبیب نے نمایاں تعاون کیا۔

1982ء میں ہمارے والد کے انتقال کے بعد حبیب ربوہ میں اکیلے رہ گئے۔ حضرت خلیفۃ المسیح الثالثؒ ان پر بہت مہربان تھے اور ربوہ میں مجلس عرفان کے دوران حضرت خلیفۃ المسیح الرابعؒ کی موجودگی میں آپ کو ایک موضوع سونپا۔ اس اشارہ نے جماعت کے لیے ہمارے مرحوم والد کی

خدمات پر خصوصی توجہ اور اعتراف کو اجاگر کیا۔ میں حضرت خلیفۃ المسیح الرابعؒ کے ساتھ بے پناہ محبت، پیار اور رہنمائی کرنے پر بھی فخر محسوس کرتا ہوں جو مجھے ان کی خلافت کے دوران ملی۔ میرے والد نے ہمیشہ مشورہ دیا تھا کہ ہم تمام نازک اور ذاتی معاملات میں خلیفہ وقت سے مشورہ لیا کریں۔ ایک ایسا عمل جو میری رہنمائی کرتا رہتا ہے۔ حضرت خلیفۃ المسیح الرابعؒ ہمیشہ میرے ساتھ احترام اور خصوصی توجہ سے پیش آتے تھے۔ میرے ساتھ زیادہ سے زیادہ وقت گزارنے کے لیے مجھے ہمیشہ ملاقات کی فہرست میں آخر پر رکھا جاتا تھا۔ یہ سب ان کی عظمت اور میرے مرحوم والد کی خدمات کا اعتراف تھا۔

11.4- پہلی شادی

میرے قیام کے دوران یو ای ٹی لاہور میں حبیب نے اپنی شادی کی تجویز پر غور شروع کیا۔ دونوں خاندان پڑھے لکھے تھے لیکن ان کا طرز زندگی بالکل مختلف تھا۔ حبیب کو اپنی ساری زندگی میں جانتے ہوئے، میں ان کی گہری جمالیاتی حس سے واقف تھا اور وہ اپنے اردگرد کے ماحول کے بارے میں کتنا خاص تھا۔ وہ ایک شاعر بھی تھا اور اس طرح کے میلان رکھنے والے افراد رحم دل ہوتے ہیں، خاص طور پر دل کے معاملات میں۔

بنیادی مسئلہ ان کے درمیان فاصلہ تھا۔ وہ شیخوپورہ میں کام کرتی تھیں جب کہ حبیب ربوہ میں ایک وقف زندگی تھا۔ اس کے باوجود، ہمیں یقین تھا کہ وہ باہمی طور پر فائدہ مند فیصلے کر سکتے ہیں۔ ہمارے والد لاہور چلے گئے۔ میری بہنوں کی شادی ہوگئی۔ وہ ربوہ سے باہر چلی گئیں۔ ربوہ میں حبیب اکیلا رہ گیا۔ ربوہ کے گھر میں کوئی سسرال، بہن بھائی نہیں تھے۔ حبیب کی سابقہ بیوی نے بیٹی کی پیدائش کے بعد شیخوپورہ میں رہنے کو ترجیح دی۔ شاید وہ اپنے والدین کے زیادہ قریب نہیں رہنا چاہتی تھی۔ یہاں تک کہ اس نے میرے بڑے بھائی منان سے بھی پوچھا کہ کیا وہ امریکہ منتقل ہو سکتی ہیں، جس پر وہ حیران رہ گیا۔ ہم اس کے خاندان کے اردگرد اس کی تکلیف کو نہیں سمجھ سکے، لیکن یہ ہماری

بنیادی تشویش نہیں تھی۔ تاہم، اس کی بیٹی کے ساتھ طویل فاصلے کے تعلقات نے سب کو تنگ کرنا شروع کر دیا، جس سے مسائل بڑھتے گئے۔

میرے والد نے حالات کو حل کرنے کی مخلصانہ کوششیں کیں۔ معاملات پر بات چیت کے لیے کئی بار حبیب کے سسرال ملک عبداللہ صاحب مرحوم کے پاس گئے۔ سسرال والے بدسلوکی، بےعزتی کرتے تھے اور قانونی کارروائی کی دھمکی بھی دیتے تھے۔ ان کا جنگجو اور بےعزتی والا رویہ میرے والد کے ساتھ صلح کے لیے سازگار نہیں تھا۔

بدقسمتی سے، وہ ہر قیمت پر تعلقات کو ختم کرنے کے لئے پرعزم تھے۔ انہوں نے نتائج کی سنجیدگی کو کم سمجھا۔ یہ نازک صورت حال دونوں کی شادیوں کو منقطع کرنے کا باعث بنی۔ آخر کار میرے والد نے مفاہمت ترک کر دی، صورتحال کا جائزہ لیا اور خیریت سے لاہور روانہ ہونے کا فیصلہ کیا۔ سسرال والوں سے نمٹنے کے لیے سب کچھ حبیب پر چھوڑ دیا۔

صورتحال جمود کا شکار تھی اور اس کا کوئی باعزت حل نظر نہیں آتا تھا۔ حبیب کو اپنے سسر سے شدید ناراضگی تھی اور وہ اکثر پڑوسیوں سے اپنی مایوسی کے بارے میں بات کرتا تھا۔

معاملات اس وقت بڑھ گئے جب ان کی سابقہ بیوی نے دعویٰ کیا کہ حبیب پہلے ہی اسے زبانی طور پر طلاق دے چکا ہے، جس کی وجہ سے ان کی غیر معینہ مدت تک علیحدگی ہوگئی۔ گولبازار کے حکیم خورشید صاحب صدر عمومی کو کیس کی تفتیش کے لیے مقرر کیا گیا تھا، لیکن وہ اس کام کے لیے موزوں نہیں تھے۔ ان کے تاخیری حربوں نے ایک فریق کو تسلیم کرنے کے لیے دباؤ ڈالا اور طلاق کے تین تحریری نوٹس کے ثبوت کی عدم موجودگی کے باوجود، ناقابل مصالحت اختلافات کی وجہ سے شادی کو منسوخ کر دیا گیا۔ ''ککی زئی'' قبیلے کی شمولیت نے اس میں کردار ادا کیا۔ ملک صاحب 10000 روپے جیب میں رکھ کر گھومتے پھرتے تھے، پڑوسیوں کو دکھاتے تھے کہ یہ حق مہر رقم ہے رفیق کی شادی منسوخی کے لیے۔ ہم ایسے ''عظیم لوگوں'' کے ساتھ معاملہ کر رہے تھے۔

ہم اخلاقی طور پر کرپٹ لوگوں کے ساتھ پھنس گئے تھے۔اپنی تشویش کا اظہار کرنے کی بجائے ہم نے فیصلہ قبول کرنے اور ربوہ چھوڑنے کا فیصلہ کیا۔ہم نام نہاد ''مقرر کردہ، پڑھے لکھے اور پرہیزگار کرداروں'' کے انصاف کرنے سے پوری طرح تنگ آچکے تھے۔ بڑی حکمت عملی کے ساتھ ہم نے ربوہ چھوڑنے کا فیصلہ کیا۔ہم نے نظام جماعت کے بارے میں عدم اطمینان کی کوئی علامت ظاہر نہیں کی۔ہم نے ان فیصلوں کو قبول کیا اور مقررین پر کسی کو ناراض کیے بغیر باعزت طور پر رخصت ہونے کا فیصلہ کیا۔اب میری باری ہے کہ میں کسی خوف کے بغیر اظہار خیال کروں اور اظہار رائے کی آزادی کے اپنے حق کا استعمال کروں۔

مقرر کردہ تفتیش کار کی ''دیانت اور تقویٰ کا فقدان'' اس وقت عیاں ہو گیا جب اس نے اپنی بھانجی کی ہمارے سابق 'بہنوئی' سے شادی کا انتظام کیا۔میرے والد نے فیصلہ کو قبول کیا اور معاملہ کو خدائی انصاف پر بھروسہ کرتے ہوئے خیر کی خاطر چھوڑ دیا۔ہم نے اپنی زندگیوں میں خُدا کے معجزات کا مشاہدہ کیا ہے اور اُس نے انصاف کو یقینی بنایا، اگرچہ تاخیر سے، پوری قوت کے ساتھ پہنچا۔بعد میں ہمیں معلوم ہوا کہ علیحدگی کا یہ فیصلہ بیگم حبیب پر مسلط کیا گیا تھا۔اور اس نے اسے ہچکچاتے ہوئے قبول کرلیا۔تب تک نقصان ناقابل تلافی تھا۔حبیب نے اس کی طرف سے مفاہمت کی تمام راہیں مسترد کر دیں۔ملک صاحب جیسے ''ناخوش'' شخص سے نمٹنا بہت مشکل تھا۔ایک ناخوش شخص ہمیشہ ناخوش ہوتا ہے چاہے آپ اسے کہیں بھی رکھیں۔

جب یہ سب کچھ سامنے آیا، میں امریکہ میں تھا۔آخرکار انہوں نے ہماری بھتیجی کا نام بدل دیا اور میرے بھانجے اور بھتیجی کے شناختی کارڈ رکھ لیے۔تاہم، ایک سال کے اندر، میں ان دونوں یعنی بہن اور بھانجے کو ضروری قانونی دستاویزات کے ساتھ پاکستان سے نکالنے میں کامیاب ہو گیا۔ان کے خاندان کو اس بات کا کوئی علم نہیں تھا کہ میری بہن اور بھانجے امریکہ منتقل ہو گئے ہیں۔ان کا خیال تھا کہ وہ اب بھی میانوالی یا بھکر میں ہیں۔یہ ملک عبداللہ کی فیملی کو میرا شائستہ جواب تھا۔وہ میری حرکت پر حیران تھے۔یہ ان کی توقعات سے کہیں زیادہ تھا۔

ہمارے والد کے انتقال کے بعد، انہیں پتہ چلا کہ میری بہن اور بھانجا امریکہ میں ہیں اور انہوں نے ہمیں اپنے پوتے کی تحویل کا دعویٰ کرنے کے لیے ہائی کورٹ کی کارروائی کی دھمکی دی۔ ہم نے کبھی ان کی دھمکیوں کا جواب نہیں دیا۔ میں نے وقار کے ساتھ حالات کو سنبھالا، سسرال والوں کے ساتھ احترام سے پیش آیا اور ان کے اعتماد میں کبھی خیانت نہیں کی۔

حبیب کے لیے یہ انتہائی تکلیف دہ تجربہ تھا۔ وہ اکثر دوست احباب اور پڑوسیوں کے ذریعہ اپنے جذبات کا اظہار کرتے ہوئے کہتے تھے، ''خدا مجھے کچھ بھی بنا دے، لیکن پھر کبھی اس گھر کے لیے داماد نہ بنائے''۔ میں اپنے دوست قمر شمس، جو لائلپور میں ہمارے ساتھ تھے، کی طرف سے ہمیں ناقابل یقین اخلاقی حمایت کا اعتراف کرنا چاہوں گا۔ مجھے اپنی بھتیجی صوبیہ کی پیدائش کے بعد اپنی سابقہ بھابھی کے لیے خون کا عطیہ دینے کا موقع بھی ملا اور میں ممانی زیب النساء کا شکر گزار ہوں، جنہوں نے فیصل آباد ہسپتال میں ان کا ساتھ دیا اور نومولود کو ہمارے خاندان میں خوش آمدید کہا۔ افسوس کی بات ہے کہ اس تلخ طلاق نے اس میں شامل تمام بچوں کو متاثر کیا۔

مجھے یقین نہیں ہے کہ کیا حبیب کو 1982ء سے پہلے کبھی اپنی بیٹی تک رسائی دی گئی تھی۔ ایک بہت برا فعل اس وقت ہوا جب انہوں نے اس کی اجازت کے بغیر ٹاؤن کمیٹی کے ریکارڈ میں اس کا نام تبدیل کر دیا، جس سے حبیب کو شدید دکھ پہنچا اور فاصلہ اور بھی بڑھ گیا۔ انہیں ربوہ اور شیخوپورہ دونوں جگہوں پر اپنی بیٹی تک رسائی سے انکار کر دیا گیا۔

ہمارے والد کی وفات کے بعد، حبیب نے حضور سے اجازت لے کر پاکستان چھوڑنے کا فیصلہ کیا، کیونکہ وہ ''وقف زندگی'' تھے۔ اس نے چھٹی کی منظوری حاصل کی اور لندن کے راستے امریکہ چلا گیا۔ لندن میں اپنے مختصر قیام کے دوران، انہیں امریکہ جانے سے پہلے حضور سے ملنے کا موقع ملا، آخر کار وہ مینیاپولیس، (ریاست مینی سوٹا) میں آباد ہو گیا۔ وہ روچیسٹر میں کچھ مہینے رہے، (GRE) جی آر ای کا امتحان پاس کیا۔ اور یونیورسٹی آف مینی سوٹا (جڑواں شہر) سے ماسٹر ڈگری شروع کی۔

11.6-ریاستہائے متحدہ میں گریجویٹ اسٹڈیز

ایسا لگتا ہے کہ حبیب کا سفر اہم ذاتی، علمی اور پیشہ ورانہ چیلنجوں کے ساتھ ساتھ گہرے خاندانی روابط اور پائیدار دوستی کی وجہ سے بھی نشان زد تھا۔ ان مشکلات کے باوجود جن میں اس نے اپنی پہلی شادی کی مشکلات اور بعد میں جسمانی صحت کے چیلنجز کا سامنا کیا، اس نے اپنی تعلیم اور کیریئر کے اہداف کو حاصل کرنے میں قابل ذکر لچک دکھائی۔

مِنی سوٹا یونیورسٹی سے مارکویٹ یونیورسٹی (ملواکی) میں ان کی منتقلی، اس کے بعد وین اسٹیٹ یونیورسٹی میں ڈاکٹریٹ کی تعلیم کے لیے ڈیٹرائٹ منتقل ہونا، ان کی لگن اور علمی مہم جوئی کو ظاہر کرتا ہے۔ ان کے دوستوں کے نیٹ ورک نے، جیسے مودود احمد اور ڈاکٹر ظفر اقبال نے ملواکی اور ڈیٹرائٹ میں اپنے وقت کے دوران ایک سرشار سپورٹ سسٹم فراہم کیا۔

دوران تعلیم حبیب نے صحت کے چیلنجز کو برداشت کیا۔ بشمول اس کی ہرنیٹڈ ڈسک اور کار ایکسیڈنٹ، بڑے دھچکے تھے۔ اس کی بحالی کے عمل کے دوران آپ کی شمولیت، جیسے کہ اسے سرجری کے لیے آسٹن لانا اور اوہائیو میں حادثے کے بعد اس کا علاج کروانا یقینی بنانا، آپ کے اشتراک کردہ نگہداشت اور مضبوط خاندانی بندھن کو نمایاں کرتا ہے۔ یہ قابل تعریف ہے کہ کس طرح حضرت خلیفۃ المسیح الرابعؒ نے ان کی صحتیابی کے لیے خصوصی ہومیوپیتھک دوائی بھیجی، جو اس روحانی اور ذاتی روابط کی عکاسی کرتی ہے جس نے مشکل وقت میں ان کا ساتھ دیا۔

جلسہ سالانہ کے لیے لندن میں گزارا ان کا وقت، خاندان اور پرانے دوستوں کے ساتھ دوبارہ جڑنا، یقیناً ان کے لیے یادگار اور پسندیدہ تجربہ رہا ہوگا۔ اس نے ہیلتھ فزکس میں اپنی ڈگری مکمل کی۔ یہ بدقسمتی تھی کہ اس کی ضرورت سے زیادہ تابکاری سے صحت بری طرح متاثر ہوئی۔ اسے یہ فیلڈ چھوڑنے کا مشورہ دیا گیا۔ یہ انتہائی مایوس کن اور تباہ کن دھچکا تھا۔ اس نے جذباتی تعاون کے لیے مجھ

سے بھی رابطہ کیا۔ میں نے یقین دلایا کہ آپ نے اعلیٰ ترین ڈگری حاصل کرنے کے اپنے مقاصد کو پورا کرلیا ہے جس سے ہم سب کو آپ پر فخر ہے۔ لیکن ہم اپنے بھائی کو کھونا یا وہیل چیئر پر ختم ہوتے نہیں دیکھنا چاہتے تھے۔ میں نے مشورہ دیا کہ وہ ایک آسان تدریسی پوزیشن کا انتخاب کریں۔ اگرچہ یہ دوٹوک اور مخلصانہ تجاویز تھیں اور اس نے اسے مثبت انداز میں قبول کیا۔

یہ عکاسی حبیب کی زندگی کے سفر کی ایک جھلک پیش کرتی ہے، آزمائشوں، محبتوں اور استقامت سے بھری ہوئی ہے۔ بہت سے چیلنجوں کے باوجود اپنی تعلیم، کیریئر اور خاندان سے اس کی وابستگی واقعی متاثر کن ہے۔

11.7-ایک نئی شروعات

حبیب کا سفر مشکلات سے بھرا ہوا تھا، خاص طور پر جب بات ان کے تعلقات اور خاندانی اشغال کی ہو۔ اپنی پہلی شادی کے چیلنجوں کے بعد، یہ خوشی کی بات ہے کہ وہ لاہور میں اپنے ماموں کی بیٹی کے ساتھ نئے سرے سے زندگی کی شروعات کرنے میں کامیاب ہوئے۔ ڈیٹرائٹ میں ایک ساتھ ان کی زندگی، دو بیٹوں کی پرورش، اس کے لیے خوشی کا باعث تھی، حالانکہ اس کی سابقہ شادی کے حل نہ ہونے والے مسائل ایک بوجھ بنے ہوئے تھے۔

ان کی بیٹی کے ساتھ صورت حال یقیناً بہت تکلیف دہ رہی ہوگی، خاص طور پر اس کی اجازت کے بغیر نام تبدیل کر دیا گیا، جس کی وجہ سے امریکی امیگریشن میں مسائل پیدا ہوئے۔ یہ قابل تعریف ہے کہ ان مسائل کے باوجود، آپ نے اپنی بیٹی کے ساتھ رشتہ برقرار رکھنے کی کوشش کی اور اسے یقین دلایا کہ خاندان اس کے ساتھ ہے۔ پاکستان میں ان سے ملنا یقیناً ایک راحت کا باعث تھا، حالانکہ حالات کی نازک نوعیت کا مطلب یہ تھا کہ اس وقت کچھ بات چیت نہیں ہوسکتی تھی۔

یہ ایک مثبت پیشرفت ہے کہ محدود ہونے کے باوجود حبیب اور اس کی بیٹی کے درمیان بالآخر کسی

نہ کسی قسم کی بات چیت قائم ہوئی۔ شیخوپورہ میں باہمی خاندانی دوستوں کی طرف سے آپ کی مزید معلومات نے شاید کچھ سکون فراہم کیا، حالانکہ یہ واضح تھا کہ حالات کو حل کرنے کی ذمہ داری حبیب پر ہے۔ آپ کی بیٹی کی شادی اور اس کے کینیڈا جانے کی خبر نے ممکنہ طور پر جذبات کی آمیزش کو جنم دیا، کیونکہ یہ اس کی بڑھتی ہوئی آزادی کی علامت ہے بلکہ اس کے اور خاندان کے درمیان مزید فاصلہ بھی بڑھا دیتا ہے۔ بھائی حبیب نے اپنی بیٹی صوبیہ رحمٰن سے براہ راست رابطہ کرنے کے لیے مجھ پر مکمل اعتماد کیا۔ مجھے اس کی مکمل اجازت تھی۔

میں بتانا چاہتا ہوں کہ میرے ایک رشتہ دار نے ہسپتال میں ان سے پوچھا کہ صوبیہ رحمان کی دیکھ بھال کون کرے گا۔ اس نے میری طرف دیکھا اور کہا کہ انکل شفیق اس کی دیکھ بھال کریں گے، جب تک وہ زندہ رہے گا۔ مجھے اس پر 100 فیصد بھروسہ ہے۔ یہ اس کا بھروسہ اور اعتماد تھا، مجھ پر یقین اور میں اس کی بہت قدر کرتا ہوں۔ اپنی پوری زندگی میں نے اسے کبھی مایوس نہیں ہونے دیا۔ کچھ سال پہلے، اس کی بیٹی نے ان کی تصاویر کے بارے میں مجھ سے رابطہ کیا۔ میں نے اس کے ساتھ فوری طور پر اشتراک کیا۔ 2018ء میں ان سے ملنے کا میں ارادہ کر رہا تھا، پھر کسی نامعلوم وجہ سے ان کی طرف سے ملاقات منسوخ کر دی گئی۔ میں نے ان کے فیصلے کا احترام کیا اور بغیر کسی جذبات کے آگے بڑھ گیا۔

چچا ہونے کے ناطے میں نے صوبیہ کے ساتھ چینل کھلا رکھا۔ میں ان سے 1994ء میں شیخوپورہ میں اس کی والدہ کے گھر میں ملا تھا۔ ہمیں اس کی شادی کی خبر ملی اور ہم نے ہمیشہ اس کی حمایت کی۔ لیکن ہم نے ان کے لیے کبھی کوئی مسئلہ پیدا نہیں کیا۔ ایک چچا کے طور پر میں ہمیشہ جواب دینے کے لیے موجود تھا۔ باپ بیٹی کا رابطہ اچھا نہیں تھا۔ باپ کی موت کے بعد بالآخر بیٹی کی کال آ ہی گئی۔ لیکن بہت دیر ہو چکی تھی۔ ونڈسر میں اس کی خالہ عائشہ سے تعلق، جو ڈیٹرائٹ سے بالکل اس پار ہے، نے ممکن ہے کہ مسلسل رابطے اور اپ ڈیٹس کا کچھ موقع دیا ہو، جو کہ بلاشبہ حبیب کے لیے معنی خیز تھا۔ یہ خاندانی رشتوں کی مضبوطی کا ثبوت ہے کہ تمام چیلنجوں اور دوری کے باوجود، آپ اور آپ کے بہن بھائی ایک

دوسرے کی زندگیوں میں معاون اور شامل رہے۔

11.8-اولاد/بچے

بھائی حبیب کو تین اولادیں نصیب ہوئیں:

1- صوبیہ	:	(1976)(اپنی پہلی شادی سے)
2- عطاءالرحمن	:	(2001)(اس کی دوسری شادی سے)
3- نویدالرحمن	:	(2004)(اس کی دوسری شادی سے)

صوبیہ کی پرورش اس کی والدہ نے شیخوپورہ، پاکستان میں کی۔ وہ اب شادی شدہ ہے اور کینیڈا میں اپنے خاندان کے ساتھ خوشی سے رہ رہی ہے۔ عطا اور نوید اپنی والدہ کی دیکھ بھال میں آسٹن/راؤنڈ راک کے علاقہ میں رہتے ہیں۔

11.9 آخری بیماری

جولائی 2014 میں، مجھے معلوم ہوا کہ حبیب کی طبیعت ناساز ہے اور انہیں ہسپتال میں داخل کرایا گیا ہے۔ انہوں نے مجھے کبھی اس کی بیماری کی نوعیت کے بارے نہیں بتایا۔ میں نے اسے باقاعدگی سے فون کیا، لیکن ایسا لگتا تھا کہ وہ اپنی حالت کو ہلکا لے رہا ہے، خاص طور پر اس کے وزن میں کمی کے بارے میں۔ میں نے مشورہ دیا کہ وہ ڈاکٹر سے رجوع کریں اور کالونوسکوپی کرائیں، کیونکہ وہ فلو جیسی علامات اور کمزوری کی شکایت بھی کر رہے تھے۔

اس کی خیریت کے بارے میں فکرمند، میں نے اسے خود دیکھنے کا فیصلہ کیا۔ جب میں بلیومونٹ ہسپتال پہنچا تو مجھے یہ دیکھ کر حیرت ہوئی کہ وہ IVs سے جڑا ہوا ہے۔ میں نے ان کے سرجن ڈاکٹر کلین سے بات کی اور حبیب کو مزید خصوصی دیکھ بھال کے لیے میو کلینک یا ایم ڈی اینڈرسن منتقل کرنے کے بارے میں دریافت کیا۔ ڈاکٹر نے مجھے یقین دلایا کہ حبیب بڑی آنت کے کینسر کے اسٹیج 3.5 پر ہیں

اور گھبرانے کی ضرورت نہیں ہے۔ تاہم، جب میں وہاں تھا، میں نے انفیکشن کا شدید حملہ دیکھا۔ اس نے اپنے آپ کو کمبل سے ڈھانپ لیا، بظاہر لرز رہا تھا۔ ہسپتال میں نجی گفتگو کے دوران میں نے اسے علاج کے لیے ہیوسٹن میں ایم ڈی اینڈرسن منتقل کرنے کا مشورہ دیا۔ تاہم، اس نے محسوس کیا کہ اسے پہلے ڈیٹرائٹ میں کچھ معاملات کو سمیٹنے کی ضرورت ہے۔ ایک ہفتے کے بعد، میں آسٹن واپس آیا اور اپنے خاندان کے ساتھ سنگین صورتحال کا اشتراک کیا۔

چند ہفتوں کے بعد میں حبیب کو علاج کے لیے ہیوسٹن آنے پر راضی کرنے کے لیے ڈیٹرائٹ واپس آیا۔ تمام طبی علاج بند ہو گئے اور بخار کے لیے صرف درد کش ادویات دی گئیں۔ پریشان ہو کر، میں نے فوراً اپنے بھانجے ڈاکٹر مدثر سے رابطہ کیا اور ہم اسے ہیوسٹن (IAH) ہوائی اڈے سے براہ راست ایم ڈی اینڈرسن ہسپتال لے گئے اور اسے داخل کرایا۔

11.10-ایم ڈی اینڈرسن ہیوسٹن میں علاج

یہ نومبر 2014ء کا اختتام تھا جب میں حبیب کے علاج کے دوران ایم ڈی اینڈرسن کی مدد کے لیے تقریباً چھ ہفتے تک رہا۔ اسے IV تک جوڑا گیا تھا اور ڈاکٹر اس کی صحتیابی کے بارے میں پر امید نہیں تھے۔ میں نے اس کی بیوی اور بچوں کو بدترین حالات کے لیے تیار کرنے کے لیے بے حد دباؤ محسوس کیا، لیکن اس کی بیوی، میری تمام بہنوں سمیت، انکار پر قائم رہی۔ مدد کرنے کے لیے، میں نے ایک ماہر نفسیات سے رابطہ کیا۔ صورت حال کی وضاحت کی اور آنے والی چیزوں کے لیے تیار کرنے میں اس سے مدد کی درخواست کی۔ میں اس جدوجہد میں تھا کہ افسوسناک خبر کو کیسے شیئر کروں۔

ہسپتال میں اپنے وقت کے دوران میں نے حبیب کا بہترین خیال رکھا۔ اس کے پاس مثبت اور امید کے لمحات تھے لیکن اس نے مایوسی کے اوقات کا بھی سامنا کیا۔ چیف سرجن کی طرف سے تشخیص بہت حوصلہ شکن اور مکمل مایوس کن تھی۔

اس نے سفارش کی کہ میں تمام بہن بھائیوں کو حبیب کی تشویشناک حالت سے آگاہ کروں۔ میں نے دیکھا کہ ہسپتال اسے گھر بھیجنے کے لیے بے چین دکھائی دے رہا تھا، جس نے میری پریشانی میں اضافہ کیا۔ میں اپنے بھانجوں، بھانجیوں، رشتہ داروں، خاندانی دوستوں، پڑوسیوں اور ڈاکٹروں کا شکر گزار ہوں جنہوں نے اس آخری مرحلے کے دوران دباؤ بھرے سفر کو کم کرنے میں مدد کی۔ میرے بھانجے کے تعاون سے، ہم نے حبیب کو یقین دلایا کہ ہم اسے ''ہاسپیس'' نہیں جانے دیں گے۔ انہیں ونیٹج علاقے کے سینٹ لیوک ہسپتال میں داخل کرایا گیا لیکن وہ مسلسل انفیکشن کا شکار رہے۔ بالآخر، اسے طویل مدتی شدید نگہداشت (Long Term Acute Care) کے لیے Kindred ہسپتال منتقل کر دیا گیا۔ کینسر کے خلاف اپنی بہادرانہ جنگ کے باوجود، آخر کار وہ کنڈرڈ ہسپتال کے آئی سی یو میں پرامن طور پر انتقال کر گئے۔ مجھے وہ لمحات اب بھی یاد ہیں جب میں ایم ڈی اینڈرسن میں اس کی مدد کر رہا تھا، اسے غسل دے رہا تھا، اسے ٹوائلٹ کرنے میں مدد کر رہا تھا اور کرسی پر اس کی روزانہ کی مشقیں تھیں۔ میں ایم ڈی اینڈرسن میں اس کی دیکھ بھال کے لیے ایک ماہ تک اس کے کمرے میں 24/7 نان اسٹاپ اس کے ساتھ تھا۔

ایک رات، آدھی رات کے قریب، اس نے مجھے جگایا اور پردے بند کرنے کو کہا۔ پھر بھائی نے مجھے بازو سے پکڑ کر ڈاکٹر مدثر (ہمارے بھانجے) سے رابطہ کرنے کا کہا جو ہیوسٹن سے 200 میل دور ٹیمپل میں رہتے تھے۔ میں نے اسے آدھی رات کو فون کیا اور درخواست کی کہ مہربانی کر کے ہسپتال آئیں اور اسے یقین دلائیں۔ میں نے محسوس کیا کہ وہ بیماری سے لڑتے لڑتے تھک گیا تھا۔ اس نے مضبوطی سے مجھ سے کہا:

''شفیق اگر میں مر گیا تو براہِ کرم بغیر کسی تاخیر کے میری وفات کے فوراً بعد میرے جسم کو خاک میں ملا دیں۔''

اس کی بے بسی کے احساس نے مجھے گہرا متاثر کیا۔ جبکہ میرا کردار اسے امید دلانا تھا، اس کے دو

ٹوک بیان نے مجھے شدید متاثر کیا اور میں اندرونی طور پر ٹوٹ کر بکھر گیا تھا۔ اور ہر روز عملے کی طرف سے بری/ مایوس کن خبریں آتی تھیں۔ میں اکثر اکیلے میں رونے کے لیے فوری لنچ کے لیے نیچے جانے کا بہانہ کرتا تھا۔ میں اپنے بیمار بھائی کے سامنے اپنی بے بسی نہیں دکھانا چاہتا تھا۔

میرا بھائی بہت خوش قسمت تھا کہ اس کے تمام بھانجے، بھانجیاں، بھائی، بہنیں جسمانی طور پر موجود تھیں اور ان کی آخری بیماری میں وہ کئی بار ہسپتال میں میرے بھائی سے ملنے آئے۔ ہسپتال میں ہر ایک نے حبیب کی حاضری دی اور باری باری اسے خوش کرنے کے لیے تمام ضروری جذباتی مدد فراہم کی۔ میں اپنے تمام بہن بھائیوں، بھتیجوں اور بھانجیوں کا شکرگزار ہوں کہ انہوں نے زندگی کے اس مشکل دور میں ہمدردانہ تعاون کیا۔

مجھے یاد ہے کہ اس نے مجھ سے ٹیکساس کے قانون کے بارے میں مخصوص قانونی سوالات پوچھے۔ میں نے وضاحت کی کہ ایک وصیت ضروری ہے، کیونکہ دوسری صورت میں ریاست (''وصیت'' کی عدم موجودگی میں) فنڈز ضبط کرتی ہے۔ اس نے اپنے خاندان کی خاطر میری نصیحت سنی اور اس پر عمل کیا۔ اس بے تکلف گفتگو نے کمرے میں موجود کچھ کو پریشان کیا ہوگا، لیکن میں اس بات کو یقینی بنانے کے لیے پرعزم تھا کہ ہر چیز اس کے خاندان کے بہترین مفاد میں ترتیب دی جائے۔ الحمدللہ، تمام فنڈز ان کی اہلیہ کو بغیر کسی تاخیر کے منتقل کر دیے گئے۔

ہم نے قانونی دستاویزات کی تیاری شروع کر دی، بشمول (DNR/Do Not Resuscitate) حبیب کو کنڈرڈ ہسپتال کے آئی سی یو میں منتقل کیا گیا اور اس کے درد کو کم کرنے کے لیے مارفین پر رکھا گیا۔ پچھلے دنوں اس نے کھانا پینا چھوڑ دیا لیکن ذہنی طور پر چوکنا رہا۔ انہوں نے تمام بہن بھائیوں کی موجودگی میں تبرکات (حضرت مسیح موعود کا مبارک کوٹ اور تصویر) بھائی محمود کے حوالے کیئے۔ بھائی محمود نے یہ بابرکت چیزیں میرے سپرد کیں اور مجھے اگلا نگران مقرر کیا۔

11.11-جنازہ اور تدفین

21 فروری کی دو پہر، جس دن حبیب کا انتقال ہوا، ان کے تمام رشتہ دار، بھانجے، بھتیجے، بھائی، بہنیں، بیوی اور بچے اسپتال میں جمع تھے۔ حبیب نے آخری بار آنکھیں کھولیں اور ادھر ادھر دیکھا، قے کی اور چل بسا۔ انا للہ وانا الیہ راجعون۔

وہ شام 5 بجے کے قریب آئی سی یو میں پر امن طور پر انتقال کر گئے۔ ان کے ڈاکٹر نے ان کے خاندان اور بہن بھائیوں کو ان کے انتقال کی خبر دی۔ ان کی لاش کو آسٹن پہنچانے کے لیے انتظامات تیزی سے کئے گئے، جہاں آخری غسل، کفن اور تدفین عمل میں آئی۔ ان حتمی انتظامات کے دوران آسٹن/ راؤنڈ راک جماعت نے ناقابل یقین حد تک تعاون کیا۔

میں ہیوسٹن سے تعلق رکھنے والے اپنے تمام دوستوں، خیر خواہوں اور پڑوسیوں کا تہ دل سے مشکور ہوں جنہوں نے ہمارے پیارے بھائی کی نماز جنازہ اور تدفین کے انتظامات میں ہمارا ساتھ دیا میرے دوستوں داؤد منیر اور عبدالسلام جمیل کا خصوصی شکریہ کہ وہ اس مشکل وقت میں میرے ساتھ رہے۔ ان کے پرانے ساتھیوں میں منور لاہوری بھی ان کے جنازے میں موجود تھے جو ڈیلاس سے آئے تھے۔ جنازے کے انتظامات کے لیے آسٹن جماعت کا خصوصی شکریہ۔ آخری غسل اور آخری رسومات کی تیاریوں کے لیے جناب سیال اور ان کی ٹیم کا ذاتی شکریہ۔ میں ان کا اور ٹیم کا ہمیشہ مشکور رہوں گا۔

پرسکون لمحوں میں، میں کبھی کبھی سوچتا ہوں کہ میں پہلے مداخلت کرتا اور ان کو طبی علاج کے لیے ہیوسٹن لاتا۔ بدقسمتی سے ان کی حالت کی سنگینی حبیب کے خاندان سے چھپائی گئی۔ میں نے انتہائی مایوسی اور صدمہ محسوس کیا جب ان کے ایک قریبی دوست، ڈاکٹر ظفر اقبال اونکولوجسٹ نے مجھ پر انکشاف کیا کہ مداخلت کرنے میں بہت دیر ہو چکی ہے، کیونکہ حبیب چوتھے مرحلے میں بڑی آنت کے کینسر میں مبتلا ہیں۔ یہ میرے لیے تباہ کن بری خبر تھی۔

یہ ایک شرمناک اور مایوس کن احساس تھا کہ ہمیں اندھیرے میں چھوڑ دیا گیا تھا۔ میں نے اس لاپرواہی کے بارے میں حبیب اور ان کی اہلیہ سے اپنے خدشات کا اظہار نہیں کیا۔ انہیں ڈیٹرائٹ میں میڈیکل ٹیم سے ''بری خبر'' ملی تھی لیکن انہوں نے بہن بھائیوں کے ساتھ اس کا اشتراک نہ کرنے کا انتخاب کیا۔ ڈیٹرائٹ میں ان کے تمام طبی علاج روک دیئے گئے تھے اور ان کے درد کو کم کرنے کے لیے انہیں ٹائلینول کا استعمال کرایا گیا۔ صرف ہم (بہن بھائیوں) کو اصل صورت حال کے بارے میں مطلع نہیں کیا گیا تھا۔

حبیب نے مجھے بہت سے کام سونپے تا کہ ایمانداری اور تاخیر کے بغیر مکمل کروں۔ خدا گواہ ہے کہ میں نے ان ذمہ داریوں کو اپنی بہترین صلاحیتوں سے نبھایا۔ ان کے بچوں کے (Texas Tomorrow Fund) کالج کے فنڈز ان کی مرضی کے مطابق بنائے گئے اور ان کے تمام اثاثے بیگم حبیب کے نام منتقل کر دیے گئے۔ ان کے خاندان کو ان کی بیماری کے دوران ہیوسٹن لایا گیا اور ان کے انتقال کے بعد یہ فیصلہ کیا گیا کہ انہیں آسٹن/ راؤنڈ راک منتقل کیا جائے تا کہ وہ خاندان کے قریب ہوں۔ ایک پیسہ کا بھی غلط استعمال نہیں کیا گیا۔

مجھے ان کے VP کی طرف سے ان کی وفات کے بعد ان کی لائف انشورنس کے بارے میں کال موصول ہوئی۔ میں نے مشورہ دیا کہ وہ (وی پی) بیگم حبیب سے براہ راست رابطہ کریں۔ میں ان ذاتی اور پیسے کے معاملات میں نہیں پڑنا چاہتا تھا۔ میں حیران ہوں کہ انہوں نے میرے رابطہ کی معلومات کیسے حاصل کیں۔ ہم نے بچوں کی والدہ کو اجازت دی کہ وہ بغیر کسی مداخلت کے ان کے معاملات کے تمام اہم فیصلے خود کریں۔

ان کی والدہ (بیگم حبیب) نے اپنے بچوں کی تعلیم کے بارے میں تمام اہم فیصلے خود لیے ہیں۔ انکل سے کبھی مشورہ نہیں کیا گیا۔ میں اس تاثر میں تھا کہ ان کے بڑے بیٹے (مانی) نے کمپیوٹر سائنس میں داخلہ لیا ہے، لیکن گریجویشن پر مجھے پتہ چلا کہ اس کا سبجیکٹ 'ہسٹری'' تھا۔ میں حیران اور پریشان

تھا۔لیکن میں خاموش رہا کہ ان کے معاملات میں بالکل دخل نہ دوں۔

ایک بار آسٹن جماعت کے صدر نے تشویش کا اظہار کیا کہ میں ان کی رہنمائی نہیں کر رہا تھا جب کہ میرے بچے یوٹی آسٹن میں پری میڈ میں بہترین کارکردگی کا مظاہرہ کر رہے ہیں۔ میں نے ان کو بتایا کہ مجھ سے اس کے بارے میں کبھی نہیں پوچھا گیا۔ دعائیں اور نیک تمنائیں ان کے ساتھ ہیں۔ وہ بہترین تعلیم حاصل کریں اور اپنے شعبوں میں بہترین کارکردگی کا مظاہرہ کریں۔ایک چچا کی حیثیت سے میں ان کی زندگی کے ہر شعبے میں کامیابی کی خواہش کرتا ہوں۔

حبیب ایک باصلاحیت شاعر بھی تھے۔ میرے علم کے مطابق ان کی اہلیہ نے قادیان سے ان کی شاعری کی ایک کتاب شائع کی جس کی پانچ سو کاپیاں راؤنڈ راک میں بھیجی گئیں۔

ہماری اگلی نسل اردو زبان سے ناواقف ہے۔ میں پچھلے پچاس سالوں میں اردو کو بھی بھول گیا ہوں۔ ہمیں ان کا پیوں میں کوئی دلچسپی نہیں تھی کیونکہ ہم اسے سمجھنے سے قاصر ہیں۔ مجھے اس کے بارے میں کچھ دور کے رشتہ داروں نے بتایا۔

مجھے پوری امید ہے کہ ان کے بچے ان اردو کتابوں کا انگریزی میں ترجمہ کریں گے، کیونکہ وہ فی الحال لکھی ہوئی اردو پڑھ یا سمجھ نہیں سکتے ہیں۔ میں اس کوشش میں ان کے لیے نیک خواہشات کا اظہار کرتا ہوں۔ مجھے خوشی ہے کہ وہ باگ ڈور سنبھال رہے ہیں اور اپنے فیصلے خود کر رہے ہیں اور میں اللہ تعالیٰ سے دعا کرتا ہوں کہ وہ اپنے والد کی طرح کامیاب اور ذہین ہوں۔

خدا ان کا حامی و ناصر ہو۔ انہیں اچھی صحت، اچھی زندگی اور حقیقی خوشی نصیب ہو۔ دعائیں اور نیک تمنائیں ان کے ساتھ ہیں۔ وہ بہترین تعلیم حاصل کر کے اپنے شعبوں میں بہتر کارکردگی کا مظاہرہ کریں گے۔ ایک چچا کی حیثیت سے میں ان کی زندگی کے ہر شعبے میں کامیابی کی خواہش کرتا ہوں۔ آمین۔

11.12-آخری عکاسی/یادیں

مصنف اس باب کو اپنی آخری عکاسیوں اور یادوں کے ساتھ مکمل کر رہا ہے۔ یہ اعتماد اور فضل کا ایک حیرت انگیز سفر تھا۔ ہم خوشی/غمی کے واقعات میں ایک ساتھ ہنسے اور روئے۔ ہم نے اپنے مقاصد کے حصول کے لئے مل کر جدوجہد کی۔ ہم نے اپنے دشمنوں کو تمام محاذوں پر شکست دی اور کبھی ہمت نہیں ہاری۔ ہم اپنی زندگی کے اداس بابوں کو پیچھے چھوڑ کر امریکہ میں آباد ہوئے۔

ربوہ کی زندگی سے حبیب بھائی میرے لیے انتہائی کھلے ذہن کے تھے۔ ہمارے درمیان کوئی راز نہیں تھا۔ میں لاہور میں اپنے سوشل/نیٹ ورکنگ تعلقات کے بارے میں بات کرتا تھا جس کے لیے وہ مجھ پر کافی تنقید کرتے تھے۔ وہ عظیم اور حساس شاعر تھے۔ ان کا ایک شعر (جب ہم ربوہ میں کالج جا رہے تھے) یہاں پیش کیا جا رہا ہے۔

دستِ حنا میں جھومتی تسبیح کو دیکھ کر　　　ساحر مچل گیا میری قسمت بدل گئی

انہوں نے اپنی آخری بیماری میں ایک طویل نظم لکھی تھی اور وہ اپنی شاعری کی کتاب میں رکھ دی۔ میں نے اس کا کچھ حصہ پڑھا۔ میں نے اس سے وہ نظم لینا چاہی مگر طبیعت کی خرابی کی وجہ سے ایسا نہ ہو سکا۔ یہ واقعی بہت افسوسناک نظم تھی۔ میں اس حالت میں یہ نہیں پوچھ سکتا تھا۔ نظم کا موضوع یہ تھا کہ میری زندگی میرے پیروں تلے اتنی تیز رفتاری سے سرک رہی تھی کہ وہ نہ صرف حیران رہ گیا بلکہ چکرا بھی گیا۔ سب کچھ تیزی سے بدل رہا ہے، اور یہ احساس مجھے خوفزدہ اور بے بس کر رہا ہے۔ انہوں نے مجھے بتایا کہ اس نے اب شاعری کرنا چھوڑ دی ہے۔

میں اپنے پیارے بھائی حبیب کے بارے میں اپنی یادوں کو ختم کرنا چاہتا ہوں۔ میرے بھائی یہ فضل کا ایک بہت بڑا سفر تھا جس میں ہم ساتھ تھے۔ ہم آزمائشوں اور مشکل وقتوں میں ایک ساتھ روئے، ہم نے غم اور خوشی میں ایک دوسرے کا ساتھ دیا، ہم نے آپ کی جان بچانے کے لیے ایم ڈی اینڈرسن میں پوری کوشش کی۔ آپ ایم ڈی اینڈرسن میں مجھے "کاکا" کہتے تھے اور عملہ آپ سے اس کے بارے میں پوچھتا تھا۔ وہ ہنستے تھے جب آپ کہتے تھے کہ اس کا مطلب ہے "میرا چھوٹا بھائی" میں آپ کے بڑے بھائی کی طرح لگتا تھا۔

میں نے آپ کی جان بچانے کی پوری کوشش کی، لیکن آخر میں، خدا کی مرضی کو قبول کیا۔ میں نے آپ سے اپنے تمام وعدوں کو پورا کیا اور آپ کو کبھی بھی ہاسپیس جانے نہیں دیا۔ فضل کا یہ سفر دار المغفرہ (Graveyard) میں ختم ہوا جہاں آپ کی تدفین ہوئی۔ لیکن انشاءاللہ جلد ہی ہم آپ کے ساتھ شامل ہونے جا رہے ہیں اور فضل کے ابدی سفر کا آغاز کریں گے۔ تب تک سکون سے آرام کریں، ہمارے لیے دعا کریں اور ہم جلد آپ سے ملیں گے۔ ان شاءاللہ۔

11.13- کلیدی بصیرتیں

- باب 11 حبیب الرحمن ساحر کی زندگی فکری ذہانت، روحانی وابستگی، اور ثابت قدمی کی بہترین مثال پیش کرتا ہے۔
- ابتدائی تعلیم ربوہ میں حاصل کرنے کے بعد انہوں نے طبیعیات میں نمایاں علمی کارنامے انجام دیے۔
- زندگی بھر لگن، خدمت اور اخلاقی دیانت نے ان کے سفر کو نمایاں رنگ دیا۔
- ذاتی مشکلات، جیسے پہلے ازدواجی تعلقات کی پیچیدگیاں اور سنگین صحت کے مسائل، کے باوجود انہوں نے صبر اور اخلاقی ہمت کے ساتھ مقابلہ کیا۔

- آخری سال خاندان کی فلاح وبہبوداور روحانی وذاتی وقار کے تحفظ کے لیے وقف رہے۔
- خاندانی جدوجہد کے باوجود، حبیب نے امریکہ میں اپنی تعلیمی اور پیشہ ورانہ سرگرمیوں کو جاری رکھتے ہوئے لچک کا مظاہرہ کیا۔ اپنی بیٹی سے دوری کے جذباتی اثرات اور پیچیدہ خاندانی حالات نے اس کی صحت اورذات پر منفی اثر ڈالا۔
- ایم ڈی اینڈرسن اور بعد میں طبی سہولیات میں ان کی دیکھ بھال نے خاندانی تعاون کی اہمیت اور عارضہ کی بیماری کی حقیقت کو اجاگر کیا۔ حبیب کی آخری خواہشات، بشمول خاندان کی بابرکت تبرکات کی حفاظت، کوذمہ داری کے ساتھ پورا کیا گیا۔
- اس کی شاعرانہ میراث زبان کی رکاوٹوں کی وجہ سے اس کے قریبی خاندان کی طرف سے کم تعریف کی جاتی ہے، لیکن یہ مستقبل میں ترجمہ اور پہچان کے امکانات رکھتی ہے۔
- مشکل حالات میں ثابت قدمی: ذاتی، پیشہ ورانہ، اور صحت کے چیلنجز کو صبر اور ایمان کے ساتھ عبور کیا۔
- تعلیم کے لیے لگن: سیکھنے اور پڑھانے کے عمل میں زندگی بھر مستقل مزاجی۔
- روحانی وابستگی: وقف و مخلص خادم کے طور پر دینی اور جماعتی سرگرمیوں میں فعال حصہ لیا۔
- خاندانی ذمہ داری: نازک خاندانی معاملات کو بصیرت، دیانت اور ہمدردی کے ساتھ سنبھالا۔
- ادبی میراث: اردو شاعری میں گہرائی، حساسیت اور فکری بصیرت کی عکاسی۔

11.14-اہم نکات

- خاندانی تعلقات گہرے پیچیدہ ہو سکتے ہیں، خاص طور پر بیماری اور علیحدگی کے دباؤ میں، پھر بھی بندھن محبت اور فرض کے ذریعہ قائم رہتے ہیں۔
- صحت کے بارے میں کھلی بات چیت اور فوری مناسب دیکھ بھال کو یقینی بنانے کے لیے بہت ضروری ہے۔
- روحانی اور خاندانی مدد زندگی کے اختتامی چیلنجوں کا مقابلہ کرنے میں اہم کردار ادا کرتی ہے۔
- میراث نہ صرف مادی ہے بلکہ ثقافتی اور جذباتی بھی ہے، جو حبیب کی شاعری اور قیمتی خاندان تبرکات میں نظر آتی ہے۔
- آخری دنوں میں پیاروں کی خواہشات کا احترام فرد اور ان کے خاندان دونوں کے لیے امن اور وقار فراہم کرتا ہے۔
- پیشہ ورانہ مہارت، روحانی خدمت اور خاندانی ذمہ داریوں کو توازن کے ساتھ نبھایا جا سکتا ہے۔
- اخلاقی اور فکری دیانت مشکل ذاتی فیصلوں میں رہنمائی فراہم کرتی ہے۔
- معاون نظام-خاندان، دوست اور روحانی رہنمائی-زندگی کے چیلنجز پر قابو پانے میں اہم کردار ادا کرتا ہے۔
- دیرپا میراث قائم کرنے کے لیے عملی خدمات اور غیر مادی اثرات دونوں ضروری ہیں۔

11.15-کلیدی نتائج

- حبیب الرحمن ساحر ایک دانشمند، بہادر اور بے لوث ایمان رکھنے والے انسان تھے۔
- ان کی زندگی نے خاندان، شاگردوں، اور جماعت پر دیرپا اثر چھوڑا۔
- مشکلات میں ثابت قدم رہنے اور صبر وحوصلے کی اہمیت ان کی مثال سے واضح ہوتی ہے۔
- زندگی بھر سیکھنے اور تعلیمی ترقی کے جذبے کی بہترین عکاسی۔
- اخلاقی اور روحانی دیانت نے ان کے ہر فیصلے اور کردار کو ممتاز بنایا۔
- میراث ان کے بچوں، شاگردوں، شاعری، اور متاثر شدہ افراد کے ذریعے آج بھی زندہ ہے۔
- حبیب الرحمٰن کی زندگی مشکلات کے باوجود استقامت، فکری شراکت، اور خاندان کے لیے گہری محبت سے پُر تھی۔

11.16-پیشہ ورانہ مختصر خلاصہ

باب 11 حبیب الرحمان ساحر کو دل کی گہرائیوں سے خراج تحسین پیش کرتا ہے، جس میں ان کی علمی کامیابیوں، ذاتی جدوجہد اور کینسر کے ساتھ دلیرانہ جنگ کو اُجاگر کیا گیا ہے۔ یہ باب ایمان، لچک، اور برادرانہ محبت کی پائیدار فطرت کے ثبوت کے طور پر اس کی یاد کا احترام کرتا ہے۔ اس کا سفر مشکلات کے وقت ہمدردی، احترام اور ذمہ داری کی اہمیت پر زور دیتا ہے۔

یہ اس کے خاندانی تعلقات کی پیچیدگیوں، بیماری کے دوران اس کی دیکھ بھال اور اس کی آخری خواہشات کی تکمیل کے باوقار طریقے سے عکاسی کرتا ہے۔ یہ باب ان کی شاعرانہ صلاحیتوں اور مقدس خاندانی وراثت کے تحفظ کو بھی چھوتا ہے، جو اس کی زندگی اور کردار کے ان لوگوں پر دیرپا اثرات کو واضح

کرتا ہے جو اسے جانتے تھے۔

11.16-باب 12 میں ہموار منتقلی

باب 11 کے اختتام پر، حبیب الرحمن ساحر کی زندگی اور خدمات پر غور وفکر کے بعد، ہم اپنے بڑے بھائی، لطف الرحمن محمود کی زندگی کی جانب رجوع کرتے ہیں تا کہ ان کی زندگی بھر کی خدمات، رہنمائی، اور خاندان و جماعت کے لیے دی گئی تعلیمات کا جائزہ لیا جا سکے۔

باب 12، ''برادر لطف الرحمن محمود کا ذکر خیر'' ان کی اپنی شراکت، کردار، اور اپنے بہن بھائیوں کے ساتھ بانٹنے والے پائیدار بندھن کا جشن مناتا ہے۔ یہ باب خاندان کی عقیدت، لچک اور اٹل ایمان کی کہانی کو جاری رکھتا ہے، جو ہماری اجتماعی یادداشت کو ان کی زندگی اور خدمات کے عکاسی سے مالا مال کرتا ہے۔

OO

بھائی حبیب الرحمٰن ساحر کی تاریخی تصاویر

بھائی حبیب الرحمٰن اور بھائی لطف الرحمٰن محمود

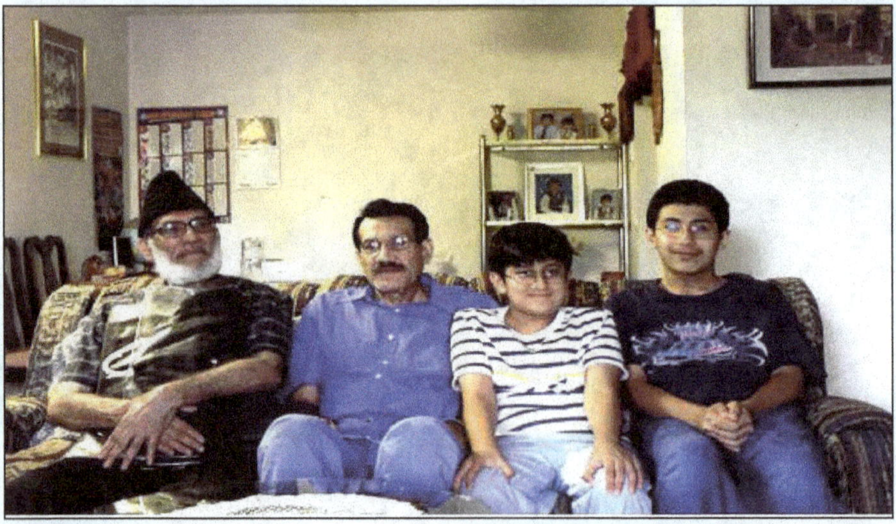

اگست 2014 میں ڈیٹرائٹ میں بھائی حبیب اور بچے بھائی محمود کے ساتھ۔ بھائی محمود حضرت مسیح موعود علیہ السلام کا مبارک کوٹ پکڑے ہوئے ہیں۔ (پلاسٹک کے حفاظتی تھیلے میں بند)

بائیں سے دائیں: بیٹھک محمد احمد انور حیدر آبادی، نصیر احمد خان، حبیب الرحمن، پروفیسر میاں عطاء الرحمن محمد احمد (لائبریرین) بائیں سے دائیں: کھڑے ملک محمد الطاف، مرزا محمد لقمان، شفیق الرحمان منور لاہوری۔ (یہ تصویر ربوہ میں پہلی شادی کی تقریب میں لی گئی)

ہماری پرانی تاریخی تصاویر: شائستہ پس منظر۔ستر سال پرانی یادیں

شفیق اور حبیب، 1952 بھیرہ

بھائی محمود اور حبیب، 1951 بھیرہ

باب 12: میرے بھائی میاں لطف الرحمان محمود کی یاد میں

(شفیق الرحمن ابن پروفیسر میاں عطاء الرحمن صاحب مرحوم)

جیسا کہ ہم حبیب کی زندگی کے سفر میں دکھائی گئی آزمائشوں اور ٹھوکروں سے صفحہ پلٹتے ہیں اور ہم اپنے سب سے بڑے بھائی لطف الرحمان محمود کی خاموش طاقت، فکری گہرائی اور ثابت قدمی کا احترام کرتے ہیں۔ آپ خاندان میں پیار سے ''بھائی محمود'' کے نام سے جانے جاتے تھے۔ ان کی زندگی عاجزی، غیر متزلزل خدمت، ایمان، تعلیم اور خاندان سے گہری وابستگی رکھتی تھی۔ اگرچہ انہوں نے کبھی توجہ کی خواہش نہیں کی لیکن ان کے کردار نے ان سب پر ایک اچھا تاثر چھوڑا جو ان کو جانتے تھے۔ یہ باب ان کی خوبیوں پر غور کرنے، ان کے تعاون کو سراہنے اور آنے والی نسلوں کے لیے ان کی یاد کو محفوظ رکھنے کی ایک بہترین کوشش ہے۔

ہمارے بہن بھائیوں میں، لطف بھائی ایک روشن ستارے کی طرح تھے۔ وہ، ذہین، فصیح اور اپنے ایمان اور دوسروں کی خدمت کے لیے گہری وابستگی کے طور پر کھڑے رہتے تھے۔ وہ ہمارے خاندان کا فخر تھا۔ ایک تیز ذہانت، خطابت کا قدرتی ہنر اور تعلیم وانشا پردازی کا تاحیات جنون تھا۔

ان کے ابتدائی کیریئر کا آغاز تعلیم الاسلام ہائی اسکول سے ہوا جہاں انہوں نے سائنس پڑھائی اور نہ صرف علم کے ذریعے بلکہ ذاتی کردار اور دیانت کے ذریعے اپنے طلباء پر ایک تاثر چھوڑا۔ ان کی صلاحیتوں اور لگن کو تسلیم کرتے ہوئے جماعت نے انہیں سیرالیون، مغربی افریقہ میں ایک اُستاد اور مشنری کے عہدہ پر خدمات انجام دینے کے لیے مقرر کیا۔ انہوں نے وہاں 25 سال گزارے، کئی لوگوں کی نسلوں کو تعلیم دی اور کمیونٹیز کی روحانی نشوونما میں رہنمائی کی۔ ان کا دوہرا کردار اسلام اور خلافت کے لیے وقف زندگی کے حقیقی جوہر کی عکاسی کرتا ہے۔

بھائی محمود حضرت خلیفۃ المسیح الرابع رحمہ اللہ کی اجازت سے اپنے اہل خاندان کے لیے امیگریشن ویزا حاصل کرنے کے لیے امریکہ آئے تھے جس کی پروسیسنگ میں تقریباً پندرہ سال لگے۔ ابتدائی منصوبہ سیرالیون میں واپس اپنے فرائض دوبارہ شروع کرنے کا تھا۔

امریکہ پہنچنے کے چند مہینوں کے بعد ان پر بڑے پیمانے کا دل کا دورہ پڑا۔ لیکن EMS کے ذریعہ دوبارہ اللہ کے فضل سے زندگی عطا ہوئی۔ ان کے ایل اے ڈی میں متعدد رکاوٹیں تھیں۔ ان کی ایل اے ڈی شریان متعدد جگہوں پر کیلشیم ڈیپازٹس کی وجہ سے بلاک ہوگئی تھی اور ماہرین امراض قلب نے اتنے زیادہ سٹنٹ نہ لگانے کا فیصلہ کیا۔ ان کے دل کی حالت کو صرف دوائیوں سے کنٹرول کرنا ہی ایک واحد آپشن تھا۔

کیس کی پیچیدگی اور سیرالیون میں مکمل علاج کی عدم دستیابی کی وجہ سے ڈاکٹروں نے انہیں مشورہ دیا کہ وہ اپنا طرز زندگی بدل لیں اور مستقبل کی ہنگامی صورتحال کے لیے امریکہ میں ہی رہیں۔ بھائی محمود نے اس غیر متوقع صورتحال کے بعد رہنمائی حاصل کرنے کے لیے تمام میڈیکل رپورٹس حضورؒ کی خدمت میں پیش کیں۔ فیصلہ کیا گیا کہ ان کی طبی حالت کے پیش نظر انہیں ریٹائر کر دیا جائے۔ ہم نظام جماعت اور تحریک جدید کے ان دانشمندانہ فیصلوں کے لیے شکر گزار ہیں جو بھائی محمود کے قول سدید پر مبنی تھے۔ ہم ان کی طبی حالت کی وجہ سے ان کی باعزت ریٹائرمنٹ پر شکر گزار ہیں۔

اس کے بعد آنے والے صحت کے چیلنجوں کے باوجود وہ مزید 25 سال تک جماعت کی سرگرمیوں میں گہرائی سے شامل رہے۔ مقامی اور قومی سطح پر مختلف کرداروں میں خدمات انجام دیں۔ ان کے پرسکون رویے، پرسکون قوت اور جماعت کے لیے غیر متزلزل محبت نے انھیں ان تمام لوگوں سے عزت اور پیار ملا جو انہیں جانتے تھے۔

محمود بھائی ان حالات میں بھی ثابت قدم رہے۔ انہوں نے ایک مشنری، والد، معلم اور بڑے بھائی کے طور پر اپنی ذمہ داریوں کو احسن طریقے سے نبھایا۔ انہوں نے اپنی دانشمندی، ہمدردی اور

خلوص سے بے شمار زندگیوں کو چھوا۔ خاموشی میں بھی ان کی موجودگی ان کے آس پاس والوں کے لیے طاقت اور رہنمائی کا باعث تھی۔

اللہ تعالیٰ انکو جنت الفردوس میں اعلیٰ مقام عطا فرمائے، ان کی قبر کو نور و سکون سے نوازے اور اہل وعیال اور انسانیت کی زندگی بھر بے لوث خدمت کرنے کا اجر عطا فرمائے۔ آمین۔

12.1-تعارف

میں یہ مضمون اپنے پیارے بھائی میاں لطف الرحمان محمود کے بارے میں لکھ رہا ہوں۔ وہ میرے سب سے بڑے بھائی تھے۔ میں خاندان میں سب سے چھوٹا تھا۔ وہ ایک شاندار شاعر، ماہر تعلیم، بہترین مصنف، مباحثہ کرنے والے اور سائنس کے ٹیچر تھے۔ ابتدائی تعلیم قادیان میں حاصل کی۔ تقسیم ہند کے بعد یہ خاندان بھیرہ چلا گیا اور آپ نے میٹرک مکمل کی۔ یہ خاندان 1956ء میں ربوہ منتقل ہو گیا۔ وہ پروفیسر میاں عطاء الرحمن مرحوم (تعلیم الاسلام کالج ربوہ کے ریٹائرڈ وائس پرنسپل) کے بڑے بیٹے تھے۔

وہ تعلیم الاسلام کالج، ربوہ میں چار سال طالب علم رہے اور بی ایس سی کی ڈگری حاصل کی۔ سائنس کے مضامین میں گریجویشن کے بعد وہ بی ایڈ کے لیے سنٹرل ٹریننگ کالج لاہور گئے اور 1962ء میں اسکول میں ٹاپ کیا۔ انہوں نے کچھ سال تک تعلیم الاسلام ہائی اسکول ربوہ میں بھی پڑھایا اور تدریسی عہدے کے لیے نوشہرہ کینٹ چلے گئے۔

انہیں مرزا حنیف احمد صاحب نے جماعت کے سکول سیرالیون میں تدریس کے لئے قائل کیا۔ انہوں نے تقریباً پچیس سال جماعت کے مختلف مکاتب میں دیگر عہدوں پر ذمہ داریوں کے ساتھ کام کیا۔ وہ امریکہ میں چھٹی پر تھے جب انہیں دل کا شدید دورہ پڑا اور انہیں مزید طبی علاج (جو سیرالیون میں دستیاب نہیں تھا) کے لیے امریکہ میں رہنے کا مشورہ دیا گیا۔

تحریک جدید کی طرف سے باعزت ریٹائرمنٹ کے بعد انہوں نے (UT) یونیورسٹی آف آسٹن

،ٹیکساس میں تحریر، تقریر، درس قرآن، جماعت کے اندر تبلیغ اور باہر کی کانفرنسوں میں اپنی دلچسپیاں جاری رکھیں۔ وہ ناموس حضور صلی اللہ علیہ وسلم کے بارہ میں لکھے گئے مضامین (سلمان رشدی) کے اعتراضات کا جواب دینے میں سب سے آگے تھے۔آپ نے ربوہ میں 1970ء کے وسط میں حضرت خلیفۃ المسیح الثالث رحمہ اللہ کی ہدایت پر حضرت مسیح موعود علیہ السلام کے بارے میں جارحانہ تبصروں کا جواب دینے کے لیے شورش کشمیری (چٹان/ لاہور) کے خلاف ایک مدلل مضمون بھی لکھا تھا۔ وہ جماعت احمدیہ کے خلاف ڈاکٹر عامر لیاقت حسین (کراچی) کے بدنیتی پر مبنی بیانات کا مقابلہ کرنے میں بھی سب سے آگے تھے۔

انہوں نے اپنی زندگی کا بقیہ حصہ آسٹن/ راؤنڈ راک میٹرو پولیٹن ایریا میں گزارا۔ان کا انتقال مئی 2017ء میں دل کی پیچیدگیوں اور Diabetes کے باعث ہوا۔انہیں ٹیکساس کے جارج ٹاؤن کے قبرستان میں سپرد خاک کیا گیا۔انا للہ وانا الیہ راجعون۔

وہ واقف زندگی، موصی اور سادہ زندگی گزارتے تھے۔ پڑھنے لکھنے اور بولنے میں انگریزی/ اردو/ فارسی پر انہیں اچھا عبور حاصل تھا۔ پڑھنا لکھنا ان کا مشغلہ تھا اور اس سے وہ بڑا اطمینان حاصل کرتے تھے۔لیکن ان کی خدا کی عطا کردہ مہارتیں (مقرر، پڑھنا، لکھنا) کو ان کے چاہنے والوں نے پسند نہیں کیا۔اس حقیقت کا ذکر انہوں نے اپنی ایک تحریر میں کیا ہے۔

12.2-ابتدائی حالات اور خاندانی پس منظر

ہمارے آباء واجداد کی تاریخ اور خاندانی پس منظر کا تفصیلی احاطہ بھیرہ کی تاریخ احمدیہ میں کیا گیا ہے۔اس کتاب میں ہمارے دادا اور والد دونوں کی خاندانی تاریخ شامل ہے۔

[بھیرہ کی تاریخ احمدیہ، میاں فضل الرحمان بسمل، بی اے بی ٹی، سابق امیر بھیرہ، دسمبر 1972، صفحہ 91-93]

ہمارے دادا بھیرہ کے ابتدائی صحابہ میں سے تھے جنہوں نے حضرت حکیم مولوی نور الدین رحمۃ

اللہ علیہ کے انتہائی قریبی دوست ہونے کی وجہ سے احمدیت قبول کی۔ انہوں نے 1894ء میں احمدیت قبول کی۔ دوسرے احمدی خاندانوں کے ساتھ حضرت حکیم نورالدین رحمۃ اللہ علیہ کے مشورہ پر احمد آباد سے بھیرہ ہجرت کی۔ ہمارے والد کی ولادت حضرت مسیح موعود علیہ السلام کی دعاؤں کی قبولیت کا زندہ ثبوت تھا جنہوں نے نومولود کا نام بھی ''عطاء الرحمن'' رکھا۔ وہ 1905ء میں تاریخی شہر بھیرہ میں پیدا ہوئے۔ ہمارے والد سات بیٹیوں کے بعد پہلے بیٹے تھے جو خاندان کے لیے حضرت مسیح موعود علیہ السلام کی دعاؤں کی قبولیت کا معجزہ تھے۔

حضرت خلیفۃ المسیح الخامس نے 9 جون 2017ء کو اسلام آباد۔ لندن یو کے میں نماز جمعہ کے بعد لطف الرحمن محمود کی نماز جنازہ غائب پڑھائی۔ خطبہ جمعہ کے اختتام پر حضور نے لطف الرحمن محمود کا مختصر تعارف، خاندانی تاریخ، پس منظر اور خدمات بیان کیں۔ یہ الفضل، صفحہ 9، مورخہ 30 جون 2017ء میں بھی شائع ہوا تھا۔ لطف الرحمن محمود کے ذکر خیر میں حضور ایدہ اللہ تعالیٰ بنصرہ العزیز نے فرمایا:

''لطف الرحمن محمود صاحب امریکہ جو میاں عطاء الرحمن مرحوم صاحب کے صاحبزادے تھے، 27 مئی 2017ء کو انتقال کر گئے۔ اناللہ وانا الیہ راجعون۔ ان کا تعلق بھیرہ سے تھا۔ آپ کے دادا حضرت میاں کرم دین صاحب حضرت مسیح موعود علیہ السلام کے صحابی تھے جنہوں نے 1894ء میں بیعت کی۔ انکی بیوی (دادی) نے شاید شوہر کے ساتھ بیعت کی۔ لیکن شاید مکمل یقین نہیں تھا۔ طالعہ بی ان کا نام تھا۔ انہوں نے ایک خواب دیکھا تھا۔ تفصیل سننے کے بعد حضرت مسیح موعود علیہ السلام نے فرمایا کہ جس عورت نے یہ خواب دیکھا ہے اس نے مجھ پر یقین نہیں کیا۔ (مسیح موعود کی آمد سے متعلق خواب)۔ اگر وہ مجھ پر پختہ یقین رکھتی ہے تو خدا اسے بیٹے کی نعمت سے نوازے گا۔ چنانچہ وہ بیعت کے لیے قادیان گئے اور پھر خدا نے انہیں بیٹے سے نوازا جس کا نام حضرت مسیح موعود علیہ

السلام نے ''عطاء الرحمن'' رکھا۔ وہ لطف الرحمن محمود صاحب کے والد تھے۔''

12.3-ابتدائی تعلیم/ ہائی اسکول گریجویشن

برادرم محمود مرحوم پروفیسر میاں عطاء الرحمن (تعلیم الاسلام کالج ربوہ کے وائس پرنسپل) کے بڑے بیٹے تھے۔ وہ جولائی 1938ء میں بھیرہ میں پیدا ہوئے۔ ابتدائی تعلیم قادیان میں حاصل کی اور تقسیم کے وقت بھیرہ چلے گئے۔ ہائی اسکول کی تعلیم بھیرہ سے مکمل کی اور 1956ء میں اپنے خاندان کے ساتھ ربوہ چلے گئے۔

پروفیسر میاں عطاء الرحمن صاحب 1944ء تک گورنمنٹ ایجوکیشن سروس میں تھے۔ جب انہوں نے 1944ء میں حضرت خلیفہ المسیح الثانی رضی اللہ عنہ کی طرف سے تعلیم الاسلام کالج قادیان کے ماہر پروفیسروں کی تحریک کا جواب دیا۔ ان کے والد نے سرکاری ملازمت سے استعفیٰ دے دیا۔ تعلیم الاسلام کالج قادیان ''سلیکشن بورڈ'' نے منتخب کیا۔ وہ 1944ء میں قادیان منتقل ہونے سے پہلے چکوال، شاہ پور، جہلم میں رہتے تھے۔ بھائی محمود نے قادیان میں اپنا اسکول شروع کیا۔ تقسیم سے قریب خاندان کو بھیرہ بھیج دیا گیا جب کہ ان کے والد حضرت خلیفۃ المسیح الثانی رضی اللہ عنہ کی ہدایت پر قادیان میں حضرت مرزا ناصر احمد صاحبؒ کے پاس رہ گئے۔ والد صاحب کا استعفیٰ، تعلیم الاسلام کالج قادیان میں شمولیت، وقف زندگی کو تاریخ احمدیت بھیرہ میں شامل کرلیا گیا ہے۔ میں یہاں تفصیلات کو چھوڑ رہا ہوں۔ دلچسپی رکھنے والے قارئین اس حوالہ سے معلومات حاصل کرسکتے ہیں۔

[تاریخ احمدیت بھیرہ، میاں فضل الرحمان بسمل، سابق امیر جماعت بھیرہ، 1972، صفحہ 92-93]

بھائی محمود اور باقی خاندان 1956 تک ننھیالی رشتہ داروں کی نگرانی میں بھیرہ میں رہے اور اپنی تعلیم جاری رکھی۔ ان کے والد لاہور واپس آگئے جہاں جماعت نے عبوری کالج کا آغاز کیا۔ ہمارے والد نے 1951ء میں لاہور میں سیدہ سائرہ بیگم صاحبہ بنت حضرت قاضی حبیب اللہ شاہ صاحب آف

شاہدرہ ٹاؤن لاہور سے دوسری شادی کی اور ہماری والدہ نے اجازت دے دی۔

بھائی محمود نے 1956ء میں بھیرہ سے ہائی اسکول کی تعلیم مکمل کی اور کالج کی تعلیم شروع کرنے کے لیے خاندان کے ساتھ ربوہ چلے گئے۔ بھائی محمود آرٹس کے مضامین (اردو ادب، تحریر، مطالعہ، شاعری) کی طرف زیادہ مائل تھے۔ تاہم ہمارے والد چاہتے تھے کہ وہ سائنس کے مضامین میں مہارت حاصل کریں۔ کالج کی تعلیم کے دوران وہ اپنے بہترین دوست محمد شفیق قیصر کے ساتھ کالج میگزین ''المنار'' میں شامل ہوئے۔ یہ دوستی شفیق قیصر کی وفات تک قائم رہی۔ بھائی محمود نے بی ایس سی مکمل کی لیکن اس کے بعد انہوں نے فزکس یا کیمسٹری میں ماسٹر ڈگری حاصل نہیں کی۔ بلکہ انہوں نے بی ایڈ پروگرام کے لیے سینٹرل ٹریننگ کالج لاہور میں داخلہ لیا۔

12.4- تعلیم الاسلام کالج ربوہ سے گریجویشن

حضرت خلیفۃ المسیح الثانی رضی اللہ عنہ کے مشورے پر کالج کو ربوہ منتقل کیا گیا۔ زیادہ تر عملے نے حضور کے فیصلے کی حمایت کی اور ربوہ منتقل ہو گئے سوائے چند عملے کے ارکان نے لاہور میں رہنے کا انتخاب کیا۔ بھیرہ کے اسکول سے ہائی اسکول کی تعلیم کے بعد، خاندان ربوہ منتقل ہو گیا۔ یہ ایک بہترین دور تھا اور تعلیم الاسلام کالج نے تمام شعبوں (کھیل، مباحثے، بہترین نتائج، مشاعرے) میں شاندار کارکردگی کا مظاہرہ کیا۔ کالج کانووکیشن میں معززین مہمان خصوصی کے طور پر تشریف لا رہے تھے۔ کالج نے ملک اور بیرون ملک بہت عزت کمائی۔ یہ سب پرنسپل حضرت مرزا ناصر احمد صاحبؒ کی متحرک قیادت اور مخلص عملے کی وجہ سے ہوا۔ نظم وضبط کو برقرار رکھنے اور تمام شعبوں میں بہترین کارکردگی کا سہرا طلباء کو بھی جاتا ہے۔

بھائی محمود ''المنار'' کے اردو سیکشن کے ایڈیٹر تھے۔ ان کے کلاس فیلوز میں محمد شفیق قیصر، میر محمد امین، مرزا غلام احمد، کلیم اللہ خان اور مرزا انس احمد تھے۔ بھائی محمود نے اپنی تمام تعلیم ربوہ میں حاصل کی اور بی ایس سی مکمل کی۔ انہوں نے 1960ء میں سائنس کے مضامین میں بیچلر کی ڈگری (B.Sc.)

پاس کی۔ پروفیسر محبوب عالم خالد تعلیم الاسلام کالج ربوہ میں المنار میگزین کے انچارج تھے۔

12.5- سنٹرل ٹریننگ کالج لاہور سے بی ایڈ

انہوں نے لاہور میں فزکس یا کیمسٹری کے ماسٹرز پروگرام میں جانے سے انکار کر دیا۔ یہ میرے والد کے لیے تھوڑا سا صدمہ تھا۔ انہوں نے بی ایڈ کے لیے سنٹرل ٹریننگ کالج لاہور جانے کا انتخاب کیا۔ اس پروگرام میں وہ دوسرے احمدی طلباء سے ملے (حامد اقبال، ہارون خان)۔ انہوں نے ٹاپ کیا۔ ان تینوں دوستوں نے تعلیم الاسلام ہائی اسکول میں خدمات انجام دیں اور دوسری اسائنمنٹس میں چلے گئے۔ وہ کلاس میں سرفہرست رہے اور انہیں 1962ء میں گورنر ملک امیر محمد خان نے گولڈ میڈل سے نوازا۔

حضرت مرزا بشیر احمد صاحبؓ نے میرے والد کو مشورہ دیا کہ بھائی محمود کو سی ایس پی (مقابلہ امتحان) کی تیاری کرنے دیں۔ بدقسمتی سے میرے والد اس مشورے پر عمل نہیں کر سکے اس ڈر سے کہ وہ سرکاری ملازمتوں کے دوران بدعنوانی اور غیر منصفانہ طریقوں میں ملوث ہو سکتے ہیں۔ میرے والد کے خدشات سن کر حضرت مرزا بشیر احمد صاحبؓ نے میرے والد کو لکھا ''اپنے روشن بیٹے کو کنویں کا مینڈک نہ بنائیں''۔ حضرت مرزا بشیر احمد صاحب نے میرے والد کو بہترین ایماندار، پڑھے لکھے اور اچھے مشورے دیئے۔ کاش ہمارے والد صاحب مرزا بشیر احمد صاحب کی نصیحت پر عمل کرتے۔

1964 / 1965ء کے قریب بھائی محمود کو نوشہرہ کینٹ پبلک ہائی سکول میں اچھا موقع ملا اور وہ وہاں منتقل ہو گئے۔ اس نے نوشہرہ کینٹ میں اچھی تدریسی پوزیشن حاصل کی اور ربوہ چھوڑ دیا۔

12.6- تعلیم الاسلام ہائی سکول ربوہ میں تقرری

بھائی محمود نے تین سال (1962-1965ء) تک تعلیم الاسلام ہائی سکول میں پڑھایا۔ میر سید محمد امین اور مرزا ادریس احمد بھی عملے میں تھے۔ انہیں تعلیم الاسلام ہائی اسکول کی تاریخ لکھنے کا اعزاز بھی

حاصل ہوا۔ یہ کتاب میر سید محمد امین صاحب نے بعد میں شائع کرنے کی نیت سے لی تھی۔ یہ کتاب میر سید محمد امین کے پاس تھی جو بعد میں کراچی چلے گئے۔ ان میں سے کوئی بھی شائع نہیں کرسکا۔ اس بات کا یقین نہیں ہے کہ کتاب کی ماسٹر کاپی سیفٹی ڈپازٹ باکس میں محفوظ کی گئی تھی یا نہیں۔

1964-1965ء کے قریب بھائی محمود کو نوشہرہ کینٹ پبلک ہائی سکول میں اچھا موقع ملا اور وہ وہاں منتقل ہو گئے۔ بھائی محمود پہلے نوشہرہ کینٹ اور پھر بعد میں سیرالیون روانہ ہوئے۔ اس دوران بھائی محمود کو مجلس خدام الاحمدیہ مرکزیہ کے رکن اور رسالہ ''خالد'' کے مدیر کی حیثیت سے کام کرنے کا موقع ملا۔ حضرت خلیفۃ المسیح الثانیؓ نومبر 1965ء میں وفات پا گئے۔ حضرت مرزا ناصر احمد صاحب مسند خلافت پر متمکن ہوئے۔ اس کی وجہ سے جماعت کے دفاتر کے اندر کچھ انتظامی تبدیلیاں ہوئیں۔ اس واقعہ سے قبل حضور کے انتقال سے چند روز قبل ربوہ میں دوم کیتو (دمدار ستارہ) کا ظہور بھی ہوا تھا۔

12.7-سیرالیون کے لیے تقرری

مرزا حنیف احمد صاحب کو سیرالیون کے جماعتی اسکول میں تعینات کیا گیا تھا۔ انہوں نے بھائی محمود سے پوچھا کہ کیا وہ سیرالیون میں بطور سائنس ٹیچر ان کے ساتھ شامل ہو سکتے ہیں۔ ان دنوں پاسپورٹ حاصل کرنا اور بیرون ملک جانا مشکل تھا۔ میرا اندازہ ہے کہ 1968ء کے آس پاس وہ بو، سیرالیون کے لیے روانہ ہوئے۔ اسی وقت مرزا حنیف صاحب کسی کام کے لیے ربوہ واپس آئے۔ بھائی محمود تین سال بعد چھٹی پر چند ماہ کے لیے ربوہ آرہے تھے۔ ان کی شادی ہوگئی اور ان کی اہلیہ ضیاء خاور بنت رشید احمد ضلعدار، سیرالیون میں ان کے ساتھ شامل ہوگئیں۔ وہ نیلا گنبد لاہور کے حضرت منشی محبوب عالم صاحبؓ (ممتاز صحابی اور معروف صحافی) کی پوتی تھیں۔

مجھے ان کا 1973ء کا دورہ یاد آیا۔ پاکستان میں شدید سیلاب آیا تھا۔ انہیں حضرت خلیفۃ المسیح الثالث رحمہ اللہ کی طرف سے حضرت مسیح موعود علیہ السلام کے خلاف شورش کشمیری کی جارحانہ مضمون پر تردید لکھنے کا مشورہ بھی دیا گیا۔ مجھے خوشی ہے کہ انہیں اس خدمت کے لیے منتخب کیا گیا اور

انہوں نے بہترین کام کیا۔

بھائی محمود ہر تین سال بعد چھٹیوں پر آتے اور واپس جاتے تھے۔ B.Sc مکمل کرنے کے بعد 1973ء میں، میں نے اپنے بی ایس سی الیکٹریکل انجینئرنگ کے لیے یونیورسٹی آف انجینئرنگ اینڈ ٹیکنالوجی لاہور میں داخلہ لیا۔ میں اگلے پانچ سال (1973-1978ء) لاہور میں بہت مصروف رہا۔ میرا مقصد پروگرام کو مکمل کرنا اور اعلیٰ تعلیم کے لیے امریکہ کے گریجویٹ اسکول میں داخلہ لینا تھا۔ یو ای ٹی لاہور سے اپنا پروگرام مکمل کرنے کے بعد، میں نے یو ایس امیگریشن ویزا حاصل کیا اور 4 نومبر 1978ء کو پاکستان چھوڑ دیا۔ امریکہ میں الیکٹریکل انجینئرز کی بہت زیادہ مانگ تھی۔ مجھے UET قیام کے دوران چار سال کے لیے "سہگل فاؤنڈیشن نیشنل ٹیلنٹ اسکالرشپ" سے نوازا گیا اور یہ اللہ تعالیٰ کی ایک بہت بڑی نعمت تھی۔ مجھے دوسرے کامیاب امیدواروں کے نام ظاہر کرنے کی ضرورت نہیں ہے۔

1980ء میں امریکہ میں گریجویٹ اسکول مکمل کرنے کے بعد، میں نے روچیسٹر، مینیسوٹا میں IBM کمپنی میں شمولیت اختیار کی۔ بھائی محمود اور ان کے خاندان کے ساتھ بہت کم رابطہ تھا۔ بھائی محمود ہماری والدہ (مئی 1972) اور والد (جنوری 1982) کے انتقال پر نہیں آسکے۔ ایسا لگتا تھا کہ بیرون ملک میں ایسی افسوسناک خبریں موصول کرنا بہت مشکل ہے۔ مجھے 1976-1977ء کے موسم گرما میں ان کا دورہ یاد آیا جب میں لاہور میں اپنا تیسرا پروفیشنل امتحان دے رہا تھا۔ ان کے ہاں ہمارے خاندان کے ساتھ وقت گزارنے کا موقع نہیں ملا۔ اس کے بعد انہیں 1989ء میں لندن میں صد سالہ جلسہ سالانہ پر دیکھا گیا۔

12.8- برطانیہ میں صد سالہ جلسہ سالانہ میں شرکت

میں نے اپنے بڑے بھائی کو تقریباً 10 / 12 سال بعد لندن میں دیکھا۔ وہ مجھے بہت بوڑھے لگ رہے تھے اور میں چونک گیا۔ وہ اچھے لباس میں نہیں تھے۔ رہائش کا بندوبست کرنے کے بعد (جو

مقامی لاء کالج کا ہاسٹل تھا) ہم سب اس رہائش گاہ میں تھے۔ میں نے ڈاکٹر عبدالسلام صاحب کو وہیل چیئر (برطانیہ کے جلسہ سالانہ میں 1989ء) میں دیکھا تو بہت افسوس ہوا۔

میں نے اپنے دوست (ملک محمود احمد آف کیمبرج) سے درخواست کی کہ وہ ہمیں شاپنگ مال تک لے جائیں۔ وہ ہمیں دو بار لے گیا۔ پہلے سوٹ خریدا اور پھر فٹنگ کے بعد سوٹ لیا۔ میں اس احسان کے لیے ان کا بے حد ممنون ہوں۔ میری ملاقات بھائی محمود سے بہت طویل عرصے کے بعد 1989ء میں لندن میں جلسہ سالانہ پر ہوئی۔ ہم بھائیوں نے ایک ہفتہ یا اس سے زیادہ وقت گزارا اور واپس آ گئے۔ ہم نے لاء کالج ہاسٹل میں قیام کیا اور قیام کا لطف اٹھایا۔ میرے بھائی حبیب نے بھائی محمود کو گولڈ میڈل واپس کر دیا جو ان کے بی ایڈ کے دوران دیا گیا تھا۔ قیام کے دوران کھو گیا تھا۔ ہم نے مبارک مصلح الدین سے مختصر ملاقات کی اور ساؤتھ ہال میں ایک ساتھ کھانا کھایا۔ ان کے والد (حضرت صوفی غلام محمد صاحب) ہمارے والد کے قریبی دوست تھے۔

یہ ایک اچھا اجتماع تھا۔ میں پرانے دوستوں، کلاس فیلوز، پڑوسیوں، اساتذہ، پروفیسروں سے ملا۔ میں نے جلسہ سالانہ اور اس کی برکات کا لطف اٹھایا۔ میں مکمل چارج ہو کر واپس آیا۔ ہماری فلائٹ گیٹ وِک سے ڈیٹرائٹ جانے والی چارٹرڈ فلائٹ تھی۔ میں نے ڈیٹرائٹ میں ایک دن آرام کیا اور واپس آسٹن ٹیکساس چلا گیا۔

12.9-امریکہ میں موتیا کی سرجری

اس کے بعد بھائی محمود موتیا کی سرجری کے لیے امریکہ میں طبی علاج کے لیے آئے۔ حضرت خلیفۃ المسیح الرابع رحمۃ اللہ علیہ نے امریکہ جانے اور اسے مکمل علاج کرانے کا مشورہ دیا۔ حضورؒ نے ان کو مشورہ دیا کہ وہ امریکہ میں اپنے موتیا بند کا آپریشن کرائیں اور آپ کے بھائی اس کا انتظام کریں۔ اس مختصر نوٹ پر، ہم ان کا میڈیکل انشورنس حاصل نہیں کر سکے۔ میں نے اور میرے بھائی حبیب نے

ان کی ایئر لائن کے ریٹرن ٹکٹ اور سرجری کے اخراجات (میڈیکل انشورنس کے بغیر) کا بندوبست کیا۔ یہ سرجری ٹیکساس میں آنکھوں کے معروف سرجن ڈاکٹر کٹل مین نے کی تھی۔ سرجری کامیاب رہی۔ میرا اندازہ ہے کہ وہ تقریباً چھ ماہ تک راؤنڈ راک میں رہے اور سرجری کے بعد سیرالیون واپس چلے گئے اور اپنے فرائض دوبارہ شروع کر دیئے۔ ہم نے (میں اور بھائی حبیب) امریکہ میں بھائی محمود کی موتیا کی سرجری کی ذمہ داری لی۔ ہم اللہ تعالیٰ کے شکرگزار ہیں کہ اس نے ہمیں اس کام کے لیے منتخب کیا تاکہ بھائی محمود کی سرجری کا انتظام کیا جائے اور حضرت خلیفۃ المسیح الرابع ؒ کی توقعات کو پورا کیا جاسکے۔ الحمدللہ۔

12.10- امریکہ کا سفر (1996ء) امیگریشن ویزا

سیرالیون کی صورتحال خانہ جنگی کی طرح تھی۔ میں نے خاندان کے لیے تمام دستاویزات (امداد کا حلف نامہ) براہ راست سیرالیون میں سفارتخانہ کے کونسولیٹ جنرل کو بھیج دیا۔ میں ان کی حفاظت کے بارے میں کافی فکرمند تھا اور میں نے اپنے سینیٹر اور کانگریس مین کے ذریعے کونصلیٹ جنرل کو اپنے خدشات سے آگاہ کیا۔ سفارتخانہ نے میرے بھائی کو ویزا ملنے کی یقین دہانی کرائی اور اسے مشورہ دیا کہ وہ شفیق کو مطلع کرے کہ وہ سینیٹرز یا کانگریس مینوں کے ادھر اُدھر کیبلز نہ بھیجیں۔

1994ء کے ٹائم فریم کے آس پاس، اسے امریکی سفارت خانے کی طرف سے کچھ اہل بچوں کے لیے امیگریشن ویزا کے بارے میں ایک خط موصول ہوا۔ 21 سال سے زیادہ عمر کے بچوں کو ویزا نہیں ملے گا۔ یہ کافی مشکل تھا۔ بڑے بچے پاکستان نہیں جاسکتے تھے (وہاں کوئی نہیں تھا) اور برطانیہ نہیں جاسکتے تھے۔ انہوں نے بچوں کو امریکہ میں آباد کرنے کے بعد سیرالیون واپس جانے کے ارادے سے امریکی امیگریشن ویزا حاصل کیا۔ انہیں ویزا مل گیا۔ خاندان آ گیا اور ہم نے انہیں ایڈجسٹ کیا اور امریکہ میں ان کی زندگی کو بہت آرام دہ اور پرسکون بنایا لیکن بچے امریکہ میں ناہموار

زندگی کے عادی نہیں تھے۔ انہیں ایڈجسٹمنٹ کے مسائل تھے۔ امریکی اقدار کے ساتھ ثقافتی ایڈجسٹمنٹ میں انہیں کچھ وقت لگا جوان کے لیے ایک چیلنج کی طرح تھا۔ اللہ نے انہیں اچھی نوکریاں، اچھے آرام دہ گھر اور خاندان عطا کیے ہیں۔ ان کے دو بیٹے امریکہ میں اعلیٰ تعلیم یافتہ ہیں اور اچھی نوکریاں حاصل کر چکے ہیں۔

12.11-شدید دل کا دورہ-1996ء

وہ اپنی بیوی اور تین بچوں کے ساتھ (اپنے پیچھے ایک بیٹی اور بیٹا چھوڑ کر جن کی عمریں 21 سال سے زیادہ تھیں) امریکہ آئے۔ بڑے بچے سٹڈی ویزے پر بھی امریکہ نہیں آسکے۔ وہ پاکستان واپس نہیں جاسکتے تھے۔ وہ یوکے میں بھی جا کر نہیں رہ سکتے تھے۔ یہ امریکہ میں ہمارے لیے ایک بڑا چیلنج تھا۔ یہ والدین اور بچوں کے لیے ایک بہت بڑا چیلنج تھا۔ اس کی وجہ سے بہت زیادہ تناؤ پیدا ہوا جس کی وجہ سے 1996ء میں دل کا دورہ پڑا۔ گھر پر ابتدائی علاج کے بعد انہیں ہسپتال لے جایا گیا۔ ڈاکٹروں نے مشورہ دیا کہ وہ ساری زندگی دوائیوں پر رہیں۔ یہ پورے خاندان کے لیے کافی مشکل تھا۔ ان کے دل کو بڑے پیمانے پر نقصان پہنچا تھا۔ دل کی بیماری مزید بڑھ جانے پر ان کو پیس میکر اور بعد میں دیگر آلات اور زندگی بچانے والی دوائیوں پر لگایا گیا۔

چند مہینوں کے بعد نصرت اکیڈمی کے پرنسپل کی حیثیت سے ربوہ جانے کی تجویز آئی۔ تاہم، اپنی طبی حالت (ربوہ میں علاج کی ایسی سہولت کی کمی) کی وجہ سے، وہ اس سنہری موقع سے محروم رہے۔ سیرالیون میں ان کے امیر صاحب انتہائی فیاض تھے اور کسی بھی طرح سے رہنے کے لیے تیار تھے۔ لیکن دل کا دورہ پڑنے کے بعد اس کی طبی حالت نے ان کی پوری صلاحیتوں کے مطابق جماعت کی خدمت کرنے کی تمام امیدوں کو ختم کر دیا۔ میں تحریک جدید یا تبشیر کے ساتھ ان کے رابطے سے واقف نہیں ہوں۔ لیکن وہ ہمیشہ مثبت، پرجوش اور خلیفہ وقت کے لیے اپنے حالات کے بارہ میں صاف اور عزت و تکریم والے تھے۔ ہم میں سے کسی نے بھی نظام جماعت کے اندر کسی سے (براہ راست)

کسی تشویش کا اظہار نہیں کیا۔

12.12-آسٹن/راؤنڈ راک میں جماعت کی خدمات

ان کی بقیہ زندگی درس قرآن دینے، دفاع رسول اور اسلام پر مضامین لکھنے اور یونیورسٹی آف آسٹن کے سمپوزیم میں احمدیت کا پیغام پیش کرنے میں گزری۔ وہ اخبارات جیسے (پاکستان لنک CA) میں باقاعدگی سے مضامین بھی لکھتے رہے جس کو کافی شہرت ملی۔ وہ پاکستان میں جماعت احمدیہ کے خلاف قابل اعتراض تقاریر پر ڈاکٹر عامر لیاقت حسین کا پاکستان میں سامنا کر رہے تھے۔

وہ نئی کتابوں، حوالہ جات اور جماعتی لٹریچر کے دلدادہ تھے اور اسلام/حضور صلی اللہ علیہ وسلم پر تازہ ترین اعتراضات کی تردید تحریر کرتے تھے۔ ان کا کمرہ کتابوں سے بھرا ہوا تھا جس کی وجہ سے ان کی بیوی اکثر پریشان رہتی تھی۔ افسوس وہ اپنی تمام تر ذہانت، علم، صبر، جذبہ اسلام اور عشق رسول صلی اللہ علیہ وسلم کو اپنے ساتھ قبر میں لے گئے۔

وہ ایک انتہائی سادہ مزاج، اور نرم گفتار آدمی تھے۔ ان کی زندگی میں بہت سے اتار چڑھاؤ آئے لیکن انہوں نے کبھی بھی اپنی پریشانی مجھ سے شیئر نہیں کی۔ ان کی موت کے چند مہینوں کے بعد ان کے ایک ڈاکٹر نے مجھے بلایا اور اس کی صورتحال مجھ سے شیئر کی۔ میرے لیے مداخلت کرنے میں بہت دیر ہو چکی تھی۔ کوئی دن ایسا نہیں ہے کہ میں نے ان کے لیے جنت الفردوس میں درجات کی بلندی کی دعا نہ کی ہو۔ خُدا اُسے وہ ابدی سکون دے جس کا وہ ساری زندگی حقدار رہا۔ آمین۔

12.13-بچے/اولاد

بھائی محمود کو دو بیٹیاں اور تین بیٹے نصیب ہوئے:

1- انعام الرحمان　　2- منورہ سلطانہ

3- محمد لطف القدوس (مرحوم)　　4- عطاالھشام محمود

5- ہبۃ النور سلمی محمود

اللہ تعالیٰ انہیں اپنے والدین کے نقش قدم پر چلنے کی توفیق عطا فرمائے اور نیکی پر سبقت لے جائیں۔آمین۔

12.14-آخری بیماری رہسپتال میں

ان کو دل کی بیماری (CHF) کے علاوہ ذیابیطس بھی ہوگئی تھی جس نے دل کی بیماری کے علاج کو مزید پیچیدہ بنا دیا۔ان تمام پیچیدگیوں کی وجہ سے دل کی بیماری CHF (Congestive Heart Failure) میں تبدیل ہوگئی۔ مجھے یاد ہے جب ان کے ماہر امراض قلب نے بتایا کہ تمام طبی علاج ختم ہو چکے ہیں۔ بھائی محمود نے اپنے ڈاکٹر کو گلے لگایا اور ان کا شکریہ ادا کیا کہ انہوں نے ان تمام سالوں میں ان کی اچھی دیکھ بھال کی۔ بھائی محمود نے اپنے بیٹے ہشام محمود کو اپنی زندگی کے تمام اہم فیصلے کرنے کے لیے مقرر کیا۔ میں نے اس کے فیصلے اور حتمی فیصلے کا احترام کیا۔تمام طبی علاج ختم ہونے کے بعد خاندان میں اختلاف پیدا ہو گیا۔میں نے ہشام کو یقین دلایا کہ میں اس کی ہر طرح سے حمایت کروں گا۔ بھائی محمود ہاسپیس میں تھے اور تمام اہم فیصلے ہشام نے کیے تھے۔آخری دن وہ مجھے پہچاننے سے قاصر تھے کیونکہ درد کو کم کرنے کے لیے ان کو مارفین دی گئی تھی۔''پیس میکر'' ڈیوائس کو کام کرنے سے روک دیا گیا تھا اور وہ راؤنڈ راک ہسپتال میں انتہائی پرامن اور باعزت طریقے سے انتقال کر گئے۔

ہمارے بھائی حبیب کے انتقال کے بعد بھائی محمود بہت غمگین تھے۔اس سانحے سے ان کی صحت بری طرح متاثر ہوئی۔ان کے دو بیٹے امریکہ میں اچھی طرح سے آباد تھے۔انہوں نے اپنے والد کی آخری بیماری میں ان کا بہت اچھا خیال رکھا۔جنہوں نے اس کی اچھی دیکھ بھال کی۔اللہ ان کو بہترین اجر عطا فرمائے۔

12.13-جارج ٹاؤن ٹیکساس میں جنازہ وتدفین

ان کی نماز جنازہ کا پروگرام بیت المقیت مسجد آسٹن/ راؤنڈ راک میں طے کیا گیا تھا۔ رمضان المبارک کا مہینہ شروع ہو چکا تھا اور دوپہر کو اس علاقے کے لیے سخت موسم کی وارننگ تھی۔ لیکن آسٹن جماعت کے صدر صاحب نے سب کچھ اچھی طرح سے پلان کیا تھا۔ یہ یکم رمضان تھا، موسم بھی بہت خراب اور طوفانی تھا (گرج چمک، موسلا دھار بارش)۔ اللہ کا شکر ہے کہ سخت موسم کے باوجود انہیں مقررہ وقت کے مطابق دارالمغفرہ میں سپرد خاک کر دیا گیا۔

ہیوسٹن جماعت کے بہت سے دوست بھی موجود تھے جن کے لیے میں ان کی ہمدردی اور ہمارے خاندان کے دکھ اور غم میں شریک ہونے کے لیے ہمیشہ شکر گزار ہوں۔ بھائی ''موصی'' تھے اور جارج ٹاؤن کے مقامی قبرستان میں دفن کئے گئے۔ حضرت خلیفۃ المسیح الخامس ایدہ اللہ تعالیٰ بنصرہ العزیز نے وفات کے ایک ہفتہ بعد اسلام آباد لندن میں نماز جمعہ کے بعد بھائی محمود کی نماز جنازہ غائب پڑھائی اور ہماری خاندانی تاریخ اور پس منظر کے بارے میں بتایا۔ ربوہ میں ہائی سکول کے دوران بھائی محمود حضور کے اساتذہ میں سے تھے۔ ہم حضور کے مہربان الفاظ اور جماعت کے لیے ان کی خدمات کے اعتراف کے لیے شکر گزار ہیں۔ یہ بات یقیناً دل کو بہت سکون دینے والی ہے۔

حضرت خلیفۃ المسیح الخامس کا خطبہ جمعہ (9 جون 2017 کو دیا گیا) الفضل (30 جون 2017، صفحہ 9) میں شائع ہوا۔ درستگی کی خاطر لطف الرحمن کا ذکر خیر شامل کیا گیا ہے۔ یہ بہت ہی مہربان اور فیاضانہ بیانات تھے اور پورے خاندان کو تسلی دیتے تھے۔ میں پروفیسر میاں عطاء الرحمن (مرحوم) کی فیملی کی طرف سے حضور کا مشکور ہوں۔ خدا حضور کو بہترین اجر عطا فرمائے اور ہمیں ان کی ہدایت اور نیک خواہشات پر عمل کرنے کی توفیق عطا فرمائے۔ آمین۔

حضرت خلیفۃ المسیح الخامس ایدہ اللہ تعالیٰ بنصرہ العزیز نے خطبہ جمعہ 9/جون 2017ء میں آپ کا ذکر خیر کرتے ہوئے فرمایا:

''نماز کے بعد میں دو جنازے غائب بھی پڑھاؤں گا۔ایک مکرم لطف الرحمٰن محمود صاحب امریکہ کا ہے جو مکرم میاں عطاء الرحمن صاحب کے بیٹے تھے۔ 27رمئی 2017ءکو ان کی وفات ہوئی ہے۔ اِنَّا لِلّٰہِ وَاِنَّا اِلَیْہِ رَاجِعُوْنَ۔ ان کا تعلق بھیرہ سے تھا اور ان کے دادا حضرت میاں کرم دین صاحبؓ حضرت مسیح موعود علیہ السلام کے صحابی تھے جنہوں نے 1894ء میں بیعت کی تھی۔ اُن کی اہلیہ، اِن کی دادی طالع بی بی نے بیعت تو شاید اپنے خاوند کے ساتھ کر لی تھی لیکن پورا یقین شاید نہیں تھا۔ طالع بی بی ان کا نام تھا۔ انہوں نے ایک خواب دیکھی تھی اور ان کی خواب سن کے حضرت مسیح موعود علیہ السلام نے فرمایا تھا کہ جس عورت کو یہ خواب آئی ہے مگر اس عورت کو مجھ پر کامل یقین نہیں ہے (کوئی خواب آئی تھی۔ اس سے یہ اظہار ہوتا تھا کہ حضرت مسیح موعود علیہ السلام کی آمد پر، بعثت پر کامل یقین نہیں) فرمایا کہ ''اگر وہ مجھ پر کامل یقین کرے تو خدا لڑکا عطا کرے گا''۔ چنانچہ پھر یہ قادیان دستی بیعت کے لئے گئے اور پھر خدا تعالیٰ نے ان کو لڑکا عطا کیا جس کا نام حضرت مسیح موعود علیہ السلام نے عطاء الرحمن رکھا۔ یہ لطف الرحمن صاحب کے والد تھے۔ یہ بڑا لمبا عرصہ تعلیم الاسلام سکول میں بھی پڑھاتے رہے۔ سائنس پڑھاتے تھے۔ مَیں بھی سکول میں ان کے شاگردوں میں شامل تھا۔

آپ میاں عطاء الرحمن صاحب کے بڑے بیٹے تھے۔ مرکزی طور پر خدام الاحمدیہ پاکستان کے مہتممین کی خدمت کی توفیق پائی۔ المنار اور خالد کے ایڈیٹر بھی رہے۔ پھر سیرالیون چلے گئے اور کافی لمبا عرصہ وہاں سیرالیون میں جماعت کے سکول میں رہے۔ پھر ریٹائر ہو کے آپ امریکہ چلے گئے تھے۔

تقریر اور تحریر کا انہیں بہت ملکہ حاصل تھا۔ ان کے مضامین اکثر الفضل میں شائع ہوتے تھے۔ محمود مجیب اصغر صاحب کہتے ہیں کہ ایک دفعہ پاکستان آئے تو خلافت لائبریری میں

حوالے تلاش کر رہے تھے۔ پوچھا تو لطف الرحمان صاحب نے یہ بتایا کہ امریکہ میں اخبارات میں اسلام اور قرآن پر جو اعتراضات ہوتے ہیں ان کا مستند حوالوں سے جواب تیار کر کے انہیں بھجواتا ہوں تو عموماً اخبار والے میرا مضمون شائع کر دیتے ہیں۔ اور اسی حوالے سے مَیں اس وقت خلافت لائبریری میں حوالے تلاش کر رہا ہوں۔

عطاء المجیب راشد صاحب نے بھی لکھا ہے کہ بہت وسیع مطالعہ تھا۔ مذہبی مسائل پر گہری نظر رکھنے والے تھے۔ اردو اور انگریزی پر یکساں عبور تھا۔ اردو میں بہت تحقیقی اور معلوماتی مضامین خاص عالمانہ انداز میں لکھتے تھے۔ علمی نکات تلاش کرنے کا بہت شوق تھا اور سلسلہ کا لٹریچر ہمیشہ زیر مطالعہ رہتا تھا۔ بہت علم دوست تھے۔ برجستہ گوئی میں کمال رکھتے تھے۔

خلیل مبشر صاحب جو سیرالیون مشن میں امیر اور مبلغ انچارج رہے ہیں وہ کہتے ہیں کہ بیس سال سے زائد عرصہ ہم نے اکٹھے گزارا اور بڑا قریب سے ان کو دیکھنے کا موقع ملا۔ بڑا منفرد مقام رکھنے والے انسان تھے۔ عاجز، منکسر المزاج۔ کہتے ہیں خاکساری کی حالت ایسی تھی کہ میرے پاس بیان کرنے کے لئے الفاظ نہیں ہیں۔ بڑے بےنفس انسان تھے اور یہ صرف مبالغہ نہیں۔ واقعی ان کی یہ حالت تھی۔ اللہ تعالیٰ نے انہیں تقریر اور تحریر کا بھی بڑا ملکہ دیا تھا۔

یہ احمدیہ سکول میں پہلے ٹیچر تھے پھر پرنسپل بن گئے اور بڑے عمدہ رنگ میں تمام انتظامی کام انہوں نے سرانجام دیئے۔ بڑے خشوع سے نمازیں ادا کرنے والے۔ اللہ تعالیٰ کی نعمتوں کا شکر ادا کرنے والے۔ چندوں میں نہایت باقاعدہ، صدقہ و خیرات کرنے والے۔ مالی تحریکات میں بڑھ چڑھ کر حصہ لینے والے وجود تھے اور خلافت سے بھی ان کا بڑا عقیدت کا اور محبت کا تعلق تھا۔ حضرت خلیفۃ المسیح الرابعؒ کا جو 1988ء کا سیرالیون کا

دورہ تھا اس میں بھی ان کو قابل قدر خدمات کی توفیق ملی اور حضور کا ادب اور احترام کہتے ہیں ایسا قابل دید تھا کہ دوسروں کے لئے بھی نمونہ تھا۔ یہاں بھی آئے ہیں۔ میرے ساتھ حالانکہ پرانا تعلق تھا لیکن خلافت کے بعد ان کا ایک انداز بالکل بدلا ہوا تھا۔

فضل احمد شاہد صاحب مربی سلسلہ بھی کہتے ہیں کہ ایک دفعہ ایک عیسائی منّاد نے بُو (Bo) میں آکر بڑا مجمع اکٹھا کر کے لوگوں کے سامنے فرضی معجزات پیش کئے۔ آپ نے اس کا تحریری جواب پیش کیا جس پر عیسائی بوکھلا گئے اور اس بات پر غیر احمدی مساجد کے علماء نے بھی بہت خوشی اور مسرت کا اظہار کیا۔ اللہ تعالیٰ ان سے مغفرت اور رحم کا سلوک فرمائے۔ درجات بلند فرمائے اور ان کی اولاد کو بھی ان کی نیکیوں کو جاری رکھنے کی توفیق عطا فرمائے۔"

مکتوب محترم چوہدری حمید اللہ صاحب وکیل اعلیٰ تحریک جدید انجمن احمدیہ

محترم لطف الرحمن محمود صاحب کے اہلِ خانہ! السلام علیکم ورحمۃ اللہ وبرکاتہ

میں آپ سب سے اپنے گہرے رنج و غم کا اظہار کرنا چاہتا ہوں۔ حضورِ انور ایدہ اللہ تعالیٰ بنصرہ العزیز کے جمعہ کے خطبہ میں جب محترم لطف الرحمن صاحب کے وصال کی خبر سنی تو دل غم سے بھر گیا۔ میں جانتا ہوں کہ اُن کے وصال نے آپ سب کے دلوں میں گہرا دکھ پیدا کیا ہے۔ دعا ہے کہ اللہ تعالیٰ اُن پر اپنی بے شمار رحمتیں نازل فرمائے اور اُن کے درجات بلند کرے۔

اُن کے والد محترم میرے استاد تھے، اس لیے میں لطف الرحمن صاحب کو اُن کے بچپن سے جانتا تھا۔ بعد ازاں وہ میرے شاگرد بھی رہے۔ نہایت پُرجوش، مخلص اور محنتی۔ وہ اپنے ساتھیوں اور دوستوں کا خیال رکھنے والے انسان تھے۔ اُن کی یادیں آپس میں بانٹنا اُن کی یاد کو زندہ رکھے گا۔

انہوں نے جماعت کی بڑی خدمت کی۔ وہ تعلیم الاسلام ہائی اسکول، ربوہ میں استاد رہے اور بعد

میں سیرالیون بھجوائے گئے جہاں تقریباً بیس سال تک جماعتی اسکولوں میں تدریسی خدمات سرانجام دیتے رہے۔ اگرچہ اُن کی تعلیم اور تدریس ریاضی و سائنس سے متعلق تھی، مگر اُن کا ذوق ادب سے وابستہ تھا، اسی لیے وہ عمدہ اُردو نثر لکھا کرتے تھے۔

آخر میں، میری دلی دعا ہے کہ اُن کے بچے اور نسلیں اُن کے نقشِ قدم پر چلیں اور اللہ تعالیٰ اُن کے مقام کو جنت الفردوس میں بلند سے بلند تر فرمائے۔ خلوص و احترام کے ساتھ۔ آپ کا مخلص۔

چوہدری حمید اللہ

وکیل اعلیٰ تحریک جدید انجمن احمدیہ پاکستان

مورخہ 25/جون 2017ء

12.15- طلباء، ساتھیوں کے ساتھ تعلقات

سیرالیون میں رہتے ہوئے انہوں نے جماعت کے لیے جو خدمات انجام دیں میں ان سے واقف نہیں۔ میں نے ان کے صاحبزادے (انعام الرحمان) سے درخواست کی ہے کہ وہ اپنے مضمون میں سیرالیون میں ان کی زندگی (25 سال) پر کچھ روشنی ڈالیں۔ مجھے یاد ہے کہ انہیں اپنے ایک جلسہ سالانہ میں سیرالیون جانے کا موقع ملا تھا۔ وہ اس موقع پر پرجوش تھے اور اس جگہ کا دورہ کر کے بے حد خوش ہوئے جہاں انہوں نے اپنی زندگی کا ایک تہائی حصہ گھر سے دور رہتے ہوئے گزارا۔

مجھے یاد ہے کہ ان کے کچھ طالب علم جو لندن میں آباد تھے، سیرالیون میں انہیں باقاعدگی سے فون کر کے ان کی صحت کے بارہ میں دریافت کرتے تھے۔ ان کا یہ عمل بہت اچھا تھا۔ ان کا ایک طالب علم ڈاکٹر منیر کمارا عرف پپی کچھ دنوں کیلئے ٹیکساس میں ان سے ملنے آیا۔ بھائی محمود نے مجھ سے حضرت مسیح موعود علیہ کا مبارک کوٹ لانے کو کہا۔ ڈاکٹر کمارا اس مبارک کوٹ کو دیکھ کر بہت خوش ہوئے۔

ایک اور طالب علم بخاری انہیں باقاعدگی سے فون کیا کرتا تھا۔ لگتا ہے بھائی محمود سیرالیون میں

کافی مقبول تھے۔ مجھے یاد ہے کہ ان کے ایک پرانے دوست اور ساتھی جناب عطاء الرحیم صاحب ولد مکرم ابوالعطاء جالندھری صاحب آسٹن راؤنڈ ٹیکساس میں ان سے ملنے آئے تھے۔ دونوں سیرالیون میں مختلف اسکولوں میں تھے۔ 'بو' میں ایک ہی علاقہ/گلی میں رہتے تھے۔ بھائی محمود اپنے پرانے ساتھی اور دوست کو دیکھ کر بہت خوش ہوئے۔

وہ اپنے پرانے دوستوں (مبارک نذیر مرحوم ، رشید فوزی، انوارحسن، عطاء الرحیم، خالد چوہدری) کو یاد کرتے تھے۔ آپ حضرت الحاج نذیر علی رحمۃ اللہ علیہ کی بہت عزت کرتے تھے۔ وہ قادیان کے زمانے سے ہمارے والد کے پرانے دوست تھے۔ سیرالیون کافی دولت منداور مستحکم ملک (ہیروں کی سرزمین) تھا لیکن طویل خانہ جنگی کے بعد کے اثرات سے متاثر ہوا۔ آپ نے سیرالیون میں اپنے قیام کے دوران بہت سے طبی ڈاکٹروں، مشنریوں اور امراء کے ساتھ کام کیا۔ میں انفرادی طور پر ان کے نام نہیں بتا سکتا۔ خدا انہیں سیرالیون میں اچھے تعلقات اور باہمی افہام وتفہیم اور حسن سلوک کا بہترین اجر عطا کرے۔

12.16- کلیدی بصیرتیں

باب 12 پروفیسر میاں عطاالرحمٰن صاحب کے بڑے بیٹے میاں لطف الرحمٰن محمود کی زندگی، علمی خدمات اور جماعت کے لیے ان کی جدوجہد کو تفصیل سے بیان کرتا ہے۔ اس باب میں ان کی ابتدائی علمی شانداری، سیرالیون میں معلم اور مبلغ دین کے طور پر خدمات اور امریکہ ہجرت کے بعد جماعت احمدیہ مسلم کمیونٹی میں جاری کردار کی عکاسی شامل ہے۔

ان کی ادبی مہارت، ذاتی قربانیاں اور صحت کے مسائل، بشمول دل کے شدید حملے کے بعد قبل از وقت ریٹائرمنٹ، بھی بیان کیے گئے ہیں۔ صحت کی مشکلات کے باوجود بھائی محمود علمی اور روحانی سرگرمیوں میں متحرک رہے، جوابات لکھتے، قرآن کی تعلیم دیتے اور ٹیکساس میں جماعت کی خدمت

جاری رکھتے رہے۔ان کی عاجزی، حکمت اور دین اسلام کے لیے وابستگی نے انہیں وسیع احترام دلایا۔

2017ء میں وفات کے بعد حضرت خلیفۃ المسیح الخامس ایدہ اللہ تعالیٰ بنصرہ العزیز نے آپ کا جنازہ غائب پڑھایا اور جمعہ کے خطبے میں ان کی خدمات کو یاد کیا۔

12.17-اہم نکات

- خلیفۃ، تعلیم اور تحریر کے لیے وقف زندگی ایسی خدمات چھوڑ سکتی ہے جو ذاتی شناخت یا شہرت سے بڑھ کر قائم رہیں۔
- بھائی محمود کی خاموش تحمل، صحت کے مسائل اور ذاتی قربانیوں کے باوجود پائیداری، روحانی طاقت اور استقامت کی اعلیٰ مثال پیش کرتی ہے۔
- ایک شخص اسپتال کے بستر سے یا تحریروں کے ذریعے بھی دین کی خدمت میں گراں قدر کردار ادا کرسکتا ہے۔
- ان کے بچے، طلبہ اور ساتھی انہیں قدر کی نگاہ سے دیکھتے تھے، جو ان کے خلوص اور اثر کی دیرپا نشانی ہے۔
- جماعت نے ان کی خدمات کی قدر کی اور ان کی زندگی بھر کی وابستگی کو سراہا۔

12.18-کلیدی نتائج

- لطف الرحمن محمود خدمت، علمیت اور ثابت قدمی کی اعلیٰ مثال تھے۔
- ان کی زندگی ہمیں یہ سبق دیتی ہے کہ سب سے حقیقی خدمات شہرت یا نام ونشان سے نہیں بلکہ دوسروں تک منتقل کی گئی اقدار اور سبق سے بنتی ہیں۔
- ان کی تدفین بطور موصی اور حضرت خلیفۃ المسیح کی جانب سے ان کا ذکر خیر، نہ صرف ان کی

ذاتی فضیلت بلکہ جماعت کے ساتھ روحانی تعلق کی قوت کی عکاسی کرتی ہے۔

- انہوں نے عزت و احترام کے ساتھ زندگی گزاری اور وفات پائی، خاندان کے پیار اور جماعت کی محبت کے درمیان، اور نسل در نسل طلباء کے دلوں میں یادگار رہنے۔

12.19- پیشہ ورانہ خلاصہ

باب 12 میں پروفیسر میاں عطاالرحمان کے بڑے بیٹے میاں لطف الرحمان محمود کی گہری یادیں ہیں۔ اس میں ان کی ابتدائی تعلیمی فضیلت، سیرا لیون میں بطور مشنری اور معلم کی خدمات اور ریاستہائے متحدہ میں ہجرت کرنے کے بعد احمدیہ مسلم کمیونٹی کے لیے مسلسل تعاون کا ذکر ہے۔

یہ باب ان کی ادبی صلاحیتوں، ذاتی قربانیوں، اور صحت کے چیلنجوں کی عکاسی کرتا ہے، بشمول ایک بڑا دل کا دورہ جس کی وجہ سے جلد ریٹائرمنٹ ہوئی۔ اپنی صحت کے باوجود، بھائی محمود فکری اور روحانی طور پر متحرک رہے، تردید لکھتے رہے، قرآن پڑھاتے رہے اور ٹیکساس میں جماعت کی حمایت کرتے رہے۔

ان کی عاجزی، حکمت اور اسلام کے مقصد سے وابستگی نے انہیں بڑے پیمانے پر عزت دی۔ 2017ء میں حضرت خلیفۃ المسیح الخامس ایدہ اللہ تعالیٰ بنصرہ العزیز نے ان کی وفات/انتقال کا اعلان کیا اور غائبانہ نماز جنازہ پڑھائی اور جمعہ کے خطبہ میں ان کی تاحیات خدمات کا اعتراف کیا۔ یہ باب ایک دلی خراج تحسین پیش کرتا ہے، جو ایک ایسے شخص کی یاد اور اقدار کو محفوظ رکھتا ہے جو ایمان، خاندان اور انسانیت کے لیے زندہ رہا۔

12.20- باب 13 میں ہموار منتقلی

باب 12 کے اختتام پر، بھائی لطف الرحمن محمود کی زندگی اور خدمات کو خراجِ عقیدت پیش کرنے کے بعد، ہم شکرگزاری اور غور وفکر کے جذبات کے ساتھ باب 13 کی طرف بڑھتے ہیں، جو ذکر خیر، اعترافات اور نصیحتوں پر مشتمل ہے۔ اظہار تشکر، اعترافات اور دلی مشورے کا ایک باب جوان لوگوں کو پہچاننے کے لیے وقف ہے جنہوں نے ان مقدس یادوں کو محفوظ رکھنے میں مدد کی اور آنے والی نسلوں کے لیے لازوال رہنمائی پیش کی۔

بھائی محمود نے اردو اور انگریزی میں کئی مضامین (غیر مطبوعہ) لکھے۔ انہوں نے حضرت عائشہؓ کی اصل عمر کے بارے میں تحقیق کی جس میں ان کی شادی پیغمبر اسلام سے ہوئی تھی۔ چناب نگر سے تعلق رکھنے والے ان کے کچھ دوستوں (یعنی مرزا خلیل احمد) نے اپنے علم و تحقیق کو ان سے شیئر کیا۔ مصنف کو امید ہے کہ صحت اور وقت کی اجازت دیتے ہوئے میں اسکالرز اور قریبی دوستوں کی مدد سے میں ان کے اس کام کو مکمل کرنے کا ارادہ رکھتا ہوں۔ انشاء اللہ۔ مصنف امید کرتا ہے کہ ان کا بنیادی مقصد حضرت عائشہ رضی اللہ عنہا کی شادی کے وقت ان کی اصل عمر کے بارے میں مغربی تنقید کا جواب دینا تھا۔

میں اس ذکر خیر کا اختتام دعائے خیر کے ساتھ کرتا ہوں کہ اللہ تعالیٰ بھائی محمود کو اسلام اور تحفظ ناموس رسالت کے لیے خدمات کا بہترین اجر عطا فرمائے۔ خدا انہیں ابدی خوشی سے نوازے، جس کے وہ اس عارضی دنیا میں مستحق تھے۔ خدا انہیں اس دائمی امن اور عزت اور شکرگزاری سے نوازے جس کے وہ اس عارضی دنیا میں مستحق تھے۔ آمین۔

OO

حضرت خلیفۃ المسیح الخامس ایدہ اللہ تعالیٰ بنصرہ العزیز کے ہمراہ

حضرت خلیفۃ المسیح الرابعؒ کے ہمراہ

حضرت مسیح موعود علیہ السلام کا مبارک کوٹ (بھائی محمود کی گود میں) 2014ء

حضرت خلیفۃ المسیح الرابع رحمہ اللہ کے دورہ سیرالیون کی تاریخی تصاویر

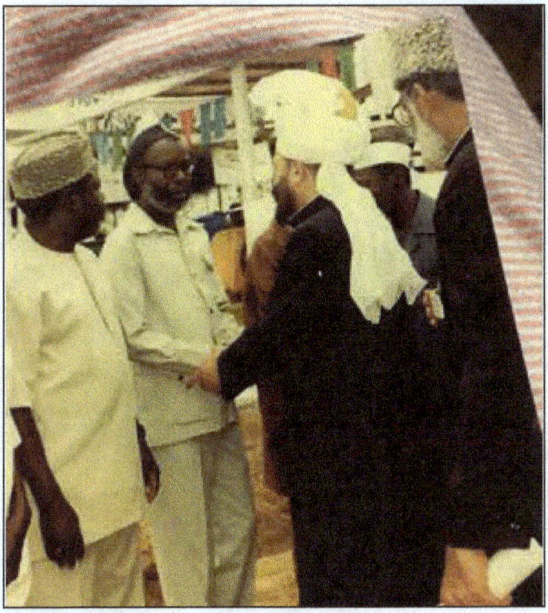

حضرت خلیفۃ المسیح الرابع رحمہ اللہ کے دورہ سیرالیون کی تاریخی تصاویر

جامعہ احمدیہ سیرالیون کے سٹاف ممبران کے ساتھ

سیرالیون کے صدر سے ان کے دفتر فری ٹاؤن میں ملاقات

مدیران خالد

مشاورتی بورڈ

(دائیں سے بائیں): مکرم مولانا محمد اسماعیل منیر صاحب، مکرم رفیق احمد ثاقب صاحب، حضرت مرزا طاہر احمد صاحب خلیفۃ المسیح الرابعؒ، مکرم عبدالشکور اسلم صاحب، مکرم لطف الرحمٰن محمود صاحب

باب 13: اظہارِ تشکر، اعتراف اور دلی مشورہ

جیسا کہ میں اس اختتامی باب کو شروع کرتا ہوں، میرا دل خدا تعالیٰ کی شکر گزاری کے جذبات سے بھر جاتا ہے۔ میرے لئے یہ کتاب یادوں کے مجموعے سے کچھ زیادہ رہی ہے۔ یہ ایک روحانی سفر ہے، جو ہم سے پہلے آنے والوں کی زندگیوں، اقدار اور قربانیوں کو خراج تحسین پیش کرتا ہے۔ میں اللہ تعالیٰ کا تہہ دل سے شکر ادا کرتا ہوں جس کی رہنمائی سے یہ کوشش ممکن ہوئی۔

خاندانی تاریخ اور مقدس تبرکات کی حفاظت سے لے کر اُن اوّلین رفقا اور بزرگوں کی تکریم تک جنہوں نے ہمارے سفر کی بنیاد رکھی، یہ کوشش فرض، یاد اور ایمان میں جڑی ہوئی تھی۔ اگرچہ میری پیشہ ورانہ زندگی کا مرکز سائنس اور ٹیکنالوجی رہی، مگر اس کام نے مجھے ورثہ اور میراث کی اُس دنیا میں داخل کیا جہاں کہانیاں مقدس ہوتی ہیں اور یاد خود ایک عبادت کی صورت اختیار کر لیتی ہے۔ جو کچھ آگے پیش کیا جا رہا ہے، وہ اُن سب کے لیے عاجزانہ خراجِ تحسین ہے جنہوں نے اس راہ میں میرا ساتھ دیا اور آنے والی نسلوں کے لیے دل کی گہرائیوں سے ایک پیغامِ محبت ہے۔

انتہائی عاجزی اور گہرے شکر کے ساتھ میں اس اختتامی باب کا آغاز خدائے بزرگ و برتر کے حضور شکر گزاری سے کرتا ہوں جو قوت، دانائی اور الہام کا حقیقی سرچشمہ ہے۔ اسی کے فضل و کرم سے میں اس نہایت ذاتی اور روحانی طور پر معنی خیز کاوش کو انجام دینے کے قابل ہوا جس میں ہمارے خاندان کے تاریخی ورثہ کو قلم بند کرنا، مقدس تبرکات کی حفاظت کرنا اور اپنے ننھیالی و ددھیالی بزرگوں، بھیرہ کے اوّلین رفقا، اپنے پیارے والدین اور اُن مخلص بزرگوں و ساتھیوں کی یادوں کو زندہ رکھنا شامل ہے جو والد صاحب کی پوری زندگی میں اُن کے ساتھ خدمتِ دین کے رشتے میں جڑے رہے۔

یہ سفر کسی بھی چیز کے برعکس رہا ہے جو میں نے کبھی کیا ہے۔ میرا پیشہ ورانہ پس منظر انجینئرنگ، مسئلہ حل کرنے، سائنس اور ٹیکنالوجی کی تیز رفتار اور تجزیاتی دنیا میں مضبوطی سے جڑا ہوا ہے۔ ایک

روحانی اور تاریخی یادداشت لکھنا، میری صلاحیتوں سے بہت باہر تھا۔ پھر بھی، میرے اندر کسی چیز نے ہلچل مچا دی۔ ایک خاموش لیکن مستقل پکار، شاید ہمارے بزرگوں کے ادا کردہ ایک فرض کی بازگشت، ہم سے پہلے آنے والوں کے واقعات، قربانیوں اور اقدار کو محفوظ کرنا اور اس بات کو یقینی بنانا کہ ان کی میراث وقت کے ساتھ ختم نہ ہو۔

یہ آسان نہیں تھا۔ یادوں کا بوجھ، درست رہنے کی ذمہ داری اور ماضی کے خوشگوار اور تکلیف دہ ابواب کو دوبارہ جینے کا چیلنج، یہ سب ایک نہایت ذاتی اور گہرا تجربہ تھا۔ لیکن ہر موڑ پر میں نے اللہ کی غیبی مدد اور اپنے نیک اسلاف کی اخلاقی طاقت کو محسوس کیا جو مجھے آگے بڑھنے کا حوصلہ دیتی رہی۔

یہ باب ایک لمحۂ توقف اور غور وفکر کا موقع ہے اُن لوگوں کا شکریہ ادا کرنے کے لیے جنھوں نے اس سفر میں مختلف مراحل پر مدد کی، اُن برکتوں کو تسلیم کرنے کے لیے جن کی بدولت یہ کام پایۂ تکمیل کو پہنچا اور آنے والی نسل کے نام چند مخلصانہ نصیحتوں کے الفاظ پیش کرنے کے لیے وہ نسل جو اب اس وراثت کی امین ہے اور اس کے مستقبل کی ذمہ دار۔

پس آیئے ہم شکر سے لبریز دلوں اور غور وفکر کے لیے کھلے ذہنوں کے ساتھ اپنا سفر جاری رکھیں ▯ تا کہ ہم اُن لازوال اقدار کو آگے بڑھا سکیں جنھوں نے ہمارے بزرگوں کی شخصیتوں کو سنوارا اور نسل درنسل ہمارے خاندان کو ایک مضبوط رشتے میں جوڑے رکھا۔

13.1-تعارف

یہ باب میرا شکریہ کہنے کا طریقہ ہے۔ خلوص کے ساتھ ہر اس شخص کا جنھوں نے اس کتاب کی تصنیف کے پورے عمل میں میری حمایت اور حوصلہ افزائی کی۔ یہ کبھی بھی ایک آدمی کا کام نہیں تھا۔ یہ ایک اجتماعی کوشش تھی، جو محبت، عقیدے، روایت اور ذمہ داری کے مشترکہ احساس سے کارفرما تھی تا کہ ان لوگوں کی زندگیوں کا احترام کیا جائے جنھوں نے ہمارے لیے راہ ہموار کی۔

اگرچہ میری تربیت کمپیوٹر آرکیٹیکچر اور ہارڈ ویئر ڈیزائن میں تھی، مذہبی اسکالرشپ نہیں، لیکن یہ خاندان، دوستوں اور کمیونٹی کی غیر متزلزل حمایت تھی جس نے مجھے آگے بڑھنے کی ہمت دی۔ بعض اوقات، مواد اکٹھا کرنے والے ایک پیچیدہ (جیگسا) پہیلی کو اکٹھا کرنا چاہتے تھے، جس میں بہت سے گمشدہ حصے تھے۔لیکن جماعت کے عہدیداروں اور دیرینہ بھروسہ مند دوستوں کی مدد سے میں ان بصیرت اور کہانیوں تک رسائی حاصل کرنے میں کامیاب ہوگیا جو بصورت دیگر ابھی تک دفن ہو چکی ہوتیں۔اس کتاب کے چار مقاصد تھے:

- ایسی تاریخی واقعات کو رقم کرنے کے لیے جو پہلے کبھی ریکارڈ نہیں کی گئیں۔
- مقدس آثار (تبرکات) کو محفوظ کرنے کے لیے جو ہمیں حضرت مسیح موعود علیہ السلام سے جوڑتے ہیں۔
- احمدیہ مسلم کمیونٹی کے ابتدائی ممبران، خاص طور پر بھیرہ سے تعلق رکھنے والے افراد کا ذکر خیر۔
- اور ان لوگوں کی طاقتور شراکت کو پہچاننا جو کہ حضرت اقدس مسیح موعود علیہ السلام کے خاموش سپاہی تھے اور جنہوں نے پردے کے پیچھے ہماری کمیونٹی کو تشکیل دیا۔

یہ صرف ایک تاریخی ذخیرہ نہیں ہے، بلکہ یہ ماضی اور مستقبل کے درمیان ایک پل ہے۔ایک زندہ عہد نامہ جو ہمیں اپنے عقیدے میں جڑے رہنے کی دعوت دیتا ہے، یہاں تک کہ جب ہم بدلتی ہوئی دنیا سے تشریف لے جاتے ہیں۔ مجھے امید ہے کہ یہ ریکارڈ نوجوان نسلوں کو اپنے آباؤ اجداد کی اقدار کو مضبوطی سے تھامے رکھنے، دیانتداری اور مقصد کے ساتھ اپنے راستوں پر چلنے اور ہمیشہ اپنی روحانی شناخت پر قائم رہنے کی ترغیب دے گا۔

اس کتاب میں جن لوگوں کا ذکر کیا گیا ہے ان میں سے بہت سے لوگ کبھی سرخیوں میں نہیں آئے۔ وہ پوڈیم سے بات نہیں کرتے تھے اور نہ ہی پہچان کی خواہش کرتے تھے،لیکن ان کی خاموش خدمت بولتی تصویر ہے۔

ان کی زندگیوں میں خلوص، قربانی اور لگن کی عکاسی ہوتی ہے۔ وہ بغیر دھوم دھام کے آئے، مقصد کے ساتھ جیے اور فضل کے ساتھ گزرے۔ آج، ان کی قبروں کے مقامات وقت کے ساتھ ختم ہو سکتے ہیں، لیکن ان کے اثرات ان کی زندگیوں اور ان کے ایمان پر ہمیشہ قائم رہتے ہیں۔

یہ کتاب تائیدی شہادتوں کے ساتھ حضرت مسیح موعود علیہ السلام کے تبرکات کو بھی رقم کرتی ہے۔ تمام احمدیوں کے فائدے کے لیے میں نے ان مبارک آثار کی تصاویر شامل کی ہیں۔ ایک خاص شمولیت تخت پوش/دیوان ہے، جو میرے دادا نے حضرت مسیح موعود علیہ السلام کے لیے خود بنایا تھا، جو اب تصاویر اور تاریخی نوٹوں کے ذریعے محفوظ ہے۔

بدقسمتی سے، حالیہ برسوں سے قادیان میں اہم سائٹس اور ریکارڈز تک رسائی کافی محدود اور مشکل ہوگئی ہے۔ خاص طور پر، دیوان کے قریب دیوار پر اصل نوشتہ، جو کہ 2004ء تک تو دیوار پر موجود تھا لیکن 2005ء میں دیوار پر سفیدی کرنے کی وجہ سے غائب ہو گیا۔ اور مقدس تاریخ کا ایک حصہ مٹ گیا۔ آج تک میں اس تحریر کی تصویر تلاش کر رہا ہوں، جسے مولانا دوست محمد صاحب شاہد نے بھی بیان کیا تھا۔ مجھے علم نہیں کہ یہ بات کبھی ریکارڈ پر آئی ہو۔ یہ بات مصنف کتاب کیلئے یقیناً پریشان کن ہے جس کو وہ آئندہ آنے والی نسلوں/ مؤرخین کیلئے قلم بند کرنا چاہتا ہے تا وہ اس تناظر میں خود فیصلہ لے سکیں۔

جیسا کہ میں اس تحریری سفر کو اپنے اختتام تک پہنچاتا ہوں، میں خدا تعالیٰ کا شکریہ ادا کرتا ہوں، اور دلی مشورے بھی پیش کرتا ہوں۔ دعا اور دہائیوں کے ذاتی اور پیشہ ورانہ تجربے سے پیدا ہونے والے مشورے۔ میری مخلصانہ امید ہے کہ یہ کام دوسروں کو اپنی وراثت کا احترام کرنے، اپنے ورثے کی قدر کرنے اور ایمان، مقصد اور خدمت کی زندگیوں کی تعمیر جاری رکھنے کی ترغیب دیتا رہے گا۔

اللہ کرے ہم اپنی تاریخ سے جڑے رہیں اور اسے بوجھ نہیں بلکہ اپنی پہچان اور رہنمائی کا ذریعہ بنائیں۔ ہمارے بزرگوں کی قربانیاں اور خلوص آنے والی نسلوں کے لیے مشعل راہ بنے رہیں۔ آمین۔

13.2-اس کتاب کا مقصد اور اہداف

یہ کتاب ایک خاندانی یادداشت سے بڑھ کر ہے۔ یہ ایک مقدس میراث کو عزت دینے، ریکارڈ کرنے اور محفوظ کرنے کی کوشش ہے۔ یہاں وہ کلیدی اہداف ہیں جو اس کتاب سے حاصل کرنا مقصود ہیں:

1۔ غیر ریکارڈ شدہ خاندانی تاریخ کی دستاویز

اپنے آباؤ اجداد کی ان کہی کہانیوں اور تاریخی شراکتوں کو باضابطہ طور پر محفوظ کرنے کے لیے، جو کبھی جماعتی طور پر ریکارڈ نہیں کی گئیں۔

2۔ بھیرہ کے ابتدائی صحابہ کی تعظیم کریں۔

بھیرہ کے ابتدائی ساتھیوں کی زندگیوں، قربانیوں اور روحانی خدمات کو اجاگر کرنے کے لیے، جن کی کہانیاں جماعت کے لٹریچر میں کم پیش کی جاتی ہیں۔

3۔ مقدس تبرکات کی حفاظت اور رجسٹریشن کریں۔

حضرت مسیح موعودؑ کے تبرکات کی فہرست بنانے کے لیے، جو 1907ء میں میرے دادا جان کے سپرد کیے گئے تھے اور جماعت کی تبرکات کمیٹی میں ان کی باضابطہ رجسٹریشن کو یقینی بنانے کے لیے۔

4۔ بنیادی شراکت کا جشن منائیں۔

بھیرہ میں احمدیہ کے ابتدائی ارکان کی اقدار اور اہم کام کو پہچاننا، جن کے ایمان اور لچک نے ایک روحانی برادری کی تشکیل میں مدد کی۔

5۔ مقامی مذہبی ورثے کو محفوظ رکھیں

بھیرہ میں احمدیہ مساجد کے قیام اور وہاں کے ابتدائی مومنین کے ذریعہ پروان چڑھنے والے مذہبی ماحول کا مختصر تاریخی جائزہ پیش کرنا۔

6۔ تخت پوش/ دیوان کی دستاویز کریں۔

میرے دادا کی طرف سے حضرت مسیح موعود علیہ السلام کے لیے بنائے گئے تخت پوش (دیوان) کے ورثہ کو حاصل کرنے کے لیے، جماعت کے مورخین اور علماء کی تاریخی بصیرت کے ساتھ، حضرت خلیفۃ المسیح الخامس ایدہ اللہ تعالیٰ بنصرہ العزیز کے دانشمندانہ مشورے کے بعد، میں نے ایک تاریخی ویڈیو کلپ حاصل کرنے کے لیے ربوہ اور MTA لندن کے ریسرچ سیل سے رابطہ کیا جس میں حضرت خلیفۃ المسیح الرابعؒ نے اس تخت پوش/ دیوان کا حوالہ دیا ہے جو کہ اس روایت کی صداقت کا ایک انمول ثبوت ہے۔

آج، ان ابتدائی مشعل برداروں کی اولادیں پوری دنیا میں پھیلی ہوئی ہیں۔ امریکہ اور کینیڈا سے لے کر برطانیہ، آسٹریلیا، یورپ، نیوزی لینڈ اور افریقہ کے مختلف حصوں تک۔ اس کتاب کا مقصد صرف ہمارے ماضی کے تحفظ کے طور پر نہیں ہے بلکہ ایک زندہ یاددہانی کے طور پر ہے: جب ہم ترقی اور عالمی شہریت کو اپناتے ہیں، تو ہمیں اس روحانی بنیاد کو کبھی نہیں کھونا چاہیے جو ہمیں باندھتی ہے۔

اسی جذبے کے تحت یہ کتاب انگریزی اور اردو دونوں زبانوں میں شائع ہو رہی ہے، اور میں مستقبل میں دیگر زبانوں میں تراجم کے لیے تعاون کے لیے تیار ہوں، تاکہ اس وراثت کی روشنی نسلوں اور سرحدوں پر چمکتی رہے۔

13.3- ٹارچ کو آگے لے جانا

پچھلے پچاس سالوں میں، زندگی نے میرے راستے میں چیلنجوں کا اپنا حصہ ڈالا ہے۔ لیکن اللہ تعالیٰ کے فضل و کرم سے اور خلفائے احمدیہ کی مسلسل دعاؤں سے میں ان طوفانوں کا مقابلہ ہمت کے ساتھ کرنے میں کامیاب ہوا ہوں اور مضبوط، سمجھدار اور دل کی گہرائیوں سے شکر گزار ہوں۔ پیچھے مڑ کر، میں پورے یقین کے ساتھ کہہ سکتا ہوں: خدا نے مجھے اور میرے خاندان کو اس سے کہیں زیادہ

نعمتوں سے نوازا ہے جس کا میں سوچ بھی نہیں سکتا تھا۔

ہمارے والدین خوش قسمت تھے کہ انہوں نے دیندار اور روحانی طور پر امیر نسبوں میں شادی کی ۔ابتدائی صحابہ (صحابہ) کی میراث میں جڑے خاندان ۔الحمدللہ، وہ مقدس روایت ہماری نسل میں جاری ہے۔میرے بھائیوں اور آنے والی نسلوں میں سے کچھ نے جماعت کے درج ذیل بزرگوں سے جڑے شریف خاندانوں میں شادی کی سعادت حاصل کی۔

- حضرت قاضی منشی محبوب عالم صاحبؓ نیلہ گنبد، لاہور
- حضرت قاضی محمد یوسف صاحبؓ ہوتی رمردان
- حضرت عبدالرحمن مہر سنگھ صاحبؓ
- حضرت قاضی حبیب اللہ شاہ صاحبؓ
- حضرت حکیم احمد دین صاحبؓ شاہدرہ ٹاؤن
- حضرت مولانا جلال الدین شمس صاحبؓ

یہ خاندان صرف نام سے ہی شریف نہیں تھے بلکہ ایمان، عاجزی اور خدمت کے لیے ان کی غیر متزلزل وابستگی کے باعث تھے۔ان کی وراثت نسل در نسل چمکتی رہتی ہے۔

میری دلی دعا ہے کہ ہمارے بچے اور آئندہ آنے والی نسل انہی نقش قدم پر چلیں ۔اللہ کی رسی کو مضبوطی سے تھامے ہوئے، حضرت مسیح موعود علیہ السلام کی تعلیمات سے گہرا تعلق رکھتے ہوئے اور اپنے مذہبی تشخص کو فخر اور صراحت کے ساتھ محفوظ رکھیں۔اس کے ساتھ ہی، میں امید کرتا ہوں کہ وہ اپنے اردگرد کی دنیا کی بھلائی کو قبول کریں گے جیسے کہ محنت، دیانت، ہمدردی اور شہری ذمہ داری۔نہ صرف مثالی مسلمان بنیں گے، بلکہ باضمیر پڑوسی اور ہمدرد انسان بھی ہوں گے جہاں بھی وہ رہتے ہیں۔

اللہ تعالیٰ انہیں زندگی کے ہر پیشے اور موڑ پر ثابت قدم، دیانت دار اور باعزت رکھے۔آمین۔

13.4-باب 13 کا اختتام

اختتامی عکاسی: ایک مقدس ٹرسٹ

جیسے ہی میں اس اختتامی باب کو ختم کرتا ہوں، میرا دل گہرے شکر گزار اور عاجزی سے بھر جاتا ہے۔الحمدللہ، اللہ تعالیٰ کے بے پناہ فضل و کرم سے، میں نے اس کتاب کے ذریعے جن بنیادی مقاصد کو حاصل کرنے کا ارادہ کیا تھا، وہ پورا ہو گیا ہے۔ ہمارے بزرگوں کی زندگیوں اور قربانیوں کو۔ ہمارے آباؤاجداد اور ابتدائی ساتھیوں۔کو صرف ماضی کے حقائق کے طور پر نہیں بلکہ ایمان، لگن اور الٰہی مشن کے لیے غیر متزلزل خدمت کے زندہ ورثے کے طور پر محفوظ کیا گیا ہے۔

اس کام کے سب سے زیادہ معنی خیز نتائج میں سے ایک حضرت مسیح موعودؑ کے مقدس تبرکات کی صحیح دستاویزات ہیں جن کی حفاظت کا ہمارے خاندان کو نسلوں سے اعزاز حاصل ہے۔ان میں تخت پوش (دیوان) بھی شامل ہے، جو میرے محترم دادا کی عقیدت اور محبت سے حضرت مسیح موعود (علیہ السلام) کے استعمال کے لیے قادیان میں تعمیر کیا گیا۔ یہ دیوان صرف ایک مادی شے نہیں؛ بلکہ یہ عقیدت، عاجزی اور احترام کی علامت ہے، اور ایک روحانی روشنی کے تاریخی دور کا خاموش گواہ ہے۔

اگرچہ یہ ایڈیشن مکمل ہو سکتا ہے، میں اس کتاب کو ایک جاندار کوشش سمجھتا ہوں۔ایک ایسا کام جو مزید تصدیق شدہ تاریخی بصیرت کے سامنے آنے کے ساتھ ساتھ ترقی کرتا رہے گا۔ میں مستقبل کے ایڈیشن کو کسی بھی نئے مواد کے ساتھ بڑھانے کا منتظر ہوں، خاص طور پر ریسرچ سیل سے۔ میں تخت پوش کے حوالے سے حضرت خلیفۃ المسیح الرابع رحمۃ اللہ علیہ کی ویڈیو ریکارڈنگ کا بھی انتظار کر رہا ہوں، جسے انشاءاللہ بعد کی ریلیز میں شامل کیا جائے گا۔

ہر اس شخص کا جنہوں نے تعاون کیا، یادیں بانٹنے، دستاویزات فراہم کرنے، حوصلہ افزائی کرنے یا مجھے اپنی دعاؤں میں یاد رکھنے کے ذریعہ، براہ کرم میرا دلی شکریہ قبول کریں۔ایک ایسی تاریخ

کو محفوظ کرنے میں آپ کی مدد کسی قیمتی چیز سے کم نہیں رہی جسے میں کبھی فراموش نہیں کر سکتا۔

آنے والی نسلوں کے لیے نصیحت

اپنی اصل پہچان اور تاریخ کو کبھی نہ بھولیں۔ سچائی کے ساتھ جڑے رہیں، خلافت کے ساتھ وفاداری قائم رکھیں، اور ہمیشہ یاد رکھیں وہ قربانیاں جو ہمارے بزرگوں نے روحانی ترقی اور دین کی خدمت کے لیے دی تھیں۔ یہ ورثہ محض تاریخ نہیں، بلکہ ایک مقدس امانت ہے۔ اس کی حفاظت کریں اور فخر و وقار کے ساتھ آگے بڑھائیں۔

اللہ تعالیٰ اس عاجزانہ پیشکش کو قبول فرمائے، تمام کوتاہیوں کو معاف فرمائے، اور ہم سب کو اپنے ایمان پر ثابت قدم رہنے اور اس کی بے شمار نعمتوں کا شکر ادا کرنے کی توفیق عطا فرمائے۔ آمین۔

13.5- آگے کی تلاش: ایک زندہ میراث

جیسا کہ ہم اس باب کے آخری صفحات پلٹتے ہیں، مجھے یاد دلایا جاتا ہے کہ یاد صرف پیچھے مڑ کر دیکھنے کا ہی نام نہیں بلکہ یہ با مقصد آگے بڑھتے رہنے کے بارہ میں بھی ہے۔ اس کتاب کا مقصد صرف یادوں کو محفوظ رکھنا ہی نہیں بلکہ نیک عمل کی ترغیب دینے اور ہمارے روحانی ورثہ کے ساتھ تعلق کو دوبارہ زندہ کرنا بھی ہے۔

ہمارے بزرگوں نے کہانیوں سے بڑھ کر کہانیوں کو آگے بڑھایا۔ انہوں نے ہمیں خدمت، قربانی اور اٹل ایمان کی میراث دی۔ تبرکات، دیوان، ابتدائی صحابہ کے قصے۔ سبھی خاموش اساتذہ کی طرح کھڑے ہیں جو ہمیں مقصد، عاجزی اور عزت کے ساتھ زندگی گزارنے کی تلقین کرتے ہیں۔ آیئے ہم نہ صرف ان کی عقیدت کی تعریف کریں بلکہ اپنی روزمرہ کی زندگی میں ان کی تقلید بھی کریں۔ اب یہ ہم پر اور ان لوگوں پر منحصر ہے جو ہمارے پیچھے آتے ہیں۔ اس مشعل کو دیانتداری کے

ساتھ لے کر چلیں۔ ہم مسلسل تبدیلی کی دنیا میں رہتے ہیں، لیکن ہماری جڑیں ایمان کی مٹی میں گہری ہونی چاہئیں۔ خلافت کو مضبوطی سے تھام لو۔ علم کو گلے لگائیں۔ سچائی کی قدر کریں اور جہاں بھی زندگی آپ کو لے جائے، اپنے کردار کو اس وراثت کی عکاسی کرنے دیں جس سے آپ آئے ہیں۔

ہر نوجوان قاری کے لیے جو یہ صفحات دیکھ رہا ہے:

آپ نسلوں کی دعاؤں کا حقیقی جواب ہیں۔ ان کی قربانیاں رائیگاں نہ جانے دیں، اور ان کی محنت کو فخر اور مقصد کے ساتھ آگے بڑھائیں۔

13.6- پیشہ ورانہ خلاصہ باب 13

باب 13 مصنف کے روحانی اور فکری سفر کا مخلصانہ اختتام پیش کرتا ہے۔ اس میں مصنف نے خاندان کی تاریخ اور جماعت کی خدمات کو یادگار بنانے کی کوشش کی ہے، گہری عاجزی کے ساتھ اللہ تعالیٰ کا شکر ادا کیا اور ان تمام افراد کا بھی جنہوں نے اس کام میں تعاون کیا۔

یہ باب مصنف کے کتاب لکھنے کے مقصد کی بھی عکاسی کرتا ہے۔ غیر محفوظ شدہ تاریخ کو دستاویزی شکل دینا، حضرت مسیح موعودؑ کے مبارک آثار کو محفوظ رکھنا، اور بھیرہ کے ابتدائی صحابہ اور مصنف کے بزرگ خاندان کے شرافت مند نسب کو خراج تحسین پیش کرنا۔

نوجوان نسل کے لیے اس میں نصیحت دی گئی ہے کہ وہ اپنی دینی شناخت سے جڑے رہیں، روحانی اقدار اور تاریخی ورثے کا احترام کریں، اور مقدس خدمات کو فخر، عاجزی اور ذمہ داری کے ساتھ آگے بڑھائیں۔

13.7- کلیدی بصیرتیں

- خاندان اور کمیونٹی کی تاریخ کو محفوظ رکھنا نہ صرف ایک مقدس ذمہ داری بلکہ محبت کا عمل بھی ہے۔

- ایمان اور یادداشت گہرائی سے جڑی ہوئی ہیں؛ تاریخی دستاویزات بغیر روحانی تناظر کے بامعنی نہیں رہتیں۔
- جماعت کے اراکین، ابتدائی صحابہ کرامؓ اور بزرگان جماعت کی بنیادیں ڈالنے میں غیر معمولی کردار ادا کرتے رہے۔
- حقیقی خدمات اکثر خاموشی سے انجام دی جاتی ہیں، بغیر عوامی شناخت یا شہرت کے۔
- مبارک آثار کو دستاویزی شکل دینا آئندہ نسلوں کو ان کی روحانی اور تاریخی وراثت سے جوڑتا ہے۔

13.8-اہم نکات

- کتاب محبت، ایمان، خاندان اور کمیونٹی کے فریضے سے متاثر ہو کر تحریر کی گئی ہے۔
- ابتدائی صحابہ اور پرہیز گار بزرگوں کی خدمات کو یاد میں اور موثق دستاویزات میں محفوظ کرنا ضروری ہے۔
- تاریخ لکھنا، حتیٰ کہ ذاتی تاریخ بھی، روحانی خدمت ہے جب اخلاص اور دیانتداری کے ساتھ کی جائے۔
- ایمان سے چلنے والے خاندان اقدار، کردار اور مقدس ذمہ داریاں نسل در نسل منتقل کرتے ہیں۔
- اس پروجیکٹ کو مکمل کرنے میں خاندان، دوستوں اور جماعت کے اراکین کی حوصلہ افزائی بنیادی کردار ادا کرتی رہی۔

13.19-کلیدی نتائج

- تبرکات اور خاندان کی تاریخ آئندہ نسلوں کے لیے مؤثر دستاویزی شکل اختیار کر چکی ہے۔
- یہ پروجیکٹ مزید تاریخی مواد کو دستاویزی شکل دینے اور تصدیق کرنے کی جاری کوشش کا آغاز ہے۔
- نوجوان نسل کو مقدس خدمات آگے بڑھانے کی ذمہ داری سونپی گئی ہے۔
- بزرگوں کی قربانیاں اور کہانیاں یاد رکھی جائیں، احترام کیا جائے اور آگے منتقل کی جائیں۔
- اللہ کے فضل اور خلفاء کی دعاؤں سے یہ کوشش شروع سے آخر تک ممکن ہوئی۔

13.10-باب 14 میں ہموار منتقلی: کتاب کا اختتامیہ

باب 13 اختتام پذیر ہوتے ہوئے صرف شکریہ اور اعترافات پیش نہیں کرتا بلکہ کام کی روح کا آئینہ بھی دکھاتا ہے۔ یہ یاد دلاتا ہے کہ تاریخ نہ صرف قلم سے لکھی جاتی ہے بلکہ دلوں میں بھی نقش ہوتی ہے جو اسے آگے لے جاتے ہیں۔

اب ہم اختتامی باب یعنی باب 14: اختتامی کلمات کی طرف بڑھتے ہیں، تاکہ سیکھے گئے اسباق، موجودہ معنویت اور مستقبل میں مقدس خدمات کو آگے بڑھانے کے طریقوں پر غور کیا جا سکے۔ ہم ایک لمحہ پیچھے ہٹتے ہیں اور اس کتاب کے وسیع سفر پر غور کرتے ہیں۔ قیمتی یادوں کو محفوظ رکھنے کے لیے خاندانی کوشش کے طور پر جو کچھ شروع ہوا وہ احمدیہ کمیونٹی کی اجتماعی روحانی تاریخ میں ایک بامعنی شراکت میں تبدیل ہوا۔

OO

باب 14: اختتامیہ-آباؤاجداداورابتدائی بھیرہ صحابہؓ کا احترام

14.0-تعارف-ورثے کے آغاز پر گہرے خیالات

جب میں اس سفر کے آخری صفحات پر پہنچتا ہوں، میں اپنے آپ کو اختتام پر نہیں بلکہ ایک بامعنی توقف پر پاتا ہوں- جو آگے آنے والی چیزوں کے لیے عکاسی، شکرگزاری اور پرسکون امید کی دعوت دیتا ہے-اس کتاب کا مقصد کبھی بھی صرف تاریخوں، ناموں یا خاندانی کہانیوں کا مجموعہ نہیں تھا- یہ نسل درنسل گزرے ہوئے ایک مقدس امانت کے تحفظ کے لیے ایک گہری پکار سے پیدا ہوا تھا- ہمارے خاندان کے روحانی ورثے کو دستاویز کرنے کے ذاتی مشن کے طور پر جو کچھ شروع ہوا وہ ایمان، قربانی، اور پائیدار بندھنوں کی ایک بہت بڑی گواہی میں تیار ہوا جو ہمیں ہمارے ماضی سے جوڑتا ہے، حال میں ہماری رہنمائی کرتا ہے اور مستقبل کے لیے تیار کرتا ہے- یہ اختتامیہ سانس لینے کا ایک لمحہ اور ایک دلی یاددہانی ہے: ہماری کہانی اس وقت تک جاری رہتی ہے، جب تک کہ ہم یاد رکھیں کہ ہم کون ہیں اور ہم اس میراث کو کیوں آگے بڑھاتے ہیں-

یہ افسانہ ایک وقفے کے لمحے کے طور پر کام کرتا ہے-اس داستان کے دھاگوں کو جمع کرنے اور ہمیں جو وراثت ملی ہے اس پر غور کرنے کا ایک موقع- یہ وراثت صرف ناموں یا خون کی لکیروں تک محدود نہیں ہے- اس میں ایمان، کردار، اور اخلاقی ذمہ داری کی بھرپور میراث شامل ہے- میں یہاں اپنے اختتامی مظاہر، دلی دعائیں، اور ان صفحات کو پڑھنے والوں سے اپیل کرتا ہوں: ان کہانیوں کو خاموش نہ ہونے دیں- یہ صرف ایک بار جینے والی زندگیوں کے سرگزشت نہیں ہیں - یہ مستقبل کے لئے روشنی کی رہنمائی کر رہے ہیں-

14.0.1 - کتاب کی ساخت: ایک روحانی اور تاریخی سفر

یہ مجموعہ نہ صرف ماضی کی کہانی ہے بلکہ آنے والی نسلوں کے لیے رہنمائی اور جذبہ کا منبع بھی ہے۔ ہر حصہ ایک منفرد پہلو اجاگر کرتا ہے، تاکہ ایمان، خدمت، اور خاندانی محبت کا سلسلہ برقرار رہے۔ بھیرہ کے ابتدائی احمدیوں کی میراث اور ہمارے خاندانی ورثے کو محفوظ رکھنے کے لیے اس کتاب کو سات حصوں میں ترتیب دیا گیا ہے، تاریخ، ذاتی یادوں اور روحانی عکاسیوں کو ملایا گیا ہے۔

حصہ اول: جڑیں اور تعلیمات

ابواب 1–2 – میں وفات پانے والوں کی تعظیم کے بارے میں اسلامی تعلیمات پر توجہ مرکوز کرتے ہیں اور بھیرہ میں ہمارے آباؤاجداد اور خاندانی میراث کا تعارف کرتے ہیں۔

حصہ دوم: داداجان کی یاد

ابواب 3–4 – حضرت میاں کرم دین بھیروی صاحبؓ اور ہمارے خاندان کے سپرد مقدس تبرکات پر روشنی ڈالتے ہیں۔

حصہ سوم: داداجان کے دوستوں کا حلقہ - بھیرہ کے ابتدائی صحابہ

ابواب 5–6 – بھیرہ کے ابتدائی ساتھیوں/صحابہ کا ذکر خیر/احترام کرتے ہیں، دونوں غیر خاندانی اور خاندان کے افراد۔

حصہ چہارم: ہمارے مرحوم والد، ان کے دوستوں، رفقاء اور صحابہ کا ذکر خیر

ابواب 7–8 – ابا جان کے شاگردوں، ہم جماعتوں، رفقا، ساتھی اساتذہ، صحابہ اور دوستوں کا ذکرِ خیر

حصہ پنجم: اپنی ماؤں کا ذکر خیر

ابواب 9–10 – امی فضل بیگم اور امی سیدہ سائرہ بیگم کی زندگیوں، ان کے ایمان اور عقیدت کا

ذکر کرتے ہیں۔

حصہ ششم: اپنے بھائیوں کا ذکر خیر

باب 11-12-حبیب الرحمن ساحر اور لطف الرحمن محمود کی خدمات کی میراث کو خراج تحسین پیش کرتے ہیں۔

حصہ ہفتم: غور و فکر اور اختتامی کلمات

باب 13-شکریہ، اعترافات، اور دلی مشورے پیش کرتا ہے، اس کے بعد باب 14 اختتامیہ، اس پائیدار میراث کے احترام پر حتمی عکاسی فراہم کرتا ہے۔

14.0.2-اختتامی کلمات: تاثرات و آخری خیالات

یہ اختتامی باب ایک معنوی چراغ کی مانند ہے، جو نہ صرف ماضی کی راہوں کو روشن کرتا ہے بلکہ مستقبل کے مسافروں کے لیے بھی منزل کا اشاریہ بن جاتا ہے۔ اس میں تاریخ کی گونج، یادوں کی مہک اور ایمان کی تپش یوں باہم پیوستہ ہے کہ جیسے دل کی دھڑکن میں دعا کے الفاظ سمو دیے گئے ہوں۔ یہ صرف ایک کتاب کا اختتام نہیں، بلکہ ایک روحانی سفر کا تسلسل ہے جو بھیرہ کی مٹی میں بوئے گئے اخلاص کے بیجوں سے شروع ہو کر قربانی، وفا، اور دعا کے قافلے میں ڈھلتا گیا۔ آنے والی نسلوں کے لیے یہ ایک پکار ہے کہ وہ اس امانت کو صرف یاد نہ رکھیں، بلکہ اسے اپنی زندگیوں میں ڈھال کر، اپنے کردار اور عمل کے ذریعے، اس میراث کو زندہ رکھیں۔ یہی اصل وراثت ہے؛ کہ جو چپکے سے سونپی گئی، اُسے سر آنکھوں پر رکھا جائے اور خدا کی رضا کے لیے اسے آگے بڑھایا جائے۔

14.1-ایمان اور ذمہ داری میں جڑا سفر

اپنے والد اور بہن بھائیوں کے بارے میں ابواب لکھتے ہوئے اکثر میری آنکھوں میں اشک تھے۔ ان کی زندگی عاجزی، عقیدت، اور ان کے عقیدے کے لیے اٹل عزم سے متعین تھی۔ میرے

والد کا 1944ء میں ایک محفوظ حکومتی عہدے سے مستعفی ہونے کا فیصلہ، حضرت خلیفۃ المسیح الثانی رضی اللہ عنہ کی پکار پر لبیک کہتے ہوئے، ایک تاریخی سنگ میل سے زیادہ تھا۔ یہ ایک اہم لمحہ تھا جس نے ہمارے خاندان کی تقدیر کو تشکیل دیا۔ قربانی اور لگن کا وہ جذبہ ہمارے پورے گھر میں گونجتا رہا، جو آنے والی نسلوں کے کردار کی تشکیل کرتا ہے، یہاں تک کہ جو بعد میں ہمارے آباؤ اجداد کی سرزمین سے بہت دور آباد ہوئے۔

ہماری وراثت کے مقدس ترین حصوں میں سے تبرکات ہیں۔ حضرت مسیح موعود علیہ السلام کا کوٹ اور تصویر۔ یہ محض ایسے نمونے نہیں ہیں جن کی دور سے تعریف کی جائے؛ بلکہ یہ روحانی امانتیں ہیں۔ انہیں سنبھالنا صرف نسب کا استحقاق نہیں ہے بلکہ ایک پختہ ذمہ داری ہے جو دعا، جوابدہی اور میراث کا وزن رکھتی ہے۔ یہ نعمتیں ہمارے خاندان کو دنیا کی عزت کے لیے کبھی نہیں دی گئیں بلکہ ان لوگوں کے لیے قرب الٰہی کی علامت کے طور پر عطا کی گئیں جن کی اللہ اور اس کے چنے ہوئے لوگوں سے محبت خالص اور ثابت قدم رہتی ہے۔

اسکا مقصد نئے تاریخی حقائق کو متعارف کروانا نہیں ہے۔ اس کے بجائے، یہ عکاسی کے لیے ایک جگہ ہے۔ دائرے کا روحانی اختتام۔ یہ ہمیں آہستہ سے یاد دلاتا ہے کہ تاریخ اس سے زیادہ ہے جو ہم یاد کرتے ہیں۔ یہ وہی ہے جسے ہم آگے لے جانے کا انتخاب کرتے ہیں۔ ہم صرف اولاد ہی نہیں بلکہ ذمہ دار ہیں۔ اس ذمہ داری کے ساتھ ایک گہرا فرض بنتا ہے: اپنے اسلاف کی اقدار کو محفوظ رکھنا، ان کی دیانتداری، صبر، عاجزی، اور خلافت اور نماز سے گہرا تعلق، نہ صرف الفاظ میں، بلکہ عمل میں۔

جب میں یہ آخری سطریں تحریر کر رہا ہوں، مجھے گزرے وقت کا احساس ہوتا۔ کتنی جلدی نسلیں گزر جاتی ہیں اور کتنی نازک یادیں اگر احتیاط اور احترام کے ساتھ محفوظ نہ کی جائیں تو کتنی نازک ہو جاتی ہیں۔ اس کتاب کو تصنیف کرنے کا میرا مقصد ماضی اور حال کے درمیان، یادداشت اور عزم کے درمیان، عقیدت اور پائیدار میراث کے درمیان ایک پل بنانا ہے۔ میں دعا کرتا ہوں کہ اس عاجزانہ

کوشش کو اللہ قبول فرمائے اور نہ صرف ہمارے خاندان بلکہ ان تمام لوگوں کی خدمت کرے جو احمدیہ کی زندہ تاریخ کے ابتدائی ابواب سے روشنی چاہتے ہیں۔

اس کے بعد کے صفحات میں، میں اپنے آخری خیالات، دعائیں، اور اپنے بچوں اور آنے والی نسلوں سے دلی اپیل کا اشتراک کرتا ہوں:

آپ کو ان کہانیوں میں حوصلہ افزائی مل سکتی ہے۔ وہ آپ کے راستے کو اسی طرح روشن کریں جیسے انہوں نے ہمارا کیا تھا۔ اور آپ محبت، عاجزی اور ثابت قدمی کے ساتھ ان لوگوں کے نقش قدم پر چلیں جو ہم سے پہلے آئے۔

14.2 -روحانی سفر پر مظاہر

جب میں اس سفر کے اختتام پر پہنچا ہوں، تو میرے دل و دماغ میں ایک مشترکہ رشتہ ابھرتا ہے جو ہر باب میں نمایاں رہا: حضرت مسیح موعود علیہ السلام سے گہری اور غیر متزلزل محبت، خلافت سے پُرخلوص وفاداری، اور جماعت کے اندر خاموش مگر مستقل خدمت کا جذبہ۔ یہ صرف خاندانی اقدار نہیں بلکہ وہ دھڑکن ہے جو ہمیں بھیرہ کے ابتدائی احمدیوں سے ورثے میں ملی، جن کی زندگیاں قربانی، اخلاص اور استقامت کی روشن مثال تھیں۔

اس کتاب کو تصنیف کرنا صرف ناموں، واقعات یا تاریخوں کو دستاویزی بنانا ہی نہیں بلکہ یہ ان لوگوں کی زندگیوں میں سے ایک ذاتی سفر رہا ہے جنہوں نے ایک ایسے وقت میں الٰہی آواز پر لبیک کہا جب ایسا کرنے میں انتہائی مشکلات کا سامنا تھا۔ وہ لوگ جنہوں نے سماجی بے راہ روی یا مالی تنگی کے باوجود احمدیت کو قبول کیا۔ اُن کا ایمان مصیبت میں ڈولا نہیں بلکہ اس میں مزید بہتری آئی۔ جیسا کہ میں نے ان کے فیصلوں پر غور کیا، خواہ وہ ہنگامہ آرائی کے دوران ہجرت ہو یا کسی بڑے مقصد کے لیے آرام سے دستبرداری ہو، میں یقین کی حقیقی قیمت اور ثابت قدم یقین کی خاموش طاقت کو سمجھنے لگا۔

میرے والد کا 1944ء میں حضرت خلیفۃ المسیح الثانیؓ کی تحریک پر عمل کرنے کے لیے ایک محفوظ سرکاری کیریئر چھوڑنے کا فیصلہ جو میں نے سب سے زیادہ وضاحتی کاموں پر نظر ثانی کی۔ وہ لمحہ ہمارے خاندان کی کہانی میں صرف ایک اہم موڑ نہیں تھا۔ یہ ایک روحانی ورثہ تھا جسے آگے بڑھایا جا رہا تھا۔ اس کی جڑیں اسی جذبے میں پیوست تھیں جس نے ہمارے بزرگوں کو معاشرتی دباؤ کے خلاف ثابت قدم رہنے، حق کے ساتھ کھڑے ہونے اور دنیاوی ضمانتوں کی بجائے اللہ پر بھروسہ کرنے کی تحریک دی تھی۔

یہ کہانیاں صرف میرے خاندان تک ہی محدود نہیں ہیں۔ وہ ہماری کمیونٹی کے وسیع تر روحانی ورثے کا حصہ ہیں۔ ان کا تعلق جماعت کے اجتماعی ضمیر سے ہے۔ مجھے یقین ہے کہ یہ حکایتیں آج پہلے سے کہیں زیادہ بلند آواز میں بول رہی ہیں، جو ہمیں یاد دلاتی ہیں کہ ایمان کو زندہ رہنا چاہیے، نہ کہ محض دعویٰ۔ خلافت کے ساتھ وفاداری کو عملی جامہ پہنانا چاہیے، صرف بات نہیں کرنی چاہیے۔

آج کی دنیا جو کہ خلفشار، تیز رفتار تقاضوں اور بدلتی ہوئی اقدار سے بھری ہوئی ہے، اس دنیا میں مَیں ان واقعات کو محفوظ رکھنے کی اور بھی زیادہ ضرورت محسوس کرتا ہوں۔ ابتدائی احمدیوں نے صرف حضرت مسیح موعود علیہ السلام سے محبت کی بات ہی نہیں کی بلکہ اسے مجسم بھی کیا۔ خلافت کے ساتھ ان کی وفاداری علامتی نہیں تھی، یہ زندگی کے طوفانوں میں ان کا رہنمائی کرنے والا قطب نما تھی۔ یہ ان کے لیے صرف نظریات نہیں تھے، بلکہ ان کے فیصلے، ترجیحات، اور بچوں کی پرورش کے اصل رہنما تھے۔

اس کتاب کے صفحات کے ذریعے، میں نے اس بات پر روشنی ڈالنے کی کوشش کی ہے کہ خلافت کی طرف سے لنگر انداز اور خدمت کے ذریعے تشکیل پانے والی خدا پر مبنی زندگی گزارنے کا حقیقی معنی کیا ہے۔ اگر ایک چیز ہے جس کی مجھے امید ہے کہ قارئین اسے لے جائیں گے، تو وہ یہ ہے: بھیرہ کے ابتدائی احمدیوں کی میراث صرف تعریف کرنے کی چیز نہیں ہے، یہ وہ چیز ہے جس کو برقرار رکھنے کے لیے ہم سب کو بلایا جاتا ہے۔ ان کی قربانیاں صرف فخر کا باعث نہیں ہیں۔ وہ ایکشن کے لیے کال ہیں۔ ان کی

کہانیاں ماضی میں منجمد نہیں ہوئی تھیں۔ وہ ان ذمہ داریوں کی یاددہانی ہیں جو ہم ابھی اٹھا رہے ہیں۔

میں دعا کرتا ہوں کہ میں نے ان کی یاد کے ساتھ انصاف کیا ہے۔ میں دعا کرتا ہوں کہ میں نے ان کے اعتماد کا احترام کیا ہے۔ اور سب سے بڑھ کر میں دعا کرتا ہوں کہ اللہ تعالیٰ اس عاجزانہ پیشکش کو قبول فرمائے، ہماری جماعت کو مضبوط کرے، خلافتِ احمدیہ کے ادارے کی حفاظت فرمائے، اور ان مظاہر کو ہماری آنے والی نسلوں کے دلوں میں ایمان اور مقصد کو جگانے کی توفیق عطا فرمائے۔

14.3- میراث اور تسلسل

جیسا کہ میں اپنے آباؤ اجداد کی زندگیوں پر غور کرتا ہوں، میں نہ صرف ان کی قربانیوں سے متاثر ہوا ہوں بلکہ ان کی اقدار سے بھی متاثر ہوا ہوں۔ خاموش، مستقل اور گہرے روحانی اصول جو ہمارے خاندان کی شناخت کو تشکیل دیتے ہیں۔ یہ واعظوں یا لیکچرز کے ذریعے منتقل ہونے والی اقدار نہیں تھیں بلکہ انہیں عمل کے ذریعہ سکھایا گیا تھا۔ یہ اقدار روزمرہ کی زندگی میں قدرتی طور پر اس قدر شامل تھیں کہ وہ لوگ جوان پر یقین رکھتے تھے، خود انہیں جیتے تھے۔

اس وراثت کے مرکز میں مہمان نوازی تھی۔ نہ صرف مہمانوں کا استقبال کرنے کا ثقافتی عمل، بلکہ ایمان میں جڑی ایک مستند سخاوت۔ ان کے گھر، اگرچہ اکثر معمولی تھے، آرام اور پناہ کی جگہیں تھیں۔ مہمانوں کو مہمانوں کی طرح نہیں بلکہ نعمتوں کی طرح سمجھا جاتا تھا۔ یہاں تک کہ جب وسائل محدود تھے، انہوں نے آزادی اور وقار کے ساتھ دیا، ہمیں یہ سکھایا کہ گھر کی اصل دولت اس کے فرنیچر یا سائز میں نہیں ہے، بلکہ اس کے استقبال میں گرم جوشی سے ہے۔

سچائی ایک اور سنگ بنیاد تھی۔ چھوٹی چھوٹی باتوں میں بھی دھوکہ دہی کا روادار نہ تھا۔ ان کا کلام ان کا بندھن تھا۔ ایمانداری محض ایک اخلاقی ترجیح نہیں تھی، یہ روحانی سالمیت کا معاملہ تھا۔ وہ سچائی کی تعظیم کے ساتھ رہتے تھے کیونکہ یہ خدا کے لیے ان کی تعظیم کو ظاہر کرتا تھا۔ یہ گہری جڑوں والی ایمانداری آج

بھی ہمارے خاندان میں ایک اخلاقی قطب نما کا کام کرتی ہے، جو ہمارے ذاتی تعلقات کو بنیاد بناتی ہے اوراس کی تشکیل کرتی ہے کہ ہم اپنی پیشہ ورانہ زندگیوں میں کیسے ظاہر ہوتے ہیں۔

ان کی سادگی ۔طرز زندگی اور سوچ دونوں میں ۔محدودیت کا نتیجہ نہیں تھی، بلکہ ایک شعوری انتخاب تھا جس کی شکل عاجزی تھی۔انہوں نے اللہ کی عطا کردہ چیزوں میں قناعت پائی اور کبھی بھی مادی چیزوں کے ذریعے توثیق نہیں کی۔اس طرزِ زندگی نے انہیں اس بات پر توجہ مرکوز کرنے کی اجازت دی کہ کیا واقعی اہمیت ہے: عبادت، خاندان اور خدمت۔صارفیت اور خلفشار سے چلنے والی دنیا میں، ان کی خاموش سادگی ایک طاقتور یاددہانی ہے کہ کبھی کبھی، کم ہونا واقعی زیادہ ہوتا ہے۔جب دل ایمان سے مالا مال ہوتا ہے۔

اور شاید ان کی شخصیت کا سب سے نمایاں پہلو۔ان کی عبادت گزاری تھی۔ چاہے وہ تہجد کے وقت دھیمی آواز میں مانگی جانے والی دعائیں ہوں یا حضرت مسیح موعود علیہ السلام کے کلام کی پُر اثر اور دل سے نکلی ہوئی آواز۔دعا ہی ان کی زندگی کا سہارا تھی۔ وہ صرف دکھ اور تکلیف میں ہی نہیں بلکہ شکر گزاری کے لمحوں میں بھی اللہ کی طرف رجوع کرتے۔ وہ اُس کے رحم و کرم پر بھروسہ رکھتے، اُس کی رضا میں راضی رہتے، اور اُس کی یاد میں ڈوبی ہوئی زندگیاں گزارتے۔ یہ تعلق محض وراثت میں نہیں ملا، بلکہ اتنی سچائی اور تسلسل کے ساتھ ہمارے سامنے جیا گیا کہ اس نے ہمارے دلوں پر گہرا اور دائمی اثر چھوڑا۔

یہ خوبیاں، جیسے مہمان نوازی، سچ بولنا، سادہ زندگی گزارنا، اور عبادت کرنا۔صرف پرانے وقتوں کی باتیں نہیں ہیں۔ یہ نسل در نسل اس لیے چلتی آئیں، کیونکہ لوگ انہیں صرف کہتے نہیں تھے بلکہ خود اپنی زندگی میں عمل بھی کرتے تھے۔آج بھی، ہجرت، ثقافت میں تبدیلی، اور وقت گزرنے کے باوجود، میں اپنی فیملی کے نوجوانوں میں یہ خوبیاں دیکھتا ہوں۔ جیسے کوئی بھتیجی مہمانوں کو عزت اور خوش اخلاقی سے خوش آمدید کہتی ہے، کوئی بھانجا سچ بولنے میں دیانت داری دکھاتا ہے اور کوئی کزن سادہ مگر مقصد

والی زندگی گزارتا ہے۔ یہ سب نشانیاں ہیں کہ ہماری روحانی پہچان ختم نہیں ہوئی بلکہ خاموشی سے آگے منتقل ہو رہی ہے۔

جب ہم مستقبل کی طرف دیکھتے ہیں تو ایک بات بالکل واضح ہو جاتی ہے۔ اب یہ ذمّہ داری ہم پر ہے کہ ہم اپنے روحانی ورثہ کی شمع کو بجھنے نہ دیں۔ آج کی دنیا بظاہر ترقی یافتہ ہے، مگر اندر سے خالی، بے قرار اور غیر یقینی سے لبریز۔ ایسے میں ہمیں اپنے بزرگوں کی اُس روشنی کو تھامے رکھنا ہوگا جس نے ہمیں ہر تاریکی میں راستہ دکھایا۔ انہوں نے ہمیں صرف یادیں یا القاب نہیں سونپے، بلکہ کردار کی ایک روشن لکیر کھینچی۔ دیانت، انکساری، خدمت، استقامت، اور خدا پر کامل ایمان۔ یہ محض ماضی کی داستان نہیں، بلکہ جینے کا ایک کامل نظریہ ہے۔

میری آئندہ نسلوں سے دِلی اپیل ہے کہ اِس عظیم ورثے کو محض محفوظ ہی نہ کریں، بلکہ اسے اپنی زندگیوں کا حصہ بنائیں۔ علم حاصل کریں، آگے بڑھیں اور نمایاں ہوں۔ لیکن تکبر سے نہیں، تقویٰ اور خلوصِ نیت سے۔ جماعت سے مضبوط وابستگی رکھیں، خلافت کی چھاؤں کو نعمت جانیں اور دعا کو اپنی زندگی کا لازمی ستون بنائیں۔ یہ بات یاد رکھیں کہ ولی بننا ہمارا مقصد ہو، ولی پرستی نہیں۔ اپنے کردار سے روحانیت کو اُجاگر کریں نہ کہ صرف زبانی نعروں سے۔

حضرت خلیفۃ المسیح الثالثؒ کا عظیم پیغام ''محبت سب کے لیے، نفرت کسی سے نہیں'' کو صرف زبان پر نہ رکھیں، بلکہ دل میں اُتاریں اور عمل میں ڈھالیں۔ ہم اپنی روحانی روایت کو محض کہانیاں سنا کر نہیں، بلکہ اُن اقدار کو روزمرہ کی زندگی میں شامل کر کے زندہ رکھ سکتے ہیں جو ہمارے بزرگوں کے دل کی دھڑکن تھیں۔ یہی اصل امانت ہے، یہی ہمارا فخر، اور یہی وہ راستہ ہے جو آنے والے وقت میں ہمیں بھی روشنی عطا کرے گا۔

14.4-یادداشت کے محافظ

ہر خاندان اپنے دامن میں ایک تاریخ سمیٹے ہوتا ہے۔ کچھ یادیں کاغذ پر ثبت ہوتی ہیں، اور کچھ دلوں میں بسی ہوتی ہیں؛ کبھی یہ کہانیوں کی صورت نسل در نسل منتقل ہوتی ہیں، تو کبھی یہ تصویروں، تبرکات یا پرانے خطوط میں دھیمی سرگوشیوں کی طرح محفوظ رہتی ہیں۔ لیکن یہ محض ماضی کے آثار نہیں ہوتے۔ یہ ہمارے بزرگوں کی قربانیوں، عقیدتوں اور اُن کے غیر متزلزل ایمان کی زندہ شہادت ہوتے ہیں۔ خصوصاً اُن خاندانوں کے لیے جو احمدیہ مسلم جماعت کی ابتدائی تاریخ میں اپنی جڑیں رکھتے ہیں، یہ یادیں صرف ذاتی احساسات نہیں بلکہ روحانی سرمائے کی حیثیت رکھتی ہیں۔ ان کی حفاظت کرنا کوئی رسمی فریضہ نہیں بلکہ وفاداری کا ایک عملی اعلان ہے۔

جب میں نے ان یادوں، تصویروں، خطوط، اور زبانی روایتوں کو یکجا کیا، تو مجھے اس امانت کی گہرائی کا صحیح اندازہ ہوا جو ہمارے کاندھوں پر رکھی گئی ہے۔ ہم صرف نسلوں کے وارث نہیں، بلکہ ایک عظیم روحانی میراث کے نگہبان ہیں۔ وہ تبرکات جو حضرت مسیح موعودؑ کے دور کی جھلک لیے ہوئے ہیں، کسی عجائب خانے کے نوادرات نہیں بلکہ الٰہی عشق، اخلاص اور تقویٰ سے مزین طرزِ حیات کی زندہ نشانیاں ہیں۔ سادہ سا کوٹ، بلیک اینڈ وائٹ دھندلی تصویر، یا نفیس اردو میں لکھا پرانا خط- یہ سب چیزیں بظاہر معمولی سہی، مگر ان کے اندر ایک جہانِ معنی پوشیدہ ہے۔

ہمارے بزرگوں نے وسائل کی کمی، آزمائشوں کی شدت، اور وقت کے سخت تھپیڑوں کے باوجود ایک ایسی دولت چھوڑی ہے جو نہ فنا ہوتی ہے، نہ پرانی۔ یہ وہی دعائیں ہیں جو راتوں کی تنہائی میں مانگی گئیں، وہی ہجرتیں جو اللہ کے اشارے پر کی گئیں، وہی قربانیاں جو خلافتِ احمدیہ سے محبت میں دی گئیں- خاموش، بے لوث، مگر لازوال۔ ان نشاناتِ وفا کو محفوظ رکھنا کوئی غیر متحرک ورثہ نہیں، بلکہ ایک زندہ ذمہ داری ہے- ایک عہد، جو ہم سے تقاضا کرتا ہے کہ ہم نہ صرف ان نشانیوں کی حفاظت کریں،

بلکہ ان کی روح کو اپنی زندگیوں میں بیدار رکھیں۔

آج، جبکہ دنیا تیز رفتاری اور شور میں الجھی ہوئی ہے، ہمیں ان گراں بہا یادوں کو صرف یاد رکھنے کے لیے نہیں، بلکہ اُنہیں جینے کے لیے تھامنا ہے۔ ہمیں اپنی نئی نسل کو یہ شعور دینا ہے کہ یہ ورثہ صرف ماضی کا حوالہ نہیں، بلکہ مستقبل کا چراغ ہے۔ ہم جب ان اقدار کو اپنی عملی زندگی میں شامل کرتے ہیں، تبھی ہم اصل میں اس مقدس امانت کے سچے محافظ بن پاتے ہیں۔ اور یوں، ہم نہ صرف اپنی شناخت کو محفوظ رکھتے ہیں بلکہ آنے والی نسلوں کے لیے ایک واضح، باوقار اور روحانی راستہ بھی متعین کر جاتے ہیں۔

14.5- تشکر اور اعتراف

سب سے بڑھ کر، میں دل کی گہرائیوں سے اللہ تعالیٰ کا شکر گزار ہوں، جو ہر نعمت کا سرچشمہ ہے، اسی نے ہمارے اسلاف کو حق کی پہچان دی، آزمائشوں میں ثابت قدم رکھا، اور حضرت مسیح موعود علیہ الصلوٰۃ والسلام کی محبت و خلافت کی اٹل وابستگی سے نوازا۔ ایمان، قربانی اور خدمت کی جو میراث آج ہمارے خاندان میں رواں دواں ہے، وہ میرے کسی انفرادی کارنامے کی نہیں بلکہ اس جاری فضلِ خداوندی کی مظہر ہے جو نسل در نسل ہمارے نسب کو گھیرے ہوئے ہے۔ میں خلافتِ احمدیہ کا بھی تہِ دل سے شکر گزار ہوں، ان پاکیزہ دعاؤں اور بصیرت افروز رہنمائی کیلئے جنہوں نے میری زندگی کے ہر مرحلے میں رہنمائی کا مینار بن کر میرا ہاتھ تھامے رکھا۔ حضرت خلیفۃ المسیح الثالث رحمہ اللہ تعالیٰ کی ذاتی یادیں اور ان کی حکیمانہ ہدایات نے نہ صرف ہمارے روحانی سفر کو بلکہ ہمارے خاندانی کردار کو بھی ایک واضح سمت عطا کی۔ خلافت کا تسلسل گویا ہمارے شعور و وجدان میں ایک روشن ستارے کی مانند ہے جو منزل کا پتہ دیتا رہا۔ اس کام کے پس منظر میں میرے مرحوم بھائیوں، لطف الرحمٰن محمود اور حبیب الرحمٰن، کی بے مثال محبت، خلوص اور فرض شناسی شامل ہے، جنہوں نے خاندانی خطوط، تصاویر اور تبرکات کو جس ذمہ داری سے محفوظ رکھا، وہ اس داستان کی بنیاد کا پتھر بن گیا۔ اسی طرح میرے دیگر

بہن بھائیوں اور عزیزوں کی محبت بھری شراکت، مفید مشورے اور قیمتی یادیں اس منصوبے کو صرف مکمل ہی نہیں، بامعنی بھی بناتی چلی گئیں۔ جن کا شکریہ محض الفاظ میں ادا کرنا ممکن نہیں۔

14.6-آنے والی نسلوں کے لیے دعائیں

جوں جوں یہ کام اپنی تکمیل کے قریب پہنچتا ہے، میرا دل عقیدت، دعا اور امید سے بھر کر آنے والی نسلوں کی طرف متوجہ ہوتا ہے۔ اے میرے رب! اپنی بے پایاں رحمت کے ساتھ میرے بچوں، پوتوں، نواسوں اور تمام اولاد کو اٹل ایمان، سچے عشقِ مسیح موعودؑ اور خلافت سے گہری وابستگی سے نواز، تاکہ وہ تیرے دین کے اس روحانی کارواں میں مخلص سپاہی بن کر شامل رہیں۔ اُن کے دلوں میں اپنے بزرگوں کی قربانیوں کی روشنی کبھی مدھم نہ ہو۔ ان بزرگوں کی، جنہوں نے دینِ حق کی خاطر اپنے آرام، استحکام اور دنیاوی عزائم کو بخوشی قربان کر دیا۔ میری دعا ہے کہ یہ نسلیں اس امانت کو صرف ایک تاریخی ورثہ کے طور پر نہیں، بلکہ ایک مقدس ذمہ داری سمجھ کر سنبھالیں، ایسی ذمہ داری جو دعا، استقامت، سچائی اور قربانی کی خوشبو سے مہکتی ہے۔ ثابت قدمی، سادگی، مہمان نوازی اور ایمان جیسے اوصاف جو ہمارے بزرگوں کا وصفِ خاص تھے، آنے والی نسلوں کی زندگیوں کا چراغِ راہ بنیں۔

اے اللہ! ان کے دلوں کو دنیا کی فریب دہ کششوں سے محفوظ فرما، ان کے قدم تقویٰ میں مضبوط کر، خدمتِ دین کا جذبہ عطا فرما، جماعت سے ان کا تعلق گہرا اور خلافت سے ہم آہنگ فرما، تاکہ وہ ہر موڑ پر تیرا سہارا ڈھونڈیں۔ جب کامیاب ہوں تو شکر اور عاجزی کے ساتھ جھکیں، جب آزمائش آئے تو صبر کے ساتھ سینہ سپر ہوں اور دعا سے محبت وسچائی سے وفا کبھی نہ چھوٹے۔ خواہ سچ کہنا کتنا ہی مشکل کیوں نہ ہو۔ میری خواہش ہے کہ یہ آئندہ نسلیں ایمان کے اس روشن چراغ کو عزت، استقامت اور شعور کے ساتھ آگے بڑھائیں اور اپنے اس ورثے کو صرف یادداشتوں میں نہیں بلکہ اپنی عملی زندگیوں میں بھی عبادت، خدمتِ خلق، خلوص اور حق گوئی کے ساتھ زندہ رکھیں اور جب ان کا وقت آئے، تو وہ

بھی اس مشن کے سچے خادموں کی صف میں شمار ہوں۔آمین۔

اس روحانی ورثے کی منتقلی کے عمل میں لازم ہے کہ ہم اپنی نسلوں کو اُن بابرکت سرزمینوں سے بھی جوڑیں، جن سے یہ کارواں چلا تھا۔اُن میں 'بھیرہ' کا نام خاص طور پر دل کو چھوتا ہے۔وہ شہر جس کی گلیاں کسی زمانے میں ایمان کی روشنی سے جگمگا اٹھتی تھیں، جہاں حضرت مسیح موعودؑ کے دعویٰ جات ر تعلیمات کا استقبال ہوا، اور جہاں وفا اور قربانی کی ناقابلِ فراموش داستانیں رقم ہوئیں۔آج اگرچہ وہ گلیاں خاموش ہیں، مگر ان کی روحانی گونج آج بھی ہمارے دلوں میں زندہ ہے۔اپنے روحانی ورثہ کو سنبھالنے کا مطلب صرف واقعات کو محفوظ رکھنا نہیں، بلکہ اُن مقامات کو بھی زندہ رکھنا ہے جہاں سے یہ سچائی پھوٹی تاکہ ایمان کی یہ بازگشت آنے والے وقتوں تک پہنچتی رہے۔

14.7- بھیرہ کے ابتدائی اصحاب کی اولاد کو دعوت

کبھی احمدیت کا فخر وشان اور ہمارے بزرگوں کی بے مثال قربانیوں کی روشن مثال رہنے والا بھیرہ آج ایک پراسرار خاموشی کی لپیٹ میں ہے۔وہ محلہ احمدیہ، جو کبھی روحانی جذبے، اجتماعی عبادات اور بھائی چارے کی جان تھا، اب اپنی گم شدہ عظمت کا مدھم عکس بن چکا ہے۔

فضل مسجد، جو کبھی دلوں کو جوڑنے والی دعاؤں، اذکار اور محبت کی محفلوں کا مرکز تھی، آج سنسان اور خاموش پڑی ہے۔برسوں کے ظلم، قانونی پابندیوں اور منظم مخالفت کے باعث اکثر احمدی خاندان یہاں سے ہجرت کر چکے ہیں اور چند وفادار ہی وہ چراغِ ایمان لئے تنہائی میں کھڑے ہیں۔ہم نے صرف اپنے مکانات نہیں کھوئے، بلکہ اپنی روحانی بنیادوں کو بھی شدید خطرات کا سامنا ہے۔فضل مسجد جیسے تاریخی ورثے کو غیر احمدی گروہ خاموشی سے گھیر کر، اس کے گرد جائیدادیں خرید رہے ہیں، جو اگر یونہی جاری رہا تو آنے والی نسلیں اس مسجد کی روحانی فضاؤں اور تاریخی ورثے سے محروم رہ جائیں گی۔اس سے بڑھ کر دل دہلا دینے والی حقیقت یہ ہے کہ ان بزرگوں کی قبریں، جنہوں نے خلافت اور حق کی

خاطر اپنی جان و مال قربان کر دیے، بے توقیر ہو رہی ہیں؛ بہت سی قبریں مٹ چکی ہیں، سنگ مزار ٹوٹ چکے یا جان بوجھ کر ہٹا دیے گئے ہیں۔ اگر ہم نے فوری طور پر قدم نہ اٹھایا تو ان کی یادیں بھی وقت کے پردے میں گم ہو جائیں گی۔

میں دل کی گہرائیوں سے تمام احمدی خاندانوں، خاص طور پر ابتدائی اصحاب کے وارثین سے پُراثر اپیل کرتا ہوں کہ وہ اپنی روحانی جڑوں سے دوبارہ مضبوطی سے جُڑیں، بھیرہ کا رخ کریں، ان گلیوں میں چلیں جہاں آپ کے بزرگوں کے قدموں کے نشان ہیں، ان کی قبروں کی حفاظت کریں، ان پر دعائیں کریں اور فضل مسجد و محلہ احمدیہ جیسے مقدس مقامات کو تباہی سے بچائیں۔ یہ محض تاریخ کی حفاظت نہیں بلکہ ایک مقدس فرض ہے۔ بھیرہ صرف ایک شہر نہیں بلکہ ایک عظیم روحانی امانت ہے۔ آیئے ہم اس نسل کا حصہ نہ بنیں جو اپنی اس مقدس میراث کو فراموش کر بیٹھی۔

14.8-فکری اختتام

اس کتاب کی تصنیف میرے لیے ایک نہایت شائستہ اور تبدیلی سے بھرپور سفر رہی ہے۔ جب میں نے پرانے خطوط، دھندلی تصویروں، زبانی داستانوں اور نسل در نسل منتقل ہونے والی قیمتی یادوں کا بغور مطالعہ کیا، تو نہ صرف ان کہانیوں سے گہرے ربط کا احساس ہوا بلکہ ان جذبات سے بھی قریب ہوا جو ہمارے بزرگوں کی زندگیوں کو جلا بخشتے تھے۔ ان کی زندگیوں نے مجھے عقیدت، فخر، غم اور سب سے بڑھ کر شکرگزاری سے معمور کر دیا۔ مگر سب سے زیادہ متاثر کن ان کی اقدار کی خاموش قوت تھی۔ قربانی، سادگی، خدمت، اور اللہ کے لیے اٹل عقیدت۔ یہ محض نظریاتی اصول نہیں تھے بلکہ زندہ حقیقتیں تھیں جو ان کے عملی انتخاب اور وہ عظیم ورثہ جو انھوں نے ہمیں دیا، کی گواہ ہیں۔

اس پورے سفر میں بار بار یہ احساس ہوا کہ ہم صرف اپنے والدین و بزرگوں کی اولاد نہیں، بلکہ ایک مقدس امانت کے محافظ ہیں۔ جماعت اور خلافت سے ہمارا رشتہ صرف تاریخ کا حصہ نہیں بلکہ

ہماری شناخت کا سنگِ میل ہے، جو ہمارے بزرگوں کی آزمائشوں میں رہنمائی دیتا رہا اور آج بھی ہمارے مقصد کی روشنی ہے۔ میری دُعا ہے کہ یہ کتاب نہ صرف خاندانی تاریخ کا ایک دستاویزی ریکارڈ ہو بلکہ آنے والی نسلوں کے لیے ایک زندہ پیغام بھی بنے کہ ہم کون ہیں، کہاں سے آئے ہیں، اور یہ سب کیوں اہم ہے۔ خاص طور پر یہ دعا ہے کہ یہ تحریر پڑھنے والے حضرت مسیح موعود علیہ السلام کے مشن پر قائم رہیں، ایمان کو مضبوط رکھیں، عاجزی سے زندگی گزاریں اور خلوص کے ساتھ خدمت کا جذبہ پیدا کریں۔ اس سفر کے اختتام پر دو آیات میرے دل کی گہرائیوں میں بستی ہیں، ایک الٰہی فرمان اور ایک میرے اس کام کی روح کی ترجمانی:

> ''اور وہ لوگ جو کہتے ہیں کہ اے ہمارے رب! ہمیں ہماری بیویوں اور اولاد میں سے آنکھوں کی ٹھنڈک عطا فرما اور ہمیں نیک لوگوں کا پیشوا بنا دے۔''

(سورۃ الفرقان، 75:25)

اللہ تعالیٰ سے دعا ہے کہ وہ اس عاجزانہ کوشش کو قبول فرمائے، میری کوتاہیوں کو معاف کرے، اور اسے میرے اہلِ خانہ، جماعت اور ان تمام لوگوں کے لیے برکت کا ذریعہ بنائے جو ایمان، وضاحت اور روشنی کی تلاش میں ان صفحات کو پڑھتے ہیں۔ آمین۔

14.9-اختتامی دعا

اے اللہ، نور اور حق کے رب! گہرے شکر گزاری اور کانپتی ہوئی عاجزی کے ساتھ میں یہ تصنیف آپ کے سامنے پیش کرتا ہوں۔ میں نے اپنے حصے کا کام کیا ہے۔ اپنے بزرگوں اور حضرت مسیح موعود علیہ الصلوٰۃ والسلام کے ابتدائی ساتھیوں کی یادوں، قربانیوں اور عظیم وراثت سے جو کچھ میں کر سکتا تھا پیش کر چکا ہوں۔

اگر ان صفحات میں کوئی بھلائی ہے تو اسے آنے والی نسلوں کے لیے روشنی اور تحریک کا ذریعہ

بنائیں۔ اگر کوئی خامی یا کوتاہیاں ہوں تو میں صرف تیری بخشش اور رحمت کا طالب ہوں۔ اب میں یہ مقدس کام اپنے بعد آنے والوں کے سپرد کرتا ہوں۔

اے اللہ ہمارے بچوں اور آئندہ نسلوں کو اس مشعل کو آگے لے جانے کی توفیق عطا فرما۔ ان کے دلوں میں وہی محبت، وفاداری اور سچائی کے لیے اٹوٹ لگن پیدا کر جو ان کے آباؤ اجداد کے دلوں میں اتنی گہرائیوں سے بسی تھی۔ وہ اس وراثت کو محض کہانیوں یا جذبات سے نہیں بلکہ عمل، قربانی اور آپ اور آپ کی جماعت سے مخلصانہ وابستگی کے ذریعے عزت دیں۔

اے دلوں کے رکھوالے! ان کو حافظے کا محافظ، تاریخ کا محافظ اور ایمان کا وفادار خادم بنا۔ مشترکہ دعاؤں، بامقصد زندگیوں اور اپنی لازوال رہنمائی کے ذریعے ہمیں نسل در نسل متحد رکھ۔ آمین۔

14.10- بھیرہ سے ہمارے خاموش ہیرو

میرے پیارے دادا/دادی جان، میرے چچا جان، میرے پیارے والدین، میرے مرحوم بہن اور میرے بھائی اور بھیرہ کے معزز صحابہ اور بزرگ ساتھیوں کو میری طرف سے دلی محبت اور گہرے احترام کے ساتھ السلام علیکم پہنچے۔

اللہ کے فضل سے میں نے اپنی عاجزانہ ذمہ داری پوری کر دی۔ میں آپ کی خاموش، بے لوث اور اکثر غیر تسلیم شدہ قربانیوں کو روشنی میں لایا ہوں تاکہ آنے والی نسلیں آپ کو جانیں، آپ کی عزت کریں، اور آپ جس چیز کے لیے کھڑے تھے آپ ہر حال میں استقامت کے ساتھ قائم رہیں۔ ہم سلام پیش کرتے ہیں آپ کے حوصلے کو، آپ کی استقامت کو، اور آپ کے ایمان کی مضبوطی کو۔ آپ نے اپنے آبائی گھر چھوڑے۔ یہ ہجرت آپ کی پسند سے نہیں تھی، بلکہ مخالفت، دشمنی اور مذہبی ظلم کے طوفان میں، آپ نے آزادی سے دین پر عمل کرنے کے لیے پناہ تلاش کی۔ آپ نے زمانے کے امام کو پہچانا، مانا، اور اس اطاعت کے صلہ میں اللہ تعالیٰ نے آپ کی نسلوں کو بے شمار نعمتوں سے نوازا۔ اگرچہ

آپ کی اولاد دنیا کے مختلف کونوں میں بکھر گئی، لیکن خدا نے انہیں ایمان کی رسی سے باندھے رکھا، دعا کی روح سے جوڑے رکھا اور آپ کی قربانیوں کی زمین پر انہیں پروان چڑھایا۔

ہم ایک بار پھر آپ کو سلام کرتے ہیں۔آپ کے صبر کو، آپ کی برداشت کو، اور اس خاموش بہادری کو جو آپ کے کردار کی پہچان تھی۔اور ایک دن، انشاءاللہ، ہم بھی آپ سے جاملیں گے۔جنت کے ان ابدی باغوں میں، جہاں سکون ہے، قرب ہے اور رب کی رضا۔

الْحَمْدُ لِلّٰهِ الَّذِي بِنِعْمَتِهِ تَتِمُّ الصَّالِحَاتُ

تمام تعریفیں اس اللہ کے لیے ہیں جس کے فضل سے نیک عمل مکمل ہوتے ہیں۔

باب 14 کی کلیدی بصیرتیں

1. وراثت کے کئی پہلو ہیں:

وراثت صرف نسب یا تاریخی حقائق تک محدود نہیں، بلکہ یہ ایک زندہ روحانی اور اخلاقی میراث ہے جو ایمان، عبادت اور کردار پر مشتمل ہے۔

2. قدریں نسلوں سے ماوراہیں:

بنیادی فضائل۔مہمان نوازی، صداقت، سادگی، عبادت، عاجزی اور خلافت سے وفاداری۔ آباءواجداد نے عملی کردار سے پیش کیں، جو آنے والی نسلوں کے لیے رہنمائی ہیں۔

3. یادیں اور آثار طاقت رکھتے ہیں:

خطوط، تصاویر اور تبرکات ماضی کی قربانیوں کے زندہ روابط ہیں۔ان کا تحفظ نہ صرف اخلاقی بلکہ روحانی ذمہ داری بھی ہے۔

4. ایمان میں فعال ذمہ داری ضروری ہے:

وفاداری، عبادت اور موروثی اقدار کو صرف یاد رکھنا کافی نہیں؛ انہیں عمل میں لانا اور سکھانا ضروری ہے۔

5. مقدس مقامات میراث کے ستون ہیں:

بھیرہ، فضل مسجد اور آباؤ اجداد کی قبریں ایمان اور خدمت کی علامت ہیں اور انہیں اخلاقی سبق کے ساتھ محفوظ رکھنا لازم ہے۔

6. نسلی ذمہ داری مرکزی حیثیت رکھتی ہے:

آنے والی نسلیں یادوں، اقدار اور مقدس وراثت کی رکھوال ہیں اور انہیں ایمان اور خدمت کی مشعل آگے بڑھانے کا فریضہ سونپا گیا ہے۔

7. نماز اور شکرگزاری تسلسل برقرار رکھتے ہیں:

مسلسل دعا، غور وفکر اور الٰہی رہنمائی کا اعتراف ماضی، حال اور مستقبل کے درمیان رابطے کو قائم رکھتا ہے۔

باب 14 کے اہم نکات برائے عمل

- وراثت فعال ہے: ایمان، خدمت، اخلاقی جرات اور عبادت کے ذریعے زندہ رہتی ہے۔
- میراث دو جہتی ہے: مادی آثار (خطوط، تبرکات، مقدس مقامات) اور غیر مادی اقدار (اخلاقیات، نماز، وفاداری) کو یکجا کرتی ہے۔
- عمل لازمی ہے: صرف آباؤ اجداد کو یاد کرنا کافی نہیں؛ آنے والی نسلیں ان کی اقدار کو زندہ کریں اور فروغ دیں۔

- روحانی غور تاریخ کو مکمل کرتا ہے: ایمان اور عبادت خاندانی اور کمیونٹی کی تاریخ کو حقیقی معنی بخشتے ہیں۔
- تسلسل کا دارومدار ہوشیاری پر ہے: مقدس مقامات کا تحفظ اور اقدار کی منتقلی نسل در نسل ایمان کی تسلسل کو قائم رکھتی ہے۔

باب 14 کے کلیدی نتائج

1. ہم صرف وارث نہیں، بلکہ میراث کے محافظ ہیں: ہر نسل پر مقدس ذمہ داری ہے کہ خاندان کی روحانی اور اخلاقی میراث کو برقرار رکھے۔
2. وراثت اخلاقی اور مادی دونوں ہے: خاندانی اقدار اور مادی آثار مل کر پائیدار تسلسل کی بنیاد فراہم کرتے ہیں۔
3. ایمان کو جیا جانا چاہیے، صرف یاد نہیں رکھنا: وفاداریِ خلافت، کمیونٹی کی خدمت اور ذاتی دیانت داری کا اندازہ عمل سے لگایا جا سکتا ہے۔
4. تحفظ کے لیے کوشش اور شعوری نیت ضروری ہے: تاریخی مقامات، دستاویزات اور یادوں کا فعال تحفظ یقینی بناتا ہے کہ آباؤ اجداد کے اسباق آج بھی متعلقہ رہیں۔
5. نماز اور غور بنیادی ستون ہیں: الٰہی رہنمائی اور شکرگزاری نسل در نسل وراثت کو قائم رکھنے کے لیے لازم ہیں۔

باب 14 کا خلاصہ

باب 14 کتاب کا اختتامی باب اور روحانی عروج ہے۔ یہ:

- خاندان کے روحانی سفر اور آباؤ اجداد کی فراہم کردہ اخلاقی رہنمائی پر غور سے آغاز کرتا ہے۔

- اہم اقدار۔مہمان نوازی، صداقت، سادگی، عبادت۔کو اُجاگر کرتا ہے اور دکھاتا ہے کہ کس طرح یہ خاندانی زندگی کو شکل دیتی ہیں۔
- یادیں اور آثار ماضی کی قربانیوں اور سبق کے زندہ روابط کے طور پر پیش کیے گئے ہیں۔
- اللہ، خلیفہ، اور خاندان کے افراد کا شکر ادا کرتا ہے جنہوں نے وراثت کو قائم رکھنے میں رہنمائی اور مدد فراہم کی۔
- آنے والی نسلوں کے لیے براہِ راست پیغام دیتا ہے کہ وہ آباؤ اجداد کی اقدار کو جئیں اور مقدس مقامات کو محفوظ رکھیں۔
- اختتام پر دعائیہ اپیل کے ساتھ ذاتی غور، خاندانی وراثت اور کمیونٹی کی ذمہ داری کو جوڑتا ہے۔
- قارئین کو حوصلہ اور اخلاقی ذمہ داری کے ساتھ چھوڑتا ہے، تاکہ یہ باب تاریخ، ایمان اور عمل کے درمیان پُل کا کام کرے۔

آخری الفاظ:

"اللہ ہمیں اس وراثت کے لائق بنائے جو ہم نے حاصل کی ہے بی اور اسے آگے بڑھانے میں ثابت قدم رکھے۔"

(شفیق الرحمٰن)

○○

مصنف کا نوٹ

تمام تعریفیں اللہ تعالیٰ کے لیے ہیں جنہوں نے مجھے بھیرہ کے ابتدائی صحابہ کی یادگار تحریر، یعنی ذکرِ خیر لکھنے کی توفیق دی۔ مصنف فخر محسوس کرتا ہے کہ یہ کتاب (بھیرہ کی تاریخ احمدیت از میاں فضل الرحمن بسمل، 1970ء) کے پچاس سال بعد پیش کی جارہی ہے۔ اس میں تاریخی حقائق خصوصاً تبرکات اور تخت پوش/ دیوان سے متعلق معلومات شامل کی گئی ہیں تاکہ آنے والی نسلوں کے لیے یہ قیمتی ورثہ محفوظ رہے۔

یہ کتاب صرف ایک تحریری کام نہیں بلکہ یادداشت، ذمہ داری اور تجدید کا ایک گہرا روحانی سفر ہے۔ جب میں نے پرانی یادوں کو جمع کیا، تاریخی حقائق کی تحقیق کی اور ان راستوں پر چلنے والوں کے نقشِ قدم کا جائزہ لیا، تو میں بارہا اپنے بزرگوں کی خاموش عظمت اور قربانیوں سے متاثر ہوا۔ یہ قربانیاں کسی دکھاوے یا ریاکاری کی بجائے ثابت قدمی، اخلاقی جرأت اور اللہ تعالیٰ کی رضا کے لیے خلوص نیت کے ساتھ دی گئی تھیں۔

میں نے یہ صفحات لوگوں کی تعظیم کے لیے نہیں بلکہ ان اقدار کی پاسداری کے لیے تحریر کیے ہیں جو انہوں نے اپنے کردار میں زندہ کیں۔ سچائی، عاجزی، خدمت، مہمان نوازی، اور سب سے بڑھ کر حضرت مسیح موعود علیہ السلام اور خلافت کے لیے غیر متزلزل وفاداری۔ یہ محض ماضی کی یادیں نہیں، بلکہ ایک مستقل یاددہانی ہیں کہ کس طرح عام انسانوں نے غیر معمولی ایمان کے ذریعے وہ بنیاد رکھی جس پر آج ہم کھڑے ہیں۔

یہ کتاب نہ صرف خاندان اور جماعت کی تاریخ کو محفوظ رکھنے کا ذریعہ ہے بلکہ قارئین کو اپنی جڑوں کی قدر کرنے اور ہمارے مشترکہ روحانی مشن کے لیے نئے جذبے سے کام لینے کی ترغیب دیتی ہے۔ ہم ایک عظیم مقصد کا حصہ ہیں، اور اس کے ساتھ یہ ذمہ داری بھی آتی ہے کہ اس ورثہ کو سنبھالیں،

اسے یاد رکھیں اور آنے والی نسلوں تک پہنچائیں۔

اللہ تعالیٰ سے دعا ہے کہ وہ اس عاجزانہ کوشش کو قبول فرمائے، تمام کمزوریوں کو معاف کرے اور اسے برکتوں کا مستقل وسیلہ بنائے۔ آمین۔

میں خاص طور پر زکریا ورک (ٹورنٹو، کینیڈا) کا شکر گزار ہوں جنہوں نے اس مسودے کی اصلاح وتزئین میں بے حد قیمتی تعاون کیا، نیز بھائی محمود مجیب اصغر (انجینئر) کا بھی جنہوں نے بھیرہ کے ابتدائی صحابہ کی یادوں کی تصدیق اور حوالہ جات کی جانچ میں نمایاں کردار ادا کیا۔

جزاکم اللہ تعالیٰ و احسن الجزاء۔

○○

مصنف کے بارے میں

شفیق الرحمٰن (نیّر۔اعوان) پیشے سے انجینئر ہیں اور دل سے تاریخ کے طالب علم۔ پاکستان میں پیدا ہوئے اور یونیورسٹی آف انجینئرنگ اینڈ ٹیکنالوجی لاہور سے تعلیم حاصل کی۔ بعدازاں اعلیٰ تعلیم اور تحقیق وترقی کے شعبہ میں کام کے لیے امریکہ منتقل ہو گئے۔ دہائیوں کی محنت اور لگن سے انہیں علمی و پیشہ ورانہ میدان میں شاندار اعزازات حاصل ہوئے۔مگر ان کی اصل پہچان ان کی گہری روحانی پرورش اور جماعتِ احمدیہ سے وابستگی ہے جوان کی زندگی کی بنیاد ہے۔

شفیق رحمان مرحوم پروفیسر میاں عطاالرحمن صاحب کے فرزند ہیں، جو ایک مخلص اور وقف زندگی محقق اور معلم تھے اور تعلیم الاسلام کالج قادیان، لاہور اور ربوہ میں حضرت خلیفۃ المسیح الثانیؓ اور حضرت خلیفۃ المسیح الثالثؒ کی رہنمائی میں خدمات سرانجام دیتے رہے۔

شفیق رحمان خود بھی بابرکت تبرکات کے نگہبان ہیں جو ان کے دادا کو مسیح موعودؑ نے امانت دی تھیں۔ یہ کتاب ان کی اسی وراثت کو خراجِ عقیدت ہے، جو محبت، اخلاص اور احترام کے ساتھ تیار کی گئی ہے۔انہوں نے خاندانی تاریخ، ذاتی تجربات اور کمیونٹی کی میراث کو اس انداز میں بُنا ہے کہ آنے والی نسلوں کو ایمان، خدمت اور روحانی ذمہ داری کے جذبہ سے بھرپور زندگی گزارنے کی تحریک ملے۔ وہ اس وقت امریکہ میں اپنے اہلِ خانہ کے ساتھ مقیم ہیں اور مختلف شعبوں میں جماعت کی خدمت میں مصروف عمل ہیں۔ نیز اپنے بزرگوں کی میراث کو آگے بڑھاتے رہے ہیں جن کے کندھوں پر یہ سفر ممکن ہوا۔

آیئے اس اختتامی کلمات کو ان کے الفاظ کے ساتھ بند کریں:

''میرے اللہ! ہمیں اس ورثہ کا اہل بنائے جو ہمیں ملا ہے، اور اسے آگے بڑھانے میں ثابت قدم رکھے۔''

وَجَعَلْنَا مِنْهُمْ اَىِٕمَّةً يَّهْدُوْنَ بِاَمْرِنَا لَمَّا صَبَرُوْا ۗ وَكَانُوْا بِاٰيٰتِنَا يُوْقِنُوْنَ ﴿۲۵﴾

پس جب انہوں نے صبر سے کام لیا تو ان میں سے ہم نے ایسے امام بنائے جو ہمارے امر سے ہدایت دیتے تھے۔ اور وہ ہمارے نشانات پر یقین رکھتے تھے۔

(سورۃ السجدہ، آیت 25)

OO

مصنف کی سوانح عمری

شفیق الرحمٰن (نیّر-اعوان)، جو ٹیکساس، امریکہ میں مقیم ہیں، ایک ریٹائرڈ پروفیشنل انجینئر اور مصنف ہیں۔ وہ اپنے آباؤ اجداد اور بھیرہ کے اولین صحابہ کی تاریخ کو زندہ رکھنے والے معتبر خاندان سے تعلق رکھتے ہیں، جنہوں نے احمدیہ مسلم کمیونٹی کی روحانی، تعلیمی اور نسلی خدمت میں نمایاں کردار ادا کیا ہے۔ ان کے والد، پروفیسر میاں عطاء الرحمن، تعلیم الاسلام کالج کے وائس پرنسپل کے طور پر خدمات انجام دینے کے ساتھ ساتھ ابتدائی دور کے عقیدت مندوں میں شمار ہوتے ہیں، جنہوں نے 1944ء میں حضرت خلیفۃ المسیح ثانی رضی اللہ عنہ کی تاریخی تحریک کی پیروی کی۔

ان کے والد کا تدریسی خدمات کا سفر قادیان، لاہور، اور ربوہ کے معروف کالجوں تک محیط تھا، جو علم و ایمان کے میدان میں پختہ عزم و استقلال کی بہترین مثال ہے۔

پروفیسر میاں عطاء الرحمان کی ولادت حضرت میاں کرم دین بھیرویؓ کے گھر ہوئی، جو حضرت مسیح موعود علیہ الصلوٰۃ والسلام کے مخلص و وفادار ساتھی اور صحابی تھے۔ حضرت میاں کرم دین کو متعدد مقدس تبرکات سے نوازا گیا، جن میں ایک مبارک کوٹ اور ایک تصویر شامل ہیں، جو حضرت مسیح موعود علیہ الصلوٰۃ والسلام کی طرف سے بذاتِ خود تحفے میں دی گئی تھیں۔ یہ قیمتی تبرکات برسوں سے خاندان میں محفوظ ہیں اور اب ان کی نگہداشت شفیق الرحمان کے ذمہ ہے، جو انہیں اپنے مرحوم بھائیوں، لطف الرحمان محمود اور حبیب الرحمان کی وصیت کے مطابق سنبھال رہے ہیں۔

شفیق الرحمان نے لاہور کی انجینئرنگ یونیورسٹی سے الیکٹریکل انجینئرنگ میں ڈگری حاصل کی، جہاں انہیں سہگل فاؤنڈیشن کی نیشنل ٹیلنٹ اسکالرشپ بھی حاصل ہوئی۔ 1978ء میں وہ امریکہ

ہجرت کر گئے اور وائیومنگ یونیورسٹی سے الیکٹریکل انجینئرنگ میں ماسٹرز کی ڈگری مکمل کی۔ ان کے گریجویٹ مشیر، ڈاکٹر ریمنڈ جی جیکوٹ، نے انہیں اپنے ذاتی اور روحانی سفر کو دستاویزی شکل دینے کی ترغیب دی۔

پیشہ ورانہ زندگی میں شفیق الرحمٰن نے IBM روچیسٹر میں تحقیق و ترقی کے شعبے سے آغاز کیا اور کمپیوٹر، ٹیلی کمیونیکیشنز اور سیمی کنڈکٹر صنعتوں میں چار دہائیوں پر محیط خدمات سرانجام دیں۔ وہ ٹیکساس بورڈ آف پروفیشنل انجینئرز سے تصدیق شدہ لائسنس یافتہ پروفیشنل انجینئر (PE) ہیں۔

ان کا تازہ ترین کام، ''ہمارے آباؤ اجداد اور اولین صحابہ''، ایک گہرا ذاتی اور روحانی سفر ہے، جو خاندانی تاریخ کو اجتماعی یادداشت اور مذہبی ورثے کے تناظر میں جوڑتا ہے۔ یہ کتاب بھیرہ کے ابتدائی احمدی مسلمانوں کی زندگیوں کا ایک خراجِ تحسین ہے، جنہوں نے جماعت کے ابتدائی دور میں اپنی جانفشانی اور قربانیوں کے ذریعے نمایاں خدمات انجام دیں۔ تاریخی حقائق، قیمتی یادیں، اور نسل در نسل ملنے والی الٰہی نعمتوں کا عکاس یہ کتاب آنے والی نسلوں کے لیے ایمان کی پائیدار روشنی کا چراغ ہے۔

اب ریٹائرمنٹ کے بعد، شفیق الرحمٰن اپنی توانائیاں خاندان کی تاریخ کو دستاویزی شکل دینے اور مقدس تبرکات کی حفاظت پر مرکوز کر رہے ہیں۔ یہ محض ایک یادداشت نہیں بلکہ شکرگزاری، قربانی، اور روحانی رہنمائی کی میراث کو آگے بڑھانے کا عزم ہے۔

OO

والدین مرحومین کی نذر

(شفیق الرحمٰن (نیّر۔اعوان)

یہ دیے جلتے رہے گھر میں ہمارے رات دن
روشنی جن کی بہائے فیض دھارے رات دن

دیپ اُلفت کے جلائے، رات بھر سجدے کیے
خوں پسینے سے کما کے گھر سنوارے رات دن

برگدوں کے صحن میں چھاؤں گھنی تھی اس قدر
ہر کوئی آ کر تھکن اپنی اُتارے رات دن

ان فرشتہ خو بزرگوں سے ملوں گر خواب میں
خواہشیں پلتی رہیں دل میں ہمارے رات دن

شہرِ دل ویران ہے جب سے جدا وہ ہو گئے
خود مصائب جھیل کر دیتے سہارے رات دن

حسرتیں دل کی کسی کو کیوں بتاؤں میں شفیق
دِل پریشاں یاد ان کی ہے پکارے رات دن

(10-01-2026)

○○